인류의 종말은
사이버로부터 온다

사이버 무기 시장의
실체와 제로데이

인류의 종말은
사이버로부터 온다

니콜 펄로스 지음

김상현 옮김

i!i
에이콘

 에이콘출판의 기틀을 마련하신 故 정완재 선생님 (1935-2004)

언제나 나를 내 비밀 은신처에서 꺼내준 트리스탄Tristan에게
내 은신처를 알려줄 수 없음에도 나와 결혼해준 히스Heath에게
내 뱃속에 숨었던 홈즈Holmes에게

여기서 무슨 일이 벌어지고 있어
무슨 일인지는 확실하지 않아
저기에 총을 든 남자가 있는데
내게 조심하라고 말하네
이제 그만 멈출 때인 것 같아, 얘들아 저게 무슨 소리니?
모두가 무슨 일인지 보고 있어

– 버펄로 스프링필드Buffalo Springfield

아마도 올해의 가장 중요한 책일 것이다. … 지하 세계의 사이버 군비 경쟁 양상을 정밀하고 명석하며 생생한 문체로 묘사한 펄로스의 충격적인 르포는 필독할 가치가 있다.

– 북리스트Booklist 추천 리뷰

흥미진진한 책이다. 펄로스가 펼치는 논지의 바탕에는 항상 윤리의식이 자리잡고 있다. 여기에 등장한 대부분의 사람은 무엇이 옳은 행동인지 고민하지 않는다. 그들의 목표는 단기적이거나 이기적이거나 혹은 모두에 속한다. 해커와 버그 판매상과 스파이들의 이야기를 놀라운 흡입력으로 다루면서 독자도 함께 심층적인 문제를 생각할 수 있게 만드는 놀라운 책이다.

– 스티븐 M. 벨로빈Steven M. Bellovin, 컬럼비아대학교 컴퓨터과학과 교수

제로데이zero-day를 사고파는 어두운 지하 세계는 수십 년 동안 그늘에 가려 있었다. 그 성격과 위험성을 고려하면 이 치명적 사안을 밝히고 싶어하는 사람은 거의 아무도 없었다. 니콜 펄로스는 제로데이 시장의 기원을 끈질기게 추적하는 것은 물론, 시장의 당사자들을 설득해 이야기를 듣고 왜 이 사안이 중요한지 명쾌하게 설명한다.

– 킴 제터Kim Zetter,
『제로데이 카운트다운Countdown to Zero Day』 저자

7

니콜 펄로스는 당신이 좋아하는 동네 술집에서 맥주를 마시듯 고도로 기술적이고 매혹적인 이야기를 흥미진진하게 들려준다.

− 니나 얀코비츠Nina Jankowicz,
『정보전쟁에서 패배하는 법How to Lose the Information War』 저자

디지털 분야의 지식인이 들려주는 흥미진진한 이야기다. 니콜 펄로스는 1과 0의 디지털 정보를 사용해 우리를 보호하거나 우리를 위협하며 이익을 창출하는 정부 후원 엘리트들의 은밀한 활동을 더없이 흥미롭게 조명한다.

− 글렌 크레이먼Glenn Kramon, 전 「뉴욕타임스」 수석 편집자

스릴러처럼 읽히는 책이다. 우리를 더 안전하게 하기 위한 의도였으나 도리어 우리를 3차 세계대전의 벼랑으로 몰아가는 음험한 고수익 산업의 내면을 날카롭게 파헤친다.

− 존 마코프John Markoff, 전 「뉴욕타임스」 사이버 보안 전문 기자

인터넷을 장악하기 위한 투쟁의 배후에 도사린 미친 인물들과 기묘한 이야기가 소용돌이처럼 전개된다. 여기에 나온 내용이 모두 사실이 아니라고 해도 믿기 어려울 만큼 극적이고 놀랍다.

− 알렉스 스테이모스Alex Stamos,
스탠퍼드대학교 인터넷 관측소 소장, 전 페이스북과 야후의 보안 책임자

현대 민주주의의 아킬레스건인 허위 정보와 해킹 및 소프트웨어 취약성의 냉혹한 현실을 그대로 보여준다. 이 분야에서 과학자이자 공학자로 일하고 있는 내게 이 책은 마치 공포소설처럼 다가온다. 모두가 꼭 읽어보길 바란다.

– 게리 맥그로우^{Gary McGrow} 박사,
베리빌 머신러닝 연구소^{Berryville Institute of Machine Learning} 설립자 겸
『소프트웨어 보안^{Software Security}』 저자

보통 이런 책은 영화 각본이나 소설 같다는 말로 칭찬받곤 한다. 니콜 펄로스의 이 책은 그보다 더 낫다. 기술적 문제와 인간의 행태에 대한 펄로스의 민감성이 이 책의 메시지를 진정성 있게 만든다. 그래서 우리의 프라이버시, 경제 및 어쩌면 우리의 삶을 위협하는 사이버 보안의 문제를 짚는 펄로스의 메시지는 더더욱 무섭게 다가온다.

– 스티븐 레비^{Steven Levy},
『해커, 광기의 랩소디』, 『메타 페이스북』 저자

이 책을 반드시 단 한 글자도 빼놓지 말고 읽어 보라.

– 톰 피터스^{Tom Peters},
『초우량 기업의 조건^{In Search of Excellence}』 저자

스파이 활동과 사이버 전투로 얼룩진 펄로스의 르포는 마치 당대 상황을 무대로 한 소설가 존 르 카레^{John Le Carre}의 글처럼 흥미진진해서 당신을 잠 못 들게 할 것이다.

– 닉 빌튼^{Nick Bilton}, 「배너티 페어^{Vanity Fair}」 기자,
『아메리칸 킹핀^{American Kingpin}』 저자

인터넷의 가장 어두운 구석에 대한 놀랍고 새로운 역사

– 개럿 M. 그라프^{Garrett M. Graff},
「와이어드^{Weird}」 기자이자 『상공의 유일한 항공기^{The Only Plane in the Sky}』 저자

지은이 소개

니콜 펄로스 Nicole Perlroth

니콜 펄로스는 「뉴욕타임스New York Times」 기자로 10년간 사이버 보안, 디지털 스파이 활동 분야를 담당했다. 심층 취재를 통해 미국의 원자력발전소와 전력망, 석유화학 공장에 대한 러시아 해커들의 침투 사실을 밝혀내는가 하면 소니 영화사와 은행, 병원에 대한 북한의 사이버 공격, 석유 회사와 은행 및 주요 인프라에 대한 이란 해커들의 공격 사실을 보도했다. 중국 인민해방군 산하의 해킹 부서를 폭로해 미 법무부가 중국군 해커들을 기소하도록 만들었으며, 해당 보도는 미국 비즈니스 편집자와 작가협회Society of American Business Editors and Writers로부터 '최고 비즈니스 상Best in Business Award'을 받았다. 멕시코가 상업용 스파이웨어를 사용해 자국민을 감시한다는 탐사 보도는 퓰리처상 후보에도 올랐다.

다양한 매체에 기고하거나 인터뷰하면서 사이버 보안 전문가로 적극 활동하고 있으며, 미 국무부, 세계은행, 뮌헨 보안 콘퍼런스, RSA, 외교관계위원회 등 여러 기관과 보안 관련 이벤트에서 연사로 활약했다. 스탠퍼드대학교, 프린스턴대학교, 컬럼비아대학교, 코넬대학교, 하버드대학교 케네디 스쿨 등 여러 교육기관에서도 강연하고 있다.

「뉴욕타임스」에 입사하기 전에는 경제 전문지인 「포브스」의 부편집자, IT

전문 컨설팅 회사인 가트너^{Gartner} 산하 기업경영진위원회^{Corporate Executive Board}의 분석가로도 일했다. 프린스턴대학교에서 학사, 스탠퍼드대학교에서 석사 학위를 받았다.

- 홈페이지: https://thisishowtheytellmetheworldends.com

지은이의 말

이 책은 7년여에 걸쳐 3백 명이 넘는 사람들을 만나 인터뷰한 결과물이다. 이들은 사이버 무기의 거대한 암시장에 참여했거나 이를 추적했거나 그에 직접 영향을 받은 당사자들로 해커, 활동가, 반체제 인사, 학계 인사, 컴퓨터 과학자, 미국 및 해외 정부 관료들, 법의학forensic 수사관 및 용병 등 다양한 직업군에 걸쳐 있다.

많은 이는 몇 시간씩, 심지어 며칠씩 할애해 이 책에 소개된 여러 사건과 대화의 상세한 내용에 대해 이야기를 나눴다. 나는 증거가 될 만한 자료를 요청했고 계약서, 이메일, 메시지 혹은 기타 디지털 흔적 등 다양한 형태의 자료를 얻을 수 있었다. 많은 사람이 기밀 유지협약에 묶여 있었기 때문에 가능한 한 사건에 대한 정보를 입증하는 데 음성 녹음이나 일정표 및 메모를 사용했다.

인터뷰에 응한 많은 이는 사안의 민감성 때문에 익명을 요구했다. 그중 두 사람은 가명을 쓰는 조건으로 인터뷰를 승낙했다. 이들 주장의 사실 여부는 가능한 한 다른 사람들의 설명과 비교해 확인했다. 다른 참가자들이 제공한 내용의 사실 여부를 확인하는 것으로만 범위를 한정하기도 했다.

한 가지 주지할 것은 이 책에 언급된 사람들이 해당 사건이나 대화의 취재원일 것이라고 단정해서는 안 된다는 점이다. 당사자로부터 해당 내용을 직접 들은 경우도 있지만 목격자나 제3자 혹은 이미 기록된 문서를 정리한 경우도 많다.

또 하나 중요한 점은 해커나 거래 주체 그리고 정부 관계자들은 기밀 유지를 최우선으로 삼기 때문에 특히 사이버 무기의 은밀한 거래 내용이 공식 문서로 기록된 경우는 매우 드물다는 점이다. 그 때문에 많은 이야기의 사실 여부를 확인하기 어려웠고, 내용에서 제외할 수밖에 없었다. 그런 고의 누락에 대해 독자의 이해를 구한다.

진실을 밝히기 위해 나름 최선을 다했지만 지금도 여전히 사이버 무기 거래는 두터운 베일에 싸여 있다. 그래서 이 책의 모든 내용이 정확하다고 주장하기는 어렵다. 어떤 내용이 잘못됐든 그 책임은 물론 내 몫이다.

모쪼록 이 작업이 기밀과 은폐의 장막에 싸인 사이버 무기 시장의 실체를 부족하나마 조명해 더 많은 사람이 주목하기를, 그래서 긴요한 사회적 담론으로 발전하기를 기대한다. '사물인터넷'이라는 디지털 쓰나미가 우리 사회를 돌이킬 수 없는 나락으로 빠뜨리기 전에 말이다.

2020년 11월

니콜 펄로스

감사의 말

스노든이 유출한 기밀 문서를 들고 「뉴욕타임스」 사주의 옷장으로 들어가던 바로 그날, 나는 남편으로부터 이메일로 첫 데이트 신청을 받았다. 나는 미국의 다른 곳에서 누구와도 논의할 수 없는 프로젝트에 투입돼 언제 끝날지도 모르는 상태였다. 그래서 나는 연례 블랙햇^{Black Hat} 해킹 콘퍼런스 참석을 이유로 기회를 만들었고, 남편은 나를 만나러 라스베이거스까지 날아왔다. 그는 운 좋게 제때 도착해 내 생일을 축하하는 저녁을 사줬다. 그것이 우리의 첫 데이트였고, 이후 그는 변함없이 나와 내 커리어 그리고 내 이야기가 책으로 나오도록 돕는 데 헌신적이었다. 그와 같은 사람은 많지 않다. 나는 그가 보내준 사랑과 격려 그리고 내가 이 책을 마무리하기 위해 분주한 동안 해준 아빠 역할에 감사한다. 내 아들 홈즈에게도 고마움을 전한다. 홈즈는 내가 만삭인 채 워싱턴 DC 일대를 뒤뚱대며 돌아다니고, 사이버 무기 공장을 몰래 추적하고, 세계 여러 나라를 여행하는 동안 뱃속에서 얌전히 지내줬다. 홈즈는 이 책을 나와 함께 쓴 것이나 다름없기 때문에 홈즈가 하루빨리 이 책을 읽을 수 있기를 고대한다. 그리고 내가 없을 때 홈즈를 보살펴 준 조력자, 내 유모이자 이제는 절친이 된 샐리 애덤스^{Sally Adams}에게 깊이 감사한다. 샐리가 없었다면 이 책도 없었을 것이다.

"「뉴욕타임스」의 니콜 펄로스 기자입니다."라고 말할 수 있는 것보다 더 높은 직업적 영예는 없다. 「뉴욕타임스」에서 근무한 경험은 내 인생에서 가

14

장 큰 영예였다. 내 동료들은 진정으로 나의 영웅들이다. 신문사에서 일한 10년 동안 동료 기자, 편집자, 교열 담당자 및 사진기자들로부터 학교에서 배운 것 이상으로 많은 것을 배웠다. 매일 아침 일어나 신문을 발행하는 데 얼마나 엄청난 노력이 들어가는지 확인하며 경이로움을 느꼈다. 나는 내 친구이자 멘토인 필 터브만Phil Taubman과 펠리시티 배링거Felicity Barringer의 추천이 없었다면 「뉴욕타임스」는 결코 나를 채용하지 않았으리라는 점을 잘 알고 있다. 두 사람은 내가 아직 햇병아리 대학원생일 때 나를 지도하며 도움을 줬고, 「뉴욕타임스」가 젊고 굶주린 기자를 채용할 때 나를 추천했다. 「뉴욕타임스」의 편집 부국장인 글렌 크레이먼은 항상 나를 지원하며 영감을 줬다. 존 게데스John Geddes 전 편집국장은 나를 채용했을 뿐 아니라 「뉴욕타임스」에 대한 중국군 소속 해커들의 사이버 공격 사실을 보도하도록 승인했다. 이 보도는 기업이 사이버 공격을 받고도 해당 사실을 부인하고 숨겨온 그간의 관행을, 미국의 네트워크에 대한 공격 주체를 밝히고 책임을 묻는 쪽으로 바꾸는 계기가 됐다고 생각한다. 나는 내 능력을 믿고 뽑아준 「뉴욕타임스」의 전 경제면 편집자인 래리 잉그라시아Larry Ingrassia에게 큰 빚을 졌다. 빼어난 편집자들인 데이먼 달린Damon Darlin과 데이비드 갤러거David Gallagher에게도 감사하고 싶다. 공교롭게도 이름이 같은 두 딘Dean에게 고맙다는 말을 전한다. 신문의 주필인 딘 배킷Dean Baquet은 기밀 문서를 리뷰하고 그에 대한 기사를 쓰는 프로젝트에 나를 참여시켜 줬다. 딘 머피Dean Murphy는 내가 이 책을 쓸 수 있도록 시간을 배려했다. 푸이-윙 탐Pui-Wing Tam과 제임스 커스테터James Kerstetter는 최고의 기술 팀을 꾸렸다. 두 사람 모두 내가 이 집필 프로젝트에 집중하도록 도와줬고 때로 정신적, 육체적 탈진 직전까지 갔을 때도 탈선하지 않도록 나를 잡아줬다. 존 마코프는 내가 던지는 수많은 질문을 끈기 있게 들어주었고, 내가 그의 역할을 맡게 되자 취재원과 조언을 아끼지 않았으며, 샌프란시스코 지국에 배치돼 당혹해

하는 기자들에게 영감을 주는 롤모델이었다. 나는 이 분야 최고의 국가안보 전문 기자 및 편집자들인 스캇 셰인Scott Shane, 데이비드 생어David Sanger, 레베카 코벳Rebecca Corbett, 마크 마제티Mark Mazzetti, 매튜 로젠버그Matthew Rosenberg, 빌 해밀턴Bill Hamilton, 톰 섕커Thom Shanker와 함께 일하는 행운을 누렸다. 이 책의 후반부를 편집하면서 내용이 나쁘지 않다고 칭찬해준 제프 케인Jeff Cane과 책에 담긴 내용의 사실 여부를 정확하게 점검하고, 자칫하면 난처할 수도 있는 오류를 잡아준 이와 보종Ewa Beaujon에게 특별한 감사의 말을 전한다. 실리콘밸리와 다른 도시에서 일하는 내 동지들인 브라이언 X. 첸Brian X. Chen, 닉 빌튼Nick Bilton, 클레어 케인 밀러Claire Cain Miller, 제나 워덤Jenna Wortham, 마이크 아이작Mike Isaac, 퀜틴 하디Quentin Hardy 및 지국의 모든 직원에게 고맙다고 말하고 싶다. 용기 있는 양질의 저널리즘을 지속적으로 지원해준 설즈버거Sulzberger 가족에게도 존경의 말을 전한다. 자신의 옷장을 사용하도록 허락한 아서 설즈버거 주니어Arthur Sulzberger Jr.께 특히 감사하다는 말씀을 드린다. 그리고 트럼프 당시 미 대통령이 데이비드 생어와 내가 쓴 기사를 지목하며 '반역'이라고 공격했을 때 정면으로 반박하며 우리를 지원해준 A. G. 설즈버거[1]께도 감사인사를 드린다.

이 지면을 가다듬는 데 도움을 주고, 매일 더 나은 필자 겸 기자가 되도록 채찍질해 준 내 경쟁자들에게 특별히 감사의 말을 전한다. 일요일 밤 10시에 경쟁사 기자의 기사와 내 기사를 비교해보는 일은 결코 즐거울 수 없었지만, 궁극적으로 우리는 모두 같은 편이었다. 조 멘Joe Menn, 앤디 그린버그Andy Greenberg, 케빈 폴슨Kevin Poulsen, 브라이언 크렙스Brian Krebs, 킴 제터, 엘렌 나카시마Ellen Nakashima 그리고 크리스 빙Chris Bing에게 감사의 마음을 전한다.

---

1 아서 설즈버거 주니어의 아들로 현재 「뉴욕타임스」의 발행인이다. - 옮긴이

이 책의 아이디어는 다니엘르 스벳코브Danielle Svetcov가 나를 저녁식사에 초대했을 때 싹텄다. 이전에도 여러 출판 에이전트가 날더러 사이버 보안을 주제로 책을 쓰자고 제안했지만 누구도 다니엘르 같지 않았다. 처음에 구글로 검색해 보니 다니엘르는 여러 요리책의 저자들을 대행하고 있었고, 그중에는 내가 좋아하는 샌프란시스코의 몇몇 요리사들도 있었다. 어쩌면 '스테이트 버드 프로비전스State Bird Provisions' 예약을 다니엘르가 도와줄 수 있지 않을까? 아니면 남편의 요리책을 내가 대필하는 것을 도와줄 수 있을까?(다니엘르 저한테 약속한 거 기억하죠?). 대신 다니엘르는 저녁 약속에 내가 「뉴욕타임스」에 쓴 모든 기사를 뽑아 들고 나타났다. 그리고 각 장의 제목과 책의 제목 후보를 적어 왔으며, 인상적인 주인공이 될 만한 기사의 등장 인물 목록도 만들어 왔다. 나로서는 그녀와 함께 작업하겠다고 약속할 수밖에 없는 준비였다. 다니엘르는 출판사와의 까다로운 계약부터 일일이 기억하기 어려운 온갖 건강 문제, 결혼, 첫 아기에 이르기까지 내 곁에서 변함없이 지원했고, 더 이상 바랄 것이 없을 만큼 노련한 편집자였다. 다니엘르는 평범한 에이전트가 아니라 전설이다. 출판계의 진정한 신사이자 내가 가장 필요로 할 때 차분하게 확신의 목소리를 내는 나의 공동 에이전트인 짐 리바인Jim Levine에게도 각별한 감사를 전한다.

블룸스버리Bloomsbury 출판사의 안톤 멀러Anton Mueller와 그의 팀은 내가 자신감을 잃고 어려워할 때도 나를 믿고 지원했다. 안톤은 빠듯한 마감 압력에도 민활한 통찰력으로 책의 품질을 높이는 데 기여했다. 그는 책의 모든 문장을 꼼꼼히 검토하고, 책의 맨 마지막 페이지까지 함께했다. 이 책을 출간해준 블룸스버리에 깊이 감사할 따름이다.

책을 쓰는 일은 외로운 작업이다. 너무 많은 시간을 머릿속에서 소비한다. 내 인생의 다양한 지점에서 알게 된 몇몇 친구들이 나를 격려하고 웃게 만들었다. 메건 클랜시Megan Clancy, 줄리아 빈야드Julia Vinyard, 로렌 글로바크Lauren Glaubach, 로렌 로젠탈Lauren Rosenthal, 저스틴 프랜시스Justin Francese, 마리나 젠킨스Marina Jenkins, 프레데릭 바이얼Frederic Vial, 애비 그레고리Abby Gregory, 마이클 그레고리Michael Gregory, 레이철 스나이더Rachel Snyder, 매트 스나이더Matt Snyder, 새라 실라우스Sarah Seelaus, 벤 실라우스Ben Seelaus, 패티 오이카와Patty Oikawa, 리즈 아미스테드Liz Armistead, 빌 브룸Bill Broome, 코코 미어스Coco Meers, 이선 미어스Ethan Meers, 숀 레오Sean Leow, 캐롤린 사이브Carolyn Seib, 네이트 셀린Nate Sellyn, 젠 크래스너Jen Krasner, 폴 게이타니Paul Gaetani, 진 포스터Jean Poster, 멜리사 젠슨Melissa Jensen, 댄 가족the Dann Family, 폴 톰슨Paul Thomson, 존 로빈슨John Robinson, 제나 로빈슨Jenna Robinson, 알렉스 다코스타Alex Dacosta, 타이슨 화이트Tyson White 그리고 추가크 파우더 가이즈Chugach Powder Guides의 가족들 모두에게 감사를 전한다.

부모님인 캐런Karen과 마크 펄로스Mark Perlroth 그리고 오빠 빅터Victor와 언니 니나Nina. 내가 이 생애에서 어떤 성공을 거두든 그것은 이들의 사랑과 지원의 직접적인 결과다. 내가 어렸을 적 이들은 돌아가며 내 숙제를 도와줬고 내 학기 말 리포트를 검토해줬다. 내가 언젠가 기자가 되고 책을 쓰게 되리라는 생각은 그것이 사이버 무기의 비밀 시장을 주제로 할 것이라는 점은 아예 제쳐놓더라도, 여전히 미스터리다. 내가 생각을 정리하는 데 도움을 준 오빠에게 특히 고맙고, 엄마께는 모든 것에 감사하다고 말씀드리고 싶다. 나는 이제서야 '엄마'의 진정한 의미를 깨닫고 있다.

내게 이 낯선 세계와 지구상에서 가장 은밀한 시장의 안팎을 친절하게 설명하고 제보해 준 수백 명의 취재원이 없었다면 이 책은 불가능했을 것이다. 끝내 비밀로 남았을 수도 있는 여러 사연과 정보를 공유하면서 내게 보여준 여러분의 인내와 날 믿고 이야기를 들려준 것에 감사하고 싶다. 이 책에는 실명으로 등장하지 않지만 매우 중요한 정보를 제공한 취재원이 많다. 내가 누구를 얘기하는지 본인들은 알고 있을 것이다. 진심으로 감사를 드린다.

그리고 마지막으로 내 큰 오빠 트리스탄. 몇 년 전에 세상을 떠났지만 맹세코 나는 아직도 내 귀에 속삭이는 오빠 목소리가 들린다. 오빠는 내게 인생은 짧으니 매 순간 최선을 다해야 한다고 가르쳐 줬다. 이 책은 오빠를 위한 거예요.

옮긴이 소개

김상현

캐나다에서 정보공개 및 프라이버시 전문가로 일하고 있다. 토론토대학교, 앨버타대학교, 요크대학교에서 개인정보 보호와 프라이버시, 사이버 보안을 공부했다. 캐나다 온타리오주 정부와 앨버타주 정부, 브리티시 컬럼비아BC주의 의료서비스 기관 등에서 정보 공개 담당관, 개인정보 보호 책임자, 프라이버시 관리자 등으로 일했다. 지금은 밴쿠버 아일랜드의 수도권청Capital Regional District에서 정보공개 및 개인정보 보호를 담당하고 있다.

저서로『유럽연합의 개인정보보호법, GDPR』(커뮤니케이션북스, 2018),『디지털 프라이버시』(커뮤니케이션북스, 2018),『인터넷의 거품을 걷어라』(미래M&B, 2000)가 있고, 번역서로는 에이콘출판사에서 출간된『프라이버시 중심 디자인은 어떻게 하는가』(2021),『마크 저커버그의 배신』(2020),『에브리데이 크립토그래피 2/e』(2019),『보이지 않게, 아무도 몰래, 흔적도 없이』(2017),『보안의 미학 Beautiful Security』(2015),『똑똑한 정보 밥상 Information Diet』(2012),『불편한 인터넷』(2012),『디지털 휴머니즘』(2011) 등이 있다.

지난 2월 말 벌어진 러시아의 우크라이나 침공은 비단 물리적 환경에만 국한된 것은 아니었다. 아니 그보다 앞서 사이버 환경에서 먼저 벌어졌다. 러시아의 사이버 군대는 우크라이나의 주요 기간 시설에 대한 전방위적인 해킹을 시도했다. 우크라이나도 그에 맞서 러시아의 기간 시설에 대한 사이버 공격을 감행했다. 즉 사이버 공방전은 실제 물리적 전쟁의 전조였던 셈이다. 뉴스에는 자주 언급되지 않지만 양국의 사이버 전쟁은 물리적 전쟁 못지않게 치열하다. 전쟁이 두 달째 접어든 지난 4월 초, 우크라이나의 컴퓨터 긴급대응팀CERT-UA과 슬로바키아의 사이버 보안 회사인 ESET는 러시아의 샌드웜Sandworm 해커 그룹이 인더스트로이어Industroyer 혹은 크래시 오버라이드Crash Override로 알려진 멀웨어의 한 변종을 사용해 우크라이나의 주요 고압 변전소를 마비시키려 시도했다고 폭로했다. 러시아의 군사정보국GRU 산하 74455 부대로 알려진 샌드웜 해커들은 2015년과 2016년 우크라이나의 전력망을 해킹해 사상 초유의 피해를 입혔고, 그 내용은 이 책에 잘 묘사돼 있다. 러시아의 침공과 병행한 이번 공격은 전력 공급을 조절하는 변전소 장비를 무력화하기 위한 것으로, 최악의 경우 2백만 가구 이상의 전력을 끊는 치명적 피해로 이어질 수 있었다.

그러나 우크라이나 측은 이번 샌드웜 그룹의 공격을 성공적으로 저지했다고 밝혔다. 재난적 피해를 입은 2015년과 2016년의 뼈아픈 경험이 우크라이나의 사이버 전력을 한껏 강화시킨 '쓴 약' 구실을 한 것으로 보인다. 더욱이 러시아 침공을 계기로 우크라이나는 전 세계 해커들의 지원도 받고 있다. 「가디언」과 「와이어드」를 비롯한 여러 매체에 따르면 러시아는 우크라이나 침공 이후 사상 초유의 규모로 집중 해킹 공격을 받고 있다. 우크라이나의 자원봉사자들과 전 세계의 화이트햇 해커들로 구성된 'IT 군대'가 우크라이나 정부로부터 매일 오전 5시(현지 시간), 비밀 메신저 프로그램인 텔레그램을 통해 러시아 측 해킹 표적을 전달받으면 해킹 공격에 돌입하는 것이다.

이제 해킹은 더 이상 아마추어 해커(스크립트 키디)의 영역이 아니다. 국가 간 물밑 전쟁의 주요 무기이고, 독재 정권이 반체제 인사들을 감시하고 민주주의 운동을 억압하는 수단이다. 한때 미국, 특히 국가안보국NSA의 전유물처럼 여겨졌던 강력한 해킹 툴은 이제 충분한 자금력만 있으면 누구나 그리고 언제든 확보할 수 있는 상황으로 발전했다. NSA가 이스라엘과 공조해 이란의 핵개발 프로그램을 저지하는데 활용했던 치명적 웜 바이러스인 스턱스넷Stuxnet은 이들의 관리 실패로 유출돼 전 세계 기업의 산업시스템에 커다란 피해를 입혔다. 스턱스넷은 '악성 소프트웨어 역사상 최대의 기술적 블록버스터'라는 표현에 걸맞게 마이크로소프트의 윈도우 운영체제를 비롯한 무려 7개의 제로데이 익스플로잇을 사용해 컴퓨터에 스며들었다. 그러나 그보다 더 충격적인 대목은 스턱스넷의 가공할 위력이 아니라 NSA가 윈도우 운영체제의 치명적인 보안 취약점(제로데이)을 알고도 숨겼다는 점, 막대한 규모의 제로데이 정보를 NSA가 쌓아두고 누구에게도 알리지 않은 채 국내외 감시 활동과 적대 세력 해킹에 사용했다는 점이었다. 짧게는 몇 개월, 길게는 몇 년씩이나 그런 보안 취약점을 숨겼다. 그러다 NSA의 제로데이는 수수께끼의 해킹 그룹에 의해 유출됐고, 이는 무고한 기업과 시민들의 막대한 피해로 이어졌다. 해당 소프트웨어 업체에 보안 취약점을 알려 수정하게 했다면 막을 수 있었을 피해였다. '국가 안보'라는 이름 아래 도리어 국민의 안위가 위협받는 역설적 상황이 발생한 것이다.

「뉴욕타임스」의 사이버 보안 전문 기자였던 니콜 펄로스는 이 책에서 3백 명이 넘는 정부관계자, 해커, 프로그래머, 보안 전문가, 학계 인사, 컴퓨터 과학자, 반체제 인사들의 입을 통해 사이버 환경의 위태롭고 섬뜩한 진화 상황을 생생하게 전한다. 그리고 사이버 환경에서 치열하게 전개되는 군비 경쟁의 양상이 어떤 면에서는 물리적 환경의 군비 경쟁보다 도리어 더 위험할 수 있다는 사실을 설득력 있게 보여준다.

사이버 환경의 군비 경쟁이 물리적 환경보다 더 위험한 이유는 무엇보다 그것이 일반에게 잘 감지되지 않고 따라서 적절한 견제와 규제가 어려우며, 현실의 국방력 경쟁과 달리 아무런 기반 기술이나 인프라가 없어도 지하의 '제로데이' 시장을 통해 막강한 사이버 공격력을 갖출 수 있기 때문이다. 러시아와 중국은 물론, 불과 몇 년 전까지만 해도 사이버 역량이 미약하다고 평가되던 북한, 이란, 아랍에미리트연합, 사우디아라비아 등 소위 '불량국가'가 돌연 경계의 대상으로 떠오른 것도 그런 상황과 무관하지 않다.

니콜 펄로스는 그처럼 물밑에서 은밀히 진행되는 사이버 군비 경쟁의 위험한 동향을 끈질기고 철저한 취재로 낱낱이 파헤치고 있다. 사이버 보안이나 해킹, 해커들에 대한 책은 많지만 국가 간 전쟁의 위협과 직결된 사이버 무기 시장을 이처럼 종합적이고 정밀하게 파헤친 경우는 일찍이 없었다. 그만큼 한국의 사이버 보안 전문가, 국방 및 정보기관 담당자, 정책 입안자들이 참고할 만한 새롭고 충격적인 내용도 많다. 세계 유수의 경제지인 영국 「파이낸셜타임스」가 이 책을 '2021년의 최우수 비즈니스 도서'로 선정한 것도 이 책이 사이버 전쟁에 대해 제기하는 남다른 통찰과 문제의식 때문이라고 판단된다.

좋은 책을 번역할 기회를 주신 에이콘출판사의 권성준 사장님께 감사의 말씀을 전한다. 아울러 언제나 내게 삶의 기쁨과 희망, 용기를 안겨주는 아내 김영신, 두 아들 동준과 성준에게 이 책을 바친다.

캐나다 빅토리아에서

차례

이 책에 쏟아진 찬사 7

지은이 소개 10

지은이의 말 12

감사의 말 14

옮긴이 소개 20

옮긴이의 말 21

들어가며 27

1부 / 미션 임파서블 _____ 47

1장   비밀 옷장 49

2장   빌어먹을 연어 63

2부 / 자본가들 _____ 71

3장   카우보이 73

4장   첫 번째 브로커 103

5장   제로데이 찰리(Zero-Day Charlie) 119

3부 / 스파이들 _____ 139

6장   건맨 프로젝트 141

7장   대부 153

8장   잡식동물 187

9장 루비콘 – 돌아올 수 없는 강을 건너다 209

10장 공장 231

4부 / 용병들 _____ 251

11장 쿠르드인 253

12장 추잡한 비즈니스 277

13장 용병들 295

5부 / 저항 _____ 315

14장 오로라 317

15장 포상금 사냥꾼들 347

16장 암흑 속으로 377

6부 / 토네이도 _____ 403

17장 사이버 가우초들 405

18장 퍼펙트 스톰 427

19장 전력망 451

7부 / 부메랑 _____ 473

20장 러시아 해커들이 몰려온다 475

21장 그림자 브로커들 503

22장 공격 521

23장 뒷마당 539

마치면서 599

취재노트 628

찾아보기 737

우크라이나 키이우Ukraine Kyiv

2019년 한겨울, 비행기가 우크라이나의 수도인 키이우에 착륙할 때까지 공격이 끝났는지, 아니면 앞으로 닥칠 사태의 전조일 뿐인지 누구도 확신하지 못했다.

내가 탄 비행기가 우크라이나의 영공에 진입하는 순간부터 미약한 공황 상태 혹은 조심스러운 편집증의 분위기가 기내를 감돌았다. 갑자기 난기류가 비행기를 위로 밀어올렸기 때문에 기내 뒤쪽은 현기증이 날 만큼 흔들렸다. 옆에 앉은 가냘픈 우크라이나 모델은 내 팔을 움켜잡고 눈을 꼭 감은 채 기도하기 시작했다.

90미터 아래 지상에서 우크라이나는 주황색 경보 체제에 돌입했다. 갑작스런 폭풍이 아파트 건물의 지붕을 뜯어내고, 뜯긴 지붕의 파편은 도로 위로 쏟아졌다. 키이우 외곽의 여러 마을과 우크라이나 서부 지역에 정전 사태가 또다시 벌어지고 있었다. 비행기가 가까스로 활주로에 착륙해 승객들이 보리스필 국제공항Boryspil International Airport을 빠져나오기 시작할 무렵에도 젊고 멀쑥한 우크라이나의 국경 수비대원들조차 긴장된 표정으로 서로에게 묻는 것 같았다. 지독한 폭풍 탓인지 아니면 러시아의 또 다른 사이버 공격 탓인지 당시 상황에서는 누구도 확신할 수 없었다.

하루 전 나는 아기에게 작별을 고하고 키이우행 비행기에 몸을 실었다. 세계 최악의 사이버 공격이 벌어진 현장인 그라운드 제로ground zero의 피해 상황을 조사하기 위한 일종의 순례였다. 2년도 안 돼 우크라이나의 정부기관은 물론, 철도, 현금자동지급기, 주유소, 우체국, 심지어 옛 체르노빌 원자력 발전소의 방사능 탐지 장비까지 마비시켜 버린 대규모 러시아 사이버 공격의 여파가 아직도 가시지 않은 시점이었다. 그 공격에 사용된 코드는 우크라이나에 그치지 않고 전 세계 곳곳으로 퍼져나가 멀게는 오스트레일리아 태즈메이니아 지역의 공장을 마비시켰고, 세계 유수의 제약회사 중 한 곳의 백신을 파괴했으며, 페덱스^{FedEx}의 컴퓨터에 침투했고, 세계 최대 해운 회사의 시스템을 정지시켰다. 모두가 불과 몇 분 만에 벌어진 일이었다.

러시아 정부는 2017년 사이버 공격의 타이밍을 미국의 7월 4일 독립기념일에 비견되는 우크라이나의 제헌절로 잡음으로써 모종의 메시지를 전달했다. 어떻게 독립을 기념하든 너희 마음이지만 '어머니 러시아^{Mother Russia}'는 절대로 너희를 내 손아귀에서 놓아주지 않을 것이라는 메시지였다.

당시 공격은 2014년 일어난 우크라이나 혁명에 대한 러시아 정부가 벌인 보복 행위의 정점이었다. 우크라이나 혁명은 수십만 명이 키이우의 독립 광장에 모여 러시아의 그림자 정권에 반대하는 시위를 벌인 끝에 푸틴의 꼭두각시 노릇을 해온 빅토르 야누코비치^{Viktor Yanukovych} 대통령을 퇴진시킨 사건이었다.

야누코비치가 축출된 지 며칠 만에 푸틴은 야누코비치를 모스크바로 소환하는 한편 크름반도^{Crimean Peninsula}를 무력 침공했다. 2014년 합병 전까지 크름반도는 우크라이나의 남부 해안에 다이아몬드 모양으로 자리잡은 흑해의 파라다이스였다. 처칠은 한때 이곳을 '하데스의 리비에라^{the Riviera of Hades}'라고 부르기도 했다. 이제는 러시아에 합병돼 블라디미르 푸틴이 우크라이나와 대치하는 위태로운 진원지가 됐다.

푸틴의 디지털 군대는 그때 이후 지속적으로 우크라이나를 괴롭혀 왔다. 러시아 해커들은 우크라이나에서 디지털 신호와 연결된 것은 누구든 무엇이든 무차별적으로 공격했다. 5년이라는 긴 시간 동안 이들은 하루에 수천 번 꼴로 사이버 공격을 벌이며, 끊임없이 네트워크를 스캔해 디지털 혼란을 불러일으키는 데 악용할 수 있을 만한 약점인 허술한 비밀번호, 사소한 오류, 불법 복제되거나 보안 패치가 되지 않은 소프트웨어, 성급하게 설치된 방화벽 등의 징후를 찾았다. 우크라이나의 친서방 정권을 훼손하고 약화시킬 만한 단서라면 무엇이든 좋았다.

푸틴은 러시아의 해커들에게 첫째, 모국 러시아 내부의 해킹은 금지하고 둘째, 푸틴 정권이 요구하는 일이라면 무엇이든 수행하라는 두 가지 규칙만을 못박았다. 그 외에는 완전히 해커들의 자유였다. 그리고 의심의 여지 없이 푸틴은 그들을 총애했다.

푸틴은 해커들이 우크라이나의 시스템을 쑥대밭으로 만들기 불과 3주 전인 2017년 6월, 몰려든 기자들에게 "해커들은 아침에 기분 좋게 일어나 그림을 그리기 시작하는 예술가와 같다."라면서 "이들에게 애국심이 있다면 러시아를 비방하는 무리와 맞선 싸움에 일조하려 노력할 것이다."라고 말했다.

우크라이나는 러시아 해커들이 아무런 처벌의 두려움도 없이 온갖 해킹 기법과 툴을 마음껏 시도할 수 있는 디지털 실험실이었다. 본격 공격을 시작한 첫 해인 2014년만 해도 러시아 국영 언론과 인터넷의 악플러들인 트롤trolls은 우크라이나의 대통령 선거전에 대대적인 허위정보disinformation 캠페인을 전개했다. 우크라이나의 대규모 친서방 시위는 미국과 유럽이 지원하는 군사 정권military junta이나 숨은 권력집단deep states의 불법 쿠데타라는 주장이었다. 해커들은 선거유세와 관련된 이메일을 훔치고 유권자 데이터를 찾아다니고, 우크라이나의 선거관리위원회에 침투해 파일을 삭제하고, 극우 후보가 당선된 것처럼 조작하기 위해 선거 보고 시스템에 멀웨어를 심었다. 우크라이나 측은 선거 결과가 언론에 보도되기 직전에 그런 음모를 적발했다. 선거 보안 전문가들은 전국 선거를 조작하려는 역사상 가장 노골적인 시도였다고 지적했다.

돌이켜 보면 이것은 미국에 더 요란한 경고 신호로 들렸어야 마땅하다. 하지만 2014년 당시 미국의 시선은 다른 곳을 향해 있었다. 인종 차별을 둘러싼 미주리주 퍼거슨의 폭력 사태, 이슬람 테러단체인 ISIS의 갑작스러운 부상 그리고 내가 담당한 분야에서는 그해 12월에 터진 북한의 소니 영화사 해킹 같은 문제에 관심이 집중됐다. 북한의 해커들은 세스 로건^{Seth Rogen}과 제임스 프랭코^{James Franco}가 김정은 암살을 주제로 코미디 영화를 만든 데 대한 보복으로 소니 영화사의 컴퓨터 서버를 해킹한 다음 소니의 경영진에 굴욕감을 안길 만한 이메일을 선별적으로 공개했다. 푸틴이 2016년 미국 대통령 선거에 이용하기에 더없이 적합한 방식이었다.

대다수 미국인들에게 우크라이나는 아득히 먼 나라였다. 우크라이나 사람들이 독립 광장에 모여 시위를 벌이고, 이후에 새로운 친서방 정치인이 푸틴의 꼭두각시를 대체한 것을 축하하는 장면을 지나치듯 TV로 봤을 뿐이다. 일부는 우크라이나 동부 지역에서 벌어지는 전투에 주목했다. 대부분의 사람들은 러시아의 분리주의자들이 네덜란드 승객이 대부분이었던 말레이시아 항공기를 격추한 사실을 기억할 수 있을 것이다.

하지만 좀 더 주의를 기울였다면 우리는 요란스레 번쩍이는 적색 경고등, 싱가포르와 네덜란드에서 해킹당한 서버, 정전 사태, 곳곳에서 급증하는 코드 등을 감지할 수 있었을 것이다.

그래서 최종 목표는 우크라이나가 아니라 미국이라는 점을 감지했을지도 모른다.

러시아의 2014년 우크라이나 총선 개입은 시작에 불과했다. 유례를 찾아볼 수 없는 대규모 사이버 공격과 파괴 행위가 뒤따랐다.

이들은 지난 냉전 시대의 한 전술을 고스란히 따르고 있었고, 내가 탄 택시가 보리스필 공항을 나와 키이우 중심부이자 우크라이나 혁명의 구심점인 독립 광장으로 향하는 동안 나는 러시아의 해커들이 다음에 어떤 전술을 흉내 낼까, 우리가 그것을 미리 예상할 수 있는 방법은 무엇일까 궁금해졌다.

푸틴 외교 정책의 핵심은 국제 문제에 대한 서방의 영향력을 훼손하는 데 있었다. 모든 해킹과 허위 정보 유포 전술에서 푸틴의 디지털 군대가 보인 공통점은 공격 대상국의 현안에 허위정보를 섞어 이들의 주의를 분산함으로써 푸틴의 진짜 속셈, 즉 서구 민주주의에 대한 지원을 약화시켜 궁극적으로 유일한 푸틴 견제 수단인 북대서양조약기구NATO를 무력화하려는 의도를 숨긴다는 점이었다.

우크라이나 국민의 서방에 대한 신뢰가 흔들릴수록(우리가 어려울 때 서방 국가는 어디에 있었나?) 이들이 서방 국가를 외면하고 '어머니 러시아'의 차디찬 포용 쪽을 선택할 가능성도 더 높았다.

그리고 엄동설한에 난방과 전력을 끊는 것보다 우크라이나 국민을 더 분노케하고 새 정부를 더 불신케 할 방법이 어디에 있겠는가? 2015년 12월 23일, 크리스마스 이브 바로 전날, 러시아는 디지털 세계의 루비콘 강을 건넜다. 1년 전 공격했던 러시아 해커들은 여러 달에 걸쳐 우크라이나 언론사와 정부기관의 시스템에 트랩도어[1]와 가상 폭탄을 설치해 놓았고, 국영 발전소에 은밀히 침투시켰다. 그해 12월에 이들은 우크라이나의 전력망을 통제하는 컴퓨터를 해킹해 회로 차단기를 하나둘 치밀하게 차단함으로써 수십만 가정에 정전 사태를 일으켰다. 주민들의 신고를 지연시키려고 응급전화선도 차단했다. 설상가상으로 배전 센터의 예비전력까지 차단하는 바람에 전력 담당자들은 어둠 속에서 더 쩔쩔매야 했다.

---

1 정보를 수집하거나 변경하거나 파괴할 목적으로 설치한 비밀 통로 – 옮긴이

정전은 채 6시간이 되지 않아 복구돼 사태가 오래 가지는 않았지만 우크라이나 서부에서 벌어진 이 사건은 역사상 유례가 없는 것이었다. 디지털 세계의 카산드라Cassandra들이 오랫동안 전력망에 대한 사이버 공격의 위험성을 경고해 왔지만 2015년 12월 23일까지 그런 역량을 가진 어떤 나라도 실제로 그런 공격을 감행할 엄두는 내지 못했다.

우크라이나의 전력망을 공격한 해커들은 자신들의 정체를 숨기려 애쓴 흔적이 역력했다. 싱가포르와 네덜란드 및 루마니아에서 해킹당한 서버를 통해 자행된 공격은 포렌식 수사관들도 일찍이 본 적이 없을 만큼 높은 수준의 난독화obfuscation 기법을 사용했다. 이들은 우크라이나의 네트워크를 통해 공격 무기를 얼핏 무해해 보이는 비트와 조각으로 쪼개 내려받는 방식으로 침투 감지기를 속였고, 코드를 치밀하게 무작위화randomize함으로써 안티바이러스 소프트웨어를 피했다. 그럼에도 우크라이나 측은 즉각 공격의 배후가 누구인지 즉각 알아차렸다. 이토록 정교한 수준으로 전력망을 마비시키는 데 필요한 시간과 자원을 지하실에 틀어박혀 혼자 활동하는 해커가 가졌을 리 만무했다.

더욱이 개인 해커가 전력망을 마비시켜 얻을 수 있는 금융적 이익은 없었다. 그것은 정치적 공격이었다. 이후 몇 개월에 걸친 보안 연구자들의 조사 결과도 마찬가지였다. 이들은 잘 알려진 러시아의 첩보국이 배후임을 밝혀냈지만 이들의 동기는 안갯속이었다. 공격은 우크라이나 국민에게 그들의 새 정부가 허약하다는 점을 상기시키는 한편, 러시아는 강성하며 푸틴의 디지털 군대는 우크라이나의 디지털 시스템에 속속들이 숨어들어 마음만 먹으면 언제든 전력을 끊을 수 있음을 알아두라고 시위하는 것 같았다.

이를 더욱 강조하려는 듯 러시아의 해커들은 1년 뒤인 2016년 12월에 다시 한번 우크라이나의 정전 사태를 불러일으켰다. 다만 이번에는 수도인 키이우 지역으로 공급되는 난방과 전력만 차단해 러시아의 해킹 능력과 대담성은 이미 미국 국가안보국^{NSA}조차 움찔할 만한 수준임을 드러냈다.

기밀로 분류된 국가 정보에 따르면 러시아와 중국은 여러 해 동안 사이버 영역에서 미국의 가장 위협적인 적국으로 평가돼 왔다. 규모 면에서는 중국이 압도적이었는데, 해커들이 정교한 기술을 발휘했기 때문이라기보다는 미국의 기업 비밀을 훔쳐내는 데 집중했기 때문이다. 국가안보국(이하 NSA)의 키스 알렉산더^{Keith Alexander} 전 국장은 중국의 사이버 간첩 활동을 '역사상 가장 큰 부富의 이전'으로 표현했을 정도다. 중국은 훔칠 만한 가치가 있다고 생각되는 미국의 지적 재산은 하나도 남김 없이 훔쳐내 중국 관영 기업에 넘겨 이를 모방하도록 했다.

이란과 북한도 사이버 위협 목록의 상위권에 올랐다. 이들은 미국에 피해를 끼칠 의지를 보여줬다. 이란은 미국의 온라인 뱅킹 사이트를 마비시켰고, 라스베이거스 샌즈^{Sands} 카지노의 CEO인 셸던 아델슨^{Sheldon Adelson}이 이란을 폭격해야 한다고 워싱턴 정가에 공개적인 압력을 넣은 이후 샌즈 카지노의 컴퓨터 시스템을 무용지물로 만들었는가 하면, 잇따른 랜섬웨어^{ransomware} 공격을 통해 이란의 사이버 범죄자들은 미국의 여러 병원, 기업, 심지어 마을 전체 시스템을 볼모로 잡았다. 북한은 할리우드가 김정은의 심기를 건드린 영화를 만들었다는 이유만으로 미국의 컴퓨터 서버를 마비시킨 데 이어 방글라데시의 한 은행에서 8천 1백만 달러를 훔쳤다.

하지만 기법의 정교함에서 러시아가 가장 최상위에 있다는 데는 의문의 여지가 없다. 러시아 해커들은 펜타곤(국방부), 백악관, 합동참모부, 국무부 등에 침투했고, 러시아의 나시^{Nashi} 청년 그룹은 크렘린의 직접 명령에 따라서든 혹은 스스로 그것이 애국 행위라고 느껴서든 에스토니아 정부가 옛 소련 시대의 동상을 옮긴 직후 에스토니아의 전체 시스템을 마비시켰다. 한 사이버 공격에서 이슬람 근본주의자를 가장한 러시아 해커들은 12개의 프랑스 TV 채널에 방송 중단 사태를 일으켰다. 이들은 사우디아라비아의 석유화학 회사의 안전 제어 시스템을 다운시키기 직전에 발각됐다. 하지만 이를 통해 러시아 해커들이 사이버 공격을 통한 테러 기술에서 다른 나라보다 한 발 앞서 있음을 보여줬다. 이들은 브렉시트Brexit 국민투표에 사이버 폭격을 가했고, 미국의 전력망을 해킹했으며, 2016년 미국 대선과 프랑스 선거, 세계반도핑기구World Anti-Doping Agency, 심지어 올림픽 경기에까지 개입했다.

하지만 2016년까지도 미국의 정보기관은 미국의 사이버 능력이 다른 어떤 나라보다도 월등히 앞서 있다고 추정했다. 크렘린은 최고 수준의 사이버 무기를 우크라이나에서 시험하는 중이었지만, 미국의 방첩 전문가들이 판단하는 한 러시아는 여전히 미국의 사이버 기술에는 미치지 못하는 수준이었다.

그리고 그런 상태는 꽤 오래 유지돼온 듯하다. 정확히 얼마 동안일지는 누구도 예측할 수 없지만 2016년부터 2017년 사이에 미국의 사이버 역량과 다른 모든 나라 및 악의적인 세력 간의 차이는 상당히 좁혀졌다. 2016년부터 미 NSA가 보유한 사이버 무기가 지금까지도 정체가 밝혀지지 않은 그룹에 의해 온라인상에서 유출됐는데 이는 미국이 사이버 공간에서 공격 우위를 유지한 유일한 이유였다. 9개월에 걸친 기간 동안 우리는 여전히 누가 NSA를 괴롭혔는지 모른다. 자칭 '그림자 브로커Shadow Broker'라는 수수께끼의 해커 혹은 해커들이 NSA의 해킹 툴과 코드를 공개함으로써 모든 국가, 사이버 범죄자 또는 테러리스트들이 사이버 성전聖戰에 사용할 수 있게 했다.

그림자 브로커의 폭로는 잠시 언론의 화제가 됐지만 2016~2017년의 대다수 뉴스가 그랬듯이 미국민의 뇌리에 오래 남아 있지 못했다. 설령 관심을 가졌다고 해도 사람들은 대부분 상황의 심각성을 제대로 이해하지 못했고, 그런 폭로가 NSA에, 우방국과 미국의 대기업에 그리고 크고 작은 도시와 마을에 어떤 영향을 미칠지에 대해서도 무지했다.

그림자 브로커의 정보 유출로 지구상에서 가장 강력하면서도 눈에 보이지 않았던 사이버 무기의 일부가 세상에 최초로 노출됐다. 수수께끼의 해커들이 폭로한 내용은 전대미문의 대규모 정부 프로그램으로 특급 기밀로 분류돼 수십 년간 그 존재 자체가 드러나지 않았던 사이버 무기와 스파이 활동이었다. 그런 무기 거래와 스파이 활동은 명의뿐인 기업이나 용병, 비밀 예산, 기밀 유지협약 그리고 초기에는 거대한 현금 가방을 통해 비밀리에 진행됐다.

그림자 브로커가 NSA의 사이버 무기를 하나둘씩 세상에 노출하기 시작할 무렵, 나는 NSA의 전 계약자인 에드워드 J. 스노든Edward J. Snowden이 폭로한 NSA의 불법 감시 활동 문건을 접한 이후 4년 동안 이 기관의 공세적 사이버 프로그램을 추적하던 중이었다. 30년에 걸친 프로그램의 역사를 되짚는 과정에서 이 프로그램의 대부 격인 인물을 인터뷰했으며, 해당 프로그램에 연루된 해커, 공급자, 용병들도 만났다. 그리고 세계 곳곳에서 출현한 모방범들과도 친밀해졌다. 점점 더 나는 그런 툴에 피해를 입은 사람들을 보게 됐다.

사실 유일하게 내가 보지 못한 것은 NSA의 강력한 사이버 무기가 적국의 수중에 들어갔을 때 어떤 일이 벌어지는가였다.

그래서 2019년 3월, 나는 이를 직접 내 눈으로 확인하기 위해 우크라이나로 날아간 것이었다.

우크라이나 전력망에 대한 러시아의 공격은 사이버 전쟁의 새로운 장을 열었다. 하지만 2015년의 전력망 공격은 2년 뒤 러시아가 NSA의 비밀 해킹 툴을 손에 넣으면서 벌어진 상황에 비할 바가 아니었다.

2017년 6월 27일 러시아는 NSA의 사이버 무기를 우크라이나에 사용했고, 이는 역사상 가장 파괴적이고 값비싼 사이버 전쟁이 됐다. 그날 오후 우크라이나의 모든 컴퓨터 시스템은 엉망으로 변해버렸다. 현금자동입출금기에서 돈을 인출할 수 없었고, 주유소에서 기름값을 지불할 수 없었으며, 이메일을 주고받을 수도 기차표를 살 수도 식료품을 구매할 수도 없었다. 아마도 가장 섬뜩한 경우는 체르노빌 원전의 방사능 수준을 모니터할 수 없게 된 일일 것이다. 그리고 그런 사태는 우크라이나에서만 벌어졌다.

그 공격은 어떤 비즈니스를 하든 우크라이나에서 활동하는 모든 기업을 겨냥했다. 전체 네트워크를 마비시키는 데는 원격 근무하는 우크라이나 직원 한 명으로 충분했다. 제약회사인 화이자Pfizer와 머크Merck, 운송 대기업인 머스크Maersk, 페덱스 그리고 태즈메이니아에 있는 캐드버리 초콜렛 공장의 컴퓨터가 모두 장악당했다. 공격은 심지어 러시아에도 부메랑 효과를 초래해 러시아의 국영 석유회사인 로스네프트Rosneft와 러시아의 두 신흥 재벌이 소유한 철강회사 에브라즈Evraz의 데이터를 파괴했다. 러시아 해커들은 NSA에서 훔친 코드를 로켓처럼 활용해 악성 코드malware를 전 세계로 퍼뜨렸다. 전 세계를 일주한 해킹은 머크와 페덱스에만도 10억 달러의 피해를 입혔다.

2019년 내가 키이우를 방문할 무렵 한 번의 러시아 공격으로 인한 피해 규모는 100억 달러를 넘었고, 추정 규모는 여전히 더 늘어나는 중이었다. 해운과 철도 시스템은 아직도 완전히 회복되지 못한 상태였다. 우크라이나 전역에 걸쳐 사람들은 배송 추적 시스템이 다운됐을 때 잃어버린 화물을 찾으려 애썼다. 해킹 공격 때 지급 정지된 연금을 다시 수령하려고 씨름했다. 누가 얼마를 받아야 하는지에 대한 기록은 말소된 상태였다.

보안 연구자들은 이 공격에 낫페트야NotPetya라는 불길한 이름을 붙였다. 이들은 처음에 공격의 실체를 페트야Petya라고 불리는 랜섬웨어로 추정했다가 뒤에 러시아 해커들이 랜섬웨어가 전혀 아닌데도 의도적으로 그런 것처럼 착각하도록 만든 사실을 알아냈다. 설령 비용(랜섬)을 지불하더라도 잃어버린 데이터를 돌려받을 기회는 없었다. 이것은 대량 파괴를 목적으로 설계된 국가 차원의 무기였다.

나는 다음 2주 동안 시베리아에서 불어오는 한파를 피하며 우크라이나를 취재했다. 언론인들을 만났고, 민주화 시위에 참가했던 시민들과 독립 광장을 걸으며 피로 얼룩졌던 혁명 당시 상황을 들었다. 공장 지대에서 디지털 수사관들을 만나 낫페트야가 초래한 디지털 피해의 흔적을 살폈다. 우크라이나의 대다수 기관과 기업이 사용하는 세금 신고 소프트웨어를 가업으로 하는, 이번 공격의 진원지로 지목된 당사자들도 만났다. 러시아 해커들은 멀웨어를 회사에서 제공한 세무 소프트웨어의 업데이트인 것처럼 영리하게 가장했고, 뜻하지 않게 국가 차원의 사이버 전쟁에서 악역을 떠맡고 만 가족 기업으로서는 울 수도 웃을 수도 없는 처지였다. 나는 우크라이나의 사이버 경찰력을 지휘하는 인물을 비롯해 인터뷰를 수락한 우크라이나 장관도 만났다.

나는 도널드 트럼프 대통령에 대한 탄핵 사태에 얽혀들기 직전, 우크라이나 주재 미국 대사관의 외교관 등을 방문했다. 방문 당일 이들은 러시아의 대대적인 허위정보 캠페인에 쩔쩔매고 있었다. 러시아 트롤은 백신 접종에 반대하는 우크라이나의 젊은 엄마들이 자주 드나드는 페이스북 페이지를 집중 공략하고 있었다. 우크라이나는 현대 역사상 최악의 홍역 전염병 사태로 곤욕을 치른 처지임에도 러시아의 허위 정보 공세 탓에 백신 접종률이 세계에서도 손꼽히게 낮았고, 크렘린은 그런 혼란을 최대한 악용하고 있었다. 우크라이나의 그러한 현상은 러시아 트롤이 백신 접종 거부자들의 주장과 메시지를 소셜미디어로 유포하면서 미국으로도 확산되는 추세였다. 미국의 관료들은 이를 어떻게 차단해야 할지 몰라 막막해 보였다. 그리고 그러한 준비 미흡은 1년 뒤, 러시아 해커들이 팬데믹의 혼란을 틈타

코로나 바이러스는 미국에서 제조한 생물 무기라거나, 빌 게이츠가 백신으로 돈을 벌기 위해 꾸민 음험한 계획이라는 식의 음모 이론을 퍼뜨릴 때도 여전했다. 상대를 분열시키고 정복하기 위해 러시아가 넘지 않을 선은 없어 보였다.

하지만 2019년 겨울 우크라이나를 마비시킨 낫페트야가 크렘린이 저지른 최악의 공격이라는 데는 거의 모두가 같은 판단이었다. 2주간 키이우에서 만난 사람들 모두가 그 공격을 기억하고 있었다. 모두가 컴퓨터 화면이 까맣게 변하던 순간에 어디에서 무엇을 하고 있었는지 기억했다. 그것은 21세기판 체르노빌 사태였다. 그리고 키이우로부터 북쪽으로 150km 정도 떨어진 곳에 있는 옛 원전의 컴퓨터 화면은 모조리 까맣게 바뀌었다고 체르노빌의 무뚝뚝한 IT 관리자인 세르게이 곤차로프Sergei Goncharov는 "블랙, 블랙, 블랙!"을 강조했다.

시계가 오후 1시 12분을 가리키고 이후 7분 간에 걸쳐 2천 6백 대의 컴퓨터가 다운되던 순간에 곤차로프는 점심 식사를 마치고 사무실로 돌아오던 중이었다. 전화통에 불이 나기 시작했고 모든 것이 다운이었다. 체르노빌의 네트워크를 복구하려 시도하는 도중 곤차로프는 30여년 전에 폭발 사고가 일어난 체르노빌 원전 위치의 방사능 수준을 추적하는 컴퓨터도 마비됐다는 전화를 받았다. 이제는 방사능 수준이 안전한지, 아니면 어떤 악의적인 세력이 방해 공작을 벌이는지 아무도 알 수가 없었다.

"그 순간 우리는 컴퓨터를 복구하는 데 정신이 팔려 누가 그런 사태를 불러일으켰는지에 대해서는 미처 생각할 겨를이 없었죠."라고 곤차로프는 말했다. "하지만 일단 어느 정도 진정이 되자 우리는 그 바이러스의 가공할 확산 속도를 보고 누군가 거대한 세력이 우리를 공격하고 있음을 깨달았습니다."

곤차로프는 확성기에 대고 누구든 방송을 들을 수 있는 사람은 당장 컴퓨터를 벽에서 떼어내라고 지시했다. 그리고 다른 요원들을 현장에 내보내 출입 금지된 지역의 방사능 수준을 수동으로 감시하도록 했다.

곤차로프는 과묵한 인물이었다. 자기 생애 최악의 날을 회고하면서도 그의 어투는 단조로웠다. 감정에 쉽게 휘둘리는 사람이 아니었다. 하지만 낫페트야 공격이 벌어지던 날, 그는 "심리적 쇼크에 빠졌다."고 내게 말했다. 그로부터 2년이 지난 지금, 나는 그가 쇼크 상태에서 회복됐는지 확신하지 못하겠다.

그는 "우리는 지금 완전히 다른 시대에 살고 있어요. 이제는 낫페트야 이전의 삶과 낫페트야 이후의 삶이 있을 뿐입니다."라고 덧붙여 말했다.

2주간 우크라이나의 어느 지역을 가든 주민들 역시 같은 느낌인 듯했다. 한 버스 정류장에서 만난 남자는 중고차 매장에서 차를 사기 직전에 등록 시스템이 마비되는 바람에 거부당하고 말았다고(중고차 판매 역사상 최초의 사태가 아니었을까?) 내게 털어놓았다. 한 커피숍에서 만난 여성은 우편 서비스가 택배의 배송 조회 정보를 날려버리는 바람에 소규모로 운영하던 온라인 뜨개질 재료 공급사업이 망해버렸다고 토로했다. 많은 사람은 현금이나 휘발유가 떨어져 곤욕을 치른 경험을 이야기했다. 하지만 대부분의 경우 사람들은 곤차로프처럼 모든 시스템이 마비되는 빠른 속도에 충격을 받았다.

우크라이나의 독립기념일 전날 사건이 터졌다는 타이밍을 고려하면 누구 소행인지 짐작하는 일은 시간 문제였다. 냉혹하고 비열한 러시아가 또 사단을 낸 것이었다. 하지만 우크라이나인들은 강인한 민족이다. 30년 가까운 비극과 위기를 거치면서 어려움도 씁쓸한 유머로 받아넘겼다. 일부는 모든 것이 다운된 덕택에 보바(Vova, 이들이 푸틴에게 붙인 별명)가 자신들에게 독립기념일 휴일을 며칠 더 줬다고 농담했다. 다른 이들은 그 공격 덕택에 몇 년 만에 처음으로 페이스북에서 벗어났다고 말했다.

2017년 6월의 사이버 공격으로 인한 심리적 충격과 금융 피해에도 불구하고, 우크라이나인들은 사태가 그보다 훨씬 더 심각할 수도 있었다고 인식하는 듯했다. 표면상으로 업무 시스템은 큰 피해를 입었다. 중요한 기록이 복구 불능으로 삭제됐다. 하지만 사이버 공격은 항공기를 추락시키거나 가공할 폭발을 초래하는 식의 치명적 재난으로까지 이어지지는 않았다. 체르노빌의 방사능 감시 시스템이 다운된 점을 제외하면 우크라이나의 원자력 발전소는 여전히 정상 가동 상태였다.

모스크바는 궁극적으로 위협 메시지를 전하는 데 성공했다. 이전의 전력망 공격에서 우크라이나가 그런 메시지를 인식하기에 충분한 기간 동안만 전력을 끊었던 것처럼, 낫페트야가 미친 피해 규모는 러시아 해커들이 미국 NSA의 사이버 무기로 무장한 데다 시스템 접근 능력까지 갖춘 사실을 고려하면 턱없이 낮은 수준이었다.

일부 사람들은 러시아가 NSA에서 훔친 사이버 무기로 NSA를 겨냥했을 것으로 추정했다. 하지만 내가 만난 우크라이나의 보안 전문가들은 심란한 대안 이론을 제시했다. 낫페트야 공격과 그 이전의 전력망 공격은 단지 연습에 불과했으리라는 것이었다.

이것은 우크라이나의 사이버 보안 기업가인 올레 데레비안코^{Oleh Derevianko}가 현지의 전통 음식인 바레니키^{Vareniki} 만두를 저녁으로 먹으며 들려준 이야기다. 데레비안코의 회사는 공격이 벌어졌을 때 방어의 제1선에 있었다. 거듭해서 포렌식 정보는 러시아 해커들이 단순히 실험 중임을 보여줬다. 과학적 방법이지만 제대로 다듬어지지 않은 기법을 채용해 여기에서 한 능력을 테스트하고, 저기에서 한 방법을 시험하면서 우크라이나를 무대로 자신들의 기술을 가다듬는 한편, 러시아의 수뇌부에 능력을 과시해 점수를 땄다.

낫페트야 공격이 우크라이나 컴퓨터 시스템의 80%를 깨끗하게 날려버릴 만큼 치명적이었던 데는 한 가지 이유가 있었다고 데레비안코는 말했다. "그들은 공격을 감행한 뒤에 증거를 깨끗이 인멸했어요. 이것은 새로운 전쟁에서 사용되는 새로운 무기입니다. 우크라이나는 그저 실험장에 불과했어요. 그 무기를 앞으로 어떻게 사용할지 우리는 알 수가 없습니다."

비록 러시아가 우크라이나의 2019년 선거에 개입하려 계획한다는 증거는 일부 있었지만, 그 이후 2년 동안 우크라이나는 그와 비슷한 대규모 사이버 공격을 받지 않았다. 사이버 파괴 행위는 현저히 둔화되는 양상을 보였다.

"그건 다른 표적으로 옮겨갔다는 뜻이죠."라고 데레비안코는 말했다.

우리는 말없이 고기 만두를 먹고 음식값을 계산한 후 밖으로 나왔다. 사상 처음으로 격렬한 폭풍이 수그러든 것처럼 보였다. 그럼에도 불구하고 평소라면 시끌벅적했을 구 키이우 거리는 한산했다. 우리는 파리의 몽마르트쯤에 해당하는 키이우의 '안드레이 거리Andrew's Descent'를 거슬러 올라갔다. 자갈이 깔린 좁다란 언덕길 양편으로 갤러리와 골동품점, 아트 스튜디오가 자리잡고 있었고, 꼭대기에 우뚝 솟은 성 안드레이 교회St. Andrew's Church는 본래 러시아의 엘리자베스 여제가 1700년대에 여름 별장으로 지은 것으로 흰색과 푸른색, 황금색의 아름다운 조화가 돋보였다.

교회에 다다르자 데레비안코는 멈췄다. 우리 머리 위를 노랗게 비추는 가로등을 올려다 봤다.

"생각해 봐요. 그 사람들이 이 가로등을 꺼버린다면 정전은 아마 몇 시간 갈 거예요. 하지만 만약 그들이 똑같은 공격을 당신 나라에 한다면…"

그는 말을 맺지 않았다. 하지만 그럴 필요가 없었다. 나는 그런 얘기를 우크라이나 사람들로부터 그리고 미국의 취재원들로부터 되풀이해서 들었기 때문이다.

다음에 어떤 일이 벌어질지 우리는 모두 알고 있었다.

우크라이나를 최악의 사태에서 구한 것은 미국을 지구상에서 가장 취약한 나라로 전락시킨 현상에 아직 다다르지 않았다는 점이었다.

우크라이나의 자동화는 아직 낮은 수준이었다. 모든 것을 인터넷과 연결하는 레이스에서 멀리 뒤처져 있었다. 사물인터넷의 쓰나미는 지난 10년간 미국을 휩쓸어 왔지만 우크라이나는 아직 쓸려가지 않았다. 원자력 발전소, 병원, 화학공장, 정유공장, 가스와 석유 파이프라인, 공장, 농장, 도시, 자동차, 신호등, 가정, 온도 조절 장치, 전구, 냉장고, 스토브, 베이비 모니터, 심박 조율기, 인슐린 펌프 등은 아직 '웹에서 이용 가능한web-enabled' 상태가 아니었다.

하지만 미국에서는 편의성이 최우선이었고 지금도 마찬가지다. 우리는 가능한 모든 것을 1초당 127개의 기기를 인터넷과 연결하고 있었다. 우리는 '마찰 없는 사회frictionless society'라는 실리콘밸리의 비전에 설득당했다. 이제 우리 삶의 어느 한 부분도 웹과 연결되지 않은 곳이 없었다. 우리의 모든 생활, 경제 그리고 전력망조차 웹으로 원격 제어할 수 있게 됐다. 그렇게 함으로써 우리가 세계에서 가장 넓은 공격 표면을 만들고 있다는 생각을 조금도 하지 못했다.

전 세계에 걸쳐 첩보를 수집하는 한편 미국의 비밀을 방어한다는 이중 임무를 띤 NSA는 이미 오래 전부터 방어보다 공격을 우선시해 왔다. 공격에 전념하는 사이버 전사 1백 명당 고작 한 명만이 방어를 전담하는 분석가였다. 그림자 브로커의 정보 유출은 미국 첩보 역사상 단연 가장 치명적인 사건이었다. 스노든이 파워포인트에 중요 항목(흔히 '불릿 포인트bullet point라고 부른다)을 유출했다면 그림자 브로커는 실제 불릿bullet, 총알이라고 볼 수 있는 코드를 적에게 넘긴 셈이었다.

이제는 우리의 적국도 잘 알게 된 사이버 전쟁에서 가장 큰 비밀은 지구상에서 가장 막강한 사이버 공격 능력을 갖춘 나라가 동시에 가장 취약한 나라 중 하나라는 점이다.

우크라이나는 미국에 비해 또 한 가지 이점이 있었다. 바로 급박하다는 인식이었다. 5년 전, 세계에서 가장 위험한 강대국의 공격을 받고 전력망 마비로 큰 피해를 본 우크라이나는 나라의 미래가 경계심을 늦추지 않는 사이버 방어에 있음을 절감하고 있었다. 낫페트야는 여러 면에서 다시 시작할 수 있는 기회와 밑바닥부터 새로운 시스템을 구축할 수 있는 계기로 작용했고, 국가안보에 긴요한 시스템은 어떤 식으로도 웹과 연결해서는 안 된다는 경각심을 제공했다. 내가 우크라이나에서 돌아온 지 얼마 안 된 시점에서 벌어진 대통령 선거는 온전히 종이 투표로 진행됐다. 그럴 듯해 보이는 기표 기계도 없이 모든 투표는 손으로 기록됐고, 개표도 수동이었다. 물론 그렇다고 해서 전국에 걸친 매표 혐의를 막을 수 있는 것은 아니었다. 하지만 선거를 컴퓨터 기반에서 수작업으로 전환한다는 개념에 대해 당시 내가 만난 사람들은 이구동성으로 완전히 미친 짓이라는 반응을 보였다.

미국은 계속해서 그처럼 진지한 결론에 도달하는 데 실패했다. 우리는 잠재적 전쟁의 세계가 육해공의 물리적 환경에서 디지털 영역으로 옮아간 사실을 제대로 보지 못했다. 내가 우크라이나에서 돌아온 지 몇 달 뒤, 미국인의 뇌리에 박힌 것은 우크라이나에 대한 러시아의 사이버 공격이 아니라 임박한 트럼프 탄핵에서 러시아가 수행한 역할이었다. 사람들은 러시아가 벌인 2016년 허위정보 캠페인, 즉 민주당 전국위원회의 이메일 해킹, 텍사스의 분리주의자로 가장한 러시아인들이 흑인 인권 운동 그룹인 '블랙 라이브즈 매터Black Lives Matter'의 활동가들 사이에 불화의 씨앗을 뿌린 일을 벌였을 뿐 아니라 50개 모든 주의 백엔드 선거 시스템과 투표자 등록 데이터를 노려왔다는 사실을 잊어버린 듯했다. 러시아인들은 최종 개표 결과까지는 해킹하지 않았지만, 바로 그 지점까지 한 모든 행태는 미래의 선거 방해를 위한 시험적인 시도로 판단된다고 미국의 관계자들은 결론지었다.

그럼에도 트럼프 행정부는 여전히 2016년 대선에 대한 러시아 세력의 개입을 자신의 침대 위에 앉은 200kg의 뚱보 해커와 중국 탓으로 돌리는 주장을 고집하고 있다. 2018년 헬싱키의 기자 회견에서 트럼프는 즐거운 듯 찡그린 표정을 짓는 푸틴이 옆자리에 앉은 가운데 자국 정보기관의 발견 내용을 묵살했다. 그는 "푸틴 대통령과 얘기해 봤는데 러시아는 아니라고 했어요. 내 생각도 그래. 러시아가 그런 짓을 할 이유가 없어요."라면서 2016년 대선 개입의 장본인을 찾는 일을 도와주겠다는 푸틴의 제안을 반겼다. 그리고 다음 대선이 임박함에 따라 푸틴과 트럼프는 2019년 6월 일본 오사카에서 한 번 더 회동을 가졌고, 마치 옛 대학친구라도 되는 것처럼 함께 낄낄거렸다. 한 기자가 트럼프에게 2020년 대선에 개입하지 말라고 러시아에 경고할 의향이 있느냐고 묻자, 트럼프는 비아냥대면서 푸틴을 가리키며 "푸틴 대통령, 우리 선거에 끼어들지 마세요."라고 농담하듯 말했다.

그리고 우리는 지금 여기에 이르렀다. 이 글을 쓰는 현재까지도 2020년 대선 결과에 불복한 트럼프 진영은 줄소송을 냈고 해외 세력은 그처럼 혼란스러운 국내 환경을 악용하고 있으며, 정보기관의 사이버 무기가 유출되는가 하면 러시아 해커들은 랜섬웨어로 여러 병원을 볼모로 잡았고 미국의 전력망 깊숙이 침투했다. 또한 국가의 지원을 등에 업은 해커들은 미국의 컴퓨터 네트워크에 하루 수백만 회에 걸쳐 공격을 시도하고, 팬데믹과 더불어 우리의 거의 모든 생활은 사이버 공간으로 이전됐으며, 그 때문에 일종의 '사이버 진주만Cyber Pearl Harbour' 같은 기습 공격에 더욱 취약해졌다고 보안 전문가들은 경고해 왔다.

키이우에서 취재하며 만난 우크라이나 사람들은 내가 잊으려고 해도 잊기 힘든 인상을 심어주었다. 이들은 대부분 나를 붙들어 귀에 대고 "다음은 당신들 차례야!"라고 소리지를 기세였다. 빨간 경고등은 다시 깜빡거리고 있었다. 그럼에도 우리는 지난 공격 때보다 개선된 것이 거의 없다.

달라진 것이 있다면 우리는 이전보다 더 많이 노출됐다는 점이다. 설상가상으로 우리가 만든 사이버 무기가 우리를 겨냥하고 있다. 우크라이나 사람들은 그런 사실을 알았고, 우리의 적들도 알았다. 해커들은 늘 알고 있었다.

사람들은 세상이 이렇게 끝날 것이라고 내게 말한다.

1부

미션 임파서블

조심하라. 저널리즘은 크랙 코카인보다 더 중독성이 강하다.
당신의 삶은 균형을 잃을 수 있다.

— 댄 래더 Dan Rather

1장

비밀 옷장

맨해튼 타임스퀘어

2013년 7월, 편집자들이 갖고 있던 디지털 기기를 두고 비밀 서약에 사인한 후 아서 설즈버거Arthur Sulzberger의 옷장으로 들어가라고 말할 때도 나는 아직 먼지투성이였다.

불과 며칠 전 나는 지붕이 없는 지프를 타고 마사이 마라Maasai Mara를 가로지르며 3주간에 걸친 케냐 트레킹을 마무리하고 있었다. 문명의 이기로부터 벗어나 몇 주 지내면 2년여에 걸친 사이버 테러리즘cyberterrorism 취재로 너덜너덜해진 신경을 어느 정도 회복할 수 있으리라 기대했다. 내 취재원들은 이것은 단지 시작에 불과할 뿐이라고, 사정은 앞으로 더욱 악화될 것이라고 계속 강조했다.

나는 당시 서른밖에 되지 않았지만 할당된 주제의 막대한 부담을 이미 느끼고 있었다. 2010년 「뉴욕타임스」의 입사 제의를 받았을 당시 나는 실리콘밸리에서 잡지의 커버스토리를 쓰고 있었다. 순전히 운이 좋아서 혹은 탁월한 기술 덕택에 페이스북Facebook, 인스타그램Instagram, 우버Uber에 초기 투자해 엄청난 성공을 맛보고, 이제는 스스로 유명인사가 됐음을 너무나 잘 아는 벤처 자본가들을 다룬 글도 그중 하나였다. 「뉴욕타임스」는 그런 내게 스카웃 제의를 하면서도 다른 분야를 맡기고 싶어했다. 나는 이렇게 대꾸했다. "어느 분야를 맡기든 다 할 수 있어요. 힘들어 봐야 얼마나 힘들겠어요?" 내게 사이버 보안 분야를 맡길까 고려 중이라는 말을 들었을 때 나는 농담인 줄 알았다. 사이버 보안에 완전 문외한일 뿐 아니라 사이버 보안과 관련된 것은 무엇이든 의식적으로 회피해 왔기 때문이다. 나보다 훨씬 더 자질과 능력을 갖춘 사이버 보안 기자를 찾아낼 수 있을 거라고 대꾸했다.

담당자는 "그런 사람들을 인터뷰해 봤지만, 무슨 말을 하는지 우리는 전혀 이해할 수가 없었어요."라고 말했다.

몇 달 뒤, 나는 본사에서 「뉴욕타임스」의 수석 편집자들과 10여 번 넘게 실시한 30분 정도의 인터뷰를 하는 동안 패닉 상태에 빠진 사실을 숨기느라 고군분투했다. 인터뷰를 마친 날 저녁, 나는 근처 식품 잡화점에 들러 뚜껑을 돌려 따는 싸구려 와인을 아무거나 하나 사서 가방에 넣었다. 그리고 마음속으로 최소한 나중에 손주들에게 그 유명한 「뉴욕타임스」에서 나를 초빙했었노라고 말할 수는 있겠다고 생각했다.

하지만 놀랍게도 나는 합격했다. 그리고 그로부터 3년이 지나서도 나는 여전히 패닉 상태에 빠진 사실을 드러내지 않으려 애쓰고 있었다. 그 3년 동안 나는 자동온도조절기와 프린터 및 포장음식 메뉴에 침투한 중국의 해커들을 취재했다. 세계 최대 석유회사의 데이터를 불타는 성조기 사진으로 대체한 이란 측의 사이버 공격을 취재했다. 중국의 군부 해커와 하청업자들이 수천 개의 미국 시스템에 숨어들어 최신 스텔스 폭격기의 설계도부터 코카콜라의 비밀 배합을 찾는 것을 지켜봤다. 미국의 에너지 기업에 대한 러시아의 다단계 공격을 취재했다. 그리고 「뉴욕타임스」의 자체 IT보안 팀에 합류해 나중에 우리가 '여름 인턴'으로 지칭한 중국 해커들이 베이징 시간으로 아침 10시에 매일 나타나 우리의 취재원들을 찾아 다니다가 오후 5시면 돌아가는 행태를 지켜봤다.

그러면서도 나는 평범한 삶을 살 수 있다는 아이디어에 절박하게 매달렸다. 하지만 이 세계로 더 깊이 파고들수록 점점 더 지향없이 표류하는 자신을 발견했다. 침해는 시도 때도 없이 벌어졌다. 거의 잠도 못 자는 상황이 몇 주씩 이어졌고 나는 병자처럼 변해갔다. 예측 불가의 업무 시간은 대인 관계에만 지장을 주지 않았다. 곧 피해 망상증도 찾아왔다. 플러그를 가진 것이면 무엇이든 의심스러운 눈초리로 바라보면서 중국의 스파이는 아닐까 걱정하는 일이 잦아졌다.

2013년 중반에 이르러 나는 컴퓨터와 관계된 모든 것으로부터 가능한 한 멀리 떨어져야겠다고 결심했다. 아프리카는 그런 결심을 실천할 수 있는 유일한 장소라 여겼다. 3주 동안 텐트에서 자면서 기린과 달리고 매일 저녁 느리게 움직이는 코끼리 떼의 행렬 뒤로 지는 해를 바라보며 술을 마시고, 캠프파이어 옆에 편안히 앉아 사파리 가이드인 나이젤Nigel이 사자 한 마리 한 마리의 으르렁대는 소리를 해설하는 것을 들으며 나는 이제서야 멀리 떨어져 있는 위안을 느끼기 시작했다.

하지만 나이로비에 도착하자마자 내 전화기는 줄기차게 울렸다. 케냐의 카렌Karen에 있는 코끼리 고아원 밖에 서서 나는 메일함에 도착한 수천 개의 읽지 않은 메일을 줄기차게 스크롤해 확인한 다음 마지막으로 깊은 숨을 들이마셨다. "긴급. 전화할 것!"이라고 쓴 한 메일이 유독 더 요란한 비명을 지르고 있었다. 나는 「뉴욕타임스」의 편집자에게 전화를 걸었다. 가뜩이나 통화 음질이 좋지 않은 데도 그는 계속 속삭이는 어조였고, 편집국의 소음까지 더해져 더욱 알아듣기 어려웠다. "얼마나 빨리 뉴욕으로 돌아올 수 있어? 전화로 얘기할 수는 없고 직접 만나서 얘기해야 돼… 빨리 오기만 해."

이틀 뒤 나는 마사이Maasai 전사한테서 산 아프리카 부족의 샌들을 신은 채로 「뉴욕타임스」 본사 건물의 상층부, 경영진이 자리잡은 층에 내렸다. 2013년 7월이었다. 당시 편집국장인 질 에이브럼슨Jill Abramson과 차기 편집국장으로 내정된 딘 배켓이 나를 기다리고 있었다. 신문의 탐사보도 편집 자인 레베카 코벳과 베테랑 국가안보 전문 기자인 스캇 셰인도 소집됐다. 당시는 낯설었지만 곧 누구보다 더 친해지는 세 사람도 있었다. 영국 일간 지 「가디언Guardian」에서 온 제임스 볼James Ball과 이웬 맥어스킬Ewen MacAskill 기자 그리고 「프로퍼블리카ProPublica」의 제프 라슨Jeff Larson이었다.

제임스와 이웬은 며칠 전 영국의 정보요원들이 런던의 「가디언」 본사에 들이닥쳐 강압적으로 정부의 기밀 정보를 담은 스노든의 하드 드라이브를 드릴과 회전 블레이드로 파괴해 데이터를 추출할 수 없게 만들었지만, 그 직전에 자신들이 몰래 복제본을 「뉴욕타임스」로 가져왔다는 사연을 들려줬 다. 질과 딘은 스캇과 날더러 「가디언」, 「프로퍼블리카」와 공조해 에드워드 스노든이 유출한 내용을 기반으로 기사 두 개를 작성하라고 말했다. NSA 의 계약직원이던 스노든은 기관의 컴퓨터에서 수천 페이지 분량의 기밀 정 보를 유출한 뒤 홍콩으로 도피했고, 이후 모스크바로 망명했다. 스노든은 그의 기밀 정보를 「가디언」의 칼럼니스트인 글렌 그린월드Glenn Greenwald에 게 제공했다. 하지만 그날 깨달은 사실은 영국은 미국에 비해 표현의 자유 가 덜 보장된다는 점이었다. 미국의 신문사, 특히 수정헌법 제1조 전문 변 호사들로 무장한 「뉴욕타임스」와 공조할 경우 「가디언」은 어느 정도의 보호 막을 갖게 되는 셈이었다.

하지만 먼저 「가디언」에서 내건 조건이 있었다. 우리는 이 프로젝트를 누 구에게도 발설해서는 안 됐다. 둘째는 '낚시질 금지'. 우리 업무와 직접 관 련되지 않은 키워드로 문서를 검색하는 것은 금물이었다. 전화기도 인터넷 도 허용되지 않았다. 아 그리고 유리창도 금지였다.

마지막 조항이 특히 문제였다. 이탈리아 출신 건축가인 렌조 피아노Renzo Piano는 「뉴욕타임스」 본사 건물을 완전한 투명성의 모델로 설계했다. 모든 층, 모든 회의실, 모든 사무실 등 전체 빌딩이 바닥에서 천장까지 유리로 돼 있었다. 오직 한 공간만 제외하고. 그곳은 바로 아서 설즈버거 회장의 조그마한 옷장이었다.

이 마지막 요구는 황당할 만큼 편집광적으로 여겨졌지만 「가디언」 측은 강경했다. 미국의 국가안보국^{NSA}과 그에 상응하는 영국의 정부통신본부^{GCHQ}, 혹은 다른 어떤 정보기관이 레이저 빔을 회사 유리창에 쏴서 우리의 대화를 가로챌 가능성이 있었다. 「가디언」 본사에 들이닥쳐 스노든의 하드 드라이브를 박살낸 GCHQ의 전문가가 그런 말을 했다고 이들은 전했다.

그렇게 나는 스노든 이후의 편집광적 현실을 처음으로 맛보았다.

이후 6주 동안 아무에게도 알리지 않은 채, 나는 디지털 기기를 뒤로 하고 이 반쯤 안전한 비밀 장소에 들어가 스캇, 제프, 영국 기자들 사이에 끼어 NSA의 1급 기밀 문서를 꼼꼼히 읽었다.

솔직히 말하면 유출된 NSA 문건에 대한 내 반응은 대다수 미국인들의 그것과는 사뭇 달랐다. 보통은 우리나라의 스파이 기관이 실제로 스파이 활동을 한다는 사실이 충격이라는 반응을 보인다. 그에 비해 3년간 논스톱으로 중국의 첩보 활동을 취재한 나로서는 미국의 해킹 능력이 철자가 틀린 피싱 이메일로 미국의 네트워크에 침투하려 시도하는 중국인 해커들보다 훨씬 더 앞서 있다는 심증을 확인한 느낌이었다.

스캇에게 부여된 직무는 NSA의 광범위한 감시 능력에 대한 글을 쓰는 것이었다. 내 일은 전화기도 없고 인터넷도 못 쓰고 어떤 취재원과의 연락도 금지된 사정을 고려하면 그보다 덜 복잡했지만 미칠 만큼 지루했다. 세계 최고 첩보 기관의 디지털 암호화 깨기가 어느 수준까지 진보했는지를 밝혀내는 것이 내 임무였다.

알고 보니 별로 멀리 나가지 못했다. 몇 주간에 걸쳐 유출 문서를 검토하면서 알아낸 사실은 세계의 디지털 암호화 알고리즘은 대부분의 경우 꽤 성공적으로 버티고 있었다. 하지만 달리 보면 NSA로서는 우회해서 해킹할 방법이 워낙 많기 때문에 굳이 암호화 알고리즘을 직접 깰 필요가 없기도 했다.

일부 경우 NSA는 보안 회사와 그 고객사가 채택한 암호화 표준을 애초에 설정한 국제 기구와 비공식 루트로 만나 문제를 해결하기도 했다. 적어도 한 사례의 경우 NSA는 캐나다의 관료들을 설득해 NSA 컴퓨터 시스템으로 쉽게 해독할 수 있는 암호화 시스템상에서 결함이 있는 공식으로 난수를 생성하도록 유도했다. NSA는 심지어 RSA 같은 미국의 보안회사에 자신들이 만든 결함이 있는 난수 생성 공식을 널리 사용되는 보안 제품에 대한 기본 암호화 방식으로 사용하면 돈을 주겠다고 제안했다. 보안회사에 대한 매수 제안이 통하지 않는 경우 CIA에 있는 NSA 요원들이 세계 유수의 암호화 칩 제조사 공장에 잠입해 데이터를 변환하는 칩에 백도어를 설치했다. 또 다른 경우에는 구글과 야후 같은 회사의 내부 서버를 해킹해 데이터가 암호화되기 전에 가로채기도 했다.

스노든은 나중에 자신이 보기에 한도를 넘은 감시 행태를 대중에게 알리기 위해 NSA의 데이터를 유출했다고 말했다. 그의 폭로 중 가장 심란한 대목은 NSA의 전화 통화 관련 메타데이터 수집 프로그램(누가, 언제 그리고 얼마나 오래 통화했는지 보여주는 로그 기록)과 마이크로소프트와 구글 같은 회사에게 고객 데이터를 비밀리에 넘기도록 강제한 합법적 데이터 수집 프로그램이다. 하지만 이런 비밀 프로그램에 대한 사람들의 충격과 분노가 케이블 TV와 미국 의회에서 소용돌이치는 와중에 정작 더 심각한 무엇인가를 놓치고 있다는 사실이 점점 더 분명해졌다.

누설된 문서 곳곳에서 시중의 거의 모든 상용 하드웨어와 소프트웨어에 NSA의 백도어가 있음을 시사하는 내용이 감지됐다. NSA는 거의 모든 주요 앱, 소셜미디어 플랫폼, 서버, 라우터, 방화벽, 안티바이러스 소프트웨어, 아이폰, 안드로이드 폰, 블랙베리 폰, 랩톱, 데스크톱 및 운영체제에 대한 비밀 백도어의 방대한 정보를 획득한 것으로 보였다.

해킹의 세계에서 눈에 보이지 않는 이 백도어는 과학소설에나 나올 법한 이름을 달고 있다. 이들은 '제로데이zero-days' 혹은 '오 데이o days'[1]라고 불린다. 제로데이는 정보보안을 뜻하는 인포섹infosec이나 중간자 공격man-in-the-middle attack처럼 보안 전문가들이 애용하는 사이버 용어 중 하나다.

이런 용어에 익숙하지 않은 독자를 위해 부연 설명하자면 제로데이는 디지털 절대 권력을 안겨준다. 이것은 일종의 투명 망토 같은 것으로, 스파이나 사이버 범죄자 입장에서는 더 눈에 띄지 않을수록 더 큰 권력을 갖게 된다. 단순하게 말해 제로데이는 아직 수정되지 않은 소프트웨어나 하드웨어의 결함이다. 제로데이라는 이름은 팬데믹에서 최초 감염자를 뜻하는 '페이션트 제로Patient Zero'처럼 취약점이 공표되거나 발견된 날을 가리키는 한편, 해당 소프트웨어나 하드웨어 회사로서는 이 취약점을 바로잡을 시간이 사실상 제로인 셈이다. 제조사가 자신들의 시스템에서 결함을 발견해 이를 수선할 패치를 개발하고, 전 세계로 유포해 사용자들이 소프트웨어를 업데이트할 때까지(독자들이여, 부지런히 '소프트웨어 업데이트'를 하라!) 혹은 취약한 하드웨어 자체를 교환하거나 위험을 줄일 때까지 문제의 시스템을 사용하는 사람은 누구나 취약한 상황에 내몰릴 수밖에 없다.

제로데이는 해커의 무기 중에서도 가장 치명적이다. 제로데이를 발견하는 것은 전 세계의 데이터로 들어가는 비밀번호를 발견하는 것이나 마찬가지다. 고난도 기술을 가진 스파이나 해커가 애플의 모바일 소프트웨어에서 1급 제로데이를 찾아낸다면 아무도 몰래 아이폰에 원격 접속해 사용자들의 온갖 시시콜콜한 디지털 정보를 뽑아낼 수 있다. 미국과 이스라엘의 스파이들은 마이크로소프트 윈도우와 지멘스의 산업용 소프트웨어에서 발견된

---

1 여기에서 '오'는 숫자 0을 뜻한다. – 옮긴이

7개의 제로데이 익스플로잇exploit을 이용해 이란의 핵 개발 프로그램에 타격을 입혔다. 중국의 스파이들은 단 하나의 마이크로소프트 제로데이를 이용해 실리콘밸리의 핵심 기밀 정보를 훔쳤다.

제로데이를 발견하는 것은 비디오 게임에서 신의 모드God mod로 들어가는 것과 약간 비슷하다. 일단 해커가 명령어를 파악하거나 해당 취약점을 공격할 수 있는 코드를 쓰고 나면, 해당 결함이 발견될 때까지 전 세계의 컴퓨터 네트워크를 마음대로 유린할 수 있다. 제로데이의 악용은 '지식은 사용할 줄 알면 권력'이라는 상투적 표현이 가장 잘 들어맞는 경우다.

제로데이를 찾아내면 해커들은 그것이 발견된 소프트웨어나 하드웨어에 의존하는 회사, 정부기관 혹은 은행의 어떤 시스템에라도 접속해 스파이 활동, 금융 절도 또는 시스템 파괴든 무슨 짓이라도 할 수 있다. 해당 시스템이 완전히 패치된 경우라도 문제가 되지 않는다. 제로데이 취약점은 아직 그에 대한 패치가 나오지 않은 상황이기 때문에 그것이 발견될 때까지는 속수무책이다. 이는 잠긴 빌딩을 여는 여분의 열쇠와 비슷하다. 지구상에서 가장 경계심이 높은 IT 관리자라도 어쩔 수가 없다. 누군가가 당신의 컴퓨터 시스템에서 돌아가는 소프트웨어의 제로데이를 가졌다면 당신의 컴퓨터에 몰래 침투하는 데 그것을 이용할 수 있다는 점에서 제로데이는 스파이나 사이버 범죄자들이 가장 손에 넣고 싶어하는 툴이다.

지난 수십 년간 애플, 구글, 페이스북, 마이크로소프트 등 주요 기업들은 자신들의 데이터 센터와 고객들의 통신에 암호화 기능을 추가해 보안 기능을 높였고, 따라서 외부인이 암호화되지 않은 데이터를 가로채는 방법은 누군가의 디지털 기기에 침투해 해당 콘텐츠가 암호화되기 전에 훔쳐내는 방법밖에 없다. 그 과정에서 '제로데이 익스플로잇zero-day exploits'은 보안 분야의 '블러드 다이아몬드'[2]가 됐다. 한 편에 국가, 방위산업 계약업체, 사이버 범죄자가 있고, 다른 편에 이를 막으려는 보안 담당자들이 있다. 취약점이 어디에서 발견되느냐에 따라 제로데이 익스플로잇은 전 세계 아이폰 사용자들을 몰래 훔쳐볼 수 있는 능력을 줄 수도 있고, 화학공장의 안전 제어 장치를 무용지물로 만들 수 있는가 하면 우주선이 땅으로 곤두박질치게 만들 수도 있다. 더욱 두드러진 한 가지 사례는 프로그래밍 실수, 더 구체적으로는 문장부호인 하이픈(-) 하나를 빼먹는 바람에 금성 탐사를 시도하기 위한 최초의 미국 우주선인 마리너 1호Mariner I는 진로를 벗어났고, 그 때문에 미 항공우주국NASA은 발사한 지 294초 만에 1천 9백억 원짜리 우주선을 파괴할 수밖에 없었다. 그러지 않으면 지상의 주요 시설이나 더욱 심각하게는 인구가 밀집된 도시에 떨어져 막대한 피해를 입힐 우려가 있었기 때문이다. 가상 세계에서 하이픈을 빼먹은 것과 같은 실수는 어디에나 존재하는데, 나는 이제 그것들이 국가 정보기관의 스파이들에게 얼마나 중요한 변수가 됐는지 확인한다. 내 앞에 놓인 문서 곳곳에 NSA 요원들이 어디를 뚫고 들어갔는지 그리고 기기가 오프라인 상태이거나 심지어 꺼져 있을 때도 어떻게 염탐할 수 있었는지 등의 방대한 카탈로그가 흩어져 있었다. 이들은 대부분의 침투 탐지 시스템을 우회하는 것은 물론 스파이와 범죄자들을 막기 위해 설계된 안티바이러스 소프트웨어를 강력한 감시 툴로 변모시킬 수 있었다. 스노든이 유출한 문서는 이런 해킹 툴을 넌지시 언급하는 데 그쳤다. 툴 자체나 실제 코드와 알고리즘적 돌파구는 담겨 있지 않았다.

테크 기업은 NSA가 자사의 시스템에 위법적인 백도어를 설치하는 것을 허용하지 않았다. 첫 스노든 문건이 나왔을 때 미국의 최고 테크 기업인 애

---

2 주로 아프리카 분쟁 지역에서 다이아몬드 채굴로 얻은 수입금이 전쟁 비용으로 쓰이는 것을 지칭한다. ─ 옮긴이

플, 구글, 마이크로소프트, 페이스북 등에 있는 내 취재원들은 특정 고객 정보에 대한 합법적 청구에 응한 것은 사실이지만, NSA나 다른 어떤 정부 기관이 자신들의 앱이나 제품, 소프트웨어에 백도어를 설치하는 것을 허락한 적은 결코 없다며 펄쩍 뛰었다(야후 같은 일부 회사는 NSA의 정보 청구에 필요 이상으로 적극 협조한 사실이 나중에 드러났다).

NSA는 특수목적 접근작전TAO, Tailored Access Operations 팀을 두고 제로데이를 찾는 한편, 그런 발견 능력을 높이는 훈련을 했다. 하지만 스노든 문건을 꼼꼼히 살피던 중에 나는 이들 제로데이 중 많은 경우가 NSA 외부의 다른 기관으로부터도 제공된 사실을 발견했다. 문건은 구체적 이름이나 자세한 관계는 담지 않았지만, NSA가 '상업적 제휴사' 및 '보안 제휴사'와 활발한 아웃소싱 관계를 맺었음을 보여줬다. 사이버 범죄자들이 다크웹dark web에서 찾아낸 해킹 툴을 거래하는 암시장은 오랫동안 존재해 왔다. 하지만 과거 수년 동안 해커와 정부기관 및 이들의 제로데이 브로커나 계약자가 거래하는 합법적인 회색 시장이 점점 커졌다. 기자들은 그런 실상의 표면만을 겨우 긁었을 뿐이었다. 스노든 문건은 NSA도 그 시장에 참여했음을 확인시켜 줬고, 스노든의 다른 문건이 대부분 그런 것처럼 핵심 맥락과 상세 정보는 빠져 있었다.

나는 "왜 그럴까?"라는 질문의 핵심으로 수없이 되돌아갔다. 설득력 있는 설명은 두 가지로 생각할 수 있었다. 스노든이 하청업자 신분으로 정부 시스템에 접근할 수 있는 수준이 제한됐기 때문이거나 제로데이를 손에 넣는 정부의 소스와 방법이 워낙 특급 기밀이어서 NSA조차 이를 문서화할 엄두를 내지 못했기 때문이 아닐까 생각했다.

그 옷장 안에서 나는 지구상에서 가장 은밀하고 특급 기밀로 분류된 시장을 부분적으로나마 직접 엿보는 첫 체험을 한 셈이었다.

그 창고형 옷장 안에서는 제대로 생각할 수가 없었다. 아프리카의 메마른 바람과 탁 트인 사바나에서 한 달을 보내고 난 다음이라 그런지 나는 창문 없는 공간이 더더욱 견디기 어려웠다.

더욱이 우리의 암호화 기사에 결정적 증거가 될 문서가 유출 문건에서 빠져 있다는 사실이 점점 더 분명해졌다. 이 프로젝트 초기에 제임스와 이웬은 NSA가 암호를 깨거나 약화하거나 해킹하기 위해 적용하는 단계를 명확하고 상세하게 묘사한 두 메모를 언급했다. 하지만 몇 주에 걸친 검색 결과 그 메모가 우리가 받은 문건에 들어 있지 않다는 사실이 분명해졌다. 이들은 그런 점을 인정하고 당시 브라질 정글에 살고 있던 「가디언」의 칼럼니스트인 글렌 그린월드로부터 해당 문건을 받아내겠다고 약속했다.

우리는 스노든이 유출한 문건의 일부만을 갖고 있었다. 제임스와 이웬이 암호화 관련 기사에 결정적이라고 말한 두 개의 메모를 포함한 전체 문건을 그린월드가 갖고 있었지만 그는 해당 자료를 볼모로 잡고 있었다. 그린월드는 보수적으로 말해 「뉴욕타임스」에 호의적이지 않았고, 「가디언」이 폭로 프로젝트에 「뉴욕타임스」를 끌어들인 데 대해 매우 분개했다고 이웬과 제임스는 전했다.

그린월드는 「뉴욕타임스」가 2004년, 보통 내국인 감시에 요구되는 법원 영장 없이도 어떻게 NSA가 미국민의 전화 통화를 도청하는지 상세하게 고발한 기사의 발행을 늦춘 데 아직도 분노하고 있었다. 신문은 해당 기사가 테러 용의자들에 대한 수사를 위험에 빠뜨릴 수 있다는 부시 행정부의 주장을 받아들여 보도를 1년 동안 보류했다. 스노든도 그린월드처럼 신문사의 기사 보류 결정에 크게 분개했다. NSA에서 유출한 문건을 처음부터 「뉴욕타임스」에 가져가지 않은 것도 그 때문이라고 스노든은 밝혔다. 그는 우리가 정부의 발행 저지에 막혀 기사를 묵혀두게 될 것이라고 오해하고 있었다. 그래서 해당 프로젝트에 우리를 끌어들인다는 사실을 알았을 때 스노든과 그린월드는 펄펄 뛰며 분개했다는 소문이었다.

제임스와 이웬은 그린월드가 트위터에 매일 올리는 도발적이고 황당한 트윗보다는 더 합리적이라고 우리를 안심시켰다. 그러나 빠진 메모를 그린월드의 브라질 본거지에서 가져오겠다는 이들의 반복된 약속에도 불구하고, 누군가는 자신의 장난감을 다른 사람들과 나눌 기분이 아니라는 사실이 분명해졌다.

* * *

빠졌던 메모를 우리 손에 넣기까지는 몇 주가 더 걸릴 것 같았다. 그러는 동안 이 작업은 점점 더 견디기 어려워졌다. 비좁은 공간, 산소 부족 및 형광등의 지직대는 소음은 그 폐해를 노출하기 시작했다.

우리가 이용되고 있다는 사실은 고통스러울 만큼 명백해졌다. 「가디언」 입장에서 「뉴욕타임스」는 영국 정보기관원들과 문제가 발생했을 때 내세울 보험 정책 같은 것이었다. 「뉴욕타임스」는 이들에게 안전막과 공짜 점심을 매일 제공했지만, 이들은 우리가 실질적인 파트너가 되기를 원치 않았다. 우리는 공동으로 작업하도록 돼 있었지만 「가디언」 측은 우리에게 아무런 사전 정보도 주지 않은 채 자신들만의 기사를 게재하기 시작했다. 심지어 누군가가 비밀로 돼 있는 우리의 합작 프로젝트를 버즈피드^{Buzzfeed}에 누설했다. 일단 비밀이 누설되고 나자 우리가 창문도 없는 옷장에 계속 숨어 작업하는 일은 특히나 더 멍청하게 여겨졌다.

「가디언」에 대한 신뢰, 저널리즘에 대한 믿음이 심각한 시험대에 놓인 순간이었다.

아프리카의 코끼리들이 그리웠다.

매일 밤 호텔방으로 돌아오면 호텔 키 카드와 홀을 배회하는 사람들을 의심스러운 눈초리로 바라보곤 했다. 망상증은 집에 와서도 사라지지 않았다.

　1년 전 나는 한 해커가 50달러에 만든 디지털 키 카드용 익스플로잇을 사용해 호텔 방에 침입하는 방법을 시연하는 모습을 지켜본 적이 있다. 진짜 도둑들도 그런 해킹 수법을 활용해 호텔 룸에 들어가 랩톱을 훔치기 시작했다. 당시 내가 처한 상황을 고려하면 이것은 결코 위안이 될 수 없었다. 호텔 프론트의 상냥한 직원에게 호텔이 디지털 키 카드의 취약점이 패치됐냐고 물었을 때, 그녀는 나를 마치 화성에서 온 외계인 보듯 하면서 내 방은 완벽하게 안전하다고 안심시켰다. 그럼에도 매일 저녁 나는 신발끈을 매고 바람을 쐬러 밖으로 뛰쳐나가기 전에 내 기기를 소파 밑에 숨겨야 안심이 됐다.

　맨해튼의 한여름 저녁 공기는 훈훈했고, 타임스퀘어는 관광객들로 넘쳐났다. 나는 산소가 간절했다. 매일 저녁, 그날 본 내용을 소화할 겸 마음을 온전히 가다듬을 겸 웨스트 사이드 고속도로를 자전거로 오르내리곤 했다. 내 머릿속은 NSA의 약어와 코드명으로 미로처럼 복잡해졌다. 낮에는 현기증에 방향 감각도 없었고, 밤이 돼 허드슨 강변을 따라 자전거 페달을 밟으며 오르내릴 때만 나는 제대로 생각할 수 있었다.

　내 머릿속은 NSA 문건 곳곳에 언급된 설명되지 않은 수백 개의 제로데이에 대한 생각으로 가득 찼다. 그것들은 어디에서 온 것일까? 어떤 용도로 사용됐을까? 그것들이 외부로 유출됐다면? 이것은 러시아나 중국, 북한 혹은 이란의 시스템에만 침입할 수 있는 백도어가 아니었다. 20년 전만 해도 우리는 모두 다른 기술을 쓰고 있었다. 하지만 이제는 그렇지 않다. 애플의 백도어? 안드로이드? 페이스북? 윈도우? 시스코 방화벽의 백도어? 이것은 대부분의 미국인들이 의존하는 기술이기도 하다. 그리고 더 이상 전화통화와 이메일만이 아니다. 우리는 스마트폰으로 은행 업무를 본다. 아기가 잘 자는지 모니터하는 것도 스마트폰으로 한다. 의료 기록은 이제 디지털화했다. 이란의 원자력 발전소를 제어하는 컴퓨터는 윈도우에서 돌아간다. 우리는 아이폰과 아이패드를 사용해 연안에서 수백 킬로 떨어진 석유 시추 장비의 압력과 온도를 조절할 수 있다. 편리하기 때문에, 마음의 평화를 위해서 그리고 폭발 사고로부터 엔지니어들을 보호할 목적으로 이렇게 한다. 하지만 바로 그 접근 수단은 훨씬 더 음험하고 악의적인 세력에 의해 이용될 수도 있다.

나는 우리 모두가 NSA의 전화통화 메타데이터 수집보다 훨씬 더 크고 심각한 무엇인가를 놓치고 있다는 느낌을 떨쳐낼 수가 없었다. 다른 더 커다란 국가 차원의 대화가 필요하다는 느낌이었다. 이런 프로그램은 우리를 어디로 데려가는가? 다른 누가 이와 같은 역량을 보유했는가? 이런 제로데이를 우리는 어디에서 구하는가?

물론 돌이켜 보면 내가 왜 이런 퍼즐 조각을 좀 더 일찍 짜맞추지 못했을까 놀랍다.

결국 따지고 보면 내가 그 답답한 옷장 안에 발을 들여놓기 6개월 전에 해커들은 이미 바로 내 코앞에서 해답을 보여주고 있었는데 말이다.

2장

빌어먹을 연어

플로리다주 마이애미

에드워드 조셉 스노든Edward Joseph Snowden이 유명해지기 6개월 전에 나는 사우스 비치의 한 레스토랑에서 독일의 저명한 산업보안 전문가와 이탈리아 출신 해커 두 명과 앉아 있었다.

우리는 모두 초청받은 사람들만 참석할 수 있는 마이애미의 한 연례 콘퍼런스에 온 참이었다. 특히 해커들이 석유와 급수 파이프라인, 전력망 및 핵 시설 등에 침입할 수 있는 여러 방식과 기법을 조사하는 산업제어 보안 분야에서 가장 똑똑한 50명 이상의 전문가들이 모이는 기묘한 회의였다.

그날 저녁 콘퍼런스 운영자인 전직 NSA 암호학자는 우리 중 일부를 저녁식사에 초대했다. 돌이켜 보면 그날의 초대는 "기자, NSA의 코드 브레이커, 독일인과 두 명의 이탈리아인 해커가 바에 들어갔는데…"로 시작하는 비뚤어진 농담의 요소를 모두 갖추고 있었다. 당시 나는 해킹 분야를 담당한 지 1년밖에 안된 상황이라 새로운 환경에 아직 익숙해지기 전이었고, 그래서 누가 착한지, 누가 악한지, 누가 양다리를 걸치고 있는지 잘 몰랐다.

내가 좀 튀었다는 정도로 해두자. 무엇보다 사이버 보안 분야에서 자그마한 금발머리 여자는 많지 않다. 기술 분야의 남녀 성비에 대해 불평하는 여성이 있다면 나는 해킹 콘퍼런스에 한 번 가보라고 대꾸할 것이다. 극소수를 제외하고, 내가 만난 대부분의 해커들은 코드 외에는 전혀 관심이 없는 남자들이었다. 그리고 주짓수Jujitsu. 해커들은 주짓수에 열광한다. 그것은 퍼즐 풀기의 신체 버전쯤 된다고 이들은 말한다. 나는 남성도 아니고 코더도 아니며, 육박전에서 관절이 꺾여 찍어 눌리는 데도 관심이 없다. 그러니 상황이 좋을 리 없었다.

어린 시절 「뉴욕타임스」는 우리 가족의 바이블이나 다름 없었다. 나는 기자들의 이름을 다 외웠고, 「뉴욕타임스」 기자들은 마치 신의 사절이라도 되는 것처럼 대접받는 줄 알았다. 적어도 사이버 보안에서는 그렇지 못했다. 대부분의 사람들은 아는 게 적을수록 그게 더 낫다며 나를 어린아이 취급했다. 그리고 트위터에서 많은 남자가 사이버 보안 세계에서는 실제로 아무도 '사이버'라는 말을 사용하지 않는다는 점을 내게 정기적으로 지적했다. 이들이 쓰는 표현은 '정보 보안information security'이나 그보다 더 선호되는 '인포섹'이었다. 해킹 콘퍼런스에서 나 자신을 사이버 보안 담당 기자라고 소개하고 나서 "여기서 꺼져버려!"라는 말도 여러 번 들었다. 알고 보니 스스로를 '사이버 어쩌구'라고 소개하는 것이야말로 그 행사에서 소외당하는 지름길이었다.

이 분야가 흥미로운 괴짜들이 섞인 작고 으스스한 산업 분야라는 점을 나는 배워가고 있었다. 어느 콘퍼런스에 참석하든 근처 바는 영화 〈스타워즈Star Wars〉에 등장하는 사막 행성 타투인의 모스 아이슬리Mos Eisley 술집을 연상시켰다. 이런 곳에서 말총머리의 해커들이 변호사, IT회사 경영진, 정부 관료, 정보기관 요원, 혁명가, 암호학자 및 가끔 비밀 첩보원과 섞여 있었다.

'정부 요원 찾기'는 이들이 즐기는 놀이였다. 라스베이거스에서 해마다 열리는 데프콘Def Con 해킹 콘퍼런스에서 연방 요원을 맞게 찾아내면 티셔츠를 상품으로 받았다. 대부분의 경우 참석자들은 누가 누구인지, 적어도 평판에 근거해서 서로 잘 아는 것 같았다. 어떤 경우는 서로 경멸하기도 했지만, 특히 탁월한 기술을 가진 경우는 적대적 관계에서조차 놀라울 만큼 상대를 존중하는 경우도 많았다. 기자, 더욱이 사이버 보안 분야를 전문으로 담당한다는 사람의 무능은 용서받지 못할 범죄였다.

하지만 그날 밤 마이애미에서 나는 맞춤 수트에 타조 가죽 로퍼 차림으로 머리를 단정하게 빗은 독일의 보안 전문가 랄프 랭너^{Ralph Langner}와 티셔츠 차림에 헝클어진 헤어스타일의 두 이탈리아인 사이에 앉아 이전에는 경험하지 못한 긴장감을 느꼈다.

'산업 보안 전문가'라는 랭너의 직함은 그의 실체를 드러내기에는 턱없이 부족했다. 그는 독일철도의 기차를 철로에서 탈선하게 만들거나 세계 유수의 증권거래소를 마비시켜 버리거나, 화학 공장을 폭파하거나 댐의 수문을 열어 쓰나미를 일으키는 것 같은 재난 수준의 사이버 침해 사고를 예방하는 데 평생을 바쳤다.

한편 마주 앉은 이탈리아인들과 그들처럼 날로 늘어나는 해커들은 랭너의 길을 가로막는 존재들이었다. 그 두 사람은 지중해의 작은 나라 몰타^{Malta}에 살면서 전 세계의 산업 제어 시스템을 뒤져 제로데이를 찾다가 콘퍼런스에 참석차 마이애미에 온 것이었다. 그렇게 찾아낸 제로데이는 스파이 활동이나 물리적 피해를 입히는 무기로 사용될 수 있었고, 이들은 가장 높은 값을 부르는 쪽에 팔아넘겼다. 나는 이들이 '친구는 가깝게, 적은 더욱 가깝게'라는 모토에 따라 그 자리에 초대됐으리라고 짐작한다.

그날 저녁 나는 그 이탈리아인 해커들이 자신들이 찾아낸 디지털 무기를 누구에게 팔아넘기는지, 그중에는 이들이 결코 상대하지 않는 특정 국가나 정보기관, 범죄 조직이 있는지 밝혀내야겠다고 결심했다. 그것은 내가 몇 년에 걸쳐 묻는 질문이기도 했다.

나는 우리가 보졸레 포도주를 두 잔 정도 비울 때까지 기다렸다.

"루이지 그리고 도나토, 당신네 비즈니스 모델 말인데요, 흥미로워요."

나는 더듬거리며 말했다.

나는 둘 중 영어 구사 능력이 더 나은 루이지 아우리에마^{Luigi Auriemma}에게 최대한 가벼운 톤으로, 그저 주식시장에 대해 묻는 것 같이 일상적인 질문을 하는 어투로 물었다. "말해봐요. 누구한테 팔아요? 미국에? 누구한테는 안 팔죠? 이란? 중국? 러시아?"

포크로 음식을 먹으면서 사소하기 짝이 없는 질문을 던지듯 가장하려 무진 애를 썼지만 나는 누구도 속일 수 없었다. 제로데이 시장 규칙의 첫 번째도, 두 번째도 바로 누구도 제로데이 시장을 언급하지 않는다는 것이다. 나는 이러한 질문을 여러 번 던졌고, 그들의 비즈니스에서는 누구도 대답하려 하지 않는 질문이라는 점을 알고 있었다.

이 세계의 수많은 루이지와 도나토는 자기네 비즈니스를 이미 오래전에 합리화했다. 마이크로소프트 같은 회사가 자사의 소프트웨어에서 우리가 제로데이 버그를 찾아내기를 원치 않는다면 처음부터 그렇게 취약한 코드를 작성하지 말았어야 한다. 제로데이는 국가 차원의 정보 수집에 긴요했고, 암호화가 통신의 비밀성을 높이면서 더더욱 중요해졌다. 점점 늘어나는 재난적 해킹 사고에서 제로데이는 정부가 그처럼 '모든 것이 암흑 속에 빠지는' 사태를 막을 수 있는 유일한 방법이었다.

하지만 이런 합리화는 종종 비즈니스의 어두운 면을 간과했다. 언젠가는 이러한 툴이 생명을 위협하는 공격에 이용될 수 있다는 점을 누구도 선뜻 인정하려 들지 않았다. 독재 정권이 그 비판자들을 탄압하고 처벌하는데 혹은 화학 공장과 정유 시설의 산업 제어 시스템을 교란하는데 점점 더 자주 악용되며, 이 비즈니스에 참여하는 이들은 결국 자신들의 손에 피를 묻히게 될 거라는 점을 애써 무시했다.

우리 테이블에 앉은 이들은 모두 내가 이탈리아인 해커들에게 정면으로 그들의 떳떳하지 못한 비즈니스에 대해 묻는다는 사실을 잘 알았다. 꽤 오랫동안 나이프와 포크를 든 손이 정지했고, 침묵이 감돌았다. 모두의 시선이 접시만 내려다보는 루이지를 향했다. 나는 와인을 길게 들이키면서 담배 생각이 간절했다. 나는 도나토도 내 질문을 이해했지만 그 침묵을 깰 의향은 없음을 감지했다.

여러 번의 팽팽한 순간 뒤에 루이지는 마침내 중얼거리듯 말했다. "기자님 질문에 대답할 수도 있지만 저는 차라리 제가 먹는 연어에 관해 얘기하고 싶은데요."

나는 내 오른쪽에 앉은 랭너가 자리에서 불편해하는 것을 감지했다. 2년전, 랭너는 당시까지 가장 정교하고 파괴적인 사이버 무기로 알려진 스턱스넷Stuxnet의 코드를 깨고 그 뒤에 도사린 음모를 밝혀낸 최초의 인물 중하나였다.

컴퓨터 웜worm의 일종인 스턱스넷은 그간 알려지지 않은 7개의 제로데이익스플로잇을 사용해 전 세계 수많은 컴퓨터에 스며들기 시작한 2010년 무렵부터 조금씩 그 베일이 드러나기 시작했다. 어떤 것은 접근하기 어려운, 심지어 오프라인 상태인 컴퓨터를 감염시키기 위해 설계된 것이 분명했다. 마이크로소프트에서 발견된 한 제로데이를 통하면 스턱스넷은 감염된 USB 플래시 드라이브에서 컴퓨터로 탐지되지 않은 채 유포될 수 있었다. 다른 제로데이를 통해서는 네트워크를 타고 최종 목적지를 찾아 더 높은 수준의 디지털 명령 체계까지 다다를 수 있었다. 대표적인 사례는 이란의 나탄즈Natanz 원자력 발전소로, 스턱스넷은 네트워크와 물리적으로 분리된 오프라인 상태에서 이란의 우라늄 원심분리기를 제어하는 컴퓨터 깊숙이 침투했다. 그런 다음 스턱스넷은 원격 조정으로 이란의 원심분리기를 과속도로 돌리거나 아예 작동을 멈추게 하는 등 통제 불능 상태로 만들어 파괴했다. 이란의 핵물리학자들이 시스템에 컴퓨터 웜이 침투한 사실을 알았을 때는 이미 스턱스넷이 전체 우라늄 원심분리기의 5분의 1을 파괴해 이란의 핵무기 개발 야심을 몇 년이나 퇴보시킨 뒤였다.

랭너는 스턱스넷 코드를 분석하고, 미국과 이스라엘을 그 사이버 무기의 개발 장본인으로 지목한 첫 인물로 이름을 날렸다. 하지만 요즘 랭너는 스턱스넷의 가공할 위력이 엉뚱한 세력의 수중에 떨어지면 어떻게 될까 노심초사하기 바빴다. 스턱스넷 코드는 미국의 일반 발전소나 원자력 발전소, 혹은 정수 처리 시설에 대한 공격에도 똑같이 그 위력을 발휘할 것이었다. 그렇게 끊임없이 우려한 나머지 랭너는 '표적이 많은 환경target-rich environments' 인 스턱스넷의 코드에 여전히 취약한 전 세계의 산업 시스템을 정리하고 대비하는 작업까지 벌였다. 그 대부분은 중동에 있지 않았고 미국에 있었다.

우리가 만든 무기가 우리를 겨냥하는 것은 시간 문제였다. "결국 우리가 맞닥뜨리게 되는 것은 대량 살상 사이버 무기cyber weapon of mass destruction입니다."라고 랭너는 그날 수백 명의 청중에게 "그것이 우리가 마주하게 될 결과입니다. 그리고 우리는 지금 당장 준비를 해야 합니다."라고 말했다.

스턱스넷 발견 이후 랭너는 여러 나라를 돌며 세계 유수의 전력 회사, 화학공장, 석유 및 가스 회사를 컨설팅하면서 불가피하게 닥칠 대규모 사이버 공격에 어떻게 대비해야 할지 조언해 왔다. 그런 그의 눈에 비친 루이지와 도나토는 돈에 눈먼 사이버 용병이자 멀지 않은 인류 종말의 촉매제였다.

루이지가 자신의 앞에 놓인 연어를 말없이 내려다보는 시간이 길어질수록, 이를 악무는 랭너의 모습도 더 두드러졌다. 한동안의 긴장된 순간 뒤에 랭너는 마침내 의자를 돌려 나를 정면으로 바라봤다.

그는 남들도 다 들을 수 있을 만큼 큰소리로 이렇게 말했다. "니콜, 이 친구들은 젊어요. 자기들이 뭘 하는지 아무 생각도 없어요. 관심은 오직 돈이죠. 자신들의 툴이 어떻게 이용될지, 그것이 얼마나 끔찍한 결과를 초래하게 될지는 추호도 관심이 없어요."

그리곤 눈길을 루이지 쪽으로 돌린 다음 이렇게 말했다. "하지만 말해봐.

우리한테 말해보라고. 자네의 빌어먹을 연어에 대해 말해봐."

2013년 여름, 답답한 옷장 안에서 지낸 6주 동안 나는 머릿속에서 그 '빌어먹을 연어^{fucking salmon}' 생각을 끊임없이 재생하고 또 재생했다. 그 표현은 사이버 무기 거래에 관여하는 사람이 내게 말해주지 않는 모든 것을 가리키는 대명사가 됐다.

그날 밤 마이애미의 사우스 비치에서 그 이탈리아 출신 해커들이 말해주길 거부했던 것은 무엇이었을까?

그들은 누구에게 제로데이를 팔았을까?

누구에게 팔기를 거부했을까?

그들과 또 그들 같은 수천 명의 프리 에이전트 해커들은 스노든 유출 문서의 빠진 고리^{missing link}였을까?

이들의 거래에는 어떤 규칙이나 법이 있었을까?

아니면 우리는 해커들의 도덕적 용기를 믿는 수밖에 없을까?

이들은 자신들이, 자기 부모들이, 자녀들이, 심지어 필수 인프라가 사용하는 기술에서 발견한 제로데이(취약점)를 남에게 파는 행위를 어떻게 정당화했을까?

그들은 제로데이를 적국이나 인권 침해가 극심한 나라에 파는 것을 어떻게 합리화했을까?

미국은 제로데이 익스플로잇을 해커들로부터 구매했을까?

미국 납세자들의 돈으로?

미국 정부는 납세자의 돈으로 널리 사용되는 기술과 글로벌 인프라를 파괴하는 행위를 어떻게 정당화할까?

우리는 우리 국민을 사이버 스파이 활동이나 그보다 더한 침해 행위에 취약하도록 내버려두는 것은 아닐까?

표적으로 삼을 수 없는 성역이 있었을까?

이 제로데이는 이용되는 중인가, 아니면 어딘가에 쌓아만 놓고 있는가?

어떤 조건에서 우리는 제로데이를 사용할 것인가?

어떤 조건에서 사용하지 않을 것인가?

우리는 제로데이를 어떻게 보호하고 있는가?

그것이 유출된다면?

다른 누가 이런 사실을 아는가?

해커들은 제로데이 장사로 얼마나 버는가?

그 돈을 어디에 쓰는가?

이들을 막으려 시도하는 사람이나 세력이 있는가?

나 말고 다른 누가 이런 질문을 던지는가?

누구든 이런 사실을 알고 어떻게 편히 잠을 잘 수 있을까?

나는 어떻게?

스스로 던진 이 같은 질문에 대답하기까지 7년이 걸렸다. 하지만 너무 늦었다. 세계 최고의 사이버 강대국인 미국이 해킹을 당했고, 이들이 사용하던 툴은 이제 아무나 구해 사용할 수 있게 됐다. 경쟁의 장은 이제 공평해졌다.

진짜 무서운 공격은 이제 막 시작됐을 뿐이다.

2부

자본가들

"우리는 전성기를 엉뚱한 편에 서서 싸우는데 허비한 것 같아."

— 래리 맥머트리Larry McMurtry, 론섬 더브Lonesome Dove[1]

---

1 론섬 더브는 소설의 무대가 되는 텍사스주의 마을 이름 – 옮긴이

3장

카우보이

미국 버지니아주

제로데이 시장의 속내를 캐는 시도는 헛수고일 뿐이라고 사람들은 말했다. 제로데이에 관한 한 정부는 규제 주체가 아니라 고객이었다. 더욱이 정부가 기밀 제품을 다루는 특급 기밀 프로그램을 나 같은 기자에게 알릴 동기는 거의 없었다.

국방장관인 레온 파네타Leon Panetta는 내게 "많은 벽에 부딪힐 거요. 니콜"이라며 경고했다.

CIA와 NSA의 전임 국장으로 재임 중 미국 정보기관사상 가장 크게 디지털 감시망을 확대한 장본인인 마이클 헤이든Michael Hayden은 내 계획을 듣자 너털웃음을 짓고는 내 등을 툭툭 치며 "행운을 빌어요."라고 말했다.

내 계획은 금방 소문이 났다. 경쟁 기자들은 내 임무를 부러워하지 않는다고 말했다. 제로데이 브로커와 판매자들도 물론 나를 도와줄 의향은 추호도 없었다. 전화로 메시지를 남겨도 아무런 답신이 없었다. 해킹 콘퍼런스는 초대를 취소했다. 심지어 일부 사이버 범죄자들은 내 이메일이나 전화를 해킹하는 사람에게 상금을 내걸기까지 했다. 하지만 나는 여기에서 물러나면 두고두고 후회하게 될 것이라고 생각했다. 나는 적어도 이것이 어떤 방향으로 진행될지는 알고 있었다.

세계 여러 나라의 인프라는 경쟁이라도 하듯 온라인과 연결되고 있었다.

세계의 데이터도 마찬가지였다. 그러한 시스템과 데이터에 접근할 수 있는 가장 확실한 방법은 제로데이였다. 미국의 경우 정부가 고용한 해커와 스파이들은 스파이 활동을 명분으로, 혹은 전시에 적국의 필수 인프라를 '5D' 하기 위한 목적으로 제로데이를 수집하고 있었다. 여기에서 5D는 미 국방부(펜타곤)에서 쓰는 용어로 '거부하거나deny 약화하거나degrade 방해하거나disrupt 기만하거나deceive 파괴하는destroy' 활동에서 머리글자를 따왔다.

　제로데이는 미국의 스파이 활동과 전쟁 계획의 핵심 요소가 됐다. 스노든이 유출한 문서는 미국이 이 공간에서 가장 큰 손이라는 점을 분명히 보여줬지만, 나는 취재를 통해 미국만이 유일한 플레이어가 결코 아니라는 사실을 알았다. 압제 정권도 이 시장에 뛰어들고 있었으며, 그들의 수요를 충족시키기 위해 시장이 생겨나고 있었다. 컴퓨터와 소프트웨어의 취약점은 어디에나 있었고 그중 많은 경우는 우리가 자초한 결과였는데, 정부를 비롯한 힘센 권력은 그런 취약점이 그대로 유지되는 것을 선호했다. 많은 관계자와 기관은 이런 내용이 밖으로 새어나가기를 원치 않았다. 세계에서 가장 은밀하고 은폐된 시장의 확산을 막는 길은 만천하에 널리 알리는 것뿐이라고 나는 믿게 됐다.

　대부분의 취재 노력이 그렇듯이 처음 시작이 가장 어려운 부분이었다. 나는 내가 잘 아는 방식으로 밀어붙이기로 했다. 그 작은 단서나마 이미 알려진 내용부터 시작해 마치 양파껍질 벗기듯 하나둘씩 파헤쳤다. 그를 위해 10여 년 전으로 제로데이 시장이 세상에 미약하나마 알려지기 시작할 즈음으로 거슬러 올라가야 했다. 그리고 그런 시장을 처음 개척했다는 오해를 사고 있는 몇몇 당사자들을 수배했다.

모든 시장은 작은 내기로 시작한다. 나는 제로데이 시장이 적어도 공개된 내용으로는 10달러에서 시작된 사실을 발견했다.

그것은 2002년 늦여름 존 P. 워터스John P. Watters가 자신의 첫 번째 사이버 보안 회사를 사들인 값이었다. 그것은 그날 저녁 워터스가 버지니아주의 챈틀리Chantilly에 자리잡은 아이디펜스iDefense에서 무엇인가 건질 게 있을까 파악하려고 본사 사무실로 들어갈 때 신었던 악어가죽 카우보이 부츠에 자신의 이니셜 J. P. W를 새기는데 지불한 비용보다도 훨씬 더 적은 금액이었다. 하지만 워터스는 아무런 회생 계획도 없이 매달 백만 달러를 까먹는 회사에 10달러는 공정한 가격이라고 생각했다.

그럼에도 그해 8월 회사 사무실에 모여 있던 20명 정도의 남은 직원들이 볼 때는 도무지 납득이 되지 않았다. 무엇보다 먼저 워터스는 자신들과 전혀 다른 부류였다. 180cm의 훤칠한 키에 110kg이 넘는 거구인 그는 챈틀리 사무실의 컴퓨터 앞에 달라붙어 있는 삐쩍 마른 해커와 전직 스파이 타입과는 닮은 구석이 전혀 없었다.

텍사스 출신의 수수께끼 백만장자가 자기네 회사를 사려한다는 소식을 들었을 때 이들은 정장 차림의 인물이 들어올 것으로 기대했다. 워터스는 그런 예상을 벗어났다. 그의 기본 복장은 토미 바하마Tommy Bahama 셔츠에 카우보이 부츠를 신고 햇빛이 강할 때는 스포츠 선글라스를 썼는데, 검정 티셔츠 차림으로 창문 없는 지하감옥 같은 곳에서 작업하기를 선호하는 컴퓨터 너드nerd들에게는 지나치게 원색인 셈이었다. 이들의 주식은 샌드위치와 레드불Red Bull이었다. 워터스는 밀러 라이트Miller Lite 맥주와 텍사스산 꽃등심을 선호했다. 그는 심지어 버지니아주에 살지도 않았고, 당장 텍사스를 떠날 계획도 없었다. 그리고 그보다 더 기묘한 점은 그가 컴퓨터와 관련된 경험이 전무하다는 점이었다. 그에 반해 아이디펜스의 젊은 직원들은 컴퓨터 스크린을 들여다보는 일이 인생이었다.

워터스는 금융인이었다. 텍사스주의 한 부유한 가족을 대신해 수억 달러를 투자하는 일로 커리어를 시작했다. 그 일은 가족의 가장이 사망하면서 투자 업무는 주춤했고, 요리사인 그의 아들이 워터스와 함께 가족 비즈니스의 공동 CEO를 맡겠다고 나섰다. 혼자 일을 하는 데 익숙한 그의 카우보이 기질로서는 받아들일 수 없는 제안이었다. 그래서 워터스는 그 가족으로부터 얼마간의 자본 투자를 약속받으면서 그 자리를 사임하고, 자기 자신의 사모펀드를 만들어 투자하기 좋은 기회를 물색하기 시작했다.

그는 컴퓨터 보안에 주목했다. 이때가 1999년이었다. 당시 인터넷은 불과 몇십 년 만에 미 국방부의 원시적 발명품 알파넷^{ARPANET}에서 다이얼업 모뎀으로 접속하는 조악한 상업용 웹을 거쳐, 넷스케이프^{Netscape} 브라우저를 통해 접속하는 웹으로 발전했다. 야후와 이베이 같은 인터넷 회사는 황당할 정도의 가치 평가를 받았다.

워터스는 사람들이 이런 시스템을 보호하는 데 많은 돈을 지불할 용의가 있으리라 판단했다. 하지만 사이버 보안 회사는 엉망으로 비효율적이었다. 그것은 마치 오래된 고양이와 쥐의 게임 같았다. 바이러스 사냥꾼이 고객 회사를 공격으로부터 면역 능력을 제공했을 때는 이미 늦은 다음이었다. 악당들은 이미 재미를 다 본 다음이었다. 비밀번호와 신용카드 데이터는 이미 건물을 벗어났다. 워터스가 이 분야에 관심을 갖게 된 것은 거기에 포함된 경찰과 도둑의 요소였고, 그런 특징은 앞으로도 오래도록 지속되리라는 사실을 알았기 때문이다. 보안 산업은 새로운 모델이 필요했다.

1999년에서 2001년 사이 워터스는 끈기 있게 닷컴 거품이 부풀었다가 터지기를 기다리면서, 활력 있는 비즈니스가 될 잠재력을 가진 몇몇 사이버 보안 회사를 관찰했다. 벤처 자본가들이 미친 수준의 가치 평가를 내린 곳은 제외였다. 한 번은 열 살 먹은 딸을 학교에서 조퇴시킨 뒤 비행기를 전세 내 챈틀리에 있는 아이디펜스 본사까지 날아가서 직접 회사의 상황을 살펴보기도 했다. 아이디펜스는 국방부, 해군, 해안경비대 같은 정부기관이 주 고객임에도 시티그룹^{Citigroup} 같은 대형 은행의 조기 사이버 위협 경보 시스템이라고 스스로를 홍보했다. 하지만 회사의 회계 장부 꼼꼼히 들여다본 워터스는 아이디펜스 또한 아무런 실질적인 상품이나 사업계획 하나 없이 그저 허풍만 떠는 껍데기 회사라는 점을 간파했다.

그는 옳았다. 2년 뒤 아이디펜스는 파산 신청을 냈고, 운명의 장난인지 파산 심리 날짜는 2001년 9월 11일로 잡혔다. 만약 그날 테러리스트들이 항공기를 납치하지 않았다면 판사는 아이디펜스의 영업 정지를 명령했을 것이다. 대신 심리는 연기됐다. 한 달 뒤 판사는 9/11 사태 이후 미국은 아이디펜스 같은 보안 회사가 더 많이 필요할 것이라고 판단했다. 그래서 회사 청산을 강제하는 대신 법정 관리를 통한 구조 조정을 명령했다.

영국의 투자자들은 60만 달러를 약속했다. 아이디펜스를 구조 조정해 이익을 남기고 매각하는 데 그 정도 비용이면 충분하다고 판단한 것이었다. 이들은 워터스에게 전화를 걸어 아이디펜스를 5백만 달러에 사라고 권유했다.

워터스는 눈썹도 까딱하지 않았다.

"어림도 없소."라고 그는 대답했다. "나나 당신네나 곧 돈이 바닥날 걸 알고 있소. 그때 전화해요."

그때까지는 10개월 밖에 걸리지 않았다. 영국 투자자들은 워터스에게 돈을 내고 자신들의 주식을 살 용의가 없다면 바로 다음 날 회사를 폐업해 버릴 거라고 말하자 워터스는 10달러에 아이디펜스를 사겠다고 제안했다.

그들은 제안을 받아들였다. 워터스는 아내에게 회사를 정상화하기까지 2년만 시간을 달라고 부탁했다.

2002년 8월의 어느 화요일 저녁 워터스가 아이디펜스의 사무실을 두 번째로 찾았을 때 사무실 밖 주차장은 텅 비어 있었다. 직원의 3분의 2 이상이 해고된 상황이었다. 남은 직원들도 6주간 급여를 받지 못했다. 20여 명의 직원들은 일어선 채로 유유히 걸어 들어오는 악어가죽 부츠 차림의 곰 같은 남자를 바라보았다. 이들이 받은 첫 인상은 "대체 이 광대는 누구야?"
였다.

두 번째 인상은 깊은 안도였다. 워터스는 개성이 뚜렷했지만 그렇다고
전형적인 사모펀드 매니저도 아니었다. 직원들은 6주간 급여를 받지 못한
상태였다. 그가 처음 한 일은 사무실 부엌으로 직행해 직원들에게 급여 수
표를 써주기 시작한 것이었다. 그는 간부들에게 퇴직 수당을 펀드로 전환
할지(이 경우 나중에 더 큰 수익으로 이어질 수 있다) 아니면 지금 당장 현금으로
받을지 간부들에게 선택권을 줬다.

모두 현금을 택했다. 워터스가 바랐던 신임 투표 결과는 물론 아니었다.
직원들은 아이디펜스가 몇 달은 더 버틸 수 있으리라 예상했지만, 증권거
래소에서 상장 벨을 울리고 직원들이 몇 백만 달러씩 손에 쥐게 되는 상황
으로 발전하리라고 생각하는 사람은 아무도 없었다. 기업 문화랄 것도 없
었다. 해고된 직원들이 쉽사리 일자리를 구할 수 있는 상황도 아니었다. 나
스닥은 닷컴 붕괴 직후 최저점을 기록했다. 서류상 5조 달러(약 6천조 원)가
증발했다. 이후 2년 만에 모든 닷컴 회사의 절반 이상이 사라졌다.

아이디펜스의 경쟁 전망도 밝지 않기는 마찬가지였다. 워터스가 아이디
펜스의 사무실에 나타난 바로 그날, 보안 시장의 강자인 시만텍Symantec이
직접적인 경쟁사인 시큐리티 포커스SecurityFocus를 현금 7천 5백만 달러에
인수했다. 아이디펜스와 비슷하게 시큐리티 포커스도 '버그트랙BugTraq'이
라 불리는 해커 메일링 리스트의 형태로 조기 사이버 위협 경보 시스템을
고객사에 제공했다.

하지만 '메일링 리스트'라는 표현은 버그트랙의 실체와는 거리가 멀다.
그것은 레딧Reddit이나 포챈4chan의 원시 버전, 다시 말해 초기 웹의 호기심
많고 독선적인 말썽꾼들이 서로 지지고 볶는 공간에 더 가까웠다. 버그트
랙의 개념은 단순했다. 전 세계 해커들이 버그와 익스플로잇을 올리는 공

간을 제공한다는 것이었다. 일부는 재미나 호기심 혹은 과시욕에서 그렇게 했고, 일부는 버그를 제보해도 무시하거나 한술 더 떠 제보 전화를 할 때마다 제소하겠다고 위협하는 소프트웨어 회사를 조롱할 의도로 올렸다.

당시에는 마이크로소프트나 휴렛 팩커드Hewlett Packard에 전화를 걸어 "이봐요. 방금 당신네 서버를 대규모 보안 감시 툴로 바꿨어요. 그걸 이용해 항공우주국NASA 서버에도 침투할 수 있겠네요."라고 알려줄 1–800으로 시작하는 전용 채널도 없었다. 회사 상담원이나 소프트웨어 엔지니어에게 다짜고짜 전화를 걸면 침묵, 독설 혹은 회사 소속 변호사가 보내는 제소 위협 서신으로 끝나기 일쑤였다. 소프트웨어나 하드웨어 제조사들은 그런 데 신경을 쓰지 않았고, 버그나 오류를 바로잡는 데도 지극히 소극적이었다. 그 때문에 버그트랙과 나중에 나온 '풀 디스클로저Full Disclosure('완전 공개'라는 뜻)' 같은 리스트는 해커들이 자신들이 찾아낸 버그를 공개하고, 코드 안에 그와 같은 지뢰를 남겨놓은 회사를 성토하는 공간이었다.

해커들이 찾아낸 내용은 아이디펜스의 조기 경보 서비스인 '아이얼러트iAlert'의 근거 자료였다. 해커들이 버그 하나를 찾아낸 곳에는 보통 더 많은 버그가 숨어 있게 마련이었다. 아이얼러트 시스템은 고객사에 그들의 하드웨어와 소프트웨어에 취약점이 있음을 경고하고, 차선의 해결책을 제시했다. 만약 시만텍이 아이디펜스를 버그트랙으로부터 차단한다면 아이디펜스로서는 고객사에 경고할 내용이 없게 될 터였다. 그리고 아이디펜스가 시만텍의 거대 자본과 경쟁하려 든다면 실패할 게 뻔했다.

처음 몇 달간은 순탄치 않았다. 보안 비즈니스를 더 파고들수록 워터스는 이 분야가 얼마나 조악한지 깨달았다. 경보 시스템은 많은 고객사가 구독하는 다른 무료 뉴스피드와 별반 다를 게 없었다.

워터스는 이 분야에 뭔가 기회가 있을 것이라고 믿었다. 단지 그게 무엇인지 몰랐을 뿐이다. 어떤 아이디어나 위안을 얻을까 하고 몇몇 직원을 점심식사에 초대하기도 했다. 대신 그들은 이구동성으로 회사에서 더 이상 건질 게 없다는 의견이었다.

"사장님이 샀죠. 이제 사장님 책임이에요." 회색 턱수염을 한 직원은 워터스에게 이렇게 말했다. "그게…그렇지, 내가 샀지."라고 대꾸할 수밖에 없었다. "젠장"

11월이 되자 워터스는 아내에게 비즈니스를 접거나 아예 버지니아에 머물면서 사업에 집중해야 할 것 같다고 말했다. 상의 끝에 워터스는 마지막으로 한 번 더 회생을 시도하기로 했다. 챈틀리 외곽에 침실 두 개짜리 아파트를 구입했는데, 이를 '해커 오두막Hacker Hut'이라고 불렀다.

매일 아침 5시 15분이면 워터스는 직원들에게 새로운 리듬과 활력을 불어넣겠다는 바람으로 이메일을 날리기 시작했다. 그는 비즈니스의 모든 부문에 대해 마치 심폐소생술을 준비하듯 절박하게 접근했다. 그의 새로운 모토는 '3 대 1three to one'이었는데, "우리는 3년치 작업을 1년에 마친다."라고 직원들에게 말하곤 했다. 직원들은 종종 눈을 크게 뜨며 황당하다는 표정을 지었다. 그는 그렇게 회의적인 직원들을 맡은 업무는 확실히 완수하는 해결사들로 변화시키기 시작했다. 그리고 전 직원들에게 새로운 비즈니스 아이디어를 구했다.

당시 아이디펜스는 두 명의 20대 해커가 담당하는 연구실을 꾸리고 있었다. 데이비드 엔들러David Endler는 NSA에서 잠깐 일한 경력이 있었고, 수닐 제임스Sunil James는 대학을 졸업한 지 몇 년밖에 되지 않았다. 제임스는 9/11 사태의 여파로 펜타곤에서 나오는 연기가 아직 그의 아파트로 스며들 즈음 아이디펜스에 취업했다. 그는 처음 며칠 밤은 사무실에서 잤다.

엔들러와 제임스의 업무는 소프트웨어와 하드웨어를 뒤져 제로데이를 찾는 한편, 버그트랙과 다른 해커 포럼을 들락거리며 엉뚱한 수중에 떨어질 경우 아이디펜스의 고객 기반에 차질을 빚을 수 있는 취약점을 파악했다.

"취약점을 일반 사람들에게 쉬운 말로 설명할 수 있을 만큼 잘 이해하는 사람의 규모는 아직 정말 작았어요."라고 제임스는 내게 말했다.

두 사람은 종종 어둠 속에 앉아서 스크린만을 바라보며 버그를 사냥했다. 그들 팀만으로는 찾아낼 수 있는 버그에 한계가 있었다. 대다수 버그는 버그트랙에서 나왔다. 그리고 이제 버그트랙이 시만텍에 넘어간 만큼 자신들의 위협 정보는 심각하게 제한될 수밖에 없음을 알았다. 버그트랙 같은 취약 정보원을 새로 찾아내지 않는 한 '완전히 끝장나기 직전'이라고 제임스는 엔들러에게 털어놓았다.

두 사람은 미처 접촉하지 않은 소프트웨어와 컴퓨터의 취약점을 밤낮없이 찾아내는 해커들의 방대한 정보망이 있다는 사실을 알고 있었다. 소프트웨어와 하드웨어 제조사가 해커들의 무료 노동에 의존해 그들이 발견한 취약점을 보완함으로써 자사 제품의 보안성을 높인다는 점은 잘 알려진 상황이었다. 제임스는 만약 시만텍이 버그트랙을 닫는다면 기술 회사와 그 고객들은 위협 데이터의 1차 정보원을 잃게 될 것이라면서 그에 대응한 아이디어를 내놓았다. 우리가 그 해커들을 직접 접촉해 그들이 찾아낸 버그의 대가를 지불하겠다고 제안하면 어떨까?

제임스는 해커들을 초대해 소프트웨어나 하드웨어의 오류를 잡아내 달라고 부탁하는 것은 업계의 통습이 아니라는 점을 잘 알았다. HP, 마이크로소프트, 오라클, 선마이크로시스템즈 같은 대부분의 거대 기업이 당시 취한 입장은 누구든 자사 제품의 오류를 지적해 주의를 끄는 사람은 해당 제품에 불법 행위를 한 혐의로 형사 처벌을 받거나 고소를 당할 것이라는 위협이었다. 마이크로소프트의 경영진은 이를 '정보 무정부 상태information anarchy'라고 공격하면서, 버그트랙과 해킹 콘퍼런스에서 버그를 공개하는 해커들을 '아이들 놀이터에 파이프 폭탄을 던지는' 테러리스트에 견주기까지 했다. 2002년 주요 기술 기업의 대표들은 라스베이거스에서 열린 연례 데프콘 콘퍼런스에 모여 법을 만들었다. 1993년 처음 시작된 이후 데프콘은 해커들이 기업의 여러 소프트웨어나 하드웨어에 침투하는 온갖 기법을 소개하는 포럼으로 자리잡았다. 하지만 근래 들어 기업은 해커들이 도를 넘었다고 느꼈다. 이들은 공식 석상에서 주목받고 모욕당하는 데 질렸다. 같은 해, 이들은 라스베이거스에 모여 해커와 그들이 찾아낸 버그에 대해 새로운 대응책을 내놓았다. 그것은 "당신들이 찾아낸 버그를 우리에게 먼저 제공하라. 그러지 않으면 고소하겠다."로 요약되는 내용이었다.

아이디펜스가 해커들에게 소프트웨어의 버그를 찾아주는 대가로 비용을 지불하겠다는 아이디어는 마이크로소프트, 오라클Oracle, 선마이크로시스템즈Sun Microsystems Inc. 같은 기술 기업에게 달가울 리 없었다. 그럼에도 제임스와 엔들러가 워터스는 다를지 모른다고 생각한 데는 워터스의 하와이안 셔츠와 카우보이 부츠가 한몫 했을지 모른다.

엔들러는 자기 아이디어를 타진했다. 취약점은 어디에나 널렸다고 그는 워터스에게 말했다. 마이크로소프트, 오라클 및 여러 빅테크 회사의 프로그래머들은 무심코 매일 코드에 버그를 심는다. 어느 한 버그가 발견돼 패치될 즈음, 개발자들은 이미 새로운 버그가 포함된 새로운 코드를 전 세계 아이디펜스의 고객들이 사용하는 소프트웨어에 심는다. 보안업계는 해커들의 공격으로부터 고객들을 보호하는 데 게으르고, 더욱이 안티바이러스 소프트웨어 자체에도 버그가 많다고 엔들러는 워터스에게 말했다.

악의를 가진 소위 '블랙햇black hat' 해커들은 수익을 올리거나 스파이 활동을 위해 혹은 디지털 대혼란을 조장할 목적으로 이런 버그를 악용한다. 선의의 '화이트햇white hat' 해커들은 해당 기업에 그런 버그를 알려줄 아무런 동기도 없다. 기업은 해커들을 상대할 마음이 없었고, 자신들의 제품에 하자가 있다는 개념 자체를 용납하지 않았다. 그보다는 자사 시스템의 버그를 바로 잡으려는 해커들에 소송 위협으로 맞섰다. 기업의 그런 적대적 대응은 화이트햇 해커들을 블랙햇이 되게끔 만드는 동기로 작용할 뿐이었다. 아무도 그런 버그를 고칠 용의가 없다면 그것을 악용하거나 '스크립트 키디script kiddie'로 불리는 아마추어 해커들에게 넘겨 회사의 웹사이트를 훼손하거나 다운시켜 버리는 쪽을 택할 수도 있었다. 버그를 제공하고 그에 대해 침묵하는 대가로 해커들에게 돈을 지불하는 지하의 회색 시장에 대한 소문이 돌았다. 그리고 당시 상황에서는 소송을 당하는 쪽보다는 돈을 받는 쪽이 훨씬 더 매력적일 수밖에 없었다.

궁극적으로 이 시장의 패자들은 버그로 취약한 은행과 정부기관 등 아이디펜스의 고객사라고 엔들러는 주장했다. 그것은 문이 열린 채 공격을 기다리는 꼴이었다.

"그런 상황에 맞춰 프로그램을 하나 운영하면 어떨까요?" 엔들러는 워터스에게 제안했다. "버그를 넘겨주는 대가로 해커들에게 돈을 지불하는 겁니다."

아이디펜스는 그 버그를 해당 기업에 넘길 수도 있겠지만 그들이 버그를 수정한 패치를 제공할 때까지 아이얼럿iAlert은 그 사용 고객들에게 적법한 조기 경보 시스템으로 기능할 수 있다고 엔들러는 말했다. 아이얼럿은 고객사에 미리 경고를 보내고, 차선책을 활용해 공격자들이 아직 공개되지 않은 버그를 악용할 수 없도록 막아줄 것이었다. 하지만 아이디펜스는 해커들에게 큰 돈을 지불할 필요는 없다. 해커들은 소송을 당하거나 감옥에 가지 않고 버그를 넘겨줄 방법을 원할 뿐이기 때문이다. "우리는 이 프로그램을 우리의 경쟁 우위로 활용할 수 있을 것입니다."라고 엔들러는 워터스에게 말했다.

다른 최고경영자였다면 반대했을 것이다. 아무런 수익도 없는 회사가 가뜩이나 부족한 기금으로 해커들, 대부분 부모의 지하실에 사는 여드름투성이의 열세 살짜리나 웹의 그늘진 곳에서 일하는 꽁지머리의 코더들에게 다른 회사 시스템의 버그를 찾아내는 대가로 돈을 지불한다는 아이디어는 위험천만하게 비칠 것이기 때문이다. 대부분의 변호사들은 바로 그 자리에서 그런 아이디어를 묵살해 버렸을 것이다.

워터스는 달랐다. 애초부터 이 업계가 그에게 매력적으로 여겨진 것은 거기에 깃든 무법적 서부Wild West 같은 요소 때문이었다. 엔들러의 제안은 그럴듯하게 들렸다. 적법한 버그 시장을 조성함으로써 아이디펜스는 기술적 결함과 취약점을 가장 먼저 파악하고, 마침내 고객사에 뭔가 독특하고 구체적인 서비스를 제공할 수 있을 것이었다. 더 이상 요란하고 실속은 없는 그저 그런 서비스가 아니게 될 것이다.

또 워터스로서는 회사의 경보 시스템 사용료를 올릴 명분을 얻게 된다는 뜻이었다.

그런 연유로 2003년, 아이디펜스는 해커들에게 문을 열고 제로데이 버그에 현상금을 지불하는 첫 회사가 됐다.

현상금은 최대 75달러라는 작은 규모로 시작됐다. 제임스와 엔들러는 아직 확신이 없었다. 그런 시장은 일찍이 없었고, 적어도 그들이 알기로 경쟁 프로그램도 없었다.

그 모든 시도는 도박에 가까웠다. 그리고 첫 몇 달간 해커들은 사이트를 시험해 보고 무엇을 얻어낼 수 있는지 따져볼 거라는 사실을 이들은 알았다. 해커들이 자신들이 보유한 주요 익스플로잇을 대뜸 넘겨줄 리는 만무했고, 작거나 사소한 것으로 간을 볼 게 분명했다. 이후 18개월에 걸쳐 제출된 수천 개의 버그 중 절반은 쓸모없는 것이었다. 일부는 사이트 간 스크립팅 취약점으로, 초보 해커들이 웹사이트를 훼손하는 데 흔히 사용하는 웹 애플리케이션이었다. 또 일부는 마이크로소프트 워드 형식의 문서를 열 때마다 워드를 다운시키는 버그였다. 골칫거리 버그였지만 블랙햇 해커들이 지적 재산이나 고객 데이터를 훔치는 데 이용하는 종류는 아니었다. 하지만 당장 필요한 것은 신뢰를 구축해 해커들이 더 굵직하고 중요한 버그로 이들의 사이트를 다시 찾게 유도하는 일이었다. 그 당시 아이디펜스 팀은 자존심은 버리고 해커들의 호감을 사는 데 주력했다.

그 전략은 몇몇 해커에게 통했다. 심각한 제로데이 버그를 제공하기 시작한 인물 중 하나는 튀르키예에 사는 타메르 사힌^{Tamer Sahin}이라는 해커였다. 1999년 사힌은 튀르키예의 한 웹 서비스 제공사를 해킹한 혐으로 구속됐다. 사법 거래^{plea deal}[1]의 일환으로 그는 튀르키예 정부 시스템의 보안성 향상을 도와주기로 했고, 그 때문에 웹에서 꾸준히 취약점을 찾아 마이크로소프트, HP, AOL 등 주요 기술 기업의 소프트웨어에서 발견된 버그에 관한 정보를 전달했다. 사힌은 해커들 사이에서 점점 더 유명해졌지만 정작 그런 일로 벌어들이는 돈은 한 푼도 없었다.

아이디펜스가 2002년에 문제의 프로그램을 발표했을 때 사힌은 첫 번째 버그를 제출했다. 공격자가 사용자와 브라우저 사이에 숨어들어 비밀번호와 다른 데이터를 가로챌 수 있게 하는 인터넷 프로토콜의 한 오류였다. 그 대가로 사힌은 75달러를 받았다. 튀르키예에서 한 달치 월세로 충분한 금액이었다. 사힌은 1인 버그 공장이 돼 2년 동안 50개 이상의 버그와 익스플로잇을 제출했고, 본업을 접어도 충분할 수준의 수입을 올렸다.

캔자스 시티에 사는 열세 살 매튜 머피^{Matthew Murphy}라는 소년도 이 프로그램에 빠졌다. 머피는 법적 근로 연령보다 어렸지만 AOL과 안티바이러스 소프트웨어에서 발견한 버그를 제출해 아이디펜스로부터 수천 달러 대의 수입을 올렸다. 머피는 그 돈으로 엄마에게 두 번째 컴퓨터를 사드리고, 다이얼업 인터넷을 위한 두 번째 전화선을 설치했다.

---

1 피고가 유죄를 인정하면 감형해 준다는 피고와 검찰 사이의 합의 – 옮긴이

결국에 가서는 경찰인 엄마에게 사실을 털어놓을 수밖에 없었다. 마음 편한 대화는 아니었다. 그녀는 아들의 발견 내용이 다른 사람들을 괴롭히는 데 악용될지 모른다고 걱정했다. "만약 소프트웨어나 하드웨어 회사가 고객들이 피해를 입는 것을 원치 않았다면 처음부터 제품을 안전하게 만들었어야 옳다고 엄마께 말씀드렸어요."라고 그는 말했다.

아이디펜스는 버그를 가진 해커들이 손쉽게 돈을 벌 수 있는 장소가 됐다. 매년 워터스는 블랙햇 콘퍼런스와 데프콘 콘퍼런스에서 가장 성대한 파티를 열고, 더 많은 해커를 자사의 프로그램에 끌어들이는 한편, 심각한 오류를 찾아낸 해커들에게 보상을 해줬다. 지하실의 컴퓨터 방에서 거의 나오지 않던 해커들은 아이디펜스 파티에서 만취하곤 했고, 술김에 블랙잭 테이블에 앉을 용기를 얻기도 했다.

이 프로그램이 1년 정도 유지되면서 아이디펜스의 1, 2위 버그 사냥꾼은 세자르 세루도Cesar Cerrudo라는 이름의 아르헨티나 해커와 지니스 파섹Zenith Parsec이라는 별명을 가진 뉴질랜드 해커였다. 그의 실제 이름은 그렉 맥마누스Greg McManus로 뉴질랜드의 목양업자였지만 양털 깎기보다 소프트웨어 버그를 찾아내는 일을 더 선호했다. 오래지 않아 아이디펜스가 지불하는 버그 현상금의 절반은 맥마누스 차지가 됐다.

맥마누스의 작업은 아이디펜스에서는 일찍이 보지 못한 정교한 기술을 보여줬다. 워터스는 매번 수천 달러를 뉴질랜드로 송금하기보다 차라리 그를 버지니아로 불러 풀타임으로 채용하는 편이 더 싸게 먹히겠다고 판단했다. 그래서 워터스는 맥마누스에게 일자리를 제안하고, '해커 오두막'으로 명명한 자신의 콘도에 방을 마련해 줬다.

맥마누스는 몇 주 뒤 '누군가 무언가를 해야만 해'라고 쓰인 티셔츠 차림에 컴퓨터와 루빅 큐브 그리고 배낭을 매고 나타났다. 밀러 라이트 맥주를 즐기고 남과 어울리기 좋아하는 카우보이인 워터스와 루빅 큐브를 만지작

거리는 조용한 성격의 맥마누스는 룸메이트로 그보다 더 대조적일 수 없었다. 하지만 이들은 서로 죽이 맞았다. 그리고 자유로운 밤 시간에 맥마누스는 워터스에게 해킹 기술을 가르치기 시작했다.

워터스는 평생 돈을 버는 데 커리어를 바쳤다. 해커들은 맥마누스에 따르면 돈을 바라고 그런 일을 하는 게 아니다. 적어도 처음에는 그렇지 않다. 이들이 추구하는 것은 누구도 볼 수 없게 돼 있는 정보에 접근할 수 있게 됐을 때 맛보는 흥분이다. 어떤 이들은 권력을 얻기 위해, 더 많은 것을 알기 위해, 표현의 자유를 위해, 무정부 상태를 만들려고, 인권 신장을 위해 혹은 '그냥the lulz', 프라이버시를 엿보기 위해, 불법 복제를 목적으로, 수수께끼를 풀기 위해, 소속감을 느끼려고, 어떤 커넥션이나 동질감을 얻기 위해 등등 숱한 동기가 있지만 대부분의 해커들은 순수한 호기심에서 그렇게 한다. 한 가지 공통점은 이들 자신도 어쩔 수가 없다는 점이다. 태생적으로 해커들은 이리저리 만져보고 뜯어보지 않고는 못 배기는 사람들이다. 어떤 시스템을 보면 그것을 뚫고 들어가 그 내용을 속속들이 파헤치고, 그것이 어떻게 작동하는지 따져보고, 이를 다른 용도로 재구축하지 않으면 견딜 수 없는 사람들이다. 워터스의 눈에는 컴퓨터로, 기계로 혹은 툴로 보이는 것이 맥마누스의 눈에는 다른 세계로 통하는 문portal으로 보였다.

해커들이 존재한 지는 1세기가 넘는다. 1870년대 몇몇 십대들은 당시 아직 원시 상태를 면치 못했던 전화 시스템을 조작하려다가 붙잡혔다. '해커'라는 명칭도 긍정적인 쪽과 부정적인 쪽으로 엇갈린 내력을 보여주지만 역사상 많은 존경을 받은 기업가, 과학자, 요리사, 음악가, 정치 지도자들은 모두 어떤 면에서 해커라고 할 수 있었다.

스티브 잡스Steve Jobs는 해커였다. 빌 게이츠Bill Gates도 마찬가지다. 해커와 관련된 거의 모든 전문 용어를 설명하는 『신 해커사전The New Hacker's Dictionary』(MIT Press, 1996)에 따르면 해커는 '창의적으로 한계를 극복하거나 우회해야 하는 지적 도전을 즐기는 사람'이다.

혹자는 파블로 피카소Pablo Picasso가 미술을 해킹했다고 말한다. 앨런 튜링Alan Turing은 나치의 암호를 해킹했다. 벤저민 프랭클린Benjamin Franklin은 전기를 해킹했다. 그리고 그보다 300년 앞서 레오나르도 다빈치Leonardo da Vinci는 천문학, 기계류 및 조각을 해킹했다. 다빈치는 스스로를 '지식인이 아니다senza lettere'라고 선언한 것으로 유명하다. 당대 르네상스 시대의 다른 지식인들과 달리 자신은 라틴어를 몰랐기 때문이다. 그는 대신 사물을 이 리저리 뜯어보고 분석하는 방식으로 학습했다. 현대의 여러 해커가 다빈치를 자신들과 동류였다고 주장하는 근거다. 비록 사회적으로 해커는 블랙햇과 범죄자들이 동일시되다시피 했지만, 다른 한편 이들은 기술의 진보와 역설적이게도 디지털 보안의 개선에 기여한 바가 크다.

모든 것은 심지어 지구상에서 가장 안전한 시스템조차도 뚫릴 수 있다고 맥마누스는 워터스에게 말했다. 그리고 어떻게 그럴 수 있는지 시연하기로 했다. 첫 번째 임무는 표적으로 삼은 시스템과 관련된 공개 웹 서버나 앱을 살펴보는 일이었다. 보통은 거기에서 취약점의 단서를 찾았다. 그렇지 않은 경우라도 인내심은 필수였다. 보안 전문가들이 나중에 국가 차원의 해킹 그룹을 '진보된 지속적 위협Advanced Persistent Threat'이라고 부른 이유도 거기에 있었다. 인내심을 가지고 집요하게 파고들면 필연적으로 뚫고 들어갈 방법을 찾아낸다는 뜻이었다.

기관 내 누군가가 편의성을 위해 필연적으로 앱을 설치할 것이고, 해커들은 그런 앱을 이용해 시스템으로 침투할 수 있게 된다. 핵심은 조용히 앉아서 표적 시스템에 어떤 변화가 생기는지 관찰하는 일이었다. 한 간부가 자기 사무실의 유선 전화로 오는 통화를 주고 받을 수 있는 앱을 깔 수도 있다. 그런 앱이 설치되자마자 해커는 앱을 이리저리 건드려보고, 갑자기 많은 신호를 보내 앱에 체증이 걸리도록 한 다음 그 앱이 어떻게 반응하는

지 살펴본다. 무엇이든 수상한 것, 품질이나 기능의 하자를 찾는 것이다. 그게 뜻대로 되지 않으면 해커들이 모이는 포럼에 들어가 그 앱이 어떻게 만들어졌는지, 사람들이 그 앱과 관련해 어떤 문제를 호소하는지, 해당 앱이나 하드웨어에 어떤 업데이트나 수정이 이뤄졌는지 파악한다. 업데이트 파일이나 일부 코드라도 찾아내는 경우 이를 내려받아 낱낱이 뜯어보고 역설계해 코드를 분해한다.

외국어를 배우는 경우와 마찬가지로 코드도 어떤 사람은 금세 깨우치는 반면 다른 사람은 시간이 걸린다. 충분히 많은 코드를 읽다 보면 그것을 직접 처음부터 짜지는 못하더라도 대체로 무슨 내용인지는 파악할 수 있게 된다. 일정한 패턴을 인식하기 시작하는 것이다. 목표는 그 패턴으로부터 해당 코드를 짠 사람들이 미처 의도하지 않았던 목적에 이용할 수 있는 함수와 변수를 찾아내는 일이다.

포럼에서 찾아낸 소프트웨어 업데이트의 짧은 코드를 이용해 해커는 코드를 웹 서버에 주입함으로써 소스코드를 음성메일 앱으로 넘기도록 만든다. 그렇게 소스코드를 구한 다음 처음부터 다시 시작한다. 그 앱의 소스코드를 조각조각 분해해 수상한 게 있는지 찾는다. 아무것도 못 찾으면 다시 원점으로 돌아간다. 혹은 뜻밖의 금광을 발견할 수도 있다. 가령 원격 코드 실행 버그는 해커가 원거리에서 앱의 어떤 코드든 실행할 수 있게 해주는 버그다. 그렇게 하려면 비밀번호가 필요하다. 하지만 이것도 문제가 되지 않는다. 다크웹을 뒤지면 훔친 이메일, 사용자 이름, 비밀번호 가운데 표적으로 삼은 기관의 직원 정보를 얻을 수 있다. 그게 안 될 경우는 표적 상대의 로그인 인프라를 더 깊숙이 파고들어 무엇이든 약점의 징후를 찾는다. 누군가가 로그인 소프트웨어를 설치하면서 그에 대한 사용자 이름과 비밀번호를 서버의 로그 파일에 텍스트로 저장해놓은 것을 발견할 수도 있다. 찾았다! 해커는 해당 로그 파일을 뽑아내고, 이제 언제라도 표적 시스템을 다운시킬 준비를 갖췄다.

해커는 그 과정에서 찾아낸 제로데이를 한데 엮는다. 사용자 이름과 비밀번호 및 원격 실행 버그를 사용해 음성메일 앱에 접속한다. 이제 해커는 표적의 전화 시스템에 들어갔을 뿐 아니라 그 전화 시스템과 연결된 어떤 것이든, 예를 들면 이 기관의 지역 네트워크에 연결된 어떤 컴퓨터든 접근할 수 있게 됐다. 기관 내 모든 컴퓨터에 마음대로 접근할 권한을 가진 IT 관리자의 컴퓨터도 여기에 포함된다. 그 정도 수준의 접근 능력이면 표적 시스템에서 할 수 있는 가능성은 무궁무진하다. 내부자 거래용 데이터에 접근할 수도 있고, 경영진을 사칭할 수 있는 주요 정보를 암시장에 팔 수도 있다. 혹은 양심적으로 음성메일 앱 회사에 연락해 보안상의 허점을 알려주고, 이들이 그를 진지하게 수용해 바로잡기를 기대할 수도 있다.

매일 밤 맥마누스는 워터스에게 다양한 공격 시나리오를 알려주고, 코드의 여러 문제를 지적하고, 취약점을 식별해 이를 어떻게 활용할 수 있는지 보여줬는데 사안의 심각성에도 불구하고 맥마누스의 뉴질랜드 억양 때문에 놀라우리만치 유쾌하게 들렸다. 낮이면 맥마누스는 열정에 넘쳐 다른 해커들이 찾아낸 버그를 평가하는 한편 치명적 버그를 익스플로잇으로 무기화했다. 밤이면 보스에게 극소수만이 이해하는 언어로 운영되는 멋진 신세계를 소개했다.

맥마누스는 큰 대가를 바라지 않았다. 아이디펜스 랩의 벽을 검정색으로 칠하는 것을 허락해 달라고 부탁했을 뿐이다. 그게 자신을 더 편안하게 해준다고 그는 말했다. 워터스는 동의했다. 그가 더 편안해 한다면 무엇이든 해줄 용의가 있었다. 그는 버그와 익스플로잇을 찾아내는 데 레이저 광선처럼 놀라운 집중력을 발휘했고, 그 덕택에 눈에 띌 만한 변화가 나타나기 시작했다.

때때로 아이디펜스는 버그를 해당 기업에 넘겼지만 심각한 버그가 아니라는 반응을 얻기 일쑤였다. 바로 그 대목에 맥마누스가 개입했다. 문제의 버그가 얼마나 쉽게 고객 회사의 소프트웨어를 제어하거나 고객 데이터를 훔쳐내는 데 악용될 수 있는지 개념 증명으로 명확히 보여주는 것이다. 어느 버그가 수정돼야 하는지에 대한 결정은 오랫동안 소프트웨어나 하드웨어 제조사의 몫이었다. 그리고 그런 결정의 근거는 종종 밝혀지지 않았다. 맥마누스는 그런 관행을 뒤집어 제조사들과 고객들에게 버그를 무시해서는 안 되는 이유를 증명해 보였다. 그는 어떤 버그가 더 중요하게 취급돼 당장 수정해야 하는지, 어떤 것은 좀 더 기다려도 되는지 같은 우선 순위를 정하는 데도 도움을 줬다.

이 프로그램은 시장에 뭔가 새로운 변화를 몰고 왔고, 아이디펜스에는 서비스 비용을 높일 수 있는 명분을 제공했다. 첫 해에 워터스는 아이디펜스의 구독료를 1만 8천 달러에서 3만 8천 달러(약 4천 4백만 원)로 두 배 이상 높였다. 인상에 동의하지 않는 고객사는 계약을 해지했고, 그는 빈 자리를 예산 규모가 큰 은행이나 연방 정부기관으로 쉽게 대체할 수 있었다. 이들은 버그에 대한 대응책이 이미 내장된 정보 제품이라면 비싼 값을 지불할 용의가 있었다.

워터스에게 더욱 달콤했던 것은 계약이 해지된 곳 중 상당수가 더 높은 비용에도 다시 돌아왔다는 점이다. 해지할 당시 연회비 2만 7천 달러를 냈던 한 고객사는 다시 돌아와 무려 45만 5천 달러에 재계약했다. 그는 연회비 2만 5천 달러이던 한 정부기관을 계약 해지했는데, 연회비 1백 50만 달러로 다시 돌아왔다. 2003년 10월에 이르러 아이디펜스의 매출액은 2배로 늘었고, 워터스는 이 비즈니스에 자신의 사비를 투자하기 시작했다.

이 모든 성공은 소프트웨어 회사의 분노를 사기 시작했다. 마이크로소프트, 선, 오라클 모두 아이디펜스의 프로그램을 증오했다. 이들은 아이디펜스가 해커들에게 자사의 제품에 침투하도록 부추긴다고 비판했다. 그리고 해당 프로그램이 인기를 얻어감에 따라 아이디펜스의 고객사는 소프트웨어 기업에게 시스템을 수정하라고, 그것도 빨리 수정하라고 재촉했다. 세계 유수의 기술 회사는 돌연 외부 세력의 시간표에 휘둘리고 있었다. 이들은 아이디펜스에 보복하기로 마음 먹었다.

그 해 블랙햇 컨벤션에서 엔들러는 마이크로소프트 보안 팀의 한 멤버로부터 아이디펜스의 버그 보상 프로그램은 갈취나 다름없다는 비난을 들었다. 컨벤션이 열리는 라스베이거스의 호텔에서 짧은 칵테일 드레스 차림의 여성들이 놀라서 쩔쩔매는 가운데 검은색 티셔츠의 너드들은 기업 로고가 새겨진 티셔츠 차림의 너드들에게 버그 보상의 도덕성을 맹렬히 질타했다.

워터스도 그런 비난을 들었다. 그는 오라클의 최고보안책임자인 메리 앤 데이비슨Mary Ann Davidson의 저녁 초대를 받았다. '이거 흥미롭겠는데?'라고 워터스는 짐작했다. 데이비슨은 체면치레도 없이 직격탄을 날렸다. 애피타이저가 나오기도 전에 그녀는 워터스에게 아이디펜스가 버그를 찾아내는 대가로 해커들에게 돈을 지불하는 일은 '부도덕하다immoral'고 말했다.

워터스는 생각했다. '부도덕하다는 말이 가당키나 한가? 오라클의 금싸라기 같은 코드에서 우리가 오류를 찾아내면 어떻게 나올지 정말 궁금하군. 처음부터 그런 버그는 들어가지 말았어야 하는 것 아닌가?' 자신의 프로그램이 없었더라도 해커들은 자신들이 발견한 오라클의 버그를 회사에 알리기보다는 다른 용도로 악용할 동기가 훨씬 더 컸을 것이다.

스스로에 대한 확신과 도덕적 우월성을 너무 티나게 드러내는 데이비슨에게 워터스는 휴대전화를 꺼내 자기 어머니의 번호를 눌렀다. "메리 앤, 아무래도 저보다 제 어머니와 얘기해 봐야 할 것 같네요."라며 워터스는 전화기를 데이비슨에게 내밀었다. "최소한 제 어머니가 당신의 입장에 대꾸할 기회는 주세요. 생각건대 어머니는 제가 꽤 도덕적인 사람이라고 당신에게 알려줄 겁니다."

둘이 마주 앉은 이후 처음으로 데이비슨은 조용해졌다.

아이디펜스가 더 많은 버그를 확보할수록 비즈니스도 더욱 호황을 구가했다. 계약을 원하는 고객사를 제때 받아들이기 어려울 지경이었다. 정부기관은 매년 비용 인상을 감수하며 재계약했다. 비즈니스가 호황을 구가할수록 오라클 같은 제조사들은 더욱 애매한 입장을 취했다. 워터스의 비즈니스가 번창한 것은 그가 광활한 들판의 유일한 카우보이였기 때문이었지만, 그 들판은 비즈니스가 뜨기 시작하면서 여기저기에 울타리가 생기기 시작했다. 몇 년은 큰 성공을 거뒀지만 시장 상황이 변하고 다른 경쟁사들이 뛰어들면서 상황은 더 복잡해졌다.

풍향의 첫 번째 변화는 빌 게이츠^{Bill Gates}의 메모였다. 2002년 마이크로소프트의 소프트웨어와 고객사가 잇단 공격을 받은 직후, 게이츠는 보안을 마이크로소프트의 최우선 과제로 삼겠다고 선언했다.

해커들은 게이츠의 '신뢰 컴퓨팅 이니셔티브^{Trustworthy Computing Initiative}' 메모를 농담 정도로 치부했다. 마이크로소프트는 지난 수년간 오류와 버그로 점철된 엉성한 소프트웨어를 내놓는 것으로 웃음거리가 돼 왔다. 이제 와서 게이츠가 새로운 종교를 발견했다고 믿으라고? 마이크로소프트는 PC 시장을 장악하고 있었지만, 일리노이대학교에 재학 중이던 두 명의 기술 천재 마크 앤드리슨^{Marc Andreessen}과 에릭 비나^{Eric Bina}가 첫 인터넷 브라우저인 모자이크^{Mosaic}를 선보인 이후, 새로운 인터넷 시장에서는 따라잡아야 하는 처지였다. 인터넷은 수십 년간, 정확히 따지면 1969년 미 국방부에서 분산형 네트워크를 고안한 때부터 존재해 왔다. 이후 인터넷은 눈에 띄게 진화했다. 하지만 인터넷을 대중에게 개방한 것은 1990년대 중반 앤드리슨과 비나가 모자이크 인터넷 브라우저를 만들면서부터였다. 컬러에 그래픽으로 정보를 보여주는 모자이크 브라우저 덕택에 사람들은 사진, 비디오,

음악 등을 쉽게 업로드할 수 있었다. 돌연 인터넷은 시사 만평인 「둔스버리Doonesbury」에 등장했고, PC 앞에 앉은 개가 다른 개에게 "인터넷에서는 아무도 네가 개인 걸 몰라!"라고 말하는 그 유명한 「뉴요커New Yoker」의 풍자만화로까지 발전했다. 그 시점 이후 인터넷 인구는 매년 배로 늘었고, 마침내 마이크로소프트조차 무시할 수 없는 수준으로 성장했다.

마이크로소프트는 PC 시장을 장악하는 데만 몰두한 바람에, 1994년 앤드리슨이 실리콘밸리로 들어와 모자이크 브라우저의 상업용 버전인 넷스케이프 내비게이터Netscape Navigator를 발표할 때까지도 웹에 별다른 주의를 기울이지 않았다. 그로부터 1년 뒤, 넷스케이프는 하루 1억 히트의 방문 기록을 세우며 마이크로소프트를 공황 모드로 몰아갔다.

그 뒤에 전개된 마이크로소프트와 넷스케이프 간의 전쟁은 거의 전설이 됐다. 마이크로소프트는 웹을 과학 실험 정도로 치부하고 회사의 모든 달걀을 개인 컴퓨터 모델, 즉 독립된 책상 위나 폐쇄된 네트워크에서 독립적으로 작동하는 개인용 컴퓨터의 개념이라는 한 바구니에 담았다. 일단 웹의 시장 잠재력을 보자 마이크로소프트는 자체 브라우저인 인터넷 익스플로러Internet Explorer를 급조해 웹 서버와 연결한 뒤 넷스케이프 대신 마이크로소프트를 선택하도록 웹 서비스 제공사를 압박했다. 이때는 게이츠가 아직 자선사업가로 변신하기 전이었다. 그는 AOL의 경영진에 이메일로 이렇게 물었다. "우리가 당신들에게 얼마를 지불해야 넷스케이프를 버릴 수 있겠소?"

넷스케이프를 이기자면 보안이 아니라 속도가 핵심이었다. 그로부터 10여 년 뒤에 마크 저커버그Mark Zuckerberg는 이런 접근법을 요약해 "빠르게 움직이고 무엇이든 깨부숴라Move fast and break things."를 페이스북의 모토로 삼았다.

마이크로소프트의 인터넷 제품이 시장에 나오자마자 해커들은 기다렸다는 듯이 달려들었다. 이들은 거기에서 찾아낸 버그가 자신들을 어디까지 갈 수 있게 해주는지 시험해 보기로 했다. 생각보다 멀리까지 나갈 수 있었다. 해커들은 마이크로소프트의 시스템을 터널 삼아 웹상에 널린 고객사에 접근할 수 있었다. 이들은 그런 에러를 마이크로소프트에 알리려 했지만 그런 제보는 진지하게 받아들여지지 않았다. 문제는 마이크로소프트의 강점은 코드였지 외교술이 아니라는 데도 있었다.

심각한 피해가 야기된 일련의 공격을 계기로 미국 정부가 직접 개입하고 나서야 그런 관행이 변하기 시작했다. 2001년 공격자들은 컴퓨터 웜worm인 '코드 레드Code Red'를 심어 마이크로소프트의 소프트웨어를 돌리는 수십만 대의 컴퓨터를 무용지물로 만들었다. 이들은 뒤에 코드 레드 웜의 버그 중 일부를 써서 대규모 공격을 감행해 수십만 명의 마이크로소프트 고객들을 오프라인 신세로 전락시켰다. 이 중에는 주목할 만한 고객도 들어 있었다. 바로 백악관이었다.

코드 레드는 마이크로소프트와 관련된 여러 망신스러운 해킹 공격 중 하나였다. 플로리다의 스트리퍼 이름을 따서 '멜리사Melissa'로 명명된 한 컴퓨터 바이러스는 마이크로소프트의 오류를 악용해 300여개 기업과 정부기관의 서버를 마비시키는 바람에 무려 8천만 달러의 피해를 일으켰다. 필리핀에서 나온 '아이러브유ILOVEYOU'라는 또 다른 바이러스는 하루 4천 5백만 개 꼴로 파일을 지우고 컴퓨터를 감염시키는 바람에 포드 자동차 같은 마이크로소프트의 주요 고객사는 이메일 사용을 중단해야 했다.

그에 이어 나타난 '님다Nimda'라는 바이러스의 공격은 인터넷 속도를 현저히 둔화시켰다. 님다는 제때 수리되지 않은 마이크로소프트의 버그를 활용해 이메일, 서버, 하드 드라이브 등 접근되는 모든 것을 감염시키고, 이어 재감염까지 시켰다. 님다가 당시까지 최악의 사이버 공격으로 간주되는 데는 22분밖에 걸리지 않았다. 기술 연구기업인 가트너Gartner는 마이크로소프트 고객에게 마이크로소프트의 웹 서버 소프트웨어로부터 "걷지 말고 뛰어서 도망가라."고 경고했다.

9/11 사태로부터 불과 1주일 뒤에 터진 님다 공격의 타이밍 때문에 정부 관료들은 사이버 테러리스트들의 공격이 아닐까 의심했다. 코드에 삽입된 'R.P. China'라는 글은 중국을 지칭하는 것일까, 아니면 조사하는 이들을 혼란시키려는 목적이었을까? 왜 중화인민공화국을 뜻하는 PRC가 아니라 RPC였을까? 그것은 영어 문법을 모르는 중국인의 작품이었을까? 아니면 엉뚱한 데로 주의를 돌리려는 테러리스트의 의도였을까? 누구도 이를 밝혀내지 못했다. 하지만 그 공격이 사이버 테러리스트의 행위였으리라는 의심만으로도 미국 정부로서는 마이크로소프트의 허술한 보안 수준에 심각한 우려를 갖지 않을 수 없었다.

9/11 이전에는 마이크로소프트의 제품에 워낙 오류와 허점이 많아서 마이크로소프트의 익스플로잇 하나쯤은 거의 값을 매기지도 않았을 정도였다. 9/11을 겪고 난 이후 정부는 더 이상 마이크로소프트의 보안 문제를 묵과할 수 없었다. FBI와 국방부 관료들은 마이크로소프트의 경영진에 전화를 걸어 허술한 보안을 질타하기 시작했다.

님다는 이들의 주된 우려 대상도 아니었다. 정부 담당자들은 공격자들이 고객사의 시스템을 제어할 수 있게 해주는 새로운 형태의 마이크로소프트 보안 오류에 점점 더 우려하고 있었다. 이들은 마이크로소프트의 누가 이 사안을 심각하게 받아들이고 있는지 알고 싶어 했다. 그리고 마이크로소프트가 계속해서 모래 속에 머리를 파묻은 타조처럼 행동한다면 비즈니스 파트너를 바꿀 준비가 돼 있다고 경고했다.

2002년 1월 15일 아이디펜스의 비즈니스가 막 뜨기 시작할 무렵, 빌 게이츠는 '전 세계를 울린 총성'이라고 표현할 만한 사이버 보안 비전을 발표했다. 게이츠는 그 순간부터 보안이 마이크로소프트의 '최우선 순위'라고 선언했다.

"신뢰할 수 있는 컴퓨팅trustworthy computing은 우리 작업의 다른 어떤 부분보다도 더 중요합니다."라고 게이츠는 이제는 유명해진 사내 메모에서 밝혔다. "컴퓨팅은 이미 많은 사람의 삶에서 중요한 부분입니다. 앞으로 10년 안에 그것은 우리가 하는 거의 모든 일의 필수 요소가 될 것입니다. 마이크로소프트와 컴퓨터 업계는 최고정보책임자들, 소비자들 및 다른 모든 이들이 마이크로소프트가 신뢰할 수 있는 컴퓨팅의 기반을 조성했다고 판단할 때만 성공할 수 있을 것입니다."

보안 분야 인사들이 스턴트에 불과하다고 폄하했던 게이츠의 발표는 경제적 동력이 됐다. 마이크로소프트는 신규 제품의 출시를 중단하고, 거의 1만 명에 가까운 개발자들을 훈련시켜 기존 소프트웨어를 뜯어낸 뒤 보안 원칙을 내장해 다시 개발하게 했다. 마이크로소프트 사상 처음으로 해킹 세력을 포용하기 위한 절차가 마련됐다. 해커들을 위한 고객 서비스 라인을 설치해 전화 건 사람을 일일이 추적하고 심지어 이들의 심리적 특성까지 기록했다. 그래서 어떤 해커는 어린이 다루듯이 대해야 하는지, 어떤 해커는 록스타 수준으로 대하고, 누가 트롤에 불과한지 등을 파악했다. 소프트웨어의 오류를 바로잡는 정기 패치 시스템을 도입해 매달 둘째 화요일을 '패치 화요일Patch Tuesday'로 정해 패치를 내보내는 한편, 고객들에게 무료 보안 툴을 제공했다.

여전히 많은 제로데이 버그가 발견되기는 했지만, 마이크로소프트 버그의 빈도와 심각성은 현저히 낮아지기 시작했다. 그로부터 8년 뒤 나는 보안 담당 기자가 됐고, 해커들에게 "소프트웨어 개발사를 싫어하는 줄 잘 알아요. 하지만 그들 중에서 누구를 가장 덜 싫어해요?"라는 질문을 버릇처럼 하곤 했다.

"마이크로소프트" 대답은 늘 똑같았다. "엉망진창이던 보안 문제를 개선했으니까요."

게이츠의 메모가 가져온 파급 효과는 마이크로소프트 주변에 그치지 않고, 지하의 다크 웹 포럼과 대규모 보안 콘퍼런스가 열리는 호텔 방에도 미쳤다. 그런 그늘 속에서 점점 더 많은 방위 계약사와 정보 분석가, 사이버 범죄자들은 해커들에게 자신들이 찾아낸 버그를 비밀로 유지하는 대가로 더욱 높은 보상금을 지급하기 시작했다.

이런 지하 서클에서 사람들은 마이크로소프트의 제로데이 익스플로잇에 아이디펜스가 지불하는 보상금보다 훨씬 더 높은 가치를 매기기 시작했다. "2000년만 해도 시장은 마이크로소프트의 익스플로잇으로 포화 상태였다."라고 초창기 해커인 제프 포리스탈Jeff Forristal은 내게 말했다. "지금은 원격으로 조작할 수 있는 윈도우 익스플로잇은 몇 만 단위, 어쩌면 몇 십만 달러까지 호가해요. 옛날 같았으면 몇 푼 들지 않았죠."

한때는 공짜로 손쉽게 거래하거나 개발사를 모욕해 패치를 내놓게 하려고 온라인에 공개하기도 했던 동일한 익스플로잇이 돈을 주고 사겠다는 수수께끼의 매수자들이 등장해 시장을 형성하면서 더 높은 금전적 가치를 갖기 시작했다. 그에 따라 해커들도 자신들이 발견한 익스플로잇을 개발사에 넘겨 허점을 수정하도록 만들기보다는 조용히 돈을 받고 팔아넘기는 쪽을 택했다.

그로부터 얼마 지나지 않아 워터스는 점점 더 자주 전화를 받기 시작했다. 처음에는 어쩌다 한 번씩 오는 정도였지만 아이디펜스의 프로그램이 궤도에 들어선 2003년과 2004년 전화는 점점 더 빈번해졌고, 더욱 더 다급해졌다. 전화를 거는 쪽은 해커들로부터 받은 버그 중 일부를 더 높은 수익을 보장받는 대가로 개발사와 고객사에 알리지 않을 용의가 있는지 물었다.

워터스가 해커들에게 400달러를 주던 그 버그 말인가? 이들 수수께끼 통화자들은 아이디펜스가 비밀을 지키고 다른 누구에게도 알리지 않는 조건으로 버그 하나에 15만 달러까지 지불할 용의가 있었다.

이들은 워터스가 들어본 적도 없는 정부 계약자들을 위해 일한다고 밝혔다. 그도 제로데이를 거래하는 회색 시장이 뜬다는 얘기는 들었지만 이 계약자들이 그 정도까지 비용을 지불할 용의가 있다는 사실에 경악했다.

워터스가 이런 제안을 거절하자 이들은 전술을 바꿔 애국심에 호소했다. 이 버그는 미국의 적국과 테러리스트들을 감시하는 데 사용될 것이라고 이들은 말했다. '아, 이런 아이러니라니'라고 워터스는 생각했다. 개발사들은 그를 범죄자로 몰아세웠는데, 지금 정부 계약자들은 그에게 나라에 봉사하라고 말하고 있다.

워터스는 애국자였다. 하지만 사업가이기도 했다. "이들의 제안에 응하면 우리 사업은 망해버릴 상황이었어요."라고 그는 말했다. "우리가 정부와 공모해 고객사가 사용하는 핵심 기술의 주요 오류와 버그를 방치한다면 그것은 고객사의 이익에 정면으로 배치되는 거죠."

통화자들은 결국 그의 의중을 받아들였다. 하지만 아이디펜스의 수준을 넘어 무엇인가가 변화하는 중이었다. 시장의 다른 힘이 작동하고 있었다. 해커들은 버그를 모으기 시작했다. 해커들이 욕심을 내기 시작하면서 버그 제공 빈도는 뚝 떨어졌고, 일부는 아이디펜스의 의도보다 훨씬 더 높은 값을 부르기도 했다. 또 일부는 '다른 선택지'도 있음을 내비쳤다.

시장에 새로운 경쟁자들이 나타난 게 분명했다. 2005년 '디지털 군비 Digital Armaments'라는 수수께끼의 조직이 등장해 오라클, 마이크로소프트, VM웨어 등의 버그에 대해 수천 달러대의 보상금을 제시했다. 도쿄에서 등록된 간단한 웹사이트 외에는 디지털 군비가 무엇을 하는 기관인지, 고객이나 소속 해커들은 누구인지 알려진 바가 없었다. 이들은 해커들이 찾아낸 버그에 대해 '독점적 권리'를 주장하는 한편, 해당 개발사에게는 버그 사실을 '궁극적으로' 통지할 계획이라고만 언급했다.

엔들러와 제임스가 자신들이 처음 조성했다고 믿는 버그 시장은 변모하고 있었다. 새로운 차원의 해커들이 등장했다. 과거에 아이디펜스가 함께 작업한 적이 없는 해커들이 소프트웨어 버그의 성배^{holy grail}라고 부를 만한 정보를 들고 접근했다. 원격으로 다른 사람의 컴퓨터를 장악하는 데 사용될 수 있는 인터넷 익스플로러 브라우저의 오류 정보였다. 하지만 이들은 십만 달러 이상을 요구했다. 아이디펜스가 그와 비슷한 버그에 지불하는 비용은 1만 달러에 불과했다.

"그들이 원하는 수준의 근처에도 갈 수 없었어요."라고 제임스는 회고한다.

아이디펜스 프로그램이 3년 째로 접어들 무렵, 해커들은 3년 전만 해도 400달러 수준이던 버그에 4천 달러를 요구했다. 앞으로 5년 뒤면 버그 하나가 5만 달러를 호가할 것이었다. 워터스는 아이디펜스가 첫 18개월간 버그 프로그램에 지불한 총액인 20만 달러는 지금 상황이라면 1천만 달러 이상 들었을 것이라고 말했다.

아이디펜스는 스스로 조성하고 확산시켰던 바로 그 시장에서 가격 경쟁에 밀리고 있었다. 다른 경쟁사는 엔들러가 오래 전부터 파악했던 시장 동향, 즉 해커와 그들의 발견 내용을 무시하기보다는 포용하는 편이 더 이익이라는 점을 빠르게 깨닫고 있었다. 하지만 새로운 경쟁사는 사뭇 다른 이유로 이 시장에 진입했다. 그리고 훨씬 더 많은 자금을 확보하고 있었다.

워터스는 불길한 징조를 읽고 있었다. 2005년까지 그는 7백만 달러에 이르는 자신의 사재를 아이디펜스에 투자했다. 아내에게는 기업을 회생시키는 데 2년이 걸릴 것이라고 말했었다. 결과적으로는 3년이 걸렸다. 그 해 7월, 아이디펜스를 10달러에 매수한 지 거의 3년이 되어가는 시점에서 워터스는 회사를 베리사인^{Verisign}에 4천만 달러에 매각하고 워싱턴을 떠나 댈러스로 돌아갔다.

이제 시장이 시장의 논리로 굴러가도록 내버려둬야 할 시점이었다.

4장

첫 번째 브로커

벨트웨이^{The Beltway}[1]

그"건 엄청나게 큰 비즈니스가 될 수 있었죠."라고 초창기 제로데이 브로커들 중 한 사람이 멕시코 요리인 엔칠라다^{enchilada}[2]를 먹으면서 내게 말했다. 그는 비 내리던 어느 날 워터스에게 자신의 아이디어를 선보이던 때를 회고했다.

버그 찾기에 보상금을 지급하는 프로그램을 워터스가 승인하기 몇 년 전부터 제로데이 버그와 익스플로잇 시장은 이미 비밀리에 무르익고 있었다. 제임스와 엔들러가 이 버그에 75달러, 저 버그에 500달러 하는 식으로 분주하게 가격표를 작성하는 동안, 그로부터 채 20km도 떨어지지 않은 곳에 자리잡은 몇몇 정부 브로커와 방위 산업 계약자들은 해커들이 버그를 자신들에게만 제공하고 비밀을 지키는 조건으로 최고 15만 달러까지 제시하고 있었다.

가장 강력한 버그는 그럴 만했다. 비밀은 제로데이의 필수 전제 조건이었다. 제로데이 버그가 더 이상 비밀이 아니게 되면 정부 디지털 당국자들은 버그의 이름과 "이건 기다려도 돼" 등급부터 "목숨이 경각에 담긴 것처

---

1 워싱턴의 별칭으로, 벨트웨이라는 고속도로가 워싱턴 주위를 빙 두르고 있기 때문이다. – 옮긴이

2 옥수수 빵인 또띠야(tortilla)에 고기를 넣고 매운 소스를 뿌린 멕시코 음식 – 옮긴이

럼 당장 패치해" 등급까지 다양한 점수를 매겼다. 그래서 비밀이 아니게 된 버그는 일반에도 공개된 국립 취약점 데이터베이스national vulnerability database 에 등록됐다. 해당 버그가 패치되면 해커들은 접근 경로를 하나 잃게 되는 셈이었다. 그리고 스파이들은 날로 증가하는 대량의 데이터는 자신들이 접근할 수 있을 때만 유용하다는 점을 인식했다.

정부 스파이들은 장기적으로 비밀리에 데이터에 접근할 수 있는 최선의 길은 제로데이 익스플로잇을 이용하는 것이라고 판단했다. 이들은 그런 접근권을 따내기 위해서라면 아이디펜스가 지불하는 미미한 보상금보다 훨씬 더 높은 비용을 지불할 용의가 있었다. 그리고 그렇게 제로데이를 얻고 나면 가능한 한 오래 비밀로 유지하면서 접근 경로를 확보하려 했다. 거액을 들여 얻어낸 취약점 정보를 다른 누구에게, 특히 「뉴욕타임스」 기자에게 공개할 용의는 전혀 없었다.

그 때문에 정부기관이 참여하는 제로데이 시장은 해커들에게 훨씬 더 매력적이었고, 따라서 그 속내를 캐내기도 더욱 어려웠다. 필자도 이 분야의 정보를 잘 알고 말해줄 만한 지하 브로커를 찾아내는 데만 몇 년이 걸렸다. 노력이 부족해서가 아니었다. 그럴 만한 사람을 찾아내도 입을 열지 않았으며, 연락에도 응답하지 않았다. 대부분은 버그를 돈을 받고 파는 지하 시장에 연루된 사실조차 부인했다.

일부는 그 바닥에서 나온 지 오래 됐다며 아무것도 알려줄 게 없다고 반응했다. 일부는 전화를 끊어버렸다. 그중 어떤 인물은 그 시장에 대해 내게 함구하기만 한 것이 아니라 주변의 다른 사람들에게도 내 인터뷰에 응하지 말라고 당부했다. 그리고 이 분야를 계속 캐다가는 나도 위험해질 수 있다고 경고했다.

이런 경고가 무서웠느냐고? 물론이다. 하지만 그 대부분은 단순한 은폐에 불과하다는 사실을 나는 알았다. 대다수는 자신들의 돈벌이가 위험해질 것이 두려웠을 뿐이다. 그들의 비즈니스에서 비밀 준수는 필수였다.

모든 거래는 신뢰와 신중을 요구하며, 대다수 거래는 비밀유지 계약에 묶여 있었고, 점점 더 기밀로 취급됐다. 버그 보상금으로 큰 수익을 올리는 브로커들은 자신들의 제로데이 비즈니스를, 심지어 그런 비즈니스가 존재한다는 사실조차 비밀로 유지했다. 브로커가 비밀을 잘 유지할수록 버그 구매자들은 그를 다시 찾았다. 버그 브로커가 파산하는 지름길은 언론에 발설하는 것이었다. 지금도 그렇다.

이것은 강박증의 문제가 아니었다. 지하 브로커들로서는 기자에게 제로데이 시장에 대해 발설하는 것이 얼마나 위험한지 여러 사례를 통해 너무나 잘 알고 있었다. 그중 두고두고 회자되는 사례는 남아프리카 출신으로 방콕에서 활동하는 익스플로잇 브로커로, 그러크Grugq라는 아이디로 잘 알려진 인물이었다. 그러크는 자신을 주체할 수 없었다. 자신들의 디지털 흔적을 어떻게든 남기지 않으려 애쓰는 대다수 제로데이 브로커들과 달리, 그러크는 트위터를 사용했는데 그의 팔로어만도 10만 명이 넘는다. 2012년 자신의 비즈니스를 기자 한 사람과 공개적으로 논의하는 치명적 실수를 저질렀다.

그는 나중에 오프 더 레코드인 줄 알았다고 주장했지만, 커다란 현금 자루 옆에서 행복하게 포즈를 취한 사진은 다른 속내를 비치고 있었다. 그의 이야기가 「포브스Forbes」 잡지에 소개되자마자 그러크는 즉각 기피 인물이 되고 말았다. 태국 경찰이 그를 찾았다. 정부기관은 그에게서 버그를 구입하는 일을 중단했다. 지인들에 따르면 그의 버그 비즈니스 수익은 절반 이하로 폭락했다.

유명세나 투명성을 명분으로 비즈니스를 망쳐버린 그러크의 전철을 밟고 싶어하는 해커는 없었다.

지하 버그 시장에 대해 누군가 말해줄 수 있는 사람을 찾아 헤맨 지 2년여 가 지난 2015년 가을이 돼서야 원조 브로커들 중 한 사람이 뜻밖에도 나를 만나주겠다고 연락해 왔다.

그해 10월, 나는 지미 사비엔Jimmy Sabien(가명)을 만나기 위해 덜레스Dulles 국제공항으로 날아갔다. 12년 전 사비엔은 워터스에게 아이디펜스의 고객 과 빅테크 기업 대신 자신에게 제로데이 버그를 팔라고 설득할 만큼 대담 했던 첫 인물이었다. 우리는 버지니아주 알링턴 카운티의 동네 중 하나인 볼스톤Ballston에 있는 멕시코 식당에서 만났다. 그는 엔칠라다를 앞에 놓고 많은 해커와 정부 요원들이 오랫동안 알고 있었지만 비밀에 부쳤던 이야기 를 털어놓았다.

사비엔은 몇 년 동안 버그 시장을 떠났다가 1990년대 말 미국 정보기관 을 대신해 제로데이 버그를 사들이기 시작한 3대 계약사 중 한 곳에 스카웃 됐다. 당시만 해도 그런 거래는 아직 기밀로 분류되지 않았고, 따라서 그가 내게 발설하는 행위는 위법은 아니었다. 그렇다고 해도 사비엔은 다른 직 무로 같은 정부기관의 고객과 보안 연구자들과 관계를 맺고 있었기 때문에 실명을 공개하지 않는 조건으로 나를 만나기로 한 것이었다.

사비엔은 나중에 수익성 큰 비즈니스로 발전한 아이디어를 워터스에게 처음 소개한 장본인이었다. "그보다 더 수익이 남는 장사는 꿈조차 꿀 수 없었죠."라고 그는 내게 말했다. 그는 워터스의 팀이 해커들에게 400달러 를 내고 얻은 바로 그 익스플로잇을 자신에게 넘기면 15만 달러를 지불할 용의가 있다고 아이디펜스에 제안했다. 그 제안이 먹히지 않자 사비엔은 "저한테 넘기는 것이 조국에 충성하시는 겁니다."라며 애국심에 호소했다.

두 사람은 몇 달에 걸쳐 이런 대화를 주고 받았지만, 워터스는 끝내 자신 의 대답은 "노!"라고 분명히 했다. 그로부터 12년이 지난 뒤에도 사비엔은 "워터스가 승낙했다면 엄청난 비즈니스가 될 수 있었을 거예요."라며 고개를 저었다.

사비엔은 익스플로잇 비즈니스를 개척하기 전에는 군에서 국방 컴퓨터 네트워크를 보호하고 관리하는 업무에 종사했다. 훤칠한 키에 넓은 어깨, 짧게 깎은 머리를 한 사비엔은 쾌활하고 말이 빨랐으며 시간 관념이 철저했다. 우리가 만나기로 한 날은 비가 내렸고, 나는 약속 시간보다 몇 분 늦게 장소에 도착했는데, 그는 정부기관의 과거 클라이언트라고 나중에 소개한 남자와 대화를 나누고 있었다. 사비엔은 나를 기자라고 소개했다. 그 남자는 '대체 기자에게 무슨 얘기를 하려는 거야?'라는 듯 의심스러운 눈초리로 사비엔을 바라봤다. 사비엔과 내가 다른 테이블로 가는 동안 그 남자는 이렇게 외쳤다. "기억하라고! '의원님, 저는 말씀하신 프로그램에 대한 기억이 전혀 없습니다.'라는 대답을 말이야."

사비엔은 내게 흘끗 시선을 던지며 불안한 웃음을 던졌다. 나와 만남으로써 그는 곤란한 입장에 놓인다는 점을 우리는 잘 알고 있었다.

군에서 컴퓨터 네트워크를 보호하는 업무를 맡으면서 그는 기술의 여러 오류를 정확히 파악하게 됐다. 군에서 보안 통신 여부는 생사를 가르는 중대사이지만 빅테크 기업은 그런 위급성을 제대로 인식하지 못하는 듯했다. "시스템을 설계할 때 기능만을 중시하고 보안은 중요하게 취급하지 않는 게 분명했어요. 그 시스템이 어떻게 조작될 수 있는지는 생각하지 않은 거죠."

사비엔이 군을 떠나 민간 부문으로 이직할 때 머릿속에 든 생각은 주로 컴퓨터 시스템을 조작하는 일이었다. 그는 우리가 마주 앉은 장소에서 멀지 않은 곳에 있는 한 정부 계약업체에 들어가 25명으로 구성된 팀을 관리했다. 이들의 업무는 군과 정보기관 그리고 그보다 정도는 덜하지만 다른 법 집행 기관에서 활용할 수 있는 사이버 무기와 침투 툴을 연구하고 개발하는 일이었다.

사비엔은 자신들이 개발하는 정교한 사이버 무기는 그것을 설치할 수 없으면 무용지물이라는 사실을 곧 깨달았다. 표적의 컴퓨터 시스템에 접근하는 것이 필수였다. "세계 최고의 보석 도둑이라도 불가리Bulgari 상점의 경보 시스템을 무력화하는 법을 모르면 아무 소용이 없죠."

그는 "접근이 왕이예요."라고 말했다.

1990년대 중반부터 사비엔의 팀은 디지털 접근 경로를 밀거래하고, 접근 경로로 활용할 수 있는 버그와 익스플로잇을 찾기 시작했다. 그가 소속된 회사 매출의 대부분인 80% 이상은 미 국방부와 정보기관에서 나왔고, 나머지는 법 집행 기관과 다른 미국 정부기관이었다. 이들의 목표는 정부의 고객사에게, 그것이 국가가 됐든 테러리스트나 조악한 수준의 범죄자들이 됐든 그들의 사용하는 모든 시스템에 접근할 수 있는 확실한 방법을 제공하는 것이었다.

이들 작업 중 어떤 것은 기회주의적이었다. 만약 널리 이용되는 마이크로소프트 윈도우 시스템에서 버그를 발견하면 이를 익스플로잇으로 개발해 가능한 한 많은 고객사에게 팔았다. 하지만 주된 작업은 정해진 표적을 공략하는 일이었다. 정부 요원들은 사비엔의 팀에게 우크라이나 키이우에 있는 러시아 대사관이나 잘랄라바드Jalalabad에 있는 파키스탄 영사관에서 일하는 직원을 감시하는 방법을 찾아달라고 요청했다. 그런 경우 사비엔의 팀은 표적 대상이 어떤 컴퓨터를 사용하며 어떤 운영체제에서 작업하는지 파악한 다음, 거기에 연결된 모든 앱을 살폈다. 그리고 표적의 시스템에 들어갈 방법을 찾아내야 했다.

방법은 언제나 있었다. 인간은 완벽하지 않다. 인간이 컴퓨터 코드를 작성하고, 기계를 설계 및 개발하고, 설정하는 한 언제나 어딘가에 실수가 있게 마련이라는 사실을 사비엔의 팀원들은 알고 있었다. 이런 오류를 찾아내는 일은 싸움의 절반에 불과했다. 다른 절반은 정부기관에 명확하고 신뢰할 만한 접근 경로를 제공하는 익스플로잇 코드를 작성하고 다듬는 일이었다.

그리고 사비엔의 정부 고객은 그저 들어가는 데만 만족하지 않았다. 상대방의 시스템 안을 들키지 않고 돌아다닐 수 있는 방법을 찾았고, 자신들의 침투 행위가 발각된 뒤에도 계속 접근할 수 있는 비밀 백도어를 심어놓으려 했으며, 상대방의 데이터를 몰래 추출해 자신들의 시스템으로 옮기고 싶어 했다.

"그들은 적의 시스템을 완전히 장악할 수 있는 방법을 원했어요. 적국 시스템에 접근하는 것은 물론 자신들의 지휘 및 통제 서버에 경고하게끔 하는 방법, 들키지 않고 빠져나올 수 있는 능력, 침투 흔적을 숨기는 난독화 능력까지요."라고 사비엔은 말했다. "특수부대나 해군 특공대 네이비 씰 Navy SEAL 6팀을 상상하면 이해하기 쉽죠. 사이버 공간에서도 저격수, 감시 장비 탐지 요원, 탈출 전문가 및 문을 부수는 요원들이 있어요."

이것이 바로 사비엔의 팀이 디지털 영역에서 제공하는 서비스였다. 하지만 이들의 작업은 충격과 공포shock-and-awe를 촉발하는 것이 아니었다. 사실은 그 반대였다. 모든 작업 단계는 은밀하고 눈에 띄지 않아야 했다. 상대방이 그들의 코드와 존재를 발견하기가 더 어려우면 어려울수록 더 바람직했다. 제로데이 익스플로잇의 세 가지 이상적 요소는 신뢰성reliability, 불가시성invisibility, 不可視性, 지속성persistence이다. 이 셋을 모두 얻는 경우는 드물다. 하지만 그런 경우는 "짜잔!" 횡재를 한 셈이었다.

내가 특정한 익스플로잇에 대해 질문하자 사비엔은 마치 첫사랑을 떠올리듯 애정이 듬뿍 담긴 말투로 회고했다. 그가 선호한 것은 비디오 메모리 카드에서 특히 완강한 제로데이 익스플로잇이었다. 컴퓨터 시스템의 금속

케이스와 가장 가까운 곳에 자리잡은 소프트웨어인 펌웨어firmware[3]에서 돌아가는 메모리 카드에 들어 있기 때문에 이 익스플로잇을 발견하기는 매우 어려웠고 제거하기는 거의 불가능에 가까웠다. 설령 누군가가 해당 시스템을 완전히 지웠다가 소프트웨어를 다시 깔아도 해당 비디오 메모리 카드의 익스플로잇은 남아 있었다. 시스템에서 자신들을 감시하는 이 스파이를 제거하는 유일한 방법은 컴퓨터를 쓰레기장에 버리는 수밖에 없었다. "그 익스플로잇이 최고였어요." 사비엔은 눈을 반짝이며 회고했다.

시스템에 성공적으로 침투해 스파이들이 맨 처음 하는 일은 다른 스파이가 이미 들어와 있는지 살피는 일이라고 사비엔은 말했다. 만약 감염된 컴퓨터가 신호를 다른 지휘 및 통제 센터로 보내고 있다는 증거를 찾아내면 이들은 발각될 수 있는 증거를 인멸한다. "그리고 만약 이들이 정말 이기적인 경우라면 해당 시스템의 허점을 고쳐서 다른 모든 사람을 몰아내 버리죠."

여러 나라에서 동일한 컴퓨터 시스템을 도청하고 있음을 발견하는 일은 드물지 않았다. 고위급 표적이나 외교관, 정부의 유령 회사, 무기 거래상처럼 정보 가치가 큰 경우는 특히 더 그렇다. HP 프린터에서 발견된 한 익스플로잇은 사비엔에 따르면 전 세계의 정부기관이 몇 년에 걸쳐 이를 활용했다. 이 익스플로잇의 존재를 아는 사람은 누구든 HP의 프린터를 통해 인쇄되는 무슨 파일이든 가로챌 수 있었고, 그를 통해 표적 네트워크에 접근할 수 있는 교두보를 확보할 수 있었다.

HP측이 문제의 프린터 익스플로잇을 발견하고 패치한 날 "많은 사람이 접근 경로를 잃어버려 난감해 하겠다고 생각한 기억이 납니다."라고 사비엔은 말했다.

---

3 변경·분실되지 않도록 읽기 전용 기억장치(ROM)에 고정시켜 놓은 소프트웨어 – 옮긴이

제로데이 무기를 사들이려는 정부기관의 숫자는 처음에는 미미했지만 곧 급속도로 늘었다.

NSA는 정보기관 중에서도 가장 큰 규모의 명민한 사이버 전사들을 거느린 것으로 유명했고, 따라서 외부의 도움도 필요로 하지 않았다.

하지만 1990년대 중반, 대중들이 웹과 이메일로 자신들의 일상사, 대인관계, 속마음 및 깊숙이 숨겨둔 비밀 등을 공유하기 시작하자 점점 더 많은 정보기관이 인터넷 사용 인구의 급증과 그에 따른 대규모 정보 취득의 기회를 적절히 활용할 준비가 미흡하다는 점을 우려하기 시작했다. 1995년 말 CIA는 자신들이 웹을 정보 수집 툴로 활용할 준비가 됐는지 평가하는 특별 조사 위원회를 꾸렸다. 이 위원회는 CIA가 이 새로운 환경에 제대로 대처할 준비가 전혀 돼 있지 않다고 결론을 내렸다. CIA보다 예산과 규모가 적고, 제로데이를 찾아내 신뢰할 만한 익스플로잇으로 변형할 기술과 능력이 뒤처진 다른 정보기관의 상황은 두말할 필요도 없었다. 점점 더 많은 기관이 이러한 능력을 외부에서 사들이는 방안을 모색하기 시작했다.

이렇게 제로데이를 비축하는 일은 일종의 경쟁으로 발전했다. 지난 십여 년간 국방 예산은 점점 위축돼 왔지만 사이버 부문만은 예외였다. 1990년대 미국의 국방 예산은 3분의 1 정도 줄었지만 사이버 부문만은 계속 증가했다. 의회는 모호한 '사이버 보안' 예산을 계속 승인했다. 의회는 예산이 공격이나 방어에 어떻게 이용될지 혹은 사이버 공간에서 국가 간 갈등이 어떤 결과를 초래할지 등에 대한 뚜렷한 검토나 이해도 없었다. 사이버 분쟁에 대한 정책 입안자들의 이해 수준은 미국 전략사령부 사령관을 역임한 제임스 엘리스James Ellis는 "너비는 2km쯤 되고, 깊이는 3cm도 안 되는 리오 그란데the Rio Grande 강과 비슷했다."고 언급했다. 하지만 기관마다 최고의 제로데이를 낚는 것이 최선의 정보 수집이며, 그를 빌미로 더 많은 사이버 예산을 따낼 수 있다는 점을 깨달아가고 있었다.

그리고 그런 흐름의 한 가운데 사비엔이 있었다.

사비엔은 자신의 팀이 수요에 부응할 만큼 빠르게 익스플로잇을 내놓을 수 없었노라고 말했다. 여러 다른 기관이 동일한 시스템에 접근하고 싶어 하는 경우 사비엔의 입장에서는 쏠쏠한 돈벌이가 됐지만, 미국 납세자들의 입장에서는 그렇지 못했다. 그의 회사는 똑같은 제로데이 익스플로잇을 각기 다른 기관에 두 번, 세 번 혹은 네 번 되팔았다. 그런 중복은 정부 예산의 낭비였고, 사비엔도 마음이 편치 않았다고 털어놓았다.

정부는 매년 중복 지출이나 투자로 수백만 달러의 세금을 낭비한다. 하지만 버그를 찾아내 익스플로잇으로 만들어 제공하는 정부 계약은 기밀 유지협약에 묶여 있었기 때문에 그런 사정은 디지털 환경에서 더욱 심각했다. 정부기관 사이에서 통용되는 관점은 어떤 익스플로잇에 대한 정보가 유출되면 그것이 패치되는 것은 시간 문제이고, 따라서 그 가치도 급락한다는 것이었다. 따라서 기관은 그런 정보에 대한 논의는 고사하고 거의 공유조차 하지 않았다.

"기관은 저마다 이기고 싶어했어요. 예산을 늘려 더 앞선 공격 운용 능력을 갖추려고 했죠."라고 사비엔은 말했다.

중복 지출로 인한 예산 낭비가 워낙 심각하다고 판단한 사비엔은 계약 관계인 기관 네 곳에 연락을 취했다. "저는 계약자로서 이런 이야기는 하지 말아야 하지만, 납세자의 한 사람으로 부탁하는데 여러분끼리 함께 점심식사라도 하면서 서로 얘기를 해보라고 권했죠. 서로 논의해야 할 공통의 이익이 있을 거라면서요."

예산 중복과 낭비의 문제는 9/11을 계기로 더욱 악화됐다. 국방과 정보 수집 부문에 대한 지출은 이후 5년 동안 50% 이상 증가했고, 국방부와 정보기관에서 디지털 스파이 활동에 특화된 워싱턴 DC 지역의 계약사에 지출하는 비용은 그보다 더 가파르게 늘었다.

그러나 버그와 익스플로잇은 그것을 찾아내고 개발하는 데 시간이 필요했고, 사비엔도 아이디펜스의 워터스 팀이 내렸던 것과 동일한 결론에 도달했다. 25명으로 구성된 그의 팀이 매일 오전 9시부터 오후 5시까지 버그를 찾고 익스플로잇을 시험하는 방식보다는, 밤낮으로 컴퓨터 앞에 앉아 있는 전 세계 수천 명의 해커들에게 작업을 아웃소싱하는 편이 훨씬 더 쉽고 효과적일 것이었다.

"우리가 모든 버그를 찾아낼 수 없다는 사실도 알았지만, 우리는 진입 장벽도 낮다는 걸 알았어요."라고 사비엔은 회고했다. "델Dell 컴퓨터를 사는 데 필요한 2천 달러만 있으면 누구든 게임에 들어올 수 있었죠."

그렇게 제로데이 버그의 지하 시장이 열렸고, 이것은 아이디펜스의 비즈니스를 조용히 장악했고, 결국에는 우리 모두를 집어삼키는 지경에 이르렀다.

은밀한 회동, 현금 자루 및 수상쩍은 중개자가 개입된 사비엔의 회고담은 마치 스파이 소설을 읽는 것처럼 느껴졌다. 문제는 이 중 어느 것도 허구나 상상이 아니라는 점이었다. 모두 사실이었다.

처음에 사비엔의 팀은 해커들이 자진해서 공짜로 내놓거나 익스플로잇으로 전환하기 전에 살짝 수정한 버그를 공개하는 버그트랙을 훑었다. 하지만 결국에는 그 포럼에 참여한 해커들에게 직접 연락해 자신들과 함께 철저히 비밀로 일해 보지 않겠느냐고 의향을 타진했다.

이들이 제시하는 높은 금액은 좋은 미끼가 됐다. 1990년대 중반, 정부기관은 계약사에 제로데이 익스플로잇 세트를 개발하는 대가로 대략 1백만 달러를 지불했다. 사비엔의 팀은 버그를 구입한 다음 이를 익스플로잇으로 개발하는 데 예산의 절반을 책정했다. 윈도우처럼 널리 사용되는 시스템의 중요한 버그는 5만 달러 정도였고, 주요 적국에서 사용하는 독점 시스템의 버그는 그 두 배 정도였다. 정부 스파이들이 적국의 시스템에 깊숙이 침투해 들키지 않고 오래 머무를 수 있게 해주는 버그라면? 그런 경우라면 해커에게 지불하는 수준은 15만 달러 정도였다.

사비엔의 팀은 이상주의자와 불평꾼들은 회피했다. 그리고 이 시장에는 뚜렷한 규칙이나 금기가 없었기 때문에 이들에게 버그를 제공하는 해커들은 주로 동유럽 출신이었다.

"소련이 붕괴하면서 수많은 능력자들이 일자리를 잃었죠."라고 사비엔은 설명했다. 하지만 가장 재능 있는 해커들은 동유럽이 아닌 이스라엘에 있으며, 이들 중 많은 수가 이스라엘의 비밀 사이버 정보 부대인 '유닛 8200^{Unit} ^{8200}' 출신이라고 그는 내게 귀띔했다. 버그 제공자 중 가장 어린 경우는 몇 살이었느냐고 묻자 그는 이스라엘 출신의 해커로 열여섯 살이었다고 대답했다.

그것은 베일에 가려진 비즈니스였고, 그 때문에 지나칠 정도로 복잡한 절차를 거쳐야 했다. 해커에게 전화를 걸어 익스플로잇을 이메일로 보내달라고 부탁하고, 그 대가를 수표로 지불하면 되는 일이 아니었다. 버그와 익스플로잇은 여러 컴퓨터와 환경에서 조심스럽게 테스트하고 또 테스트해야 했다. 해커들이 비디오로 자신들의 익스플로잇을 시연해 보이는 것으로 끝나는 경우도 있었지만, 대부분은 직접 만나서 거래를 하는 형식이었다. 종종 해커 콘퍼런스 중 호텔 방에서 직접 만나 거래를 하곤 했다. 사비엔의 팀원들은 해당 익스플로잇을 충분히 파악해서 대개는 해커에게 대가를 지불하기 전에 정부측 고객사의 필요에 맞게 변형하거나 새로 만들 수 있어야 했다. 만약 해당 익스플로잇이 제대로 작동하지 않으면 아무도 대가를 받을 수 없었다.

점점 더 자주 사비엔의 팀은 정체가 불분명한 중개상을 거쳐야 하는 경우가 나왔다. 여러 해 동안 그의 회사는 이스라엘 국적의 중개상을 통해 50

만 달러어치 현금으로 가득 찬 가방을 건네주고 동유럽 출신의 해커들로부터 제로데이 버그를 사들여 왔다. 다시 말하지만 이것은 무기가 아니었다. 하드웨어와 소프트웨어에 침투하는 데 활용될 수 있는 보안 취약점이었다. 그리고 미국의 납세자들은 그 전체 공급망에 비용을 지불하도록 요구받는 셈이었다.

이것은 어느 모로 보나 순조로운 과정이 아니었다. 엄청나게 복잡한 거래 구조에서 모든 단계마다 수상쩍은 인물들이 개입했고, 모든 거래는 비밀이었다. 모든 소통과 거래는 깊은 신뢰를 요구했다. 정부 담당자들은 사이버 무기 계약사가 제대로 작동하는 제로데이를 제공하리라고 믿는 수밖에 없었다. 한편 계약사는 해커들이 제공한 익스플로잇을 직접 사용하거나 다른 곳에 되팔지 않을 것이라고 신뢰해야 했다. 해커들로서는 계약사가 자신들이 제공한 익스플로잇의 시연을 보고 난 다음에 마음을 바꾸지 않고 비용을 지불할 것이라고 믿어야 했다.

각각의 거래는 철저히 비밀에 싸여 이스라엘의 십대 소년에게서 십만 달러에 구입한 버그가 적국에도 이미 팔렸는지 알아내기는 거의 불가능했다. 그리고 어떻게 지불할지도 골칫거리였다. 아직 비트코인이 나오기 전의 상황이었다. 일부는 결제 네트워크인 웨스턴유니온Western Union을 통하기도 했지만 대부분의 경우는 현금 지불이었다. 흔적을 남겨서는 안 된다는 조건에서 본다면 어쩔 수 없는 선택이었다고 사비엔은 말했다. 한마디로 이보다 더 비효율적인 거래 상황도 없었다.

2003년 아이디펜스가 해커들에게 버그 상금을 주겠다고 공언했을 때 사비엔이 주목한 것도 그 때문이었다. 사비엔이 처음 워터스에게 전화를 걸어 아이디펜스가 몇 백 달러에 구입한 똑같은 익스플로잇을 몇 십만 달러를 지불하겠다고 제의했을 때, 워터스가 보인 반응은 "도대체 왜 그렇게 비싼 돈을 내겠다는 거요?"였다.

버그 시장을 막 개척하기 시작한 워터스 같은 기업가가 볼 때, 사비엔 같은 정부 계약사가 벌이는 행동은 어리석고 심지어 위험한 일이었다.

"누구도 자신이 무슨 일을 하는지 밝히고 싶어 하지 않았어요."라고 워터스는 회고했다. "미스터리 같은 분위기가 감돌았죠. 하지만 시장이 점점 더 편법과 위법에 의존할수록 그 효율성은 더 떨어질 수밖에 없어요. 시장을 개방할수록 성숙도가 높아져 구매자들이 더 힘을 갖게 되죠. 대신 이들은 판도라의 상자를 유지하고 싶어 했고, 그 때문에 가격도 계속 높아질 수밖에 없었어요."

점점 더 많은 정부 계약사가 워터스에게 전화를 걸어 올수록 제시 가격도 계속 더 높아졌다. 그리고 더 이상 미국 정부기관만 버그와 익스플로잇을 구매하는 것이 아니었다. 다른 정부기관, 정부의 대리 기관이 수요를 높였고, 그 때문에 익스플로잇의 값도 높아져 아이디펜스가 이들과 경쟁하기는 더욱 힘겨워졌다. 시장이 점점 더 확산됨에 따라 워터스는 아이디펜스가 받는 타격보다 전면적인 사이버 전쟁 상황으로 가는 듯한 상황이 더 우려스러웠다.

"아무런 규제도 없는 시장에서 사이버 핵무기를 가진 것과 비슷했어요. 누가 얼마나 지불하느냐에 따라 어느 곳이든 누구든 핵무기를 구입할 수 있는 상황 말이죠."

시장의 지각 변동과 더불어 고객들의 성격도 바뀌고 있었다. 냉전 시대의 확실성은 냉정한 균형과 명확성으로 인해 적들이 더 이상 국경이 아닌 문화와 종교로 규정되는 미지의 디지털 광야에 자리를 내주고 있었다. 이 적들이 언제 어디에서 튀어나올지 모르는 상황이었다.

이 신세계의 질서에서 적들은 어디에나 존재하는 것처럼 여겨졌다. 미국의 경우 정보기관은 가능한 한 많은 사람의 데이터를 더 많이 수집하기 위해 사이버 첩보 활동에 더 집중하기 시작했다. 그와 더불어 언젠가 필요할 때 적대국의 네트워크나 인프라를 마비시킬 수 있도록 사이버 무기를 개발하기 시작했다. 그리고 워싱턴 DC 지역의 정부 계약사는 기꺼이 디지털 무기, 정찰 툴 및 온갖 관련 부품을 제공할 준비가 돼 있었다.

사비엔이 소속된 회사는 초기에는 사이버 스파이 활동과 사이버 무기를 취급하는 계약사 세 곳 중 하나였다고 한다. 그러나 점점 더 많은 정부기관과 해외 국가가 자체 사이버 공세 프로그램을 시작하면서, 익스플로잇의 비용 및 이 비즈니스에 참여하려는 계약사의 숫자는 매년 두 배씩 증가하기 시작했다.

록히드 마틴Lockhood Martin, 레이시온Raytheon, BAE 시스템즈, 노스롭 그루먼Northrop Grumman, 보잉Boeing 같은 대규모 국방 계약사는 사이버 전문가들을 제때 채용하지 못할 지경이었다. 이들은 첩보기관에서 직원들을 스카웃하고, 사비엔의 회사처럼 특화된 국방 계약사를 합병하기 시작했다.

사비엔이 나를 만나기로 했을 무렵 그는 이미 그 시장을 떠난 지 10년이 넘은 시점이었지만, 시장은 이미 누구도 무시할 수 없을 만큼 커져 있었다.

"90년대만 해도 단지 익스플로잇을 다루고 그것을 파는 사람들의 커뮤니티는 작았어요. 지금은 아예 상품화되다시피 했죠. 지금은 너무나 커져버렸어요." 그러면서 그는 손가락으로 워싱턴 DC 지역 일대를 원으로 그려 보였다. "완전히 둘러싸였죠. 지금은 이 비즈니스에 종사하는 곳이 100개가 넘는데, 아마 12개 정도만 자신들이 무슨 일을 하는지 제대로 알 거예요."

마약단속국DEA, 공군과 해군 및 일반 사람들은 들어본 적조차 없는 정부기관이 다 제로데이를 취득해야 할 그들만의 이유가 있었다. '미사일방어국'이라는 기관을 들어본 적이 있는지? 나도 들어본 적이 없다. 국방부의 한 전직 분석가로부터 해당 기관이 제로데이 익스플로잇을 구한다는 말을 듣기 전까지는 이곳이 적국의 미사일 공격을 방어하는 책임을 진 기관이라는 사실을 몰랐다. "그곳에 과연 익스플로잇 사용법을 아는 사람이 있기나 한지 의문이에요."라고 그는 말했다.

사비엔은 시장이 미국의 정부기관으로 확대되는 데는 별 걱정이 없다. 걱정되는 것은 해외로 확대되는 현상이다.

"누구나 적이 있죠." 우리가 마주 앉은 이후 처음으로 그는 심각한 표정을 지었다. "익스플로잇을 수집할 것이라고 전혀 의심되지 않는 나라조차 만약을 대비한다며 나서고 있어요. 대부분 스스로를 보호한다는 명분이죠."

"하지만 언젠가 멀지 않아 이들은 누군가에게 접근하거나 건드릴 필요를 느끼게 될 거예요." 사비엔은 그렇게 말하며 자리에서 일어났다.

헤어지기 전에 사비엔은 보여줄 것이 있다면서 내게 자신의 휴대폰을 건넸다. 화면에는 나타니엘 보렌스타인Nathaniel Borenstein이 했다는 말이 나와 있었다. 내가 어렴풋이 기억하기론 그가 이메일 파일 첨부 기능을 처음 발명한 두 사람 중 한 명이라고 기억한다. 지금은 이 첨부 기능이 너무나 많은 국가가 스파이웨어를 퍼뜨리는 방법으로 애용하는 방식이 돼 버렸다.

"대다수 전문가가 동의하듯이 이 세상은 우연한 사고로by accident 멸망할 가능성이 가장 높다. 우리가 개입하는 곳은 바로 이 지점이다. 우리는 컴퓨터 전문가들이다. 우리는 사고accident를 초래한다."

나는 휴대폰을 사비엔에게 돌려줬다.

"계속 파보세요."라고 그는 말했다. "뭔가를 알아냈군요. 아마 결말이 좋지는 않을 거예요."

그리고 그는 총총히 사라졌다.

5장

제로데이 찰리(Zero-Day Charlie)

미주리주 세인트루이스^{Missouri St. Louis}

만약 NSA의 옛 상사들이 찰리가 예상한 대로 그날 오후 5만 달러를 현금으로 들고 나타났다면 정부는 자신이 찾아낸 버그, 익스플로잇과 버그를 거래하는 지하 시장에 대한 진실, 그 추잡한 비밀을 지킬 수 있었을 것이다.

2007년의 어느 날 아침, 찰리 밀러^{Charlie Miller}가 아내에게 작별을 고한 뒤 I-170 고속도로를 타고 세인트루이스 공항의 호텔로 향할 때만 해도, 그는 부엌 개조공사에 필요한 현금을 들고 귀가할 수 있으리라고 확신했다. 그렇지 않다면 왜 NSA에서 굳이 세인트루이스까지 날아와 자신의 버그에 대해 직접 논의하려고 하겠는가?

찰리는 고속도로에서 나와 세인트루이스의 르네상스 공항 호텔 정문으로 향했다. 검은색 거울로 외벽이 장식돼 위압적인 느낌을 주는 호텔 건물은 마치 자신이 근무했던 포트 미드^{Fort Meade}에 있는 NSA의 축소판처럼 보였다.

하지만 NSA에서 파견된 정장 차림의 요원들은 다른 의도를 갖고 있었다.

당시 찰리는 NSA를 그만둔 지 1년밖에 되지 않은 상황이었다. 쉬운 결정은 아니었다. 그는 수학박사 학위를 가진 젊고 유망한 인재로 평가돼 2001년

NSA의 고위 암호학자로 채용됐다. 하지만 3년에 걸친 훈련 프로그램을 마칠 즈음, 그는 수학이 아닌 해킹이 자신이 일생을 바치고 싶은 분야라는 점을 깨달았다. 그는 자동차, 컴퓨터, 전화기 등 앞에 있는 모든 것을 집요할 정도로 건드리고 분해하는 데 흥미를 가졌다. 한 가지 목적으로 설계된 것을 자신의 의지에 따라 다른 목적이나 용도로 바꿔보고 싶은 호기심을 주체할 수가 없었다.

찰리는 멀지 않아 NSA의 최고 '글로벌 네트워크 착취 및 취약점 분석가'가 될 것이었다. 타이틀은 그럴듯하게 들리지만 실상은 NSA가 무수한 기밀 네트워크에 침투할 수 있도록 하는 취약점을 잡아내는 데 그가 대부분의 시간을 보냈음을 의미하는 화려한 직함이다. "다른 어느 곳에서도 할 수 없는 일이 NSA에서는 가능해요."라고 그는 말했다.

찰리는 해커들 사이에서 거의 유명 인사가 됐다. 그가 만든 익스플로잇은 헤드라인을 장식했고 해킹 경진대회에서 우승했다. 그는 특히 애플 기기에서 취약점을 찾아내는 것으로 이름을 날렸다. 애플은 보안에 대해 블랙박스 같은 태도를 취하는 것으로 유명했다. 애플의 보안 대책은 1급 비밀로 간주됐다. 지금도 애플의 직원들은 보안 부문에서 몇 명이 일하는지조차 밝힐 수 없게 돼 있다. 쿠퍼티노에 있는 애플 본사는 트럼프 전 대통령이 멕시코 국경 장벽을 두르는 데 사용한 것과 같은 종류의 수직 슬라브 담장으로 둘러싸여 있는데, 그런 재료를 선택한 이유 중 하나는 쉽게 오르기 어렵기 때문이다.

애플은 항상 자사의 엄격한 심사 절차가 멀웨어와 스파이웨어, 스팸을 아이튠즈iTunes 스토어로부터 차단해 준다고 주장해 왔다. 찰리는 보안 취약점이 확연한 가짜 주식 시세 앱을 만들어 애플의 앱 스토어에 제출했다. 아이폰의 다른 앱도 바이러스에 감염시킬 수 있는 이 취약점을 애플 측이 과연 감지하는지 시험해보려는 의도였다. 애플의 심사관들은 해당 취약점을 놓쳤고, 나중에 뉴스 기사를 통해 찰리의 앱이 트로이의 목마였던 사실을 깨닫자 그의 이름을 블랙리스트에 올렸다. 이 사건을 계기로 찰리는 해커들 사이에서 '제로데이 찰리'라는 별명을 얻게 됐는데, 그는 그것을 즐겼다.

2016년 2월에 나는 찰리를 직접 만나기 위해 세인트루이스로 날아갔다 (그는 약속을 두 번이나 미뤘는데 미국의 유명 범죄 드라마인 〈CSI: 사이버〉 편에 출연 하느라 너무 바빴기 때문이었다). 우리는 이보다 몇 년 전 라스베이거스에서 열린 루프탑 해커 파티에서 처음 만났다. 날카로운 이목구비에 훤칠하고 마른 몸매, 진지한 눈빛과 냉소적으로 보이는 입매는 내가 기억하는 그대로였다. 라스베이거스에서 처음 만났을 때 그는 온통 흰색의 힙합 운동복 차림이었다. 수학 박사라고 짐작하기 어려운 모습이었다.

찰리와 내가 마지막으로 전화로 나눈 대화는 그와 다른 연구자가 지프 체로키^{Jeep Cherokee}에서 제로데이 익스플로잇을 발견한 다음이었다. 이를 통해 수천 킬로미터 떨어진 곳에서도 원격으로 운전대를 장악하고, 브레이크를 못 쓰게 만들고, 헤드라이트와 방향 지시등과 와이퍼, 라디오를 마음대로 조작하며, 심지어 시동을 꺼버릴 수도 있었다. 그로부터 8개월이 넘도록 자동차 회사는 해당 문제를 완전히 해결하지 못한 상황이었다.

얼음장처럼 차가운 날, 나는 찰리를 그의 '사무실'에서 만났다. 사무실이라고 했지만 세인트루이스 교외에 있는 그의 집 지하실이었다. 그곳에서 찰리는 밤낮없이 여러 대의 컴퓨터 모니터 앞에 앉아 작업을 했다. 그의 곁에는 '해커'라는 이름의 애완용 고슴도치가 있었다. 방바닥 곳곳에는 자동차 부품이 널려 그 위를 밟지 않도록 조심해야 했다. 당시 찰리는 우버^{Uber}를 위해 무인 승용차 시대에 대비한 보안 문제를 연구하던 중이었다. 하지만 자유 시간에는 최근에 벌인 지프 해킹보다 한 단계 더 높은 해킹을 시도하는 데 전념했다.

세인트루이스 공항에 내려 렌터카를 빌릴 때 내 기억 속에는 아직 찰리의 지프 해킹 사건이 생생했다. "어떤 상황이든 지프차는 절대 사양이에요."라고 나는 버짓Budget 렌터카 담당자에게 못박았다. 내가 이런 얘기를 찰리에게 들려주자 내가 묵는 곳을 물었다. 호텔 이름을 대자 그는 의기양양한 목소리로 그 호텔의 엘리베이터는 자신이 해킹한 지프와 동일하게 취약한 플랫폼에서 작동한다고 알려줬다. 그 이후 나는 계단을 이용했다.

찰리는 2005년에 NSA를 사직했지만 아직도 그곳에서 한 작업에 대해서는 컴퓨터-네트워크와 관련된 내용을 모호하게 언급하는 이상으로는 공개할 수가 없는 처지였다. 그의 아내조차 남편이 NSA에서 어떤 종류의 일을 했는지 알지 못했다. "동료와 함께 식사나 차를 함께할 때도 있었지만 제 아내가 있는 자리에서는 무슨 말을 해야 좋을지 아무도 몰랐죠. 직장 일을 논의하는 것은 금지였으니까요."라고 그는 말했다.

나는 스노든 파일을 검토하는 작업에 참여한 덕택에 NSA의 익스플로잇 프로그램을 어느 정도 알고 있다고 언급하자 찰리는 "그러면 제가 한 작업도 보셨을 거예요!"라고 말했다.

NSA를 나온 뒤 10년 동안 찰리의 커리어는 흥미로운 반전과 변화를 겪었다. 미국을 대표하는 빅테크 기업인 애플과 구글에서 적을 만들었고, 트위터와 우버 같은 다른 테크 기업에 채용됐다. NSA는 정년이 되기 전에 조기 은퇴하는 직원에 대해 우호적이지 않았다. 기관의 고위 관료들은 누구든 조기 은퇴하는 사람을 반역자로 간주했다. 만약 기관을 사직한 뒤에 어디에서든 기관에서 한 업무와 조금이라도 연관된 내용을 발설한다면 당신은 베네딕트 아놀드Benedict Arnold가 되는 것이었다.[1]

하지만 찰리는 NSA를 사직할 만한 이유가 있었다. 아내가 둘째 아이를

---

1 미국 독립전쟁에 참전한 군인으로 초기에는 대륙군으로 참전해 영웅 대접을 받았으나 나중에 대륙군을 배반하고 영국군에 참전하면서 가장 치욕적인 배반자로 낙인찍혔다. – 옮긴이

임신 중인 데다, 그들의 가족이 사는 세인트루이스의 워싱턴대학교에서 제안한 인류학과 교수직을 수락한 상황이었다. 찰리는 한 브로커 거래 회사의 보안 업무를 제의받았다. 기본적으로 직원들에게 비밀번호를 정기적으로 바꾸도록 상기시키는 일이었다. 외국 정부의 시스템에 침입하는 업무와 견주면 끔찍할 만큼 지루한 일이었지만, 그는 밤이면 어둠 속에 앉아 컴퓨터 스크린을 들여다보며 제로데이를 찾아 헤맸다. 옆에는 안젤리나 졸리가 주연한 1995년 영화 〈해커스Hackers〉의 대형 포스터가 붙어 있었다.

둘째가 태어난 직후 출산 휴가를 얻은 덕택에 찰리는 한동안 낮에도 제로데이 사냥 업무에 전념할 수 있었다. 아기 기저귀를 갈거나 우유를 주는 틈틈이 찰리는 웹 깊숙이 파고들어 버그를 찾았고, 자신의 뜻대로 다른 시스템을 조종할 수 있는 아직 알려지지 않은 방법을 모색했다. "유럽인들이 익스플로잇 제작에 뛰어난 이유도 그 때문이에요. 아기가 태어나면 부모 모두 1년 정도를 쉴 수 있으니까 그만큼 해킹할 여유도 더 많죠."

그는 버그를 찾고 익스플로잇을 만드는 일에 중독됐다. 디지털판 크랙(강력한 코카인의 일종)이나 마찬가지였다. 시간 가는 줄도 모르고 몇 시간씩 프로그램과 앱을 해체하곤 했다. 찰리에게 익스플로잇은 수학적 증명 같은 것이었다. 일단 버그를 익스플로잇으로 바꾸고 나면 해당 버그의 심각성은 의심의 여지가 없었다.

2006년의 어느 늦은 밤 찰리는 수많은 해커가 평생에 걸쳐 찾아도 결코 찾아낼 수 없는 유형의 제로데이를 발견했다. 미 항공우주국NASA의 컴퓨터 시스템에 들어가 대혼란을 일으키거나 러시아 권력층의 거래 계정 비밀번호를 가로챌 수 있게 해주는 버그였다.

그것은 삼바Samba라고 불리는 리눅스 프로그램에서 악용할 수 있는 버그로, 찰리가 표적으로 삼은 시스템을 들키지 않고 장악할 수 있게 해줬다. 그것을 발견한 순간 그는 금맥을 발견했음을 알았다. 그렇게 심각한 버그를 발견하는 경우 고단수 해커들이 선택할 수 있는 옵션은 다섯 가지였다. 첫째, 소프트웨어 개발사에 문제의 버그를 제보하면서 그들로부터 위협을 받거나 제소되지 않기를 바라는 것. 둘째, 제로데이를 비밀로 한 채 자신만의 목적에 사용하는 것. 셋째, 제로데이를 언론에 알리거나 버그트랙 같은 메일링 리스트에 올려 그 나름의 이름값을 높이는 한편 개발사에 모욕감을 안겨 패치를 내놓도록 하는 것.

하지만 그중 어느 옵션도 그에게 금전적 보상을 해주지는 않을 것이었다. 그리고 찰리는 이 버그를 무료로 내놓을 생각은 추호도 없었다. 이 버그는 분명 가치가 컸다.

네 번째 옵션으로 그는 문제의 버그를 아이디펜스에 팔 생각도 잠깐 했다. 그러면 해당 발견에 대한 공로를 인정받고, 해당 버그도 패치될 터였다. 하지만 찰리는 이 버그가 아이디펜스가 제시하는 쥐꼬리만한 보상금보다 훨씬 더 가치가 높다는 사실을 알았다. "다른 판매자들을 통하면 가격이 훨씬 더 높아질 것을 알았죠."라고 그는 말했다.

나는 그것을 어떻게 아느냐고 물었다.

그는 "저를 비롯해 몇몇 사람들은 그런 사실을 알고 있었어요."라고만 대답했다.

그에게 남은 것은 다섯 번째 옵션이었다. 제로데이를 지하 시장에서 파는 것으로, 정부기관에 직접 혹은 브로커를 통해 간접적으로 파는 것이었다. 문제는 일단 팔고 나면 해당 버그에 대해 발설할 수도, 그것을 발견한 공로를 인정받지도 못한다는 점이었다. 또 그것이 어떤 용도나 목적에 사용될지 우려하는 상황에 놓일 수도 있었다.

하지만 찰리는 자신의 버그를 파는 데만 그치고 싶지 않았다. 그런 시장이 있다는 사실을 공개하고 싶었다.

해킹에 전념하기 위해 암호학을 포기한 이후, 그는 정부와 민간 부문이 해커들을 취급하는 이분법적 고정 관념에 문제의식을 갖고 있었다. NSA에서 '네트워크 해킹network exploitation'은 무한한 인내와 창의력 그리고 여러 해에 걸쳐 정련한 컴퓨터와 네트워크 지식을 요구하는 중요한 기술로 간주됐다. 하지만 NSA 밖에서 해커들은 수준 낮은 범죄자처럼 취급됐다. 해커들은 대부분 자신들이 하는 일의 적법한 가치, 어떤 경우는 십만 달러 수준의 가치를 깨닫지 못했다. 이들은 고소를 피하는 데만 지나치게 신경을 썼다. "저는 이제 그런 지하 시장이 있다는 사실을 사람들에게 알려야 할 때라고 생각했습니다."

그리고 그 시장 자체도 문제를 안고 있었다. 시장이 효과적으로 작동하기 위해서는 높은 수준의 투명성과 정보의 자유로운 유통이 필요한데, 제로데이 시장은 그런 면에서 지극히 비효율적이었다.

판매자들은 자신들의 제로데이 판매에 대해 절대 발설하지 말도록 맹세해야 했다. 데이터가 없으므로 이들이 정당한 가격에 팔았는지 알 도리가 없었다. 또 판매자로서는 관심을 보일 만한 사람들에게 직접 연락하지 않고는 적당한 구매자를 찾아낼 수가 없었다. 만약 자신들의 제로데이를 설명하거나, 평가해 보라며 건넸다가는 구매자가 관심없는 척하면서 실제로는 그것을 사용해 버릴 수도 있었다.

해커가 제로데이를 시연해 보이는 순간부터 그에 따른 대가를 지불 받기까지 걸리는 시간은 너무 길었다. 제로데이가 실제로 쓸 만한지 평가하는 데는 몇 달까지는 아니더라도 몇 주의 시간이 소요됐고, 그동안에 문제의 취약점이 발견돼 패치될 가능성도 배제할 수 없었다. 그렇게 되면 십만 단위의 가치는 불과 몇 초만에 물거품처럼 사라지고 판매자들만 궁지에 몰릴 수 있었다.

블러드 다이아몬드가 그렇듯이 제로데이에도 꽤 심각한 윤리적 문제가 얽혀 있었다. 더 많은 구매자인 외국 정부기관, 위장 기업, 신원이 수상한 중개인들, 사이버 범죄자들이 시장에 진입함에 따라 해커들은 자신들이 파는 제로데이가 어떻게 사용될지 판단할 수 없었다. 자신들이 판매한 코드가 전통적인 국가 간 스파이 활동에 사용될 것인가? 아니면 반체제 인사들과 정치 운동가들의 일거수일투족을 추적해 억압하는 수단으로 사용될 것인가? 그것을 알아낼 도리는 없었다.

구매자 입장에서도 제로데이 지하 시장은 매우 불만스러웠다. 정부기관은 자신들이 레바논의 은행 시스템이나 불법 무기상의 전화기에 접근해야 한다고 대놓고 광고할 수 없는 노릇이었다. 설령 그런 목적에 맞는 제로데이를 찾았다고 해도 그 판매자가 약속을 어기고 다른 누군가에 팔아 넘기지 않는다고 보증할 수 없었다. 또 다른 구매자가 나타나 값비싼 익스플로잇을 망쳐버릴 위험성도 상존했다. 전후 사정에 무지한 납세자들의 돈이 지원되지 않았다면 제로데이의 지하 시장은 결코 지금처럼 막대한 물량과 규모에 이르지 못했을 것이다.

자신이 발견한 리눅스 기반의 제로데이를 계기로 그 시장 자체에 대한 백서white paper를 쓰기로 결정한 데는 찰리의 학구적 성향이 크게 작용했다. 자신이 실제로 지하 시장에 발을 들여놓지 않았다면 누구도 자신을 진지하게 받아들이지 않았을 것이라는 점을 그는 알고 있었다. "이 바닥에서 신빙성을 확보하려면 이 바닥의 실제 경험이 있어야만 합니다."

그리고 찰리는 자신의 제로데이를 팔 곳을 물색하기 시작했다.

하지만 먼저 자신이 발견한 사실에 대해 옛 직장인 NSA의 검증을 받아야 했다. NSA는 엄격한 발행 전 리뷰 정책이 있었다. NSA을 사임한 직원이라도 생존해 있는 한 논문이나 글을 발표하기 전에 NSA의 검토를 거쳐야 했다. NSA 검토위원회가 발행을 승인할 때까지는 전직 NSA 직원이 발행하려는 게 무엇이든 기밀로 분류됐다.

그리고 찰리의 경우 위원회는 이를 승인하지 않았다. NSA는 자신의 제로데이를 공개하게 해달라는 찰리의 요청을 거부했다.

찰리는 거기에 굴하지 않고 반론을 제기했다. 자신의 제로데이에서 기밀로 분류된 부분은 전혀 없었다. 그는 문제의 제로데이를 민간인 신분으로 발견했다. 고수 해커라면 누구라도 발견할 수 있었을 것이다.

그로부터 다시 9개월이 더 걸렸지만 NSA는 찰리의 손을 들어주는 쪽으로 최종 결정을 내렸다. 이제는 자신의 제로데이를 마음대로 처분할 수 있었다.

그런 결정을 내리자 찰리는 이제는 사라진 '트랜스버설 테크놀로지스 Transversal Technologies'라는 회사의 친구에게 먼저 연락했다. 유관 정보기관을 대신해 정부 연락처를 관리해주는 회사였다. 친구는 판매가의 10%를 받는 조건으로 찰리의 제로데이를 여러 미국 기관에 소개했다.

찰리가 구체적 이름을 절대 밝히지 않은 한 정부기관이 1만 달러에 사겠다고 신속하게 반응했다. 그것은 아이디펜스와 다른 곳에서 보통 제시하는 수준보다는 높은 금액이었지만 일부 정부기관이 지불한다고 알려진 수준에 견주면 낮은 금액이었다. 두 번째 정부기관이 관심을 표명했을 때 찰리는 8만 달러를 불렀다. 자신이 NSA에서 일할 때 받던 연봉의 두 배에 가까운 수준이었다. 그는 이것이 앞으로 전개될 협상의 시작일 것으로 짐작했지만 뜻밖에도 해당 기관은 이를 수용했다. "지나치게 빠른 반응이었어요. 아마도 제가 충분히 높은 비용을 부르지 않았다는 뜻이겠죠."라고 그는 회고했다.

하지만 거기에는 한 가지 단서가 붙었다. 자신들의 표적이 사용하는 특정 유형의 리눅스에서도 찰리의 제로데이 익스플로잇이 작동해야 한다는 조건이었다. 그 표적이 누구인지 찰리로서는 전혀 알 도리가 없었다. 윤리적 딜레마였다. 일단 그의 제로데이가 기관의 수중에 들어가면 용도는 전적으로 기관 마음대로였다. 미국 기관인 만큼 그 표적은 테러리스트나 해외의 적국 혹은 마약 카르텔일 확률이 높았지만 바로 그 제로데이가 훗날 자신에게 부메랑이 돼 돌아올지도 알 수 없는 일이었다.

찰리는 기관의 평가를 위해 제로데이를 건넸다. 기관의 응답을 기다리는 한 달 동안 그는 엄청난 심리적 스트레스에 시달렸다. 다른 누군가가 그의 버그를 이미 발견했거나, 더 나쁘게는 해당 기관이 그 제로데이를 자기네가 발견했다고 주장할 것이라고 거의 확신하기에 이르렀다.

5주가 지난 뒤 해당 기관은 좋지 않은 소식을 전했다. 그의 익스플로잇은 이들이 접근하려는 시스템에서 작동하지 않지만 그것을 더 싼값인 5만 달러에 구매할 용의가 있다는 것이었다. 찰리는 동의했고 그로부터 2주 뒤 수표를 받았다. 협의대로 2년간 기관이 찰리의 제로데이에 대한 라이선스를 소유하며, 그는 비밀을 유지해야 했다.

찰리는 그렇게 기다리는 동안 시장을 더 깊이 연구했고, 부족하나마 자신이 얻어낸 데이터를 최종 보고서에 반영했다. 또 자신의 경험을 바탕으로 다른 연구자가 마이크로소프트 파워포인트의 옛 버전에서 작동하는 익스플로잇을 파는 것을 도와줬다. 하지만 이들이 한 외국인 구매자와 1만 2천 달러에 낙착되던 바로 그 순간에 해당 익스플로잇의 가치는 제로(0)로 폭락했다. 마이크로소프트가 해당 버그를 막 패치한 것이다. 그것은 시장의 비효율성과 실패를 드러내는 증거이기도 하다고 찰리는 확신했다.

그는 이 시장에 대한 연구를 계속했다. 이후 2년 동안 그는 대부분의 자유 시간을 익스플로잇 매매를 둘러싼 환경과 상황을 파악하는 데 투자했다. 그가 알아낸 바에 따르면 익스플로잇의 가격대는 천차만별이었다. 한 정부 관료는 그에게 일부 기관은 익스플로잇 하나에 2만 5천 달러까지 지불할 용의가 있다고 알려줬다. 한 브로커는 그에게 믿을 만한 익스플로잇의 적정 가격은 12만 5천 달러 선이라고 말했다. 일부 해커들은 인터넷 익스플로러에 침투할 수 있게 해주는 익스플로잇에 6만~12만 달러 선의 가격 제의를 받았다고 말했다. 그와 같은 가격대에 그럴 듯한 이유나 논리는 없어 보였다. 찰리가 보기에는 해커들이 이리저리 기만당하는 것 같았다. 익스플로잇 시장의 이성을 회복하는 유일한 길은 시장 자체를 공개하는 것이었다.

2007년, 2년 간의 기밀 유지 의무가 만료되자 찰리는 자신의 백서를 가다듬기 시작했다. 『합법적인 취약점 시장: 은밀한 제로데이 익스플로잇 세계의 내면The Legitimate Vulnerability Market: Inside the Secretive World of Zero-Day Exploit Sales』이라는 학구적 제목의 백서였다. 그가 NSA로부터 전화를 받은 것은 그 무렵이었다.

전화를 거는 쪽의 목소리는 별다른 단서를 제공하지 않았다. 직접 만날 필요가 있었다. 기관은 요원 몇 명을 세인트루이스로 보내 그와 직접 만나기로 했다.

전화를 끊으면서 찰리는 NSA의 고위 인사들이 자신을 만나기 위해 세인트루이스까지 날아오는 이유가 무엇일까 고민했다. 그럴 듯한 이유는 한 가지뿐이었다. 자신의 익스플로잇에 대한 비밀을 유지할 수 없다고 판단한 NSA 측이 돈을 주고 자신의 침묵을 사려 한다는 것이었다. 횡재다! "저는 NSA가 돈을 싸들고 나타날 것으로 확신했어요."라고 찰리는 회고했다.

그날 저녁 찰리는 아내에게 '꿈의 부엌'이 곧 현실이 될 것이라고 말했다.

이틀 뒤, 찰리는 르네상스 세인트루이스 공항 호텔로 갔다. 로비를 거쳐 엘리베이터를 타고 맨 꼭대기층으로 올라가는 동안, 찰리는 해커들이 호텔에서 정부 관료들을 만나 제로데이를 시연해 보인 다음 거액의 현금을 건네받는다는 세간의 신화를 되풀이해서 떠올렸다. 그런 이야기는 사실이라고 믿기에는 지나치게 영화스럽고 비밀스러웠지만 엘리베이터가 12층으로 올라가는 동안 찰리는 싱긋 웃음을 지을 수밖에 없었다. 얼마 안 있어 그가 그런 신화의 주인공이 될 터였다.

엘리베이터에서 내려 호텔의 콘퍼런스 룸으로 가는 동안 찰리는 무엇인가 이상하다는 느낌이 들었다. 만나기로 한 장소는 비밀 회동의 이미지와는 거리가 멀었다. 바닥부터 천장까지 이어진 창문으로 밝은 햇빛이 비쳤고 멀리 공항의 활주로가 보였다. 싸구려 수채화가 벽에 걸려 있었고, 바닥은 온통 밝은 적색의 카펫이었다. 그곳에서 네 명의 NSA 직원들이 그를 맞았다. 티나게 빠진 것은 현금이 담긴 가방이었다.

찰리는 자신이 길고 지루한 재무 협상에 들어갈 것이라고 짐작했다. 그러나 미팅은 채 15분도 안 돼 끝났다. 이들이 그의 익스플로잇을 구매하려 온 것이 아니라는 사실은 금방 드러났다. 이들의 목적은 그를 침묵시키려는 것이었다. "조국을 생각하십시오." 요원 중 한 명은 찰리에게 이렇게 말했다. "지하 시장에 대해 발설해서는 안 됩니다."

이들은 찰리에게 백서를 내지 말고, 자신의 제로데이나 판매 혹은 그런 시장이 존재한다는 사실조차 누구에게도 발설해서는 안 된다고 못을 박았다.

찰리는 창밖으로 뜨고 내리는 비행기를 바라보며 이들의 말을 듣는 둥 마는 둥했다. NSA가 자신에게 애국하라는 말을 전하기 위해 네 명의 요원을 세인트루이스까지 파견했다는 사실이 믿기지 않았다. 그는 이들의 윤리적 고결성에는 관심이 없었고, 자신의 애국적 의무는 이미 다했다고 생각했다. 어느 지점에서는 이들의 말이 아예 들리지도 않았다.

그것은 결코 돈 문제가 아니었다. 샌프란시스코의 문화 예술계가 밀집한 텐더로인Tenderloin 지역의 한 허름한 바에서 그를 처음 만났을 때 나는 왜 정부에 익스플로잇을 파느냐고 물었다. 당시 그는 냉소적으로 이렇게 대답했었다. "돈 때문이죠! 돈 돈 돈!" 하지만 진심이 아니었고 둘 다 그런 점을 눈치챘다. 더 캐물을수록 그것은 원칙의 문제임이, 노동의 정당한 대가를 지불 받는 문제임이 분명해졌다.

너무나 오랫동안 소프트웨어와 하드웨어 개발사는 자사 제품의 보안 취약점을 발견하고 알려준 해커들의 노동에 때로는 제소 위협까지 날리면서 무임 승차해 왔다. 그리고 아이디펜스와 다른 기업이 해커들에게 제시하는 보상금은 찰리가 볼 때 말도 안 되게 열악했다.

해커들의 노동은 이제 정당하게 인정받아야 할 때가 됐다고 찰리는 확신했고, 가장 유력한 방식은 적절한 대가를 지불 받는 것이었다. 그리고 그를 위해 제로데이 시장을 세상에 공개해야 한다면 그는 기꺼이 그럴 용의가 있었다.

그는 이런 내용을 NSA 요원들에게 설명할 필요조차 느끼지 못했다. 설명해도 결코 이해하지 못할 것이었다.

아무런 현금 지불도 없으리라는 점이 분명해지자 찰리는 자리에서 일어났다. "아무런 소득도 없을 일에 이렇게 멀리까지 날아오시다니 유감입니다."라고 그는 말했다. "하지만 제 대답은 '노'입니다. 공개할 겁니다."

NSA 요원들은 짜증과 경멸이 뒤섞인 표정으로 찰리를 바라봤다.

"아치[2] 구경 잘하세요."라는 말과 함께 그는 문으로 향했다.

* * *

몇 달 뒤, 찰리 밀러는 카네기 멜론 대학교의 한 강단에 섰다. 그의 머리 뒤로는 그에게 지불된 5만 달러짜리 수표의 이미지가 화면을 비추고 있었다.

지불한 쪽의 정보인 이름, 주소, 은행 심지어 서명까지 익스플로잇을 구매한 기관의 비밀을 유지하기 위해 삭제했다. 하지만 이후 30분에 걸쳐 찰

---

2 세인트루이스의 미시시피 강변에 세워진 192m 높이의 기념 아치. 게이트웨이 아치(Gateway Arch)라고도 불린다. – 옮긴이

리는 자신이 어떻게 제로데이를 미국 정부기관에 팔았는지 경제학자와 학계 인사들로 구성된 관객들에게 설명했다.

사상 처음으로 비밀이 공개되는 순간이었다. 미국 정부는 소프트웨어나 하드웨어의 보안 취약점을 알려주는 대가로 해커들에게 돈을, 그것도 매우 비싼 값을 지불하며 그 과정에서 해당 제품의 사용자들(여기에는 미국 시민들도 포함된다)을 취약한 위치로 내몬다는 것 그리고 그런 작업을 다름 아닌 납세자, 정부가 보호해야 할 의무가 있는 국민의 돈으로 수행한다는 것을 설명했다.

그날 관객이 보인 반응은 찰리의 백서가 워싱턴 DC의 관계자들 사이에서 불러일으킨 공분에 견주면 잠잠한 편이었다. NSA를 비롯해 워싱턴 DC 지역의 정부 관료들은 펄펄 뛰었다. 찰리는 비밀을 유지해 달라는 정부의 요청을 무시했을 뿐 아니라, 정부기관이 익스플로잇에 얼마를 지불했는지(최고 25만 달러까지) 그 목록까지 백서에 넣었다. 이런 행위를 정당화하기도 어려웠지만, 찰리의 백서가 제로데이의 값을 더 높일 것이라는 점은 불을 보듯 뻔했다.

레드먼드부터 실리콘밸리까지 마이크로소프트, 어도비, 구글, 오라클, 시스코 같은 빅테크의 경영진은 우려와 분노가 뒤섞인 감정으로 찰리의 백서를 꼼꼼히 살폈다. 백서는 이들이 오랫동안 의심해 오던 부분 즉 다름 아닌 미국 정부가 자신들과 그 고객들을 언제든 국가안보의 이름으로 배반할 수 있다는 사실을 확인해줬다.

찰리의 폭로는 이들 기업의 이미지에 치명적 타격을 입힐 수 있었다. 경영진은 백서가 빅테크 기업의 시장 점유율에 미칠 잠재적 영향에 몸서리쳤다. 미국 정부가 자신들의 제품을 통해 스파이 활동을 벌이기 위해 해커들에게 적극 돈을 지불해 왔다는 사실을 알면 해외 고객들은 어떻게 생각할까? 해커들도 문제였다. 찰리의 백서를 지렛대 삼아 자신들이 발견한 버그의 보상금을 올려달라고 요구할 게 뻔했다. 이들은 몇만, 혹은 몇십만 달러를 지불할 용의가 있는 정부와 어떻게 경쟁할 수 있을까? 하지만 자신들의 제품에 대한 고객의 신뢰도가 추락할 것을 감안하면 정부와 경쟁할 수밖에 없지 않은가?

해커들 사이에서 찰리의 백서는 상반된 반응을 불러일으켰다. 일각에서는 그를 비윤리적인 연구자로 낙인 찍었다. 자신이 발견한 제로데이를 정부에 팔아 넘기고, 그런 사실을 뒤늦게 공개함으로써 수백만 명의 리눅스 사용자들을 위험한 상황에 방치했다는 이유였다. 일부는 심지어 그의 사이버 보안 라이선스를 박탈해야 한다고 주장했다.

하지만 다른 쪽은 찰리가 설령 그 과정에서 본인은 5만 달러를 벌었다고 해도 해커들의 존재감을 높이는 데 공헌했다고 주장했다. 거의 20년간 이들은 무료로 도와주겠다는 선의에도 불구하고 기업으로부터 사기꾼이나 범죄자 취급을 받았다. 찰리의 폭로를 계기로 이들은 하드웨어나 소프트웨어 개발사가 위협하고 무시했던 바로 그 분야가 사실은 정부기관에 의해 조성된 수익성 높은 시장임을 알게 됐다.

찰리의 이야기는 그걸로 끝일 수 있었다. 그는 은폐의 커튼을 걷어치웠고, 제로데이의 지하 시장은 세상에 널리 알려졌다. 그가 미국 정부에 판매한 버그가 자신의 마지막이라고 스스로 다짐했다.

하지만 찰리는 제로데이 시장을 폭로한 주인공으로 기억되지 않을 것이었다. 백서를 세상에 내놓은 지 한 달 뒤, 그는 더 큰 화제의 중심에 섰다. 사상 처음으로 아이폰을 원격 해킹한 것이다.

아이폰은 그 미끈한 디자인과 기밀에 가린 코드와 더불어 다른 운영체제의 스마트폰보다 더 안전하다는 게 그간의 통념이었다. 하지만 찰리는 그런 통념을 완전히 날려 버렸다. 수백 명의 관객 앞에서 그는 다른 누군가의 아이폰을 원격 제어하기가 얼마나 쉬운지 시연했다. 다른 사용자가 아이폰의 브라우저로 자신이 만든 악성 웹사이트에 들어가도록 유도하기만 하면 끝이었다.

그 아이폰 익스플로잇은 만약 찰리가 돈을 받고 팔았다면 지하 시장에서 손쉽게 몇십만 달러를 호가했을 법한 유형이었다. 하지만 그의 관심사는 돈이 아니었다. 지적 호기심과 해커들 사이의 명성이 우선이었다. 이번에는 자신이 발견한 내용을 애플에 알리고 회사가 패치를 만드는 데 협력했다. 그로부터 8개월 뒤, 찰리는 또 일을 저질렀다. 불과 2분 안에 애플의 맥북 에어를 해킹한 것이다. 그는 자신의 트위터 프로필을 '애플의 제로데이를 찾아낸 주인공'이라고 바꿨다.

그 해 구글이 안드로이드 운영체제의 베타 버전을 선보이자 찰리는 유혹을 참지 못했다. 거의 즉각 익스플로잇으로 운영체제를 해킹해 안드로이드 사용자의 모든 키보드 입력 내용, 텍스트, 비밀번호, 이메일 등을 원격 캡처했다.

애플 익스플로잇 때처럼 이번에도 찰리는 안드로이드의 개발자들에게 자신이 발견한 제로데이를 알리면서 패치하는 데 도움을 주겠다고 제안했다. 찰리는 자신의 백서가 해커들과 개발 회사 간의 관계를 바꿨다고 믿었으므로, 구글이 자신의 발견 내용에 호의를 보일 것으로 생각했다.

찰리가 보기에 구글은 자신의 노력을 긍정적으로 평가하는 듯했다. 적어도 자신이 일하는 보안 컨설팅 회사의 상사가 질문을 던질 때까지는 그렇게 여겼다. "구글 익스플로잇을 고치는 일은 어떻게 돼 가?"

"좋아요!" 찰리는 대답했다. "함께 패치를 만드는 중이에요."

"알아"라고 상사는 말했다. "자네와 구글 사이의 모든 이메일이 나한테도 숨은 참조BCC로 날아오고 있거든."

구글은 찰리 몰래 그를 기만하고 있었던 것이다. 구글의 경영진은 그의 직장 상사에게 전화를 걸어 찰리가 구글의 새로운 모바일 시스템에 불법 침입했다고 주장했다. 이들은 찰리가 구글 모바일 팀과 주고받은 모든 이메일을 숨은 참조로 보내고 있었다.

찰리의 상사가 해커들과 소프트웨어/하드웨어 개발사 간의 적대적 관계를 잘 몰랐다면 그는 찰리를 해고했을지도 모른다. 대신 그는 찰리의 편에 서서 그는 아무것도 잘못한 일이 없으며, 실상은 악의적 세력보다 앞서 안드로이드의 보안 취약점을 발견해 통보함으로써 구글에 도움을 줬다고 반박했다.

찰리에게 그 일은 충격이었다. 그의 백서는 아무것도 바꾼 게 없었다. 빅테크인 구글조차 여전히 사안을 오판하고 있었다. 해커들과 협력해 제품의 보안성을 높일 생각보다는 머리를 모래 속에 박고 사실은 외면한 채 그들을 위협하는 쪽을 택했다.

찰리는 구글과의 소통을 끊고 자신의 익스플로잇과 그것을 발견하게 된 경위를 「뉴욕타임스」에 제보했다. 그리고 다시는 구글이나 다른 기업에 공짜로 버그를 넘기지 않겠다고 다짐했다. 구글의 안드로이드 경영진은 자신들은 미처 깨닫지 못했지만 그런 대응을 통해 한 가지 운동이 시작되고 있었다.

"골 때리는 얘기 들어볼래?"

늦은 시간이었다. 찰리는 맨해튼의 한 바에서 보안 연구자인 디노 다이조비Dino Dai Zovi, 알렉산더 소티로프Alexander Sortirov와 술을 마시고 있었다. 이들은 애플과 마이크로소프트를 비롯해 사이버 보안계의 유명 기업을 해킹한 전문가들이었다.

찰리는 구글과 주고받은 통신 내용 및 안드로이드 경영진이 자기 상사로 하여금 자신을 해고하도록 종용한 사실을 털어놓았고, 데이 조비와 소티로프는 맥주를 들이키며 고개를 주억거렸다. 그의 사연은 익숙한 내용이었지만 구글 측의 기만적 이중성에 취기가 더해져 이들의 반응도 더욱 두드러졌다. "정말 골 때리는 상황이었군"이라고 데이 조비는 찰리에게 말했다.

버그를 발견한 해커들이 택할 수 있는 가장 윤리적인 옵션인 해당 소프트웨어/하드웨어 개발사에 곧장 알려주는 것은 여전히 최악의 결과를 낳았다. 어떻게 그럴 수 있을까? 개발사는 품질 보증에 관심이 없는 것일까? 세 해커들은 워낙 대화에 집중해 매춘부가 자신들의 자리로 다가오는 것도 거의 눈치채지 못할 지경이었다.

백서를 통해 버그—익스플로잇 시장의 실상을 폭로했음에도 불구하고 여전히 버그가 몇만 혹은 몇십만 달러에 밀거래될 수 있다는 사실에 찰리는 충격을 받았다. 그러나 개발사인 구글에 심각한 버그를 무료로 알려줬음에도 도리어 그 때문에 불이익을 당하는 것이 엄연한 현실이었다.

세 사람은 그날 밤늦도록 대화를 이어갔다. 개발사는 따끔한 맛을 볼 필요가 있었다. 이들은 함께 반격하기로 다짐하고 '공짜 버그는 그만No More Free Bug'이라는 작전명까지 지었다.

2009년 3월, 세 사람은 밴쿠버의 한 콘퍼런스에서 수백 명의 해커 청중 앞에 섰다.

다이 조비와 소티로브는 온통 검은 복장으로 '공짜 버그는 그만'이라고 쓰인 대형 표지판을 들고 서 있었다. 그것은 '착한 해커는 이제 그만No More Mister Nice Guy'이라는 뜻으로 해석될 수도 있는 문구였다.

그날 찰리는 콘퍼런스의 해킹 경진 대회에서 사파리 브라우저의 익스플로잇으로, 또 다시 맥북 프로를 해킹해 2년 연속 우승을 차지했다. 그 결과로 공짜 컴퓨터와 5천 달러의 상금을 받았다. 하지만 이번에는 자신의 새로운 캠페인에 맞춰 애플에 미리 전화로 알려주지 않았다. 애플 스스로 그런 사태의 결과에 책임을 지라는 의도였다. 그리고 찰리는 연단에 올라 이제부터는 다른 해커들도 자신과 같이 행동해야 한다고 강조했다.

"이것으로 끝입니다."라고 찰리는 청중에게 말했다. "지금부터는 버그를 무료로 주지 마십시오. 우리는 이 모든 일을 하고도 그 대가로 받는 것은 위협과 협박뿐입니다."

"지금이 그 순간입니다."라고 그는 강조했다. "더 이상 공짜 버그는 그만!"

해커들이 어떤 일에 흥분된 모습을 보이는 경우는 드물지만, 찰리가 연설하는 동안 이들은 일어서서 환호하며 박수를 보냈다. 몇몇은 "공짜-버그는-이제-그만!"이라고 외쳤다. 이들의 구호는 온라인으로 이어졌다. 여러 명이 트위터에 "공짜 버그는 그만!"이라고 트윗했고, 이들의 캠페인이 힘을 얻으면서 #NMFB라는 해시 태그는 유행을 타기 시작했다.

회의장 뒤편에 자리잡은 정부기관원들은 웃지 않았다. 카키색 바지에 셔츠를 안으로 넣고, 위로 세운 머리는 군인임을 암시하듯 짧았다. 뒤편의 테이블에 앉은 이들은 아무도 기립하지 않았다. 아무도 박수치지 않았다. 입은 굳게 닫혀 있었다. 한 사람은 같은 기관의 동료에게 한 눈을 찡긋해 보였다. 이들은 오랫동안 해커들의 익스플로잇을 구매해 왔다. 개발사가 그림에서 제외된 이상 더 많은 해커는 지하 시장에서 익스플로잇을 팔게 될 것이다. 그만큼 패치도 줄어들고 따라서 이들의 스파이 활동은 더 손쉬워질 것이었다.

하지만 뒤쪽의 한 사람은 고개를 저었다. 그는 NSA에서 오랫동안 일해 왔다. 그는 콘퍼런스 룸을 채운 프랑스, 중국, 러시아, 한국, 알제리, 아르헨티나의 해커 등 수많은 외국인의 얼굴을 훑었다. 이들은 자신들이 발견한 버그를 과연 누구에게 팔아넘길까? 그 모든 익스플로잇이 미국에만 팔릴 리는 만무했다.

그렇게 팔린 익스플로잇은 어디에 사용될까?

이런 흐름의 결말은 결코 바람직하게 끝날 수 없을 것이라고 그는 생각했다.

3부

스파이들

적은 매우 훌륭한 교사입니다.

– 달라이 라마^{the Dalai Lama}

6장

건맨 프로젝트

러시아 모스크바^{Russia Moscow}

나중에 밝혀진 바에 따르면 제로데이에 대한 NSA의 집착은 1990년대에 시작된 것이 아니었다. 그것은 디지털 이전, 적이 아날로그 시스템을 다양하고 정교한 방식으로 공격하던 시절에 이미 시작됐다. 그런 사실이 더 오래 기밀로 분류돼 있었다면 디지털 스파이전을 속속들이 조사해 제대로 이해하는 데 더 많은 시간과 노력이 필요했을지 모른다.

냉전 중에서도 가장 암울했던 시기로 꼽히는 1983년, 모스크바 주재 미국 대사관 직원들은 자신들이 말하고 행동한 모든 내용은 물론이고 신중하게 암호화한 메시지조차 소련 측에 유출되고 있다고 의심하기 시작했다.

직원들은 자신들의 모든 행동과 사생활까지도 소련 요원들의 지속적인 감시를 받는다는 사실을 알고 있었다. 이들이 사는 아파트는 도청되고 있었지만 그것은 전체적으로 보면 사소한 부분에 지나지 않았다. 퇴근해 돌아와 보면 옷장에서 옷이 사라졌거나 누군가 마시고 난 술잔이 싱크대에 있기도 했다. 하지만 이것은 그런 부분과도 달랐다. 대사관 안에서 벌어지는 모든 일이, 심지어 입 밖에 내지 않은 통신 내용조차 소련 측에 유출되는 듯했다. 미국 측 스파이들은 대사관에 첩자가 있다고 확신하게 됐다.

그리고 프랑스 측의 모호한 귀띔이 아니었다면 그 첩자가 실상은 대사관에서 사용하는 기계 속에 숨었다는 점을 발견하지 못했을 것이다. 1983년 모스크바 주재 프랑스 대사관은 소련의 스파이 기관인 KGB가 대사관의 전신 프린터에 도청 장치를 심어 그들의 모든 송수신 전문電文을 6년 동안이나 도청한 사실을 발견했다. 모스크바 주재 이탈리아 대사관도 마찬가지였다. 프랑스 대사관은 미국 측에 소련 스파이들이 미국 대사관에도 도청 장치를 설치했을 것이라고 의심해야 한다고 경고했다.

미국 대사관 직원들은 도청 장치가 벽의 전원과 연결된 것이면 프린터, 복사기, 타자기, 컴퓨터, 암호화 장치 등 어디에든 설치됐을 수 있다고 짐작했다. 소련 요원들은 도청에 관한 한 천재적 재능을 가졌음을 입증했다.

2차 세계대전이 끝나갈 무렵 소련과 미국의 우호 관계가 무너지면서 소련은 미국에 대한 감시를 강화했다. 미국은 1945년 모스크바 주재 미국 대사관을 면밀히 조사한 끝에 새로 주문 배달된 탁자와 의자 다리, 석고 벽 등 곳곳에 숨겨놓은 120개의 도청용 마이크를 찾아냈다. 그렇게 들통이 나자 소련 측은 더욱 창의적으로 나왔다. 1945년 소련의 어린 학생들은 미국 대사에게 손으로 조각한 미국 문장紋章을 선물했다. 그 조각은 미국 요원이 거기에서 '황금 입Golden Mouth'이라고 불리는 아주 작은 도청 장치를 찾아낼 때까지 7년 동안 대사의 집 사무실 벽에 걸려 있었다. 나무 속 깊숙이 숨겨둔 그 장치를 통해 소련은 대사의 온갖 대화를 자유롭게 도청할 수 있었다. 그 동안 가구는 몇 번 교체했지만 문제의 도청 장치만은 벽에 걸린 채 유지됐고, 대사가 네 번이나 교체되고 난 1952년에야 발견했다. 당시 대사인 조지 케넌George Kennan은 자신의 집무실에서 "눈에 보이지 않는 누군가가 있는 듯한 불길한 느낌을 받았다."고 회고했다. 백악관에서 정보 요원들은 그런 사실을 당시 레이건 대통령에게 보고했지만 마땅한 해법은 제시하지 못했다. 무작정 대사관을 모스크바에서 철수할 수도 없었다. 더욱이 2천 3백만 달러를 들인 새 대사관 건물은 4년째 공사 중이었고, 정보기관으로서는 망신살이 뻗치는 사안이었다. 레이건 행정부는 이미 공사비의 두 배가 넘는 예산을 들여 실험적인 엑스레이 기기와 특별히 훈련된 요원들을 투입했고, 거의 매일같이 공사용 콘크리트 속에 심어놓은 도청 장치를 발견했다. 그런 추세라면 신축 대사관은 8층 규모의 도청 기기가 될 운명이었다. 그에 따라 대사관 직원들이 신축 빌딩에 입주할 가능성도 점점 더 낮아졌다.

백악관은 미국 측의 유일한 대응은 소련의 집요함과 창의성에 걸맞은 독창성과 영리함으로 도청 장치를 찾아내 대사관 내 기기를 대체하는(모두 소련 측의 도청과 감시하에) 것이었다. 승산은 낮았지만 달리 선택의 여지가 없었다. 소련이 미국의 일거수일투족을 꿰고 있는 상황에서 미국이 냉전을 승리로 이끌 가능성은 거의 없었다.

그런 판단에 따라 레이건 대통령은 1984년 2월, 6개월 기한의 비밀 작전인 '건맨 프로젝트Project Gunman'를 승인했다. NSA가 모스크바 주재 미국 대사관의 모든 전자 기기를 뽑아내 미국 본부에서 조사한 다음, 명백히 도청 우려가 없는 기기로 대체한다는 복안이었다.

미국 본부에서는 NSA의 통신 보안 부국장인 월터 G. 딜리Walter G. Deeley가 건맨 프로젝트를 지휘했다. 그는 NSA와 국방부의 간부들에게 취지를 설명했고, 레이건 대통령에게도 프로젝트의 필요성을 강조했다.

딜리는 여러 해 동안 정보 유출 문제에 개인적으로 관심을 가져왔는데, 일부는 집착으로 보기도 했다. 그는 NSA에서 재직한 34년의 대부분을 해외 통신 감청에 헌신했지만, 커리어의 마지막 장은 그 반대편에서 미국 통신을 외국 스파이들로부터 보호할 방안을 찾는 일로 바뀌었다.

그는 시스템 분석가들에게 NSA의 자체 시스템에 침투할 수 있는 방법을 찾아보라고 지시했다. 그리고 그 결과에 심란해졌다. 그들이 침투 방법을 찾을 수 있다면 소련 요원들은 이미 들어와 있을 것이다. 미국 측에서 발견한 내용으로만 봐도 소련 요원들의 도청 기법은 더없이 독창적이고 용의주도했다. 이들은 형식적인 절차에서 자유로웠기 때문에 그런 방법을 구상하는 면에서 미국 쪽보다 유리했다. 딜리는 미국이 보안을 진지하게 고려하지 않는다면 냉전에서 패배하고 말 것이라고 우려했다.

NSA에서 딜리의 문제 해결 능력을 의심하는 사람은 아무도 없었다. 베트남 전쟁 동안 '통신첩보운영센터Signals Intelligence Operations Center'로 불리는 24시간 감시망을 만든 사람도 딜리였다. 이 센터는 후에 국가안보운영센터 National Security Operations Center로 발전했고, NSA의 가장 시급한 작전과 업무를 담당한다.

딜리가 통신첩보 운영센터의 책임자로 임명된 그 해에 미 해군의 EC-121 정찰기가 동해상에서 격추됐다. 사고 직후 몇 시간 동안 NSA의 분석가들은 기관 내 여러 부서와 연락하며 대응에 필요한 정보를 모으기 위해 안간힘을 썼다. 딜리는 그런 대응 방식이 허술하고, 비효율적이며, 용납할 수 없다고 판단했다. 센터장으로 재직하는 동안 딜리는 거의 실시간으로 첩보를 수집하고, 단서를 분석하고 연결해 맥락을 파악하고, 전 세계에서 발생하는 여러 위기 상황의 우선 순위를 정하는 24시간 전담 감시 센터를 만들었다. 분석가들이 NSA 국장에게 일일 브리핑을 하도록 밀어붙인 사람도 딜리였다.

은퇴가 멀지 않은 시점에서 딜리는 마지막 임무를 맡았다. 대사관의 유출되는 출처를 찾아내어 무력화하고, 대사관을 도청으로부터 안전한 곳으로 만드는 일이었다.

딜리는 NSA 내에서도 유능한 인재들을 차출해 팀을 꾸렸다. 대사관에 설치된 모든 기기와 장비를 새로운 것으로 교체하는 데 100일의 시간이 주어졌다.

해당 작업은 쉽지 않았다. 대체 기기를 찾는 일이 거의 불가능했기 때문이다. 당시 '타자기의 캐딜락'으로 불렸던 대사관의 타자기 기종인 IBM 실렉트릭스Selectrics는 매장 진열대에 놓이기 바쁘게 팔려나갔다. 러시아의 전원에 맞는 IBM 실렉트릭스 찾기는 그보다 더 어려웠다. NSA는 기관 내 재고를 찾는 한편 IBM에도 도움을 요청했지만, 결국 필요한 타자기 250대 중 50대를 겨우 마련해 대사관에서 가장 보안이 중요한 지역에 설치했다. 나머지 부서는 기다리는 수밖에 없었다.

딜리의 팀이 모스크바로 보낼 새로운 장비를 준비하는 데만 두 달이 걸렸다. 새 장비의 개별 부품에 도청 장치가 설치되지 않았음을 확인하기 위해 NSA 분석가들은 모든 기기를 일일이 분해해 재조립하고, 엑스레이 기계로 내부를 촬영해 미심쩍은 부분이 있는지 확인한 다음, 개별 타자기의 안과 밖에 불법 변경이나 개조를 막기 위한 센서를 설치했다.

타자기를 모스크바로 선적할 때가 되자 이들은 기기의 모든 부품을 소련에서는 구할 수 없는 종류의 변조 방지 가방에 담았다. 소련 스파이들이 가방을 훼손하더라도 이를 대체할 수 없으므로 도청 장치를 설치하려 시도한 사실을 숨기지 못할 것이었다.

무장 경호원들의 보호 아래 10톤 분량의 장비는 NSA 본부가 있는 포트 미드에서 도버 공군 기지로, 독일 프랑크푸르트로 그리고 마침내 모스크바 대사관에 닿았지만, 첫 1톤 분량의 장비를 올려보낸 뒤, 소련 측은 '정비'를 이유로 대사관의 엘리베이터 운행을 중단했다. NSA 직원들은 나머지 9톤 분량의 장비는 계단을 통해 들고 나를 수밖에 없었고, 대체될 10톤 분량의 장비를 1층으로 내리는 작업도 마찬가지였다.

NSA는 심지어 미국 대사에게도 장비 교체 사실을 알리지 않았다. 장비가 도착한 당일, 요원들은 대사에게 손으로 쓴 노트를 전달했다. 대사관 직원들에게는 정부가 노후 장비를 신형으로 교체한 것으로 설명하라는 내용이었다.

NSA 기술자들은 KGB 요원들이 신형 장비에 어떤 식으로든 도청 장치를 부착할 것이라고 확신하고 각 박스에 붙인 훼손 방지용 감지기의 전선을 각 층의 해병대 경비초소와 연결해 무장 경호원들이 24시간 감시하도록 했다.

이후 열흘에 걸쳐 NSA의 기술자들은 체계적으로 새 장비를 꺼낸 박스에 이전 장비를 넣은 다음, KGB가 도청 장치를 가로채 거기에 담긴 내용을 빼가지 못하도록 훼손 방지 센서를 재가동시켰다. 그리고 무장 경호원들의 감시하에 러시아의 세레메티예보Seremetyevo 공항에서 프랑크푸르트, 프랑크푸르트에서 도버 그리고 메릴랜드주의 포트 미드까지 대사관에서 사용하던 장비를 운송했다.

대사관의 장비를 NSA 본부까지 가져오는 데만 꼬박 100일이 걸렸다. 그리고 소련 측의 도청 장치를 찾는 작업을 시작했다.

딜리는 기관 내 최고 분석가 25명을 뽑아 NSA 주차장의 한 구석에 세워둔 트레일러로 소집했다. 그는 문제의 트레일러가 지상에서 1.2 미터 정도 높이에 설치된 점을 미처 언급하지 않았다. 분석가들은 주차장을 뒤져 찾아낸 콘크리트 블록을 계단처럼 쌓고 들어왔다.

딜리는 예의나 형식에 구애되지 않았다. "이렇게 거지 소굴 같은 데 모이라고 한 것은 다른 부서 직원들이 쓸데없이 궁금해하고 귀찮게 굴까 봐서다. 제군들은 이 프로젝트가 극비라는 사실을 알고 있겠지?"

분석가들은 고개를 끄덕이며 "예"라고 이구동성으로 대답했다. 이들의 상사들은 임무에 대해 누구에게도, 동료는 물론 가족에게도 심지어 집에서 기르는 개에게도 말하지 말라고 단속을 해둔 참이었다.

"극비가 정말로 무슨 뜻인지 아나?" 딜리는 직격탄처럼 내뱉었다. "만약 누구든 이 일에 대해 다른 사람에게 입이라도 뻥긋하면 발설자의 급소를 차버리겠다는 뜻이야." 그리고 문을 가리켰다. "제군들에게는 두 가지 선택밖에 없다. 내 식대로 하거나 아니면 여기서 나가거나!"

딜리는 오랫동안 NSA의 통신 내용이 소련에 도청되지 않도록 보호 대책을 강화해야 한다고 주장해 왔다. 이제 그런 주장의 근거를 보여줄 드문 기회가 온 것이다. 퇴직이 얼마 남지 않은 시점이어서 이 작업이 아마도 커리어의 마지막 장이 될 터였다. 그리고 기관의 기억은 그리 오래가지 않고, 따라서 그가 오랜 경력에서 거둔 성공 사례도 사실상 잊혀진 것을 알고 있었다. 이 마지막 작업이야말로 그의 경력을 집약하는 내용이 될 것이었다.

"자, 이게 내 계획이다. 우리는 장비를 두 그룹으로 나눈다. 암호화 장비는 본부의 OPS3 랩에서 들여다 보고, 전신프린터, 복사기, 타자기 등 나머지 장비는 여기에서 조사한다. 제군들은 각자 상사에게 특정한 임무를 받았고, 내가 여기를 떠나는 순간부터 작업이 시작된다."

그리고 딜리는 당근과 채찍을 동시에 제시했다. "좋든 싫든 제군들 각자가 얼마나 맡은 바 임무를 잘 수행하느냐에 NSA의 명예가 달려 있다. 어떤 형태든 저쪽에서 숨겨놓은 감시 장비를 찾아내는 시간이 늦어질수록 우리 명예는 실추되고, 연방 관료나 CIA 혹은 러시아 놈들에게 망신을 당하는 셈이 될 것이라는 점이다."

딜리는 담배를 길게 들이마셨다가 분석가들의 얼굴에 연기를 내뿜으며 잠시 뜸을 들였다. 그리고 속도를 높이기 위해 맨 처음 도청의 증거를 찾아내는 분석가에게 5천 달러 보너스를 주겠노라고 선언했다.

처음으로 분석가들의 얼굴에 활기가 돌았다. 5천 달러는 현재 가치로 환산하면 1만 2천 달러 정도로, 직원 연봉의 4분의 1에 해당하는 액수였다.

"질문 있나?"

아무도 손을 들지 않았다.

"오케이, 시작한다!" 그리고 딜리는 트레일러를 떠났다.

요원들은 밤낮없이 그리고 주말에도 일에 매달렸다. 그리고 주차장의 트레일러 안에서 무슨 일을 하느냐는 질문은 무시했다. 소련의 감시 장치가 숨어 있을 공산이 가장 큰 곳은 암호화 장비였다. 그렇지 않다면 어떻게 미국 측의 암호화된 통신을 가로챌 수 있겠는가? NSA 요원들은 각 장비를 조심스럽게 풀고, 개별 부품으로 분해한 다음 엑스레이 장비로 비정상적인 어떤 것이든 찾으려 시도했다. 몇 주에 걸쳐 모든 부품을 검색하고, 약간이라도 이상하다 싶으면 사진을 찍었지만 아무 실체도 찾아내지 못했다.

딜리는 매주 한 번씩 들러 대사관 장비를 꼼꼼히 조사하는 분석가들 사이로 거푸 담배를 피워대며 평소보다 빠른 걸음으로 돌아다녔다. 그는 암호화 장비가 문제일 것으로 확신했다. 그런데 아무것도 나오지 않자 당황하기 시작했다. 그는 자신의 주장이 레이건 대통령에게까지 닿을 수 있도록 NSA의 수뇌부, 국방부 장관, CIA 국장, 국가안보 보좌관 등을 접촉했다. 여러 해 동안 그는 주먹으로 탁자를 쳐가며 NSA는 도청 능력에서 소련의 상대가 되지 않는다고 경고해 왔다. 그는 자신에게 건맨 프로젝트를 맡기도록 레이건 대통령을 직접 설득했었다. 이제 그는 그런 노력에도 불구하고 대통령에게 보여줄 아무런 증거도 찾아내지 못했음을 고백해야 할 상황이었다.

밤이면 그는 집으로 돌아가 맥주병을 들고 자신의 서재에 틀어박혀 조지 거슈윈George Gershwin의 '랩소디 인 블루Rhapsody in Blue'를 크게 틀어놓고 되풀이해 들었다. 아내와 여덟 자녀에게 자신을 혼자 있게 내버려두라는 신호였다. 보잘것없는 육군 하사관으로 출발해 몸을 사리지 않는 열정과 노력으로 국방부의 부국장까지 올라온 그였다. 그런데 이런 결과가 커리어의 마지막이란 말인가? 10주 차에 접어들자 조사할 장비는 몇 개 남지 않았고, 딜리는 건맨 프로젝트는 실패로 끝나겠다고 예상했다. 그 망할 놈의 소련 요원들이 어디선가 장비를 가로챘을 것이다. 대사관 장비를 미국으로 환송하는 경로에서 도청 장치를 제거했거나 비활성화하는 방법을 알아냈을 게 틀림없었다. 요란한 거슈윈의 음악 속에서 딜리는 도청장치를 찾아내지 못한 데 따른 잠재적 파장을 생각했다. 자기 자신의 직업적 유산뿐 아니라 미국이라는 국가 차원에서도 더없는 불명예일 것이었다.

그해 여름 푹푹 찌는 트레일러 안에서 분석가들은 뻘뻘 땀을 흘리며 작업에 열중하고 있었다. 이들은 팩스 장비를 뜯었고, 텔레타이프와 스캐너를 분해했다. 이제 남은 것은 타자기뿐이었다. 하지만 대사관의 조사관들은 먼저 신중하게 타자기를 스캔했고, 아무도 별다른 이상을 찾아내지 못했다. 지금까지 이들은 열린 마음을 유지해 왔다. 이제는 딜리가 제정신이 아닌 게 아닌가 의심하기 시작했다.

하지만 1984년 7월 23일 늦은 저녁, 밤늦도록 혼자 작업하던 한 분석가가 실렉트릭 타자기의 전원 스위치에 추가 코일이 연결돼 있는 것을 눈치 챘다. 예상하기 어려운 사안은 아니었다. 신형 타자기 모델은 추가 메모리를 포함하고 있었기 때문에 추가 회로와 코일이 필요하기 때문이다. 하지만 이 분석가는 좀 더 확실히 하기 위해 엑스레이 기기를 통해 문제의 타자기를 검사하기로 결정했다.

"엑스레이로 그 실체를 파악하자마자 든 생각은 '이런 빌어먹을!'이었죠. 그것들은 정말로 도청 장치였어요."라고 그는 회고했다.

엑스레이 필름을 통해 그는 타자기 길이의 금속 막대 속에 감쪽같이 부착된 장치를 봤고, 그것은 자신이나 다른 요원들 중 누구도 본 적이 없을 만큼 정교한 형태였다. 막대 안에 든 것은 아주 작은 자력계magnetometer로, 지구 자기장의 미묘한 변화를 측정하는 기기였다. 여기에 설치된 자력계는 타이핑 작업이 진행될 때 전달되는 기계적 에너지를 자기적 교란으로 변환했다. 그리고 자력계는 그 모든 교란을 기록해 각각의 교란에 대응하는 데이터를 정리해 그 결과를 라디오 신호로 근처의 소련 수신소에 전송했다.

전체 부착 장치는 원격 조종이 가능해서 미국 조사관이 부근에 있을 때는 소련 측에서 끌 수 있도록 특별히 설계됐다.

딜리의 팀은 그 치밀한 도청 장치 앞에서 감탄할 수밖에 없었다. 전 세계의 어떤 암호화 장비도 소련 요원들이 대사관의 통신 내용을 도청하는 행위를 막을 수 없었을 것이다. 소련은 타이프된 내용을 암호화하기 전에 타이프 되는 과정에서 키보드에 가해지는 타격을 감지해 그 내용을 수집하는 방법을 찾아낸 것이었다. 그것은 NSA 요원들에게 결코 잊지 못할 교훈을 안겨준 정교한 작품이었다. 그로부터 여러 해가 지난 뒤 NSA는 동일한 트릭을 아이폰과 컴퓨터 그리고 미국의 빅테크 기업에 적용했고, 암호화되지 않은 형태로 구글과 야후의 데이터 센터로 들어오는 데이터를 가로챘다.

NSA는 항상 소련이 다양한 도청 기기로 대사관의 활동을 감시할 것으로 추정했다. 이제 사상 처음으로 소련은 전기기계 침투에도 탁월한 재능이 있음을 증명했다.

이것으로 딜리의 확신이 맞다는 점이 분명하게 드러났다. 오랫동안 그는 암호화가 충분하지 않다고 주장해 왔다. 정부 통신에 대한 통신을 완전히 막으려면 NSA는 전원에 꽂힌 모든 기기와 장비를 차단해야 했다. 이제 그는 증거가 있었다.

그는 NSA의 링컨 '링크' 포러^{Lincoln "Linc" Faurer} 국장에게 발견 사실을 브리핑했고, 레이건 대통령에게 직접 보고하기 위해 백악관으로 갈 때 대동할 팀원을 직접 선발했다.

그 발견은 이들의 임무가 지닌 시급성을 더욱 부각시켰다. 처음에는 대사관의 타자기 중 여섯 대에 도청 장치가 부착됐다고 판단했지만 이제는 그보다 더 많을 것으로 추정했다. 딜리의 팀은 소련으로 파견되는 정보 관료와 요원들을 방음, 반향실^{反響室}에서 만나 소련의 치밀하고 은밀한 감시 기법과 기술을 알려줬고, 이들의 반응은 충격부터 감탄 혹은 분노에 이르기까지 다양했다.

딜리의 팀은 다른 NSA 요원들에게 타자기가 스파이 수단으로 사용됐음을 보여주는 명백한 징후인 변경된 전원 스위치, 금속 막대 등을 알려주고, 그런 타자기를 엑스레이로 촬영하는 방법도 가르쳤다. 결과적으로 요원들은 대사관의 고위 간부와 비서들이 사용한 7대의 타자기에서 도청 장치를 추가로 찾아냈고, 레닌그라드 주재 미국 영사관에서도 3대를 적발했다.

그를 계기로 미국은 소련이 아날로그 도청 장치에 상당한 자원을 쏟아붓고 있다는 사실을 파악했다. 이들은 전자 펄스pulse를 가로채고 있었고, 그러한 기법과 방식은 NSA에도 고스란히 전수됐다. 몇 년 후, 아날로그가 디지털 기술로 바뀌었지만 이들이 정보를 가로채는 기법은 바뀌지 않았다.

NSA는 궁극적으로 소련의 도청 기기에 다섯 가지 변종이 있다는 사실을 발견했다. 어떤 것은 벽에 전원을 꽂는 타자기만을 위해 설계됐다. 더 정교한 유형은 배터리로 작동하는 신형 타자기 모델에서 작동했다.

딜리의 팀원들은 과거 물품 목록도 살폈고, 그 결과 도청 장치가 처음으로 설치된 곳은 1976년 미국 대사관으로 운송된 타자기였음을 알아냈다. 이는 건맨 프로젝트가 완료될 즈음, 소비에트 요원들은 이미 8년 동안이나 타자기를 통해 미국의 비밀을 빼냈다는 뜻이었다.

대사관의 일상적인 조사에서는 그런 점을 눈치채지 못했다. 미국의 조사관들은 한때 대사관 굴뚝에서 안테나를 찾아낸 직후 문제의 도청 장치를 발견할 기회가 있었지만, 끝내 해당 안테나의 용도를 규명하지 못했다. 소련은 정작 전기 타자기로는 기밀 정보를 다루지 못하도록 금지했으며, 1급 비밀 정보에 대해서는 수동 모델만 사용하도록 강제했다. 소련 대사관은 타자기를 사용하지 않을 때는 외부의 변경이나 개입을 막기 위해 특수 컨테이너에 담아 보관했다. 그럼에도 미국 측은 그 이유를 물어볼 생각을 못했다.

"우리는 너무나 자주 적을 업신여기고 과소 평가하는 함정에 빠집니다." 라고 포러 국장은 훗날 회고했다. "우리는 기술에 관한 한 소련보다 앞서 있다고, 이를테면 컴퓨터나 항공기 엔진, 자동차 같은 부문에서 월등하다고 생각하는 경향이 있었죠. 최근 몇 년 간 우리는 놀라움에 놀라움을 거듭하면서 상대를 더 존중하게 됐습니다. 이제 대부분의 직원들은 소련이 간극을 현저히 좁혔고, 많은 분야에서는 이미 우리를 따라잡았다고 인정합니다."

미국 측은 소련 요원들이 어떻게 미국 대사관의 타자기에 도청 장치를 설치했는지는 끝내 알아내지 못했다. 일부는 운송 과정에서 벌어졌을 것으로 추측하고, 다른 이들은 정비 과정에 의혹의 눈길을 보냈으며, 또 다른 이들은 내부 스파이의 소행이라고 짐작한다. 어떻게 설치됐든 건맨 프로젝트는 새로운 수준의 스파이 기술이었고, 스파이전의 양상을 질적으로 바꾸는 계기가 됐다. 그로부터 거의 40년이 지난 지금은 서로 교신하지 않는 컴퓨터가 드문 상황이다. 각각의 컴퓨터는 네트워크에 연결돼 있고, 그 네트워크는 더 거대하고 복잡한 네트워크에 연결돼 복잡하고 눈에 보이지 않는 웹을 형성한다. 그리고 그 웹은 지구를 넘어 우리 은하계의 가장 먼 구석까지 미치며, 궤도를 선회하는 우주선은 화성의 황량한 지형으로부터 사상 유례 없이 방대한 데이터를 보내온다. 건맨 프로젝트는 가능성의 문을 열었다. 이제는 우리가 바라보는 어느 곳에나 무한한 스파이 활동과 파괴의 기회가 널렸다.

7장

대부

네바다주 라스베이거스

"**그**것은 우리에게 커다란 경종이었죠." 2015년 말의 어느 오후, 미국 사이버 전쟁의 대부인 제임스 R. 고슬러^{James R. Gosler}는 이렇게 운을 뗐다. "그렇게 찾아낸 것은 믿기 어려울 만큼 우리에게 행운이었어요. 그렇지 않았다면 지금도 도청 장치가 숨겨진 타자기를 쓰고 있었을 테니까요."

건맨 프로젝트 이후 미국이 박차를 가해 세계에서 가장 진보한 디지털 강대국으로 발전할 수 있게 만든 공로자를 한 사람 꼽는다면 바로 이 남자, 60대 후반의 나이로 최근 은퇴해 라스베이거스 외곽에 사는, 산타클로스와 놀랍도록 닮은 외모의 이 남자일 것이다.

고슬러가 정보기관에서 혁혁한 업적을 쌓았음을 보여주는 유일한 증거는 상자를 가득 채운 상장과 메달이지만, 이조차 모두 기관 내부에서 비밀리에 수여된 것이라 일반 사람들은 전혀 알 수 없는 내용일 것이다.

건맨 프로젝트의 비밀을 예정보다 일찍 해제하자고 밀어붙인 것도 고슬러였다.

"나는 아주 성가신 존재였소."라고 말하며 그는 껄껄 웃었다.

성가신 존재였다는 말은 관대하고 절제된 표현이었다. 내가 세기가 바뀌는 동안 CIA와 NSA를 이끌었던 인사들에게 미국 사이버 전쟁의 대부를 꼽아달라고 했을 때 누구도 망설이지 않고 '짐 고슬러'라고 대답했기 때문이다.

그럼에도 해커들 사이에서 고슬러는 여전히 알려지지 않은 채로 남아 있다.

심지어 매년 수천 명의 해커들은 블랙햇과 데프콘 같은 해커 콘퍼런스에 참석차 라스베이거스에 모여들어 아이폰, 현금자동지급기, 엘리베이터 등을 해킹한 유명 인사들을 지켜보면서도, 정작 그 분야의 진짜 마법사는 불과 몇 킬로미터 떨어진 곳에 산다는 점을 전혀 알지 못했다. 고슬러와 나는 블랙햇 해킹 콘퍼런스 기간 중 베네치안Venetian 호텔에서 처음 만났다. 거의 20년 가까운 콘퍼런스 역사상 그가 근처에 발을 들여놓은 것은 그때가 처음이었다.

"여기는 누군가를 채용하기엔 아주 안 좋은 장소예요."라고 고슬러는 내게 말했다. 정부에 고용된 진짜 고수인 해커들은 콘퍼런스 같은 데서 기술을 뽐내지 않으며, 대신 대학 연구실과 보안 운영 센터 같은 곳에서 은밀히 작업에 몰두한다는 것이었다.

바로 고슬러의 커리어가 그렇다보니 사회가 아날로그에서 디지털로 이전되는 흐름에 맞춰 미국 정부의 보안 취약점 탐지 및 공격 프로그램을 만들고 정립하는 촉매제 역할을 했다. 그가 조금만 덜 겸손했다면 더 많은 내용이 나올 수 있었을 것이다.

대신 그는 공로를 스파이 세계의 동료와 상사들, 뉴에이지 경영 아이디어를 선보인 여러 전문가에게 돌렸다. 고슬러는 대화 중에 자주 말콤 글래드웰Malcolm Gladwell을 인용했다. "『아웃라이언The Outlier』(김영사, 2019)는 환상적인 책이에요!"라고 그는 내게 한 번 이상 말했다. 인텔의 전직 경영진인 고든 무어Gordon Moore와 앤디 그로브Andy Grove는 그의 우상들이었다. 그로브의 책 『편집광만이 살아남는다Only the Paranoid Survive』(부키, 2021)는 그의 바이블이다. 하지만 그가 가장 좋아하는 사람은 조직 관리 전문가로 꼽히는 프라이스 프리쳇^{Price Pritchett}이다.

여러 해 동안 랭리^{Langley}의 CIA 본사에 있는 고슬러의 사무실에 들르는 정보기관의 관료들은 사무실 벽에 걸린 다음과 같은 프리쳇의 인용문을 볼 수 있었다.

> 조직은 세상의 변화를 막을 수 없다. 조직이 할 수 있는 최선의 대응은 적응하는 것이다. 영리한 조직은 흐름을 읽고 미리 바꾼다. 운 좋은 조직은 변화의 압력에 대응해 서둘러 적응한다. 나머지는 패배자들이며 과거사로 전락하고 만다.

이 인용문은 기술 진보와 이를 적극 활용한 공격과 첩보활동, 파괴의 잠재력에 대한 미국 정보기관의 뒤늦은 대응에 대한 고슬러의 견해를 완벽하게 집약하고 있다.

1952년 설립된 NSA는 미국의 가장 대표적인 첩보기관으로, 가장 강력한 도청 및 감청 능력과 암호 해독 능력을 갖춘 곳이다. NSA는 국가안보국을 뜻하는 National Security Agency의 약어지만 '그런 기관 없다^{No Such Agency}'나 '결코 발설하지 말라^{Never Say Anything}'의 준말이라는 농담도 떠돈다. 설립 이후 첫 30년간은 대기 중을 흐르는 라디오 통신을 가로채는 데 임무가 집중됐다. 포트 미드의 NSA 본부에서 수천 명의 명석한 박사 학위 소지자와 수학자, 암호해독자들이 앉아 그렇게 수집된 메시지를 선별, 해독, 해석 및 분석해 냉전 상태인 당시 상황에서 미국의 다음 행보에 도움이 될 핵심 정보를 뽑아냈다.

그러나 세계의 데이터가 타자기로, 이어 메인프레임 컴퓨터로, 데스크톱, 랩톱과 프린터로, 폐색망^{closed networks, 閉塞網}으로 그리고 인터넷으로 이전됨에 따라 가만히 앉아 소련의 통신 내용이 글로벌 수집 시스템에 잡히기만 기다리는 NSA의 수동적 모델은 더 이상 통하지 않게 됐다. 과거에는 단단히 잠긴 파일 캐비닛에 보관되던 상상할 수 없을 만큼 막대한 분량의 국가 기밀이 돌연 0과 1로 전송되면서 충분한 창의력과 기술을 가진 사람은 누구든 그런 데이터를 찾아낼 수 있게 됐다. CIA의 스파이들이 1급 비밀 문서를 파일로 바꾸기 위해 사용했던 초소형 카메라는 완전히 다른 형태의 수단으로 대체됐다.

그리고 고슬러는 다른 누구보다도 더 분명히 미국이 그와 같은 디지털 기회를 잡아야 한다고 판단했다.

건맨 프로젝트는 그가 내세우는 증거였다. 우리가 대화를 나누는 동안 그는 그 사례를 수도 없이 되풀이해서 언급했다. 부분적으로는 그가 관여한 사안 중 건맨 프로젝트만이 기밀에서 해제됐기 때문이다. 다른 한편으로는 그것이 우리가 항상 편집광적이어야 할 이유를 보여줬기 때문이다. 그것은 미국의 적들은 디지털 도청 기술을 마스터했을 뿐 아니라 이미 미국보다 한참 앞서 있음을 보여주는 증거였다.

물론 미국도 그 나름으로 자랑할 만한 첩보 업적이 있다. 1950년대 중반, CIA와 영국쪽 파트너인 MI6는 '리걸 작전Operation Regal으로 알려진 기념비적 합작을 통해 동베를린에 묻혀 있던 소련의 케이블 통신을 가로채는 데 성공했다. 이들은 베를린 지하에 400미터가 넘는 터널을 몰래 만들어 동유럽과 소련 간의 통신을 소련 측에 발각되기 전까지 1년 넘게 도청했다. 또 1970년대 NSA, CIA 및 해군이 합작한 '아이비 벨 작전Operation Ivy Bells'에서 미국 잠수부들은 일본 바로 북쪽의 해저에 깔린 케이블에 도청 장치를 설치했다. 소련 측은 해당 케이블이 미국으로부터 충분히 떨어져 있다고 판단해 통신 내용을 거의 암호화하지 않았다. 1981년 NSA의 분석가 중 한 명이었던 이중간첩이 미국의 심해 첩보 프로그램을 KGB에 밀고할 때까지

NSA는 해당 케이블을 통해 소련의 비밀을 오랫동안 빼낼 수 있었다.

하지만 건맨 프로젝트는 달랐다. "A 플러스. 기술적으로 절묘했죠."라고 고슬러는 평가했다. 소련 요원들은 잘 배치된 도청장치나 케이블 도청에 의존하지 않았다. 타자기 자체에 도청장치를 내장하는 방법을 고안함으로써 미국 측에서 메시지를 미처 암호화하기 전에 모든 타이핑 내용을 훔쳐낼 수 있었다. 첩보 세계의 용어로 이것은 '종점 해킹hacking the endpoints'으로 불리는데, 건맨 프로젝트의 사례는 그 수준을 한 단계 높이는 계기가 됐다. 디지털 환경에서 NSA는 애플, 구글, 페이스북, 마이크로소프트와 같은 기술 기업의 통신 암호화 흐름에 주목한다. 이들도 러시아인들이 그랬던 것처럼 정보가 암호화되지 않은 일반 텍스트plain text로 저장된 전화기와 컴퓨터를 해킹하는 종점 해킹 기술을 익혀야 했다.

"그런 종류의 기술 수집은 컴퓨터의 등장과 더불어 발명된 게 아닙니다. 소련은 이미 1970년대부터 그런 일을 해 왔지만 건맨 프로젝트를 계기로 드러난 거죠. 이제는 더 이상 무시할 수가 없습니다."

고슬러의 시각에서 스파이 활동의 양상은 BG와 AG로 나뉜다. 건맨 이전Before Gunman과 건맨 이후After Gunman다. 건맨 이전까지 미국 측은 "기본적으로 아무것도 몰랐습니다. 우리는 꿈속을 헤매고 있었죠."라고 고슬러는 말했다.

건맨 이후 30년이 지난 지금, 우리는 맥박을 가진 어떤 것에든 침투하고 있다.

날짜와 무의미한 직함을 제외하고는 고슬러는 1979년 27세 때 샌디아국립연구소Sandia National Laboratories에 입사해 2013년 펠로fellow로 퇴직할 때까지 어떤 일을 했는지에 대해서는 별다른 정보를 주지 않았다.

대부분의 경우는 극비로 분류돼 있다. 기본적인 내용조차 그를 닦달해야 한다. 저녁 파티에서 다른 사람들이 물었을 때도 고슬러는 연방정부에서 일했다고만 대답했다.

"특히 외국에 나갔을 때는 신변의 안전을 위해서라도 각별히 말조심을 해야 돼요."라고 그는 내게 속삭였다.

우리는 한 레스토랑에서 만났다. 내가 만난 많은 사람과 마찬가지로 고슬러는 약속보다 일찍 도착해서 출구 근처의 테이블을 잡고 실내에 있는 다른 사람들의 동태를 살피고 있었다. 그는 입구를 바라보는 자리에 생존을 위한 최적의 자리에 앉았다.

2016년과 2019년에 나눈 여러 번의 대화를 통해 고슬러는 자신의 커리어를 조금씩 털어놓기 시작했고, 그를 통해 디지털 영역에서 미국이 어떻게 세계 최고 기량의 해커 그룹으로 진화했는지 알려줬다. 그는 자기 경력의 대부분을 차지하는 방대한 극비 정보를 신중하게 숨기면서 내게 정보를 전했다.

그렇게 빈 자리는 내가 스스로 메울 수밖에 없었다.

고슬러는 입사 후 에너지부의 샌디아국립연구소에서 처음 5년을 보냈다. "아, 그냥 컴퓨터 부서에 있었다고 해두죠."라고 그는 말했다. 처음 업무는 급여 지급 같은 샌디아의 백엔드 행정 시스템을 돌리는 메인프레임 컴퓨터와 운영체제의 내부 메커니즘을 파고드는 것이었다.

뉴멕시코주에 있는 두 개의 국립 핵 연구소인 산타페에 위치한 로스 알라모스 국립연구소Los Alamos National Laboratory와 앨버커키Albuquerque에 있는 샌디아연구소 중에서 미국인들의 기억에 깊숙이 각인된 곳은 로스 알라모스다. 맨해튼 프로젝트의 모태이고, 미국의 핵무기 연구와 개발의 핵심 기지였다. 하지만 미국 핵무기 프로그램의 실질적인 무기화 작업은 많은 경우 샌디아에서 진행됐다. 샌디아의 주요 업무는 미국의 핵무기를 구성하는 비핵 부품의 97%의 생산과 보안을 감독하는 일이었다. 샌디아에서 근무한

지 5년째 되던 해, 고슬러는 대통령이 승인할 때마다 각 핵 부품이 정확히 작동하도록 하는 업무를 맡았고, 무엇보다 그 밖의 다른 상황에서는 안전하게 유지되도록 검증하는 팀으로 옮겼다. 사고와 오작동은 일반이 생각하는 것보다 더 흔했다. 샌디아의 한 연구에 따르면 1950년부터 1968년 사이에 적어도 1천 2백 개의 핵무기가 '심각한significant' 사고에 연루된 것으로 드러났다.

영원한 불명예를 감수할 수밖에 없는 폭탄조차 의도한 대로 작동하지 않았다. 미국이 전쟁에서 최초로 일본 히로시마에 투하한 핵폭탄인 '리틀 보이Little Boy'는 8만 명을 살상했다. 하지만 피해는 그보다 더 심각할 수 있었다. 원자핵 중심부의 1.38%만이 핵분열을 일으킨 덕택에 그 정도 수준에 그친 것이었다. 그로부터 사흘 뒤 미국이 '팻 맨Fat Man'으로 명명한 두 번째 핵 폭탄을 나가사키 상공에서 투하했을 때, 계획과 다르게 표적으로부터 1.6킬로미터 벗어난 지점에서 폭발했다. 그럼에도 4만 명이 즉사했다. 1954년 북태평양 마셜 제도의 비키니 환초Bikini atoll, 環礁에서 벌인 미국의 수소폭탄 실험은 핵물리학자들이 예상한 규모보다 세 배나 더 많은 15메가톤의 파괴력을 보이면서 폭파 해역 부근 수백 제곱킬로미터를 방사능 낙진으로 뒤덮었고, 그 결과 실험에 참여한 미국의 참관인들까지 피해를 입었다.

이와 같은 시나리오를 줄이거나 막는 일이 샌디아의 과학자들에게 부여된 임무였다. 하지만 고슬러의 팀은 우발적인 사고보다 적국의 고의적인 방해 공작에 더 주목했다. 1980년대 중반까지 미국의 과학자들은 전쟁이 벌어졌을 경우 소련의 통신 네트워크와 핵무기 시스템을 교란하거나 마비시킬 수 있는 방법을 모색하고 있었다. 샌디아의 과학자들은 소련측 역시 동일한 작업에 몰두하고 있을 것이라고 판단할 수밖에 없었다.

미국의 무기 시스템이 적국의 방해 공작에 무력화되지 않도록 하려면 무엇보다 시스템에 도사린 보안 허점을 찾아 수정하는 것이 중요했다. 그리고

1984년(건맨 프로젝트가 타자기에 내장된 도청 장치를 찾아낸 바로 그 해였다) 샌디아의 '적성국 분석 그룹Adversarial Analysis Group'에 발을 들여놓은 순간부터 고슬러는 핵무기 부품에 도사린 치명적 취약점을 찾아내고, 이를 바로잡는 작업에서 탁월한 재능을 발휘했다.

"내 일은 문제점을 찾아내서… 그걸 바로잡는 일이었어요."라고 그는 어느 날 내게 말했다.

"취약점을 찾아내서 그걸 적에게 활용하는 일 말인가요?"

그는 불편한 웃음을 지으며 대답했다. "그건 다른 사람한테 물어봐야 할 거요."

그래서 나는 그렇게 했다.

거의 2년이 걸렸지만 나는 고슬러의 이력에서 비어 있는 부분을 여러 문서, 전직 샌디아 직원의 소송 및 고슬러의 전직 부하와 상사들로부터 구술이나 서면 진술서를 통해 채울 수 있었다. 이들은 이구동성으로 고슬러가 없었다면 미국의 공격적 사이버 프로그램은 지금과 같은 수준에 이르지 못했을 것이라는 데 동의했다.

1985년, 고슬러는 시스템의 취약점을 찾아내는 새 임무를 맡은 지 겨우 1년밖에 안 된 시점이었지만, 작업은 더욱 어려워질 것임을, 어쩌면 불가능할 수도 있음을 그는 파악할 수 있었다. 다른 수많은 분야와 마찬가지로 핵무기 설계 역시 세심한 전자 제어 시스템에서 더 복잡한 마이크로칩으로 옮겨가고 있다. 이 칩을 비트 단위까지 쪼개는 가운데 고슬러는 이와 같은 진보와 높아진 복잡성이 더 많은 에러와 오작동 및 궁극적으로 적의 파괴와 공격의 여지를 더 많이 만들 것임을 알 수 있었다.

한 해 전에 고슬러는 켄 톰슨Ken Thompson의 유명한 강연을 들었다. 유닉스 운영체제를 공동 개발한 공로로 1983년 튜링상Turing Award을 수상한 톰슨은 '신뢰에 대한 신뢰 고찰Reflections on Trusting Trust'이라는 제목의 이 날 강연에서 기술의 진전 방향에 대한 우려를 표명했다. 그의 결론은 "소스코드를 당신이 직접 짠 것이 아니라면 컴퓨터 프로그램이 트로이의 목마가 아니라고 결코 확신할 수 없다."는 것이었다.

톰슨은 고슬러가 진실이라고 아는 내용을 완벽하게 설명했다. 하지만 톰슨의 강연을 들을 무렵 고슬러는 이미 눈앞의 장벽이 과거와는 비교조차 할 수 없을 정도로 더 악화됐음을 알았다. 조만간 미국의 핵무기 시스템의 안전을 보장할 수 없을 것임을 알았다.

"취약점을 계속 찾아낼 수는 있어요. 하지만 찾아낸 내용 외에 다른 취약점이 없다고 보장하는 것은 불가능해졌습니다." 그리고 그런 상황을 강조하기 위해 잠시 뜸을 들였다. "그게 중요해요. 니콜. 이 정밀제어 시스템 중 어느 것도 취약점이 전혀 없다고 자신있게 선언할 수가 없게 된 거요."

다른 사람들 같았으면 포기했을 수도 있다. 실제로 많은 사람이 그랬다. 하지만 고슬러는 결코 난관을 회피하는 성격이 아니었다. 그리고 그것은 엄연히 마이크로칩 깊숙이 존재했다. 고슬러는 그런 보안 취약점을 색출하는 작업에서 삶의 목적을 발견했고, 모든 것을 연결하고 싶어하는 인간의 어리석음도 깨달았다.

이 칩은 해커의 천국이자 국가 안보의 악몽이었다. 각 칩은 해커와 적성국에서 침투하고 전복을 꾀하고 스파이 활동을 벌이는 출구로 악용될 수 있었다.

그리고 이후 30년에 걸친 커리어를 통해 고슬러는 그런 위험성을 입증했다.

고슬러는 두 가지 실험으로 시작했다. 그 해 1985년, 그는 샌디아의 상사들을 설득해 한 연구의 후원을 받아냈다. 이것은 보호자, 동반자라는 뜻의 '샤프롱Chaperon'으로 불렸는데, 그 전제는 단순했다. 과연 보안이 완벽한 컴퓨터 애플리케이션을 설계하는 것이 가능할까? 그리고 그런 애플리케이션을 상세한 포렌식 조사로도 탐지 불가능한 악성 바이러스로 감염시켜 제어할 수 있을까? 다시 말하면 '제로데이'인 셈이다.

샌디아연구소는 최고 수준의 프로그래머들을 침투조와 평가조, 두 그룹으로 나눴다. 침투조는 보안 취약점을 컴퓨터 애플리케이션에 심는다. 평가조는 심어놓은 취약점을 찾아내어야 한다.

고슬러는 업무가 끝난 저녁 시간의 대부분도 재미삼아 하드웨어와 소프트웨어의 취약점을 찾아내는 데 몰두했다. 하지만 직업적으로는 평가자의 역할에만 충실해 왔다. 이제는 침투조의 역할을 해볼 기회를 잡았다. 그는 버그 두 개를 주입하되, 평가자들이 찾을 수 있도록 배려했다.

"나는 그때만 해도 환상의 세계에 빠져 있었어요"라고 고슬러는 말했다. 소프트웨어를 해킹하지 않을 때는 동료 기술자들과 1980년대의 인기 컴퓨터 게임인 조크Zork를 하곤 했다.

첫 번째 트릭으로 그는 조크 게임에서 빌려온 친숙한 프로그래밍 라인을 보안 애플리케이션의 코드에 삽입했다. 조크 게임의 텍스트는 실질적으로 샌디아의 애플리케이션을 속여 비밀 변수를 노출시켜 공격자가 해당 애플리케이션 및 애플리케이션이 보호하는 데이터를 장악하는 수단을 제공했다. 고슬러는 자신의 버그를 동료들이 금방 잡아낼 것이라고 확신했다.

고슬러가 삽입한 두 번째 취약점은 훗날 그와 동료들이 '획기적인 기술적 업적'이라고 추켜세우는 유형이었다.

평가자들은 고슬러가 심은 두 취약점을 끝내 찾아내지 못했다. 심지어 조크 코드조차 평가자들로서는 찾아내기가 너무나 어려웠다. 샌디아의 평가자들은 아직도 그 연구를 자신들의 커리어에서 가장 큰 좌절감을 안긴 실험 중 하나로 꼽는다. 이들은 고슬러가 심어놓은 취약점을 찾는 데 몇 달을 허비했지만 결국 두 손을 들고 말았다. 그리고 고슬러가 대체 어떻게 했는지 알고 싶어했다.

고슬러가 기호와 공식으로 가득찬 화이트보드 앞에서 왔다갔다 하며 끈기있게 자신이 심어놓은 취약점을 설명하는 데는 세 차례에 걸친 8시간짜리 브리핑이 필요했다. 그의 동료들은 고개를 끄덕였지만 당황하는 기색이 역력했다.

처음에 고슬러는 자신의 두 번째 취약점이 샌디아의 보안 훈련에 유용할 것으로 생각했지만 훈련에 참여한 직원들의 당혹스러워하는 반응을 본 그의 상사들은 이를 기각했다. 신입 직원들의 사직을 부추기는 역효과를 낳을 것이라는 우려 때문이었다.

대신 이들은 새로운 연구를 다시 시작하는 쪽을 택했다. 샤프롱2였다. 이번에는 고슬러가 아닌 다른 사람에게 취약점을 심도록 했다. 샌디아의 1백여 공학자들은 몇 주, 심지어 몇 달에 걸쳐 그 취약점을 찾았다. 몇몇은 거의 발견할 뻔했지만 실제로 그것을 찾아내고, 어떻게 찾아냈는지 몇 시간에 걸쳐 상세히 설명한 사람은 단 한 명 고슬러뿐이었다.

해당 연구와 샌디아의 천재 해커에 대한 소문은 고슬러가 '동부의 윗선the big dogs back East'이라고 표현한 NSA의 정보 책임자들의 귀에까지 들어갔고, 이들은 샌디아 측에 고슬러를 직접 지칭하며 그를 보내달라고 요청했다.

NSA 산하 국립컴퓨터보안센터National Computer Security Center의 연구 책임자인 릭 프로토Rick Proto와 과학 책임자인 로버트 모리스 시니어Robert Morris Sr.는 고슬러가 자신들 수하의 분석가들에게 중요한 내용을 가르쳐줄 수 있으리라 생각했다.

이때가 1987년이었다. 프로토는 NSA의 거물이었다. 모리스 시니어는 당시 정부의 최고위 컴퓨터 과학자로, 1년 뒤 아들 때문에 불명예를 안게 된다. 그의 아들인 로버트 태판 모리스Robert Tappan Morris는 당시 코넬대학교 학생으로 MIT에 소위 '모리스 웜Morris worm'을 퍼뜨려 수천 대의 컴퓨터를 마비시킴으로써 수천만 달러의 재산 손실을 초래했다. 고슬러는 이전에도 정부의 고위급 컴퓨터 과학자들과 작업해 본 적이 있었지만 NSA의 경험은 사뭇 수준이 달랐다. 포트 미드의 NSA 건물로 걸어들어가면서 그는 '이곳은 차원이 다르구나'라고 느꼈다.

첫 미팅에서 고슬러는 오랫동안 궁금해 하던 내용을 모리스 시니어에게 던졌다. "여기에서 소프트웨어에 대해 용인할 수 있는 복잡성의 수준은 얼마입니까?"

모리스 시니어는 이것이 매우 중요하면서도 곤혹스러운 질문이라는 사실을 잘 알았다. 집채만한 메인프레임 컴퓨터는 마이크로 전자회로와 제어 장치를 내장한 더 작고 값싼 기기에 자리를 내주고 있었다. 컴퓨터 애플리케이션은 점점 더 많은 줄의 코드를 더하고, 그에 따라 오류의 위험은 높아지고, 적의 침투와 파괴를 허용할 수 있는 공격 표면도 넓어지고 있었다. 그리고 이런 애플리케이션은 항공기, 군함 및 더 심각하게는 미국의 핵무기에 장착되고 있었다.

그러한 보안 우려에도 불구하고 흐름을 되돌리려는 움직임은 보이지 않았다. 리눅스Linux 운영체제의 최초 버전은 17만6천 줄의 코드로 구성돼 있었다. 그로부터 5년 뒤 같은 운영체제의 코드 규모는 2백만 줄로 늘었다. 2011년에 이르러 리눅스 코드는 무려 1천5백만 줄에 달했다. 현재 미 국방부의 '합동 타격 전투기Joint Strike Fighter'에 탑재된 소프트웨어 코드는 8백만 줄에 이르며, 마이크로소프트의 비스타Vista 운영체제는 약 5천만 줄의 코드를 담은 것으로 추정된다.

그런 코드의 각 줄은 잠재적으로 적이나 악의적 해커의 파괴 행위에 악용될 수 있는 지시 내용을 담고 있다. 코드가 더 많아질수록 에러나 오탈자 또는 수상한 어떤 것이든 찾아내기가 더 어려워진다. 건맨 프로젝트에서 타자기에 내장된 도청 장치를 찾아낸 것은 정보 작전의 개가였다. 차세대 전투기에서 그와 비슷하게 내장된 취약점을 찾아내는 것은? 아예 불가능하다고 보는 게 맞다.

모리스 시니어는 고슬러에게 금방 머리에 떠오르는 수준으로는 1만 줄이나 그 이하의 코드로 구성된 애플리케이션에 대해서는 '100% 확신'을 갖고 보안성을 평가할 수 있지만, 그 이상의 코드를 담은 애플리케이션에는 전혀 확신이 없다고 대답했다. 고슬러는 그런 대답을 기다리고 있었던 듯이 샌디아의 샤프롱1 연구에서 자신이 개발한 두 버그 중 더 복잡한 것을 소개했다. 알고 보니 해당 애플리케이션은 3천 줄도 안 되는 분량의 코드로 구성된 것이었다.

모리스 시니어는 박사학위자, 암호학자, 전기공학자 등 NSA의 엘리트들을 초대해 고슬러가 숨겨놓은 버그를 찾아보도록 했다. 단 한 명도 찾아내지 못했을 뿐 아니라 고슬러가 그것을 지적해준 다음에도 그와 비슷한 버그를 만들어내지 못했다. NSA는 국가에서 가장 민감한 컴퓨터 시스템의 취약점을 탐지하는 자신들의 능력을 과신해 온 것이 분명해졌다. 돌연 2천 줄을 조금 넘는 코드를 가진 기기조차 수상쩍게 여겨졌다. 고슬러의 데모를 통해 온갖 형태의 짓궂은 장난, 정보 유출 및 국가안보 재난의 시나리오를 보게 된 NSA의 전문가들은 미처 상상조차 못했던 일이 가능하다는 사실을 깨달았다.

"설령 무엇인가 취약점을 찾아냈다고 해도, 그것이 전부인지 확신할 도리는 전혀 없습니다. 그게 이 분야의 끔찍한 현실이에요."라고 고슬러는 말했다.

1989년 무렵까지도 정보기관원들은 건맨 프로젝트를 통해 드러난 소련의 창의적이고 정교한 도청 방식에 심란해하고 있었다. 인터넷은 바야흐로 코너를 돌아 전적으로 새로운 공격 표면을 제공하게 될 것이었다. NSA는 운 좋게 타자기에 내장한 도청 장치를 찾아냈지만 미처 찾아내지 못한 내장 장치는 얼마나 될지 누구도 알 수 없었다.

이들은 고슬러의 도움이 필요했다. 프로토는 고슬러에게 NSA에 남으라고 부탁했다. 이후 2년간 고슬러는 기관의 첫 '방문 과학자'의 직함으로 근무하면서 방어지향적인 NSA의 분석가들에게 현대의 소프트웨어와 하드웨어가 어떤 방식으로 해킹되고 적의 침투경로로 악용될 수 있는지 가르쳤다. 그의 임무는 NSA 요원들이 소련에서 숨긴 장치를 찾아내고, 미국에 타격을 입히려는 다른 적국의 공격에 대비하도록 하는 것이었다. 그들이 어디에 있든지 말이다.

"나는 마치 사탕가게에 들어간 어린아이 같았어요."라고 고슬러는 NSA에서 보낸 2년을 요약했다.

기관의 모든 인력, 문화, 임무는 그를 주눅들게 했다. 모든 것과 모든 사람은 철저히 '알아야 할 필요need-to-know'에 기반했다. "이것은 완전히 새로운 차원의 비밀성이었습니다. 기관 요원들은 당신에게 무슨 말이든 하기 전에 먼저 당신이 신뢰할 만한지 확인하고, 무엇인가 유익한 기여를 할지 파악하는 데 많은 시간과 노력을 투자합니다. 사람들이 당신을 완전히 신뢰하기 전까지는 사람들에게 여러 차례 메시지를 전달해야 해요. 일단 그들의 신뢰를 얻으면 '이 일을 망치지 말자'라는 생각밖에 들지 않았습니다."

고슬러는 2년 파견 근무의 대부분을 NSA의 방어 부서에서 보냈다. 지금은 '정보 보증Information Assurance'으로 알려진 부서다. 하지만 그는 얼마 안 있어 기관의 소위 '어두운 면'과 접하게 된다. 훗날 기관의 엘리트 해킹 부서인 '맞춤형 접근 작전'과 통합되는 해킹 및 침투 전문 작업이었다.

당시까지만 해도 NSA의 공격 업무는 여전히 초기 단계에 머물러 있었고, 수천 명의 NSA 해커들이 포트 미드의 본사와 전국 곳곳에 걸쳐 작업을 벌이는 수준과는 비교조차 할 수 없었다. 하지만 이미 1960년대 후반부터 NSA가 점점 더 깊이 의존하는 기술은 역으로 상대방의 침투와 도청에도 악용될 수 있다는 경고를 받았다.

최초의 이메일이 인터넷을 횡단하기 9년 전인 1967년 컴퓨터 분야의 개척자인 윌리스 H. 웨어Willis H. Ware는 현대 컴퓨터 시스템에 포함된 수많은 취약점을 열거하면서 그것을 통해 기밀 정보가 유출되거나 적의 스파이 활동에 악용될 수 있다고 경고했다. 그의 이른바 '웨어 보고서Ware Report'를 계기로 미 국방부는 '국방과학위원회Defense Science Board'의 태스크포스 팀을 구성해 컴퓨터 보안을 연구하도록 했다. 태스크포스 팀은 그 결과로 내놓은 보고서에서 여러 가지 불길한 결론을 내렸는데, 그중에서도 가장 중요한 것은 "당대의 기술은 개방된 환경에서 보안상 안전한 시스템을 제공할 수 없다."는 것이었다.

웨어 보고서는 컴퓨터가 인류를, 국가의 첩보 기구를 위험한 경로로 몰아가고 있다는 개념을 처음 개진한 사례였다. 하지만 보고서는 거의 아무런 해법도 제시하지 않았다. 그래서 이후 몇 년 동안 미국 정부는 보고서 작성에 참여한 일부 저자들과 NSA와 CIA의 엘리트 요원들을 결집해 컴퓨터로 인한 보안 위험을 분석하고, 적절한 권고안을 내놓게 했다.

이들 작업은 핵심 필자인 제임스 P. 앤더슨James P. Anderson의 이름을 딴 '앤더슨 보고서'로 결실을 맺었는데, 이는 이후 10여 년간 정부의 사이버 보안 연구를 떠받치는 토대를 마련했으며, 미국의 사이버 전쟁 운영의 기반을 제공했다.

앤더슨 보고서는 컴퓨터가 잠재적 공격자들에게 미 정부의 시스템에 침투해 거기에 담긴 데이터에 접근하고 시스템을 마비시킬 수 있는 '독특한 기회$^{unique\ opportunity}$'를 제공한다고 평가했다. "(데이터 제어 시스템 등) 애플리케이션은 한 곳(컴퓨터 시스템)에 집중돼 있기 때문에 컴퓨터는 악의적인(적대적인) 행위를 자행하기에 더없이 매력적인 표적이다." 그런 반면 하드웨어와 소프트웨어 시스템의 디자인은 "공격을 견뎌내기에 턱없이 부족하다."고 보고서는 결론 내렸다. 그리고 한 명의 악의적 사용자가 단일한 컴퓨터 노드^{node}를 제어할 수 있다면 "전체 네트워크가 위태로워진다."고 결론지었다. 공격의 한계는 공격자 자신의 상상력과 기술에 달려 있을 뿐이다.

가능성은 무한했다. 공격자는 '부주의한 설계나 실행으로 인해 미리 프로그래밍된 약점을 악용함으로써 기밀 데이터에 불법 접근'하거나, '컴퓨터 애플리케이션이나 그를 지원하는 프로그래밍과 운영체제 안에 비밀통로$^{trap\ door}$를' 심을 수 있었다.

컴퓨터 운영체제가 아무런 의심없이 소프트웨어 업데이트를 받아들이는 한, 컴퓨터는 외부 세력에 의해 조작돼 비밀통로를 승인할 수 있다고 보고서는 결론지었다.

보고서의 저자들은 하니웰^{Honeywell} 체제를 분석했다. 개발 단계부터 보안을 염두에 두고 개발된 최초의 운영체제 중 하나였지만 연구자들은 여러 개의 심각한 오류를 발견했다. 그를 통하면 해당 운영체제를 사용하는 어떤 컴퓨터든 그리고 그 안에 저장된 어떤 데이터든 장악할 수 있었다. 이들은 다른 모든 컴퓨터 시스템 역시 비슷한 보안 오류가 있음을 발견했다.

정부가 적극 개입하지 않는 한 국가의 민감 정보(군사 계획, 무기, 첩보, 스파이 기법 등)를 해외의 적대국들로부터 안전하게 보호할 수 있다는 희망은 거의 없다면서, 미국의 정적들이 방대한 국가 안보 기밀이 정부의 데이터베이스에 저장돼 있고, 이를 훔쳐내기가 의외로 손쉽다는 점을 깨닫게 되면, 그러한 위협은 앞으로 더욱 위중해질 수밖에 없을 것이라고 보고서는 결론지었다.

"이런 경고가 60년대 후반부터 시작됐다는 게 이상하다고 생각하지 않아요?"라고 고슬러는 내게 물었다. "그런데도 지금 우리가 어디에 있는지 보세요. 이걸 바로잡으려면 대체 어떻게 해야 될까요?"

NSA의 초기 해커들이 어떤 일을 하는지 살펴본 고슬러는 그들의 작업에 합류하는 것 말고는 자신이 달리 하고 싶은 일이 없음을 알았다.

이때가 1989년으로, 미 국방부에서 개발한 인터넷의 전신 아르파넷 ARPANET은 유물이 돼 있었다. 그것은 이제 훨씬 더 크고 빠른 인터넷의 느리고, 아주 작고, 낡은 부분이어서 국방부는 아르파넷을 영원히 폐쇄할 때가 됐다고 결정했다.

아르파넷의 후계자인 인터넷은 저마다 다수의 사용자를 거느린 10만 개의 호스트 컴퓨터로 조용히 성장해 티핑 포인트에 가까워지고 있었다. 넷스케이프 내비게이터Netscape Navigator와 인터넷 익스플로러가 PC마다 설치됐고, 웹에 대한 대중의 애정도 더욱 커졌다. 웹에 대한 NSA의 관심도 마찬가지였다.

"왜 윌리 서튼은 은행을 털었을까요?" 고슬러는 자신의 상사와 부하들에게 되묻곤 했다. "왜냐하면 돈이 있는 곳이 거기였기 때문이죠!"

돈은 여전히 은행 건물에도 보관돼 있었지만, 그 대부분은 이미 인터넷으로 옮겨가고 있었다. 그런 변화에 대응해 긴요한 첩보 활동을 효과적으로 펼치기 위해서는 NSA도 운영 방식을 근본적으로 바꿀 필요가 있었다. 그러지 않고 현재 상태에 머무른다면 미국은 '패배자' 신세가 될 것이라고 고슬러는 자신의 멘토인 프리쳇의 표현을 빌려 강조했다.

"우리는 흐름에 맞추기만 해서는 안 됐습니다. 앞서서 주도해야 했어요. 우리는 달리 선택의 여지가 없었습니다."라고 고슬러는 내게 말했다.

미국은 라디오 신호, 극초단파, 전화선 등을 도청하며 상대방이 메시지를 보낼 때만 기다리는 과거의 스파이 활동 방식에 더 이상 의존할 수 없었다. 이제는 하드웨어, 소프트웨어, 이미징, 센서, 위성 시스템, 전자 스위치, PC 및 데이터가 오가는 네트워크 같은 출처 자체를 추적해야 했다. 막대한 데이터가 수백만 대의 장비에서 폭증하는 마당에 과거에 전개했던 '아이비 벨 작전' 같은 스파이 활동은 더없이 낙후돼 보였다.

NSA는 이제 해저 광섬유 케이블에 도청 장치를 부착하는 일뿐 아니라여러 네트워크와 그 네트워크 내부의 또 다른 네트워크에도 침투해야 하는 상황이 됐다. 이 네트워크에 연결된 모든 컴퓨터와 장치를 파악하고, 가장 긴요한 데이터를 저장한 장비를 찾아내는 한편, 하드웨어와 소프트웨어 그리고 사람들의 취약점을 최대한 활용해 중요한 정보를 추출해야 한다. 그리고 이런 활동을 성공적으로, 대규모로 수행하지 않는 한 진정한 효과를 거두기는 어려울 것이었다.

2년에 걸친 고슬러의 NSA 파견 근무는 1990년에 끝났다. 그 과정에서 정보기관이 당면한 도전과 기회를 그는 명확하게 파악했다.

정보기관은 속히 성장해 적응하거나 그렇지 않으면 인터넷에 의해 도태되고 말 운명이었다.

고슬러는 샌디아로 돌아가겠노라는 약속만 아니었다면 NSA에 계속 머물렀을 것이다. 그는 자신을 훈련시킨 사람들에게 끝까지 충성하는 전통적 사고방식의 소유자였고, 자신의 충성심은 앨버커키에 있음을 알고 있었다.

하지만 뉴멕시코로 돌아가기 전, 고슬러는 당시 NSA 국장(곧 CIA의 부국장이 되는)인 윌리엄 O. 스투드먼William O. Studeman과 한 가지 계약을 맺었다. 샌디아에서 휴가 기간 중에는 미국의 적이 주로 사용하는 하드웨어와 소프트웨어를 면밀히 살펴보겠다는 약속이었다. 그 대가로 스투드먼 장군은 고슬러가 극비로 분류된 NSA의 공격 임무에 직접 참여할 수 있도록 허가했다. 고슬러는 "기밀로 분류된 정말로 멋진 프로젝트였다."고 내게 얼버무렸다.

1990년 고슬러는 샌디아로 공식 귀환했지만 NSA를 위한 비공식 업무는 지속됐다. 당시 그는 "출근해서 소프트웨어와 하드웨어를 분석해 취약점을 찾고, 밤에 귀가해 저녁을 먹고 다시 소프트웨어와 하드웨어를 조사하는 게 일이었다."고 수십년 후에 회상했다. 그것은 NSA와 샌디아 간의 전략적 관계가 시작된 계기였고, 이후 두 기관의 관계는 나날이 더 돈독해졌다.

고슬러는 당시 정보기관을 위해 어떤 익스플로잇 작업을 했는지는 밝히지 않았다. 모두 아직 극비로 분류돼 있다. 그 전모는 21세기 중반쯤 미국 정부의 기밀 문서가 해제된 다음에나 밝혀질 것이다.

하지만 그의 작업이 미국 정보기관에 얼마나 중요했는지 파악하려면 멀리 갈 것 없이 그가 일한 부서의 자금 출처를 보는 것으로 충분하다. 고슬러가 1990년 샌디아로 돌아왔을 때 그의 부서 예산은 에너지부 산하 국립핵안보국^{National Nuclear Security Administration}로부터 받는 50만 달러였다. 5년 뒤, 고슬러의 부서는 무려 5천만 달러를 첩보 펀딩^{intelligence funding}에서 받았다. 디지털 익스플로잇에 대한 이같은 투자는 냉전 후 수십억 달러가 정보 예산에서 삭감되고, 1990년대 중반까지 NSA의 신규 채용이 전면 금지됐던 흐름과는 뚜렷이 대비되는 현상이었다.

기밀 정보의 유출과 고슬러의 모호한 발언 외에 NSA가 샌디아에 어떤 작업을 의뢰했는지 파악할 수 있는 단서는 고슬러의 전직 부하 직원 한 명이 샌디아에 제기한 소송에서 얻을 수 있다. 해당 소송에서 고소인은 연구소와 고슬러를 비롯한 15명의 직원들이 NSA의 '정보전^{infowar}' 징집을 거부했다는 이유로 자신을 해고했다고 주장했다. 고소장에 따르면 고슬러는 '비밀 채널^{covert channel}'을 통해 샌디아 직원들에게 자기 팀의 업무를 밝혔는데, 그것은 기본적으로 '컴퓨터 소프트웨어와 하드웨어를 바이러스로 감염'시키고, 미국의 적성국이 사용하는 장비와 암호화 알고리즘을 교란해 침투하기 더 쉽게 하기 위함이었다. 해당 직원을 해고한 샌디아의 공식 이유는 기밀 정보를 적절히 취급하지 않는다는 점을 노출했고, '샌디아의 주요 고객인 NSA에 대한 노골적인 공격'때문이라는 것이었다.

소송은 그런 사실을 적시하지 않았지만, 고슬러의 팀이 근래 역사상 가장 충격적인 NSA의 첩보 작전에 일정 부분 기여했음을 시사한다.

같은 해 고슬러는 NSA의 익스플로잇 작업을 비밀리에 지원하고 있음을 샌디아의 동료들에게 인정한 것으로 알려졌다. 그리고 그 비밀 채널은 스파이 혐의로 테헤란에서 체포된 스위스 국적의 한스 뷜러Hans Buehler라는 인물로 추정됐다.

크립토 AGCrypto AG라고 불리는 스위스의 암호화 기업의 최우수 영업사원인 뷜러는 이후 9개월을 이란의 형무소에서 그중 대부분을 독방 감금 형태로 보냈다. "9개월간 매일 다섯 시간씩 취조를 당했습니다." 뷜러는 석방된 뒤 기자 회견에서 이렇게 말했다. "구타를 당하지는 않았지만 나무 벤치에 묶인 채 구타 위협을 받았습니다. 크립토는 스파이 센터라는 말도 들었어요."

뷜러가 아는 한 이란 정부의 주장에는 아무런 근거도 없었지만, 크립토 AG의 독일 지사는 뷜러를 석방하는 대가로 테헤란에 1백만 달러를 지불했다. 그로부터 3년 뒤 일간지 「볼티모어선Baltimore Sun」의 두 기자인, 나중에 「뉴욕타임스」로 전직한 스캇 셰인과 공영 라디오 방송인 NPR의 국방부 전담 기자가 되는 톰 보우먼Tom Bowman은 이란 정부가 의심하게 된 사연을 보도했다.

멀게는 2차 세계대전 때로 거슬러 올라갈 만큼 오랫동안 NSA는 CIA와 크립토 AG의 양해 아래 그리고 아마도 샌디아의 유능한 익스플로잇 전문가들의 힘을 빌려, 크립토 AG의 암호화 장비를 임시로 변경함으로써 그를 통과하는 어떤 메시지든 미국 측 해독자와 분석가가 쉽게 풀어낼 수 있게 해 왔다.

크립토 AG는 미국의 첩보 기관에 있어 완벽한 가림막이었다. 이 회사의 주요 고객들 중에는 이란, 이라크, 리비아, 유고슬라비아 같은 미국의 정적도 있었다. 모두 크립토 AG가 자국의 군사 및 외교 기밀을 안전하게 관리하리라고 믿었다. 비밀 유지와 중립성으로 유명한 스위스가 미국 스파이들이 자신들의 데이터를 해독할 수 있도록 합의했다고는 상상조차 할 수 없었다.

NSA가 성공을 거둘 수 있었던 것은 부분적으로 건맨 프로젝트에서 배운 교훈 덕택이었다. NSA 요원들은 크립토 AG의 경영진과 협업해 크립토 AG의 암호화 장비에 비밀통로인 트랩도어를 설치했고, NSA의 해독자들은 그를 통해 암호화된 메시지를 손쉽게 해독할 수 있었다.

고슬러는 이를 전혀 확인해 주지 않았다. 그가 스투드먼 국장을 위해 작업한 '정말로 멋진 기밀 프로젝트'가 크립토 AG나 그와 비슷한 프로젝트냐는 내 질문에 그는 웃기만 했다. 그와 여러 차례 인터뷰한 경험을 통해 나는 그 웃음이 무슨 뜻인지 잘 알고 있었다. "시도는 좋지만 대답해줄 수 없네."라는 뜻이었다.

고슬러는 자신이 참여했거나 접근할 수 있는, 심지어 그렇지 않은 작전이나 프로젝트조차 기밀로 분류된 것은 결코 거론하지 않았다. 그가 내게 해줄 수 있는 말은 이런 내용이었다. 건맨 프로젝트의 충격적인 발견 이후수십 년간 첩보기관은 고슬러의 도움을 받아 감시 활동에 IT 기술을 활용할수 있는 적성국이나 적대 세력의 분류 체계를 만들었다. 물론 그 목록의 맨위는 미국이었다.

이 피라미드의 바닥에는 경쟁력이 미약한 1단계$^{Tier\ I}$와 2단계 적성국, 국가에 기용된 초보 해커들, 목숨이 경각에 달린 상황에서도 제로데이를 찾아낼 재간이 없는 수준의 나라나 세력이었다. 이들은 버그트랙 같은 사이트에서 해커들로부터 혹은 지하 시장의 계약자들로부터 조작하기 쉬운 익스플로잇을 직접 구매하는 데 주력했다.

이런 국가 바로 위가 3단계와 4단계 적성국으로 자체 해커 팀을 꾸려 훈련하는 한편, 외부 계약자들의 힘을 빌려 제로데이 취약점을 찾고, 익스플로잇을 만들어 표적에 설치했다. 이를 고슬러는 "건초를 만든다^{make hay}."라고 표현했다.

그리고 이런 국가 위에 고슬러가 '빅 독^{big dogs}'이라고 부르는 5단계와 6단계 국가가 있다. 임무에 필수적인 제로데이를 찾고, 이를 익스플로잇으로 개발하고, 가능하다면 글로벌 공급망에 삽입해 주요 정보를 빼내기 위해 수십억 달러를 투자하는 국가다. 5단계와 6단계의 유일한 차이는 고슬러에 따르면 6단계는 이 모든 작업을 대규모로, 언제든 버튼만 누르면 시행 가능한 수준으로 수행한다는 점이다. 그를 인터뷰할 당시, 그런 수준의 방해 공작을 수행할 수 있다고 여겨지는 나라는 러시아와 중국, 비록 그는 직접 언급하지는 않았지만 미국뿐이었다.

"생각해 보세요."라고 그는 어느 날 내게 말했다. "이제는 미국산이 없어요. 당신의 전화기 또는 랩톱에 무엇이 들어갔는지 당신은 정말 알아요?"

나는 내 아이폰을 새삼스럽게, 아마도 아름다운 이방인을 바라볼 때 짓는 표정으로 내려다 봤다.

"모르죠."

저 매끈하고 세련된 검은색 유리 기기 속은 우리가 전혀 모르는 초췌한 노동자들이 아주 먼 나라의 어딘가에 위치한 공장에 빼곡히 앉아서 회로기판, 암호화 칩, 플래시 메모리, 카메라, 논리 기판, 배터리, 스피커, 센서 및 이미지 칩을 조립해 넣은 하드웨어의 우주였다.

그럼에도 우리는 이렇게 우리의 총체적인 디지털 라이프인 비밀번호, 텍스트, 연애 편지, 은행 기록, 의료 기록, 신용카드 정보, 취재원 정보 및 자신만의 은밀한 생각 등을 이 수수께끼 박스에 맡긴다. 그 내부의 회로는 우리 대부분이 결코 이해하지 못할 언어로 쓰인 코드에 의해 작동하며, 해당 실체를 전혀 점검하지 않으며 또 그럴 능력도 없다.

고슬러가 말하는 동안 내 머릿속은 중국에 있는 애플의 초췌하고 얼굴없는 공장 노동자들로 직행했다. 내 상상 속에서 그 공장 노동자는 이제 얼굴이 있고, 그의 기숙사에는 그가 백도어가 내장된 암호화 칩을 심는 대가로 해외 스파이들이 지불한 현금으로 가득찬 매트리스가 놓여 있다. 미국이나 영국 혹은 러시아나 중국 또는 이스라엘의 암호학자들이 손쉽게 해독할 수 있도록 허약한 암호화 기법이 적용된 기기다. 아니면 범인은 공장 노동자들의 감독관일까? 아니면 최고 경영진? 혹은 최고경영자 자신일까? 어쩌면 해당 공장 노동자는 뇌물이 아니라 협박을 받은 것은 아닐까? 아니면 그 노동자는 애초부터 CIA의 끄나풀이었을까?

글로벌 공급망을 교란할 수 있는 기회는 무궁무진하다고 고슬러는 내게 말했다. 내 머릿속은 또한 「뉴욕타임스」 본사로, 설츠버거 사주의 옷장 안으로, 글렌 그린월드가 내어주기를 꺼렸던 두 건의 NSA 기밀 문서 중 하나로, NSA가 글로벌 공급망을 교란하는 방법을 설명한 문건으로 달려갔다.

이 문서는 NSA의 2013년 첩보 예산 요청서로 NSA가 웹의 암호화 기술을 우회하는 온갖 방식을 개괄하고 있었다. 기관은 이를 '시긴트 이네이블링 프로젝트[1] SIGINT Enabling Project'라고 불렀고, 대중의 디지털 프라이버시를 침해할 수 있는 NSA의 광범위한 능력은 관료주의 특유의 모호한 표현으로

---

1 여기에서 시긴트(SIGINT)는 '신호 첩보 활동'을 지칭하는 'Signals Intelligence'를 줄인 합성어다. – 옮긴이

가장돼 있었다.

시긴트 이네이블링 프로젝트는 미국과 해외의 IT 산업계에 적극 참여해 은밀히 영향을 미치고/미치거나 공공연하게 상용 제품의 디자인을 활용한다. 이러한 디자인 변화를 통해 적절한 침투 경로를 파악함으로써 시긴트를 통해 해당 시스템의 종점Endpoint이나 중간 지점MidPoint으로부터 데이터를 수집할 수 있다. 그러나 소비자와 다른 상대방의 입장에서 볼 때 해당 시스템의 보안 수준은 그대로 유지된다. 이렇게 함으로써 시긴트 이네이블링 프로젝트의 접근법은 나날이 더 통합되고 보안에 중점을 둔 글로벌 통신 환경 속에서 상업용 기술과 통찰을 활용해 관심 있는 시스템에 성공적으로 침투해 필요한 정보를 취득하는 데 필요한 비용 증가와 기술적 도전에 적절히 대응할 수 있다.

NSA 예산 요청서의 몇몇 부분은 그보다 더 노골적이다. 더 많은 기금을 타내려는 시도로, NSA는 이 '이네이블링' 프로젝트 중 일부는 '거의 또는 전적으로 완결된' 상태라고 자랑했다. 그 해 2013년에 NSA는 "인터넷의 주요 P2P 음성 및 텍스트 통신 시스템에 대한 시긴트의 접근 수준을 완전한 운용 단계까지 올릴 계획이다."라고 주장했다. 스노든이 유출한 자료가 어느 시스템인지는 밝히지 않았지만 스카이프Skype가 명백한 용의 대상이었다. NSA는 또한 "가상 사설 네트워크VPN와 웹 암호화 장비에 사용되는 두 개의 대표적인 암호화 칩 제조사에 대해 완전한 권능을 갖게 됐다."고 주장했다.

다시 말하면 개인의 웹 활동을 암호화로 보호된 터널을 통해 제공하는 가상 사설 네트워크 같은 간편한 암호화 툴을 사용해 스파이들을 막을 수 있다고 믿은 수많은 사람을 NSA는 바보로 만든 것이다. 이론적으로 VPN을 사용하는 목적 자체가 본인의 데이터를 스파이나 도둑으로부터 보호하기 위한 것이다.

나는 "시도는 좋아."라고 말하던 고슬러의 웃음을 떠올렸다.

NSA는 이런 규모의 스파이 기법을 혼자 힘으로 성취한 것은 아니었다. 강 건너 랭리에 있는 파트너들로부터 큰 지원을 받았다. 그리고 마치 사이버 판 포레스트 검프처럼 고슬러는 NSA가 디지털 익스플로잇의 세계로 사상 최대의 도약을 하는 데 큰 공헌을 했다.

1991년 12월 고슬러의 팀이 뉴멕시코의 샌디아 본사에서 하드웨어와 소 프트웨어의 암호화 기법을 깨는 데 분주한 동안, CIA의 소비에트 주재 정 보원들은 연말 축제 분위기에 젖어 샴페인 잔을 부딪히고 있었다. 그 해의 분위기는 예년보다 더 축제 분위기로 들떴다. 정장 깃에는 선거 유세 스타 일의 버튼을 달았는데, 거기에는 소련을 상징하는 망치와 낫의 그림과 함 께 '잔치는 끝났다The Party's Over'[2]라는 글이 적혀 있었다.

CIA 요원들의 숙취가 채 풀리기도 전에 러시아 군인들은 크렘린 궁으로 행진해 들어가 소련 기를 내리고 1917년 러시아 혁명과 더불어 사라졌던 러시아 기를 달았다. 냉전은 끝났지만 새로운 적들이 부상하고 있었고, 샴 페인 축배도 오래 지속되지 못했다. 1년 후 클린턴 대통령이 새로 임명한 R. 제임스 울시R. James Woolsey CIA 국장은 상원 청문회에서 이렇게 말했다. "우리가 큰 용을 죽인 것은 분명합니다. 하지만 우리는 지금 놀라우리만치 다양한 독사들로 가득한 정글에 살고 있습니다. 그리고 여러 가지 면에서 용을 추적하기가 더 쉬웠습니다."

미국은 러시아, 중국, 북한, 쿠바, 이란, 이라크 같은 기존의 적국들뿐 아 니라 점점 더 늘어나는 여러 복잡한 국가 안보의 위협, 예컨대 핵무기와 생

---

2 이 말은 중의적이다. '잔치는 끝났다'라는 뜻과 '공산당(Communist Party)은 끝났다'라는 두 가지 뜻을 담고 있기 때문이다. – 옮긴이

물학 및 화학 무기의 확산, 범죄 단체와 마약 카르텔, 중동과 아프리카의 지역적 불안정 그리고 새롭고 예기치 못한 테러리스트 위협 등에 대응해야 했다.

울시의 상원 증언은 비극적일 만큼 예지력이 있었다. 바로 3주 뒤, 이슬람 근본주의자들은 세계무역센터 지하의 밴에 넣은 540kg짜리 폭발물을 터뜨렸다. 그리고 그로부터 8개월 뒤, 소말리아인들이 미군의 블랙호크 헬기를 추락시킨 다음 만신창이가 된 미군 시체를 모가디슈 거리로 끌고 다녔다.

포트 미드의 본부에서 NSA 수뇌부는 인터넷이 스파이 활동의 양상을 영원히 변화시켜버린 역동적 국가 안보 환경에 어떻게 대처해야 할지 몰라 쩔쩔맸다. CIA도 비슷한 갈림길에 섰다. 미국의 스파이들이 찾던 기밀 정보는 이제 컴퓨터 서버와 라우터, 방화벽 및 개인 컴퓨터의 미로 속을 고속으로 날아다녔다. 2005년부터 2014년까지 NSA 국장을 지낸 키스 알렉산더Keith Alexander는 이를 '전체 건초더미'라고 말했던 것처럼 첩보 기관이 제 몫을 수행하기 위해서는 디지털 정보의 마지막 비트까지 끌어모아야 했고, 그를 위해서는 해킹도 불사할 수밖에 없었다.

1993년 당시 정보기관이 처한 상황은 위중했지만, 나중에 NSA와 CIA를 이끌게 되는 마이클 헤이든Michael Hayden이 언급한 것처럼 "우리가 이런 작업을 절반만 제대로 수행해도 첩보 활동의 황금기가 될 것이라는 사실도 깨닫고 있었다."

인터넷 시대의 첩보 활동은 필연적으로 NSA와 CIA 사이에 코드를 깨는 코드브레이커들이 경쟁하는 양상으로 전개될 수밖에 없었다.

초기만 해도 NSA는 항상 CIA를 맏형 보듯 존중했다. NSA의 관료들은 어떻게 예산을 편성할지, 어떤 정보를 수집해야 할지 그리고 그런 정보를 어떻게 사용해야 할지 등을 놓고 CIA 측의 지도를 따랐다. 하지만 NSA의 예산이 두 배, 세 배, 이어 네 배로 증액되면서 CIA에 버금가는 대규모 기관으로 성장했다. 1970년대에 이르러 NSA는 첩보 내용을 전달할 때 더 이상 CIA를 거쳐야 할 필요성을 느끼지 않았다. 백악관, 국무부, 국가안보위원회 등에 직접 전달하는 편이 더 쉽다고 판단했다.

CIA는 그에 대해 NSA가 월권 행위를 한다고 불만스러워 했다. 이후 두 기관은 잠정적인 휴전을 맺었다. NSA는 자신들의 '밥그릇'에만 주력하면서 '전송 중인in transit' 데이터만 수집하는 반면, CIA는 표적으로 삼은 기관의 정보 수집에 초점을 맞춰 그들의 가정, 서류가방, 컴퓨터, 플로피디스크, 파일 캐비닛 등에서 정보를 뽑아내는 데 주력한다는 것이었다. 하지만 NSA가 지난 수십 년간 수행해 온 수동적이고 역동적인 대기 중 도청atmospheric interception 방식인 전통적인 시긴트에서 선제적으로 종점end point을 해킹하는 방식, NSA식 명명법에 따르면 '저장 데이터에 대한 시긴트SIGINT at rest'로 전환하면서 CIA의 영역을 침범하기 시작했다. CIA 측은 새롭게 부상하는 디지털 지형에서 신속하게 자신들의 역할을 재규정하지 않는 한 영원히 밀려나고 말 것임을 깨달았다. 이미 CIA의 수뇌부는 냉전이 끝난 만큼 CIA는 폐지하고 주요 기능을 국무부로 이관해야 한다는 정책 입안자들의 주장에 반박하기 바빴다.

CIA는 반박 논리를 끌어내는 데 애를 먹었다. 거의 모든 기밀 정보가 파일 캐비닛과 잠긴 금고를 벗어나 다른 곳으로 이전되는 와중에서 과연 CIA의 막대한 예산을 어떻게 정당화할지 고심하느라 여러 조사위원회까지 만들었다.

1995년까지 CIA의 여러 조사위원회는 사기를 꺾는 결론을 내렸다. CIA는 솔직히 인터넷의 새로운 정보 수집 기회를 제대로 활용할 수 있도록 구성되지 않았다는 내용이었다. 열두 명으로 구성된 소규모 정보전information warfare 팀이 꾸려졌다. 그중 절반은 방어적 분석에, 나머지 절반은 공세적 제로데이 익스플로잇과 해킹 툴을 플로피 디스크에 담아 서로 비밀리에 주고받으며 분석했다.

하지만 특별 팀만으로는 충분하지 않다는 점이 분명해졌다. 특별 프로젝트 스태프그룹은 정보기술의 새로운 전장에 집중할 전적으로 새로운 부서를 만들어야 한다고 조언했다.

이들은 새 부서를 '비밀 정보기술국CITO, Clandestine Information Technology Office'이라고 불렀다. 그리고 1995년 당시 CIA 국장인 존 도이치John Deutsch는 새 부서를 이끌 후보자를 물색했고, 한 이름이 되풀이해서 떠올랐다.

이 무렵 고슬러는 적어도 기밀 정보를 취급하는 요원들 사이에서 이미 전설이었다. 안경을 쓴 학자 타입의 고슬러는 미국에서 가장 뛰어난 디지털 익스플로잇 전문가로 꼽혔고, 그의 동료 중 한 사람이 표현한 바에 따르면 '불가능한 문제를 풀어야 할 때' 정부가 찾는 인물이었다.

CIA의 제안 전화가 왔을 때 고슬러는 처음에는 망설였다. 그는 샌디아를 평생 직장으로 여겼다. 하지만 한 고위 정보 관료는 그 제안을 거절하는 것은 바보짓이라고 충고했다. 그래서 1996년 고슬러는 후에 정보작전센터 Information Operations Center로 발전하게 되는 CITO의 수장이 돼 CIA의 스파이 서비스와 과학기술 분과에 직접 보고하기 시작했다. 007 영화의 Q 지부에 해당하는 CIA의 과학기술 부처는 날벌레를 흉내 낸 감시 장비를 개발하고, 리튬 배터리를 탄생시켰다. CIA는 감시 효율을 높일 요량으로 배터리를 개발했지만 궁극적으로 스마트폰, 전기자동차, 심지어 심박조율기 등에 널리 쓰이게 됐다.

고슬러는 부처의 유능한 기술 전문가들을 끌어모으기 시작했다. 하지만 그의 임무가 성공하자면 유능한 스파이도 모을 필요가 있었다. 그는 CIA의 수뇌부부터 기술에 문외한인 스파이들에 이르기까지 모든 요원들에게 디지털 익스플로잇이야말로 전부는 아닐지라도 미래의 대다수 감시 작전에서 매우 강력한 수단으로 사용될 것이라는 점을 확신시켜야 했다.

그는 기회가 닿을 때마다 '디지털 스파이 활동'을 홍보하기 시작했다. 훈련 강의, 홀이나 복도, 사무실 한 켠의 정수기 근처에서 그는 CIA의 일선 요원들에게 그들의 도움이 필요하다는 점을 설득했다. 그중 많은 이는 기술에 문외한이었다. 자신의 부서는 결코 그들을 대체하려는 게 아니며, 단지 그들의 스파이 기법을 혁명적인 방법으로 보완할 방법을 찾는 것이라고 강조했다. 그는 디지털 익스플로잇이 강력한 툴이며, 누군가를 위협하거나 스파이 요원을 고용하는 데 적절히 사용할 수 있고, 심지어 해외 표적의 비밀을 빼내고, 심지어 적국의 무기 자체에 내장할 수도 있다고 설명했다.

고슬러는 스파이 기법에 재능이 있었고, 이는 CIA의 부하 요원들을 관리하는 데 도움이 됐다. 때로 디지털 익스플로잇은 주요 기술 공급사의 경영진에게 그들의 장비에 쉽게 접근할 수 있도록 백도어를 만들어달라는 노골적 요구만큼이나 쉬웠다. 이때 내세우는 근거는 조국을 위한 일이라는 애국 논리였다. 하지만 고슬러는 CIA 요원들에게 기존의 스파이 기법도 매우 중요하다는 점을 상기시켰다. 해외의 하드웨어나 무기 제조사의 내부자를 포섭해 비밀리에 시스템 접근 장치를 부착하는 일은 여전히 요긴했다. 수많은 개인 정보가 온라인으로 유통되는 상황에서 CIA 정보원으로 활용할 만한 사람들의 가정, 직장, 이직 패턴, 사생활, 개인적 채무, 여행 패턴, 숨기고 싶은 비밀, 즐겨찾는 단골집 및 이들의 약점을 판별하는 데 필요한 시간은 며칠이나 몇 주 혹은 몇 달이 아니라 몇 분이면 충분했다.

이 모든 것은 이제 몇 번의 클릭으로 즉각 찾아낼 수 있었다.

인터넷 덕택에 CIA 요원들은 이제 온라인 데이터베이스를 활용해 NSA가 침투하려는 기술에 접근할 수 있는 이들을 특정할 수 있었다. 이 데이터의 일부는 갈취나 협박만큼이나 유용하다는 점이 드러났다. 한편 지출 습관, 도박과 다른 중독 성향 혹은 혼외 정사 등의 약점 때문에 이중첩자로 이용되거나 다른 위험 요소가 있는 인물들을 분별하는 데도 도움이 됐다.

다른 경우에는 CIA 요원이 시스템 엔지니어나 디자이너, 택배 직원, 물류 및 정비 요원, 호텔 직원이나 청소 직원으로 가장해 컴퓨터가 제조사로부터 조립 라인으로 들어갈 때 혹은 배송 센터나 물류 창고를 통해 적성국의 우두머리나 핵물리학자, 마약 밀매자 또는 테러리스트에게 전달되기 전에 부비트랩을 설치할 필요가 있었다.

"사람이 항상 1차 접근 포인트입니다. 데이터 룸으로 들어가는 문의 접근번호, 암호 코드, 비밀번호, 방화벽 매뉴얼 등을 다루는 것이 결국 사람이니까요."라고 고슬러는 CIA 훈련생들에게 말했다. "사람들이 소프트웨어를 작성했어요. 사람들이 데이터 시스템을 관리합니다. 작전의 리더는 컴퓨터 해커, 시스템 관리자, 광섬유 기술자 등을 고용해야 합니다. 만약 수위가 표적으로 삼은 데이터 관리실이나 광섬유 케이블에 접근할 수 있게 해준다면 그런 사람도 뽑아야죠."

1996년부터 2001년 샌디아로 복귀할 때까지 고슬러의 팀은 NSA 및 다른 정보기관과 제휴해 어떤 기술과 무기를 표적으로 삼을 가치가 있는지 판단했다. CITO의 기술자들은 기술과 관련된 사안에 도움을 줬지만, 적국 시스템에 어떻게 하드웨어 스파이 장치를 내장할지 혹은 어떻게 소프트웨어를 조작할지 파악하는 일은 현장에서 활동하는 CIA 요원들의 몫이었다.

"고슬러는 우리가 CIA 사이버 공격의 선도자가 될 것이라고 말했다. 적들이 성장하고 더 널리 디지털 데이터를 활용하면서 그리고 인터넷이 더욱 확장되면서 CIA의 사이버 작전의 범위도 마찬가지로 넓어졌다. 우리가 최전선이었다."라고 고슬러의 훈련생 중 한 명인 헨리 크럼튼Henry Crumpton은 훗날 자신의 자서전에 기술했다. "고슬러는 우리에게 자신감을 불어넣어주기 위해 이것이 새로운 지형이지만 우리는 작전에만 초점을 맞추면 된다고, 나머지는 자신이 지원해주겠노라고 다짐했다. 우리에게 컴퓨터과학 학위는 필요하지 않았다. 디지털 방식의 첩보 활동과 인간 본성 간의 관계만 이해하면 됐다. 우리는 그 관계를 적극 활용할 것이었다. 내가 이해하는 것, 내가 할 수 있는 것은 바로 그 관계를 이용하는 것이었다. 사이버 공간에서의 첩보 활동은 즉각적이었다. 그런 활동의 급속한 성장과 우리 작전에 미친 영향은 충격적이었고, 혁신적이라고 해도 과언이 아니었다."

냉전이 한창이던 시절, CIA의 스파이 한 명이 소련과 폴란드의 군사 기밀 문서를 몰래 사진으로 찍는 데 걸린 시간은 9년이었다. 이제는 장치를 요소에 잘 심어놓기만 하면 몇 테라바이트의 방대한 기밀 정보를 몇 시간 만에, 불과 몇 분 만에 빼낼 수도 있다. "디지털 환경은 분명 기회와 위험을 동시에 안고 있습니다."라고 고슬러는 말했다. 여기에서 잠깐, 1테라바이트는 행간 간격 없이 글이 적힌 종이를 쌓으면 50km 높이에 이른다는 점을 짚고 넘어갈 필요가 있다. 그만큼 방대한 분량이다.

일단 고슬러가 NSA와 CIA가 디지털 첩보 활동의 수도 꼭지를 열도록 도와주자, 이를 닫을 길은 없게 되었다. 5년 전만 해도 미국 정보기관은 정보 흐름의 변화가 자신들을 장님이나 귀머거리로 만들어버릴 것이라고 두려워했다. 이제 이들의 두려움은 정보의 바다에 익사할지 모른다는 것이었다.

이제 긴요하고, 믿을 만하며, 곧바로 실행에 옮길 수 있는 정보를 취득하는 일은 거의 불가능해졌다. 방대한 정보의 흐름에 온갖 소음과 쓰레기, 관련없는 데이터가 마구 뒤섞여 디지털 파이프를 흐르기 때문이다. 빅데이터 문제를 해결하는 일은 앞으로 수십 년에 걸쳐 미국 정보기관의 큰 숙제가 될 것이다.

CIA에서 근무한 지 5년이 되자 고슬러는 자신이 아는 모든 것을 기관에 전수했다고 판단했다(그는 CIA를 '지구상에서 가장 뛰어난 첩보^{HUMINT} 기관'으로 지칭했다).

미국의 익스플로잇 프로그램을 한 단계 더 격상시키고, 그래서 빅데이터로부터 요긴하고 유용한 정보를 찾아내는 데는 자신과는 다른 조합의 기술과 지식을 가진 인물이 필요할 것으로 고슬러는 판단했다. 그는 CIA에서 어떤 일을 했는지에 대해서는 내게 함구했지만 그 짧은 기간 동안 고슬러는 국가정보공헌메달^{National Intelligence Medal of Achievement}, 윌리엄 J. 도노반상^{William J. Donovan Award}, 정보훈장^{Intelligence Medal of Merit}, CIA국장상 및 기밀서비스 메달리언^{Clandestine Service Medallion} 등을 수상했다. 그는 아직도 미국 정보기관의 역사상 사이버 분야에서 가장 많은 상을 받은 인물로 꼽힌다.

그의 손길은 이후 CIA가 수행한 거의 모든 기밀 작전에 미쳤다. 디지털 스파이 활동과 전통적인 스파이 기법은 공생 관계로 자리잡았다. 익스플로잇은 이제 전 세계의 테러리스트들을 추적해 체포하고, 살상하는 CIA의 임무와 작전에서 핵심에 놓인다. 비디오 카메라와 센서 및 여러 첩보 장비를 장착한 무인 드론에 대한 CIA의 의존도가 높아지면서 디지털 영역에서 익스플로잇을 활용할 기회도 크게 증가했다.

이제 다른 누군가가 배의 키를 잡을 때였다. CIA가 자리잡은 워싱턴의 후텁지근한 여름을 다섯 번 보내고 난 지금, 고슬러는 뉴멕시코 사막의 건조한 열기가 그리웠다. 랭리 본부의 마지막날, 그는 메달과 경영서 그리고 건맨 프로젝트 기념으로 간직하던 IBM 실렉트릭 타자기 등을 챙긴 다음, CIA의 동료들에게 작별을 고했다. 그의 업무가 어떤 영향을 미쳤는지는 그들만이 알 것이었다. 그중 몇몇은 그의 개인적 영웅이 됐고, 또 몇몇은 가족처럼 가까워졌다. 고슬러가 랭리에서 5년을 보내는 동안 그의 딸은 성년이 됐지만 자신이 가족과 떨어져 지내는 동안 어떤 일을 했는지 말해줄 수 없는 처지였다.

이때가 2001년 5월이었다. 미국 사이버 전쟁의 대부가 주차장으로 걸어 나와 지프에 올라타고 CIA 빌딩을 떠날 즈음, 미국의 정보기관은 이란, 중국, 러시아, 북한, 아프가니스탄, 파키스탄, 예멘, 이라크, 소말리아 그리고 세계 곳곳의 테러리스트 도피처에 전략적으로 배치한 디지털 익스플로잇을 통해 사상 유례없는 규모의 데이터를 빼돌리고 있었다. 하지만 그해 5월 포트 미드로 밀려드는 데이터의 엄청난 규모에도 불구하고 미국의 익스플로잇 프로그램은 여전히 현대적 기준으로 볼 때 매우 높은 표적이었다.

고슬러가 뉴멕시코로 돌아온 지 4개월 뒤, 항공기 두 대가 뉴욕의 쌍둥이 빌딩을 들이받았다. 이를 계기로 다시 '높은 표적'이 되는 일은 거의 없을 것이다.

8장

잡식동물

메릴랜드주 포트 미드

9/11 테러 이후 몇 달간, 젊은이들을 가득 태운 셔틀버스가 아무런 표식도 돼 있지 않은 워싱턴의 NSA 시설로 들어왔다.

버스에 탄 누구도 말 한 마디 하지 않았다. 자신들이 왜 거기에 있는지 혹은 어떤 업무를 위한 인터뷰를 하게 될지 아무도 몰랐다. 버스 승객들 대부분은 남성 공학자, 해커, 코드브레이커들이었는데, 조국에 도움을 줄 수 있는 특별한 기술을 가진 인재들이라는 지극히 모호한 말을 들었을 뿐이다. 표적을 향해 날아가는 항공기, 무너지는 고층 빌딩, 불타는 국방부의 펜타곤 건물 그리고 펜실베이니아 들판에 추락해 불탄 잔해의 이미지가 머릿속에 아직 생생한 가운데, 이들은 조국에 무엇인가를 해야 할 의무감을 느꼈다.

셔틀버스는 NSA 캠퍼스 밖에 있는 평범한 빌딩 앞에 멈췄다. 버스에서 내리는 사람마다 빨간 배지를 받았다. 배지는 빨간 불빛을 깜빡거렸다. 이들이 아무런 보안 점검도 받지 않은 상태라는 신호였다.

"여러분의 작전 인터뷰에 오신 것을 환영합니다."라고 한 인솔자가 말했다. 미국에서 전문 기술에 대한 평가가 가장 치열하다고 알려진 곳치고는 기묘하게 느껴지는 환대였다.

각 응시자는 그 날의 일정이 적힌 종이를 받았다. 여기에는 이들의 신뢰성, 분별력, 야망, 기술 및 어떤 '탈선 요소derailer'가 있는지 평가하는 장시간의 테스트가 포함돼 있었다. 전문 지식을 묻는 인터뷰, 거짓말 탐지기 조사, 약물 검사와 심리 평가도 받아야 했다. 여기에서 합격한 이들은 공식 취업 제의를 우편으로 받게 될 예정이었다. 이들이 기밀 업무(어쩌면 화장실 청소가 될지 누가 알까?)를 수행하는 대가로 받게 될 기본 급여는 4만 달러로, 공학과 급우들이 실리콘밸리에서 받을 것으로 기대하는 수준의 절반에도 못미쳤다. 이들이 자신들에게 부여된 임무를 알게 되기까지는 다시 여러 달이 걸릴 터였다. 그리고 물론 이들이 여기에서 하는 일은 다른 누구에게도 발설해서는 안 됐다. 그런 점을 강조하듯 기관은 카페테리아에 "쉿! 업무에 대해 말하지 마시오SHHH! DON'T TALK ABOUT WORK"라는 내용을 적은 커다란 표지판을 걸어놓았다.

이들은 엘리트들로 구성된 NSA의 극비 해킹 팀인 TAOTailored Access Operations에 합류하게 될 것이다. 이 부서는 9/11 직후 정보 수집에 필수적인 곳으로 분류돼 정부는 여러 해 동안 그 존재 자체조차 부인했을 정도였다.

미국의 보안 기관은 9/11이 발생하게 된 원인과 취약점을 찾아가는 과정에서 자신들의 어두운 그림자와 맞닥뜨리지 않을 수 없었다. 이들은 전 세계에 걸쳐 누구보다도 더 많은 표적에 대해 누구보다도 더 많은 데이터를 수집해 왔다. 그럼에도 불구하고 9/11을 막는 데 실패했다. 방대한 데이터가 제시하는 숱한 점을 제대로 연결하는 데 실패한 것이다.

미국의 정보기관은 항공기 충돌 순간에 이르기까지 수집된 정보를 되짚어 본 결과, 해당 공격을 막는 데 필요한 모든 정보를 이미 보유하고 있었다는 사실이 드러났다. 첩보원들은 부시 대통령에 대한 일일 정보 브리핑에서 적어도 40번 이상 알카에다al-Qaeda의 위험성을 경고했다. 9/11 테러 공격에 가담한 항공기 납치범 19명 전원이 CIA가 감시해 온 아프가니스탄의 알카에다 캠프에서 훈련을 받았다. 납치범들 중 두 명은 전년도에 쿠알라룸푸르에서 열린 알카에다 정상회담에 참석했음에도 불구하고 미국 입국 비자가 발급됐다. 오사마 빈 라덴Osama bin Laden이 테러 공격을 준비하기 위해 미국의 비행학교에 테러범들을 보냈을지 모른다고 동료들에게 경고한 피닉스 주재 FBI 요원이 제출한 2001년 7월 공문은 부주의하게 취급돼 제대로 전달되지 않았다. 그리고 공격 몇 주 전, FBI 요원들은 심지어 미네소타 비행학교에서 자카리아스 무사위Zacarias Moussaoui라는 33세의 이슬람 급진주의자인 소위 '20번째 납치범'의 행동이 수상하다며 체포하기까지 했다. 그의 다양한 소지품에는 칼, 쌍안경, 휴대용 항공 라디오, 랩톱, 노트북 등이 들어 있었다. 세계무역센터 빌딩이 무너져내릴 때 FBI 요원들은 무사위의 노트북과 랩톱에 접근하기 위해 판사의 허가를 기다리는 중이었다.

뒤 이은 네 탓 공방에서 9/11 조사위원회와 다른 입법자들은 모두 정보기관의 잘못이라는 데 동의했다. 이들 중 많은 경우는 지난 10년간 정보 예산 삭감에 찬성표를 던졌다. 두 번 다시 9/11 같은 사태가 벌어지는 것을 막기 위해서는 정보기관에 더 많은 자원과 법적 권한, 더 많은 데이터, 더 많은 장비와 인력을 제공할 필요가 있었다. '애국자법Patriot Act'[1]이 가결됐고, 이어 해외정보감시법Foreign Intelligence Surveillance Act이 개정돼 정부는 법원 명령 없이도 해외에 대한 전자 감시 활동을 벌일 수 있게 됐다. 연간 정보 예산은 불과 몇십억 달러 규모에서 750억 달러로 치솟았다. 여러 다른 기관의 첩보를 조정하고 미래의 위협을 저지할 목적으로 국가정보국Office of the Director of National Intelligence, 국가테러대응센터National Counterterrorism Center와 국토안보부Department of Homeland Security가 신설됐다.

---

1 정식 명칭은 'USA PATRIOT Act'로, 'Uniting and Strengthening America by Providing Appropriate Tools Required to Intercept and Obstruct Terrorism (USA PATRIOT) Act of 2001'의 줄임말이다. - 옮긴이

2002년 미 국방부는 가능한 한 많은 데이터를 수집할 목적으로 '총체적 정보 인지TIA, Total Information Awareness' 프로젝트를 발표했다. 심지어 의회가 1년 뒤 예산을 삭감하고, 반대 여론으로 TIA가 취소된 다음에도 NSA는 '스텔라 윈드Stellar Wind'라는 암호명을 가진 기밀 프로젝트의 일환으로 통신, 이메일, 전화 통화 내역, 금융 거래, 웹 검색 기록 등을 계속해서 수집했고, 그런 사실은 몇 년 뒤까지 밝혀지지 않았다. 스텔라 윈드를 통해 수집되는 데이터는 너무나 모호하고 방대한 데다 의심되는 통화는 피자 배달 주문인 경우가 많은 탓에 요원들은 이를 '피자헛 기록Pizza Hut cases'이라고 불렀다.

목표는 모든 단서를 추적하고, 모든 테러리스트, 테러 용의자, 테러 후원자 및 적성국을 감시하는 것이었다. 미국 정부는 테러가 벌어지기 전에 테러리스트의 음모를 미리 파악하겠다는 의도로 그들이 누구를 아는지, 어디에서 자는지, 누구와 자는지, 누가 그들에게 돈을 지불하는지, 무엇을 사는지, 어디로 여행하는지, 언제 먹는지, 무엇을 먹는지, 무슨 말을 하는지, 무슨 생각을 하는지 속속들이 알고 싶어 했다. "그들이 어디에서 머리를 깎는지 모른다면 우리는 제대로 일하는 게 아니었어요."라며 전직 NSA 직원은 내게 말했다.

9/11 이후 30개월 동안, 알카에다의 공격 위협이 높아짐에 따라 NSA의 변호사들은 애국자법을 공격적으로 해석해 미국민들의 전화 통화 내역을 대량으로 수집하고, 이어 해외정보감시법을 약화해 법원 영장 없이도 도청이 가능하도록 했다. 미국민의 해외 장거리 전화를 비롯한 외국인의 전화 통화를 가로챘다. NSA 분석가들은 이란, 이라크, 북한, 아프가니스탄, 러시아 등의 전화 기록을 캐냈다. 멕시코의 마약 카르텔 추적 기관에 소속된 관료들의 통화 내역을 뽑아냈다. 심지어 미국의 우방국인 이스라엘의 공군 수뇌부, 독일의 게르하르트 슈뢰더Gerhard Schroeder 총리와 그 후임인 앙겔라 메르켈Angela Merkel도 NSA의 표적 목록에 올랐다. NSA는 광섬유 케이블과

전화 스위치로부터 막대한 규모의 데이터를 수집하는 한편, 미국의 주요 전기통신 회사에 대해 미국에서 송수신되는 국제 전화는 물론 국내 통화까지 메타데이터를 제공하도록 의무화했다. 통신 기술이 전화 통화에서 웹 통화, 이메일, 문자 메시지 그리고 이후에는 왓츠앱WhatsApp, 시그널Signal 및 ISIS의 자체 메시징 앱인 '아마크 에이전시Amaq Agency' 같은 암호화 채널로 이전되는 흐름에 NSA는 꾸준히 적응했다. 그런 과정에서 NSA는 내 동료인 스캇 셰인의 표현을 빌리면 '엄청난 능력을 갖춘 전자 잡식동물'로 진화했다.

무한 자금을 공급받으며 날로 확장되는 미국의 사이버 감시 시스템에 작고 하찮다고 지나칠 수 있는 정보는 없었다. 더 많은 지식만이 우리를 테러리스트의 다음 공격으로부터 구해줄 것이라는 생각 혹은 중국의 마오쩌둥식 표현을 빌리자면 '진정한 방어는 적극적인 방어'[2]라는 개념이었다. 물론 이들은 몇 번의 키보드 입력으로 디지털 감시는 곧장 공격으로 전환될 수 있다는 사실을 인식하고 있었다. 마치 혈관의 정맥 시스템처럼 일단 바늘을 꽂으면 그것은 건강을 회복시키는 수액을 주입하는 통로로 혹은 치명적인 독약을 집어넣는 채널로 사용될 수 있었다. 익스플로잇 역시 마찬가지였다. NSA가 감시를 위해 적극적으로 찾고, 수집하는 보안 취약점은 상대의 시스템을 파괴하는 공격 루트로 이용될 수도 있었다.

그렇게 바뀌는 것은 실상 시간 문제였다.

적국 시스템에 대한 접근 경로를 찾는 TAO 팀의 구성원은 누구나 처음 NSA에 들어가던 때를 생생히 기억한다. 대전차 장벽으로 막아놓은 전기철

---

2 원문은 "the only real defense is active defense"로, 적의 공격에 맞서는 최선의 방법은 적의 공격 능력 자체를 무력화하는 것이라는 뜻이다. – 옮긴이

조망과 동작 탐지기, 회전 카메라를 지나면 50개의 건물로 구성된 작은 도시에 다다른다. 각 건물은 패러데이 케이지[3]로 구성돼 있고, 벽과 창문은 내부의 어떤 신호도 건물 밖으로 빠져나가지 못하도록 구리 그물망으로 차단돼 있다. 건물군의 중심에는 은행, 드럭 스토어[4] 및 우체국이 있었다. 그 너머는 NSA의 자체 경찰력과 소방대였다. 그리고 다시 그 바깥에 철문과 무장 경비원으로 차단된 복합 건물 안에 TAO의 원격작전센터ROC, Remote Operations Center가 있었는데, 이곳은 정부기관치곤 드물게 정장보다 청바지와 티셔츠 차림이 더 흔했다.

ROC의 누구도 스스로를 해커라고 부르지 않았지만, 어느 모로 보나 해커임이 분명했다. ROC 밖의 거의 누구도 이들이 무슨 일을 하는지 몰랐다. 이들의 작업은 워낙 극비로 취급돼 부서장들은 홍채 인식기를 문밖에 설치할 생각까지 했다. 하지만 인식기는 더 안전하다는 허상만 제공할 뿐, 실제는 복잡성만 더할 뿐 아니라 해킹의 기회만 늘려줄 것으로 판단하고 재빨리 취소했다. 내부에서는 수백 명의 민간 및 군 소속 컴퓨터 전문가들이 교대로 매일 24시간 일에 매달렸고, 탁자 위에는 다이어트 콜라와 레드불Red Bull 에너지 음료의 빈 캔이 어지럽게 널려 있었다. 분석가들이 한밤중에 호출을 받아 주요 임무를 위한 일방향 기밀 전화로 보고하도록 지시받는 경우가 드물지 않았다. 9/11의 여파로 TAO는 지구상 곳곳을 침투해 데이터를 빼오는 작업을 대폭 강화했고, 그에 따라 인력도 수백 명 정도에서 수천명 수준으로 크게 늘었다. 이들의 침투 및 데이터 추출 방식은 강력한 컴퓨팅 파워를 활용한 '브루트 포스brute force' 해킹과 비밀번호와 알고리즘 깨기, 제로데이 색출, 익스플로잇 작성, 상대 하드웨어와 소프트웨어를 마음대로

---

3 외부 정전기를 차단하기 위해 기계 장치 주위에 두르는 금속판 – 옮긴이
4 한국의 '약국'과 달리 화장품, 생활용품 등 다른 품목도 취급한다. – 옮긴이

조종할 수 있는 바이러스와 멀웨어 설치 등이 조합된 형태였다. 이들의 업무는 디지털 세계의 모든 계층에서 모든 빈틈을 찾아내고, 거기에 자신들의 익스플로잇을 가능한 한 오랫동안 심어두는 것이었다.

9/11 사태 이후 10여년 동안 고슬러가 아직 현업에 있을 당시, 중국과 러시아, 파키스탄, 이란 및 아프가니스탄 지역의 테러리스트와 관료 수백 명만이 활용할 수 있었던 익스플로잇은 이제 수만 명 수준을 지나 수백만 명 수준으로 확대됐다. 아이디펜스가 챈틀리에서 버그를 제공하는 대가로 약소한 보상금을 약속하는 동안 그리고 그 때문에 빅테크 기업으로부터 맹비난을 받는 동안 거기서 80km 떨어진 곳에 자리잡은 TAO의 해커들은 버그트랙에서 버그를 찾고, 이름없는 해커 잡지를 뒤지고, 막 출시된 신규 하드웨어와 소프트웨어를 분해해 제로데이 익스플로잇으로 사용할 만한 버그를 찾아 헤맸다. 스노든이 유출한 기밀 문건에서 내가 처음 봤던 그 백도어? 그것은 빙산의 일각에 불과하다고 전직 TAO 해커들은 내게 말했다. 일반 대중이 과장해서 상상하는 역할과 달리 스노든의 NSA 내 실제 역할과 접근 범위는 실상 제한적이었다.

"스노든은 낮은 직급의 관리자였어요."라고 한 전직 TAO 해커는 내게 말했다. "NSA의 능력은 스노든이 폭로한 내용보다 훨씬 더 광범위했습니다."

여러 단계 상위의 접근 권한이 없는 스노든이 미칠 수 없었던 자료는 기관 내 엘리트 TAO 해커들만 사용할 수 있는 익스플로잇 무기였다. 거기 TAO 저장고에는 디지털 세계의 거의 모든 시스템에 접근할 수 있게 해주는 보안 취약점과 익스플로잇의 카탈로그가 있었다. NSA는 보유한 모든 해킹 툴의 행방을 일일이 추적할 수가 없었다. 그래서 다양한 익스플로잇의 이름을 짓는 데 달리 무엇이 있겠는가? 컴퓨터 알고리즘의 힘을 빌렸다.

"처음에는 테러리스트의 여러 채널을 표적으로 삼았다가 나중에는 운영 체제로 표적을 바꿨습니다."라고 9/11 사태 전후에 NSA에서 활동했던 한 전직 TAO 운영자는 말했다. "이어 우리는 브라우저와 서드 파티 애플리케이션을 표적으로 삼았죠. 궁극적으로 커다란 전환이 있었고, 우리는 컴퓨터 운영체제의 핵심 부분인 커널을 집중 공략하기 시작했습니다."

커널^{kernel}은 컴퓨터 시스템의 신경 센터로, 컴퓨터의 하드웨어와 소프트웨어 간의 통신을 관리한다. 컴퓨터의 위계에서 커널은 맨 위에 놓이고, 누구든 커널에 몰래 접근할 수 있는 사람은 해당 기기를 완전히 장악할 수 있다. 커널은 또한 대부분의 보안 소프트웨어가 미처 잡아내지 못하는 사각지대여서 피해자가 아무리 주의를 기울이고 소프트웨어 패치와 업데이트를 설치해도 감지되지 않은 채, 공격자는 몇 달 혹은 심지어 몇 년 동안 원하는 대로 행동할 수 있다. 스파이들은 이런 공격을 지칭해 '베어 메탈[5] 경주 The race to the bare metal'라고 이름을 붙였다. TAO의 해커들이 컴퓨터의 베어 메탈에 더 근접할수록 이들의 접근도 더 깊어지고 더 탄력적이다. NSA는 커널 익스플로잇에 전문성을 가진 해커들을 채용하기 시작했다. 그로부터 10년 내에 TAO의 해커들은 수천여 컴퓨터의 커널 안에 숨어 마음대로 드나들면서 표적대상의 디지털 라이프를 낱낱이 수집했다. 마치 중독자처럼 이들은 만족할 줄 몰랐다.

TAO 해커들이 얼마나 깊숙이 베어 메탈에 접근했는지 과시하기 위해 이들은 인텔의 프로세서가 컴퓨터 안에 들어 있음을 알려주는 '인텔 인사이드 Intel Inside' 로고를 흉내 낸 자체 로고를 개발했다. TAO는 'TAO 인사이드' 로고를 만들어 자신들의 팀이 모든 것의 내부에 침투했음을 자랑했다.

TAO는 비유하면 사이버 스파이 활동 분야의 포드 자동차 조립 라인이라 할 만했다. 한 유닛은 보안 취약점을 찾고 익스플로잇을 개발했다. 다른 유

---

5 컴퓨터 과학에서 베어 머신(bare machine) 또는 베어 메탈(bare metal)은 운영 체제를 간섭하지 않고 논리 하드웨어에 직접 명령을 실행하는 컴퓨터를 의미한다. – 옮긴이

닛은 TAO 해커들이 확보한 교두보를 바탕으로 설치할 바이러스나 멀웨어를 정교화했다. 표적으로 삼은 테러리스트나 이란의 장성 혹은 무기상을 감시하기 어려울 때는 별도의 엘리트 TAO 팀이 그의 통신 내용을 가로챌 방법을 찾기 위해 투입됐다. 때로 이런 시도의 결과로 코드를 깨기도 했다. 또 다른 경우는 표적의 내연녀나 가정부를 해킹한 다음 그들을 이용해 표적의 가정이나 사무실에 침투했다. '침범 분과Transgression Branch'로 알려진 또 다른 TAO 유닛은 NSA의 '제4자 수집fourth-party collection' 작전을 감독했다. 이는 다른 나라의 해킹 작전에 편승하는 방식을 지칭한다. 이 분과는 한국이나 일본 같은 미국의 동맹국을 해킹해 북한처럼 접근하기 어려운 목표물에 대한 정보를 빈번하게 수집했기 때문에 특히 더 민감하게 여겨졌다. 다른 유닛은 TAO에서 심어놓은 감시 장치를 통해 전 세계에 전략 배치한 NSA 서버로 쏟아져 들어오는 막대한 규모의 데이터를 수집하고 분석하는 데 사용되는 백엔드 인프라를 관리했다. 이들 중 많은 NSA 서버는 중국이나 지정학적으로 절묘하게 자리잡은 키프로스Cyprus의 위장 기업에 의해 운영됐다.

별도의 TAO 유닛은 온라인으로 다다를 수 없는 오프라인 표적과 네트워크에 접근하기 위해 CIA 및 FBI와 긴밀하게 협력했다. 일부 경우는 요원들이 표적 기관의 내부자를 몇 달에 걸쳐 포섭해 그에게 TAO의 감시 장치를 표적의 컴퓨터에 물리적으로 설치하도록 했다. 다른 경우 TAO는 표적의 구매 내역을 긴밀히 감시한 다음 그 내용을 요원들에게 알려 해당 패키지가 표적에게 배달되는 도중에 감시 장치를 부착하기도 했다. 때로 그런 작업은 CIA 요원이 안전모를 쓰고 건설 노동자 복장으로 표적의 사무실에 걸어 들어가는 경우처럼 간단했다. "안전모를 쓰기만 해도 사람들이 얼마나 당신을 믿는지 정말 놀라워요."라고 한 전직 CIA 요원은 내게 말했다.

일단 안으로 들어가면 CIA 요원들은 감시 장치를 직접 설치하거나 이를 휴대용 USB 드라이브로 가장해 비서의 책상 위에 남겨뒀다. 누군가가 해당 드라이브를 집어 표적의 네트워크에 꽂기만 하면 성공이다! TAO는 건물 내 다른 기기에 신호를 보내 표적의 데이터에 비밀리에 접근할 수 있었다. NSA만이 이런 꼼수를 쓰는 게 아니었다. 2008년 미 국방부 관료들은 러시아 해커들이 자신들의 기밀 네트워크에 침입한 사실을 발견하고 기겁한 적이 있었다. 분석가들이 그런 침해의 원인을 추적한 결과 러시아 스파이들은 바이러스에 감염된 USB 드라이브를 중동 지역의 미군 기지 주차장 부근에 뿌려놓았다. 누군가가 그중 하나를 주워 군과 정보기관 그리고 백악관의 고위 관료들이 공유하는 기밀 네트워크에 꽂은 것이었다. 국방부는 나중에 부서 내 컴퓨터의 USB 포트를 모조리 강력본드로 막아버렸다.

테러와의 전쟁 그리고 아프가니스탄과 이라크에서 수행하는 전쟁은 TAO의 비중을 더욱 높여 놓았다. 백악관, 국방부, FBI, CIA 그리고 국무부와 에너지부, 국토안보부, 상무부 등의 NSA '고객'(정보기관에서 애용하는 또 다른 은어)을 위해 가능한 한 많은 데이터를 신속히 수집해야 하는 요구를 고려하면, 어떤 첩보 수단과 방법이든 정당화됐다.

9/11 테러 이후 10년간은 스파이 활동의 황금기이기도 했다. 구글은 보통 동사가 됐다. 막대한 정보 수집력과 편리한 기능은 스파이들에게 표적이 되는 사람의 일상 기록을 세세하게 제공했다. 사소한 일상 정보는 물론 민망한 내용까지 구글의 서버에 영구히 보관돼 지구상 어디에서나 대부분의 경우는 단 하나의 비밀번호만 거치면 접근할 수 있었다. TAO 해커들은 돌연 표적이 어디에 갔는지, 무엇을 했는지, 누구와 이야기를 나눴는지 속속들이 알 수 있게 됐다. 표적의 GPS 좌표만으로도 TAO 해커들은 표적이 약물 남용 클리닉이나 정신 병원을 방문했는지 또는 하룻밤의 쾌락을 위해 모텔을 찾았는지 알 수 있었고, 이는 상대를 협박하기에 좋은 빌미였다. 구글의 검색 내역은 스파이들이 표적의 비정상적인 호기심을 파악하기에 유

용한 채널이었다. "궁극적으로 벌어지게 될 일 중 하나는... 당신이 구글에 검색어를 타이핑할 필요조차 없어지는 상황이다."라고 2010년 당시 구글의 최고경영자였던 에릭 슈미트 Eric Schmidt 는 말했다. "왜냐하면 우리는 당신이 누구인지 알기 때문입니다. 당신이 어디에 있었는지 알기 때문입니다. 우리는 당신이 무슨 생각을 하는지도 대략 짐작할 수 있어요." 그런 점에서 NSA도 표적에 대해 비슷한 정보를 가진 셈이었다.

2004년 페이스북 등장을 계기로 어디에서 NSA의 정탐 시도가 끝나고, 어디에서 페이스북 플랫폼이 시작되는지 분간하기 어려운 지경이 됐다. 돌연 사람들은 사진, 방문지, 친구나 지인, 심지어 본인 내면의 독백까지 온갖 개인정보를 열성적으로 페이스북에 올렸다. NSA는 이제 이슬람 근본주의자들의 생각을 읽고, 발디제르 Val d'Isère (프랑스의 알프스 지방)에서 스키를 타고, 생모리츠 St. Moritz 에서 도박을 즐기는 러시아 권력자들의 사진을 수집할 수 있었다. 분석가들은 '스냅스 Snacks'[6] 라고 불리는 NSA의 자동화 프로그램을 사용해 표적이 사용하는 전체 소셜 네트워크를 시각화할 수 있었다. 모든 가족, 친척, 친구 혹은 업무상 지인들도 TAO의 표적 대상이었다.

하지만 그 어느 것도 2007년 애플이 처음 선보인 아이폰보다 감시 활동의 양상에 큰 변화를 몰고 오지는 않았다. TAO 해커들은 아이폰 사용자의 모든 타이핑 내용, 문자 메시지, 이메일, 구매 내역, 연락처, 스케줄, 위치, 검색 내용 등을 추적하는 방법을 개발했고, 심지어 사용자의 아이폰 카메라나 마이크를 원격 조종해 오디오와 비디오 파일까지 수집할 수 있었다. NSA는 여행사들이 보내는 항공편 확인, 지연, 취소 등의 모바일 공지내용을 가로채 다른 표적들의 여행 일정과 교차 비교했다. '내 노드는 어디에 있

---

6 '소셜 네트워크 분석 협동 지식 서비스'를 뜻하는 'Social Network Analysis Collaboration Knowledge Services'의 준말

지?'Where's My Node?'라고 불리는 NSA의 자동화 프로그램은 해외의 표적이 한 기지국에서 다른 기지국으로 움직일 때마다 이메일을 분석가들에게 보냈다. TAO는 이제 최소한의 노력으로 즉각적이고 총체적인 프라이버시 침해 행위를 벌이고 있었다. 그리고 스노든의 폭로가 나올 때까지 아이폰 사용자들은 자신들이 실상은 눈에 보이지 않는 NSA의 전자발찌를 찬 것이나 다름없다는 사실을 꿈에도 몰랐다.

한편 TAO는 가능한 한 많은 정보를 캐내고 분석해야 할 동기를 가진 섬들의 거대한 군도가 됐다. TAO의 활동은 전 세계 여덟 개의 대사관과 미국 내 위성 사무실로 분산되고 분리돼 있었다. 콜로라도주 오로라 시의 TAO 직원들은 공군과 손잡고 항공기와 위성을 해킹했다. 하와이주 오아후 시에서는 해군과 협력해 미 군함에 대한 위협 정보를 수집했다. 조지아주 오거스타 시의 NSA 허브(암호명은 '달콤한 차'Sweet Tea)에서 TAO 해커들은 유럽, 중동, 북아프리카로부터 날아오는 통신을 가로챘다. 텍사스주 샌안토니오 시에 소재한 낡은 소니 칩 공장에서 TAO 해커들은 멕시코, 쿠바, 콜롬비아, 베네수엘라 그리고 때때로 중동 지역의 마약 카르텔과 관련 인사들을 감시했다.

이 모든 활동은 극비였다. 샌 앤토니오의 주민들이 온라인 이웃 포럼에 자신들의 차고 문이 무작위로 열렸다 닫혔다 한다며 불평했을 때, 미국인들은 NSA가 어떤 활동을 벌이는지 작은 단서만 감지했을 뿐이다. 몇몇 주민은 동네에 도둑이 든 것이라 의심하고 경찰에 신고했다. 하지만 경찰은 어쩔 도리가 없었다. NSA 측은 드물게 안테나의 오작동 때문에 그런 일이 발생했다고 인정했다. 안테나가 우발적으로 구식 차고문 리모콘과 상호 작용을 한 결과였다.

이들의 작업은 필연적으로 일정 수준의 거리감이 존재했다. 취약점을 찾고 익스플로잇을 무기화하기 위해 알고리즘을 깨고, 0과 1을 해독하고, 하드웨어와 소프트웨어를 조사하는 작업은 모두 일상 업무일 뿐이었다. 찾아내는 취약점과 그를 바탕으로 개발하는 익스플로잇이 늘수록, 어느 한 익스플로잇에 대해 처음 발견한 순간부터 이를 감시나 공격의 수단으로 사용하기까지 그 생애 주기를 추적하는 일은 점점 더 어려워졌다.

그래서 9/11 사태로부터 몇 년이 지난 후, NSA는 우수 분석가들에게 그들의 노동이 어떤 결실로 이어졌는지 보여주기로 결정했다. 그와 같은 브리핑에 참석했던 두 사람은 내게 그 날의 내용이 몇 년이 지나도 잊혀지지 않을 정도로 강렬하게 기억 속에 각인됐다고 털어놓았다. 포트 미드의 기밀 공간에서 고위 간부들은 12명의 얼굴을 밝은 스크린에 비춰 보였다. 스크린에 나타난 인물은 모두 죽었다고, 분석가들의 디지털 익스플로잇 덕택에 암살할 수 있었다고 간부들은 알려줬다. 브리핑 참석자들 중 절반 정도는 자신들이 작업이 테러리스트 암살에 이용됐다는 사실에 큰 자부심을 느끼는 듯했다. "나머지 절반은 거부 반응을 보였어요."라고 한 전직 TAO 분석가는 내게 말했다. "브리핑은 '이것이 여러분의 작품이다. 이것이 사망자 숫자다. 잘했어. 계속 정진하도록'이라는 메시지였어요. 그때까지 우리는 그저 알고리즘을 깬다고만 생각했죠. 수학이었어요. 그런데 돌연 그게 사실은 사람을 죽이는 일이었음을 깨달은 거죠. 그 순간 모든 게 변했어요. 돌이킬 수 없었습니다."

TAO 해커들은 자신들의 작업에 회의를 느낄 때면 상대방인 중국의 해커들이 어떤 일을 하는지 생각하는 것으로 위로를 받곤 했다. 중국 해커들은 전통적인 국가 차원의 스파이 활동만 하는 것이 아니라 포춘 500대 기업 Fortune 500 목록에 오른 모든 주요 기업, 미국의 주요 연구소, 싱크탱크 등의 지적 재산도 훔쳐내고 있었다. 중국 정부는 더 이상 세계의 값싼 제조업 허브라는 지위에 만족하지 않고 해커들을 동원해 해외의 혁신 기술과 상업 기밀을 빼냈다. 그런 기술의 대부분은 미국에 있었고 그에 따라 수십억 달러, 혹자의 추산으로는 수조 달러 규모의 미국산 연구 및 개발 자산이 중국의 국영 기업으로 넘어갔다.

전직 NSA 국장인 마이크 맥코넬^{Mike McConnell}은 나중에 이렇게 말했다. "정부, 의회, 국방부, 항공 회사 그리고 무엇이든 가치있는 거래 비밀을 가진 기업의 컴퓨터를 조사해 본 결과 중국에 의해 감염되지 않은 것은 하나도 없었습니다."

TAO도 모든 것에 손을 댔지만 적어도 그 직원들은 수익을 위해 절도에 가담하지는 않았다고 스스로에게 말할 수 있었다. TAO 직원들은 자신들의 임무를 숭고한 것으로 여겼다. "신호 첩보를 수집하는 데 종사하는 이들은 테러리스트나 독재자들이 우리의 자유를 악용하려 시도하더라도 윤리적 우월성을 견지해야 한다."라고 NSA의 한 기밀 메모는 선언했다. "우리의 적성국 중 일부는 목적을 위해 어떤 언행이든 일삼겠지만 우리는 그렇지 않을 것이다."

NSA의 광범위한 감시망에 미국민의 데이터까지 수집된다는 지적에 대해 내가 만난 TAO의 해커는 소위 '우발적인 수집^{incidental collection}'에 포함된 미국민의 데이터는 기관의 엄격한 규칙에 따라 검색과 분석에서 제외된다고 지적했다. TAO 직원들의 데이터 검색 내용은 NSA 감사 팀에 의해 면밀히 감시되며, 감사 결과는 다른 감독 팀인 감찰관, 기관 내 변호사들, 법률 자문위원에게 보고된다. "미국민의 데이터를 검색했다가는 감옥에 갈 수도 있었어요."라고 한 전직 TAO 운영자는 내게 말했다.

하지만 그것은 전적으로 정확한 사실이 아니었다. 9/11 이후 여러 해 동안 NSA 직원들은 기관의 광범위한 감시 장비를 활용해 전 배우자나 관심을 가진 사람의 행적을 염탐하다가 붙잡혔다. 그런 사고가 결코 흔하지는 않았지만 그럼에도 그런 행태를 가리키는 표현이 나왔다. 신호 첩보 활동Signal Intelligence을 가리키는 시긴트에 빗댄 '러빈트LOVEINT', '휴민트HUMINT' 같은 용어였다. 이런 경우 NSA의 감사관들은 며칠 안에 위반자를 찾아내어 강등과 임금 삭감 조치를 취하고 보안 허가를 박탈했는데, 위반자 입장에서는 현실적으로 기관을 떠나는 것 이외의 다른 방법은 없었다. 하지만 단 한 명도 형사 처벌을 받지는 않았다.

그리고 NSA는 미국민을 대상으로 한 감시 활동에 대해서는 해외정보감시법에 따라 법원의 허가를 받도록 돼 있다는 사실로 자신들의 적법성을 강조했지만, 해외정보감시 법원은 실질적인 감시 기능이 없는 고무도장 역할에 불과했다. 감시를 정당화하는 NSA의 주장은 그에 대한 반대 의견 없이 청취됐고, 스노든의 폭로 결과 여론의 압력에 못 이겨 법원이 공개한 자료에 따르면 2012년의 경우 미국민에 대한 감시 허가 요청 1,749건 가운데 1,748건이 아무런 수정 없이 승인됐다. 오직 한 건만이 철회됐을 뿐이다.

NSA의 시도는 때로 즉각 결실을 맺기도 했다. 한 경우 이들은 예언자 마호메트의 풍자 그림을 그린 스웨덴 예술가에 대한 암살 음모를 성공적으로 저지했다. 또 다른 경우는 뉴욕의 JFK 공항에 중국의 인신 밀수조직의 이름과 비행편을 알려줬다. 도청 장치를 탑재한 국방부 항공기를 콜롬비아 2만 미터 상공으로 비행시키면서 콜롬비아 무장혁명군FARC의 위치와 음모를 추적했다.

"우리의 작업 환경을 이해하실 필요가 있어요." TAO의 한 분석가는 내게 이렇게 말했다. "우리는 온갖 첩보를 수집했고, 많은 내용은 우리도 믿기 어려울 정도였어요. 우리 작업 결과는 대통령에게 직보됐죠. 우리는 우리의 업무가 수많은 인명을 구한다고 믿었어요."

2008년에 이르러 NSA는 인간의 의사 결정과 온갖 복잡한 윤리적 고려 요소를 업무에서 적극적으로 제거하기 시작했다. '지니Genie'라는 암호명을 가진 NSA의 극비 소프트웨어 감시 장치를 적성국의 시스템뿐만 아니라 시장에 나온 거의 모든 업체의 인터넷 라우터, 스위치, 방화벽, 암호화 장비, 컴퓨터에 공격적으로 내장하기 시작했다.

미국 정보 예산 보고서에 따르면 2013년에 이르러 지니는 5년 전 규모보다 4배가 증가한 8만 5천 개의 감시 장치를 관리했고, 그 규모를 백만 단위로 높일 계획이었다. 그런 장치의 4분의 3은 이란, 러시아, 중국, 북한 같은 표적에 우선적으로 설치됐지만 TAO는 과거보다 더 대범해졌다.

스노든의 폭로로 드러난 NSA 내부 게시판의 한 비밀 포스트에서 NSA 요원은 새롭게 떠오른 최우선 표적을 설명했다. 바로 해외의 IT 시스템 관리자들이었다. 이들의 접근 코드를 알아낸다면 백만까지는 아니더라도 수십만 명의 잠재 표적에 광범위하게 접근할 수 있을 것이었다. 세계 곳곳에 심어놓은 감시 장치는 방대한 분량의 해외 기밀을 문자 메시지, 이메일, 음성 녹음 등의 형태로 끌어오기 시작했다. 고슬러 같은 디지털 익스플로잇의 선구자들도 미처 상상하지 못한 규모와 형태였다.

내가 NSA의 대규모 시긴트 활동에 가장 근접한 경우는 '샷자이언트 작전 Operation Shotgiant'이었다. 여러 해 동안 미국의 관료들은 세계 최대의 통신장비 업체인 중국 화웨이Huawei의 미국 시장 진출을 차단해 왔다. 근래에는 우방국에도 화웨이와 중국 공산당 간의 유착 관계를 거론하며, 새로운 5G 무선 네트워크에 화웨이 장비의 사용을 금지하도록 압력을 행사했다. 트럼프 행정부는 우방국이 화웨이 장비를 사용할 경우 자국의 첩보 내용을 공유하지 않을 것이라고 위협했다.

미국 관료들은 화웨이의 설립자로 '중국의 스티브 잡스'라고 불리는 런정페이Ren Zhengfei가 과거에 중국 인민해방군의 장교였다고 지적하면서, 화웨이의 장비는 중국 정부를 위한 백도어로 가득하다고 경고했다. 중국 정보기관은 그런 백도어로 접근해 고위 통신을 가로채고 정보를 흡수하고, 사이버 전쟁을 일으키며, 국가 비상 사태 때는 기간 서비스를 마비시킬 수 있었다.

그것은 모두 사실일지 모른다. 하지만 그 반대의 경우도 분명히 사실이었다. 미국의 관료들이 중국 정부에 대해 화웨이의 제품에 트랩도어를 심는다고 공개 비판하는 와중에도, NSA 역시 수년 전 화웨이의 선전Shenzhen 본사에 침투해 소스코드를 훔치고 회사의 라우터, 스위치, 스마트폰에 자체 백도어를 심은 사실을 나와 동료 기자인 데이비드 생어는 유출된 기밀 문서로 알게 됐기 때문이다.

시작을 따지면 2007년까지 거슬러 올라가는 샷자이언트는 본래 화웨이와 인민해방군 간에 어떤 관계가 있는지 파악하기 위해 설계됐다. 인민해방군은 이미 여러 해에 걸쳐 미국 기업과 정부기관을 해킹해 왔다. 하지만 얼마 안 있어 NSA는 이란, 쿠바, 수단, 시리아, 북한 등 미국 기술을 의도적으로 회피하면서 그 대안으로 화웨이 장비를 사용하는 곳에 교두보를 마련하기 시작했다.

"우리 표적 중 많은 곳은 화웨이 장비로 통신한다."라고 NSA의 한 기밀 문서는 지적하고 있다. "우리는 관심 있는 네트워크에 접근하기 위해 이런 제품을 악용해 통신 내용을 수집할 수 있는지 확인하고 싶다."고 덧붙였다.

하지만 NSA는 화웨이에 그치지 않았다. 샷자이언트는 중국의 최대 이동통신 네트워크 두 곳에도 곳곳에 감시 장치를 설치했다. 우리의 폭로 보도가 나간 2014년에도 유출된 기밀 문서에 따르면 NSA는 여전히 새로운 감시 장치와 멀웨어를 중국의 이동통신 네트워크에 설치해 그 대화를 도청하고, 감시 데이터를 포트 미드로 보내 NSA의 통역자, 해독 전문가, 분석가들에게 핵심 정보를 캐내도록 했다. 단적으로 NSA는 중국이 자행한다고 비판한 행위를 그대로 혹은 그 이상으로 수행하고 있었다.

2017년에 이르러 NSA의 음성 인식과 선별 툴은 중국의 모바일 네트워크에 광범위하게 설치됐다. 그리고 미국은 중국만 해킹한 것이 아니었다. 수십만 개의 NSA 도청 장치가 세계 여러 나라의 네트워크, 라우터, 스위치, 방화벽, 컴퓨터, 전화기에도 깊숙이 내장됐다. 많은 경우는 문자, 이메일, 통화 내용을 매일 적극 수집해 NSA의 서버로 전송했다.

다른 많은 경우는 데이터를 수집하지 않고 잠복 상태로 머물렀다. 미래에 있을지 모르는 위기 상황이나 시스템 마비 혹은 전면적인 사이버 전쟁이 벌어졌을 때 활용하기 위한 일종의 보험이었다.

유출된 기밀 문서에 따르면, 가능한 한 많은 데이터를 수집해 분석해야 한다는 9/11 이후의 위급성 때문에 그처럼 방대한 첩보 활동이 잠재적으로 어떤 영향을 미칠지 그리고 이들의 무차별적인 디지털 활동 내용이 공개되는 경우 어떤 파장이 뒤따를지 진지하게 고민한 사람은 거의 없었다.

이제는 국내보다 해외 고객이 더 많아진 미국의 IT 기업에 NSA의 요원들이 침투해 감시 장치나 백도어를 설치하는 것이 훗날 어떤 파장을 미칠지 의문을 제기한 사람은 아무도 없었다. 냉전 시기 NSA는 이런 딜레마를 고민할 필요가 없었다. 미국 정보원들은 러시아의 기술을 훔쳐보고, 러시아 정보원들은 미국의 타자기에 도청 장치를 심었다. 하지만 이제는 상황이 달라졌다. 전 세계가 동일한 마이크로소프트의 운영 체제, 오라클의 데이터베이스, 지메일, 아이폰 및 마이크로프로세서를 사용해 일상을 영위하고 있었다. NSA의 작업은 점점 더 심각한 이해 상충과 윤리적 위험을 노출했다. 아무도 이 모든 불법 침투와 도청 및 감시 행위, 디지털 익스플로잇이 NSA의 후원자들인 미국 납세자들에게 어떤 의미인지 묻지 않는 것 같았다. 그들은 이제 통신은 물론 뱅킹, 상거래, 운송, 의료 서비스 등에 NSA가 침투하고 훼손하는 동일한 기술에 의존하게 됐다. 그리고 NSA가 세계 공통으로 이용되는 디지털 시스템의 구멍을 찾고 감시 장치를 설치하는 데 눈이 먼 나머지, 결과적으로 미국의 핵심 인프라인 병원, 도시, 운송, 농업, 제조업, 석유와 가스, 국방 등 단적으로 현대인의 삶을 뒷받침하는 모든 것을 해외의 공격에 취약하게끔 만드는 것은 아닌지 아무도 의문을 갖지 않았다. 취약점, 익스플로잇, 멀웨어에는 특허가 없었다. 만약 NSA가 디지털 시스템의 취약점을 찾아내 활용할 길을 찾아낸다면 몇 달이 될 수도, 몇 년이 될 수도 있지만 멀지 않아 다른 악의적 세력도 그를 찾아내 똑같은 취약점을 악용할 가능성이 크다.

이런 윤리적 위험성에 대한 NSA의 대응은 더 깊숙이 사실을 숨기는 것이었다. 이들의 기밀이 들통나지 않고 눈에 보이지 않는 한, NSA는 계속해서 같은 첩보 방식을 활용할 것이었다. 이를 비판하는 측에서는 그런 기밀 정책이 미국민의 안전을 높여줄 수 없고, NSA의 책임을 회피하는 방어막으로 이용될 뿐이며, 그런 내용이 외부로 유출될 경우 더 큰 피해로 이어질 수 있기 때문에 사이버 강대국만이 아니라 도리어 다른 세력들의 관심과 참여를 북돋을 수 있다고 지적했다.

'NSA의 치명적 오류는 자신들이 다른 누구보다도 더 똑똑하다는 믿음'이라고 사이버 보안 전문가인 피터 G. 뉴먼^{Peter G. Neumann}은 어느 날 내게 말했다.

이제 80대 후반인 뉴먼은 미국의 태생적 취약성을 앨버트 아인슈타인과 논의한 적이 있노라고 자랑할 수 있는 몇 안 되는(유일하지는 않더라도) 컴퓨터 과학자들 중 한 사람이다. 그리고 여러 해 동안 그는 NSA와 국방부 및 유관 부문의 관료들에게 보안 오류는 언젠가 재난적인 결과를 초래할 것이라고 경고해 온 '광야의 목소리'였다.

NSA의 작업에는 오만함이 깃들어 있다고 뉴먼은 내게 말했다. NSA는 어떤 기술에든 백도어를 삽입함으로써 필요할 때 자유롭게 접근할 수 있었고, 자신들이 글로벌 컴퓨터 시스템에서 찾아낸 보안 취약점은 다른 누구도 찾아낼 수 없을 것이라는, 국가 안보상 치명적일 수도 있는 자만에 빠져 있었어요. "이들은 해킹하기 쉽도록 모든 것을 단순화하고 있었습니다. 다른 모든 나라도 그런 백도어를 원하고 있다는 사실을 미처 깨닫지 못한 채, '오직 우리만 몰래 사용할 수 있는 백도어가 있다'라고 믿었지요."

"이건 새로운 군비경쟁이나 다름없습니다."라고 뉴먼은 말했다. "우리가 할 수 있는 한 무엇이든 착취하고 활용하려는 경쟁에서 우리는 주위를 모조리 페인트로 칠한 채 막다른 길에 도달해 빠져나갈 길이 없어진 형국입니다. 다른 모든 나라에도 재난이 될 겁니다."

TAO 직원들이 감시에 활용했던 동일한 감시 장치는 미래의 사이버 공격에도 활용될 수 있었다. 이 장치는 무해한 수단에서 치명적인 무기로 언제든 변환될 수 있었다. 감시 활동에 사용되는 멀웨어는 그것이 설치된 시스템의 데이터를 파괴하는 용도로 교환되거나 수정될 수 있었다. 해외 네트워크를 마비시키거나 심지어 간단한 키보드 조작으로 물리적 인프라에 피해를 입힐 수도 있었다. 적성국이 사용하는 어떤 산업 시스템이든, 설령 그것이 미국에서 사용하는 것과 똑같은 시스템인 경우에도 유사시 표적이 될 수 있었다.

스파이 활동의 규칙으로 볼 때 이것은 전적으로 공정한 게임이었다. 미국이나 중국이나 러시아나 자국의 이익을 위해 스파이 활동을 전개하기는 마찬가지였다. 하지만 2009년, 아무런 사전 논의조차 없이 NSA는 사이버 전쟁의 새로운 규칙을 설정했다.

그해를 기점으로 다른 나라의 핵심 인프라에 감시 장치나 익스플로잇을 장착하는 것이 용인됐을 뿐 아니라 미국은 국경을 넘어 다른 나라의 핵 개발 프로그램을 교란하고 저지하는 행위도 당연하게 여기도록 선례를 만들어 버렸다.

그런 일은 아무도 그에 대해 발설하지 않는 한 그리고 그것이 코드를 이용해 수행되는 한 더 이상 문제가 되지 않았다.

9장

루비콘 – 돌아올 수 없는 강을 건너다

이란 나탄즈 핵시설Natanz Nuclear Facility

"**세**번째 옵션을 찾아보라고 해."라고 조지 W. 부시 대통령은 보좌관들에게 말했다.

때는 2007년, 미국은 이란과 이란이 보유한 무기 등급의 우라늄 문제로 이스라엘의 압력을 받고 있었다. 거의 10년 동안 이란은 나탄즈의 핵농축 공장 건설을 은폐해 왔다. 이 공장은 바위, 먼지와 콘크리트 밑 10미터 지하에 미국 펜타곤 규모의 절반쯤에 해당하는 두 개의 동굴 같은 홀로 구성돼 있었다.

외교적으로 설득해서는 이를 막을 수 없었다. 따라서 첫 번째 옵션은 가능성이 없었다. 펜타곤의 분석가들은 이란 측이 이스라엘의 폭격에 어떻게 대응할지 그리고 그것이 해당 지역에 주둔한 미군에 어떤 영향을 미칠지 파악하는 워 게임war game을 시작했다. 이스라엘의 선제 공격이 유가 폭등을 불러일으킬 것이라는 점은 거의 분명했다. 미군은 중동의 다른 지역까지 겨우 감당하는 형편이어서, 만약 전쟁에 개입하게 된다면 상황은 더욱 위험해질 것이었다. 따라서 두 번째 옵션도 현실성이 없었다.

부시 대통령은 이스라엘의 선제 공격으로 3차 세계대전이 벌어지는 상황을 막을 묘안이 필요했다.

세 번째 옵션으로 '헤일 메리Hail Mary' 작전을 제안한 사람은 NSA의 '테크

노 마법사'인 키스 알렉산더였다. NSA 국장을 맡은 알렉산더 장군은 항상 남들과 다른 무엇인가가 있었다. NSA의 전임 국장들과 달리 그 자신도 해커라 자처할 만한 인물이었다. 웨스트포인트 사관학교 시절 그는 전기공학과 물리학을 공부하면서 컴퓨터와 씨름했다. 1980년대 몬터레이Monterey에 있는 해군대학원에서 그는 직접 자신의 컴퓨터를 만들고, 육군의 투박한 색인 카드 시스템을 자동화 데이터베이스로 옮기기 위해 직접 프로그램을 개발했다. 애리조나주 포트 후아추카Fort Huachuca에 있는 육군정보센터Army Intelligence Center로 처음 배속됐을 때, 그는 육군의 모든 컴퓨터 사양을 외워 주위를 놀래켰고, 센터의 정보전 및 디지털전戰 데이터 프로그램의 상관 관계를 처음으로 지도화했다. 진급하는 동안 그는 전자전, 물리학, 국가안보 전략, 비즈니스 분야에서 복수의 석사 학위를 취득했다.

NSA의 제16대 국장으로 지명되기 바로 전까지 알렉산더 장군은 버지니아주 포트 벨부아Fort Belvoir에 있는 육군의 한 정보기관에서 국장으로, 이어 기관장으로 근무했는데 이곳의 집무실은 드라마 〈스타트렉Star Trek〉의 우주선 엔터프라이즈를 흉내 낸 모양으로, 문은 열거나 닫을 때마다 드라마에서처럼 '쉭whoosh'하는 소리를 냈다. 일부는 그를 알렉산더 황제라고 불렀는데, 이는 「스타트렉」에 대한 열광 때문이기도 하지만 자신이 원하는 것은 얻고야 마는 괴짜 같은 매력 때문이기도 했다. 군부 인사들은 그에게 '컴퓨터 괴짜 알렉산더Alexander the Geek'라는 별명을 붙였지만, 그의 NSA 전임자인 마이클 헤이든Michael Hayden은 행동에 먼저 옮기고 사과는 나중에 한다는 그의 평판에 착안해 카우보이라고 불렀다. 그가 조롱삼아 알렉산더에게 붙인 또 다른 별명은 '그냥 해봐!Just Do It!'라는 슬로건으로 유명한 나이키의 로고인 '스우시Swoosh'였다. 여기에는 '휙 소리를 내며 움직인다'라는 뜻도 포함돼 있다.

부시 대통령이 '세 번째 옵션'을 요구할 무렵, NSA와 국립 에너지 연구소는 이미 1년 동안 이란의 핵 시설을 지도화하는 작업을 벌이고 있었다. TAO의 해커들은 핵 시설의 청사진을 뽑아내기 위해 논스톱으로 감시 활동을 벌여 왔다. 소위 '오토캐드AutoCAD' 파일만 찾아내도록 설계된 바이러스를 유포했다. 오토캐드는 제조업과 관련된 컴퓨터 네트워크를 지도화해 주는 소프트웨어로, 이 경우 이들이 찾는 것은 핵 농축 시설의 구조 도면이었다. 이들은 이란에서 널리 사용되는 운영체제, 애플리케이션, 기능, 특징, 코드 등의 공통점을 분석하고, 더 많은 데이터를 찾아내기 위해 이란의 핵 시설 근무자와 계약자들이 사용하는 거의 모든 장비의 브랜드와 모델에서 제로데이를 찾아내 축적하기 시작했다. 이 모두는 감시 활동의 일환이었지만, 알렉산더 국장은 이를 다른 성격의 사이버 공격, 특히 표적 대상의 인프라를 파괴하는 데도 활용될 수 있다는 사실을 알았다. 정보기관에서 CNA라는 약칭으로 부르는 '컴퓨터 네트워크 공격computer network attacks'은 법에 따라 대통령의 승인이 필요했다. 그리고 2008년까지 그런 공격은 꽤 기본적이고 제한적이었다. 예를 들면 국방부는 이라크에 있는 알카에다의 통신 시설을 마비시키려 시도했는데, 이는 알렉산더 국장이 나중에 제안한 수준에 견주면 아이들 장난에 지나지 않았다.

컴퓨터 문외한도 이해할 수 있는 언어로 알렉산더 국장은 부시 대통령에게 이란의 핵 시설에 대한 치명적 사이버 공격이 어떤 양상일지 브리핑했다.

공학자와 핵 전문가들은 테네시주에 있는 에너지부 산하 오크리지 국립연구소Oak Ridge National Laboratory에 이란의 P-I 원심분리기를 비롯한 나탄즈의 핵 시설 모형을 건설했다. 공학자들은 이란의 핵 개발 프로그램을 저지하기 위해서는 원심분리기를[1] 파괴해야 한다는 점을 이해했다.

---

1 분당 10만 회 이상의 초음속으로 회전하면서 핵폭탄에 들어가는 동위원소를 분리해 내는 장치

이들은 또 모든 원심분리기의 약점은 섬세하고 변화가 많은 회전자에 있다는 사실도 알고 있었다. 회전자는 가벼우면서도 튼튼하고, 볼 베어링을 통해 균형을 잘 맞춰 마찰을 최소화해야 한다. 회전자를 너무 빨리 돌리는 경우 원심분리기가 부서질 수 있다. 너무 갑작스럽게 멈추면 2미터 가까운 높이의 원심분리기가 축에서 빠져 회오리 바람처럼 주변 장비를 박살 내버릴 수 있다. 정상적인 조건에서조차 원심분리기가 깨지거나 폭발하는 경우는 드물지 않다. 미국만 해도 수년간 여러 차례의 원심분리기 오작동 사태를 겪었다. 이란의 경우 공학자들은 자연적인 사고 때문에 매년 전체 원심분리기의 10% 정도를 정기적으로 교체했다.

알렉산더 국장이 2008년 제안한 것은 무기화한 코드를 사용해 그러한 사고를 흉내 내고 가속화할 수 있는 사이버 공격이었다. 나탄즈의 원심분리기를 돌리는 회전자는 '프로그래밍이 가능한 논리 제어기'라는 뜻의 '프로그래머블 로직 컨트롤러PLC, Programmable Logic Controller'로 불리는 특수 컴퓨터로 제어됐다. 나탄즈의 핵 기술자들은 PLC 덕택에 원격으로 원심분리기를 모니터링하면서 회전자의 속도를 점검하고 문제를 진단할 수 있었다. 만약 NSA가 PLC를 조작하는 나탄즈의 컴퓨터에 접근할 수 있다면 원심분리기가 통제 불능이 되도록 회전자의 속도를 높이거나 아예 정지시킬 수도 있을 것이라고 알렉산더 국장은 설명했다.

최선은 그런 절차를 서서히 진행해 이란의 기술자들이 문제의 사고를 정상적인 기술적 오작동으로 생각하도록 유도하는 것이었다. 그렇게 해서 원심분리기를 파괴한다면 이란의 핵 개발 야심을 몇 년 후퇴시킬 수도 있을 것이었다. 그것은 의심의 여지없이 미국이 사이버 영역에서 시도한 가장 위험한 도박이었다. 하지만 그것이 성사된다면 이란을 핵 협상 테이블로 다시 불러들일 가능성도 있었다.

알렉산더 국장의 제안은 몇 년 뒤 내가 만났던 최초의 제로데이 브로커인 사비엔의 말을 떠올리게 했다. "대부분의 전문가들이 동의하듯이 세계는 우발적으로 멸망할 가능성이 가장 높아요. 우리가 개입하는 곳은 바로 그 지점이죠. 우리는 컴퓨터 전문가들입니다. 바로 그 우발적 사고를 초래하죠We cause accidents."

성공하리란 보장은 없었다. 하지만 2008년 당시 이스라엘은 이란의 핵 시설을 완전히 날려버릴 수 있는 벙커 버스터bunker buster[2]를 인계하거나, 자신들의 선제 공격을 방해하지 말라고 부시 행정부에 최대한 압력을 넣고 있었다. 그해 6월, 이스라엘 공군은 1백 대 이상의 F-15와 F-16 전투기 그리고 재급유 유조선과 헬리콥터를 그리스에 배치했다. 백악관은 그 이유를 짐작할 필요조차 없었다. 이스라엘 텔아비브와 그리스 아크로폴리스 간의 거리는 텔아비브와 나탄즈 간의 거리와 거의 동일했다. "그것은 공격할 게 아니면 시간 낭비 말고 빠지라는 이스라엘식 메시지였죠."라고 한 국방부 관리는 내게 말했다.

이스라엘은 허풍을 떨지 않는다. 1년 전 부시 대통령이 시리아의 핵 시설을 폭격하지 않을 것이라는 점을 분명히 한 후, 이스라엘은 단독 작전으로 어둠을 틈타 시리아의 원자로를 폭격했다. 1981년에도 이라크의 오시라크Osirak 원자로를 파괴했다. 이들은 이제 나탄즈에 대한 공격을 계획하고 있었다. 그리고 이스라엘이 단독 작전을 감행한다면 미국은 3차 세계대전에 휘말릴 수 있다고 국방부의 모의 실험은 예측했다. 1년 전 기록적인 수의 미군이 이라크에서 살상됐고, 그 때문에 부시의 정치적 자산인 지지율도 나락으로 떨어졌다.

달리 좋은 옵션이 없었으므로 부시 대통령은 알렉산더 국장의 '헤일 메리' 작전을 선택했다.

---

2 방공호나 엄폐호를 뚫고 들어가 파괴하는 폭탄 – 옮긴이

이 작전에는 이스라엘을 끌어들여야 한다는 한 가지 단서가 붙었다. 이들에게 다른 방법이 있다는 점을 보여줘야 했다. 이스라엘 측도 이란의 핵 개발 프로그램이 어떻게 가동되는지 명확히 알고 있었다. 그리고 이들의 사이버 기술은 심지어 TAO의 수준에 버금갈 만큼 향상된 상태였다.

이후 몇 주가 지나 '올림픽 게임'이라는 암호명이 나왔다.

일부는 NSA의 컴퓨터 알고리즘이 그런 이름을 지었다고 말한다. 다른 이들은 올림픽 깃발의 오륜五輪에 착안해 의도적으로 명명했다고 주장한다. NSA, 이스라엘의 유닛 8200Unit 8200, CIA, 모사드Mossad 그리고 국립 에너지 연구소 다섯 군데가 사상 초유의 협력 작전을 진행한 사실과 잘 맞아떨어진다는 것이다. 여러 달 동안 해커, 스파이, 핵물리학자들로 구성된 여러 팀은 포트 미드와 랭리, 텔아비브, 오크리지 그리고 이스라엘이 나탄즈를 본떠 건설한 자체 핵 실험 사이트가 있는 디모나Dimona를 분주히 오갔다. 이들은 전체 임무의 계획을 운항, 진입 및 탈출 전략, 운송 차량, 맞춤화한 무기 장비 등으로 구분해 해병특공대 '씰 팀 식스SEAL Team Six'처럼 짰다.

이란의 정치 지도자들은 우발적으로 작전 수행의 활로를 제공했다. 2008년 4월 8일, 이란의 '핵의 날nuclear day'에 마흐무드 아흐마디네자드Mahmoud Ahmadinejad 이란 대통령은 취재 기자와 사진 기자들을 초청해 나탄즈 핵시설을 직접 안내했다. 카메라 셔터 소리가 분주한 가운데 아흐마디네자드는 기자들을 이끌고 분당 3천 회로 회전하는 석 대의 P-I 원심분리기를 지나친 다음, 처음 아버지가 된 사람과 같은 자부심으로 이란의 2세대 원심분리기를 선보였다. 새로운 원심분리기는 우라늄을 P-I 기종보다 '5배 이상' 더 효율적으로 우라늄을 농축시킬 수 있다고 그는 자랑했다. 이 행사를 계기로 그때까지 이란인과 소수의 핵 조사관들에게만 알려졌던 장비를 전 세계가 명확히 볼 수 있었다.

"이것은 정보기관에서 얻지 못해 안달하는 정보예요."라고 당시 한 영국의 핵 확산 전문가는 말했다. 바로 그 순간 NSA의 분석가들은 현장에서 찍은 모든 사진을 분석하고 디지털화하고 있었다는 사실을 그는 물론 알지 못했다.

그런 사진과 디자인 및 원심분리기에 대한 정보를 확보한 상태에서 미국과 이스라엘의 정보 요원들은 사이버 무기 개발에 필요한 모든 품목의 리스트를 작성했다. 그들은 나탄즈에 출입하는 모든 사람, 계약업자, 정비 직원의 목록이 필요했다. 나탄즈에 설치된 안티바이러스이나 보안 대책을 회피할 수 있는 방법이 필요했다. 빌딩 내에서 사용되는 각 컴퓨터에 관한 모든 정보가 필요했다. 운영체제, 기능, 프린터, 컴퓨터끼리 그리고 더 중요하게는 PLC와 어떻게 연결돼 있는지 알아야 했다. 그들이 개발한 코드를 빌딩 내 컴퓨터에 은밀히 퍼뜨릴 방법이 필요했다. 그리고 NSA의 변호사들은 공격을 감행할 경우 구체적인 표적으로 국한되고 부수적 피해는 최소화한다는 보장이 필요했다. 변호사들은 당연히 불안해 했다. PLC는 솜사탕을 돌리는 장치부터 롤러코스터의 브레이크 시스템 그리고 전 세계의 자동차 공장과 화학 공장에 이르기까지 광범위한 분야에 사용됐다. 이들은 공격이 이란의 원심분리기의 회전을 제어하는 PLC에만 작동한다는 확증을 원했다. 미국과 이스라엘 팀은 이어 회전자를 돌리고 원심분리기를 불안정하게 만들 실제 지시 사항, 적절한 수준의 공격 능력을 설계해야 했다. 그리고 나탄즈의 기술자들에게 그들의 원심분리기가 파괴된 다음에도 모든 것은 정상이라고 믿게 만들 방법이 필요했다. 지문이 남아서는 안 됐다. 실패도 용납할 수 없었다. 충동적인 공격도 금지였다. 이들이 개발한 코드는 휴면 상태로 누구에게도 탐지되지 않은 채 대기하고 있어야 했다.

이런 요구 사항 중 어느 하나만 만족시키기도 매우 어려운 일이었다. 이 모두를 한꺼번에 만족시키고, 몇 달이고 몇 년이고 어둠 속에 숨어서 공격 순간까지 대기시키는 일은 디지털 환경에서는 사상 유례를 찾아볼 수 없는 대사건이어서, 이 작전은 나중에 맨해튼 프로젝트와 비교될 정도였다.

8개월 뒤, 부서진 P-I 원심분리기가 개인 항공기편에 실려온 뒤 테네시주의 오크리지에서 백악관의 상황실로 옮겨졌다.

부시 대통령은 '올림픽 게임' 작전을 최종 승인했다.

정확히 누가 그 웜worm[3]을 들여왔는지 우리는 아직 모른다. 혹자는 모사드 스파이나 CIA 요원, 네덜란드의 내부 스파이, 사례를 두둑이 받는 내부자 혹은 '올림픽 게임' 작전이 표적으로 삼은 이란 회사, 이들 다섯 곳 중 하나의 계약업자일 것으로 추정한다. 우리는 그 대답을 올림픽 게임 작전에 대한 기밀이 해제되는 2039년에나 알게 될 것이다. 지금 우리가 아는 것은 누군가가 웜에 감염된 USB 드라이브를 컴퓨터에 꽂았다는 사실이다.

나탄즈의 컴퓨터는 특히 미국과 이스라엘의 침투를 막기 위해 에어 갭air-gapped[4] 돼 있었다. 몇 년 전 미국 측은 원심분리기를 파괴하기 위해 매우 기초적인 수준의 공격을 시도한 것으로 의심받고 있었다. 미국 스파이들은 튀르키예에서 이란으로 연결되는 나탄즈의 전력 공급망을 장악해 장치에 플러그를 꽂을 때 전압을 급격히 높여 원심분리기 모터를 제어하는 주파수 변환기로 흘려보내 원심분리기를 파괴하려 시도했다. 그런 전기 서지surge[5]는 외부의 공격임을 너무나 명백히 드러냈기 때문에 이란은 전력 공급선을 바꿨고, 시설 내 어떤 장비도 인터넷과 연결되지 않도록 조치했다.

그런 조치는 지난 30년간 진행된 디지털 익스플로잇의 발전에도 불구하

---

3 자가 복제를 통해 컴퓨터 간에 전파되는 바이러스 프로그램 – 옮긴이
4 컴퓨터를 인터넷이나 보안이 취약한 네트워크로부터 물리적으로 격리하는 것 – 옮긴이
5 전류나 전압이 순간적으로 급격히 높아지는 것 – 옮긴이

고, 기술만으로 미칠 수 있는 경계는 때로 매우 제한적일 수 있다는 점을 보여준다.

하지만 일단 누군가가 공격의 방아쇠를 당기기만 하면 나머지는 7개의 제로데이 익스플로잇에 의해 마법처럼 수행될 것이었다. 이 중 네 개는 마이크로소프트 소프트웨어에 그리고 세 개는 PLC 내부에 들어간 독일 지멘스Simens 소프트웨어에 내장돼 있었다.

우리는 아직도 이들 제로데이가 TAO 요원들에 의해 내부에서 개발된 것인지, 아니면 이스라엘의 유닛 8200이나 지하 시장에서 입수된 것인지 모른다. 우리가 아는 것은 500킬로바이트 크기의 웜이 이전에 발견된 어떤 웜보다 50배 더 크다는 점이다. 이는 아폴로 11호를 달에 보내는 데 필요한 소프트웨어 용량보다 100배 더 큰 규모다. 그리고 수백만 달러를 부를 만큼 가치가 높았다. 하지만 단 한 대에 20억 달러를 호가하는 B-2 폭격기에 견주면 헐값이었다. 웜을 나탄즈 컴퓨터에 접근시켜 원심분리기 속으로 집어넣는 작전에 7개의 제로데이는 저마다 긴요한 역할을 담당했다.

첫 번째는 마이크로소프트 소프트웨어의 제로데이로, 웜이 감염된 USB 드라이브에서 나탄즈의 컴퓨터로 옮아갈 수 있게 했다. 이 익스플로잇은 스스로를 평범한 .LNK 파일로[6] 영리하게 위장했다. USB 드라이브를 컴퓨터에 꽂을 때마다 마이크로소프트 툴은 자동으로 .LNK 파일을 찾도록 돼 있다. 툴이 그런 스캐닝을 시작하면 위장된 채 숨어 있던 웜이 활성화돼 누가 일부러 클릭하지 않아도 자동으로 USB 드라이브가 꽂힌 나탄즈의 첫 컴퓨터로 옮아간다.

웜이 나탄즈의 첫 번째 컴퓨터로 들어가면 마이크로소프트의 두 번째 익

---

6 USB 드라이브에 포함된 MP3 음악이나 마이크로소프트 워드 파일 같은 콘텐츠의 작은 아이콘을 표시하는 데 사용되는 파일

스플로잇이(비록 기술적으로는 이 두 번째 익스플로잇은 제로데이가 전혀 아니었다) 활동을 개시했다. 이 익스플로잇에 대한 정보는 일반에는 거의 알려지지 않은 폴란드의 해킹 잡지 「해킹^{Hacking}」[7]에 상세히 기술돼 있는데, TAO와 유닛 8200의 해커들은 이 잡지를 꼼꼼히 읽은 것이 분명했지만 마이크로소프트나 이란에서는 아무도 그런 사실을 몰랐다.

「해킹」지에 기술된 오류는 이렇다. 누구든 윈도우 컴퓨터에서 '인쇄^{print}' 버튼을 누를 때마다 파일이 생성된다. 이 파일은 인쇄될 콘텐츠와 해당 문서가 앞에서 뒤로, 흑백이나 컬러로 인쇄돼야 할지 지시하는 제어 코드를 담고 있다. 바로 그 인쇄 기능을 공격함으로써 해커는 해당 프린터와 연결된 로컬 네트워크에 들어 있는 어떤 컴퓨터에든 접근할 수 있다.

스프레드시트, 음악 파일, 데이터베이스 등을 공유하기 위해 공개 파일 공유 네트워크를 사용하는 대학과 연구소처럼 나탄즈는 자체 파일 공유 네트워크가 있었다. 웜은 최종 목적지를 찾아 컴퓨터에서 컴퓨터로 퍼질 수 있었다. 때로는 인쇄할 정보를 저장하는 프린터의 스풀링^{spooling} 익스플로잇도 이용했다. 다른 경우는 이란의 기술자들이 미처 패치하지 않아 취약점이 남아 있는 또 다른 원격 코드 조종 익스플로잇을 사용했다.

일단 나탄즈의 로컬 네트워크에 진입한 웜은 나탄즈의 PLC를 제어하는 컴퓨터를 찾기 위해 마이크로소프트 윈도우의 다른 두 제로데이로 컴퓨터를 감염시켰다. 윈도우의 안티바이러스 기능을 회피하기 위해 웜은 훔친 여권으로 신분을 위장하는 것과 비슷한 방식을 취했다. 대만의 다른 두 회사가 제공하는 보안 인증서^{security certificate}를 사용해 안전한 프로그램인 것처럼 가장했다. 이것은 그 자체로 주목할 만한 성취였다. 어떤 웹사이트가 안전하다든지 혹은 이 경우처럼 컴퓨터에 설치된 웜 드라이버를 윈도우 운

---

7 Hacking이라는 단어에서 알파벳 g 대신 9를 썼다. - 옮긴이

영체제가 신뢰할 수 있다며 디지털 인증서를 발행할 수 있는 곳은 소수의 다국적 기업에 국한됐기 때문이다. 기업은 자사의 디지털 인증서가 오용되지 않도록 개인키를 엄중한 보안 아래 안전하게 보관한다. 개인키가 든 금고는 감시 카메라, 생체인식 센서로 감시되며, 많은 경우 한 명이 아닌 두 명의 직원들이 각자의 접근 정보를 제공해 조합된 형태로만 접근을 허용한다. 이는 내부 직원이 개인키를 훔쳐 암시장에 파는 행위를 차단하기 위한 조치다. 이 경우 두 대만 인증 기관의 사무실이 동일한 지역에 있음을 감안할 때 인증서 유출은 내부자의 소행일 가능성이 크다.

웜은 컴퓨터에서 컴퓨터로 옮겨다니면서 지멘스의 스텝 7[Step 7] PLC 소프트웨어가 설치된 시스템을 찾았다. 그 소프트웨어는 원심분리기가 얼마나 빠른 속도로 도는지 그리고 멈추거나 꺼지는지 알려줄 것이었다. 소프트웨어가 설치된 컴퓨터를 찾으면 해커들은 기초적인 시행착오 기법을 써봤다. 다시 말해 제조회사가 기본 값으로 제공한 비밀번호(보통 'admin'이나 'password')를 입력해 봤는데, 대부분의 경우 그런 방식으로 해커들은 시스템에 들어갈 수 있었다.

웜은 스텝 7 데이터베이스에 침투해 데이터 파일 속에 악성 코드를 심을 수 있었다. 그런 다음에는 나탄즈의 직원들이 악성 코드를 설치한 데이터베이스에 연결하기만 기다렸다. 일단 연결되면 추가 익스플로잇을 활성화해 해당 직원의 컴퓨터를 감염시켰다. 그렇게 컴퓨터에 진입하면 PLC를 장악하고, 이것이 제어하는 원심분리기의 회전자도 통제할 수 있었다. 웜은 변호사들의 의견을 반영해 설계한 결과 매우 신중해서 이들이 꼭 필요한 수준의 페이로드[payload][8]를 PLC에 투하했다. 웜은 정확히 164대의 장비를 제어하는 PLC만 찾았다. 이는 무작위 숫자가 아니었다. 나탄즈가 원심분리

---

8 공격이나 악성적인 활동을 벌이는 코드

기를 164대 단위로 그룹을 지은 데 착안한 것이었다.

웜은 그런 조건에 맞는 PLC를 찾으면 미리 설정된 페이로드를 투하했다. 이 한 스텝만도 그 자체로 놀라운 성취였다. 이때까지 PC와 PLC 양쪽에서 작동하는 웜은 존재하지 않았다. 두 시스템은 완전히 다르며, 각각에 고유한 언어와 마이크로프로세서를 사용한다. 웜이 PLC에서 한 일은 아무런 활동도 하지 않은 채 기다리는 것이었다. 13일 동안 웜은 원심분리기 회전자의 속도를 측정하는 일만 했다. 웜은 나탄즈의 원심분리기에 사용되는 정확한 주파수 대역인 800~1,100헤르츠 사이에서 회전자가 작동한다는 사실을 확인했다. 1,000헤르츠를 넘어 작동하는 주파수 변환기는 주로 우라늄 농축에 사용되기 때문에 미국의 수출 규제를 받는다. 13일의 대기 기간이 끝나자 페이로드는 작동을 시작했다. 해당 코드는 회전자가 정확히 15분 동안 1,400헤르츠로 속도를 높여 회전하다가 27일간 정상 상태로 작동하도록 설계됐다. 그리고 27일이 지나면 15분간 회전자의 속도를 겨우 2헤르츠 수준까지 낮췄다가 다시 27일간 정상 상태로 되돌렸고, 이런 패턴을 반복했다.

나탄즈의 공학자들이 아무런 의심도 품지 않도록 하기 위해 '올림픽 게임' 작전의 설계자들은 그야말로 '미션 임파서블'을 이끌어냈다. 은행 강도들이 금고를 터는 동안 감시 카메라의 영상을 미리 녹화해둔 화면으로 대체하듯이, 웜은 나탄즈의 원심분리기가 한계치를 벗어나 과속 회전을 하거나 아예 회전을 멈춰 버리는 동안 미리 기록해둔 정상 데이터를 PLC의 작동을 모니터하는 스텝 7 컴퓨터로 전송했다. 그 때문에 나탄즈의 기술자들은 실제로 벌어지는 상황을 눈치챌 수 없었다.

2008년 후반, 올림픽 게임 작전 팀은 나탄즈의 PLC로 침투하는 데 성공했지만 사이버 공격을 의심하는 사람은 아무도 없는 것처럼 보였다. 웜이 확산되기 시작하자 부시 대통령과 알렉산더 국장은 진전 상황에 만족감을 표시했다. 이스라엘 측도 마찬가지였다. 계속 공습을 주장했지만 당분간 즉각적인 전쟁 위협은 없을 듯했다. 하지만 올림픽 게임 작전은 그해 11월의 미국 대통령 선거가 다가올수록 더 급박해졌다.

점점 더 존 매케인John McCain이 아니라 버락 오바마Barack Obama가 부시의 후임이 될 가능성이 커보였는데, 이스라엘은 오바마를 와일드 카드 정도로 인식하고 있었다.

2009년 초 공식적으로 정권을 이양하기 며칠 전, 부시 대통령은 오바마 대통령 당선자를 백악관으로 초청해 독대하는 자리를 가졌다.

「뉴욕타임스」의 데이비드 생어 기자가 뒤에 보도한 바에 따르면 부시 대통령은 오바마 당선자에게 두 개의 기밀 프로그램을 유지하도록 설득했다. 하나는 파키스탄에서 진행 중인 드론 프로그램이었다. 다른 하나는 올림픽 게임 작전이었다.

특별한 기술적 배경이나 지식이 없는 상태에서 오바마 대통령은 올림픽 게임 작전에 깊숙이 연루됐다. 그가 취임한 지 채 한 달도 안 된 시점에서 웜은 첫 번째 성공을 거뒀다. 나탄즈의 원심분리기가 통제 불능이 되면서 여러 대가 부서졌다. 오바마 대통령은 부시 전대통령에게 전화를 걸어 그의 '세 번째 옵션'이 성과를 내고 있다고 알려줬다.

아흐마디네자드 대통령은 5만 대 이상의 원심분리기를 추가 설치할 것이라고 공언했지만, 국제원자력기구IAEA의 기록에 따르면 이란은 2007년부터 2009년까지 꾸준히 숫자를 늘려가다가 2009년 6월부터 서서히 하락하는 경향을 보여준다.

올림픽 게임 작전은 알렉산더 국장이 바란 그대로 실현됐다. 2010년 초까지 웜은 8,700대에 이르는 나탄즈의 원심분리기 중 2,000대를 파괴했다. 회전자에 대한 공격이 벌어질 때마다 오바마 대통령은 보좌관들과 함께 백악관 상황실에 모였다. 원심분리기가 자꾸 파괴되면서 이란은 전체 핵 개발 프로그램에 대한 자신감도 잃어가고 있었다. 조사관들은 아무런 원인도 찾아내지 못했고, 나탄즈의 담당 관료들은 서로 책임을 전가하며 내홍에 빠졌다. 여러 명의 기술자들이 해고됐다. 남은 이들은 목숨을 걸고 맨몸으로라도 원심분리기를 지키라는 명령을 받았다. 한편 이들의 컴퓨터 스크린은 계속해서 모든 것이 정상 작동하고 있음을 보여줬다.

성과에 만족하면서도 오바마 대통령은 이런 공격이 선례를 만들지 않을까 우려했다. 이것은 세계 최초의 대량 파괴 사이버 무기였다. 문제의 웜이 밖으로 나온다면 지금까지 알고 있던 무력 분쟁의 양상을 바꿔 버릴 것이다. 이전까지는 항공기와 폭탄으로만 수행할 수 있었던 분쟁이 역사상 처음으로 프로그래밍 코드에 의해 실행될 것이다. 만약 이란이나 다른 어떤 적성국이 이 신무기를 알게 된다면, 미국이 수행한 방식과 마찬가지로 대담하게 나올 것은 거의 분명했다.

근래의 몇몇 사이버 공격 사례만 보더라도 미국의 기업과 마을 그리고 도시는 놀라우리만치 취약하다는 사실을 보여주고 있었다. 2008년 러시아의 해커들이 국방부의 기밀 및 비기밀 네트워크에 침투한 사건, 2009년 북한 해커들이 재무부, 비밀정보부, 연방거래위원회, 교통부, 나스닥, 뉴욕증권거래소 등의 웹사이트를 공격해 마비시킨 사건, 중국 해커들이 논스톱으로 미국의 군부와 상업 기밀을 훔쳐낸 사례는 그런 문제를 부각시켰다. 사이버 영역에서 미국에 해악을 끼치고 싶어 하는 적성국은 어디든 그 목표를 달성하고 있었다. 미국의 취약성은 다층적이었고, 방어 대책은 불충분했으며, 공격 가능한 표면은 새로운 컴퓨터, 전화기 및 PLC가 온라인에 연결될 때마다 확장됐다. 적성국이 미국에 심각한 위해를 가할 수 있는 취약점을 찾아내는 데는 얼마나 더 시간이 필요할까? 이들이 미국과 비슷한 공격 역량을 갖추기까지 얼마나 걸릴까? 그리고 이들이 그런 사이버 무기를 미국을 상대로 시험하기까지 얼마나 더 시간이 필요할까?

2009년 봄 오바마 행정부는 사이버 방어를 담당하는 여러 정부기관을 조율하고, 공격에 특히 취약한 미국 기업에 조언해줄 사이버 보안 전담역을 백악관에 신설했다. 오바마 대통령은 그런 대책을 발표하면서 대규모 웹 이전은 '커다란 약속이지만 동시에 심각한 위험'이라고 미국인들에게 경고했다.

사상 처음으로 오바마 대통령은 사이버 공격의 실상을 체험했다. 해커들이 그의 선거 캠페인 사이트와 2008년 대선 경쟁자인 존 매케인의 선거 사이트에 침투한 것이다. "해커들은 이메일은 물론, 정책 관련 문서부터 유세 일정에 이르기까지 다양한 선거 파일에 접근했어요. 그 사건을 계기로 절감했죠. 이 정보 시대에는 우리의 최대 강점 중 하나가 … 최대 취약점 중 하나가 될 수 있다는 사실을 말이죠."

그런 와중에도 웜은 원심분리기를 조작하고 있었다.

핵 조사관들이 무엇인가 이상하다고 처음으로 인식한 것은 2010년 1월이었다. 나탄즈의 원심분리기실 밖에 설치된 감시 카메라는 흰 실험복 차림에 파란 플라스틱 신발 커버를 한 이란의 기술자들이 분주하게 원심분리기를 연달아 밖으로 실어내는 장면을 보여줬다.

공식적으로 국제원자력기구는 이란의 기술자들에게 왜 원심분리기를 파기하느냐고 물어보는 것이 허락되지 않았다. 그리고 이란 측은 무엇인가 잘못됐다는 사실을 인정하지 않았다.[9]

미국의 시각에서 볼 때 웜은 놀라울 정도로 잘 작동했다. 그 웜이 탈출하

---

9 유엔 산하 국제원자력기구(IAEA)에 따르면 2021년 12월 현재 이란은 포로도(Fordow) 지역에 고성능 원심분리 시설을 설치하기 시작했다. 고도의 보안과 더불어 산 밑에 건설한 이 시설은 우라늄을 20% 순도 수준까지 농축할 수 있어서 핵 무기를 개발하려는 이란의 의도를 잘 보여주는 것으로 풀이된다. – 옮긴이

기 전까지는 말이다.

　정확히 어떻게 그 웜이 밖으로 나오게 됐는지는 아무도 모른다. 하지만 그해 6월, 레온 파네타Leon Panetta 당시 CIA 국장과 마이클 모렐Michale Morell 부국장 그리고 합참 부의장인 제임스 '호스' 카트라이트James 'Hoss' Cartwright 장군은 오바마 대통령과 조 바이든 부통령에게 문제의 웜이 어떤 식으로든 나탄즈 빌딩을 벗어났다면서 어떤 끔찍한 사태가 조만간 발생하게 될지를 브리핑했다.

　이들이 가장 유력하다고 짐작하는 경로는, 웜의 진전 속도에 조바심이 난 이스라엘 측이 새로운 확산 메커니즘을 도입했고, 그것이 웜의 탈출로 이어졌다는 가정이었다. 하지만 지금까지도 이 이론은 검증된 바 없다.

　「뉴욕타임스」의 데이비드 생어 기자는 나중에 바이든 부통령이 이스라엘 책임론의 장본인이라고 보도했다. 부통령은 "빌어먹을 놈들, 이스라엘 놈들이 틀림없어. 너무 나갔어."라고 말한 것으로 알려졌다.

　또 다른 이론은 나탄즈의 기술자나 정비 직원이 감염된 컴퓨터에 자신의 개인 기기를 꽂는 바람에 웜이 나탄즈의 울타리를 벗어났으리라는 것이다. 올림픽 게임 작전의 설계자들은 웜을 정교하게 설계하고 조정해 어떤 구체적인 조건에서 얼마의 파괴력을 발휘할지 치밀하게 고려했지만, 웜이 에어갭을 넘어 온라인 환경에 진입할 경우 어떤 일이 벌어질지에 대해서는 전혀 생각하지 않았다.

　오바마 대통령은 파네타와 모렐 그리고 카트라이트에게 이들이 두려워하는 질문을 던졌다. "작전을 중지해야 할까요?" 부시 전 대통령으로부터 이 프로그램에 대해 처음 브리핑 받은 이후, 이것은 항상 최악의 시나리오였다. 이란 측은 얼마나 빨리 상황을 파악하고, 유출된 코드가 자신들의 시스템에서 나온 것임을 알게 될까? 웜은 얼마나 멀리 확산될까? 그리고 그에 따른 부수적 피해는 어떻게 나타날까?

오바마 대통령의 조언자들은 제대로 대답할 수 없었다. 이들이 아는 것은 이란 측이 유출된 코드를 따라잡고, 그 출처와 표적을 파악하는 데는 많은 시간과 조사가 필요하리라는 것이었다. 오바마 대통령은 배후가 미국이라는 점이 발각될 때까지 얼마 남지 않은 시간 동안이나마 가능한 한 최대한의 피해를 입혀야 한다고 생각했다. 그는 장군들에게 올림픽 게임 작전의 속도를 높이라고 명령했다.

이후 여러 주 동안 TAO와 유닛 8200 요원들은 또 한 번 공격을 감행했고, 더 많은 원심분리기를 파괴했다. 그 와중에 나탄즈 시설을 탈출한 웜은 더 많은 PLC를 찾아 웹의 온갖 장소를 여기저기 돌아다녔다. 얼마나 많은 시스템이 곧 감염될지 파악할 방법은 없었다. 하지만 누군가가 이를 탐지해 잡아내고, 해당 코드를 낱낱이 분해하는 것은 시간 문제였다.

오바마 대통령의 젊은 보좌관인 벤저민 로즈Benjamin Rhodes는 "이런 내용은 머지않아 「뉴욕타임스」에 나올 겁니다."라고 경고했다. 그의 경고는 현실로 나타났다.

그해 여름 벨라루스의 보안 연구자들, 러시아 모스크바에 있는 보안회사 카스퍼스키Kaspersky의 연구자들, 미국 레드먼드에 있는 마이크로소프트의 연구자들, 캘리포니아에 있는 시만텍의 연구자들, 독일의 산업보안 전문가인 랄프 랭너 등은 거의 동시에 웜의 흔적을 찾아내기 시작했다. 웜은 이란에서 인도네시아, 인도, 유럽, 미국 그리고 다른 수백 개 나라로 배회하며 수만 대의 컴퓨터를 감염시키고 있었다. 그와 동시에 마이크로소프트는 해당 국가 고객들에게 긴급 주의보를 발령했다. 이들은 코드의 첫 번째 몇 단어를 조합해 웜에 '스턱스넷'이라는 이름을 붙였다.

함부르크의 사무실에서 랭너는 속을 끓었다. 여러 해 동안 그는 독일을 비롯해 세계 곳곳의 고객들에게 자동차 공장, 화학 공장, 발전소, 댐, 병원,

핵 농축 시설 등에서 플러그에 꽂는 작은 회색 PLC 박스가 시설 파괴나 더 심하게는 폭파, 테러, 광범위한 정전 사태를 초래하는 표적이 될 것이라고 경고해 왔다. 하지만 지금까지 이런 우려는 순전히 가설에 불과했다. 스틱스넷의 코드와 파괴 기능이 초점으로 떠오르면서 랭너는 자신이 오랫동안 두려워해 온 공격이 막 시작됐음을 깨달았다.

연구실의 제어된 환경에서 랭너의 팀원들은 여러 컴퓨터를 스틱스넷으로 감염시킨 뒤 어떤 일이 벌어지는지 관찰했다. "그리곤 아주 우스꽝스러운 일이 벌어졌어요."라고 그는 회고했다. "스틱스넷은 마치 우리가 준 치즈를 좋아하지 않는 실험쥐처럼 행동했어요. 냄새만 맡고 먹으려고는 하지 않은 거죠."

이들은 여러 다른 버전의 PLC에 웜을 시험해 봤다. 하지만 웜은 아무런 행동도 하지 않았다. 웜의 설계자들이 표적에 대한 구체적 정보를 코드에 적용한 결과, 거기에 부합하는 사양의 시스템만을 찾고 있다는 점이 분명해졌다.

"설계자들은 공격하려는 표적의 상세한 정보를 알고 있었어요."라고 랭너는 말했다. "이들은 아마 시스템 운영자의 신발 사이즈까지 알았을 겁니다." 웜의 확산 메커니즘도 인상적이었지만, 이들이 충격을 받은 것은 랭너가 '탄두warhead'라고 부른 웜의 파괴 기능이었다. "웜의 파괴 기능은 매우 정교한 기술을 요구합니다."라고 말했다.

코드의 정교함으로 미뤄 이것은 일개 사이버 범죄자의 작품일 수가 없었다. 풍부한 자원을 갖춘 어느 나라 정부의 작품이었다. 그리고 그것은 '정비 기술자들을 기만할' 목적으로 설계했다고 랭너는 결론지었다.

랭너는 웜의 파괴 기능과 관련해 지속적으로 튀어나오는 숫자인 164에도 주목했다. 자신의 비서에게 원심분리기 전문가의 목록을 만들라고 주문하고, 이 숫자가 그들과 어떤 공명 관계가 있는지 점검했다. 있었다. 나탄즈의 농축 시설에서 오퍼레이터들은 원심분리기를 164개의 그룹으로 분류했다. 찾았다!

한편 「뉴욕타임스」에서는 데이비드 생어, 윌리엄 브로드^{William Broad}, 존 마코프 세 기자가 스턱스넷 코드에 얽힌 미스터리를 조금씩 풀어가고 있었다. 2011년 1월, 세 기자는 이스라엘이 관련된 사실을 비롯한 장문의 웜 관련 기사를 발표했다.

2개월 뒤인 2011년 3월, 랄프 랭너는 롱비치에 있었다. 연례 TED 아이디어즈 콘퍼런스에서 스턱스넷 코드를 해부하는 10분짜리 강연을 요청받은 자리였다. 랭너는 '테드 토크^{TED Talks}'에 대해 금시초문이었고, 그런 이벤트의 전체 개념 자체도 독일인인 랭너가 옹호하는 가치관과는 배치되는 것이었다. 독일인들은 한담을 나누지 않으며, 허튼소리^{bullshit}도 늘어놓지 않는다. 기분 좋은 메시지와 노골적인 자기 선전은 독일에서 통하지 않는다. 자신의 업무를 잘 수행하는 것이 자기 과시용 강연의 이유가 될 수는 없다. 당시 랭너는 순탄치 않은 이혼 절차로 고통받던 참이어서, 캘리포니아로 날아가 해변을 산책하면 어느 정도 마음의 위안이 될 것이라고 기대했다. 하지만 행사장에 도착한 일요일, 랭너는 그것이 평범한 사이버 보안 콘퍼런스가 아니라는 사실을 감지했다. 강연자 목록에는 빌 게이츠, 구글의 공동 설립자인 세르게이 브린^{Sergey Brin}, 펩시의 최고경영자인 인드라 누이^{Indra Nooyi} 그리고 아프가니스탄 주둔 미군을 지휘한 스탠리 맥크리스탈^{Stanley McChrystal} 장군 등이 들어 있었다. 첫 날 강연자들 중 한 명은 국제우주정거장^{International Space Station}에서 화상으로 롱비치의 청중에게 생명에 관한 강연을 펼쳤다.

해변을 산책하리라던 바람은 물 건너갔다. 랭너는 전문 용어로 채워진 강연 자료를 내던지고, 이후 며칠간 호텔 방에 틀어박혀 프리젠테이션 슬라이드를 새로 만들고, 프로그래밍이 가능한 논리 제어기^{programmable logic}

controller를 뜻하는 PLC를 어떻게 하면 일반인에게 쉽게 설명할지 고민했다. 그는 강연자 만찬처럼 초대자만 모이는 행사에 참석했다. 뷔페 접시에 음식을 담아 근처 테이블에 앉아서 홀로 조용히 식사를 하는데 세르게이 브린이 랭너의 스턱스넷 분석에 깊은 인상을 받았다며 말을 걸었다. 이것이 랭너에게는 스트레스를 가중시켰다.

그로부터 사흘 뒤 무대에 오른 랭너는 세계 최초의 디지털판 대량살상 사이버 무기인 스턱스넷에 대해 가장 논리 정연한 설명을 제공했다. 그는 경고로 강연을 마쳤다. 스턱스넷은 구체적으로 나탄즈의 원심분리 시설을 표적으로 설계됐지만, 누구든 해당 코드를 변형해 윈도우와 지멘스 컴퓨터로 작동하는 시설, 예컨대 양수 펌프, 에어컨 시스템, 화학 공장, 전력망, 제조 공장 등을 공격하는 행위를 막을 방법은 없다는 내용이었다. 다음에 나타날 웜은 스턱스넷처럼 협소하게 제어되지 않을 수도 있다는 점을 전세계에 미리 경고할 필요가 있다고 랭너는 말했다.

"그와 같은 공격의 가장 많은 표적은 중동에 있지 않습니다."라고 랭너는 지적했다. "그런 표적은 유럽에, 일본에 그리고 미국에 많습니다. 우리는 앞으로 닥칠 결과를 직시해야 하고, 지금 당장 대응책을 준비해야 합니다."

"랄프, 질문이 하나 있습니다." 랭너가 강연을 마치자마자 TED의 설립자인 크리스 앤더슨Chris Anderson이 손을 들었다. "이 웜의 배후가 이스라엘의 모사드라는 보도가 많았습니다. 이것은 당신의 견해입니까?"

바로 그 순간까지 오바마 행정부는 기자와 연구자들이 이스라엘이 배후라고 추측하는 데 초점을 맞추면 문제의 공격에 대한 미국의 역할은 영영 드러나지 않을 수도 있다고 혹은 설령 연구자들이 다른 나라가 연루됐음을 파악하더라도 감히 어느 나라인지 거명하지는 않으리라고 기대하고 있었다.

이들의 바람은 랭너에게는 통하지 않았다. "누구인지 정말 알고 싶으세요?"라고 랭너는 앤더슨에게 반문했다.

참석자들은 웃었다. 랭너는 깊은 한숨을 쉬고 수트를 바로잡았다. "제 의견은 모사드가 연루됐지만 이스라엘은 주도 세력이 아니라는 겁니다. 이 공격의 주도 세력은 가장 강력한 사이버 권력을 가진 곳입니다. 그런 나라는 오직 하나죠. 미국입니다."

그리고 덧붙였다. "그래도 그게 다행스러운 대목입니다. 다른 나라가 배후였다면 문제는 지금보다 더 심각했을 테니까요."

이란 측은 스턱스넷이 자신들의 핵 농축 프로그램을 파괴한 사실을 결코 시인하지 않았다. 이란의 원자력 기관장인 알리 아크바 살레히^{Ali Akbar Salehi}는 자신들의 팀이 "엄중한 경계 태세를 유지한 덕택에 문제의 바이러스를 침투하려던 바로 그 지점에서 발견했으며, 바이러스가 우리의 시설에 미치려던 피해를 막았다."라고 주장했다.

실상은 이란 측은 이미 보복할 방법을 모색 중이었고, 미국과 이스라엘은 이들에게 안성맞춤의 지름길을 알려줬다. 미국은 재래식 전쟁은 막았을지 모르지만, 스턱스넷을 세상에 유출함으로써 완전히 새로운 전선^{戰線}을 열었다. 문제의 웜은 방어적 감시 수단에서 공격적 사이버 무기로 돌이킬 수 없는 루비콘 강을 건넜다. 그리고 불과 몇 년 안에 그것은 부메랑이 돼 미국을 덮쳤다.

전직 NSA 국장인 마이클 헤이든은 다음과 같은 말로 이런 상황을 더없이 잘 요약했다. "이것은 미국이 세계 최초의 원자폭탄을 히로시마에 투하한 1945년 8월을 연상시킵니다. 일단 누군가가 새로운 무기를 사용하면 그 무기를 다시 상자 안에 가둬둘 방법은 없습니다."

10장

공장

버지니아주 레스턴^{Reston}

스턱스넷은 아시아 지역을 몇 번 돈 다음 미국에 닿았다.

컴퓨터 시스템이 감염됐음을 처음 인정한 미국 기업은 국내 2위의 에너지 회사인 셰브론^{Chevron}이었다. 해당 웜의 코드에 포함된 신중한 지시 사항 덕택에 이들 컴퓨터에 특별한 피해를 입히지는 않았지만, 미국 내 모든 최고정보책임자들에게는 경종을 울렸다. 이들은 날로 악화되는 글로벌 사이버 전쟁의 부수적 피해자들이었다.

"이 웜이 얼마나 널리 확산됐는지 미국 정부가 파악하고 있다고 생각하지 않습니다."라고 셰브론의 한 고위 간부는 기자들에게 말했다. "미국 정부가 벌인 행위의 부정적 피해는 그것으로 성취한 내용보다 훨씬 더 크고 심각할 것입니다."

웜이 상자 밖으로 나오면서 이란은 미국과 이스라엘의 음모를 알게 됐고, 이들의 보복이 예상되는 와중에 미국의 인프라가 여전히 취약하다는 점을 고려하면 공격과 방어 양쪽을 책임진 NSA는 눈길을 내부로 돌려 스스로의 취약점을 파악하고, 그를 보완할 대책을 세우는 더디고 힘든 작업을 시작했으리라 생각할지도 모른다.

그러나 지금은 가속화의 시대였다. 아날로그 형식의 모든 것은 디지털화하고 있었다. 디지털화한 모든 것은 어딘가에 저장됐다. 그리고 저장된 모든 것은 분석되고, 완전히 새로운 차원의 감시와 공격에 노출됐다. 스마트폰은 이제 실시간 추적기가 돼 소유자의 모든 움직임, 관계, 구매 내역, 검색 및 소음을 디지털화한다. 스마트 홈은 집안의 온도 조절 장치, 전구, 감시 카메라를 제어하고, 음악과 소리를 재생하고 녹음하며, 심지어 퇴근해서 집에 닿기도 전에 오븐을 데우기 시작한다. 기차 센서는 부서진 바퀴를 식별해 일정이 지연되는 상황을 막는다. 스마트 신호등은 레이더, 카메라, 센서로 무장하고 궂은 날씨에 적합하도록 신호를 조정하거나 빨간불에 길을 건너는 사람을 잡아내는 등 교통 흐름을 관리한다. 소매점은 한 고객의 구매가 며칠 전 '스마트' 전광판의 광고 때문이라는 점을 파악한다. 심지어 목장의 소들조차 계보기와 센서를 갖추고 주인에게 소가 아픈지 아니면 너무 덥거나 추운 환경인지 알려준다.

데이터의 기록, 저장, 전파 및 분석 비용은 클라우드와 스토리지, 광섬유 연결망 그리고 컴퓨터 처리 속도의 급속한 발전 덕택에 사실상 무료에 가까운 수준으로 낮아지고 있다. 2011년 2월 IBM의 왓슨Watson 컴퓨터는 미국의 인기 퀴즈쇼 「제퍼디!Jeopardy!」에 출연해 인간 챔피언을 꺾으면서 이제는 기계가 자연어로 된 질문과 대답을 이해하는 수준에 이르렀음을 입증했다. 그로부터 불과 8개월 뒤, 애플은 고품질 음성 인식과 자연어 처리 능력으로 사용자 명령에 따라 이메일과 문자를 보내고 일정을 알려주거나 음악 플레이리스트를 제공하는 새로운 디지털 음성 비서인 시리Siri를 선보였다.

대규모 이동성과 연결망, 데이터 저장 및 처리 그리고 크게 증강된 컴퓨터 성능이 한데 묶이면서 NSA는 지구상 거의 모든 사람과 센서를 추적할 수 있는 사상 초유의 역량을 갖게 됐다. 이후 10여 년간 NSA는 익스플로잇 활용과 감시 활동 및 미래의 공격 수단을 위해 이 새로운 디지털 영역의 모든 빈틈을 샅샅이 뒤지고 찾아냈다. 판도라의 상자가 열린 이상 이를 되돌릴 길은 없었다.

2009년 6월, 스턱스넷이 배회하는 와중에 오바마 행정부는 공세적 사이버 공격을 위한 전담 사이버 사령부를 국방부에 설치했다. 미국의 기밀 네트워크에 대한 러시아 세력의 공격에 국방부는 더 나은 방어가 아닌 더 적극적인 해킹으로 대응하기로 했다. 스턱스넷의 성공은 그것이 얼마나 일시적인 것이었든 그 이전으로 돌아갈 길은 없음을 의미했다. 2012년, 출범 3년 차인 미국 사이버 사령부의 연간 예산은 27억 달러에서 70억 달러로 세 배 가까이 증가했고(여기에 더해 또 다른 70억 달러가 국방부 전반의 사이버 활동 예산으로 책정됐다), 인력도 900명에서 4,000명으로 그리고 궁극적으로 2020년 14,000명으로 증원됐다. 2013년 스노든이 유출한 정보에 포함된 기밀 지침서에 따르면, 오바마 대통령은 2012년부터 고위급 정보 요원들에게 해외의 사이버 공격 표적인 '시스템, 프로세스 및 인프라'의 목록을 제출하도록 지시했다. 사령부가 해당 표적을 공격하기로 계획했는지 아니면 국방부가 단지 '전장을 준비하는' 일환으로 작성했는지는 분명치 않지만, 해당 지침은 이러한 목표물을 공격하는 것이 '적성국이나 목표물에 대한 경고가 최소한 혹은 아무런 사전 정보 없이 심각한 피해를 입히는 잠재력으로 무장하고, 전 세계 국가 목표를 진전시키는 독특하고 파격적인' 방법을 제공할 수 있음을 분명히 했다.

그 무렵 NSA가 직면한 도전은 이러한 목표물에 어떻게 침투할지보다 날로 증가하는 정부의 감시 및 공격 프로그램에 필요한 인력을 어떻게 충원할지 하는 것이었다. 전 세계에 걸친 NSA의 감시 범위에도 불구하고, 이들은 해외 컴퓨터에 심어놓은 디지털 감시 장치를 모니터하는 데 필요한 인력의 8분의 1밖에 확보하지 못한 상태였다. 디지털 도청 장치의 규모를 몇백만 개 수준으로 늘리기 위한 NSA의 예산 충원 요청이 승인된다면 인력난은 더욱 가중될 게 분명했다.

NSA는 전 세계에 설치한 도청 장치를 자동화할 계획을 세우고 '터바인

Turbine'이라는 암호명으로 로봇을 시험하기 시작했다. 내부적으로 '산업적 규모의 익스플로잇 운용'을 가능케 할 '정보 지휘 통제' 방식이라고 알려진 터바인은 '두뇌처럼' 감시 프로그램을 운용하도록 설계했다. 터바인 로봇 작전은 더 큰 규모의 이니셔티브인 '넷 소유^{Owning the Net}'의 일부로, 모든 것이 바람대로 진행될 경우 궁극적으로 로봇이 인간을 대신해 NSA의 광범위한 디지털 감시망을 관리하게 될 전망이다.

이제는 이 자동화된 로봇이 디지털 도청 장치를 설치해 원시 데이터를 수집할지 아니면 멀웨어를 주입할지 같은 결정을 내리는 것은 물론, 마치 디지털판 '스위스 아미 나이프^{Swiss Army knife}'처럼 NSA가 필요로 하는 거의 모든 업무를 수행하게 되는 것이다. 많은 유형이 유출된 NSA 문서에 묘사돼 있지만 훨씬 더 많은 유형이 있을 것으로 짐작되는 NSA의 다양한 멀웨어 툴은 전화 통화 내용, 문자, 이메일 및 산업용 청사진 등을 훔쳐낼 수 있었다. 다른 멀웨어는 감염된 컴퓨터의 마이크를 활성화해 근접 거리에서 벌어지는 어떤 대화 내용도 도청할 수 있었다. 또 다른 툴은 스크린 캡처 이미지를 훔치고, 표적이 특정한 웹사이트에 접근하지 못하게 막고, 원격으로 컴퓨터를 꺼버리며, 모든 데이터를 못쓰게 만들거나 삭제하고, 피감시자의 키보드 입력 내용, 검색 입력어, 브라우저 사용 내역, 비밀번호와 암호화된 데이터를 푸는 데 필요한 키 등을 훔친다. NSA의 어떤 툴은 멀웨어의 위력을 높여 작전 요원이 서버 하나하나를 감염시킬 필요 없이, 코드가 자동으로 한 취약한 서버에서 다른 취약한 서버로 순식간에 확산되도록 만든다. NSA의 어떤 해킹 툴은 오로지 해킹 사실을 은폐할 목적으로 개발됐다.

스노든이 유출한 NSA의 파워포인트 슬라이드와 메모는 이런 툴을 모호하고 일반적인 용어로 언급하고 있다. 그 때문에 내가 이 정신나간 진실 취재에 나섰던 것이지만, 2013년 후반 독일의 시사주간지 「슈피겔^{Der Spiegel}」

이 장장 55페이지에 걸쳐 보도한 NSA 기밀 카탈로그 내용에 견주면 아무 것도 아니었다. 이 기사는 NSA의 영리한 익스플로잇 기법을 담았는데, 그 내용이 워낙 기발해서 정보 유출자가 스노든이 아니라 두 번째 NSA 스파이나 어떤 식으로든 TAO의 비밀 금고에 접근할 수 있었던 외국의 스파이일지 모른다는 의혹이 생길 정도였다.

「슈피겔」이 보도한 장비 카탈로그는 007 첩보 소설의 Q 공장에서 직송된 내용 같았다. '멍키캘린더Monkeycalendar'는 표적의 지리적 위치를 눈에 보이지 않는 문자 메시지로 도청 요원에게 알려주는 익스플로잇이고, '피카소Picasso'는 멍키캘린더의 기능에 더해 표적이 사용하는 전화기의 마이크를 켜 근접 거리에서 벌어지는 대화 내용을 도청할 수 있게 해주는 익스플로잇이다. '설리스폰Surlyspawn'은 건맨 프로젝트로 밝혀진 러시아의 타이프라이터 도청 장치의 현대판으로, 심지어 인터넷에 연결되지 않은 컴퓨터의 키보드 입력 내용을 잡아낼 수 있게 해준다. 「슈피겔」의 유출 보도는 또 TAO가 순전히 아이폰을 표적으로 개발한 익스플로잇으로, 심지어 아이폰이 오프라인인 경우에도 모든 문자 메시지와 전화통화 내용을 훔치고 위치를 감시하며, 원격으로 마이크를 조종하고 사진을 찍을 수 있게 해주는 '드롭아웃지프Dropoutjeep'가 어떻게 세상에 드러나게 됐는지 알려준다.

카탈로그에 언급된 더 흥미로운 툴 중 하나는 '코튼마우스 ICottonmouth I'라는 기기로, 평범한 USB 메모리 스틱처럼 생겼지만 그 안에 내장된 미니 라디오 송수신기를 이용해 데이터를 멀리 떨어진 또 다른 NSA의 발명품인 '나이트스탠드Nightstand'로 전달했다. 이런 툴에 대한 상세한 내용이 유출되자 보안 연구자들은 미국과 이스라엘이 처음에 스턱스넷을 나탄즈 시설에 심을 때 이들이 중요한 역할을 했을 것으로 추정했다.

대부분의 경우 NSA의 제로데이는 여전히 발견되는 중이었으며, 기관 내부뿐 아니라 워싱턴 DC 지역의 수많은 개인 해커에 의해 정교화되고 있었다.

하지만 이들을 유포하고 설치하는 작업은 점점 더 슈퍼컴퓨터의 몫이 되고 있다. 2013년에 이르러 터바인은 완전 가동 수준으로 발전해 TAO 분석가들의 작업을 돕기 시작했다. 이 로봇은 NSA의 내부 메모에 따르면 "인간 요원이 상세한 내용을 알거나 신경써야 할 필요를 덜어준다." 그해 말, NSA는 터바인이 '수백만 개의 디지털 도청 기기를' 제어해 정보를 수집하거나 '적극 공격'에 활용할 것으로 예상했다. 새로운 공세적 사이버 툴을 우선시한 결과 그해 NSA의 공세적 툴의 비중은 방어적 툴보다 2배 더 많았다. NSA의 침투 작전을 위한 예산은 6억 5,200만 달러로 정부의 네트워크를 해외 공격으로부터 방어하기 위한 예산보다 2배 더 많았다. 비평가들은 NSA가 기관의 방어적 임무를 완전히 포기했다고 비판하기 시작했다.

건맨 프로젝트 이후 30여년 간 세계는 달라졌다. 미국과 적성국이 서로 전혀 다른 종류의 타자기를 사용하던 시대는 지나갔다. 글로벌화 덕택에 우리는 모두 동일한 기술에 의존한다. NSA가 어떤 제로데이를 파키스탄 정보기관이나 알카에다 정보원에만 피해를 입히도록 맞출 수가 없다. 만약 그 제로데이가 유출돼 해외 정보원이나 사이버 범죄자 혹은 악의적 해커의 수중에 들어간다면 미국 시민과 기업 그리고 기간 시설도 취약한 상황에 놓인다.

이런 역설은 미 국방부 수뇌부를 불안하게 만들기 시작했다. 미국의 사이버 무기는 더 이상 진공 상태로 존재할 수가 없었다. 미국은 사실상 여차하면 미국에 부메랑이 돼 피해를 입힐 수도 있는 위험한 연구개발 분야에 투자하는 셈이었다. 미국의 기업, 병원, 전력 시설, 핵발전소, 석유 및 가스 파이프라인, 운송 시스템(항공기, 기차, 승용차)은 NSA의 익스플로잇이 표적으로 삼은 것과 동일한 애플리케이션과 하드웨어에 의존하고 있었다.

그리고 그런 상황은 금방 달라지지 않을 것이다. 트럼프 행정부가 5G 모바일 네트워크 개발에 대한 화웨이Huawei의 참여를 막으려는 시도에서 진다는 것을 나중에 절실히 깨닫게 되듯이 정부가 얼마나 맹렬히 로비를 하든 기술에 관한 한 세계화를 막아세울 수는 없다.

NSA는 진퇴양난의 상황에 놓였다. 세계의 악당을 물리치기 위한 이들의 해법은 군비 경쟁을 격화시켜 도리어 미국을 공격에 더 취약하게 만드는 결과를 초래했다. 이런 딜레마에 대한 NSA의 대응은 '오직 우리뿐Nobody But Us'이라는 뜻의 노버스NOBUS 전략이었다. 이 전략의 기본 전제는 미국의 적들도 쉽게 발견하고 남용할 가능성이 큰 소프트웨어의 취약점은 즉각 해당 개발사에 알려 수정하거나 보완하게 하되, 더 진보된 익스플로잇, 즉 NSA만이 해당 취약점을 찾아내어 익스플로잇으로 변환하는 데 요구되는 컴퓨팅 능력, 자원 및 기술력을 갖췄다고 여겨지는 익스플로잇은 비밀리에 축적했다가 미국의 적성국을 감시하거나 사이버 전쟁 때 그들의 시스템을 파괴하는 데 사용한다는 것이었다.

2005년까지 NSA를 이끌었던 마이클 헤이든은 노버스를 이렇게 설명했다. "설령 어떤 취약점을 알더라도 그것을 이용하는 데 상당한 컴퓨팅 파워나 다른 요소가 요구되는 경우, 우리는 취약점을 다른 렌즈로 바라보고 판단해야 합니다. 다른 누가 이것을 할 수 있겠어요? 여기에 암호화 수준을 약화시키는 취약점이 있지만, 그것을 실제로 사용하기 위해서는 4에이커 규모의 슈퍼컴퓨터가 필요하다면 노버스라고 생각할 겁니다. 그리고 이것은 우리가 윤리적으로나 법률적으로 패치해야 한다고 느끼는 유형이 아니라고 판단합니다. 미국의 안전을 지키기 위해 윤리적으로나 법률적으로 우리가 활용해야 하는 종류라고 판단하는 거죠."

하지만 2012년 무렵부터 노버스 전략은 허물어지기 시작했다. "해킹 라우터는 꽤 오랫동안 우리와 '파이브 아이즈Five Eyes'[1]에 좋은 정보 수집 채널이었다."라고 한 NSA 분석가는 유출된 극비 메모에서 언급했다. "하지만 다른 나라도 기술력을 높여 우리와 비슷한 수준에 오르고 있다."

NSA는 자신들이 오랫동안 활용해 온 동일한 라우터와 스위치를 러시아의 해커들도 이용하고 있다는 증거를 발견했다. 중국 해커들은 미국의 통신 서비스와 인터넷 기업에 침투해 비밀번호와 청사진, 소스코드, 기업 비밀을 훔쳐냈는데, 이런 정보는 역으로 중국이 이 시스템을 악용하는 데 사용될 수 있었다.

NSA는 고슬러와 다른 전임자들의 기여 덕택에 신호 정보signals intelligence 부문에서는 여전히 월등한 선두였지만 그런 우위는 빠르게 줄어들고 있었다. 혹자는 NSA가 이런 흐름을 근거로 노버스 전략의 실패를 인정하고, 인터넷 환경에서는 조건이 엇비슷해진다는 점을 깨달았을 것이라고 짐작하기 쉽다. 그렇지 않았다. NSA는 경쟁 우위를 유지하겠다며 노버스 전략에 도리어 박차를 가했다. 더욱 많은 제로데이를 찾아내 축적하는 한편, 워싱턴 DC 지역의 계약회사를 통해 더 많은 툴을 찾아내고 개발하는 데 힘을 쏟았다.

2013년 NSA는 기관의 비밀 예산black budget에 2,510만 달러 규모의 새로운 항목을 추가했다. 그것은 매년 '민간 멀웨어 개발사로부터 소프트웨어 취약점을' 조달받는 데 집행하려고 계획한 자금 규모였다. 한 추산에 따르면 그것은 기관이 내부적으로 개발 중인 취약점에 더해 매년 625개의 제로데이를 구매할 수 있는 규모였다.

이처럼 취약점과 익스플로잇에 대한 수요가 높아지면서 공세적인 사이

---

1 다섯 개의 눈. 글로벌 정보 수집 활동에 공조하는 미국, 영국, 오스트레일리아, 캐나다, 뉴질랜드 5개국의 동맹을 가리키는 표현 – 옮긴이

버 무기 시장의 규모도 크게 확장됐다. NSA만이 아니었다. 스틱스넷 이후 CIA, DEA(마약단속국), 미 공군, 미 해군, FBI 등도 제로데이 익스플로잇과 멀웨어 툴을 확보하는데 더 많은 예산을 투여하기 시작했다. 이런 툴을 개발할 수 있는 기량을 갖춘 TAO의 젊은 해커들은 TAO에서 일하기보다 프리랜서가 돼 감시 및 공격 툴을 개발해 정부에 파는 편이 훨씬 더 이익이라는 사실을 깨달았다. 러시아와 중국에서는 누구든 사이버 기량을 갖춘 이들은 공세적 해킹 작전을 수행하도록 강요하고, 위협하고, 심지어 갈취할 수 있었지만 미국 정부 입장에서는 그런 방식을 쓸 수가 없었다. 유능한 해커와 분석가들은 속속 정부를 떠나 부즈 앨런Booze Allen, 노스롭 그루먼Northrop Grumman, 레이시언Raytheon, 록히드Lockheed, 해리스Harris 등과 같이 고액 연봉을 제시하는 민간 방위 산업체나 제로데이를 잡아내고 개발하는 데 특화된 워싱턴 DC 지역의 소규모 전문업체로 자리를 옮겼다.

2013년 스노든의 폭로는 두뇌 유출 현상을 더욱 부추겼다. NSA의 전방위적 감시 활동이 밝혀지면서 여론의 뭇매를 맞자 기관 내부의 사기는 땅에 떨어졌고, 기관은 그간 비밀로 유지되던 여러 프로그램을 차례차례 중단할 수밖에 없었다. 그 결과 수많은 분석가가 기관을 떠났다. 기관은 공식적으로 그런 사실을 부인하지만 심각한 인력난에 직면했다.

한때 내부에서 개발할 수 있었던 툴을 이제는 외부의 해커나 계약사로부터 구매하는 수밖에 없는 상황이 됐다. 그리고 정보기관이 제로데이 익스플로잇과 공격 툴을 민간 시장에서 구매하기 위한 예산을 늘릴수록 소프트웨어의 취약점을 수정하도록 개발사 측에 알려야 할 동기는 더더욱 줄어들었다. 이들은 오히려 기밀 수위를 높여 제로데이 익스플로잇을 숨기는 데 더욱 힘을 쏟았다.

아이러니한 것은 이러한 비밀 유지가 정작 미국인들을 더 안전하게 만드는 데는 거의 아무런 기여도 하지 못했다는 점이다. 제로데이는 언제까지나 비밀로 유지되지 않는다. 미국 방위 계획 전문 연구 기관인 랜드 코퍼레이션RAND Corporation의 한 연구에 따르면, 제로데이 익스플로잇이 비밀로 유지되는 평균 기간은 거의 7년이지만, 그중 약 4분의 1은 1년 반 안에 발견됐다. 이전 연구는 제로데이의 평균 수명을 10개월로 잡았다. 하지만 스턱스넷을 계기로 제로데이의 위력을 실감한 미국의 동맹국, 적성국 및 독재 정권은 각자 자신들만의 제로데이를 찾고 수집하기 시작했다. 미국의 기밀 수준과 비밀유지 협정은 이를 막는 데 아무런 도움이 되지 못했다. 단지 나 같은 언론인들이 정부의 추악한 비밀을 폭로하는 것을 막는 데나 도움이 되었을 뿐이다.

2008년 어느 날, NSA에서 가장 유능하다고 평가되는 해커 다섯 명이 거의 동시에 그들의 보안 배지를 반납하고 포트 미드의 주차장을 빠져나갔다.

기관 내에서 이들은 '메릴랜드 5인조Maryland Five'로 불리며 주위의 존경을 받았고, 주요 계기 때마다 없어서는 안될 존재임을 확인시켰다. 이들은 TAO 접근 팀의 엘리트로 다른 누구도 뚫지 못한 시스템을 해킹하곤 했다. 표적이 테러리스트, 무기상, 중국 첩자 혹은 핵물리학자든 NSA는 이들이 필요했다. 이들이 해킹할 수 없는 시스템이나 타깃은 거의 없었다.

하지만 관료주의, 영역 다툼, 중간 관리자들, 비밀성, 형식주의 등이 이들을 가로막았다. 이전의 여러 해커들처럼 돈은 이들 작업의 주된 동기가 아니었다. 아직 20대인 이들은 갚아야 할 주택융자금이나 학비도 없었다. 이들이 추구한 것은 자율성이었다. 하지만 이들은 또한 자신들의 고용주 NSA가 해커, 브로커 및 방위 계약자들에게 자신들이 내부에서 수행하는 것과 똑같은 작업을 하는 대가로 점점 더 많은 돈을 기꺼이 지불할 의사가 있음을 인지하기 시작했다.

그래서 이들은 NSA를 사직하고 직접 회사를 차렸다. NSA에서 차로 한 시간 정도 거리에 사무실을 둔 이들의 회사는 제로데이 익스플로잇에 특화된 소수의 전문가 집단이었다. 그리고 무려 12년 동안 이들은 자신들의 비즈니스 전체를 비밀로 잘 유지했다.

2019년 3월의 어느 흐린 날, 나는 펜타곤 근처에서 택시를 타고 버지니아주 교외인 레스턴Reston의 평범한 6층짜리 유리 건물에 도착했다. 평소대로라면 탁아소와 안마시술소 사이에 낀 이 건물에 나는 특별히 주목하지 않았을 것이다. 내가 제대로 찾아온지도 알기 어려웠다. 입주한 것으로 알고 온 기업의 이름조차 보이지 않았다. 이들은 광고하지 않았다. 빌딩은 1990년대에 지어진 사무용 빌딩과 별반 다를 게 없었다.

나는 그날 약속을 잡지 않았고, 빌딩 깊숙이 들어갈 수 있을 것으로 기대하지도 않았다. 몇 년 동안 나는 그 안에서 일하는 사람들에 대한 이야기를 들어 왔다. 하지만 그 회사의 중역이나 직원에게 연락을 취했지만 아무런 응답도 받지 못했다. 그날 회사 안으로 발을 들여놓으면서 나는 감시 카메라, 회전식 문 혹은 무장경비원을 만날 것으로 예상했다. 나는 당시 임신 8개월이어서 누구든 나를 제지하면 화장실을 찾는다고 변명할 참이었다. 하지만 내가 뒤뚱거리며 안으로 들어갈 때 아무도 막는 사람이 없었다. 나는 엘리베이터에 타고 3층을 눌렀다. 300호에 입주한 기업은 미국판 Q 연구소라고 할 수 있었지만 취약점 연구 랩VRL, Vulnerability Research Labs이라는 명칭은 전혀 드라마틱하지 않았다.

외부의 주목을 피하는 신중함이야말로 VRL의 기반 미덕이이었다. 차분하고 단순한 느낌의 웹사이트는 "왜 우리 회사를 들어본 적이 없을까요?"라고 질문한다. 그에 대한 대답은 이렇다. "VRL은 광고하지 않습니다. 우리는 모든 비즈니스 관계에서 철저한 비밀을 유지합니다." 이 회사가 디지털 공간을 전장으로 만드는 데 모종의 역할을 했음을 보여주는 유일한 단서는 고대 중국의 철학자 손자로부터 빌려 온 '지피지기면 백전불태百戰不殆'[2]라는 모토다.

비록 VRL은 자신들의 비즈니스가 가진 방어적 요소를 내세우려 시도했고, 실제로 방어적 비즈니스도 했지만 나는 VRL이라는 이름을 언급할 때마다 제로데이 사냥꾼이나 브로커의 안색이 변하는 것을 보고 이들의 주력은 공세적 요소에 있음을 알았다. VRL은 시장에서 제로데이 익스플로잇, 다양한 감시 툴, 사이버 무기를 사고파는 주도적 기관 중 하나였다. VRL은 자신들의 공세적 작업에 대해 가능한 한 함구한다는 엄격한 정책을 고수했다. 누구든 유리문을 넘어 고객사의 이름만 속삭여도 해고였다. CIA, FBI, NSA 등과 같이 석자로 약칭되는 정보기관은 혹시 VRL이 관련 비즈니스의 단서만 외부에 노출해도 계약은 순식간에 날아가버릴 터였다.

하지만 링크드인LinkedIn은 늘 흥미로운 결과를 내놓았다. NSA의 전직 신호정보 연락 담당관들은 이제 VRL의 '공세적 툴과 기술 관리자'로 직책이 바뀌었다. 미 정부의 전직 테러 대응 전문가는 이제 VRL의 운영 관리자였다. 몇몇 VRL 직원들은 자신들의 직무를 민감한 사항이어서 '삭제됐음'이라고 적었다. 취업 사이트에서 나는 '고객사의 사이버 사냥 능력을 높이기 위해 소프트웨어와 하드웨어의 주요 취약점을' 발견하는 기량을 갖춘 엔지니어를 뽑는다는 VRL의 구인 정보를 찾았다. 이 회사는 익스플로잇을 버튼 하나로 조작할 수 있는 스파이 툴을 만들기 위한 커널kernel 익스플로잇 전문가와 모바일 개발자들을 지속적으로 찾고 있었다. 하지만 VRL의 웹사이트 어디에도 제로데이 조달 비즈니스는 언급돼 있지 않지만, 그럼에도 미국에서 손꼽히는 제로데이 연구자들, 특히 VRL의 VIP 고객인 NSA와 CIA

---

2 흔히 '지피지기면 백전백승'으로 알려져 있지만 '백전불태'가 맞는 표현이다. 영어 원문도 'in a hundred battles you will never be in peril'이라고 이를 바르게 표현하고 있다. – 옮긴이

에서 일한 경력이 있는 인력을 찾아내고 스카웃하는 데 꽤 성공적이었다.

한 구인 사이트에 VRL은 자신들의 기업 가치를 다음과 같이 밝혀놓았다. "해외 적성국이 수집하고 축적한 사이버 무기의 현황과 이들의 독특한 사이버 무기 거래 방식에 대한 VRL만의 지식은 타의 추종을 불허합니다."

이 분야의 비즈니스는 비밀로 점철되지만 초창기 VRL의 경쟁 상대라고 할 수 있는 몇몇 기업, 예컨대 버지니아주의 엔드게임Endgame, 보스턴 외곽의 네트라가드Netragard, 텍사스주 오스틴의 엑소더스 인텔리전스Exodus Intelligence 등은 비교적 잘 알려져 있었다. VRL은 그렇지 않았다. 왜 이 분야의 관계자들이 유독 VRL만은 베일에 덮어두려 애를 썼는지 파악하기 위해 나는 몇 년에 걸쳐 사람을 만나고 정보를 캐냈다.

VRL의 내부자는 누구도 나를 만나주지 않았다. VRL의 계약 중 공개된 것도 거의 없었다. 그나마 찾아낸 정보도 별반 도움이 되지 않았다. 정부의 조달 데이터베이스에서 나는 VRL이 육군, 공군, 해군 등과 수백만 달러 규모에 이르는 다수의 계약을 따낸 사실을 확인했다. 한 계약서는 공군이 '컴퓨터 주변 장비'에 대한 대가로 VRL에 290만 달러를 지불했다고 모호하게 처리돼 있었다. 2010년 VRL이 거대 방위 계약업체인 '컴퓨터 사이언시즈 코퍼레이션CSC, Computer Sciences Corp.'에 매각된 이후 문서적 증거는 거의 사라졌다. 당시 CSC의 최고경영자는 VRL 인수로 자사가 사이버 보안 공간에서 '비할 데 없는 능력unparalleled capabilities'을 갖추게 됐다고 자랑했지만 온라인에서 찾아볼 수 있는 정보만으로는 VRL의 실체를 파악하기가 불가능했다. VRL의 짐 밀러Jim Miller 회장도 당시 '우리가 확보한 인재 풀은 사상 유례를 찾아볼 수 없을 만큼 높은 수준'이라고 자신했다.

하지만 기업이 팔린 이후 나는 부에노스 아이레스, 밴쿠버, 싱가포르, 라스베이거스 등에서 열린 국제 해킹 콘퍼런스에서 전직 VRL 직원들과 마주치기 시작했다. 많은 이는 굳게 입을 다물었다. 하지만 내가 이미 파악한 사실인 VRL이 미국 정부에 공세적 스파이 툴과 사이버 무기를 조달한 기관 중 하나였다는 사실을 더 알려줄수록 이들도 점점 더 입을 열기 시작했다. 일부는 내가 발견한 내용의 사실 여부만 확인해줬다. 다른 이들은 좀 더 적극적이었는데, 이는 부분적으로 전 세계의 컴퓨터 시스템, 스마트폰, 인프라에 구멍을 뚫고 정교한 스파이 툴을 내장시켜 그것이 어떤 용도로 사용될지는 전혀 모른 채 정부기관에 넘긴 자신들의 작업이 과연 얼마나 바람직한 일인지에 대해 회의를 품기 시작했기 때문이었다.

이런 식의 사후 재검토는 도널드 트럼프의 대통령 당선과 더불어 새로운 차원으로 접어들었다. 독재자들에 대한 트럼프의 기괴한 애착, 러시아에 2016년 대통령 선거 개입의 책임을 묻지 않은 점, 미국의 시리아 철군 결정으로 가까운 동맹인 쿠르드족을 저버린 행위, 사우디 왕족이 「워싱턴포스트」의 칼럼니스트인 자말 카슈끄지Jamal Khashoggi를 처참하게 살해했음에도 모르쇠로 일관한 사례에서 드러나듯 미국은 그 윤리적 권위를 잃어가고 있었다. 심지어 사우디의 모하메드 빈 살만Mohammed bin Salman 왕세자가 카슈끄지 암살을 직접 지시했다는 CIA의 정보를 듣고도 트럼프 대통령은 "그가 지시했을 수도 있고, 그렇지 않을 수도 있다."는 식으로 반응했다. 이런 사례가 쌓여가면서 "이런 사이버 툴을 과연 선한 세력에 파는 것인지, 아니면 악한 세력에 파는 것인지 판단하기가 점점 더 어려워졌다."라고 한 전직 VRL 직원은 내게 말했다.

나중에 전직 VRL 직원들의 말을 듣고 보니 이들의 계약 관계를 찾는 내 작업은 처음부터 실패할 수밖에 없었다. VRL의 툴은 주로 CIA와 NSA가 자신들의 계약 관계를 숨기기 위해 설정해 놓은 '특별한 계약 수단'을 통해 조달됐다. 왜 파네타가 내게 '수많은 벽에 부딪힐' 것이라고 말했는지 이제는 알게 됐다.

하지만 2008년 무렵 이들은 내게 VRL 비즈니스의 전제를 이렇게 말했었다. "제로데이를 찾기는 아주 어려워요. 제로데이를 무기로 만들기는 더 어렵죠. 하지만 가장 어려운 일은 이것을 테스트하고 안정된 무기로 만드는 일입니다."

VRL은 이 모든 작업을 비싼 가격에 수행했다. 2008년부터 파이브 아이(미국, 영국, 캐나다, 오스트레일리아, 뉴질랜드) 국가는 NSA에서 손꼽히는 제로데이 사냥꾼들을 고용하고, 아르헨티나, 말레이시아, 이탈리아, 오스트레일리아, 프랑스 및 싱가포르 등지의 해커들과 계약했다. 또한 몇 테라바이트의 정크 코드junk code를 VRL의 툴에 던져넣어 VRL이 정보기관에 파는 제로데이가 운용 중 다운되거나 미국에 의해 해킹된 사실을 표적에 알리지 않는지 테스트하는 대규모 '퍼즈 팜fuzz farm'[3]에 아낌없이 돈을 쏟아부었다.

VRL에서 개발한 툴은 높은 품질로 평판이 좋았다. 아이디펜스, 티핑 포인트 그리고 다른 기업이 돈을 주고 사들이는 엉터리 버그와는 차원이 달랐다.

"이것은 100% 믿을 만하고, 철저히 비밀에 부쳐진 몇 백만 달러짜리 제로데이였죠."라고 한 전직원은 내게 말했다. "이건 아무데나 던져넣는 게 아니었어요. 지극한 정확성이 요구되는 공격에만 사용했죠. 왜냐하면 일단 실행하고 나면 그것이 발견될 위험성이 너무 컸기 때문이에요. 이들이 '홧김에' 실행된 경우는 전혀 없었습니다. 그것을 사용하지 않으면 안될 만큼 위급한 상황까지 기다려야 했죠."

VRL은 아이만 알-자와히리Ayman al-Zawahiri[4]를 체포하려 한다거나 북한의 미사일 발사 시스템을 정지시키는 유형처럼 정부의 극비 작전에 사용되는

---

3 수만 대의 컴퓨터가 연결된 가상 서버 팜을 지칭한다. - 옮긴이
4 오사마 빈 라덴에 이은 알 카에다의 2대 수장 - 옮긴이

툴을 제공했다. 이들은 제로데이를 파는 데만 그치지 않았다. 한 직원의 표현을 빌리면 '쾅! 하고 폭파시킬 수 있는' 스파이 툴과 사이버 무기도 팔았다.

"버그를 사는 것과 신뢰할 만하고 무기화한 익스플로잇을 확보하는 일은 하늘과 땅 차이만큼이나 다릅니다."라고 한 직원은 말했다. "이것들은 버튼을 누르면 작동하는 시스템이었어요."

10년 전만 해도 기량이 높은 해커가 제로데이를 아침에 찾아내는 경우 오후 무렵이면 무기화한 익스플로잇으로 바꿀 수 있었다. 하지만 마이크로소프트 같은 소프트웨어 개발사가 점점 더 강력한 보안 및 익스플로잇 대응 방식을 내놓으면서 이를 피해 믿을 만한 익스플로잇으로 개발하는 데는 더 많은 시간과 인력이 필요하게 됐다. "몇 시간에서 몇 주로, 다시 몇 달로 달라졌어요."라고 NSA의 한 전직 분석가는 내게 말했다.

VRL은 제로데이를 무기화하고, 다양한 시스템에 즉각 사용할 수 있는 턴키 방식의 해킹 툴을 정보기관에 판매하는 매우 효과적인 틈새 시장을 찾아낸 것이었다.

계약사라는 신분 덕택에 VRL은 암시장에서 해외 해커들로부터 제로데이와 익스플로잇 그리고 공격 기법을 사들이는 것처럼 정부기관은 할 수 없는 비윤리적 작업도 수행할 수 있었다. VRL은 이렇게 취득한 원시 재료를 클릭 한 번으로 쏘거나 실행할 수 있는 스파이 툴과 사이버 무기로 바꿨고, CIA와 다른 미 정부기관은 해당 익스플로잇이 어디에서 왔는지 따질 필요가 없었다.

때로 VRL은 다른 사람들로부터 일회성으로 익스플로잇을 사들이기도 했다. 하지만 더 흔하게는 스파이 기기나 사이버 무기의 개념을 디자인한 다음 해외 해커들에게 작업을 맡겼다. 나는 한 직원에게 해외 해커들과 작업하는 데 불안감은 없었는지 혹은 그들이 다른 쪽에 팔아넘길지 모른다는 생각은 해보지 않았는지 물었다.

"우리는 신경 쓰지 않았어요."라고 그는 대답했다. "우리는 무슨 수를 써서든 필요한 제품을 생산했을 뿐입니다."

2010년 CSC에 인수된 다음에도 VRL은 비교적 자율성을 유지하고 있었다. 그해 3월 내가 회사 건물 밖에 진을 치고 있던 당시도 마찬가지였다. 건물 안에는 그럴듯한 카페테리아도 없었고, 암벽 등반 시설을 갖춘 체육관도 없었으며, 벤처 기업 직원들이 흔히 누리는 혜택도 없었다. 두꺼운 유리로 구분된 사무실에는 유행을 좇는 힙스터도 스키니 진도 보이지 않았다.

내가 본 장면을 요약한다면 반反 실리콘밸리라 할 만했다. VRL의 직원들은 구글이나 애플 같은 회사의 제품에 숨은 취약점을 찾고, 그것을 몰래 무기화함으로써 이 회사의 보안 엔지니어들에게 악몽을 선사하는 셈이었다. VRL이 개발 중인 툴은 만약 발견된다면 구글과 애플의 보안 담당자들은 즉각 최고경영자에게 비상 벨을 울리고, 미국 정부가 과연 얼마나 깊숙이 자신들의 시스템에 침투했는지 파악하는 한편, 이를 몰아낼 방안에 골몰할 것이 분명했다.

"거기에서 일하는 사람들은 모두가 마치 수도승처럼 헌신적이었습니다."라고 한 전직원은 내게 말했다. "그들은 구글이나 페이스북에서 흔히 보는 보안 담당자들의 이미지보다는 원탁의 기사들에 더 가까웠어요."

전직 직원들은 충성심에 불타는 네이비씰 같은 기업 문화를 입증하는 증거로 한 가지 사례를 되풀이해서 내게 들려줬다. 한 직원이 신장 질환을 앓았다. 신장 이식이 가능한 사람을 찾을 때까지 회사의 거의 모든 직원들이 조직 검사를 받았고, 결국 한 직원이 그에게 신장을 기증했다. 이런 일은 구글이나 페이스북에서는 일어나지 않았다.

나는 VRL의 문밖에 서서 20대 남성 직원들이 드나드는 모습을 지켜봤다. 튀지 않는 옷차림에 주위는 아랑곳하지 않은 채 아이폰을 열심히 들여다보는 그런 모습으로 이들의 외양은 평범했다. 실리콘밸리에서 흔히 만나는 티셔츠 차림이나 복고 취향의 대형 헤드폰을 쓴 모습은 보이지 않았다. 이들은 매일 트위터에서 만나는 요란한 목소리들이 아니었다. 이들이 과연 소셜미디어를 쓰는지조차 의심스러웠다.

비밀 그룹과 지하의 제로데이 시장 밖에서는 누구도 이들에 대해 들어본 적이 없었지만, VRL의 인력은 전 세계의 대다수 나라보다 더 진보한 사이버 역량을 갖추고 있었다. 그럼에도 내가 아는 한, 이들에게 책임을 묻는 사람은 아무도 없었다. 주요 정보기관에서 VRL로 이직한 사람들은 자신들이 개발한 툴의 용도를 어느 정도는 알고 있었다. 하지만 이들이 실제 운용 업무를 맡은 것은 여러 해 전의 일이었다. "일단 툴을 정보기관에 제공하고 나면 그게 어떻게 아용되는지는 전혀 모릅니다."라고 한 전직원은 말했다. "가끔 뉴스에서 사이버 공격 관련 뉴스를 보고 '이게 내가 한 일과 관련됐을까?'라고 궁금할 때도 있지만 정보기관은 워낙 불투명하고 철저한 베일에 싸여 있기 때문에 실체를 알 도리는 없어요."

VRL은 해킹 툴을 미국의 정보기관에만 판다는 원칙으로 윤리적 정당성을 세웠다. 그리고 대다수 직원들에게는 그 정도 지식만으로 충분했다.

"우리 정부가 하는 모든 일에 동의하지는 않더라도 만약 익스플로잇을 팔 거라면, 적어도 미국 정부는 윤리적 책임을 담보하는 나라 중 하나죠. 우리는 대부분 NSA 출신입니다. VRL은 좋은 이직 기업이었습니다. 관료주의에 시달리지 않아도 됐죠. 높은 급여를 받으면서도 여전히 NSA의 임무와 부합합니다."

이들이 어떤 경우든 회의가 생길 때는 NSA의 다른 전직 동료들이 워싱턴 DC 지역에서 어떤 일을 하는지(이들 중에는 평판이 좋지 않은 나라나 기관을 위해 일하는 경우도 있었다) 보는 것으로 충분했다. 그들과 비교하면 이들의 조건은 명백히 더 좋았다. "다른 친구들이 무슨 일을 하는지 따져보고, '그 친구들은 범죄에 가까운 일을 하고 있지. 그에 비하면 내가 하는 일은 미국의 국익을 위한 거지'라고 생각하죠. 스스로를 정당화하려고 하면 얼마든지 합당한 근거를 찾아낼 수 있어요. 익스플로잇의 경우든 삶의 경우든 말이죠."

더 나은 제로데이 익스플로잇과 스파이 툴을 더 많이 확보할 욕심으로 미국의 정보기관이 서로 경쟁하면서 사이버 군비 경쟁은 수익성이 크면서도 규제받지 않는 비즈니스로 발전했고, 서서히 미국식 규칙도 통하지 않게 됐다.

VRL 같은 기업은 미국 정보기관과만 비즈니스를 했고, 아지무스^{Azimuth}와 린치핀 랩스^{Linchpin Labs} 같은 곳은 파이브 아이즈 국가만 상대했다. 하지만 스턱스넷 사건을 계기로 다른 나라도 제로데이를 통해 어떤 일을 벌일 수 있는지 알게 됐다. 2010년 문제의 웜이 발견된 이후, 인권 침해로 악명높은 나라는 자국만의 공세적 사이버 부대를 만드는 데 전력을 쏟았다. 하지만 NSA나 유닛 8200 같은 기관처럼 유능한 코더^{Coder}들이 없는 상황에서 이들은 제로데이 시장으로 밀물처럼 몰려들어, 비록 일시적이기는 했지만 스턱스넷이 이란에서 거둔 성공을 재현하겠다는 야심으로 서방 정부와 이들을 대신한 기업보다 더 높은 값에 제로데이 익스플로잇을 구매했다.

"이것이 어디로 갈지 아무도 예상하지 못했다고 말하는 것이 온당하다고 생각합니다."라고 미국의 한 상원의원은 내게 말했다. "그리고 지금은 이것이 어떤 결과를 초래할지 아무도 모르고 있습니다."

2013년까지 제로데이 시장의 주요 후원자들은 파이브 아이즈 국가였지만 러시아, 인도, 브라질과 아시아 태평양 지역의 나라, 예컨대 말레이시아와 싱가포르도 제로데이를 사들이고 있었다. 북한과 이란도 시장에 나와 있었다. 그리고 얼마 안 있어 중동의 정보기관이 시장의 가장 큰 손이 됐다.

그해 미국의 해커들은 해외 브로커들로부터 노골적인 긴급 이메일을 받기 시작했다. 한 해커는 '코드 실행 익스플로잇 급구'라는 제목의 이메일을 내게 보여줬다. '친애하는 벗에게'로 시작한 메시지는 이런 내용이었다. "윈도우와 맥 혹은 브라우저, 오피스, 어도비 같은 애플리케이션에서 사용할 수 있는 코드 실행 익스플로잇을 갖고 계세요?"

"만약 그렇다면 비용이 얼마든 상관없어요."라고 이메일은 못박고 있었다.

내가 스노든이 유출한 기밀 문서를 들고 「뉴욕타임스」 빌딩의 옷장 안으로 들어가던 해, 제로데이 시장은 본격적인 골드러시에 이르고 있었다. 하지만 미국 정부가 여전히 최대 고객인 지하 시장을 직접 규제할 인센티브는 거의 없었다.

그해 역설적이게도 제로데이 시장을 퍼뜨리고 세계를 사이버 전쟁의 시대로 몰아간 장본인이자 스턱스넷의 설계자인 키스 알렉산더 국장은 무엇이 가장 큰 걱정거리냐는 한 기자의 질문에 이렇게 대답했다. "가장 큰 우려는 제로데이 익스플로잇이 엉뚱한 세력의 손에 들어갈 가능성이 점점 더 커지고 있다는 점입니다."

4부

용병들

사람은 원칙code¹이 있어야 합니다.

— 오마 리틀Omar Little, TV 범죄 드라마 〈와이어The Wire〉에서

---

1 저자가 이 문구를 인용한 것은 'code'라는 단어가 가진 중의성 때문으로 보인다. 흔히 규범, 규칙, 원칙이라는 뜻으로 쓰이지만, 이 책의 성격에 비춰보면 해커들의 사이버 무기나 익스플로잇의 바탕이 되는 코드를 가리키기도 한다. — 옮긴이

11장

쿠르드인

캘리포니아주 산호세

제로데이의 글로벌 판매를 규제하는 일은 오랫동안 지극히 복잡하고 모순된 시도였다. 해킹 툴을 전체주의 정권에 팔 수 없도록 규제하는 일은 이론상 합당해 보인다. 이런 규제를 지지하는 이들은 국무부가 독재 정권에 대한 무기 판매를 막아온 사실을 지적하면서, 전체 국민을 감시하거나 치명적 폭발을 유도하는 데 사용될 수 있는 디지털 툴에도 동일한 논리가 적용돼야 한다고 주장한다.

하지만 다른 쪽에서는 이런 규칙이 부작용을 불러올 수 있다고 반박한다. 보안 전문가들은 제로데이에 대한 규제가 연구자들끼리 취약성 연구 내용과 멀웨어 코드를 국경을 넘어 서로 공유하기 어렵게 만들어 실제로는 사이버 보안을 개선하는 데 장애가 될 것이라고 주장한다. 해외에서 주로 비즈니스 활동을 펼치는 미국 기업은 이런 규제가 자신들에게는 족쇄로 작용할 것이며, 편의에 따라 마음대로 규제를 풀거나 죄는 중국과 러시아 같은 나라에는 오히려 이익을 줄 것이라고 주장한다. 또 다른 사람들은 제로데이는 코드이며 따라서 코드의 자유로운 교환을 규제하는 것은 수학과 사상을 규제하고 표현의 자유를 침해하는 것과 마찬가지라고 주장한다. 이탈리아의 두 해커 루이지와 도나토의 표현을 빌리면 "우리는 무기를 팔지 않아요. 우리는 정보를 팝니다."인 셈이다. 그러한 반대 논리는 제로데이 시장이 규제되지 않은 상태로 유지되는 데 한몫해 왔다. 그리고 미국이 제로 데이 시장의 최대 후원자인 이상, 이런 상황이 바뀔 가능성은 거의 없다.

미국이 해킹 툴과 감시 기술의 수출 규제에 가장 근접했던 사례는 바세나르 협정Wassenaar Arrangement이다. 1996년 처음 조인된 네덜란드 도시의 이름을 딴 이 협정의 공식 명칭은 '재래식 무기와 이중 용도 제품과 기술의 수출 규제에 관한 바세나르 협정'으로, 무기류와 국방 기술이 러시아, 중국 그리고 이들의 위성 공산국가에 유입되는 것을 막기 위해 서방에서 사용했던 냉전 시대의 규범을 대체할 목적이었다. 바세나르 협정의 목표는 재래식 무기 시스템과 이중 용도 기술인 정교한 컴퓨터, 원심분리기, 드론 등이 이란, 이라크, 리비아, 북한 등의 독재 정권에 판매되는 상황을 규제하는 것이었다. 협정의 최초 조인국은 미국을 비롯해 유럽의 대다수 국가, 아르헨티나, 오스트레일리아, 캐나다, 인도, 일본, 멕시코, 뉴질랜드, 러시아, 남아프리카공화국, 한국, 스위스, 튀르키예, 우크라이나, 영국 등 42개국이었고, 비록 협정에 구속력은 없지만 조인국들은 매년 12월에 업데이트되는 바세나르의 규제 목록에 맞춰 수출 품목을 규제하는 국내 법규를 제정하고 시행하기로 합의했다.

2012년과 2013년, 나는 토론토대학교 멍크국제정세연구소Munk School of Global Affairs와 공동 조사를 벌여 한 영국 기업이 스파이웨어를 바레인, 브루나이, 에티오피아, 아랍에미리트 등에 판매했고, 이들 전체주의 정권이 언론인, 반체제인사, 인권 운동가들을 감시하는 데 이를 악용한 사실을 「뉴욕타임스」에 시리즈로 보도했다. 그 결과 바세나르 협정의 조인국들은 감시 기술을 수출 규제 목록에 추가했다. 그리고 유럽 국가는 기업이 스파이웨어와 다른 감시 및 침투 툴을 해외에 팔기 전에 허가를 받도록 의무화했지만, 미국은 그렇게 하지 않았다.

미국이 규제 직전까지 갔던 것은 2015년 5월, 규제당국이 바세나르 협정의 법제화를 추진했을 때였다. 상무부는 보안 연구자와 기술 기업에 대해 '침투 소프트웨어' 같은 '사이버 보안 품목'을 수출하기 전에 허가를 받도록 의무화하려고 시도했다. 하지만 상무부의 제안은 전자프런티어재단Electronic Frontier Foundation부터 구글까지 모두가 펄쩍 뛰며 반대하는 바람에 무산됐다. 가장 적극적인 반대 세력은 17억 달러 규모의 소위 '침투 테스트penetration testing' 업계였다. 선의의 해커들(화이트 햇)이 익스플로잇과 침투 툴로 고객사의 시스템에 해킹을 시도함으로써 이들의 보안 능력을 강화해 주는 대가로 돈을 받는 유형도 여기에 속했다. 이들은 바세나르 협정의 지나치게 포괄적인 문구가 자신들을 파산으로 내몰 수 있다며 상무부와 법제화 제안을 철회하라고 요구하는 한편, 바세나르 협정국에는 규제 목록에 추가되는 품목의 범위를 좁혀달라고 로비를 벌였다. 결국 이들의 주장은 수용됐다. 바세나르 협정의 문구는 침투 소프트웨어를 '지휘 및 통제'하는 시스템으로 국한됐다. 바세나르 협정국이 제한된 문구를 법규에 반영한 다음에도 미국은 이에 동참하지 않았다. 아무런 설명도 없었다.

결과적으로 미국의 익스플로잇 시장은 여전히 규제되지 않은 상태로 남아 있다. 예외는 과거의 암호화 기술 수출 규제에 묶인 툴뿐이다. 미국인이나 미국 기업은 북한, 이란, 수단, 시리아, 쿠바 같은 무역 제재국들에는 침투 툴을 판매할 수 없다. 하지만 해커들이 익스플로잇과 침투 툴을 '우호적인' 국가에 파는 것을 막을 방법은 없다. 여기에는 대부분의 서방 국가가 포함되지만 튀르키예처럼 인권 보호 수준이 의심스러운 나라도 포함된다. 암호화 기술 수출 규제는 이런 툴을 다른 해외 그룹에 팔기 전에 상무부 산업보안국Bureau of Industry and Security의 허가를 받도록 요구한다. 허가 기간은 4년이나 그 이상이며, 판매자들은 2년마다 판매 보고를 하면 된다. 침투 테스터, 익스플로잇 브로커, 스파이웨어 제조사는 암호화 기술 규제만으로 충분하다고 주장하는 반면, 디지털 권리 운동가들은 이 규제가 시대에 뒤처졌다고 비판한다.

일단 미국이 유럽의 더 엄격한 규제안을 채택하지 않을 것이 분명해지자 몇몇 스파이웨어 판매자와 제로데이 브로커들이 유럽에서 미국으로 건너와 고객이 많은 워싱턴 DC 지역에 사무실을 차렸다. 2013년부터 2016년까지 미국 내에서 보안 감시 기술을 판매하는 기업의 숫자는 두 배로 증가했다. 스파이웨어 기술의 카탈로그를 만드는 한 회사는 『전자 감시의 소흑서^{Little} Black Book of Electronic Surveillance』라는 제목을 2016년 『대흑서^{The Big Black Book}』로 바꿨다. 이 회사의 2017년판 카탈로그에는 150곳의 감시 회사가 등재돼 있었다. 이 회사는 해외의 법 집행 기관과 손을 잡았는데, 그중에는 인권이 제대로 배려되지 않는 나라도 있었다. 곧 새로운 유형의 보안 회사가 등장했다. 이들은 미국 정부기관이나 파이브 아이즈 회원국뿐 아니라 인권 침해로 비판받는 나라에도 감시 기술을 팔았다.

그중 비교적 잘 알려진 한 곳이 전직 NSA 해커인 데이브 아이텔^{Dave Aitel}이 마이애미에서 설립한 '이뮤너티 인코퍼레이티드^{Immunity Inc.}'라는 회사다. 햇빛에 잘 그을린 피부에 늘씬하면서 각진 이목구비의 아이텔은 NSA 시절 종종 선을 넘는 언행으로 상사들의 눈 밖에 나곤 했다. 그는 자신의 도요타 캠리를 NSA의 간부들만 이용할 수 있는 주차장 앞쪽에 세워 분란을 일으켰다. 더 열받으라는 듯이 아에텔은 '케빈을 석방하라^{Free Kevin}'는 문구가 적힌 스티커를 차 뒤에 붙이고 다녔다. 케빈은 FBI가 오랜 추적 끝에 체포한 해커 케빈 미트닉^{Kevin Mitnick}으로, 당시 감옥에 갇혀 있었다(석방된 후 미트닉은 마음을 고쳐먹고 화이트햇 해커로 거듭나는 듯했지만, 얼마 안 있어 제로데이 익스플로잇을 익명의 정부와 기업에 팔고 중개하는 회색 지대로 옮겨갔다). 주차장 관리 요원이 아이텔의 주차 행태를 놓고 상사들에게 불만을 제기했지만 아이텔은 물러서지 않았다. 그는 오히려 NSA의 내부 메일링리스트를 통해 반란을 꾀했다. 기관의 비공식 슬로건인 '한 팀, 한 임무One Team, One Mission'를 비틀어 '한 팀, 한 주차장One Team, One Parking Lot'으로 바꾸고, NSA의 직원 누구나 자신이 원하는 자리에 주차하라고 부추겼다.

하지만 정말로 아이텔이 상사들을 화나게 한 것은 그가 NSA를 그만둔 다음에 한 일이었다. 그는 여러 유명 해커들과 함께 『셸코더의 핸드북: 이용 가능한 보안 허점 찾기Shellcoder's Handbook: Discovering and Exploiting Security Holes』를 공동 저술했다. 이 책은 해커를 꿈꾸는 이들의 필독서가 됐다. 여기에서 아이텔은 구체적인 익스플로잇과 공격 기법을 상세히 서술했는데, 그의 전직 상사들은 너무 많은 내용을 노출했다고 판단했다. 이들은 NSA 사무실에 아이텔의 얼굴이 그려진 다트 판을 걸어놓고, 그의 후임자들에게 눈 사이를 정확히 조준해 다트를 던지라고 독려하곤 했다.

2002년, 아이텔은 자신의 보안 회사인 '이뮤너티'를 할렘Harlem에 있는 자신의 아파트에 차리고 대규모 금융서비스 회사를 상대로 컨설팅을 시작했다. 하지만 곧 '캔버스Canvas'라는 이름의 자동화된 익스플로잇 툴을 개발하면서 그의 비즈니스는 크게 확장됐다. 고객사의 시스템에 대해 정부 차원의 전문 해커와 사이버 범죄자들이 사용하는 기법을 흉내 낸 진짜 위협(이미 알려진 것을 비롯해 아이텔 자신이 개발한 제로데이 익스플로잇)을 테스트해 주는 이 툴은 은행에서 인기를 끌었고, 곧 정부기관도 관심을 보였다. 하지만 이들은 시스템을 공격으로부터 방어하는 쪽보다 어떻게 하면 제로데이를 이용해 적을 그리고 어떤 경우는 자국민들을 해킹할 수 있는지 배우는 데 더 관심이 있었다.

아이텔은 정부기관에서 자신이 수행한 익스플로잇 작업에 대해서는 끝끝내 함구했다. 내가 구체적인 내용을 알고 싶어할 때마다 그는 말을 얼버무렸다.

"제로데이 익스플로잇을 국내나 해외의 정부기관에 판 적이 있으세요?"

나는 그에게 정면으로 물었다.

"저는 고객들에 대해서는 노 코멘트입니다."라고 그는 대답했다. 빌어먹을 연어 같으니라고.[1]

* * *

익스플로잇 거래의 독특한 차원을 이해하기 위해 나는 아이텔의 최초 직원이었던 쿠르드계 해커 시난 에렌Sinan Eren을 만날 수밖에 없었다.

에렌은 쿠르드 혈통으로 튀르키예 이스탄불에서 자랐다. 그는 저항의 한 형태로 해킹을 배웠다. 그의 아버지는 쿠르드 독립 운동가로 1980년 튀르키예 군부의 쿠데타 직후 감옥에서 거의 1년을 보냈고, 시위 도중 튀르키예 경찰이 쏜 총알이 아직도 어깨에 박혀 있었다

하지만 에렌은 어릴 때는 정치 운동에 관심이 없었다. 인디 밴드인 '컨플릭트Conflict'에서 베이스 기타를 치며 현실을 도외시했다. 어머니는 유복한 제강회사 가문으로 에렌은 어머니 쪽을 닮았다. 튀르키예의 대다수 쿠르드인들이 뚜렷한 액센트를 가진 것과 달리, 에렌은 부유한 이스탄불 시민으로 여겨질 만큼 어투가 구분되지 않았다. 자라는 동안 그는 경찰과 부딪힐 일이 없었다.

에렌이 경찰의 단골 표적이 된 것은 쿠르드인들에 대한 튀르키예의 탄압이 강화되면서부터였다. 튀르키예인들은 법에 따라 신분증을 소지해야 했고, 경찰이 에렌을 검문해 그가 쿠르드인이라는 점이 드러나면 게임은 끝났다.

"무슨 일이든 벌어질 수 있었어요."라고 그는 내게 말했다. 어느 여름날

---

1 2장, '빌어먹을 연어' 참조 – 옮긴이

의 늦은 오후였다. 대부분의 경우 그는 단지 쿠르드인이라는 이유로 억류됐고, 경찰은 그와 친구들을 버스에 태워 몇 시간이고 서 있게 했다. 경찰은 단지 이들이 '바지에 오줌을 싸는지 보려고' 그렇게 오래 세워둔 것이었다.

에렌과 친구들은 특히 쿠르드인들에게 60센티미터 길이의 채찍을 마구잡이로 휘두르는 한 튀르키예 경찰에 두려움을 품었다. 맞고 풀려나는 경우는 행운에 속했다. 1990년대, 쿠르드 독립 운동가들이 살해되는 일은 흔했다. 이런 살상을 튀르키예인들은 '파일리 메쿨faili meçhul'이라고 불렀는데, 이는 거칠게 번역하면 '미상의 가해자unknown perpetrator'라는 뜻이었다. 1990년대 중반의 경우, 쿠르드계 튀르키예인들은 수천 명씩 실종되기 시작했다.

"비밀 경찰이 사용한다고 누구나 알고 있는 르노 자동차에 쿠르드인들을 태우면, 그 사람들을 다시는 보지 못했습니다."라고 에렌은 내게 말했다. "사람들은 그 차 뒷자리에서 자신들의 이름을, 친척들의 이름을 그리고 그들의 전화 번호를 비명처럼 외쳤어요. 그러면 적어도 가족들은 자신들의 운명을 알 수 있을 테니까요. 저는 그런 시대에 성장했습니다."

에렌은 왜 자신이 해킹과 익스플로잇 개발의 세계에 발을 들여놓았고, 점점 더 비민주적인 정부가 익스플로잇 시장에 진입함에 따라 거기에서 발을 뺄 수밖에 없었는지 그 이유를 내게 설명하고 싶어 했다.

그는 대학 시절, 정치적 저항의 한 형태로서 해킹의 세계에 뛰어들었다. 쿠르드인들이 기억하는 한, 대학 캠퍼스는 경찰 폭력의 안전 지대로 간주돼 왔다. 하지만 이것도 에렌이 이스탄불기술대학교Istanbul Technical university에 재학 중일 때부터 바뀌기 시작했다. 대학 행정직원들은 우려할 만한 빈도로 '온갖 사소한 문제'에 대해서도 비밀 경찰을 학내로 불러들였다. 쿠르드학생연합회Kurdish Student Union는 다른 학생들에게 경찰이 캠퍼스에 들어왔음을 경고하는 슬랙Slack의 초기 버전이라고 할 만한 인터넷 채널을 개설했다. 이것은 작은 저항 운동의 시발점이 됐다. 에렌과 친구들은 또 미국에서 웹사이트의 화면을 훼손했던 '스크립트 키디' 해커들로부터 영감을 얻어, 튀르키예의 군부 쿠데타 기념일에 튀르키예 정부의 웹사이트를 훼손했다.

에렌은 밴드 활동을 접고 모든 시간을 해킹 포럼에서 아르헨티나와 미국의 해커들과 소통하며 해킹 기법과 제로데이의 기술을 배우는 데 쏟았다. 그는 해킹이 단지 저항의 수단만이 아니라 강력한 정보 수집의 수단이기도 하다는 점을 깨달았다. 그는 해킹 포럼에서 얻은 툴을 사용해 대학 직원들의 이메일을 해킹하기 시작했고, 그를 통해 학교 직원들이 정부의 단속 행위에 공모하고 있음을 확인했다. "모든 것에 접속할 수는 없었지만 회의록, 약속 시간과 장소, 스케줄 등 '빵부스러기 같은 정보'는 수집할 수 있었고, 이를 언론에 흘렸습니다."

에렌은 웹의 초창기 '핵티비스트hacktivist' 중 한 명으로 거듭나고 있었다. 그의 가족은 그가 기여하는 내용을 이해하지 못했다. "가족은 내게 '우리는 목숨을 걸고 있는데 너는 크레용으로 장난이나 하고 있니'라고 꾸짖곤 했어요."

하지만 그는 완전히 푹 빠졌다. 정부 웹사이트의 훼손 내용과 유출된 정보가 언론에 보도되면서 빚어지는 직접적인 파장과 가상공간의 새로운 운동이 지닌 힘을 그는 확인할 수 있었다. 그와 친구들은 사람들에게 무료 인터넷 전화번호를 제공하고, 사람들이 이 새로운 디지털 저항 운동에 동참할 수 있도록 무료 인터넷 접속을 제공하기 위해 해킹된 사용자 이름과 비밀번호를 얻어낼 수 있는 페이지로 만들어 주변 동네에 붙였다. 해킹과 핵티비즘은 강박이 됐다.

졸업이 가까워지면서 군부는 에렌을 찾기 시작했다. 튀르키예 학생들은 심지어 쿠르드계 학생들도 징집을 강요받고 있었다.

"일단 군에 가게 되면 튀르키예 정부는 저를 쿠르드 사람들로부터 등을 돌리게 만들 거라는 걸 알았어요."

에렌은 해외에서 일할 기회를 찾았다. 한 이스라엘계 보안 회사가 실리콘밸리의 중심에 위치한 산업 도시 산호세에서 일할 엔지니어를 고용하고 있었다. 이때는 9/11 직후여서 사이버 보안 분야의 구인 붐이 불 때였다. 에렌은 운 좋게도 전문직 취업 비자인 H-1B 비자를 받고 미국에서 일할 수 있게 됐다. 이것이 그의 출구였다.

산호세와 이스탄불은 서로 다른 행성에 있는 것처럼 달랐다. 에렌은 깨어 있는 거의 모든 시간을 일로 보냈고, 주말에는 해킹 포럼을 찾았다. 일은 그가 이스탄불에서 벌였던 핵티비즘과는 동떨어진 것이었다. 그는 가족이 그리웠다. 대규모 보안 회사인 맥아피^{McAfee}가 그가 다니던 회사를 인수하고 그를 본사로 발령내자 그는 나갈 때가 됐다고 느꼈다. 회사의 문화는 '건조하고 지루했고' 직업적으로도 막장에 다다른 느낌이었다.

밤이면 에렌은 오래 드나들어 친숙한 해킹 포럼을 찾아가 해커들이 버그트랙에 공개한 버그를 내려받아 조각조각 분해하고 분석했다. 에렌이 전직 NSA 해커인 아이텔을 만난 곳도 거기였다. 아이텔은 새로운 침투 감지 툴을 리스트에 올렸고, 에렌은 즉각 그 툴을 해체하고 분석해 그를 회피할 수 있는 방법을 포럼에 올렸다. 두 사람은 그 방법을 주제로 주거니 받거니 몇 라운드를 거쳤고, 아이텔은 에렌의 집요한 근성을 인정하지 않을 수 없었다. 아이텔은 에렌에게 이뮤너티의 두 번째 직원이 되고 싶냐고 물었다.

두 사람은 제로데이 익스플로잇을 이뮤너티의 핵심 제품인 캔버스에 녹여넣는 작업에 착수했다. 이전의 업무와 견주어 새로 참여하게 된 작업은 쾌감을 느끼게 했다. 멀지 않아 이뮤너티는 주요 보안 기업과 다른 회사의 관심을 끌기 시작했고, 맥아피, 시만텍, 콸리스^{Qualys} 같은 회사는 이뮤너티의 플랫폼과 해킹 기법을 라이선스하고 싶어했다. 캔버스 툴과 컨설팅으로도 수지가 맞았지만 진짜 수익은 보안 계약자들에게 제로데이 익스플로잇 기법을 가르치면서 받는 수업료에 있다는 사실을 에렌과 아이텔은 발견했다.

돌연 방산업자인 부즈 앨런이 노크를 했다. 그리고 보잉, 레이시언, 록히드 마틴이 뒤를 이었다. 이어 프랑스 경찰이 그리고 노르웨이 정부가 연락해 왔다.

멀지 않아 이뮤너티의 최대 고객은 국내가 아닌 해외에서 나왔다.

웹의 전파력을 고려하면 에렌의 표현을 빌려 '덜 기분좋은' 주체가 연락해 오는 것은 아마 불가피한 일이었을 것이다.

어느 날 트레이닝 세션을 제공하던 도중 에렌은 최악의 적과 얼굴을 마주하게 됐다. 튀르키예의 한 장군이었다. 그는 에렌이 쿠르드인임을 인식하지 못했다. 당연한 일이었다. 그는 에렌의 이스탄불 억양만 인식했다.

"나는 당신이 튀르키예인을 직원으로 둔 줄 몰랐소!"라고 그 장군은 감탄조로 아이텔에게 말했다. "왜 내게 말하지 않았소?"

그 장군은 에렌이 자신을 직접 가르치게 해달라고 요구했다. 그가 천천히 자신을 둘러보는데, 에렌은 숨을 쉬기가 어려울 지경이었다. 그는 고국의 아버지와 삼촌들을 생각했다. 튀르키예 군부가 이뮤너티의 익스플로잇 기법을 악용해 현지 쿠르드인들의 삶을 지옥처럼 만들 온갖 방법에 대해 생각했다. 아버지의 어깨에 박힌 총알, 잦은 검거 행위, 채찍을 든 튀르키예 경찰, 버스에 갇혀 바지에 오줌을 싸야 했던 쿠르드인들을 떠올렸다. 그는 자신의 친구와 동 쿠르드인들을 검거했던 그리곤 영원히 실종되게 만들었던 경찰의 전용 차량인 르노 토로스Renault Toros의 배기 가스 냄새까지 맡을 수 있을 것 같았다. 그리고 그는 부들부들 떨기 시작했다.

그 튀르키예 장군과의 만남을 묘사하던 몇 년 뒤에도, 나는 그의 목소리에 깃든 분노를 들을 수 있었다. 전에도 그런 분노의 목소리를 들은 적이 있다. 자신은 용케 홀로코스트를 피해 달아났지만 형제와 부모는 모두 아우슈비츠에서 살해된 유태인이었던 내 조부가 독일 나치를 언급하실 때마다 나는 그의 목소리에 묻은 분노를 들을 수 있었다.

그 튀르키예 장군은 그에게 자신의 혈육을 배신하라고 요구하고 있었다. 그는 장군의 목을 조르고 싶은 충동을 애써 참았다. 그것은 싸울 것인가 아니면 도망갈 것인가 결정해야 하는 상황이었고, 그는 도망가는 쪽을 택했다. 에렌은 공손하게 그 자리를 나와 아이텔에게 자신의 의사를 전달했다. 튀르키예 군부에 자신의 스파이 기법을 가르치느니 차라리 감옥에 가고 말겠다고 했다.

나는 아이텔의 반응을 물었다. "그 사람은 전형적인 미국인이었습니다." 라고 에렌은 대답했다. "이것은 비즈니스일 뿐이었죠. 그는 누구와도 일할 용의가 있었습니다."

아이텔은 그 상황을 기억하지 못한다고 말했지만 그렇다고 그를 부인하지도 않았다.

에렌이 튀르키예 쪽 인사의 연락을 받은 것은 그때만이 아니었다. 정부를 대신한 튀르키예의 위장 회사는 정기적으로 이뮤너티의 워크숍에 나타나 제로데이 익스플로잇에 대한 트레이닝을 받으려고 했다. 에렌은 이들의 냄새를 미리 맡는 요령을 익혔다. "저는 우리가 아무나 해킹했다고 말하고 싶지 않아요."라고 그는 말했다. "하지만 우리는 누가 누구인지 파악하는 우리만의 방법을 개발했습니다. 그리고 완전한 유령 회사의 냄새를 풍기는 여러 튀르키예 회사의 제안을 거절했습니다."

튀르키예인들만이 아니었다. 에렌은 이뮤너티의 다른 고객들에 대해서도 불편함을 느꼈다. 심지어 프랑스의 정부기관 같은 '우호 고객'조차 그를 불안하게 만들었다. 그는 오랫동안 프랑스의 지배를 받아 온 알제리인들을 생각했다. 심지어 스페인도 음습한 목적에 익스플로잇을 사용할 명분이 있었다. "저는 속으로 생각했습니다. 바스크인들은 어떡하지? 카탈루냐인들은? 만약 민중 봉기가 일어난다면 어떻게 될까? 이 분야의 비즈니스는 금방 복잡한 문제와 얽힙니다. 늘 바람직한 대답만 있는 것도 아니고요."

그는 점점 더 회의를 느꼈다. "내가 그 동안 도와준 고객들 때문에 밤잠을 설치거나 악몽을 꾸는 일이 많아졌습니다."

2009년 에렌은 회사를 그만뒀다. 또 다른 이뮤너티 퇴직자와 함께 자신들만의 보안 회사를 차리고, 고객사를 더 까다롭게 고르자고 맹세했다. 정부기관을 완전히 배제할 수는 없다는 사실을 그도 알고 있었다. 특히 이스라엘, 영국, 러시아, 인도, 브라질, 말레이시아, 싱가포르의 정보기관은 확보해야 할 제로데이 익스플로잇과 툴의 물량을 미리 설정했기 때문에 그보다 더 좋은 수입원도 없었다. 스턱스넷은 판도라의 상자를 활짝 열어젖힌 것이었다. 재래식 전쟁에서는 미국에 전혀 깜냥이 되지 못하던 나라는 돌연 코드로 어떤 일이 가능한지 깨달았다. 그리고 설령 사이버 공격을 수행할 전사를 보유하지 못했더라도 돈만 있으면 확보할 수 있었다.

NSA는 이러한 툴을 미국 국민에게 사용하는 것이 명시적으로 금지돼 있었다. 이뮤너티, 에렌의 새 비즈니스 그리고 이들의 경쟁사에 대한 미 정부의 제약은 훨씬 더 느슨했다. 많은 정보기관은 이들 익스플로잇을 해외 적성국과 테러리스트들을 감시하는 데 사용할 계획이었지만, 이들은 점점 더 자국민을 감시하는 데 사용할 목적으로 툴을 찾았다. "제가 겪은 사정을 고려하면 이 시장에서 활동하는 것은 섬뜩한 딜레마였습니다."라고 에렌은 말했다.

에렌은 타협점을 찾으려 시도했다. 그와 동업자는 국제앰네스티Amnesty International의 보고서를 꼼꼼히 읽고 민주적 규범, 시민권 존중, 언론의 자유 등의 입증된 기록을 토대로 정부를 분류했다. 그리고 사분면에서 오른쪽 위에 놓이는 정부와만 비즈니스 관계를 맺겠다고 맹세했다. 그것은 익숙한 이야기였다. 적지않은 해커들은 자신들만의 윤리 원칙을 세움으로써 인터넷의 음험한 세력인 전체주의, 억압, 경찰 국가를 좀 더 오래 견제할 수 있었다.

"이스라엘에서 연락해온 적이 있어요."라고 에렌은 말했다. "저는 전화를 아예 받지도 않았어요. 옛 소련의 위성국가도 거절했습니다. 저는 멕시코는 제외하고 북미와 캐나다 기관 및 일부 유럽 국가와만 일할 겁니다."

윤리적 딜레마는 시간이 갈수록 더 복잡해지기만 했고, 아드레날린은 돌연 멎었다. 2015년 에렌은 자신의 회사를 체코의 대규모 안티바이러스 기업인 어바스트^Avast에 팔고, 황금 수갑^golden handcuffs[2]이 풀리자 그 바닥을 아예 떠났다.

2019년 에렌을 다시 만났을 때 그는 다른 방향으로 완전히 전환한 다음이었다. 그것은 스마트폰에 대한 정부 감시를 탐지하는 모바일 앱을 만드는 일이었다. 그도 그것이 역설적 반전임을 인정했다. 그는 이제 자신의 과거 고객으로부터 평범한 시민들을 보호하는 일을 하는 셈이었다.

2019년에 이르러 10여 개의 해외 기관이 시장에 진입했다. 하지만 이 업계에 진정으로 충격을 준 것은 적어도 이를 취재하는 기자의 입장에서 최고로 꼽히는 여러 NSA 해커들이 해외로, 특히 걸프 지역으로 자리를 옮겼다는 점이었다. 이들의 이직 명분은 사이버 위협과 테러리스트들로부터 미국의 동맹국이 방어하는 것을 돕기 위함이라는 것이었다. 실제 현실은 그보다 더 음울하고 부도덕했다.

2019년 6월 나는 전직 NSA 해커들 중 한 사람인 데이비드 이브덴^David Evenden으로부터 누명을 벗고 싶다는 비밀스러운 메시지를 받았다. 이브덴은 내가 신문에 쓴 해킹 툴의 암시장 기사를 읽었다면서, "더 알고 싶으세요?"라고 내게 트윗 메시지를 보냈다.

그는 VRL의 경쟁사인 '사이버포인트^CyberPoint'라는 이름의 전문 보안 계

---

2 직원의 전직을 막기 위해 약속된 고액의 돈이나 다른 혜택 – 옮긴이

약사에 스카웃됐다. VRL과 사이버포인트는 두 가지가 달랐다. VRL은 미국 정부기관만 상대하는 반면, 사이버포인트는 그들의 표현을 빌리면 고객층이 다양했다. 사이버포인트는 이븐덴과 그의 친구들을 비롯한 전직 NSA 해커들을 과거 연봉의 두 배, 어떤 경우는 네 배를 제시하며 끌어들였다. 아부다비Abu Dhabi에서 누릴 수 있는 화려한 라이프스타일도 매력 요소였다. 일은 NSA에서 하던 것과 정확히 똑같으며, 단지 미국이 아닌 미국 동맹국을 대신한다는 점이 다를 뿐이었다.

2014년 이븐덴과 그의 아내가 아부다비에 내리면서부터 무엇인가 애초 약속과는 사뭇 다르다는 적신호가 곳곳에서 감지됐다. 사이버포인트의 본사는 고층 오피스 빌딩이 즐비한 다운타운이 아니라 도시 변두리에 '빌라Villa'로 알려진 은밀하고 요새화한 맨션에 자리잡고 있었다. 미국의 여러 벤처 기업도 비슷한 빌라에서 일한다고 들었기 때문에 이것 자체로는 크게 이상할 게 없었다고 이븐덴은 내게 말했다.

하지만 자신에게 주어진 두 개의 서류철은 명백한 적신호였다.

그해 8월 처음 출근한 날, 이븐덴의 새 상사들은 한 서류철을 열고 거기에 담긴 직무 기술서를 차분하게 읽었다. 그는 아랍에미리트의 국가 네트워크를 사이버 위협으로부터 방어하는 일을 도와주기 위해 여기에 온 것이었다. "이해하셨습니까? 좋아요."라고 상사들은 말했다. 이들은 첫 번째 서류철을 닫자마자 두 번째 서류철을 열었다. 그들이 방금 그에게 읽어준 모든 것은 거짓말이었다. '보라색 브리핑purple briefing'이라고 부르는 첫 번째 서류철은 위장용이었다. 그는 마치 배우가 자신의 대사를 연습하듯이 몇 번이고 해당 내용을 반복해서 암기해야 했다. 만약 누군가가 그에게 아부다비에서 무슨 일을 하느냐고 물으면 이븐덴은 외운 내용으로 대답할 것이었다. 사이버포인트에서 '흑색 브리핑black briefing'이라고 부르던 두 번째 폴더는 그의 진짜 직무 내용을 담고 있었다. 사이버포인트의 아랍에미리트 고객을 대신해 테러 조직과 해외 네트워크를 해킹하는 일이었다. NSA 해커였다가 워싱턴 DC 지역과 해외의 민간 계약자로 변신한 그의 전직 동료들은 예외없이 보라색과 흑색 브리핑에 해당하는 이중 정보를 주입 받았다. 나 같은 기자가 물으면 방어적 요소를 강조하되 자신들의 정부 고객을 위해 벌이는 공세적 해킹 작업은 결코 언급하지 말도록 교육받았다.

그럼에도 아부다비에서 받은 두 개의 서류철은 미국 버지니아주에서 받게 되는 종류와는 차원이 달랐다. 공세적 해킹 기법을 둘러싼 법규의 모호성에도 불구하고 NSA는 직원들이 사직한 뒤에 무엇을 할 수 있고, 할 수 없는지에 대한 뚜렷한 규칙이 있었다. 그중 첫 번째는 전직 NSA 직원은 기관의 구체적인 승인 없이는 누구에게도 기밀 정보와 스파이 기법을 공개하는 것이 명시적으로 평생 금지된다는 것이다.

제로데이 찰리가 익스플로잇 판매에 관한 자신의 논문을 공개하기 전에 NSA의 허락을 구할 수밖에 없었던 연유도 거기에 있었다.

하지만 이븐덴은 이 적신호에도 별반 주의를 기울이지 않았다. 그의 상사들은 모든 것이 합법이며, 아랍에미리트를 위한 그의 직무는 최고 수준인 미 국무부, 상무부 및 NSA에서 승인을 받았다고 확언했다. 그가 관여할 프로젝트는 '프로젝트 레이븐Project Raven'이라는 암호명까지 있었다. 이 모든 것은 2008년 빌 클린턴과 조지 W. 부시 대통령 시절 테러대응 최고 책임자였던 리처드 클라크Richard Clarke가 걸프 지역의 군주국이 자체 테러리즘 추적 기술을 개발하는 것을 돕기 위해 미국이 아랍에미리트와 맺은 대규모 방위 계약의 일부였다. 가장 중요한 계약은 '익스플로잇의 개발 연구 및 분석부'를 뜻하는 'Development Research Exploitation and Analysis Department'의 줄임말인 '프로젝트 드레드Project DREAD'[3]라는 불길한 이름

---

3 드레드(dread)는 두려움, 두려운 것을 뜻한다. - 옮긴이

을 갖고 있었다. 그리고 이 프로젝트는 사이버포인트 같은 하도급 업체와 이브덴 같은 능력있는 전직 NSA 해커 10여 명에게 크게 의존했다.

이브덴의 첫 번째 업무 중 하나는 걸프 지역에서 양성되고 있는 ISIS 테러 점조직을 추적하는 일이었다. 이것은 생각만큼 쉽지 않았다. 이슬람 테러리스트들은 사용하는 기술에 관한 한 일관되게 일관성이 없었다. 기술적으로 투박하다고 간주된 이들은 끊임없이 적응했다. 사이버 환경의 고양이와 쥐 게임에서 이들은 서구 국가를 이길 것이라고 기대하지 않았기 때문에 웹에서 벗어나 군중 속에 섞이는 쪽을 택했다. 이들은 사용자를 추적하기 어려운 대포폰burner을 썼고 한 기술 플랫폼에서 다른 플랫폼으로 계속해서 옮겨다녔다. 이브덴의 사이버포인트 동료들은 ISIS가 그때그때 상황에 따라 고르고 사용하는 비주류 플랫폼에 사용할 수 있는 익스플로잇을 구하기 위해 지속적으로 제로데이 브로커들을 접촉했다. 이들 테러 그룹은 혐오스러운 만큼이나 명민하다는 사실을 증명하고 있었다.

하지만 불과 몇 개월이 안 돼 이브덴의 상사들은 직무의 초점을 바꿨다. "이들은 제게 '카타르가 무슬림 형제단Muslim Brotherhood에 자금을 댄다는 보고서가 나왔는데, 이를 입증할 수 있겠소?'라고 물었습니다."

"카타르의 시스템에 접근하지 않고는 안 되죠."라고 이브덴은 상사들에게 대답했다. 다시 말해 카타르의 네트워크를 해킹하지 않으면 입증할 수 없다는 뜻이었다.

그럼 "그렇게 하도록 하죠."가 그들의 응답이었다.

다른 사람들이라면 더 질문을 던졌을지도 모른다. 이브덴은 자신이 충분히 질문하지 않았음을 인정했다.

일단 카타르의 시스템에 침투하자 그의 상사들은 나오는 데는 전혀 관심이 없는 듯했다. 보통 이런 작전의 목표는 진입한 다음 필요한 만큼만 머무르는 것이었다. 하지만 그의 상사들은 그가 카타르 네트워크에 가능한 한 더 깊이 그리고 더 멀리 포진하기를 원했다. 아랍에미리트와 그 동맹국인 사우디아라비아의 위정자들은 오랫동안 카타르에 불만을 품어 왔다. 걸프만의 지배권을 둘러싸고 벌어지는 이들의 암투는 이 지역 밖에서는 제대로 이해하는 사람이 거의 없었고, 걸프 지역으로 스카웃된 NSA 해커들도 마찬가지였다. '토베thobes'⁴라고 불리는 발목까지 내려오는 흰 의상을 걸친 아랍 군주들 간의 대결을 혹자는 유명 소설이자 드라마인 〈왕좌의 게임〉을 빗대 '토베의 게임Game of Thobes'이라고 부른다. 그 내용의 골자는 한때 진주 채취부와 어부나 찾는 벽지에 불과했던 카타르가 40년 전 해안에서 천연가스를 발견하면서 걸프 지역 이웃 나라의 심기를 건드리기 시작했다는 것이다. 소규모 국가인 카타르는 이후 액화 천연가스의 세계 최대 수출국으로 부상했는데, 이때가 공교롭게도 이웃 산유국이 몇 년 만에 겪었던 최악의 석유 침체기에 직면한 시기였다. 카타르의 자유분방하면서도 영향력이 큰 뉴스 네트워크인 알자지라Al Jazeera는 빈번하게 걸프만의 이웃 나라를 비판했다. 그리고 카타르인들은 2011년에 벌어진 소위 '아랍의 봄Arab Spring'을 지지했다. 이때 특히 아랍에미리트와 사우디아라비아는 자국민의 민주화 요구에 당황했고, 가까스로 민중 봉기로 발전하는 것을 막았다. "돌이켜 보면 우리는 거기서 무슨 일을 하는지 아무 생각도 없었어요."라고 이븐덴은 내게 말했다. "공식적으로는 테러리스트를 추적하는 것이었습니다. 비공식적으로는 아랍에미리트는 NSA 해커가 카타르의 시스템에 침투할 수 있도록 하기 위해 카타르가 무슬림 형제단을 지원한다는 보고서를 이용한 것이었죠."

이븐덴의 팀은 카타르가 무슬림 형제단에 자금을 공급한다는 증거를 찾아내지 못했고, 카타르가 2022년 월드컵을 유치하기 위해 FIFA 조직위원

---

4 토베는 아랍의 남성이 입는 전통 의상으로, 긴 소매에 상하의가 하나로 돼 발목까지 내려온다. – 옮긴이

들을 매수했다는 아랍에미리트 측의 의혹을 뒷받침할 만한 내용도 발견하지 못했다. 그럼에도 요구는 이어졌다. 곧 이븐덴의 팀은 유럽과 남아프리카 및 아프리카의 FIFA 조직위원들도 해킹했다. 아랍에미리트 측은 카타르 요인들의 항공 여행에 특히 관심을 보였다. 이븐덴의 고객들은 카타르 왕족의 일원 하나하나가 어디로 날아갔는지, 누구를 만났는지, 누구와 대담을 가졌는지 알고 싶어했다. 이것 또한 이븐덴 팀이 맡은 임무의 일부라고 상사들은 말했다. '테러와의 전쟁'과 공세적 사이버 작전에서는 사실상 어떤 행위든 정당화할 수 있었다.

그리고 이들은 그렇게 했다. 멀지 않아 이븐덴의 팀은 아랍에미리트의 인권 운동가와 영국의 언론인 들에게 표적에 맞춰 정교화한 스피어피싱spearfishing 이메일을 보냈다. 이들은 '전송send' 버튼을 클릭하지 않았다고 이븐덴은 내게 말했다. 아랍에미리트의 위정자들은 자신들을 비판하는 사람들이 테러리스트와 연계됐다면 어떻게 알아낼 수 있는지를 가설상으로 궁금해했다. 상사들은 그에게 견본을 한 번 써보라고 제안했다.

그는 바이러스가 내장된 이메일을 런던에서 활동하는 언론인 로리 도너히Rori Donaghy에게 보냈다. 그는 당시 아랍에미리트의 인권 침해 상황을 고발하는 보도를 하고 있었다. 문제의 이메일은 도너히에게 조작된 인권 토론회에 패널로 참석해 달라는 내용이었다. 그것은 실제로 보내려던 것이 결코 아니었다.

하지만 전송됐고, 도너히의 모든 키보드 입력 내용, 비밀번호, 연락처, 이메일, 문자, GPS 위치를 추적하는 스파이웨어도 함께 날아갔다. 연구자들이 도너히의 컴퓨터에 설치된 스파이웨어를 찾아냈을 무렵 사이버포인트의 디지털 지문은 이미 전 세계 4백여 명의 신상 정보를 파악한 다음이었다. 여기에 포함된 아랍에미리트의 여러 인권 운동가는 소셜미디어에서 국가를 모독했다며 혹은 그들끼리 사적으로 주고받은 이메일에서 통치 군주에게 의문을 제기했다는 이유로 검거돼 투옥당했고, 독방 감금의 가중 처벌을 받기도 했다.

아마도 돌이켜 보면 사이버포인트의 감시망이 미국 관료들의 데이터까지 긁어오는 것은 불가피했다. 하지만 전직 NSA 해커들이 언젠가 미국의 최고위 인사를 함정에 빠뜨릴 것이라고 예측한 사람은 거의 없었다.

아랍에미리트 측의 명분은 이브덴의 팀이 미국의 영부인 정보를 해킹한 날 완전히 날아가버렸다.

2015년 말 미셸 오바마Michelle Obama 영부인 팀은 일주일 간의 중동 순방을 앞두고 일정을 마무리하고 있었다. 카타르의 전 군주인 셰이크 하마드 빈 칼리파 알사니Sheikh Hamad bin Khalifa al-Thani의 두 번째 부인이자 후계자인 에미르 타민 빈 하마드 알사니Emir Tamim bin Hamad al-Thani의 모친인 셰이카 모자 빈트 나세르Sheikha Moza bint Nasser는 도하에서 열리는 연례 교육정상회담에서 연설해 달라며 미셸 오바마를 직접 초청했다. 그리고 미셸 오바마 영부인은 이것을 자신의 교육 이니셔티브인 '소녀들을 배우게 하자Let Girls Learn'를 논의할 이상적인 기회로 여겼다. 카타르 사막 지역인 알 우데이드Al Udeid 공군 기지에 주둔한 미군을 만나볼 완벽한 기회이기도 했다.

영부인 팀은 2천여 명의 주둔 군인에 대한 위문 공연을 위해 코미디언인 코넌 오브라이언Conan O'Brien과 협의했다. 오바마 대통령도 미국이 기금을 지원한 시리아 피난민 학교를 방문하기 위해 요르단에 잠깐 들를 예정이었다. 그를 실행하는 데 필요한 비용은 70만 달러였다. 오바마 대통령 팀은 셰이카 모자 측과 지속적으로 소통했다.

그리고 셰이카 모자, 미셸 오바마와 이들의 보좌관들이 주고받은 모든 개인적 노트, 모든 호텔 예약 내용, 항공 일정, 신변 보안 계획 및 일정 변화까지 담긴 모든 이메일이 사이버포인트의 서버로 전달됐다. 이브덴의 팀은 더 이상 카타르인들이나 아랍에미리트의 운동가들 혹은 서구의 블로거들만 해킹하지 않았다. 이들은 사실상 미국인들을 해킹한 것이었다. 그것도 예사 미국인이 아니었다.

만약 이븐덴이 자신이 위법 행위를 한다는 혹은 윤리적 지향점 없이 표류한다는 신호를 찾고 있었다면, 자신의 컴퓨터 스크린으로 보게 된 미국 영부인의 이메일은 차갑고도 매서운 따귀나 다름없었다.

"그때가 바로 '우리는 이 짓을 해서는 안 돼. 이건 정상이 아니야. 이 이메일을 수집해서는 안 돼. 이 사람들을 표적으로 삼아선 안 돼'라고 말한 순간이었습니다."라고 그는 말했다.

이븐덴은 자신의 상사들을 찾아가 해당 프로그램을 승인한 미 국무부의 문서를 보자고 요구했다. 그의 상사들은 처음 몇 번은 그가 그런 요구 사항을 곧 포기할 것으로 기대한 게 분명했다. 하지만 그는 계속 요구했고 결국 상사들은 직접 보도록 허락했다. 그 문서는 과연 사실이었다. 국무부의 표식과 서명이 담겨 있었다. 하지만 문서의 서명 시기는 2011년이었다. 지금 그의 팀이 하는 일을 국무부가 승인했을 리는 만무했다. 이븐덴은 그때서야 자신이 들은 거의 모든 정보가 거짓이었음을 깨달았다.

그와 동료들이 사이버포인트의 경영진을 맞대면했을 때, 이것은 모두 끔찍한 실수였다는 말을 들었다. 업무 수행 중에 미국인의 데이터를 보게 되면 그런 사실을 경고하기만 하면 관리자들이 해당 데이터를 확실히 삭제할 것이라고 경영진은 말했다. 그래서 이들은 해당 내용을 고지했다. 하지만 2주, 3주 심지어 4주가 지난 뒤에도 사이버포인트의 데이터베이스는 해당 데이터를 삭제하지 않은 채 여전히 보유한 사실을 이븐덴은 확인했다.

사무실이 위치한 빌라를 넘어 이븐덴은 아부다비 전체를 더 엄격한 시각으로 바라보기 시작했다. 겉보기에 화려한 인공섬과 박물관은 누구든 정부를 비판하는 사람은 체포하고 감금하는 상황을 숨기기 위한 위장일 뿐이었다. 이브덴은 신용카드 빚을 갚지 못해 소위 '빚쟁이들의 감옥debtors' prison'에 투옥된 미국인 이주자들의 사연을 담은 지역 뉴스를 읽기 시작했다. 어느 날 운전 중에 그는 아랍에미리트인이 정지 신호를 무시하고 달리다 이주자가 운전하는 승용차를 들이박는 사고를 목격했다. 사고는 명백히 아랍에미리트인의 잘못이었지만 지역 경찰은 에미리트인은 풀어주고 이주자를 억류했다. "지역 정부는 다른 어떤 테러리스트 조직보다 더 우리를 겁주기 시작했습니다."라고 이브덴은 말했다.

이브덴의 상사들은 모르쇠로 일관하기로 결심한 듯했다. 그의 직속 상사는 50만 달러 이상을 연봉으로 받고 있었다. 이브덴과 동료들이 걱정을 토로했을 때도 "자네들은 지나치게 신중한 것뿐이야."라는 반응만 들었다.

이 모든 윤리적 논쟁에 대한 사이버포인트의 해법은 반체제 인사, 언론인 혹은 미국인을 표적으로 삼는 행위를 중지하는 것이 아니라 그 반대였다. 이브덴과 그의 팀은 자신들의 계약이 사이버포인트에서 아랍에미리트 국적의 유한회사인 '다크 매터Dark Matter'로 이관됐다는 통보를 받았다. 이들은 더 이상 국무부의 감독을 받는 위치가 아니었다. 아무런 제약 없이 직접 아랍에미리트를 위해 일하는 것이었다. 이브덴의 상사들은 사이버포인트의 직원들에게 다크 매터에 취업하거나 그렇지 않으면 미국으로 돌아가거나 하게끔 선택권을 줬다. 후자를 선택하는 경우 이유 불문하고 사이버포인트에서 귀환에 필요한 비용을 제공하겠다고 약속했다.

절반이 다크 매터로 취업하겠다고 응답했다. 이브덴은 전직 동료들에게 신중하게 생각하라고 경고했다. "당신들은 미국인을 표적으로 삼게 될 거예요."라고 말했다.

이들은 현실을 받아들이지 않았거나 아랍에미리트가 제시하는 높은 보수에 눈이 멀었다. 몇몇은 이브덴에게 이 정도 수준의 보수는 미국에서는 기대할 수 없는 규모라고 말했다. "그들은 기본적으로 '이 일을 앞으로 2, 3

년만 더 하면 경제적으로 아무런 문제가 없을 것'이라고 말했습니다."

인간관계에 "두꺼운 선이 그어졌다."고 이브덴은 말했다. 다크 매터에 가지 않겠다고 선택한 사람들은 친구 그룹에서 축출됐다. "정기적으로 술자리를 함께하고, 집으로 초대했던 사람들이 우리와 소통을 끊어버렸습니다." 그리고 이들은 시설과 시스템에 대한 접근 권한도 박탈당했다. 사이버포인트는 키 카드를 회수했고 직원 계정도 폐쇄했다. 떠나기로 결정한 이브덴 일행은 회사 측에서 이들의 미국 귀환 일정을 잡아줄 때까지 기다릴 수밖에 없었다.

그리고 일단 미국으로 돌아오고, 자신들이 어떤 일을 했는지 돌이켜 보게 되자 이브덴은 그런 사실을 FBI에 제보했다.

이브덴이 내게 연락한 2019년 중반에 이르러 다크 매터는 FBI의 수사를 받았다. 아랍에미리트에 잔류하기로 결정했던 이브덴의 전직 동료들 중 한 명인 로리 스트라우드Loir Stroud라는 이름의 전직 FBI 분석가는 두바이로 돌아오던 도중 덜레스 공항에서 FBI 요원들에게 연행됐다. 그로부터 3년 뒤 스트라우드는 「로이터」의 기자에게 자신의 이야기를 풀어놓았다. "그것은 그녀 식의 해명 방식이었죠."라고 이브덴은 내게 말했다. "자기 나름으로 '이봐요, 나는 좋은 사람이에요.'라고 주장한 셈이지만, 당시 우리는 그녀에게 아주 분명하게 '여기에 남는다면 당신은 미국인들을 표적으로 삼게 될 것'이라고 말했어요. 그녀는 자신이 무슨 일을 하는지 명확히 알고 있었습니다."

이런 점은 역으로 왜 이브덴이 굳이 내게 연락을 해왔는지 묻지 않을 수 없게 만든다. 이것은 자신의 잘못을 덮기 위한 그만의 방식이었을까? FBI 수사는 여전히 진행 중이다. 따라서 이들은 수사 대상인 사람들이 언론과 접촉하기를 원치 않았다. 하지만 그는 아직 NSA에서 일하는 직원들로부터 더 많은 전화를 받기 시작했다고 내게 귀띔했다. 이들은 다크 매터에서 연락을 받았다면서 '이봐요, 이들의 제안은 정말 좋아보이는데 어떻게 해야 되죠?'라고 내게 물었어요."

그의 대답은 명백했다. 자신에게 연락해 오는 NSA 직원들의 숫자가 늘면서 그는 공공 성명이라도 내야 할 것 같은 필요성을 느꼈다. "제 사고방식은 기본적으로 '전직 NSA 직원들에게 알립니다. 해외 파견 제안을 수락할 때 이런 일은 하면 안 됩니다. 만약 파견하는 쪽에서 무슨 일을 하게 될지 미리 알려주지 않는다면 가지 마세요. 만약 거기에 갔는데 두 개의 서류철을 받는다면 그게 적신호입니다. 만약 높은 연봉의 계약을 수락하려고 한다면 해당 계약의 실제 내용은 당신이 생각하는 업무가 아닐 가능성이 높습니다."

사이버포인트에 대해 이브덴이 처음 가졌던 신뢰는 내가 보기에 미국인 특유의 안이한 태도로 여겨졌다. 그것은 마치 서서히 끓어오르는 물속에서 위험을 제때 감지하지 못한 개구리의 일화 같았다. 이미 피해는 벌어졌다. 이브덴은 너무 늦었다. 개구리는 이미 끓는 물속에서 죽었다.

12장

추잡한 비즈니스

미국 매사추세츠주 보스턴

"**나**는 이 비즈니스가 추잡해지면 나가버릴 거라고 항상 말했죠."라고 에이드리얼 디조텔스^{Adriel Desautels}는 내게 말했다. 2019년 여름의 어느 늦은 저녁이었다.

디조텔스는 우유배달원 같은 인상의 사이버 무기 중개상이었다. 제멋대로 뻗친 곱슬머리에 앞니 사이의 틈이 두드러지고 무테 안경을 쓴 디조텔스는 천체물리학자 칼 세이건^{Carl Sagan}의 말을 즐겨 인용했다. 그의 최초 해커 가명인 '사이아나이드^{Cyanide, 청산가리}'는 처음부터 잘 풀릴 수 있는 이름이 아니었다. 그래서 결국 더 분별 있는 '사이먼 스미스^{Simon Smith}'로 바꿨다. 하지만 얼굴을 보이지 않는 이 비즈니스에서 외모는 아무런 의미도 없었다. 이 비즈니스에 조금이라도 관여한 사람은 누구나 디조텔스가 미국에서 가장 유명한 제로데이 브로커 중 한 명이라는 사실을 알고 있었다.

내가 처음으로 제로데이 거래를 파고들기 시작했을 때, 디조텔스의 이름은 어디에서나 등장했다. 하지만 수치스러운 의미에서가 아니었다. 그는 아무런 윤리 의식도 없는 이 업계에서 유일하게 윤리적 잣대를 가진 사람인 것처럼 보였다. 나는 이 거래의 내면을 속속들이 이해하고 싶었지만, 어떻게 진실과 투명성을 중시하는 사람이 온통 비밀과 어둠 속에 가려진 세계에서 활동할 수 있는지도 알고 싶었다. 다른 제로데이 브로커들은 마치

다스베이더^{Darth Vader}처럼 불가해한 어둠 속에서 활동하는데 반해, 디조텔스는 마치 밝은 빛 안으로 발을 들여놓은 듯했다. 그는 시장의 다른 신입 참가자들은 갖지 못한 자신만의 평판이 가진 중요성을 이해하는 듯 보였다. 그것은 그의 진정한 통화^{currency}였다. 그 때문에 그의 고객들인 미국의 정부기관을 비롯해 워싱턴 DC 지역의 계약사, 자기 과시나 이중 중개인 혹은 속임수를 용납하지 않는 해결사들은 그를 신뢰했다.

에렌, 이븐덴 및 다른 수많은 이 분야의 참여자들처럼 그는 제로데이 시장을 일삼아 찾은 적이 없었다. 시장이 그를 찾아낸 것이었다. 그는 2002년 HP의 소프트웨어에서 제로데이를 발견했지만, 당시의 익숙한 관행대로 HP는 그를 컴퓨터 범죄와 저작권법 침해 혐의로 고소하겠다고 위협했다. 그에 굴복하는 대신 디조텔스는 전자프런티어재단^{EFF}의 변호사를 기용해 반격에 나섰고, 이들은 힘을 합쳐 HP에 위협을 철회하고 사과하게 만듦으로써 보안 취약점 연구에 대한 기업의 접근 방식에 변화를 몰고 왔다. 그런 사례가 그를 유명인사로 만들 줄은 미처 예상하지 못했다. 때는 2002년이었고, 아이디펜스의 버그 보상 프로그램은 여전히 제 궤도에 오르지 못한 상태였다. 그는 모르는 번호로부터 전화를 받을 때까지 취약점을 위한 시장이 존재하는지조차 몰랐다.

"팔 게 뭐 있소?" 전화를 건 남자는 그에게 물었다. 당혹스러운 질문이었다.

"무슨 뜻인지 모르겠는데요."라고 그는 대답했다. "보안 서비스 같은 것 말인가요?"

"아니요. 저는 익스플로잇을 사려고 합니다."라고 그 남자는 말했다.

디조텔스는 익스플로잇을 산다는 개념이 황당하게 여겨졌다. 그냥 버그 트랙이나 '풀 디스클로저^{Full Disclosure}' 혹은 다른 해커 메일링 리스트에서 다운받으면 되지 누가 돈을 주고 산다는 말인가? 하지만 그 남자는 끈질겼다.

"지금 어떤 작업을 하는지 알려주시오."

마침 디조텔스는 재미 삼아 기발한 MP3용 제로데이 익스플로잇을 만들고 있었다. 만약 그가 누군가에게 디지털 MP3 음악 파일을 보내고 수신자가 그것을 재생하면, 거기에 딸려 있던 제로데이가 그에게 수신자의 기기에 완전한 접근권을 제공하는 것이다. 그가 해당 익스플로잇이 어떻게 작동하는지 다 설명하기도 전에 그 남자는 말을 끊었다. "내가 사겠소. 얼마요?"

디조텔스는 여전히 그가 진담을 하는 것인지 확신할 수가 없었다.

"16,000달러!"라고 그는 대답했다. 농담이었다.

"그럽시다."

일주일 뒤 수표가 우편으로 도착했다. 그는 수표를 오랫동안 바라보다가 사비엔과 워싱턴 DC 지역의 다른 수많은 사람이 내렸던 것과 같은 내용의 결론에 도달했다. 이것은 커다란 비즈니스가 될 수 있었다.

당시 그의 침투 테스트 회사인 '네트라가드'는 막 첫발을 내디딘 참이었다. 이 회사는 다른 경쟁사보다 약간 에둘러 말하자면 더 깊숙이 비즈니스에 관여하고 있었다. "시장의 다른 회사는 다 엉터리였어요."라고 그는 내게 말했다. 네트라가드는 고객사가 자신과 같은 고수들에 의해 해킹 당하지 않도록 보장하는 심층 해킹 테스트를 제공했다. 그것이 이 회사의 모토이기도 했다. "우리는 당신을 우리 같은 사람들로부터 보호해 줍니다." 다른 대다수 침투 테스터들은 회사의 네트워크를 기본 스캔한 뒤 업그레이드하거나 수정해야 할 사항의 목록을 담은 보고서를 내는 데 그쳤다. 그것은 대다수 기업이 기대하는 내용이기도 했다. 이들은 단순히 규정 준수 여부를 담은 목록에 체크만 되면 그만이었다. 하지만 실제로 해커들을 막으려는 의도로 본다면 해당 테스트는 무용지물이었다. 디조텔스는 경쟁사의 관행을 '방탄 조끼의 성능을 물총으로 테스트하는 격'이라고 비유했다. 그의 시각에서 이들은 고객들에게 몇 만, 때로는 몇 십만 달러를 받으면서 정작 해커들은 막는 데는 실패한 사기꾼들이었다. 네트라가드가 침투 테스트를 할 때는 실제로 고객사를 해킹했다. 문서를 위조하고, 보안용 키패드와 업무용 배지를 해킹했다. 디지털 방식이 통하지 않을 때는 해커들을 고객사의 화물용 엘리베이터로 올려 보내 비서의 책상에서 배지를 훔치게 하거나 청소부에게 뇌물을 써서 최고경영자의 집무실에 침투했다. 이것은 모두 계약서에 포함된 내용이었다. 이들은 이것을 '출옥용 카드'로 불렀고, 네트라가드는 곧 라스베이거스의 카지노, 대형 제약회사, 은행 및 거대 국립 연구소를 뚫는 데 성공하면서 유명세를 탔다.

디조텔스는 제로데이 익스플로잇 판매로 네트라가드의 비즈니스에 자금을 댄다면 벤처 자본가들의 개입을 막을 수 있으리라 생각했다. MP3용 제로데이로 16,000달러를 지불한 브로커가 다시 전화를 걸어오자 그는 가격을 두 배로 올렸다. 그 다음에는 6만 달러로 다시 높였다. 그는 저항을 받을 때까지 계속 값을 올렸다. 멀지 않아 그는 제로데이를 9만 달러 이상에 팔았다. 그 무렵 아이디펜스가 해커들에게 100달러 보상금을 제시하며 나타났다. 디조텔스는 그의 표현에 따르면 '은밀하고 합법적인 암시장'을 통하면 한 번의 거래로 몇 년은 먹고 살 수 있는 상황에서 도대체 누가 왜 아이디펜스에 제로데이를 파는지 이해할 수 없었다.

나는 디조텔스에게 그가 파는 익스플로잇이 어떻게 이용될지 걱정되지 않느냐고 물었다. 그는 '공공 및 민간 부문'의 미국 주체, 달리 말하면 미국의 정보기관, 방위 계약사와 때때로 디조텔스의 제로데이를 자체 소프트웨어의 보안성을 테스트하는 데 쓰려는 보안 기업에게만 판다고 말했을 뿐, 구매자 이름을 내게 알려준 적은 결코 없었다. 9/11 사태의 기억이 아직 생생할 때였고, 그는 자신의 익스플로잇은 선한 일, 예를 들어 테러리스트와 소아성애자를 추적하는 데 쓰이고 있다고 스스로에게 정당화했다. 그는 친구들에게 제로데이를 갖고 있다면 파는 것을 도와줄 수 있다고 알리기 시작했다. 자신의 구매자들이 제시하는 몇 만, 혹은 몇 십만 달러에 견주면 아이디펜스와 다른 버그 보상 프로그램이 제시하는 금액은 너무나 형편없다고 친구들에게 말했다. 얼마 안 있어 그는 자신이 개발하는 것보다 더 많은 익스플로잇을 중개하기에 이르렀다.

디조텔스는 익스플로잇을 아이디펜스가 부르는 헐값보다 10배는 더 높은 금액에 팔 수 있었고, 아이디펜스는 별로 미덥지 못한 제품이나 끌어들일 뿐이었다. 디조텔스가 중개하는 제로데이는 '이상적인 상태'여야 했다. 다시 말해 표적과 아무런 상호 접촉도 없었어야 하고, 중국 해커들이 주로 보내곤 하는 스팸형 문자 메시지나 피싱 이메일은 허용되지 않았다. 디조텔스가 개발하고 중개한 익스플로잇은 98.9%의 확률로 작동해야 했다. 그리고 그것이 실패하는 경우는 '깨끗한 실패clean fail'여야 했다. 보안 경고를 유발하거나 표적의 컴퓨터를 마비시키지 않아야 한다는 뜻이다. 자신들이 해킹되고 있다는 사실을 누구도 알 수 없어야 했다. 누군가에게 들키기에는 너무나 민감한 작전이었다. 만약 목표물이 자신들이 표적이 되고 있다는 미묘한 냄새라도 감지하는 경우에는 게임 끝이었다.

디조텔스는 자신의 구매자들이 익스플로잇을 정의로운 일에 썼다고, 반체제 인사들이나 언론인 혹은 전 애인을 추적하는 데 사용하지 않는다고 확신하는 듯했다.

하지만 당신이 중개해준 판매자들은요? 나는 물었다. 그 사람들은 누구죠? 이들이 양다리를 걸치면 어떻게 되나요? 이들이 디조텔스에게 판 것과 똑같은 익스플로잇을 아랍에미리트나 중국 같은 전체주의 정부에도 팔아서 자국민들을 감시하는 데 사용됐다면?

이것은 가설이 아니었다. 디조텔스가 익스플로잇을 거래하기 시작한 2013년에 이르러, 중국 측 고객들이 시장으로 몰려들었다. 지오핫Geohot이라는 가명으로 통하는 젊은 해커 조지 호츠George Hotz는 아이폰을 처음으로 풀고 소니 플레이스테이션 게임 콘솔을 해킹해 명성을 얻었는데, 애플의 익스플로잇을 중국이 최종 고객임을 암시한 한 브로커에게 35만 달러에 팔려고 시도한 사실이 기록됐다. 나중에 구글에도 잠시 근무했던 호츠는 해당 거래는 결국 성사되지 않았다면서, 자신은 미국 구매자들만 상대한다고 주장했지만 누구에게는 팔고 누구에게는 팔지 않는다는 식의 윤리 의식에 얽매이지는 않는다고 덧붙였다. "나는 윤리를 그리 중시하지 않아요."

디조텔스는 그에 대한 대응책도 갖고 있었다. 그는 익스플로잇을 자신에게만 독점적으로 팔겠다고 동의한 해커들에게는 3배 더 많은 비용을 지불했다. 기밀 유지협약서는 그런 내용을 명확히 했다. 하지만 해커들이 동일한 제로데이를 다른 데도 팔지 않는다고 어떻게 확신할 수 있을까? 이것은 재래식 무기와는 달랐다. 이것은 코드였다. 모든 것은 사무라이의 도덕률인 '무사도bushido'에 의존했노라고 그는 말했다. 그는 해커들이 자신에게 방금 팔아넘긴 제로데이의 내용을 누설하거나 다른 사람에게 팔지 않을 것이라고 신뢰하거나, 그렇지 않으면 자신의 평판과 중개 비즈니스를 포기하는 수밖에 없었다. 이들 해커가 누구인지, 어떤 위치에 있는지 고려해 보면, 디조텔스가 보낸 신뢰는 불가능에 가까울 만큼 커다란 모험이었다.

대다수 판매자들은 미국과 유럽 및 루마니아에서 활동했노라고 디조텔스는 내게 말했다. 그는 루마니아에 무엇이든 해킹할 수 있는 친구가 하나 있는데, 누구에게도 그에 대해 말한 적이 없다고 털어놓았다. 루마니아? 나는 먼저 그 나라에 대해 조금이라도 알 필요가 있었다. 루마니아는 사기 범죄의 세계 수도라고 할 만했다. 하지만 그는 마치 미국 독립기념일의 아이오와 풍경을 이야기하듯 루마니아를 언급했다.

"엄청난 능력을 가진 해커들이 이란에 여럿 있었고요, 북한에서 발원한 아주 흥미로운 여러 공격도 목격했습니다. 하지만 그 친구들은 결코 우리에게 연락해 오지 않았어요."라고 그는 말했다.

그는 초기에 러시아의 한 해커로부터 5만 달러에 제로데이를 구매한 적이 있다. 하지만 두 번째로 그가 연락해 왔을 때 무엇인가 수상쩍은 점이 느껴졌고, 그래서 디조텔스는 아예 연락을 끊어버렸다. 그는 디조텔스가 '냄새 테스트sniff test'라고 부르는 관문을 통과하는 데 실패한 것이었다.

나는 그에게 이 '냄새 테스트'를 어디에서 익혔느냐고 물었다. 취조 매뉴얼을 읽었는지? 행동과학을 공부했는지? 아니면 조작의 심리학을 배웠는지? 어떻게 사람들을 읽느냐고 물었다. 그는 믿지 않은 자만심을 풍기며 "내겐 남다른 능력이 있어요."라고 대답했다. "어릴 때도 2분 정도만 대화를 하면 상대방의 성격이나 특징을 정확히 파악할 수 있었어요. 나는 그들의 몸가짐, 미묘한 표현, 그들이 말할 때 드러내는 특징을 즉각 잡아냈지요." 나는 내가 앉은 의자에서 불편한 기분으로 몸을 움직였다. 한 남자의 냄새 테스트에 숱한 인명이 걸린 셈이었기 때문이다.

15%. 그가 수용하는 익스플로잇의 비율이었다. 나머지는 수준 미달로 혹은 미심쩍은 느낌 때문에 받아들이지 않았다. 그리고 그는 판매자들에게 기밀 유지협약을 어기는 경우 엄중한 책임이 따르며, 많은 경우는 관계를 끊게 될 것이라는 점을 자주 상기시켰다. "기본적으로 그들의 제로데이가 다른 곳에서 나타난다면 우리 구매자들은 그것이 어디에서 온 것인지 파악할 수 있는 수단을 보유하고 있다고 말했습니다. 그들은 익스플로잇의 패턴을 조사하고 출처를 추적할 것이라고, 그들이 문의하는 경우 우리는 망설이지 않고 해당 익스플로잇 개발자의 정보를 제공할 것이니 그 결과는 스스로 책임져야 할 것이라고 못박았죠. 기본적으로 나는 이것을 당신을 위해 중개하겠지만, 다른 곳에도 가져갈 경우 처참한 결과를 맞게 될 것이라고 경고했습니다."

그의 말은 심상하면서도 황당했다. 과장되게 들렸지만 그는 무미건조하게, 설령 그런 일이 벌어진다고 해도 그저 비즈니스일 뿐 사적인 감정은 전혀 없다는 말투였다.

그의 접근법은 고객들의 신뢰를 얻었다. 곧 디조텔스는 여러 고객을 관리하면서 그들을 대신해 해커들과 협상하는 대가로 매달, 혹은 분기별로 중개료를 받았다. 제로데이의 가격은 그것이 대상으로 하는 소프트웨어에 따라 변동이 있었다. 맨 아래 단계는 운영자가 직접 물리적으로 접근하는 라우터나 USB를 장악할 수 있는 제로데이로 몇만 달러 수준이었다. 바로 그 위는 어도비 소프트웨어, 사파리와 파이어폭스 브라우저 혹은 워드와 엑셀 같은 마이크로소프트 애플리케이션을 원격으로 조종할 수 있게 해주는 제로데이였다. 먹이사슬의 위쪽은 10만~25만 달러를 호가하는 익스플로잇으로 마이크로소프트의 이메일 제품과 윈도우 소프트웨어를 원격 해킹할 수 있었다. 시간 제약도 한 변수였다. 그의 구매자들이 예를 들어 테러리스트의 휴대전화, 이란 핵물리학자의 컴퓨터나 키이우 주재 러시아 대사관에 당장 침투해야 할 때, 그들은 평소라면 25만 달러 선인 제로데이에 50만~1백만 달러를 지불할 수도 있었다. 보통 디조텔스는 판매가의 일부를 수수료로 받는데 때로는 3%밖에 안 될 때도 있었지만 그 자신이 익스플로잇에 소스를 제공하고 성능을 보증하고 실제 테스트까지 해주는 경우는 60%까지 수수료를 높이기도 했다.

일종의 비즈니스로서 그것은 썩 괜찮았다.

구매자와 판매자 모두 신진세력이 이 시장에 밀려들었다. 그리고 이들은 다른 종족이었다. 그중 하나는 그러크Grugq라는 남아프리카 출신 해커로, 태국에서 호화로운 생활을 누리며 경제잡지인 「포브스」에 현금이 가득 담긴 그의 커다란 돈가방이 공개되기도 했다. 독일의 스파이웨어 사업가로 MJM이라는 이니셜을 사용하는 해커는 자신에 관한 모든 흔적을 인터넷에서 지웠다. 몰타에 사는 루이지와 도나토는 산업용 제어 시스템에 사용할 수 있는 제로데이를 홍보했고, 대부분은 미국에서 사용됐다. 싱가포르에서는 토마스 림Thomas Lim이라는 생기발랄한 사업가가 전문적인 익스플로잇 기술은 없지만 자금력은 충분한 나라와 브로커들에게 사이버 무기를 팔고 있었다. 알제리계 프랑스인인 샤우키 베크라Chaouki Bekrar는 구글과 애플의 제품에 포함된 보안 오류를 찾았다고 이들을 조롱하면서, 그런 제로데이를 정부나 다른 온갖 주체에 팔아넘겼다. 다스베이더의 그림을 쓴 베크라의 트위터 프로필은 그의 악의적 행태를 잘 반영했다. 그는 비평가들이 자신을 '벌른가의 늑대Wolf of Vuln Street'로 부른다면서, 제로데이를 자신의 플랫폼인 '제로디움Zerodium'에 팔라고 써놓았다.

이들은 대중의 인식 따위는 안중에도 없는 듯했다. '무사도'도 신경 쓰지 않았다. 그리고 테크 기업이 자사 제품에 남겨놓은 보안 취약점을 무기화하는 데 대한 아무런 책임감도 느끼지 못했다. 이들은 애국자보다는 용병에 더 가깝게 행동했다. 디조텔스는 2010년 해커 콘퍼런스에서 처음으로 제로데이 구매자와 브로커들을 본 것을 기억한다. 냄새 테스트는 무의미했다. 그의 후각은 갖은 헛소리로 이미 과부하 상태였다. "그자들에게 정말 너무너무 화가 났어요. 암시장에 그런 자들의 주머니를 불려주는 불량 국가가 많다는 사실은 알고 있었죠. 시장이 정말 급격히 추잡해졌습니다."라고 그는 약간의 수치심이 담긴 어투로 말했다.

디조텔스는 이들처럼 '더티 플레이'를 하는 이들이 큰 수익을 올리는 시장의 존재를 잘 알고 있었다. 해킹 콘퍼런스에서 이스라엘과 한국 같은 나라를 대리한 중개인들이 그에게 공격적으로 접근해 그의 비즈니스를 외국인들에게도 개방하라고 압력을 넣었다. 그는 중개인들이 자신의 소재를 파악해 비즈니스 관계를 제안할까 봐 여행 계획도 더 이상 알리지 않았다. 하지만 이들은 그를 찾아냈다. 어느 날 아침, 그는 라스베이거스의 시저스 팰리스 호텔에서 전화벨 소리에 잠이 깼다. 아무도 그가 거기에 있는지 몰랐다. "아래로 잠시 내려오시죠."라고 낯선 목소리가 그에게 말했다. "만납시다." 그는 아시아의 중개인 중 한 명으로, 그가 비즈니스 관계를 약속한다면 귀빈으로 모시고 관계 시설을 보여주겠다고 제안했다(동맹국을 대리하는 인물이었지만 디조텔스는 구체적인 신분은 밝히지 않았다). 그의 대답은 항상 '노'였다.

다른 이해당사자들은 그에게 물을 생각도 하지 않았다. 모스크바 출장에서 그는 강화 철문과 대형 자물쇠로 접근이 제한된 에어비앤비Airbnb 아파트를 임대함으로써 자신의 의사를 분명히 했다. 외출하기 전에는 자신의 랩톱 나사에 아내의 매니큐어를 칠해놓았다. 지나친 강박처럼 여겨졌지만 이제는 분명히 우려할 만하다는 사실을 그는 알았다. 음험한 주체가 이 업계에 뛰어든다면, 그중에서도 최악은 러시아에 있을 것이었다. 아니나 다를까. 호텔로 돌아와 확인해 보니 랩톱의 매니큐어 코팅이 깨져 있었다. 누군가가 그의 랩톱을 건드린 것이다. 만약 외국인들이 그에게 이 정도로 접근할 용의가 있다면 상대를 가리지 않고 비즈니스를 할 용의가 다분한 다른 제로데이 중개인들에게도 이들이 접근했으리라는 점은 불을 보듯 뻔했다.

내가 「뉴욕타임스」 사옥의 옷장에 들어가야 했던 2013년 무렵, 제로데이 시장은 디조텔스와 그의 냄새 테스트 수준을 훨씬 뛰어넘어 확산된 상태였다. 그 해 연례 감시 장비 무역박람회의 설립자는 '10년 전만 해도 거의 제로 수준이었던' 관련 시장이 50억 달러 규모를 넘어섰다고 추산했다. 그 해는 NSA가 제로데이 지출 예산으로 2,500만 달러를 책정하고, 사이버포인트가 아랍에미리트의 적성국과 동맹국을 해킹하기 위해 제로데이를 사들이던 시점이기도 했다. 디조텔스의 제로데이 조달 비즈니스는 두 배로 증가했지만 경쟁사의 규모 또한 그렇게 늘었다. 차우키 베크라가 소유한 프랑스 회사 뷰펜Vupen의 정부 판매 규모는 매년 두 배로 증가했다. 이스라엘,

영국, 러시아, 인도, 브라질 등은 미국 정부가 제시하는 금액 수준에 대응했다. 말레이시아와 싱가포르도 제로데이를 구입하고 있었다. 사실은 제로데이 거래에 참여하지 않은 나라가 드물었다.

시장에 대한 디조텔스의 장악력은 떨어지고 있었고, 너무 많은 곳에서 너무 많은 현금이 물밀듯 들어오면서 아무도 냄새 테스트 따위에는 신경 쓰지 않았다. 판매자들은 이제 선택의 여지가 충분했다. 해커들은 그의 독점 조항을 빠져나가기 시작했다. 디조텔스는 자신의 원칙을 유지하려 시도했지만 그의 대표적인 익스플로잇 개발자들은 선택의 여지를 주지 않았다. 예외를 인정하지 않으면 제로데이를 그에게 팔지 않겠다고 위협했다. "우리는 구매자들에게 독점 판매 조건이라면 그들에게 팔 의향이 없다고 알리곤 했습니다." 그의 구매자들도 한 발 물러서기 시작했다. "구매자들은 알겠다. 우리에게 2~3개월만 독점권을 주면 그 다음에는 비독점 조건을 인정하겠다고 대응했습니다."

그의 오랜 고객들도 다른 방식으로 굴복하기 시작했다. 디조텔스가 신뢰해 온 구매자들 중 하나는 그의 제로데이를 미국 이외의 다른 고객들에게도 팔 수 있음을 시사했다. 이들은 그의 제로데이를 압제 정권에는 결코 팔지 않을 것이라고 말했지만, 이들은 최근 유럽, 특히 이탈리아의 새로운 구매자와 관계를 개척했다.

"저는 정말 멍청했죠."라고 디조텔스는 자신의 무지를 인정했다. 그는 이탈리아인들은 미국과 유럽의 정보기관처럼 우호적인 상대와만 비즈니스를 할 것이라고 안이하게 생각했다.

그 이탈리아의 거래 상대는 밀라노에 근거를 둔 '해킹 팀Hacking Team'이라는 이름의 주체로, 그가 제로데이 시장에서 발을 빼게 만든 계기가 됐다.

디조텔스는 자신의 컴퓨터를 열었을 때 구토가 나오는 것을 참아야 했다.

2015년 7월5일, 이탈리아 시간으로 정확히 새벽 3시 15분, 보통 조용했던 해킹 팀의 트위터 계정에 불길한 메시지가 떴다. "우리는 아무것도 숨길 게 없기 때문에 우리의 이메일과 파일 및 소스코드를 모두 공개합니다."

뒤에 드러난 사실은 밀라노 기반의 해킹 툴 서비스 회사인 해킹 팀이 피니어스 피셔Phineas Fisher라는 가명으로 활동하는 이념적 해커에게 해킹을 당한 것이었다. 이후 며칠 간에 걸쳐 피셔는 420기가바이트 분량의 해킹 팀 계약서, 급여 문서, 대금 청구서, 법률 메모, 고객 지원 기록 및 최고경영자가 5년간 주고받은 이메일 기록을 공개했다. 그리고 디조텔스에게 한 다짐과 달리 해킹 팀은 동맹국만 상대하지 않았다. 그의 제로데이 익스플로잇을 스파이웨어에 내장해 지구상 최악의 인권 침해국에도 판매한 사실이 드러난 것이다.

이제는 디조텔스가 우유배달원 같은 인상의 선한 인물인지 아니면 그저 용병일 뿐인지 구분하기 어려워졌다. 유출된 정보 중 하나는 그가 해킹 팀에 직접 보낸 이메일로, "우리는 우리의 내부 고객 정책을 조용히 바꾸고 해외 구매자들과도 협력해 왔습니다…우리는 귀하의 고객들이 해외와 미국 내에 걸쳐 있음을 알고 있으며, 귀하와 직접 협력하는 데 아무런 문제가 없습니다."라는 내용이 담겨 있었다.

내가 이 내용을 질문하자 그는 이렇게 대답했다. "멍청하기 짝이 없게도 마땅히 따져봐야 할 일을 하지 않았죠." 하지만 그것은 사안의 심각성에는 한참 못 미치는 발언이었다. 그가 조금이라도 주의를 기울였다면 해킹 팀의 우려스러운 행태를 포착할 수 있었을 것이다. 나는 캐나다 토론토대학교 멍크국제정세연구소의 사이버 보안 감시 연구소인 시티즌 랩Citizen Lab의 연구원들과 3년간 작업하면서 바레인의 반체제인사들, 모로코의 언론인들 그리고 미국 내 에티오피아 언론인들에게 전송된 이메일에 해킹 팀의 스파이웨어가 숨어 있음을 밝혀냈다. 해킹 팀은 자신들의 툴이 추적 불가능하다고 자신했지만 시티즌 랩의 연구원들은 역 설계공학 기법을 이용해 이들 스파이웨어가 전 세계의 독재국에 설치된 서버들과 연결돼 있음을 추적할 수 있었다.

이것은 특정 웹사이트에 파묻혀 있는 데이터가 아니었다. 내가 발견한 내용은 「뉴욕타임스」 1면에 실렸다. 그리고 나는 해킹 팀의 이탈리아인 경영진에게 논평을 구했다. 이 회사의 최고경영자인 데이비드 빈센제티^{David Vincenzetti}는 자신들의 스파이웨어가 오직 범죄자와 테러리즘 수사에만 사용되도록 최선을 다했으며, "유럽 국가와 미국 그리고 나토^{NATO}의 블랙리스트에 오른 정부는 물론 어떤 압제 정권에도 판매한 적이 없다."라고 강조했다. 빈센제티는 자신의 기업이 공학자와 인권 변호사들로 구성된 위원회까지 두고 부적절한 판매에 대해 거부권을 행사할 수 있게 했다고 말했다. 하지만 나는 해킹된 빈센제티의 이메일을 검토하는 가운데 이 회사가 내게 죽 거짓말을 해왔음을 발견했다.

그/그녀의 신원이 여전히 미상인 '피니어스 피셔'가 2015년 7월 폭로한 내용은 내가 품었던 최악의 의구심을 확인시켜줬다. 12년 동안 해킹 팀은 그들의 스파이어웨어를 전 세계의 여러 정부기관에, 그중 많은 경우는 인권 보호 현실이 열악하거나 심지어 참담한 나라에 판매해 왔다. 이들의 고객 중에는 미 국방부(펜타곤)와 FBI도 있었고, 마약단속국^{DEA}은 보고타^{Bogota}에 있는 미국 대사관을 통해 마약 카르텔을 감시하는 데 스파이웨어를 사용했다. 해킹 팀은 메릴랜드주 아나폴리스^{Anapolis}에 있는 위장 기업을 통해 자신들의 스파이웨어 샘플을 CIA에 임대했다. 유출된 정보에 따르면 이들은 이탈리아, 헝가리, 룩셈부르크, 사이프러스, 체코 공화국, 스페인, 폴란드, 스위스 등 유럽의 여러 나라 기관과 계약을 맺었다. 하지만 그것은 자칫하면 재앙으로 이어질 수 있는 위험한 거래였다. 해킹 팀은 또한 자신들의 '원격 제어 시스템'을 아랍에미리트의 사이버포인트, 사우디아라비아,

이집트, 러시아 보안 서비스 그리고 모로코, 바레인, 에티오피아, 나이지리아는 물론, 중앙 아시아 지역의 아제르바이잔, 우즈베키스탄, 카자흐스탄 등에도 팔았고, 이들은 구매한 툴을 무고한 자국민들을 감시하는 데 악용했다. 유출된 이메일은 흔히 '유럽의 마지막 독재국가'로 불리는 벨라루스, 방글라데시의 '암살단death squad' 그리고 그보다 더 악랄한 주체들과 계약을 맺으려 시도하는 경영진의 행태를 폭로했다. 해킹 팀은 1백만 달러어치의 스파이웨어를 수단Sudan에, 10여 년에 걸쳐 수많은 국민을 야만적으로 내쫓고, 살해하고, 강간하고, 신체를 불구로 만들고, 납치하고, 약탈해온 바로 그 정보기관에 팔았다. 미국의 국제구호원들에 따르면 수단은 '전 세계에서 가장 끔찍한 인권 상황에 놓인 나라 중 하나'인데도, 디조텔스는 그런 가해자들을 무장시켜준 것이었다.

"내 인생에서 그렇게 혐오감을 느낀 적은 없었소."라고 디조텔스는 내게 말했다. "역겨웠어요."

전 세계의 언론인들이 유출된 데이터를 파고들었다. 한국의 언론인들은 해킹 팀의 스파이웨어가 한국의 정보원들이 선거 결과를 왜곡하는 데 이용됐을 수 있음을 보여주는 이메일을 찾아냈다. 해킹 팀의 스파이웨어를 사용했던 한 요원은 자신의 이메일이 공개된 직후 자살했다. 에콰도르에서는 여당이 야당을 추적하는 데 스파이웨어를 사용한 사실이 밝혀졌다. 유출된 정보는 반복된 부인에도 불구하고 해킹 팀이 비판자와 반체제 인사들을 무자비하게 탄압하는 정부에도 해킹 툴을 판매했음을 보여줬다.

2012년 시티즌 랩의 보고서와 그를 다룬 기사들이 나오면서 해킹 팀은 기존 고객들의 면면을 검토하는 듯했다. 그리고 2014년 해킹 팀은 '푸틴 정부는 서방에 우호적인 태도를 바꿔 적대적인 정권으로 변모'했다는 이유를 들어 지원을 중단했다. 푸틴 정권의 크름반도 침공을 계기로 고객 평가 내용을 바꾼 게 분명했다. 하지만 지난 수년 동안 푸틴 정권 치하에서 러시아의 수많은 언론인과 활동가들이 실종된 사실에 해킹 팀이 눈 감은 것도 사실이었다. 수단에 대해서는 2014년 '해킹 팀이 판매한 시스템에 대한 계약 의무를 수단 정부가 제대로 이행하지 않는다는 우려'를 이유로 계약을 끊었다. 이것도 수십만 명의 수단 국민이 이미 사망하고, 수백만 명이 삶의 터전을 잃은 다음에 벌어진 일이었다.

유출된 정보는 제로데이 거래의 비효율성도 제시했다. 제로데이가 패치된 경우의 보상 규정, 시장의 비밀주의로 인한 가격의 높은 차별성, 싱가포르의 코스인크COSEINC와 프랑스의 뷰펜의 제로데이 브로커들과 답답하고 지루한 협상이 몇 달에 걸쳐 진행됐지만 그동안 문제의 익스플로잇과 버그가 이미 패치돼 용도 폐기된 경우 그리고 해킹 팀이 인도의 수상쩍은 판매자로부터 마이크로소프트의 가짜 익스플로잇을 구입하기 위해 벌이는 우스꽝스러운 협상 내용 등이 그런 사례였다.

유출된 이메일은 해킹 팀이 자신들의 해킹 툴이 어떻게 오용되거나 악용될 수 있는지에 대해서는 거의 아무런 고려도 없었다는 점을 잘 드러냈다. 그중 한 이메일에서 빈센제티는 농담조로 마치 미래를 예측하는 것 같았다. "상상해봐요. 지구상에서 가장 사악한 기술을 설명하는 '당신'의 이메일이 위키리크스WikiLeaks에 유출된 경우를 말이오! ☺"

인터넷에 접속할 수 있는 사람이면 누구든 디조텔스가 해킹 팀의 스파이웨어에 원재료가 된 어도비 플래시Adobe Flash 소프트웨어의 제로데이 익스플로잇을 중개한 사실을 파악할 수 있었다. 사이버포인트 같은 해킹 회사는 디조텔스의 어도비 제로데이를 활용해 정상적인 문서로 보이지만, 사실은 스파이웨어를 내장한 PDF 문서로 표적을 해킹할 수 있었다. 디조텔스가 그나마 안도한 대목은 피해 규모가 더 이상 확대되기 전에 그의 제로데이가 패치됐고, 그래서 해킹 팀의 스파이웨어도 무력화됐다는 점이다. 하지만 그 전까지 얼마나 많은 곳에서 악용됐을지 생각하면 그는 속이 메스꺼 웠다.

디조텔스는 자신의 윤리 원칙과 양심으로 제로데이 시장을 제어할 수 있다고 믿었다. '무사도라…헛소리에 더 가까운 것 같군.'이라고 나는 생각했다. 디조텔스가 해킹 팀에 중개한 어도비 플래시의 제로데이는 미국이 아닌 나라에 팔린 첫 번째 사례였다. 해킹 팀이 어느 나라나 기관에 이 제로데이를 팔았는지 100% 정확하게 파악할 수 있는 길은 없다는 점을 디조텔스나 나나 알고 있었다. 위장 기업으로 다양한 기관을 대변하는 중간 상인들의 수상쩍은 행태를 고려하면 더욱 그랬다. 하지만 그것은 디조텔스가 판매한 마지막 제로데이이기도 했다. "나는 이 비즈니스가 추잡해지면 빠져나오겠다고 늘 말해왔어요."라고 그는 내게 말했다. 그리고 그 첫 번째 유출을 계기로 그는 자신의 제로데이 비즈니스를 접는다고 돌연 발표했다.

해킹 팀의 보안 침해 사례는 우리가 신규 구매자들의 윤리 원칙과 의도를 충분히 파악할 수 없다는 점을 증명했습니다. 그리고 해킹 팀은 문제의 침해 사태가 벌어질 때까지 우리와의 약속을 어기고 인권 침해로 비판받는 나라를 비롯해 불량한 주체에도 그들의 기술을 판매한 사실을 은폐했습니다. 구매자가 해당 제품을 어떤 용도에 사용할지까지는 판매자가 책임질 일이 아니라고 해도, 해킹 팀의 공개된 고객 리스트는 우리가 용납할 수 없는 내용입니다. 해당 리스트가 보여주는 비윤리성은 실로 충격적이며, 우리는 그와 전혀 무관하다는 점을 강조하고자 합니다.

윤리와 양심이 제대로 통하지 않는 제로데이 업계에서 디조텔스의 입장은 주목할 만했다. 하지만 그것은 때늦은 것이기도 했다. 나는 이 거래의 관련자들치고 뒤늦게 자신들의 입장을 취하지 않은 경우를 본 적이 없다. 모든 피해는 이미 벌어진 뒤였다. 해킹 팀의 정보 유출 사건은 제로데이 익스플로잇이 어떻게 가격이 책정되고, 거래되고, 점점 더 강력해지는 스파이웨어에 통합되며, 인권 침해로 악명 높은 국가와 정부에 판매되는지 생생하게 폭로된 사례였다. 그때까지 이 모든 내용이 충격으로 다가오지 않았다. 하지만 내가 미처 예상하지 못한 요소도 하나 있었다. 나는 항상 내가 「뉴욕타임스」에 쓴 해킹 팀 기사가 이 업계의 추악한 실상을 조명하는 데 기여했다고 생각했다. 내 기사는 사이버 무기 시장을 조사하고, 수출 규범을 바꾸고, 사이버 무기 거래를 규제하겠다고 공언하는 유럽의 규제 기관과 인권 변호사들에 의해 인용되기도 했다.

하지만 유출된 정보를 면밀히 조사하는 가운데 나는 내 기사가 오히려 역효과를 냈음을 알 수 있었다. 그것은 제로데이 개발과 보유 능력이 없던 정부에게 그들이 무엇을 놓치고 있는지 알려주는 광고로 작용했다.

2015년 말에 이르자 지구상 어느 정보기관도 그런 사실을 모르는 곳이 없게 됐다.

13장

용병들

멕시코, 아랍에미리트, 핀란드, 이스라엘

세계 언론인들이 해킹 팀의 정보 유출 내용과 그 영향을 정확히 파악하기 위해 여전히 씨름 중이던 2016년 여름, 한 정보원이 우리집에 찾아왔다. 한 시간 정도 잡담을 나눈 뒤, 그는 아무런 경고도 없이 자신의 랩톱을 열어 보였다. "제 스크린을 사진으로 찍어서 프린트한 다음, 전화기와 컴퓨터 그리고 프린터에서 흔적을 지워요. 그리고 이것을 어디에서 구했는지 아무에게도 말하지 말아요. 알았죠?"

갑작스럽게 대화가 다른 방향으로 흘렀지만 내 정보원은 믿을 만하다는 점을 이미 입증했기 때문에 나는 그의 말대로 했다. 이메일, 파워포인트 파일, 제안서, 계약서 등으로 보이는 화면을 찍기 시작했다. 그 사진을 인쇄한 다음, 내 전화기와 프린터 그리고 클라우드에서 사진 파일을 모두 지웠다. 내가 그 작업을 마쳤을 즈음 내 정보원은 이미 집 앞 진입로에서 차를 빼고 있었다. 부엌 카운터 위에 펼쳐놓은 사진의 내용과 의미를 파악하는 일은 온전히 내 몫이었다. 이후 몇 시간, 며칠, 몇 주에 걸쳐 나는 상세한 고객 기록과 제품 설명서, 가격 리스트, 심지어 몰래 휴대폰에서 캡처한 사진까지 꼼꼼히 검토했다.

이 사진의 내용은 이스라엘의 극비 스파이웨어 회사로, 나도 그저 지나치는 속삭임으로만 몇 번 들었을 뿐인 'NSO그룹'과 관련된 것이었다. NSO

는 기업 웹사이트가 없었다. 나는 이 이름을 이스라엘 국방부 웹사이트에서 찾았는데, 거기에는 첨단 스파이웨어를 개발했노라고 써 있었다. 2014년의 보도 자료와 거래 내용에 따르면 NSO는 샌프란시스코에 소재한 사모 펀드 회사인 '프란시스코 파트너즈Francisco Partners'에 지배 지분을 1억 2천만 달러에 매각했다. 하지만 내가 추적할 수 있는 디지털 빵부스러기는 거기에서 멈췄다. NSO의 파일을 읽으면서 나는 내 휴대폰을 파기하기 전에 모든 언론인, 반체제인사, 화이트햇 해커 및 인터넷의 자유를 외치는 활동가들에게 전화를 걸고 싶은 충동을 느꼈다.

세계가 아직 해킹 팀의 정보 유출 내용에 충격을 받았지만, 정작 유출된 정보는 정교한 감시 기술 국가, 정보기관과 법 집행 기관은 이미 아무일도 없었다는 듯 감시와 해킹 행위를 지속한다는 사실을 명확히 시사했다. NSO는 개인용 컴퓨터는 무시했다. 대신 폰 해킹에 집중해 정부 고객이 원하거나 필요로 하는 모든 정보를 빼냈다. 이들의 홍보 파워포인트에 따르면 NSO는 아무도 모르게 원격으로 시장의 모든 스마트폰을 해킹할 수 있는 방법을 찾아냈다. 여기에는 아직 제3세계 나라에서 널리 사용되는 블랙베리와 노키아 심비안Symbian 휴대폰을 비롯해 안드로이드 기반 전화기 그리고 당연히 아이폰도 포함됐다.

NSO의 감시 기술은 이스라엘의 정보기관인 '유닛 8200' 출신에 의해 처음 개발됐다. 2008년 이스라엘의 두 고교 절친인 샬레브 훌리오Shalev Hulio와 오므리 라비Omri Lavie는 해당 기술을 휴대폰 회사에 고객의 IT 문제를 원격으로 해결해줄 수 있는 솔루션으로 홍보했다. 그들의 타이밍은 우연이었다. 당시 아이폰은 아직 시장에 나온 지 1년도 안 된 시점이었고, 스마트폰은 PC보다 훨씬 더 많이 경찰과 스파이에게 표적 대상의 위치, 사진, 연락 정보, 소리, 풍경 및 통신 내용을 더 상세히 실시간으로 볼 수 있게 해주는 창이었다. 스파이에게 이보다 더 무엇이 필요하겠는가? NSO의 능력에 대한 소문은 서구의 정보기관에 알려졌다. 그리고 곧 모두가 해당 기술을 확보하고 싶어했다.

NSO의 기술은 스마트폰을 '스파이 폰'으로 만들 수 있을 뿐 아니라, 정부기관에 암호화 기법을 회피하는 방법을 제공했다. 애플, 구글, 페이스북 같은 빅테크 기업은 서버에서 서버로, 기기에서 기기로 전달되는 고객의 데이터를 암호화하기 시작한 마당이었다. 한편 법 집행 기관은 암호화로 아동성애자, 테러리스트, 마약왕 그리고 다른 범죄자들에 대한 감시가 훨씬 더 어려워졌다며 그런 움직임을 오랫동안 비판해 왔다. 이들은 이런 현상을 '불통going dark'이라고 표현했고, 특히 FBI는 2011년 무렵, 그럼에도 불구하고 최악의 상황은 아직 오지 않았다고 우려했다. 오랫동안 FBI는 도청을 통해 비교적 용이하게 데이터에 접근해 왔다. 하지만 통신 방식이 모바일 전화기, 인스턴트 메시지, 이메일, 웹을 이용한 전화 통화 등 분산형으로 전환되고, 거기에 암호화 기법이 더해지면서 정보 요원들은 법원의 영장을 받아 수사 대상의 통신 내용을 확보한 다음에도 암호화 기법 때문에 실제 내용은 얻지 못하는 경우가 많았다.

"우리는 이런 능력의 간극을 '불통 문제Going Dark problem'이라고 부릅니다."라고 2011년 당시 FBI의 대표 변호사였던 발레리 캐프로니Valerie Caproni는 의회에서 증언했다. "아동 학대부터 포르노그래피, 조직 범죄, 마약 밀매, 테러리즘과 첩보 활동에 이르기까지, 정부가 중요한 증거를 수집할 수 없는 상황이 점점 더 늘어나고 있습니다. 법원이 정부에 증거 수집을 합법적으로 승인한 정보조차 그런 상황입니다."

이후 10년에 걸쳐 FBI는 대단히 잘못된 해법을 주장해 왔다. 테크 기업에 대해 FBI를 비롯한 수사 기관이 쉽게 정보에 접근할 수 있는 '뒷문backdoor'을 만들도록 요구한 것이다. 이론상으로는 가능해 보였지만, 실제 상황에서는 불가능했다. 특정인이나 기관을 위한 뒷문은 다른 모두의 표적이 될 수밖에 없다는 점을 정부 관료들은 다른 누구보다도 더 잘 알고 있었다. 법 집행 기관의 필요를 충족시키기 위해 미국민 전체를 사이버 범죄자와 적성국에 더 취약하도록 내모는 상황을 테크 기업은 수용할 수 없었다. 설령 수용한다고 해도 실행에는 문제가 따랐다. 모든 테크 기업이 미국에 있는 것은 아니었기 때문이다. 예를 들어 스카이프Skype는 룩셈부르크에 서버를 두고 있었다. 뒷문을 설치한다면 대체 얼마나 많이 그리고 얼마나 많은 정부기관에 이를 제공해야 할지도 문제였다.

NSO가 법 집행기관에게 제시한 것은 강력한 우회 기법, 불통 문제를 막아줄 수 있는 툴이었다. NSO의 기술은 통신의 '종착점end point'인 송신자나 수신자의 휴대폰 자체를 해킹함으로써 데이터가 암호화되기 전 혹은 해독된 후에 정부기관에서 볼 수 있게 했다. 캐프로니가 의회에서 증언한 지 얼마 지나지 않은 시점에서 훌리오와 라비는 자신들의 원격 접근 기술을 일종의 감시 툴로 홍보하기 시작했다. 이들은 이 툴을 '페가수스Pegasus'로 불렀는데, 신화 속의 날개 달린 말처럼 불가능해 보이는 일을 할 수 있었다. 이전에는 접근 불가였던 전화 통화 내용, 문자 메시지, 이메일, 연락처, 캘린더 일정, GPS 위치 데이터, 페이스북 포스트, 왓츠앱과 스카이프 대화 내용 등 방대한 규모의 데이터를 흔적조차 남기지 않고 수집하는 일이었다. 페가수스는 심지어 NSO가 '룸 탭room tap'이라고 일컫는 도청도 가능했다. 스마트폰의 마이크와 비디오 카메라를 사용해 방 안과 밖의 소리를 녹음하고 사진을 찍을 수 있는 기능이었다. 목표물로 삼은 사람이 일정한 웹사이트와 앱에 접근하는 것을 막고, 그의 휴대폰으로부터 화면을 캡처하는가 하면, 모든 검색 및 브라우저 사용 내역을 기록할 수 있었다. 페가수스 스파이웨어의 가장 매력적인 대목은 배터리 소모가 적다는 점이었다. 당신의 휴대폰에 스파이웨어가 설치됐을지 모른다고 의심하게 만드는 특징 중 하나는 배터리가 빠르게 소모된다는 점이다. 감시와 데이터 수집 활동은 배터리 소모를 촉진하기 때문이다. 하지만 페가수스는 교묘한 트릭을 적용했다. 배터리 수명이 급속히 떨어지는 것을 감지하면 스스로 작동을 중지하고, 감시 대상이 와이파이에 접속할 때까지 기다렸다가 재작동해 데이터를 추출한 것이다. 이것은 내가 아는 한 상업용 시장에서 가장 정교한 스파이웨어였다.

유출된 계약서는 NSO가 이미 수천만 달러 어치의 하드웨어, 소프트웨어 및 도청 능력을 멕시코와 아랍에미리트의 두 고객들에게 판매했고, 현재는 유럽과 중동의 다른 잠재 고객들에게 페가수스를 마케팅하고 있음을 보여줬다. 나는 위키리크스의 해킹 팀 데이터베이스에서 NSO를 검색했고, 아니나 다를까 빈센제티의 이메일은 패닉 상태에 빠진 경쟁사의 심경을 드러내고 있었다. 멕시코와 걸프 지역의 오랜 고객사들은 NSO로 갈아타겠다고 위협했고, 해킹 팀은 가능한 한 많은 고객을 NSO에 빼앗기지 않으려 안간힘을 쓰고 있었다. 해킹 팀의 경영진은 NSO와 프란시스코 파트너스의 거래에 심각한 타격을 입었고, NSO처럼 자신들에게 든든한 배경이 되어줄 펀드 파트너를 다급하게 찾았다. 하지만 이들을 가장 겁먹게 한 것은 NSO가 보유한 특정한 한 가지 기능으로, 이는 사이버 무기 거래에서 오랫동안 '유니콘unicorn'처럼 여겨져 왔다.

페가수스도 일부 경우는 표적 대상이 악성 링크나 이미지 혹은 메시지를 눌러 휴대폰에 내려받아야만 했지만, 점점 더 아무런 상호 작용도 필요하지 않게 됐다. NSO의 홍보 내용과 제안서에 따르면 이들은 대상이 클릭하지 않아도 휴대폰을 감염시키는 '무선 스텔스 설치over the air stealth installation'라는 새로운 방식을 개발했다. NSO는 정확히 어떻게 이것이 가능한지는 자세히 설명하지 않았다. 어떤 경우는 공개된 와이파이 핫스팟을 이용하는 듯했지만, 표적의 휴대폰을 원거리에서 가로채는 것처럼 보이기도 했다. 어떤 방식을 쓰든 클릭하지 않아도 감염시키는 NSO의 '제로 클릭' 방식은 자신들만의 비밀 노하우인 게 분명했다. 그리고 빈센제티와 해킹 팀 경영진은 해당 기술이 자신들의 비즈니스를 망하게 만들 것이라며 두려워했다.

2014년 초, 빈센제티는 자신의 팀원들에게 "우리는 밤낮으로 NSO 문제와 씨름하고 있소."라고 썼다. "우리가 무엇인가 놓쳐버린 기능이 나온다면 절대 그냥 지나가지 않을 거요."

그로부터 1년이 지나서도 해킹 팀은 NSO의 제로 클릭 기능에 상응하는 기술을 내놓지 못했고, 그 때문에 수많은 고객을 빼앗기고 있었다. 나는 다른 정보원들에게도 연락해 NSO에 대한 새로운 정보를 찾았다. 하지만 NSO의 스파이웨어가 시장에서 가장 앞선 기술로 평가받고 있음에도 여전히 별다른 정보는 나오지 않았다. NSO가 책정한 가격만으로도 이들의 스파이웨어가 최고 수준임을 알 수 있었다. 이들은 해킹 팀의 스파이웨어 가격보다 두 배를 더 요구했다. 최초 설치비로 50만 달러를 청구했고, 아이폰이나 안드로이드 전화기 10대를 해킹하는 데 추가로 65만 달러를 요구했다. 표적을 100개 추가하는 데 80만 달러였고, 50개 추가는 50만 달러, 20개 추가는 25만 달러 그리고 10개 추가는 15만 달러였다. 하지만 이 비용으로 고객사가 얻는 보상은 가격을 매길 수 없을 정도로 높다고 NSO는 주장했다. 고객사는 "당신의 목표물이 언제, 어디에 있든 그들의 관계, 위치, 전화 통화, 계획과 활동 정보를 원격으로 그리고 은밀하게 수집할 수 있다."고 이들은 말했다. 그리고 이들의 브로셔는 페가수스가 '아무런 흔적도 남기지 않는 유령'이라고 확약했다.

NSO는 이미 페가수스를 멕시코의 세 기관인 수사 및 국가안보 센터 Center for Investigation and National Security, 검찰총장 집무실과 국방부에 설치했다. 이로써 NSO는 멕시코에 1,500만 달러 어치의 하드웨어와 소프트웨어를 판매한 것은 물론, 광범위한 표적을 추적해주는 대가로 7,700만 달러를 받고 있었다. 아랍에미리트도 NSO와 긴밀한 계약 관계를 맺었다. 그리고

NSO의 제안서, 브로셔, 홍보용 프리젠테이션은 이들의 솔루션에 관심을 가진 곳이 워낙 많아서 대기 리스트에 이름을 올려야 할 정도라는 점을 보여줬다.

이 시장에 핀란드가 있다면 유럽의 다른 모든 나라가 들어 있다고 봐도 무방할 것이다. NSO의 홍보 자료 중에는 핀란드에 맞춘 제안서 그리고 핀란드가 계약에 적극 관심을 나타낸 핀란드 측과 NSO 담당 직원 간의 이메일이 포함돼 있었다. 나는 새삼 의아해하지 않을 수 없었다. 사우나와 순록의 나라인 핀란드가 스파이웨어 시장에 왜?

핀란드에 심각한 테러리즘 문제가 없는 것은 분명했다. 하지만 핀란드는 세계에서 가장 영악한 적대국인 러시아와 1,300km가 넘는 국경을 공유하고 있다. 그리고 러시아의 다른 인접국과 달리 핀란드는 러시아 정권의 반발을 우려해 북대서양조약기구NATO에도 가입하지 않았다. 냉전 기간 동안 핀란드는 소련과 서방 간의 완충지 역할을 했다. 핀란드는 내정의 독립성을 보장 받는 대가로 러시아를 도발할 수 있는 어떤 외교 정책도 펴지 않겠다고 합의했다. 하지만 2014년에 이르러 러시아는 핀란드의 영공을 비행하거나 수천 명의 인도와 아프가니스탄 난민들을 핀란드 국경으로 내모는 식으로 핀란드인들의 불안감을 부추기기 시작했다. 혹자는 이를 영화 〈스카페이스Scarface〉에 견주었는데, 피델 카스트로Fidel Castro가 쿠바의 죄수들을 풀어 마리엘Mariel 항구에서 미국 플로리다로 보낸 난민들 중 한 명이 마약왕이 되는 스토리였기 때문이다. 핀란드는 그에 대응해 국방 현대화에 나서는 한편 미국과 다른 나토 회원국들의 합동 군사 훈련에 참가했다. 싸우지 않고 러시아에 굴복하지는 않을 것이라는 메시지를 전달한 셈이었다.

"누구든 초대받지 않고 이곳에 들어오려면 값비싼 대가를 치를 수밖에 없도록 방어막을 높이 쌓아야 합니다."라고 사울리 니니스퇴Sauli Niinistö 핀란드 대통령은 블라디미르 푸틴이라는 이름은 거명하지 않으면서 2019년 한 기자에게 말한 적이 있다. 니니스퇴 대통령은 기자가 랩톱을 자신의 헬싱키 사저로 들고 오는 것을 허용하지 않았고, 자신들의 대화를 녹음할 수도 있는 감지기를 차단하는 특별 창문 커튼을 자랑했다. 알고 보니 우리를 설츠버거의 옷장에 틀어박혀 작업하도록 강제한 데는 그만한 이유가 있었다. "벽에도 귀가 있습니다."라고 니니스퇴 대통령은 농담처럼 말했지만, 핀란드 역시 그들만의 '귀'에 투자하고 있다는 사실은 언급하지 않았다.

핀란드의 제안서를 비롯해 크로아티아와 사우디아라비아 같은 나라로부터 NSO로 날아든 요청 목록은 자금 여력과 실제 혹은 상상의 적을 가진 나라는 모조리 NSO의 고객이 될 의향이 있음을 보여줬다. NSO, 해킹 팀 및 다른 사이버 무기 중개상들이 거의 하룻밤 새 해낸 일은, 한때 미국과 파이브 아이즈의 동맹국 그리고 이들의 가장 진보한 적성국인 중국과 러시아 정도만 보유했던 감시 능력을 누구나 가질 수 있도록 민주화한 것이었다. 이제는 수백만 달러의 자금 여력이 있는 나라는 누구든 시장에 들어와 거의 아무런 법적 절차나 언론의 자유 혹은 인권 보호 수준 등에 대한 평가 없이 감시 툴을 구입할 수 있었다.

나는 몇 주간 유출 정보를 꼼꼼히 살펴보면서 어떻게 해야 할지 고민했다. 가장 내키지 않는 것은 기사를 써서 아직 NSO의 고객 대기 명단에 들어 있지 않은 몇몇 정부기관과 독재 정권에 NSO의 서비스를 광고하는 결과를 낳는 것이었다.

그래서 나는 페가수스가 고객에 의해 어떻게 사용되거나 오용되는지 해당 증거를 찾았다. 오용 사례를 찾기만 하면 내 모든 능력을 동원해 만천하에 고발하리라고 스스로 다짐했다.

돌이켜보니 나는 그리 오래 기다릴 필요가 없었다.

내 정보원이 NSO의 내부 자료를 넘겨준 뒤 몇 주 지나지 않아 나는 NSO가 악용되는 첫 번째 징후를 찾았다는 화이트햇 해커의 전화를 받았다.

오래 전부터 아주 잘 알게 된 아랍에미리트의 활동가인 아메드 만수르 Ahmed Mansoor는 다른 아랍에미리트 시민들에 대한 고문 정보를 담았다고 주장하는 문자 메시지를 받았다. 그 메시지에 의구심을 느낀 만수르는 이를 미국 버클리대학교의 대학원생이자 시티즌 랩의 연구원으로 나와 오랫동안 연락을 주고받아 온 빌 마차크Bill Marczak에게 건넸다. '아랍의 봄'이 한창이던 시절 아랍에미리트의 민주화 운동 탄압을 소리높이 비판해 온 만수르로서는 의구심을 품을 이유가 충분했다. 나는 그를 불과 몇달 전에 인터뷰했다. 만수르가 하나도 아닌 두 개의 상업용 스파이웨어 제품의 표적이 돼 왔다고 마차크가 확인해 준 뒤였다. 하나는 해킹 팀의 것이었고, 다른 하나는 감마 그룹Gamma Group이라는 영국 회사에서 만든 스파이웨어였다. 두 회사 모두 자신들의 스파이웨어를 정부기관에만 판매한다고 주장했으므로 아랍에미리트가 감시의 주범이라는 점은 확실했다. 나는 만수르를 감시하기 위한 아랍에미리트의 활동 정황을 「뉴욕타임스」에 보도했다. 이런 기사가 나간 상황에서 아랍에미리트 정부가 세 번째 스파이웨어를 동원해 만수르를 공격할 만큼 무모하지는 않을 것으로 생각했다.

그럼에도 불구하고 아랍에미리트 정부는 정확히 그렇게 했다. 마차크는 만수르의 문자 메시지를 분석한 끝에 이전에는 본 적이 없는 새로운 유형의 스파이웨어를 발견했다. 해당 코드는 여러 겹의 암호로 둘러싸여 있어서 거의 이해할 수 없을 정도로 뒤죽박죽이 돼 있었다. 그는 자신의 휴대폰을 그 스파이웨어에 감염시켜 핵심을 찾아냈다. 바로 애플의 사파리 브라우저에 포함된 제로데이였다. 그와 같은 제로데이는 10만 단위, 심지어 100만 단위의 금액에 팔릴 수 있을 만큼 가치가 높았다. 이것은 그의 능력으로는 풀 수 없는 수준이었다. 한 동료는 샌프란시스코 지역의 모바일 보안 회사인 룩아웃^{Lookout}에 코드 검사를 요청하라고 제안했다.

아니나 다를까, 마차크와 룩아웃의 보안 연구자들이 문제의 메시지를 해독하는 가운데 페가수스를 만수르의 아이폰에 이식하도록 설계된 애플 제로데이 익스플로잇 세 개가 체인처럼 연결된 것을 발견했다. 그 스파이웨어는 아랍에미리트의 웹 도메인에서 왔고, 파괴 능력을 적재하고 있었다. 내부에 이식된 것은 '페가수스'와 'NSO'가 수백 번 언급된 파일이었다. 그것은 NSO의 '흔적을 남기지 않는' 스파이웨어가 목표물을 감염시키려다 적발된 첫 사례였다. 그런 정황 때문에 보안 연구자들은 만수르를 '백만 달러 반체제 인사'로 불렀다. 아랍에미리트의 보안 기관은 그를 수백만 달러 어치의 스파이웨어를 동원해 감시할 만한 가치가 있는 인물로 판단했음이 분명했다.

그 무렵 만수르의 삶은 이미 생지옥이었다. 그는 온화한 성격의 시인으로 미국의 콜로라도대학교 보울더 캠퍼스^{University of Colorado Boulder}에서 전기공학으로 학사 학위를, 전기통신학으로 석사 학위를 받았다. 자유로운 사회의 진정한 맛을 처음 맛본 것도 이 때였다. 2011년 아랍에미리트 정권이 매우 온건한 형태의 비판조차 억압하기 시작하자 만수르는 더 이상 침묵할 수 없었다. 그는 아랍에미리트의 다른 교수 및 지식인 그룹과 함께 보통 선거의 실시를 청원하는 한편, 정부의 자의적 구금과 체포 행위를 비판했다. 길들여진 국영 언론만 존재하는 나라에서 그는 신뢰할 만하고 독립된 목소리로 평가돼 국제적 칭송과 여러 인권 상도 받았지만, 아랍에미리트 왕가에는 달가운 존재일 리가 없었다.

2011년 '유에이이 파이브^{UAE Five}'로 불리던 만수르와 다른 네 명은 아랍에미리트의 군주를 모욕했다는 이유로 체포돼 기소되었다. 국제사회의 압력과 구금했다가는 도리어 이들을 순교자로 만들 것이라는 두려움에 정부 당국은 이들을 석방하고 재빨리 사면했다. 하지만 만수르의 진짜 고통이 시작된 것은 그때부터였다. 내가 전화로 그와 연락할 수 있게 된 2015년 말에서 2016년 초, 그는 빈번하게 국영 언론의 비방과 인신 공격의 표적이 됐다. 어느 날은 테러리스트였다가 또 어느 날은 이란의 스파이가 됐다. 직장에서도 해고됐다. 그의 연금은 끊겼고, 여권은 압수당했으며 은행계좌에서 일생 동안 모은 저축을 몰수당했다. 정부기관은 수사 결과, 그의 이름과 위조된 서명이 쓰인 14만 달러 규모의 위조 수표가 유령 인물에게 발행된 사실을 발견했노라고 발표했다. 이 문제를 법정으로 가져가자 판사는 그 유령 인물에게 1년형을 선고했지만 그는 끝내 잃어버린 돈을 찾지 못했다. 정부기관원들은 그를 고의로 괴롭힌다는 사실을 굳이 숨기려 하지도 않았다. 한 번은 경찰이 그를 불러 3시간 동안 취조했고, 그 사이에 만수르의 차는 경찰서 주차장에서 사라져 버렸다. 그는 살해 협박을 수시로 받았다. 만수르 아내의 승용차 타이어를 누군가 칼로 그었다. 그의 이메일은 해킹됐고 위치는 추적당했다. 그가 그런 사실을 알 수 있었던 것은 같은 주에 두 번이나 괴한들이 갑자기 나타나서 그에게 폭행을 가했기 때문이었다. 첫 번째 공격 때는 이들을 잘 뿌리쳐 찰과상과 타박상을 입는 정도에 그쳤다. 두 번째 마주친 괴한은 만수르의 뒤통수를 반복해서 주먹으로 가격했는데, 그의 말에 따르면 '정말로 나를 영구 장애자로 만들려고' 시도했다.

"저는 상상할 수 있는 모든 일을 당했습니다."라고 만수르는 내게 말했다.

우리가 대화를 나눈 날, 만수르는 몇 주째 집 밖에 나가지 않은 상태였다. 친구, 친척, 동료들은 보복의 두려움 때문에 전화도 걸지 않았고, 집으로 찾아오지도 않았다. 일부는 그들의 여권을 압수당했다. 다른 이들은 괴롭힘을 당했다. 그 무렵 만수르의 운동에 동정적이었던 한 영국 언론인이 자신도 모르는 새 사이버포인트 팀에 의해 해킹을 당했다. 스위스 시민권자인 만수르의 아내는 그와 네 아이와 함께 나라를 뜨자고 애원했다. 그와 여러 차례 대화를 나누는 동안 나도 "이것은 사는 게 아니에요."라며 그에게 망명을 종용했다. 하지만 여권이 없이는 어디로도 갈 수가 없었다.

그가 아랍에미리트를 떠나지 않는 것은 그 이유 때문만은 아니었다. "나는 내 권리와 다른 사람들의 권리를 위해 계속 싸워서 나라 밖이 아닌 안에서 내 자유를 얻을 수 있기를 바랍니다. 쉬운 일은 아니지만 내가 이렇게 하는 이유는 이것이 누구든 자신의 애국심을 조국에 표현하는 가장 어려운 길이라고 믿기 때문입니다."라고 만수르는 내게 말했다.

일자리도 잃고 돈도 떨어지고, 미래의 희망도 없이 집에 갇혀 지내면서 만수르는 다시 시를 읽고 썼노라고 내게 말했다. 그것만이 그가 고립된 느낌을 떨쳐내기 위해 할 수 있는 전부였다. 다른 경우 그는 자신이 혼자가 아니라는 사실을 알고 있었다. 그의 감시자들은 이미 그의 랩톱 안을 들여다볼 수 있는 길을 찾았다. 그들은 지금 우리의 대화를 엿듣고 있을 가능성이 컸다. "그것은 누군가가 당신의 거실에 침입한 것만큼이나 불쾌한 일이죠."라고 그는 말했다. "완전한 프라이버시 침해였고, 결국 다른 누구도 더 이상 믿어서는 안 된다는 점을 깨닫기 시작했습니다."

여러 해가 지나 나는 실상이 그보다 더 나빴음을 알게 됐다. 사이버포인트에서 이븐덴의 동료들은 만수르의 기기에만 스파이웨어를 설치한 게 아니라 그의 아내가 사용하는 기기도 해킹했다. 여기에는 심지어 만수르의 경우 '왜가리Egret', 그의 아내에게는 '자줏빛 왜가리Purple Egret'라는 작전명까지 붙었다. 그리고 만수르의 베이비 모니터에 감시 장치를 설치해 그의 아기가 자는 모습을 지켜보고 엿들었다. 그리고 내가 의심했던 대로 이들은 그와 나의 전화 통화 내용을 엿들었다.

"자고 일어나 보니 나에게 '테러리스트'라는 낙인이 찍혀 있었습니다."라고 만수르는 2016년 내게 말했다. "나는 사실은 총에 총알을 장전하는 방법도 모르는데 말이죠."

그것이 우리가 마지막으로 대화를 나눈 경우였다. 2년 뒤, 아랍에미리트 정권은 그의 입에 영원히 재갈을 물릴 때라고 결정했다. 2018년 5월 진행된 비밀 재판에서 만수르는 국가의 '사회적 조화와 단합'에 피해를 끼쳤다는 이유로 10년형을 선고받았고, 지난 2년의 대부분을 독방 감금 상태로 보냈다. 감방에는 침대도 매트리스도 없었고 햇빛도 들지 않았으며, 무엇보다 아무런 책도 허용되지 않는 것이 그에게는 가장 고통스러운 상황이었을 것이다. 내가 마지막으로 들은 내용은 그의 건강이 악화되고 있다는 소식이었다. 비좁은 감방에 갇혀 오랫동안 고립된 바람에 더 이상 걸을 수도 없었다. 그럼에도 불구하고 그는 여전히 투쟁 중이다. 유독 끔찍한 구타를 당한 다음에 그는 단식 투쟁을 벌였다. 그는 6개월째 유동식만 마시며 버티는 중이다. 그의 투쟁은 아랍에미리트 사람들뿐 아니라 인권운동가, 반체제 인사 그리고 전 세계의 언론인들에게 경고성 사례가 됐다. 이후 나는 아메드 만수르와, 이름 모를 또 다른 만수르들, 섬뜩한 감시 상황을 떠올리며 비명을 지르고 싶지 않은 날이 하루도 없었다.

2016년 가을, NSO는 마침내 몇 가지 조건을 걸고 나를 만나겠다고 합의했다. 그 무렵 NSO는 은폐의 장막에서 끌려나온 상황이었다. 나는 이 회사의 대표 상품인 페가수스에 관해 그간 알아낸 모든 내용을 「뉴욕타임스」에 게재했다. 애플은 NSO의 스파이웨어가 악용한 아이폰의 제로데이 세 개에 대한 긴급 패치를 내놓는 한편, 전 세계 10억 명의 아이폰 사용자들에게 NSO의 감시 행태와 속임수를 경고했다. 그 무렵 보안 연구자들은 67개의 서로 다른 서버에서 페가수스를 추적했고, 4백 명 이상의 표적에게 스파이웨어를 스마트폰에 깔도록 유인한 사실을 밝혀냈다. 그 대부분의 표적이 아랍에미리트와 멕시코에 있다는 점은 놀랍지 않았지만, 마차크는 바이러스 감염의 출처가 45개국 여러 기관으로 소급된다는 사실을 알아냈다. 관련된 나라는 알제리, 바레인, 방글라데시, 브라질, 캐나다, 코트디부아르,

이집트, 프랑스, 그리스, 인도, 이라크, 이스라엘, 요르단, 카자흐스탄, 케냐, 쿠웨이트, 키르키스스탄, 라트비아, 레바논, 리비아, 모로코, 네덜란드, 오만, 파키스탄, 팔레스타인, 폴란드, 카타르, 르완다, 사우디아라비아, 싱가포르, 남아프리카 공화국, 스위스, 타지키스탄, 태국, 토고, 튀니지, 튀르키예, 우간다, 영국, 미국, 우즈베키스탄, 예멘 그리고 잠비아였다.

물론 NSO 측은 이 모두를 부인했다. 더없이 이상한 전화 인터뷰에서 거기에 참여한 NSO의 경영진 10명은 자신들의 이름과 직함을 밝히기를 거부하면서도 자신들은 피도 눈물도 없는 용병이 아니라고 주장했다. 자신들은 페가수스를 민주주의 정부에 범죄 및 테러 수사의 용도로 팔았을 뿐이라고 말했다. 앞에서 해킹 팀이 주장했던 것처럼 이들은 NSO가 어느 정부에 페가수스를 판매할지 결정하는 엄격한 내부 절차를 시행해 왔다고 주장했다. 임직원과 외부 자문단으로 구성된 NSO 윤리위원회는 세계은행과 다른 국제 기구가 평가한 각국의 인권 수준을 근거로 고객을 결정했다는 것이다. 그리고 각각의 판매는 이스라엘 국방부의 승인을 받아야 한다고 강조했다. 당시까지 국방부가 기각한 NSO의 수출 라이선스는 하나도 없었다고 이들은 말했다. 물론 이들은 고객의 이름을 확인해줄 수 없다고 나왔다. "빌어먹을 연어!" 그리고 내가 던진 몇몇 질문에 이들은 오랫동안 침묵을 지켰는데, 이들은 송신 음성을 소거 버튼을 누른 상태에서 무슨 대답을 할지 논의하는 것이었다. 나는 "튀르키예?"하고 떠보았다. 그즈음 튀르키예는 내 실험 케이스였다. 튀르키예 정부는 그해 다른 어느 나라보다 많은 언론인을 감금했다. "튀르키예에 페가수스를 팔겠습니까?" 나는 재차 물었다. 오랜 침묵. "잠시만요." 5분 정도의 긴 침묵이 이어졌고, 마침내 대답이 나왔다. "아니오."

NSO 관계자들은 여전히 고려해야 할 사안이 많은 게 분명했다. 하지만 이들이 내게 알리고 싶어 한 것은 자신들의 스파이웨어가 유럽의 테러 음모를 저지하는데 도움이 됐다는 주장이었다. 또 멕시코 정부가 '엘 차포^티 Chapo'라는 이름으로 널리 알려진 악명 높은 마약 밀매범인 호아킨 구즈만 _{Joaquín Guzmán}을 추적하고 체포하는데도 협력했다고 말하고 싶어했다. 경영 진은 자신들의 회사가 두 사례 모두에서 중요한 역할을 담당했지만 뉴스에 는 크게 부각되지 않았다고 불만스러워하는 듯했다.

하지만 아메드 만수르와 멕시코의 페가수스 그물망에 걸려든 것으로 알 려진 십여 명의 언론인들에 관해 질문하자 NSO 경영진은 다시 조용해졌다.

NSO에 대해 내가 아는 것(특히 이 회사의 멕시코 계약 건에 관한 상세 내용을 넣 을 수 있었다)을 모두 기사로 보도한 지 몇 달이 지나자 도무지 표적이 될 수 없을 것 같은 직군의 사람들로부터 전화가 걸려왔다. 멕시코 영양사, 비만 예방 운동가, 의료 정책 개발자 심지어 멕시코 정부 직원들까지 일련의 수 상하고, 점점 더 위협적인 내용으로 발전하는 문자 메시지와 더불어 NSO 의 스파이웨어로 의심되는 링크를 받았다고 내게 알려왔다. 나는 멕시코의 디지털 권리 운동가와 시티즌 랩에 연락해 그런 메시지를 조사했고, 역시 나 페가수스 스파이웨어를 설치하기 위한 시도였음이 드러났다.

하지만 멕시코에서 걸려온 전화라는 점 말고는 이들의 공통점을 찾기가 어려웠다. 좀 더 깊이 파고든 끝에 나는 이런 결론에 도달했다. 이들은 모 두 멕시코에서 사상 처음으로 도입한 탄산음료세^{soda tax}를 강력하게 지지 한다는 점이었다. 멕시코는 코카콜라의 최대 소비 시장이자 당뇨와 비만에 의한 사망자가 폭력 범죄로 인한 사망자보다 더 많은 나라이기도 하다. 하 지만 그 세금은 탄산음료업계의 반대에 부딪혔고, 정부의 누군가도 자신들 에게 돌아오는 뇌물이 줄어들기를 원치 않는 게 분명했다. 이제 이들은 외 형적 반대를 넘어 탄산음료세를 찬성하는 의사, 영양사, 정책 입안자, 활동 가들을 감시하는 수준까지 나간 것처럼 보였다.

이들이 받은 메시지는 보낸 쪽이 얼마나 필사적인지 더없이 잘 보여줬다. 메시지는 항상 무해한 내용으로 시작했다. "여보세요, 이 뉴스 한 번 보세요." 그것이 통하지 않으면 메시지는 더 개인적인 내용으로 변했다. "아버지께서 오늘 새벽에 돌아가셨어요. 우리는 비통에 잠겨 있습니다. 여기에 경야經夜 일정을 보내드립니다." 그리고 이조차 통하지 않으면 이들은 상대의 약점을 파고들었다. "당신의 딸이 큰 사고를 당해 지금 병원에 있어요."라거나 "당신의 아내가 바람을 피우고 있소. 여기에 증거 사진이 있습니다." 모든 메시지가 상대방의 링크를 클릭하도록 유도하는 내용이었다. 어떤 메시지는 너무 수상해서 수신자는 클릭하지 않았다. 유혹에 못이겨 클릭한 이들은 멕시코의 최대 장례식장인 가요소Gayosso로 연결됐고, 그 배후에서 페가수스가 은밀히 설치됐다. 그 해킹 작전은 명백히 NSO의 스파이웨어가 오용된 사례였다. 나는 멕시코의 탄산음료업계의 한 로비스트에게 논평을 구했고, 그는 "이건 난생 처음 듣는 얘기예요. 그리고 솔직히 우리도 무섭습니다."라고 대답했다.

NSO 측은 내게 진상을 조사하겠다고 말했다. 하지만 멕시코 계약은 끊기지 않았고, 이들의 스파이웨어는 지속적으로 여러 심란하고 우려스러운 사건에 사용됐다. 내 기사가 나가자마자 여러 곳에서 전화가 걸려왔고, 그 중에는 멕시코의 유명한 반부패 운동가도 있었다. 멕시코 학생 43명의 대규모 실종 사건을 담당한 변호사들, 멕시코의 유력 언론인 두 명 그리고 멕시코 경찰의 성추행 피해자들을 대변하던 미국인은 모두 비슷한 문자 메시지를 받았다. 감시 범위는 유명한 멕시코 언론인의 십대 아들을 포함한 가족 구성원들에까지 미쳤다. 내 동료이자 「뉴욕타임스」의 멕시코 지국장인 아잠 아메드Azam Ahmed와 나는 가능한 한 많은 피해자와 인터뷰하려고 애썼다. 아메드는 이들이 받은 문자의 특징을 알아챘다. 자신도 그와 같은 메시지를 6개월 전에 받은 적이 있었다. 휴대폰이 몇 개월에 걸쳐 버벅대는 것을 참다못해 새것으로 바꿨다. 이제야 그 이유를 알았다.

아메드와 나는 이후 몇 개월을 투자해 다른 피해자들도 추적했다. NSO의 경영진은 내게 전 세계의 모든 페가수스 표적을 모아도 작은 객석을 채울 정도밖에 되지 않을 것이라고 말했다. 하지만 멕시코에서 NSO의 목표물이 된 사람들이 난데없이 나타났는데, 그중 많은 경우는 당시 멕시코 대통령인 엔리케 페냐 니에토Enrique Peña Nieto의 비판자들이거나 그에게 비판적인 보도를 한 언론인들이었다. 위협적인 해킹 시도의 빈번한 표적 중 한 명은, 페냐 니에토의 부인이 정부의 주요 계약사로부터 저택을 값싸게 분양받은 소위 '카사블랑카Casa Blanca'라는 스캔들을 파헤친 멕시코의 언론인 카르멘 아리스테기Carmen Aristegui였다. 그녀의 보도로 페냐 니에토의 부인이 문제의 저택을 포기한 지 얼마 지나지 않아, 아리스테기는 실종 아동의 수색을 도와달라고 부탁하는 메시지를 받기 시작했다. 또 다른 경우는 그녀의 신용카드가 어딘가에서 갑자기 결제됐다는 경고 메시지였다. 한 메시지는 그녀의 비자에 문제가 있다며 미국 대사관에서 온 것으로 돼 있었다. 그리고 그런 낚시성 메시지가 실패하자 내용은 점점 더 공격적으로 변했다. 하나는 그녀가 구금될 것이라고 경고했다. 당시 미국에 살고 있던 그녀의 열여섯 살짜리 아들도 그런 문자를 받기 시작했다. 괴한들이 그녀의 사무실에 쳐들어와 그녀의 안전을 위협하는가 하면 미행을 하기 시작했다. "내가 그런 뉴스를 보도한 데 대한 보복 행위였죠."라고 아리스테기는 말했다. "그밖에 다른 이유는 없었습니다." 다른 피해자들도 페냐 니에토와 연계돼 있었다. 그중에는 아텐코Atenco의 여성들을[1] 대리하던 변호사들도 포함돼 있었다. 그것은 악랄한 권력 남용의 사례라는 점 외에도 특히 민감한

---

1 10여년 전 산 살바도르 아텐코(San Salvador Atenco)라는 마을에서 시위 도중 경찰에 체포돼 형무소로 가던 도중 잔혹하게 성폭행을 당했던 11명의 학생, 운동가 및 시장 상인들

성격을 띤 사안이었다. 당시 시위자들에 대한 진압을 명령한 장본인이 바로 당시 주지사였고, 지금은 대통령이 된 페냐 니에토였기 때문이다.

멕시코에서는 연방 판사만이 사적인 통신 내용에 대한 감시를 승인할 수 있고, 그것도 정보기관원들이 그러한 요청의 확실한 근거를 제시한 경우에만 가능하다. 하지만 우리가 밝혀낸 사례를 연방 판사가 승인했을 가능성은 거의 없었다. 멕시코에서 불법 감시는 일상화됐고, 이제 정부기관은 NSO의 스파이웨어를 사용해 아무나 원하는 표적을 감시할 수 있었다. NSO의 계약서가 허락했든 허락하지 않았든 상관이 없었다. 설령 NSO가 자사 스파이웨어의 오용 사실을 알게 되더라도(그리고 그 무렵 가장 빈번한 오용 신고자는 나였다) 이들의 대응에는 한계가 명백했다. NSO 경영진은 오용 사실을 알았다고 해서 무작정 해당 정보기관에 쳐들어가 하드웨어를 제거하고 자신들의 툴을 회수할 수는 없는 일이라고 주장했다.

보안 전문가인 케빈 마하피Kevin Mahaffey는 그런 사정을 이렇게 비유했다. "AK-47 소총을 팔 때 일단 소총이 하역장을 떠나면 그것이 어떻게 사용될지를 통제할 수는 없는 노릇이죠."

우리 기사가 나간 뒤 몇 시간 안에 사람들은 멕시코 시티의 거리로 쏟아져 나와 페냐 니에토의 사임을 요구했다. '정부의 스파이들'이라는 뜻의 해시태그 '#GobiernoEspía'가 트위터에서 실시간 트렌드로 떠올랐다. 멕시코 국민 전체가 봉기한 것 같았다. 우리의 보도 결과 페냐 니에토는 멕시코 정부가 NSO의 스파이웨어를 사용하고 있음을 시인했다. 한 나라의 수장으로서는 사상 처음이었다. 하지만 페냐 니에토는 자신의 비판자와 언론인들을 감시하라고 명령한 사실은 부인했다. 이어 그는 미리 짜놓은 각본을 충실히 따랐다. '우리 정부에 대해 근거없이 비난하는 세력에는 엄정한 법적 대응으로 맞설 것'이라고 경고했다. 페냐 니에토의 심복들은 나중에 이를 번복했다. 대통령이 실언한 것이며 아잠과 나 혹은 「뉴욕타임스」를 위협할 의도는 없었다는 것이다.

하지만 이후 몇 달 동안 클릭을 유도하며 내 전화기로 날아드는 여러 수상한 문자 메시지에 대해 나는 경계를 늦출 수가 없었다.

5부

저항

자본주의의 톱니바퀴를 멈출 수는 없다.
하지만 늘 성가신 존재는 될 수 있다.

— 자렛 코백Jarett Kobak 논문 「나는 인터넷이 싫다I Hate the Internet」 중에서

14장

오로라

캘리포니아주 마운틴뷰^{Mountain View}

2009년 12월 중순의 어느 이른 월요일 오후, 구글의 한 인턴 사원은 여러 시간 동안 자신의 모니터에 마치 수중음파 탐지기의 깜박 신호처럼 표시된 내용을 놓고 의아해 하면서도 대수롭지 않게 여겼다. 누군가가 경보를 울린 것이었다.

그는 한숨을 쉬며 혼잣말을 내뱉었다. "아마 또 다른 인턴이겠지."

구글은 자체 네트워크 전반에 일종의 덫 같은 '트립와이어^{tripwire}'를 막 설치한 상태였고, 그 탓에 끝도 없이 경보가 울렸다. 구글의 보안 엔지니어들은 어떤 신호가 임박한 공격을 나타내는지, 직원 중 누군가가 스팸으로 가득찬 포커 사이트에 들어간 것을 오인한 탓인지 혹은 인턴 사원이 단순히 엉뚱한 디지털 복도를 실수로 떨어졌을 뿐인지 파악하느라 정신이 없었다. 그리고 최종 결과는 거의 항상 인턴 사원의 실수 탓으로 드러났다.

"전쟁의 징조도 있지만, 평화의 징조도 있습니다."라고 구글의 보안 엔지니어링 담당 부사장인 에릭 그로스^{Eric Grosse}는 내게 말했다. "경보를 발령시키는 신호는 너무나 많아서 어느 게 진짜인지 알기가 어려워요."

일부 직원들은 이를 진주만^{Pearl Harbor}에 비유하기도 했다. 1941년 12월 7일, 하와이 호놀룰루의 일요일 아침도 평화롭게 시작했다. 호놀룰루 해군기지의 담당 장교들은 당시 새로 설치된 레이더 시스템을 아직 익히던 중이었고, 섬의 다른 쪽 끝에 있는 레이더 운영자가 160km 이상 떨어진 곳에서 비행편대가 빠르게 접근하고 있다는 비정상적으로 큰 신호가 레이더 스크린에 잡혔다고 알려 왔을 때 기지의 당직 장교가 보인 첫 번째 반응은 "걱정할 것 없다."는 것이었다. 그는 해당 신호를 일본 전투기들이 아니라 샌프란시스코에서 날아오는 B-17 폭격기 편대로 해석했다.

그해 12월 구글 스크린에 나타난 수많은 깜박임 신호를 국가 차원의 공격이라는 현실로 해석하는 대신, 아직 뭘 모르는 인턴의 실수 정도로 가볍게 치부한 것은 사람의 자연스러운 본성이라고 할 수 있었다.

"우리는 스파이를 생각하도록 훈련받지 않았었죠."라고 주근깨가 있는 30대 구글 정보보안 팀의 책임자인 헤더 애드킨스Heather Adkins는 나중에 회고했다. 당시 월요일 오후, 애드킨스는 또 다른 중국 관련 미팅을 막 끝낸 참이었다. 구글은 3년 전 중국 시장에 진출할 기회를 모색했었고, 아직도 중국 정부의 지나친 검열 규칙에 적절하게 대응할 방안을 찾는 중이었다. 대부분 남성 위주인 코더들을 여성인 애드킨스가 관리하는 상황은 다소 예외적이었다. 하지만 기존 권위에 깊은 혐오감을 품고 있다는 점에서는 대부분 일치했다. 이들은 낮에는 코드에 빠져 있었고, 밤에는 가상의 롤플레잉 게임을 하며 시간을 보냈다. 애드킨스는 역사에 관심이 많아서 업무 외 시간에는 중세에 관한 책을 읽었다. 그리고 구글에서 맡은 업무가 중세 시대 악의 세력을 막는 임무와 비슷하다고 생각했다. 그녀가 생각하는 임무는 단순했다. "악의 세력을 추적해 잡아내는 것!"

미팅이 끝날 무렵 애드킨스는 벽시계를 보았다. 오후 4시. 서둘러 퇴근한다면 러시아워의 교통 체증을 피할 수도 있겠다고 생각했다. 하지만 막 퇴근하려는 순간 그녀의 인턴 사원이 불렀다. "헤더, 이것 좀 보세요."

그의 모니터에 나타난 깜박 신호는 양상이 바뀌어 구글의 네트워크에 연결된 직원들의 컴퓨터를 빠른 속도로 드나들고 있었다. 스크린 너머의 존재는 누구든 인턴 수준이 아닌 것은 분명했다. "그것은 우리가 본 것 중 가장 빠른 사이버 공격이었어요."라고 애드킨스는 회고했다. "그게 누구든 간에 잘 훈련돼 있었어요. 이것은 그들의 첫 번째 공격이 아니었습니다."

늦은 오후가 저녁으로 바뀌면서 깜박이 신호는 활기를 더했다. 컴퓨터에서 컴퓨터로 통통 튀는가 하면, 예측 불가의 패턴으로 구글의 시스템 속을 돌아다니며 무엇인가를 찾는 듯했다. 담당 인턴은 자신의 모니터에 달라붙어 감시하다가 다른 팀원들과 함께 구글 카페에서 저녁을 먹었다. 그곳에서 인턴은 깜박 신호의 수상한 궤적이 마치 스스로 살아 움직이는 것 같다며 동료들에게 알렸다. 그 자리에 동석한 이들 중에는 애드킨스의 상사인 그로스와 다른 여러 보안 엔지니어가 있었다.

안경을 쓰고 머리가 희끗희끗한 그로스는 철학자나 교수 같은 인상을 풍겼다. 그는 자신이 관리하는 엔지니어들과 함께 있겠다며 전용 사무실을 갖지 않은 소수의 디렉터들 중 한 명이었다. 무릎에 랩톱을 얹고 소파에 기대앉거나 20대의 엔지니어들과 저녁을 먹으며 늦게까지 남아 있는 그를 보는 것은 드문 일이 아니었다. 그날 밤 그로스는 인턴의 설명에 귀 기울이며 질문을 던지고, 동석한 다른 엔지니어들과 토론을 벌였다. 합의된 견해가 나왔다. 이게 누구든 간에 감시 활동의 시작 단계로 보인다는 것이었다. 내부자일까? 이들은 무엇을 찾는 것일까? 급여 기록? 직원들이 식사를 마치고 배구장으로 자리를 옮기면서도 누구 하나 외국 정부의 소행임을 추정하는 사람은 없었다.

마운틴뷰 캠퍼스가 밤으로 가는 동안, 취리히의 스위스 알프스 너머로 해가 뜨기 시작했고, 당시 30대였던 레게머리의 해커 모건 마키브와^{Morgan Marquis-Boire}는 컴퓨터에 로그인했다. 취리히의 구글 엔지니어들, 자칭 '주글

러들^{Zoogles}'은 높은 산맥을 배경으로 한 자신들의 사무실이야말로 '진짜 마운틴뷰'라고 말하곤 했다. 하지만 앞에 내걸린 거대한 무지개색의 구글 로고 탓에 마키브와는 구글의 스위스 지사 건물이 옛 휠리만플라츠^{Hürlimannplatz.}의 음흉하고 덩치 큰 광대와 더 닮은 것 같다고 항상 느꼈다.

휠리만플라츠는 오랫동안 스위스 양조업계의 중심지였다. 하지만 건물의 벽돌 벽에서 광천수가 나오자 양조업자들은 그쪽으로 비즈니스 방향을 틀었다. 그 덕택에 주말이면 유럽 각지에서 광천수가 나오는 분수를 구경하고 맛보려는 사람들로 붐볐다. 이제 그 우물은 온천장과 스파로 바뀌었다. 그런 정황을 고려하면 취리히에서 사이버 전쟁이 서막이 오른 데는 묘한 선^禪적인 분위기마저 풍긴다.

그날 아침, 마키브와는 마운틴뷰에 있는 구글 본사의 인턴이 남겨놓은 지점에서 구글의 네트워크를 마치 탁구공처럼 돌아다니며 점점 불길한 징후를 보이는 깜박 신호를 인계받았다. 그는 일에 집중하느라 취리히의 지붕과 첨탑 위로 소리없이 내리는 눈은 거의 감지하지도 못했다.

이런 짓을 벌이는 것은 분명히 인턴 수준이 아니었다. "구글은 핵 농축 시설은 아니지만 보안 차원에서 보면 거기에 근접한다고 볼 수 있습니다."라고 그는 내게 말했다.

이게 누구든 그가 아는 한 가장 철저한 보안 장벽을 뚫고 들어온 것이었다. 그리고 이들은 구글의 네트워크를 마음대로 돌아다니면서 여느 직원들의 일반적인 디지털 경로에 맞지 않는 시스템에 무차별 접근하고 있었다. 이 비정상적인 깜박 신호에 대한 가능성의 목록은 점점 줄어 결국 하나로 귀착될 수밖에 없었다. 바로 구글이 공격당하고 있다는 것이었다.

"라이브로 진행 중인 공격을 잡았어!" 마키브와는 외쳤다. 그는 책상 위로 올라가 가슴을 치며 포효할 뻔했다. "그래 한 번 붙어보자!"

그는 오랫동안 가상의 유령을 쫓으며 취약한 보안을 지적해 왔다. 이제 마침내 무엇인가 실제와 마주한 것이다. 자신의 믿음이 입증되는 순간으로 느껴졌다.

그가 자신의 분석 결과를 마운틴뷰 본사에 넘기고 사무실을 나올 때는 밤 11시였다. 거리는 눈으로 뒤덮였다. 암스테르담의 홍등가에 비견되는 랑스트라세Langstrasse의 아파트까지 보통은 자전거를 타고 가지만 그날 밤은 걷기로 했다. 생각할 시간이 필요했다. 눈 쌓인 보도를 뽀드득뽀드득 소리내며 걷는 동안 그의 머릿속은 2년 전 라스베이거스의 해커 콘퍼런스에서 "중국 해커들의 위협은 실제보다 과장됐다."라고 과감하게 선언했던 상황으로 돌아갔다. 자신이 한 말을 떠올리며 마키브와는 빙긋 웃지 않을 수 없었다. "말이 씨가 된다고 내가 큰소리 쳤던 게 민망하게 돼 버렸죠."

마운틴뷰의 보안 관계자들은 이것이 사소한 소방 훈련 같은 게 아니라는 사실을 깨달았다.

오전 10시, 구글의 전체 보안 팀이 소집돼 공격 사실을 보고받았다. 하지만 오전이 오후로 바뀌는 동안 깜박 신호는 잠잠해졌다. 스크린 뒤의 존재가 무엇이든 몇 시간 동안 휴식을 취하는 것으로 보였다. 하지만 저녁이 되자 깜박 신호는 다시 활발해졌다. 여러 엔지니어가 밤샘 근무하며 아침까지 이어진 공격자들의 움직임을 추적했다.

침입자들은 올빼미 형이었다. 아니면 다른 시간대에서 활동하는 것이거나. 밤샘 근무로 피로해진 엔지니어들이 다음날 교대조에게 상황을 인계할 때는 구글 역사상 가장 정교한 사이버 공격을 당하고 있다는 사실에 누구도 의문을 제기하지 않았다.

이제는 전문가들에게 도움을 청할 때였다. 구글의 첫 번째 호출 대상은 버지니아주에 있는 사이버 보안 회사인 맨디언트Mandiant였다. 보안 침해의 어지럽고 복잡한 세계에서 맨디언트는 사이버 공격에 대응하는 전문 기업으로 자리잡았고, 이제는 포춘지 500대 기업의 거의 모든 최고정보책임자들이 단축 다이얼로 설정할 만큼 입지가 탄탄했다.

맨디언트의 설립자인 케빈 맨디아Kevin Mandia는 영화 〈펄프픽션Pulp Fiction〉에서 하비 키이텔Harvey Keitel이 연기한 꼼꼼하고 말 빠른 캐릭터 울프Wolf처럼 심각한 보안 침해, 갈취 공격, 사이버 스파이 활동의 피해를 입은 미국의 주요 기업의 뒷처리를 도와줬다. 구글은 맨디언트 측에 가능한 한 빨리 마운틴뷰로 와달라고 요청했다. 구글의 경영진은 여기에 하나를 덧붙였다. "다만 한 가지, 정장은 입지 말아주십시오."

다음날 맨디언트의 포렌식 팀이 구글플렉스에 도착했다. 이들은 어리석게도 구글 측의 조언을 무시하고 검은색 정장 차림에 선글라스를 끼고 나타났다. 후드티 차림의 구글 직원들은 이들을 한 번 보고 연방정부의 요원들일 것이라고 판단했다.

그로스와 애드킨스는 이들을 임시 작전실로 안내했다. 과거 해군항공기지였던 모펫 필드Moffett Field가 내려다보이는 작고 평범한 콘퍼런스 룸이었다. 맨디언트 요원들은 그 너머로 샌프란시스코 만이 아득히 보이는 것을 감지할 수 있었지만 제대로 확인도 하기 전에 누군가가 창의 블라인드를 내렸고, 문에는 '이 콘퍼런스 룸은 추후 통보가 있을 때까지 오프라인입니다.'라는 표지를 붙였다.

다음 시간은 케빈 맨디아의 애정어린 표현에 따르면 '구토의 시간Upchuck Hour'이었다. 맨디언트 요원들은 방화벽 기록, 웹 기록, 이메일, 온라인 대화 기록 등 구글에 모든 것을 토해내야 한다고 강조했다. 이들은 그로스와 애드킨스의 팀원들에게 지금까지 알아낸 모든 것을 실토하라면서, "도대체 누가 이 짓을 했다고 생각합니까?"로 요약될 법한 질문을 던졌다.

시간이 없었다. 1초 1초가 지나갈수록 깜박 신호는 더 많은 데이터, 더 많은 코드를 수집하고 있었다. 공격자들은 이미 구글의 시스템에 쉽사리 재접속할 수 있도록 뒷문을 설치했을 가능성이 높았다. 구글의 직원들은 맨디언트의 조사관들이 공격자들의 신원과 동기를 파악하고 추적하는 데 도움이 될 법한 모든 정보를 말 그대로 '토해냈다vomit'.

전 세계의 모든 구글 지사에서는 내부 조사관들이 직원들을 소집해 심문하기 시작했다. 왜 어떤 직원의 기기가 특정 파일이나 특정 시스템 혹은 특정한 내용의 데이터에 접근했는가? 이들은 무엇을 찾고 있었는가? 하지만 결국 구글 내부자의 소행은 아니라는 점이 명백해졌다. 공격자는 외부에서 구글 시스템에 침투한 것이었다. 맨디언트의 조사관들은 로그 기록을 꼼꼼히 뒤지면서 직원들이 실수로 클릭하거나 열어 공격자에게 시스템 침투로를 제공한 악의적인 링크나 첨부 파일을 찾았다.

이들은 이런 경우를 수천 번은 봤다. 맨디언트의 고객 기업은 최신, 최고 성능의 방화벽과 안티바이러스 소프트웨어에 수백만 달러를 투자할 수 있지만, 보안 수준은 가장 약한 고리에 좌우될 수밖에 없었다. 그리고 대체로 가장 약한 고리는 단순한 피싱 이메일이나 무엇인가 끔찍한 내용을 담은 메시지를 클릭하는 '사람'이었다. 그 메시지는 매우 설득력이 높았다. 공격자는 이를테면 페덱스의 배송 공지를 흉내 내거나 인사관리자를 사칭했다. 조직 내 누군가는 거의 필연적으로 그런 낚시성 메시지에 걸려들어 클릭할 수밖에 없었다. 맨디언트의 조사관들은 감염된 컴퓨터를 살피는 가운데 한 가지 공통 현상을 발견했다. 구글 베이징 지사의 여러 직원은 외부의 마이크로소프트 채팅 서비스를 사용해 동료, 파트너, 클라이언트 들과 메시지를 주고 받았다. 그런 대화 내용을 읽으면서 조사관들은 명백한 위험 신호를 찾아냈다. 이들은 세 마디의 동일한 위협적 메시지에 딸린 링크를 클릭했다: "가서 자살해 버려Go Kill Yourself."

그런 사실이 발견된 이후 며칠 동안, 구글의 작전실은 데이터와 보안 노하우의 용광로가 됐다. 그로스와 애드킨스가 회사의 모든 부서에서 엔지니어를 차출하는 한편, 이들을 통해 보안 경험을 가진 사람들을 적극 고용하기 시작하면서 벌어진 일이었다. 이들은 NSA는 물론 오스트레일리아의 오지까지 손을 뻗쳐 디지털 스파이들을 고용하기 시작했고, 101 고속도로를 따라 자리잡은 구글 경쟁사로부터 보안 엔지니어들을 스카웃해 이에 응하면 즉각 10만 달러를 채용 보너스로 지급했다.

작전실은 곧 다른 구글 직원들에게 호기심거리였고, 특히 회사의 에너지 넘치는 설립자인 세르게이 브린Sergey Brin은 자주 모습을 드러냈다. 공중 곡예사로 여가 시간을 보내는 브린은 인식하지 않기가 어려운 존재였다. 그는 종종 온몸을 감싼 경주용 루지luge 수트를 입고 롤러블레이드를 타거나 아니면 적어도 형광색 슬리퍼를 신고 우스꽝스럽게 생긴 일립티컬 바이크elliptical bike로 사무실을 돌아다니곤 했다.

브린은 러시아계 유대인인 이민자라는 배경 때문에 해당 공격에 더욱 깊은 관심을 보였다. 그는 자물쇠를 여는 전문가였다. 스탠퍼드대학교 재학시절 그는 다양한 자물쇠 해체 기법을 실험했다. 그는 또 막대한 규모의 데이터로부터 유의미한 패턴을 찾아내는 데이터 마이닝data mining의 세계적 권위자이기도 했다. 이런 유형의 포렌식 수사는 여러 면에서 브린이 가장 잘하는 일이었다. 하지만 그는 그 공격을 개인적인 것으로 받아들이기 시작했다. 브린의 정체성, 이는 어떤 면에서 구글의 기업적 정체성이라고 볼 수도 있는데, 1970년대 후반 소련에서 탈출한 그의 가족사와 밀접하게 연결됐다. 그 때문에 그는 그 공격을 '사악해지지 말라Don't be evil'는 모토로 요약되는 구글 자체의 설립 원칙에 대한 정면 공격으로 간주했다.

작전실에 들를수록 브린은 이것이 지하실에서 컴퓨터에 매달려 사는 일개 해커가 아니라 자금과 자원이 풍부한 세력의 공격이라고 점점 더 확신했다. "나가서 자살해 버려"라는 낚시성 단어에 내장된 링크는 대만에 서버를 둔 한 웹사이트와 연결되고, 이것은 마이크로소프트의 인터넷 익스플로러 브라우저에 포함된 제로데이 익스플로잇을 활성화하도록 돼 있었다. 구글 중국 지사의 직원들이 문제의 링크를 누르면 이들은 부지불식간에 암호화된 멀웨어를 내려받게 되고, 이는 구글 공격자들에게 구글 네트워크에 드나들 수 있는 발판을 제공했다. 어떤 개인 해커도(그가 얼마나 뛰어나든 브린은 상관없었다) 단순한 호기심 차원에서 마이크로소프트의 제로데이 익스플로잇을 구글에 내장시키고, 공격 코드를 암호화할 만한 사람은 없었다. 이 공격자는 무엇인가 더 큰 것을 노리고 있었다. 그리고 이들은 자신들의 흔적을 숨기는 데 유난히 공을 들였다. 난독화 수준 하나만으로도 이것은 고도로 훈련되고 자원이 풍부한 세력이었다. 브린은 누구인지 밝혀내는 일을 개인적 임무로 삼았다.

더 많은 엔지니어가 합류하면서 조사 팀은 더 큰 콘퍼런스 룸으로 장소를 옮겼고, 마침내 구글 캠퍼스 맞은 편에 있는 빈 빌딩에 자리를 잡았다. 누가 구글의 네트워크에 침입했고, 무엇을 노렸는지 그리고 그 이유는 무엇인지 밝혀내기 위한 조사 팀은 이제 250여 명으로 불어났다. 많은 엔지니어는 그런 목적에 집중한 나머지 퇴근조차 거부했다. 몇몇은 캠퍼스에서 숙식을 해결했다.

"건물이 불타고 있으면 소방대원들을 돌려보내기가 어려운 법이죠."라고 애드킨스는 회고했다.

12월 연휴가 다가오면서 애드킨스는 팀원들에게 집에 가서 잠도 자고 샤워도 하라고 독려했지만, 정작 본인도 캠퍼스에 붙박혀 지내는 상황이어서 다소 우스꽝스러운 장면이었다. 막판 크리스마스 선물을 마련하려는 구글 직원들이 캠퍼스 내 상점을 거의 털어버리는 바람에 깨끗한 옷을 구하기도 어려워졌다. 그 탓에 162cm의 표준 체격에는 너무 큰 엑스트라 라지 사이즈의 네온그린 구글 스웨터를 걸치고, 애드킨스는 생애 가장 중요한 디지털 조사에 몰두했다.

연휴 여행 계획도 취소했다. 직원들은 가족은 물론 다른 누구에게도 그 이유를 밝히지 말라고 지시받았다. 애드킨스는 크리스마스에 어머니를 보러 라스베이거스에 다녀올 수 있었지만, 그 외에는 컴퓨터에 묶여 휴일을 보냈다 그로스는 크리스마스 당일에만 가족에게 잠깐 얼굴을 비칠 수 있었다.

"어머니께는 '큰 일이 진행 중이에요. 믿어줘요. 아주 중요한 일이에요.' 정도로만 말씀드릴 수밖에 없었어요."라고 애드킨스는 말했다.

해당 공격에 대한 집착은 편집증으로 발전했다. 어느 날 출근길에 애드킨스는 맨홀에서 나오는 작업자를 만났다. "나는 속으로, '오 맙소사, 저 사람은 구글 캠퍼스의 광케이블에 뒷문을 설치하려고 하는 거야'라고 생각했어요. 그 순간 혹시 누군가 우리의 전화 통화를 엿듣는 게 아닐까 의심하기 시작했죠."

취리히 지사의 엔지니어들은 자신들의 신변 안전을 염려하기 시작했다. 이들은 구글을 공격한 세력이 이 사안을 어느 정도까지 개인적 차원으로 악화할지 궁금해 했다. 이들은 민간인에 불과했지만 명백히 풍부한 자원을 보유한 적대 세력에 맞서 대응 첩보 활동을 벌이는 셈이었다. 여러 직원은 늦은 밤 퇴근길에 뒤를 돌아보며 경계하지 않을 수 없었다.

조사 활동이 진전되면서 구글의 보안 팀은 공격 내용이 우려할 사안이라는 점을 점점 확신하게 됐다. 공격자는 정교한 적대 세력의 여러 징후를 드러내기 시작했다. 맨디언트가 이전에 마주친 적이 있는 중국 정부의 사주를 받은 한 그룹이었다. 미국 NSA가 '리전 양키Legion Yankee'라는 기밀 가명으로 추적해 온 그룹이었다.

리전 양키는 NSA의 해커들이 추적해 온 20여 개의 중국 해킹 그룹 중에서도 가장 수상하고, 가장 왕성하게 활동하는 세력이었다. 이들은 기업의 지적재산과 군사 비밀은 물론 미국 정부기관과 싱크탱크, 대학, IT 기업의 통신 내용을 닥치는 대로 해킹했다.

중국의 사이버 절도는 두 가지 전술을 사용했다. 해킹 활동의 대부분은 중국 인민해방군의 제2, 제3 부서에서 담당했다. 이들이 노린 표적의 성격을 고려할 때, 인민해방군의 여러 부대는 특정한 지리적 위치에 따라 외국 정부와 부처를 해킹하거나 혹은 중국의 국영 기업과 경제 계획에 도움이 될 특정 업계의 지적 재산을 훔치도록 임무를 부여받은 것이 분명했다.

다른 접근법은 그보다 덜 직접적이고 간헐적이었다. 중국의 국가안보부의 고위 관료들은 달라이 라마^{Dalai Lama} 같은 반체제 인사와 위구르와 티벳 소수 민족 그리고 미국의 유명 방위 산업체 등 정치적 민감도가 높은 표적에 대한 공격에 점점 더 아웃소싱 방식을 활용했다. 중국 내 대학과 인터넷 기업의 프리랜서 해커들을 채용하는 식이었다.

중국 정부는 이들을 해킹 능력에 맞춰 분류했고, 그중에는 인민해방군의 요원들보다 훨씬 더 뛰어난 능력을 가진 이들도 많았다. 더욱이 누군가가 공격자의 신원을 추적하게 되더라도 정부 입장에서는 모르는 일이라고 잡아떼면 그만이었다. "아웃소싱을 통하면 중국 정부는 '그건 우리가 아니다. 우리도 제대로 통제하기 어려운 민간 해커들'이라고 발뺌할 수 있습니다. 이들이 중국 해킹 활동의 많은 부분을 차지하지는 않지만 그 존재 자체만으로도 정부는 빠져나갈 구멍을 갖게 되는 셈이죠,"라고 전략 및 국제 연구센터의 사이버 첩보 전문가인 제임스 A. 루이스^{James A. Lewis}는 내게 귀띔했다.

그것은 전형적인 푸틴의 방식이었다. 지난 몇 년간 푸틴 정부는 사이버 공격을 러시아의 사이버 범죄자들에게 성공적으로 맡겨 왔다. 그것은 중국으로도 쉽사리 수입될 수 있는 전략이었다. 중국도 러시아처럼 체제의 성격상 국민의 자유와 자본주의 시장을 포용하는 데는 한계가 있었다. 뛰어난 해킹 기술을 가진 이들은 중국 정부의 해킹 부서에 채용된다기보다는 강제로 징집되는 모양새였다.

나는 '어글리고릴라UglyGorilla'라는 가명을 쓰는 인민해방군 소속 파워 해커의 개인 블로그를 볼 기회가 있었다. 그는 강제로 징집당했다고 불평했다. 낮은 급여와 장시간 노동, 비좁은 숙소 그리고 즉석 라면으로 때우는 식습관의 괴로움을 토로했다. 중국의 국가안보부가 정확히 어떻게 중국의 민간 해커들을 이 공격에 동원했는지는 불분명했다. 보안 연구자들은 빈번하게 중국대학, 특히 정부로부터 많은 예산을 지원받는 자오퉁대학Jiaotong University, 交通大学으로 해킹의 진원지가 특정되는 것을 발견했다. 또 다른 사례로 미국의 보안 연구자들은 공격의 출처를 중국의 대표적 인터넷 회사인 텐센트Tencent의 직원들에서 찾기도 했다. 중국은 국내에서 인기있는 웹사이트, 가령 중국의 야후에 해당하는 163.com과 중국판 트위터인 시나 웨이보Sina Weibo를 운영하는 시나를 경유해 공격하기도 했다. 163.com은 공식적으로 중국의 게임회사 억만장자가 소유하고 운영하는 것으로 돼 있지만, 이 회사의 메일 서버는 중국 정부 도메인에 의해 운영돼 모든 메시지와 디지털 트래픽도 모두 공산당의 요원들에게 노출될 수 있었다. 그리고 중국은 163.com의 서버를 공격의 전초 기지로 사용하기 시작했다.

일부 사이버 보안 전문가들은 중국의 사기업 직원과 학생들이 정부를 위해 추가적인 현금 해킹을 했다고 추정했다. 다른 쪽은 그들에게 선택의 여지가 없었을 것이라고 짐작했다. 관계가 어떤 것이었든 간에 NSA도 나보다 더 나은 해답을 갖고 있지 못했다.

"중국 정부기관과 정확히 어떤 연관성이 있는지는 알 수 없지만, 이들의 활동 정황으로 미뤄볼 때 중국 국가안보부의 정보 탐지 요구가 있었던 것으로 보인다."라는 것이 유출된 NSA의 메모에서 내가 찾아낸 가장 명확한 대답이었다.

미국의 NSA는 그처럼 그럴듯하게 둘러댈 수 있는 변명의 여지가 없었다. 이들은 미국의 엔지니어들에게 정부를 대신해 해킹하라고 강요할 수 없었다. 그리고 TAO의 엘리트 해커들을 풀어 해외 대기업에서 기업 비밀을 훔쳐내 미국 기업에 넘기도록 지시하지도 않았다. 설령 NSA가 귀중한 화학 공식이나 텐센트의 소스코드를 취득하게 된다고 해도 과연 어떤 기업에 해당 정보를 넘긴단 말인가? 듀퐁? 몬산토? 구글? 페이스북? 미국처럼 진정한 자유 시장에서는 그러한 개념 자체가 황당하게 들릴 뿐이었다.

근래 들어 NSA의 분석가와 민간 보안 연구자들을 괴롭히기 시작한 것은 중국의 국가안보부와 느슨하게 연계된 이들 계약 그룹이었다. 이들이 공격으로 삼은 표적은 우려할 만큼 늘었다. 이들은 국방 분야의 기업에 침투했는데, 한 기밀 문서에 따르면 이들은 '항공우주, 미사일, 위성 및 우주 기술'을 노렸고, 무엇보다 우려스러운 대목은 '핵 추진과 핵무기' 관련 정보를 표적으로 삼았다는 점이었다.

구글을 공격한 리전 양키는 구글 보안 팀이 스크린에서 깜박 신호를 감지하기 6개월 전에 미국 정보 분석가들의 주의를 끌었다. 이들은 여러 방위 산업체의 시스템에서 탐지됐다. 국무부 관리들은 나중에 구글 해킹의 주범으로 중국의 최고보안관료인 저우융캉Zhou Yongkang 그리고 중국 공산당 중앙정치국상무위원회Politburo Standing Committee 위원인 리장춘Li Changchun을 지목했다. 유출된 외교 전문에 따르면 리장춘은 자신의 이름을 구글로 검색한 결과에 불만을 품은 것으로 보인다. 그 결과 리장춘은 구글을 처벌하기로 하고 처음에는 국영 전기통신 회사에 구글과의 비즈니스 관계를 끊으라고 지시했고, 다음에는 비정부 해커들을 동원해 구글의 네트워크에 대한 공격을 조정했다. 하지만 이런 사실은 한참 지나서야 밝혀졌다.

그해 1월, 맨디언트의 조사관들은 구글 네트워크에서 리전 양키 그룹을 발견하고도 별로 놀라지 않았다. 중국 해커들은 누구든 무엇이든 가리지 않고 무차별적으로 해킹한다고 정평이 나 있었기 때문이다. 더 이상 아무것도 이들을 놀래키지 못했다. 하지만 구글의 엔지니어와 경영진은 펄펄 뛰었다.

"우리가 중국 군부의 해킹 공격을 받을 수 있으리라고는 생각조차 못했습니다."라고 애드킨스는 말했다. "그것은 민간 기업이 감당할 수 있는 범위를 완전히 벗어나 버린 경우였어요."

"우리는 평시에 군부가 민간인을 해킹하는 것이 허용된다고 생각하지 않았습니다."라고 그로스는 말했다. "그런 사실이 밝혀지면 엄청난 후폭풍이 뒤따를 것이기 때문에 그럴 수는 없다고 생각했죠. 이제는 그게 새로운 국제 규범이 돼 버렸습니다."

구글은 곧 자신들만 피해를 입은 것이 아니라는 사실을 발견했다. 조사관들이 해당 공격을 점점 더 깊숙이 추적해 공격자의 지휘 및 통제 서버에 다다르자 10여 개의 미국 기업으로 이어지는 흔적을 찾아낸 것이다. 이들 중에는 어도비, 인텔, 주니퍼 네트워크^{Juniper Network} 등과 같은 실리콘밸리 기업도 있었고, 다른 곳에 위치한 기업도 있었다. 방산 기업인 노스롭 그루만^{Northrop Grumman}을 비롯해 다우 케미컬^{Dow Chemical}, 모건 스탠리^{Morgan Stanley} 그리고 훨씬 더 많은 기업이 피해를 입었지만 이들은 자신들의 보안 시스템이 침해됐다는 사실조차 인정하지 않았다.

구글의 보안 팀은 이들 기업의 보안 담당자들에게 경고하려고 시도했지만 곧 지쳐버렸다. "그들과 연락 자체가 어려웠어요."라고 애드킨스는 말했다. "우리는 먼저 보안 담당자를 아는 누군가를 거쳐야 했고, 그를 통해 우리 경쟁사의 담당자가 누군지 알아내고, 다시 그를 통해 다른 회사의 담당자를 파악하고, 그러자니 너무나 많은 다른 업계를 망라해야 했지요. 우리는 이 공격이 얼마나 광범위하게 확산돼 있는지 믿을 수가 없었습니다. 어찌어찌해서 담당자와 연락이 돼 '이봐요, 당신네 시스템에 문제가 있어요. 이 IP 주소를 살펴본다면 매우 심각한 문제를 보게 될 겁니다."라고 알리면 "전화선을 통해 누군가의 얼굴이 백짓장처럼 하얘지는 것을 귀로 들을 수 있었죠." 그로스는 내게 말했다. "그리곤 침묵이 이어졌습니다."

이들은 구글의 소스코드를 노렸다. 보통 사람들은 대개 해커들이 돈, 신용카드 정보 혹은 돈을 받고 팔 만한 의료 정보 등과 같은 단기적 이득을 추구한다고 짐작한다. 하지만 고등 수준의 해커들은 프로그래머나 코더들이 감탄해 마지 않는 유명 소스코드를 원한다. 소스코드는 소프트웨어와 하드웨어의 원시 재료다. 우리가 쓰는 기기와 앱에 어떻게 작동할지, 언제 켜고, 언제 절전 모드로 전환할지, 누구의 접근을 허용하고 누구는 차단할지 등을 지시한다. 소스코드 조작은 장기전이다. 코드는 오늘 도난되고 조작될 수 있고, 마치 백악관 벽에 눈에 띄지 않는 감시 구멍을 만드는 것처럼 즉각 결실을 맺을 수도 있고, 몇 년이 지나서 그 결과가 나타날 수도 있다.

코드는 흔히 IT 기업이 가진 가장 중요한 자산(일종의 '왕관 보석')임에도 2009년 말 중국 정부의 사주를 받은 해커들이 34개의 실리콘밸리 기업에 출현하기 시작했을 때 어느 누구도 그것을 제대로 보호할 생각을 하지 못했다. 대부분은 IT 기업은 고객 정보와 신용카드 데이터는 엄중 보호하면서도, 정작 자신들의 소스코드 저장소는 허술하게 관리했다.

보안 전문 기업인 맥아피의 연구자들이 이후 조사한 바에 따르면 공격을 받은 기업은 구글만이 아니었다. 이들은 중국 해커들이 벌인 이 공격에 '오로라Aurora'라는 명칭을 붙였다. 중국 해커들은 공격을 시도한 어느 표적에서든, 다시 말해 하이테크 기업이든, 방위 산업체든 이들의 소스코드를 훔쳐내는 데 우려할 만큼 성공적이었다. 이들은 침투한 시스템에서 몰래 코드를 조작해 해당 코드를 기반으로 한 소프트웨어를 사용하는 상업용 제품이나 고객 회사에 침투할 수 있었다.

코드에서 중국 해커들이 설정한 뒷문을 찾아내기란 짚더미에서 바늘 찾기만큼 어려운 일이었다. 그를 위해서는 의심되는 소프트웨어를 그 백업 버전과 일일이 비교해야 했고, 이는 세계 최고의 검색 회사에도 지극히 힘든 작업이었다. 검토해야 하는 코드가 수백만 줄에 이르는 프로젝트인 경우는 더더욱 그랬다.

구글의 오로라 공격은 근본적인 질문을 제기했다. 과연 보안이 완벽한 컴퓨터 시스템이 가능한가? 이는 20여년 전 샌디아 연구소에서 고슬러 Gosler가 겨우 수천 줄밖에 안되는 코드에 심어놓은 버그를 내로라 하는 엘리트 해커들조차 찾아내지 못했던 사례를 새삼 떠올리게 했다. 구글 검색부터 지메일, 구글 지도에 이르는 구글 서비스를 돌리는 데 필요한 소프트웨어의 코드는 약 20억 줄로 추정된다. 그와 비교해 가장 복잡한 PC용 소프트웨어 툴로 여겨지는 마이크로소프트의 윈도우 운영시스템은 약 5천만 줄의 코드를 담고 있다. 맥아피는 중국의 해커들이 표적 기업의 소스코드를 변경했다는 실제 증거는 끝내 찾아내지 못했다. 하지만 너무나 많은 기업이 보안 침해를 당했음에도 그런 사실조차 부인한다는 점을 고려하면 유일한 확실성은 불확실성뿐이다.

맨디언트와 구글 조사관들은 중국 해커들의 흔적을 끝까지 쫓아가 보기로 했다. 그리고 그 흔적은 공격자들이 매우 특정한 목표를 염두에 뒀음을 분명하게 드러냈다. 이들은 중국 반체제 인사들의 지메일 계정을 노렸다. 이들은 가능한 비밀번호를 넣어보는 방식으로 이 계정을 쉽게 뚫었다. 하지만 비밀번호는 바뀔 수 있다. 일정 횟수 이상 틀린 비밀번호를 입력하면 더 이상 접근할 수 없게 된다. 중국 해커들은 더 영구적인 접근법을 모색했다. 구글의 소스코드를 훔쳐내기만 하면 이들은 지메일의 소프트웨어에 뒷문을 설치한 다음 어떤 지메일 계정이든 오랫동안 마음대로 접근할 수 있었다.

그리고 이들이 단골 표적을 쫓고 있다는 점도 분명해졌다. 중국 정부는 민주화 운동 인사들과 더불어 티벳인들, 위그르 무슬림족, 대만 독립을 지지하는 인사들 그리고 파룬궁法輪功, Falun Gong 신자들을 중국 공산당에 가장 큰 위협이 되는 오독五毒, Five Poisons으로 규정했다. 중국은 자국민을 위협할 목적으로 최고의 제로데이 익스플로잇과 엘리트 해커들을 관리했다.

돌이켜 보면 구글은 그런 사태를 예상했을 수도 있다. 3년 전 구글은 일종의 구원자를 자처하며 중국 시장에 진출했었다. 당시 브린과 그의 공동 설립자인 래리 페이지Larry Page는 직원들에게 중국 정부의 검열을 받은 검색 결과가 아무 결과도 보여주지 못하는 쪽보다는 낫다고 말했다. 구글은 중국 시민들에게 에이즈와 환경 문제, 조류 독감, 세계 시장 동향을 교육하는 데 도움을 줄 수 있을 것이다. 다른 대안이란 10억 인구를 무지의 어둠 속에 방치하는 것이라고 주장했다.

그런 합리화는 스스로를 신까지는 아니라고 해도 예언자라고 생각하는 실리콘밸리의 IT 기업 CEO와 설립자들 사이에서 흔히 들을 수 있는 내용이었다. 표현의 자유를 권장하고 자기 표현의 툴을 수많은 대중에게 제공함으로써 세계를 바꿀 수 있다는 믿음이었다. 많은 테크 기업 CEO들은 스스로를 스티브 잡스Steve Jobs의 정당한 후계자라고 생각했는데, 애플의 전설적 성공 덕택에 잡스의 과대망상증조차 탁월한 비즈니스 능력의 부산물로 용서가 됐다. 그러나 잡스는 그 능력의 차원이 달랐고, 다른 테크 기업 CEO들은 비록 전체주의 정권이라도 세계에서 가장 빠르게 성장하는 인터넷 시장으로 무자비하게 확장하려는 자신들의 계획을 합리화하고자 잡스가 했던 것과 같은 계몽주의적 언어를 끌어들이곤 했다.

2006년 구글이 중국에 들어간 직후 브린은 중국 정부와 타협하기가 얼마나 어려운지 깨달았다. 중국 공산당 관료들은 구글에 대해 파룬궁, 달라이 라마 그리고 1989년 천안문 광장의 유혈 사태 등은 아예 검색 결과에 나와서도 안 된다고 요구했다. 그 정도는 구글이 예상했던 바였다. 하지만 곧 그 목록은 중국 공산당의 심기를 건드리거나 '사회주의적 가치'를 훼손하는 어떤 것도 포함해서는 안 되는 것으로 발전해 시간여행이나 환생^{reincarnation}은 물론, 나중에는 곰돌이 푸^{Winnie-the-Pooh}까지 블랙리스트에 올랐다. 구글이 그런 요구에 부응해 모욕적 콘텐츠를 제때 차단하지 않으면 중국 정부는 구글을 '불법 사이트'로 몰아붙였다.

구글의 중국 시장 진출은 미국의 워싱턴 정가에도 좋게 비치지 않았다. 브린과 페이지는 나치 부역자에 비교됐다. 미 하원 국제관계위원회^{House International Relation Committee}의 한 위원은 구글을 '중국 정부의 하수인'이라며 구글의 행위를 '혐오스럽다^{abhorrent}'고 공격했다.

"구글은 자신들의 '사악해지지 말라'는 정책을 심각하게 훼손했다."라고 한 공화당계 의원은 말했다. "아닌 게 아니라 구글은 악마의 공범이 됐다."

일부 경영진도 그렇게 느끼기 시작했다. 하지만 중국 당국의 요구에 완전히 따르지 않으면 위험하다는 사실도 알고 있었다. 이들은 모두 어떤 일이 벌어졌는지 들었다. 중국 기관원들은 빈번하게 구글 차이나의 사무실에 들이닥쳐 '문제성 있는' 콘텐츠를 신속하게 차단하지 않으면 지사장을 비롯한 간부들을 구속하겠다고 위협했다.

검열을 수용하는 것과 중국 정부의 감시 활동에 공범 노릇을 하는 것은 다른 문제였다. 구글이 중국에 진출할 때 브린과 페이지는 의도적으로 이메일과 블로그 플랫폼은 중국 사용자들에게 제공하지 않기로 결정했었다. 사용자의 개인정보를 비밀경찰에 넘겨야 하는 상황을 우려한 조치였다. 2년 전 야후는 중국의 언론 통제 상황을 뉴욕의 중국 망명자들이 운영하는 민주화운동 사이트에 유출한 한 중국 언론인의 개인정보를 중국 정부에 넘겼고, 그로 인해 해당 언론인은 10년형을 받고 현재 복역 중이다.

브린이 볼 때 중국 정부의 구글 공격은 기본적으로 중국이 야후에 했던 것과 같은 것이었다. 유일한 차이는 구글 사용자의 정보에 대한 접근을 요구하지 않는다는 점이었다. 소련에서 어린 시절을 보낸 브린에게 중국의 해킹은 전체주의의 냄새를 짙게 풍겼고, 그래서 개인적인 모욕감을 느꼈다.

브린은 모스크바에서 태어나 소련의 압제 하에서 성장했다. 정책 차원으로 보면 소련은 반유대주의는 아니었다. 그러나 실상은 달랐다. 유대인은 러시아의 명문 대학과 상층부의 전문 직위로부터 배제됐다. 이들은 '가스실 gas chamber'로 불리는 별도의 방에서 대학 입학 시험을 쳐야 했고, 더 엄격한 기준에 따라 평가됐다. 유대인은 모스크바 명문 대학의 물리학과 등록이 명시적으로 금지된 탓에 브린의 부친은 천문학자의 꿈을 포기해야 했다. 소비에트 정권은 유대인들에게 핵 로켓 연구를 믿고 맡길 수 없다고 판단했고, 천문학은 물리학의 하위 분야로 분류됐다. 1970년대 후반, 브린의 부모는 아들에게도 그와 같은 운명을 지울 수는 없다며 미국으로 탈출했다. 이제 브린은 세계에서 가장 성공한 기업가이자 부자 중 한 사람이었다. 이제 와서 또다른 독재 정권에 굴복할 생각은 없었다.

2010년 1월 구글의 작전실에 모인 수면 부족의 보안 직원들도 마찬가지 각오였다. 이들은 공짜 혜택에 공짜 음식, 공짜 트레이닝, 공짜 운동시설 및 '사악해지지 말라'는 모토에 끌려 구글에 들어왔다. 더 최근에 채용된 직원들은 그 사이버 전쟁에 참전하기 위해 합류한 것이었다. 그날 그 자리에 모인 사람들 중 누구도 자신들의 작업이 중 정부의 국민 감시와 투옥 그리고 고문에 어떤 식으로든 방조한다고 생각했다면 거기에 더 이상 머무르지 않았을 것이다.

"우리의 태도가 총체적으로 바뀌었습니다."라고 당시 구글 CEO였던 에릭 슈미트Eric Schmidt는 내게 말했다. "우리는 그런 일이 재발되는 것을 용납하지 않을 터였습니다. 그럴 수 없었습니다. 우리는 결단을 내려야 했습니다."

하지만 어떻게? 구글은 검색 비즈니스였다. 고도의 훈련을 거친 정부 해커들로부터 반체제 인사들을 방어하는 것은 이들의 기본 업무가 아니었다. 중국 해커들을 시스템에서 몰아내고 추가 침입을 막으려면 이들은 천문학적 규모의 돈과 노동력이 필요했다. 자체 정보 기구를 만들고 엘리트 해커와 스파이들을 고용하는 것은 물론 사내의 문화를 근본적으로 바꿔야 할 것이었다. 구글의 기업 문화는 혁신과 '직원 행복employee happiness'에 초점을 맞춘 것으로 유명했다. 보안은 누구에게나 골칫거리로 여겨진다. "나는 긴 비밀번호가 좋아."라고 말하는 사람은 아무도 없다. 하지만 직원들이 계속 허술한 비밀번호를 사용하고 우발적으로 악의적인 링크를 눌러댄다면 매년 수억 달러를 들여 보안에 투자하더라도 그 효과를 기대할 수는 없을 터였다. 그렇다면 궁극적으로 구글이 보안을 강화하고 기업 문화를 바꾸는 경우 과연 중국 군부의 해킹 공격을 차단할 수 있을까? 대다수 경영진은 이것을 궁극적으로 헛수고라고 볼 것이고, 실제로 그렇게 여긴다.

"우리는 필요한 실제 비용을 놓고 여러 차례에 걸쳐 진지하고 열띤 토론을 벌였습니다. 우리는 스스로에게 물어볼 수밖에 없었죠. 과연 우리는 그런 요구에 부응할 준비가 돼 있는가?" 그로스는 나중에 내게 말했다.

"중국 군부로부터 구글을 방어한다는 개념은 일반 기업에 기대되는 정상적인 업무 영역을 너무나 멀리 벗어난 것이었습니다."라고 애드킨스는 회고했다. "우리는 이들을 차단하려 시도라도 할 것인가? 아니면 그저 포기할 것인가? 그런 질문도 나왔습니다. 기업 수준에서 그런 상황에 대응하려 시도한다면 대부분의 경우는 그럴 만한 가치가 없다고 판단하게 될 겁니다."

결국 강경 대응하기로 결정한 것은 브린이었다. 그는 구글의 중국 시장 철수를 결정했다. 세계에서 가장 잠재력이 큰 시장을 포기하기로 한 것이다. 당시 중국은 미국보다 두 배나 더 많은 인터넷 사용자를 거느리고 있었고, 중국의 인터넷 성장세는 다른 어떤 나라보다도 더 가팔랐다. 하지만 중국 정부의 검열에 굴복하는 것만으로도 충분히 힘들었다. 중국 해커의 공격은 브린에게 더 이상 선택의 여지를 주지 않았다. 중국 시장을 포기하고 총력을 다해 오로라 같은 사태의 재발을 막아야 할 시점이었다.

2010년 1월의 어느 날 밤 구글의 보안 팀은 사전 경고 없이 회사 사무실을 수색해 중국의 해커들이 건드렸던 모든 장비를 압수했다. 수백 명의 구글 직원들은 다음날 아침 책상에서 컴퓨터는 사라지고 케이블과 메모만 남은 것을 보고 깜짝 놀랐다. 메모에는 "보안 사고로 귀하의 컴퓨터를 가져갑니다."라고 써 있었다.

구글의 보안 팀은 모든 직원을 회사의 시스템으로부터 동시에 로그아웃하게 한 뒤 이들의 비밀번호를 재설정했다. 짜증을 내며 설명을 요구하는 직원과 경영진에는 "나중에 말씀드리겠습니다. 저희를 믿어주십시오."라고만 대답했다.

한편 구글의 경영진은 그들의 공격자와 어떻게 대면할지 모의하기 시작했다. 이들은 더 이상 중국 정부의 검열 요구에 응하지 않을 테지만 먼저 중국 지사의 직원들이 위험한 지경에 놓이지 않도록 법률적 조치를 취할 필요가 있었다. 'Google.cn' 사이트에 대한 검열을 돌연 중단한다면 중국 지사의 직원과 그 가족들이 처벌을 받을 위험성이 컸다. 구글의 법률 팀은 'Google.cn' 사이트를 폐쇄하고, 그리로 들어오는 인터넷 트래픽을 홍콩의 검열되지 않는 검색 엔진으로 보내는 계획을 세웠다. 영국 식민지였던 홍콩은 1997년 중국에 반환됐지만 '일국양제one country, two systems' 정책에 따라 운영되고 있었다. 중국 본토의 위정자들은 홍콩의 인터넷 콘텐츠는 검열하지 않았다. 홍콩 우회는 중국 당국에 모욕으로 비칠 수도 있었지만 법적으로는 아무런 문제가 없었다. 따지고 보면 이들은 'Google.cn'을 검열하지 않는 것이 아니었다. 단순히 더 이상 존재하지 않게 되는 것이었다. 그렇게 되면 공은 중국 정부로 넘어간다. 정부가 직접 홍콩과 본토 사이를 오가는 콘텐츠를 검열해야 한다는 뜻이다. 구글은 더 이상 그런 더러운 작업을 하지 않을 것이었다.

이들은 중국이 똑같이 맞대응할 것을 알았다. 공산당은 구글을 중국 시장에서 완전히 퇴출해 버릴 가능성이 컸다. 심지어 중국의 해커들이 미국의 지적 재산권을 약탈하는 와중에도 중국 정부의 사이버 공격을 공개적으로 비판한 미국 기업은 일찍이 없었다. 이들의 약탈 행각에 대해 당시 NSA 국장이던 키스 알렉산더는 뒤에 '역사상 최대 규모의 부의 이전'이라고 불렀을 정도였다. 보안 연구자인 드미트리 알페로비치Dmitri Alperovitch는 그런 현상을 날카롭게 요약하는 표현을 내놓았고, 이는 널리 회자됐다. "세상에는 오직 두 종류의 회사가 있다. 자신들이 보안 침해를 당했음을 아는 회사와 그런 사실을 모르는 회사." 뒤에 만들어진 변형 표현은 더 구체적이었다. 구글에 대한 공격이 벌어진 지 3년 뒤, 제임스 코미James Comey 당시 FBI 국장은 이렇게 말했다. "미국에는 두 종류의 대기업이 있습니다. 중국에 해킹 당해 온 회사 그리고 중국에 해킹 당해 온 줄 모르는 회사입니다."

대부분의 피해 기업은 회사의 평판이 훼손되거나 주가 하락을 우려해 그런 사실 공개를 거부했다. 하지만 사업차 중국을 방문하는 기업인들은 대포폰과 임시 랩톱을 소지하거나 아예 디지털 기기를 가져가지 않기 시작했다. 미국으로 돌아올 때쯤에는 사용자의 컴퓨터 활동을 모조리 기록하는 키-로깅key-logging 소프트웨어에 감염됐을 가능성이 크기 때문이었다. 스타벅스의 한 간부는 상하이 출장 때 폭풍 때문에 자신이 묵던 호텔 전체가 정전됐는데, 공교롭게도 자신을 비롯해 포드 자동차, 펩시 그리고 다른 미국 기업의 간부들이 투숙한 5층에만 불이 들어온 사실을 내게 들려왔다. "우리가 숙박한 층엔 예비 전력과 예비 인터넷이 갖춰져 있었고, 우리의 일거수일투족이 감시되는 게 분명했습니다." 그의 말이었다. "우리는 스타벅스 매장을 내기에 가장 적합한 위치를 파악했습니다. 우리가 방문한 다음 중국의 경쟁 회사가 바로 정확히 같은 장소에서 커피 매장을 열기 시작하더군요."

대부분의 미국 기업은 중국의 사이버 감시 활동에 굴종했다. 그리고 구글이 오로라 공격의 다른 피해 기업인 방위 산업, IT, 금융 및 제조업 분야의 기업과 나눈 대화 내용에 따르면 이들 중 어느 한 기업도 중국 시장에서 조만간 철수하겠다고 나오지 않았다. 만약 구글이 공격적이고 단호한 행동을 취하지 않았다면 다른 어떤 기업이 그랬을까? 그런 대응에는 대가가 따를 것이었다. 하지만 현상 유지는 그보다 더 나빴다.

베이징 시간으로 2010년 1월 12일 새벽 3시, 구글은 중국의 사이버 공격 사실을 공개했다. 중국 지사 직원들의 안전을 염려해 미 국무부에 미리 연락해둔 상태였다. 힐러리 클린턴 당시 국무장관은 직접 브리핑을 받았다. 베이징 주재 대사관의 미국 외교관들은 구글의 중국 직원과 가족들에 대한 대규모 후송을 준비해 뒀다.

그리고 공개 버튼을 눌렀다. "우리는 이 공격에 관한 정보를 광범위하게 공유하기로 결정했다. 그것은 우리가 밝혀낸 내용이 보안과 인권 분야에서 중요한 의미를 지닐 뿐 아니라, 이 정보가 표현의 자유에 관한 더 커다란 논의의 핵심과 맞닿아 있다고 판단했기 때문이다."라고 구글의 당시 최고 변호사였던 데이비드 드러먼드David Drummond는 구글의 블로그에 썼다. "이 공격과 감시 활동은 웹상의 표현의 자유를 더욱 제한하려는 그간의 시도와 더불어 중국에서 구글의 정상적인 사업운영의 타당성을 검토해야 하는 상황으로 이어졌습니다. 우리는 Google.cn의 검색 결과를 더 이상 검열하지 않기로 결정했습니다."

블로그에 쓰인 표현은 구글 경영진이 꼼꼼히 검토한 끝에 나온 것이지만, 그런 결정의 진정한 파장은 아직 구글 경영진에 제대로 전달되지 않았다. 지난 한 달간 구글 엔지니어들은 작은 깜박이 신호를 추적해 믿기 어려울 만큼 복잡한 경로를 거쳐 중국 정부가 공격의 출처임을 밝혀냈다. 하지만 그런 급박한 작업의 어느 부분도 사실로 실감나지 않았다. 바로 지금까지는.

"새로운 사고방식이 바로 그 순간에 각인됐습니다."라고 애드킨스는 회고했다. "우리의 사용자들이 위험에 처해 있었습니다. 그 순간에 우리는 우리가 그들의 안전을 책임지는 목자^{牧者, shepherd}임을 확신했습니다."

몇 분이 지나지 않아 CNN에서 "구글, 중국발 해킹 사실 공개, 시장 철수도 고려"라고 헤드라인이 떴다. 구글의 전화통에 불이 났다. 「블룸버그」, 「로이터」, 「월스트리트저널」, 「뉴욕타임스」, 「크리스천 사이언스 모니터」, CNN, BBC를 비롯해 실리콘밸리의 테크 블로그가 이 순간이 구글에, 사이버 보안에 그리고 인터넷에 어떤 의미를 지니는지 파악하기 위해 동분서주했다. 사상 처음으로 미국의 한 기업이 중국에 사이버 절도의 책임을 물었다. 그리고 구글은 아직 펀치를 날리지 않은 상태였다. 바로 그 순간까지는 중국 내부의 누구든 '천안문 광장'을 검색하면 광장에서 미소 짓는 중국인 커플과 야경이 떴다. 2010년 1월12일 그와 동일한 검색을 한 사람에게는 학생 주도의 천안문 광장 시위로 인한 사망자 수와 시위대를 진압하기 위해 출동한 스물 다섯 대의 탱크 앞을 가로막고 선 쇼핑백을 든 한 남자의 사진을 보여줬다. 그 '탱크맨^{Tank Man}'은 사진으로 찍히기가 무섭게 중국 공안에 의해 체포됐다. 그는 신원조차 여전히 수수께끼로 남아 있다. 중국 정부 입장에서는 그의 신상 정보를 밝히는 편이 국제 사회의 비판을 잠재우는 차원에서도 더 나았을 것이다. 하지만 누구도 그러지 않았다. 사람들은 그가 처형됐을 것으로 추정했다. 수많은 사람이 그보다 훨씬 덜한 이유로도 고문 당하고 살해됐다. 그날 아침 베이징의 구글 지사 앞에는 꽃이 즐비했다. 구글의 철수가 임박했음을 안 사람들이 감사와 안타까움의 감정을 전한 것이었다.

중국의 검열관들은 만리장성을 빗대어 '만리 방화벽the Great Firewall'이라고 부르는 인터넷 필터를 긴급하게 '홍콩 구글Google.com.hk'로 전환했다. 얼마 안 있어 누구든 탱크맨의 사진을 찾는 사람들의 인터넷 연결은 재설정됐다. 이어 중국 관료들은 맹비난을 시작했다. 한 고위 관료는 중국 국영 신화Xinhua 통신사를 통해 구글이 중국 시장에 들어올 때 검색 결과를 여과하겠다는 약속을 위반했다고 비난했다. 관료들은 구글 해킹에 어떤 책임도 없다고 부인하면서 그런 혐의 자체에 '불만과 분개'를 느낀다고 표현했다.

관료들은 구글 경영진에 직접 전화를 걸었다. 슈미트 구글 회장은 뒤에 중국 본토와 달리 검열이 없는 홍콩의 상황을 지칭하며 이렇게 농담했다. "우리는 중국 측에 얘기했어요, '귀하께서 '일국양제'를 말씀하셨는데 저희는 다른(홍콩) 체제가 좋습니다.'라고. 그 사람들은 그런 농담도 달가워하지 않았죠."

이후 여러 주 동안 구글의 결정은 미국 정부와 중국 정부 간의 외교적 갈등으로 비화했다. 중국 관료들은 국영 언론과 채널을 통해 구글 공격에 대한 어떤 관여도 없었다고 극구 부인하면서 백악관이 반중국 선동을 조종한다고 공격했다. 오바마 대통령은 중국 지도부에 해명을 요구했다. 클린턴 국무장관은 중국에 대해 구글 공격 전모를 투명하게 수사하라고 요청했다. 표현의 자유에 관한 30분 간의 연설에서 클린턴 국무장관은 중국의 검열을 직접 언급했다.

"새로운 정보의 장막이 세계 곳곳에 드리우고 있습니다."라고 클린턴 국무장관은 관객들에게 말했다. 그리고 중국의 사이버 공격에 대해 명확한 경고 성명을 내놓았다. "모든 것이 서로 긴밀하게 연결된 세계에서 한 나라의 네트워크에 대한 공격은 모든 나라에 대한 공격이 될 수 있습니다."

클린턴 국무장관이 연설하던 바로 그 순간, 중국의 해커들은 자신들의 해킹 툴과 지휘통제 서버를 폐기하고 접속 흔적을 지우느라 정신이 없었다. 이후 수개월 동안 리전 양키 그룹은 미국의 레이더 망을 벗어나 납작 엎드려 있었다. 1년 뒤, 이들은 미국의 주요 방위 산업체에 인증 키를 판매하는 보안 회사인 RSA에 대해 정교한 사이버 공격을 감행하면서 재등장했다. 이들은 RSA의 소스코드를 사용해 주요 방위 산업체 중 하나인 록히드 마틴을 해킹했고, 마지막에는 은행, 비정부기관, 자동차 제조사, 법률회사, 화학회사 등 다양한 산업 분야에 걸쳐 수천 개의 서구 기업에 침투해 수십억 달러 어치의 민감한 군사 및 기업 비밀을 훔쳐냈다.

구글이 공격 사실을 공개한 이후 브린은 「뉴욕타임스」에 구글의 그런 행동이 '중국의 인터넷이 더 개방되는' 계기로 작용하기를 바란다고 밝혔다. "장기적으로 중국은 인터넷 환경을 개방할 수밖에 없을 것으로 생각합니다."라고 그는 말했다.

그의 전망은 완전히 빗나갔다.

중국은 구글을 영구 차단했다. 그리고 3년 뒤, 새 국가주석인 시진핑Xi Jinping 체제에서 중국은 국내 웹을 완전히 장악했다. 누구든 '국가의 단합을 훼손하는' 경우 형사 처벌을 받도록 법제화했다. 중국은 자국민뿐 아니라 점점 늘어나는 해외 교민들을 감시할 목적으로 얼굴 인식 소프트웨어, 여러 해킹 툴 및 정교한 스파이웨어를 활용한 새로운 형태의 디지털 감시 시스템을 만들었다. 그리고 그런 검열 시스템을 해외로 수출하기 시작했다. 한 번은 중국의 최대 인터넷 기업인 바이두Baidu로 향하는 해외의 인터넷 트래픽을 장악한 뒤 코드를 주입해 바이두의 트래픽을 마치 막대한 양의 물을 토해내는 소방 호스처럼 변모시켜, 중국에서 금지된 콘텐츠의 복제 이미지를 관리하는 미국의 웹사이트를 공격했다. 혹자는 이러한 중국의 움직임을 만리장성에 빗대 '만리대포the Great Cannon'라고 불렀고, 누구든 중국 정부가 인터넷 통제와 검열을 완화할 것이라고 생각하는 사람들에 대한 경고로 해석했다.

구글의 경우로 눈을 돌려 보면, 실리콘밸리에서 가장 도덕적인 기업조차 세계 최대 규모의 시장에 대해서는 기억력이 유독 짧다는 점을 드러냈다. 2010년 중국에서 발을 뺀 지 1년도 안 돼 구글의 몇몇 경영진은 재진입을 모색하기 시작했다.

이후 10년간 구글은 검색 중심에서 안드로이드, 구글 플레이, 크롬북, 사진 공유 사이트, 네스트Nest 온도 조절 장치, 클라우드 컴퓨팅, 드론, 제약, 벤처캐피털 심지어 위성에 이르기까지 여러 다른 비즈니스를 가진 기업으로 확장됐고, 각 부문은 저마다 세계에서 가장 빠르게 성장하는 중국 시장에 진출하고 싶어하는 이유가 있었다.

2015년 브린과 페이지는 구글의 여러 비즈니스 부문을 '알파벳Alphabet'이라는 새로운 이름 안으로 재편하고, 수익성이 높은 비즈니스 부문을 그렇지 않은 장기적 비즈니스 부문과 분리했다. 이들은 비즈니스 일선에서 발을 빼기 시작했다. 그리고 오랫동안 제2인자로 활동해 온 순다르 피차이Sundar Pichai를 CEO로 승진시키는 한편, 월스트리트에서 새로 최고재무책임자CFO를 영입했다. 월스트리트 성격에 걸맞게 그의 최우선 과제는 예상치보다 높은 분기별 수익을 올리는 데 집중됐다.

구글의 중국 재진입은 사내에서 가장 열띤 토론 주제가 됐다. 7억 5천만 명에 이르는 중국의 인터넷 인구는 이미 유럽과 미국의 인구를 더한 수준보다 더 높았다. 구글의 라이벌인 애플은 중국에 집중 투자 중이었다. 중국에서 구글의 경쟁 상대인 바이두는 실리콘밸리의 구글 캠퍼스 바로 옆에 사무실을 열었다. 알리바바Alibaba, 텐센트Tencent, 화웨이Huawei 등 다른 중국 IT 기업도 실리콘밸리에 연구 및 개발 센터를 설립하고 더 높은 연봉에 구글 직원들을 빼갔다.

구글이 수익성에 초점을 맞춤에 따라 인권 문제는 곁가지로 밀려났다. 마이크로소프트, 오라클, 애플, 아마존 그리고 바이두 같은 중국 경쟁사로부터 시장을 뺏어오는 데 혈안이 된 경영진은 인권 문제를 제대로 짚어야 한다는 직원들의 주장에 귀 기울일 인내심이 없었다. 2016년에 이르러 구글의 신임 CEO는 자신의 입장을 분명히했다. "나는 전 세계 곳곳에 구글 서비스를 제공하고 싶습니다. 구글은 모두를 위한 것입니다."라고 피차이는 관객에게 말했다. "우리는 중국 사용자들에게 서비스를 제공하기 위해 중국에 진출하고 싶습니다."

그가 당시에 하지 않은 말은 구글은 이미 재진입 전략을 짜고 있다는 사실이었다. 구글 경영진으로 구성된 정예 그룹은 '잠자리Dragonfly'라는 암호명으로 중국을 위한 검열된 검색 엔진을 극비리에 개발 중이었다. 이듬해 구글은 새로운 인공지능 연구 센터를 중국 베이징에 설립할 예정이었다. 그리고 그로부터 6개월 후 구글은 처음에는 앱, 다음에는 모바일 게임 등 그리 중요해 보이지 않는 제품을 중국 사용자들에게 선보였는데 잠자리 검색 엔진을 발표했을 때 사용자들이 놀라거나 이상하게 여기지 않도록 유도하기 위한 조치로 보였다.

중국만이 아니었다. 사우디아라비아에서 구글은 남성들이 자기 가족 중 여성들의 움직임을 추적하고 제어할 수 있게 해주는 앱을 서비스했다. 미국 내에서는 국방부와 계약을 맺고 '메이븐Maven'이라는 암호명으로 군부의 드론 공격용 이미지의 품질을 높이는 프로그램을 진행했고, 그로 인해 10여 명의 구글 직원이 항의의 뜻으로 퇴사하는 사태까지 빚어졌다. 구글의 광고는 오랫동안 회사에서 논의하고 싶어하지 않는 주제로 여겨졌지만

2016년 대통령 선거 뒤, 노골적인 거짓 정보와 음모 이론을 유포하는 사이트를 광고함으로써 높은 수익을 올릴 수 있다는 점이 분명해졌다. 구글의 유튜브 알고리즘은 미국의 청소년, 특히 성난 백인 젊은이들을 더욱 급진적으로 만들고 있었다. 심지어 아동 대상의 '유튜브 키즈Youtube Kids'조차 아동에게 자살을 부추기는 비디오가 구글의 필터를 피해 버젓이 방영된다는 사실이 밝혀지면서 비판에 직면했다.

그리고 나는 모건 마키브와가 구글의 2010년 공격에서 중요한 역할을 담당했으며, 내가 관련 정보를 얻기 위해 수없이 만나고 대화를 나눈 바로 그 해커가 스스로 밝히지 않은 어두운 과거가 있음을 알게 됐다. 2017년 여러 명의 여성들은 그가 자신들에게 마약을 투여하고 강간했다고 고발했다. 그 중 한 여성이 그가 자신의 행위를 인정한 통신 내용을 공개하자, 마키브와는 종적을 감춰버렸다. 이후 나는 두 번 다시 그의 소식을 듣지 못했다.

하지만 오로라 공격이 벌어진 이후, 구글 보안 팀의 남녀 직원들은 새로운 결의로 업무에 임했다. 구글에서 그리고 실리콘밸리에서 보안은 더 이상 과거와 같을 수 없었다.

애드킨스의 팀은 이런 변화를 두 번 다시 당하지 않겠다는 뜻의 두 단어로 요약했다. "네버 어게인Never again."

15장

포상금 사냥꾼들

캘리포니아주 실리콘밸리

오로라는 실리콘밸리판 '건맨 프로젝트(6장 참조)'였다. NSA가 스파이 게임에 공세적으로 나서도록 유도한 것은 러시아의 치밀한 도청 공격이었다. 그와 마찬가지로 실리콘밸리의 기업에 사이버 방어를 재고하게 만든 것은 오로라와 3년 뒤에 터진 스노든의 기밀 폭로였다.

"그 공격은 초보 해커나 개인 수준이 아니라 국가 차원의 심각한 세력이 이런 일을 벌인다는 사실을 보여준 증거였습니다."라고 애드킨스는 내게 말했다.

구글은 중국 해커들이 다시 공격할 것을 알았고, 시간을 벌기 위해 구글은 가능한 한 많은 시스템을 중국 해커들에게는 낯선 플랫폼으로 전환했다. 그리고 구글의 보안 시스템, 궁극적으로는 전체 인터넷을 강화하는 느리지만 고단한 여정을 시작했다.

그로스와 애드킨스는 더 획기적인 방안을 추구하기 앞서 늦었지만 필요한 보안 대책을 세우기 시작했다. 얼마 지나지 않아 구글의 보안 팀은 치밀하고 치열한 보안 강화 대책을 마련했고, 이는 궁극적으로 전체적인 감시 저항 운동으로 이어졌다. 그로부터 몇 해 뒤 체크리스트가 완성됐을 때 구글의 임무에는 한 가지 급진적인 내용이 추가됐다. 광범위하게 보유하고 있는 세계의 제로데이 익스플로잇과 사이버 무기를 무력화하자는 것이었다.

구글은 직원뿐 아니라 수억 명의 지메일 사용자들에게 새로운 프로토콜을 선보였다. 이 회사는 상당 기간 이중 인증two-factor authentication 시스템을 시험해 왔다. 이는 사용자가 낯선 기기에 로그인할 때마다 기본 비밀번호에 더해 흔히 문자 메시지의 형태로 사용자 휴대폰에 통지되는 두 번째 임시 비밀번호를 넣도록 요구함으로써 보안성을 높이는 방식이다. 흔히 '2FA'로 부르는 이중 인증은 훔친 비밀번호를 가진 해커를 무력화할 수 있는 최선의 대책이다. 2010년 무렵에도 훔친 비밀번호는 어디에나 있었다. 해커들은 거의 종교적으로 인터넷을 스캔해 약점을 찾아서 비밀번호 데이터베이스에 침입한 뒤 거기에서 빼낸 데이터를 다크웹에 올렸다. 러시아의 한 화이트햇 해커는 그해 10억 개의 비밀번호가 담긴 데이터베이스를 발견했노라고 내게 말했다.

그는 "기자님 비밀번호는 기자님 아들 이름에 주소를 더한 것이군요."라고 말했다. 그랬다. 나는 곧바로 모든 계정의 모든 비밀번호를 황당하리만치 긴 노랫말과 영화 대사로 바꾸고 이중 인증으로 보안을 높였고, 비밀번호 관리 소프트웨어도 믿지 않았다. 그 대부분이 이미 해킹당했었기 때문이다. 사용자들의 비밀번호를 스크램블scramble하거나 해시hash하는 기업조차 해커들의 '무지개 표rainbow tables'[1]에는 상대가 되지 않았다. 독자들이여, 긴 비밀번호를 사용하라. 어떤 다크웹 사이트는 500억 개의 해시 값을 제공했으며, 해킹된 비밀번호는 하나에 1달러 정도의 헐값에 팔렸다. 이중 인증을 쓰지 않는 한 훔친 비밀번호 하나만 있으면 해커는 사용자들의 이메일, 은행, 클라우드 사진 계정 혹은 중개 계정에 접근할 수 있었다. 구글은 당시 직원들을 대상으로 이중 인증체제를 시행하고 있었지만 오로라 공격을 계기로 '이중 인증을 모든 지메일 사용자들로 확대해야 할 때'라고 확신

---

1 거의 모든 문자와 숫자, 특별부호의 가능한 조합을 일정 길이까지 풀어놓은 해시 값 데이터베이스

했다고 애드킨스는 말했다.

오로라 이전에는 구글의 보안 엔지니어는 30명에 불과했는데, 오로라 이후 그 인원은 2백 명 수준으로 늘었다. 그해 실리콘밸리에서는 주요 기업 간의 인력 빼내기 경쟁이 치열했다. 구글은 직원들의 페이스북 이직을 막기 위해 급여를 10% 인상했고, 간부급 제품 매니저 두 사람의 트위터 이직을 막기 위해 수천만 달러를 썼다. 또한 실리콘밸리의 엔지니어들은 상당한 규모의 스톡옵션, 높은 상여 및 아이패드 같은 공짜 선물, 유기농 식단, 셔틀 서비스, 1년 치 공짜 맥주, 천만 원이 넘는 사무실 장식 예산 등을 제공받았다.

하지만 구글은 이제 다른 기업에 비해 한 가지 경쟁 우위가 있었다. "구글이 중국으로부터 해킹 공격을 받은 사실을 공개한 것이 세계 최고의 구인 전략으로 작용했다."라고 애드킨스는 내게 말했다.

중국이 거론돼 치욕감을 느끼고 싸움에 뛰어들고 싶어했던 수백 명의 보안 엔지니어들 중 상당수는 구글 프라이버시 정책에 불만이 있어 마음이 떠났던 상태였다. 하지만 이로 인해 그들은 다시 구글의 문을 두드리기 시작했다. NSA, CIA 및 파이브 아이즈의 보안 요원들이 구글에 이력서를 보내왔다. 이후 10년간 구글의 보안 팀 규모는 6백 명을 넘었고, 모두 중국 그리고 다른 압제 정권의 공격을 막겠다는 결의에 차 있었다. 구글은 그들이 가진 최대 자원인 막대한 규모의 데이터를 무기 삼아 코드에 담긴 오류를 찾았다. 수천 대의 컴퓨터로 초대형 '퍼즈 농장'[2]을 구성한 뒤 막대한 양의 쓰레기 코드junk code를 구글의 소프트웨어에 투여하고 그런 부하를 견디지 못하고 깨지는 코드를 찾았다. 소프트웨어가 마비되거나 작동을 멈추는

---

2 여기에서 퍼즈(fuzz)는 자동화 또는 반자동화된 소프트웨어 테스트 기법으로, 컴퓨터 프로그램에 유효한, 예상치 않은 또는 무작위 데이터를 입력하는 방식이다. 퍼즈 테스트는 주로 소프트웨어나 컴퓨터 시스템의 보안 문제를 테스트하기 위해 사용된다. ─ 옮긴이

것은 약점의 징후, 즉 해당 소프트웨어에 해킹될 수 있는 오류가 포함됐다는 신호였다.

구글은 자체 해커들이 세계에서 가장 강력한 컴퓨터 그룹도 자국민을 추적하는 데 혈안이 된 한 나라의 능력에는 여전히 미치지 못한다는 점을 알고 있었다. 그래서 구글은 수년 전 아이디펜스가 깨닫고 시행한 것과 같은 아이디어를 쓰기로 했다. 공익을 위해 전 세계 해커들의 도움을 빌리기로 한 것이다. 2010년까지 구글은 해커들에게 버그를 신고하는 대가로 상징적 자랑거리를 안겨주는 데 그쳤다. 티셔츠를 선물로 주고 구글 웹사이트에 버그를 찾아낸 해커의 이름을 언급하는 식이었다. 오로라 공격 이후 구글은 자발적 지원군에게 진짜 보상을 해줄 때가 왔다고 결정했다.

이들은 해커에게 포상금으로 최소 500달러, 최대 1,337달러를 지급하기 시작했다. 무작위적인 것처럼 보이는 최대 지급액수는 그들이 주 대상으로 삼는 해커들에 대한 영리한 윙크였다. 1337이라는 숫자는 해커 코드에서 '엘리트elite'의 축약된 형태인 '리트leet'로 표기되고 읽힌다. 리트 해커들은 숙련된 해커들로, 흔히 '스크립트 키디'로 불리는 아마추어 해커들과는 차원이 다르다. 그것은 오랫동안 대규모 IT 기업을 사탄의 재래쯤으로 인식해 온 해커들에게 구글이 보내는 화해의 선물 같은 것이었다.

물론 IT 기업이 해커들에게 버그 포상금을 지불한 것은 그때가 처음은 아니었다. 그보다 여러 해 전에 아이디펜스가 그랬고, 1995년에는 넷스케이프가 넷스케이프 내비게이터 브라우저의 오류를 알려주는 사람들에게 소액의 포상금을 지불하기 시작했다. 모질라Mozilla는 그에 영감을 받아 2004년 파이어폭스 브라우저에서 심각한 버그를 발견한 해커들에게 몇백 달러를 지급했다. 하지만 구글의 프로그램은 포상금 규모를 높였다. 크롬 브라우저의 기반인 오픈소스 코드 크로뮴Chromium에서 버그를 발견한 해커들에게 포상금을 제시하기 시작했다. 아이디펜스의 경우처럼 첫 번째 접수된 버그에 대한 구글의 포상금은 미미했다. 하지만 구글이 버그 포상금 제도에 진지하다는 소문이 퍼지면서 더 중대한 버그가 접수되기 시작했다. 불과 몇 개월 만에 구글은 해당 프로그램을 확장해 유튜브와 지메일 그리고 다른 구글 서비스에 대해서도 사용자의 데이터를 위험한 지경에 내몰수 있는 버그를 찾아내는 해커들에게 포상금을 지급했다. 그리고 최대 포상금 액수를 1,337달러에서 31,337달러(해커 코드로는 엘리트eleet)로 높이고 해커들이 자선단체에 돈을 기부하는 경우 구글도 그에 상응하는 금액을 기부하겠다고 제안했다.

그렇다고 해도 구글이 이 세계의 '제로데이 찰리' 같은 기관이나 단체를 넘어설 수는 없을 것이었다. 그리고 디조텔스와 다른 제로데이 브로커들이 지불하는 금액 수준에 대응하리라고 기대하지도 않았다. 하지만 구글의 버그 포상금 프로그램은 알제리, 벨라루스, 루마니아, 폴란드, 러시아, 쿠알라룸푸르, 이집트, 인도네시아, 프랑스 시골 지역과 이탈리아, 심지어 국가가 없는 쿠르드인들까지 각지의 프로그래머들이 구글 버그를 찾아내도록 유혹하기에 충분했다. 어떤 이들은 포상금으로 월세를 냈고, 다른 이들은 따뜻한 지방으로 휴가를 갔다. 알제리의 우에드 리우Oued Rhiou에 사는 미숨 사이드Missoum Said는 열여덟 살로 축구를 접고 해킹으로 돌아섰다. 구글의 포상금 사냥꾼 목록에서 상위 10위 안에 들겠다는 목표로 매진한 끝에 사이드는 멋진 차를 사고, 가족이 사는 집을 리모델링하고, 미처 꿈꿔보지 못했던 곳으로 여행을 가고, 부모님을 성지 메카에 보내드릴 수 있을 만큼 충분한 포상금을 타냈다. 이집트에 사는 두 명의 해커 중 한 명은 포상금으로 아파트를 장만했다. 한 해커는 포상금으로 약혼자에게 약혼 반지를 선물했다. 인도의 슬럼가에서도 프로그래머들이 버그를 신고해 받은 대가로 벤처기업을 차렸다. 루마니아의 식당 주인들, 폴란드와 벨라루스의 실직한 프로그래머들은 구글의 포상금으로 완전히 새로운 삶을 시작했다.

워싱턴주의 험준한 북단 지역에 사는 한 해커는 자신의 포상금을 신체장애자들의 특별 올림픽에 기부했다. 구글의 최상위 포상금 사냥꾼들 중 한 사람인 독일의 닐스 유네만Nils Juenemann은 자신의 포상금을 에티오피아의 한 학교에 기부함으로써 그 규모를 두 배로 늘렸다(구글이 닐스의 기부 액수만큼 매칭 포인트로 재기부한 결과였다). 그는 포상금을 토고Togo의 유치원에 보내는가 하면, 탄자니아의 한 여학교에 태양열 발전기를 설치하는 데 도움을 줬다. 소수의 해커들은 여러 해에 걸쳐 보안 취약점과 익스플로잇을 밀거래하는 시장에서 수십만 달러, 심지어 몇몇은 수백만 달러를 벌어들이고 있었다. 이제 구글은 수많은 프로그래머와 해커들에게 돈을 지불하면서 보안을 높임으로써 이들의 비즈니스를 더 어렵게 만들고 있었다.

하지만 구글의 포상금 프로그램이 높은 호응을 얻는 데 비해 해커들이 치명적인 버그를 신고하는 빈도는 점점 줄기 시작했다. 부분적인 이유는 구글의 포상금이 기대한 효과를 낳은 덕택이었다. 구글의 소프트웨어는 해킹하기가 더 어려워졌다. 그러자 구글은 포상금을 더 높였다. 수천 달러의 보너스를 더하기 시작했고, 쿠알라룸푸르와 밴쿠버에서 열리는 해킹 경진대회를 후원하면서 자사의 크롬 브라우저에서 익스플로잇을 찾아내는 경우에 하나에 6만 달러를 지급하겠다고 제안했다. 일부는 동일한 익스플로잇을 정부 시장에 가져가면 세 배 더 높은 값을 부를 수 있다며 이를 비웃었다. 조용히 있으면 훨씬 더 많은 돈을 벌 수 있는데 왜 굳이 구글에 시스템의 결함을 알려준다는 말인가?

* * *

그중 구글의 포상금 프로그램을 가장 신랄하게 비웃은 이는 '울른가의 늑대

Wolf of Wuln Street'라고 자칭하는 해커, 샤우키 베크라Chaouki Bekrar였다. 그는 프랑스계 알제리인으로, 구글이 후원한 바로 그 해킹 경연 대회와 콘퍼런스에서 구글을 조롱했다. 세계의 내로라 하는 해커들은 매년 밴쿠버에서 열리는 캔섹웨스트CanSecWest³ 콘퍼런스에서 상금과 공짜 기기가 걸린 '폰투오운Pwn2Own' 해킹 경연에 참여해 소프트웨어와 하드웨어를 해킹했다. 이 대회는 상금 규모가 세계에서 가장 큰 해킹 경연이었다.

경연 초기에 해커들은 사파리, 파이어폭스 및 인터넷 익스플로러에 가능한 한 가장 빨리 침투하려 경쟁을 벌였다. 스마트폰이 대중화되면서 우승 상금은 아이폰과 블랙베리를 해킹하는 이들에게 돌아갔다. 2012년의 관심사는 구글의 크롬 브라우저를 깨는 것이었다. 그해 세 팀의 해커들이 크롬을 뚫는 데 성공했다. 하지만 두 팀만이 구글의 상금을 받았다. 베크라의 팀인 뷰펜Vupen의 해커들은 우승자는 그들이 찾아낸 익스플로잇의 내용을 회사에 공개해야 한다는 구글의 규칙을 거부했다.

"우리는 백만 달러를 준다고 해도 이것을 구글과 공유하지 않을 것이다."라고 베크라는 한 기자에게 말했다. "우리는 우리 고객들을 위해 이것을 비밀로 유지할 겁니다."

베크라는 시장의 브로커들처럼 직설적이고 거칠었다. "우리는 몇백억 달러 규모의 소프트웨어 회사가 자기네 코드의 보안성을 높이는 것을 도와주려고 이렇게 열심히 일하는 게 아닙니다."라고 그는 말했다. "자원봉사를 하고 싶었다면 차라리 노숙자들을 도왔을 겁니다."

남프랑스에 자리잡은 뷰펜 본사에서 해커들은 전 세계 정부기관에게 판매할 제로데이 익스플로잇을 만들었다. 이들의 최대 고객 중 하나는 바로 NSA였다. NSA와 독일판 NSA라고 할 수 있는 BSI 그리고 다른 뷰펜의 고

---

3 캐나다 서부 지역(Canada West)의 보안(Security) 콘퍼런스라는 뜻 – 옮긴이

객들은 뷰펜에서 만들어낸 익스플로잇에 대한 모호한 설명이라도 얻기 위해 연 10만 달러씩을 쾌척했다. 실제 익스플로잇 코드를 구하고 싶은 정부기관은 익스플로잇 하나에 5만 달러나 그 이상을 뷰펜에 지불해야 했다. 베크라는 구글의 포상금을 하찮게 취급했다. 그가 이 콘퍼런스에 온 것은 고객사들과 연락을 주고받기 위해서였다. 그는 NATO 회원국이나 'NATO의 파트너들'에게만 판매했다고 주장했지만, 파이브 아이즈의 NATO 비회원처럼 해당 코드가 어떤 경로로든 엉뚱한 국가나 기관에게 넘어갈 수도 있음을 순순히 시인했다. "우리는 우리의 익스플로잇이 지정된 기관 밖으로 유출되지 않도록 최선을 다합니다."라고 베크라는 한 기자에게 말했다. "하지만 누군가에게 무기를 팔 때, 그 누군가가 무기를 또 다른 기관에 파는 것을 막을 도리는 없죠."

베크라는 이것을 '투명성'으로 포장했다. 그의 비판자들은 이를 '파렴치하다'고 공격했다. 그중 한 사람은 완고한 프라이버시 운동가인 크리스 소고이안Chris Soghoian으로, 베크라를 '사이버 전쟁용 탄환'을 파는 '현대판 죽음의 상인'에 견주었다.

"뷰펜은 그들이 만든 익스플로잇들이 어떻게 사용되는지 모르며, 아마 알고 싶어하지도 않을 겁니다. 돈만 제대로 들어오는 한 말이죠."라고 소고이안은 한 기자에게 말했다.

소고이안의 지적은 3년 뒤 해킹 팀의 정보 유출을 통해 입증됐다. 그에 따르면 해킹 팀은 뷰펜의 제로데이 익스플로잇을 자신들이 수단과 에티오피아 같은 나라에 파는 스파이웨어에 내장시켰다. 그런 내용이 유출되면서 두 회사는 언론의 집중 조명을 받았다. 유럽의 규제 당국은 세계에서 가장 엄격한 프라이버시 보호 법규에도 불구하고 그것이 제대로 지켜지지 않았음을 그리고 실상은 대규모 사이버 무기 중개상들의 거점이 돼 온 것을 깨달았다. 규제 기관은 재빨리 해킹 팀의 글로벌 수출 라이선스를 취소해 이탈리아의 명시적 승인 없이는 스파이웨어를 다른 나라에 팔 수 없게 만들었다. 다음 차례는 뷰펜이었다. 규제 기관에서 뷰펜의 수출 라이선스를 취소한 직후, 베크라는 짐을 싸서 몽펠리에Montpelier의 사무실을 사이버 무기 시장의 글로벌 수도로 옮겼다. 바로 워싱턴 DC였다. 그는 불명예스럽게 퇴출된 방위 산업체인 블랙워터Blackwater의 본을 따라 회사 이름을 뷰펜에서 제로디움으로 바꿨다. 세련된 웹사이트를 만들고, 사상 처음 해커들의 비밀 유지를 조건으로 제로데이 익스플로잇에 자신이 어떤 가격을 매기는지 광고하기 시작했다.

"제로데이 비즈니스의 첫 번째 규칙은 절대로 가격을 공개 흥정하지 말라는 것입니다."라고 베크라는 기자들에게 보낸 메시지에 썼다. "놀라지 마세요. 우리는 우리의 구입 가격을 공개할 겁니다." 그는 구글의 크롬 브라우저를 깰 수 있는 익스플로잇을 8만 달러에 구입하겠다고 제시했고, 안드로이드용 익스플로잇에는 10만 달러를 불렀다. 최고가인 50만 달러는 아이폰용 익스플로잇에 책정됐다. 제로디움 고객이 증가하면서 베크라의 지불 액수도 따라서 높아졌다. 2015년 제로디움은 사이버 시장의 황금맥을 제공하는 이에게 1백만 달러를 지불하겠노라고 트윗을 날렸다. 이는 그의 정부 고객들이 아이폰 사용자들을 원격으로 감시할 수 있게 해주는 일련의 제로데이 익스플로잇을 수반하는 아이폰의 원격 탈옥jailbreak을 위한 제안이었다. 2020년에 이르러 베크라는 다른 사람의 왓츠앱 메시지와 애플의 아이메시지iMessages에 원격 접근할 수 있도록 해주는 익스플로잇에 1백 50만 달러를 제안했다. 그는 원격 아이폰 탈옥에 2백만 달러를 그리고 주목할 만한 변화로 안드로이드 탈옥을 위해 2백 50만 달러를 제시했다. 오랫동안 가장 높은 가격에 팔리던 애플용 익스플로잇을 안드로이드가 넘어선 것이다. 혹자는 이러한 가격 변화에 대해 애플의 보안이 약화되고 있다는 증거라고 지적했다. 다른 이들은 안드로이드는 하나만이 아니어서 해당 운영체제를 쓰는 기기 제조사마다 조금씩 다르게 시스템을 설정한다며 뉘앙스가 더해진 해석을 내놓았다. 한 안드로이드 모델에 대한 탈옥이 다른 모델에는 통하지 않을 수도 있고, 그 때문에 안드로이드 기기 전반에 먹히는 원격 공격은 훨씬 더 높은 가치를 갖는다는 주장이었다.

기업은 그런 행태 때문에 베크라를 혐오했다. 그는 해커들이 구글의 포상금보다 더 나은 선택지가 있다는 점을 분명하게 보여줬다. 치명적 버그에 대한 신고가 줄어들자 구글은 포상금 규모를 다시 높일 수밖에 없었다. 2020년에 이르러 구글은 안드로이드 전화기에 대한 완전한 원격 탈옥 보상금을 1백 50만 달러로 올렸다.

그것은 본격적인 무기 경쟁이었다.

하지만 구글은 제로디움 같은 익스플로잇 브로커들에 비해 한 가지 큰 경쟁 우위가 있었다. 브로커들은 '오메르타^{omertà}를 요구했다. 다른 누구에게도 말하지 않겠다는 약속이었다. 구글의 포상금 사냥꾼들은 자신들의 작업을 대놓고 토론하고, 비즈니스의 위법적 위험성을 피할 수 있었다.

구글은 공격 시장에서 또 다른 우위를 점하고 있었지만, 당시에는 이를 충분히 인식하지 못했다. 정부와 거래하는 프리랜서 해커들은 사이버 무기 시장에 대해 점점 더 불만을 품었다.

"계약자들은 터무니없이 착취적일 수 있습니다."라고 한 해커는 어느 늦은 밤 밴쿠버의 한 클럽에서 내게 말했다. 그날 밤 캔섹웨스트의 해킹 경연대회가 끝나고 해커, 브로커, 계약자들은 긴장이 풀린 상태였다. 파이브 아이즈의 익스플로잇 브로커인 '린치핀 랩스^{Linchpin Labs}'의 해커들이 보였다. 알려지지 않은 해외 정보기관에 익스플로잇을 판매하는 캐나다의 해킹 그룹인 아카디아^{Arc4dia}의 멤버들도 참가했다. VRL의 전직 해커들도 눈에 띄었고, 베크라도 있었다. 연방 정부의 직원들은 그들과 어울리기 위해 저마다 안간힘을 쓰는 모습이었다. 나는 아는 사람으로부터 한 해커를 소개받았다. 지인은 그를 믿을 만하다고 보증해 주었고, 그는 익명을 조건으로 나와 대화를 나눴다. 드라마 〈스타트렉〉의 함장 역할로 유명한 배우 윌리엄 샤트너William Shatner의 40대 후반 모습과 흡사한 외모여서 앞으로 '사이버 샤트너'라고 부르겠다.

샤트너는 십년 넘게 익스플로잇을 대규모 방위 산업체에 팔아 왔다. 하지만 요즘은 온갖 불만이 산더미처럼 쌓여서 그 시장에서 빠져나오고 싶은 마음뿐이라고 고충을 털어놓았다.

"내가 레이시온Raytheon에 익스플로잇을 3만 달러에 팔면 이들은 돌아서서 그걸 정부기관에 30만 달러에 팝니다."라고 샤트너는 내게 말했다. 한동안 그는 레이시온과 전속으로 일을 했다. "그들이 나를 어떻게 속여먹는지 알게 될 때까지 말이죠."

어느 시장에나 바보가 있다. 최근 샤트너는 자신이 바로 그 바보라는 사실을 깨달았다. 제로데이에는 저작권법도 없고 익스플로잇에는 특허도 없다. 여러 달에 걸쳐 그가 방화벽용 익스플로잇을 개발했을 때 레이시온은 구매를 거부했다.

"레이시온 측은 '통하지 않는다'고 내게 말했어요. 그리고 1년 뒤에 이들이 내 익스플로잇을 몇 달째 사용하고 있다고 그 회사의 한 친구가 내게 알려줬습니다. 그리고 나는 한 푼도 못 받았어요. 이건 완전히 군비 경쟁이에요."라고 샤트너는 내게 말했다. "그리고 그런 경쟁 과정에서 우리는 모두 이용당하는 거고요."

그런 상황을 바로잡으려는 샤트너의 노력은 환영받지 못했다. 한 번은 초대받은 이들만 참석할 수 있는 방위 산업체와 파이브 아이즈 고객들을 위한 모임에서 그의 작업 내용을 발표해달라는 요청을 받았다. 그는 이 기회를 이용해 더 나은 방법을 제시했다. 바로 익스플로잇 예탁escrow 방식이었다. 그는 신뢰할 수 있고 기술적으로 잘 알고 있는 제3자를 통해 각 익스플로잇의 가치를 평가하고, 적정 가격을 결정하는 방법을 계약자들에게 제안했다. 그렇게 되면 해커들은 농락당할 염려가 없고, 시장의 불신을 근절하면서도 기밀을 유지할 수 있었다. 그가 볼 때 완벽한 해법이었으나 계약자들은 그렇게 생각하지 않았다.

"그들은 두 번 다시 나를 초대하지 않았습니다."라고 그는 실망스러운 표정으로 말했다.

샤트너는 열악한 대우를 받았을 뿐만 아니라 그가 하던 일을 싼 값에 수행할 수 있는 외국인들에게 빼앗기고 있었다. 연방 법규에서는 비밀 취급 인가를 받은 미국 시민만이 기밀로 분류된 시스템에 접근할 수 있도록 의무화하고 있었지만, 실제 코드 같은 원시재료에 관한 한 여전히 예외 조항이 많았다. 2011년의 경우, 한 내부 고발자는 미 국방부의 보안 소프트웨어가 러시아에서 설치한 뒷문으로 심각한 취약점을 안고 있다는 사실을 고발했다. 국방부는 컴퓨터 사이언스 코퍼레이션^{CSC, Computer Sciences Corporation}, 지금 VRL을 소유한 바로 그 대규모 방위 산업체와 계약을 맺고 자체 시스템의 보안을 개선하기로 했다. CSC는 그 계약의 일부로 실제 코딩을 매사추세츠주의 '넷크래커 테크놀로지^{NetCracker Technology}'라는 회사에 재하청을 줬는데, 이 회사는 모스크바의 프로그래머들에게 일을 맡겼다. 왜냐고? 탐욕 때문이었다. 러시아의 프로그래머들은 미국 프로그래머들에게 지불해야 하는 금액의 3분의 1 수준으로도 일할 용의가 있었다. 결과적으로 미 국방부의 보안 소프트웨어는 사실상 러시아에서 조종하는 트로이 목마가 되고 말았다. 미 국방부가 수억 달러를 들여 막고자 했던 그 적들을 오히려 초대한 꼴이 된 셈이다.

공격 부문은 그보다 더 위험한 상황이 됐다. 아무도 방위 산업체에 해당 익스플로잇이 어디에서 온 것인지 묻지 않았다. 디조텔스, 베크라 그리고

VRL의 직원들 같은 브로커들은 자신들이 취급한 최고 익스플로잇 중 일부는 동유럽, 남아메리카 및 아시아에서 온 것임을 기꺼이 인정했다. 아무런 감독 기관도 없었고, 누구도 그런 사실을 알 필요는 없었다. 이것은 샤트너 같은 미국의 익스플로잇 개발자들을 더욱 어렵게 만들었다.

구글의 포상금 프로그램은 샤트너 같은 처지에 놓인 해커들에게 한 가지 탈출구를 제시한 셈이었다. 구글의 포상금 규모는 회색 시장에는 결코 미치지 못하지만 이들은 어쨌든 버그를 찾아낸 데에 대한 대가를 지불했다. 해커들은 이런 버그를 신뢰할 만한 익스플로잇으로 무기화하는 데 몇 달씩 소비하면서, 행여나 누군가가 동일한 버그를 찾아내 몇 달의 노력을 허사로 만들지 않을까 노심초사할 필요가 없었다. 마음의 평화를 얻을 수 있다는 점도 장점이었다. 자신들의 툴이 어떻게 사용되거나 누구를 공격하는 데 사용될지 걱정할 필요가 없었다.

* * *

구글의 포상금 프로그램이 1년을 넘긴 시점에서, 동안童顔에 20대 초반으로 짐작되는 네덜란드의 두 해커가 해킹할 100대 기업의 목록을 작성했다. 이들은 이것을 '핵100^{Hack 100}'라고 불렀다.

미힐 프린스^{Michiel Prins}와 요버트 아브마^{Jobert Abma}는 그림처럼 아름다운 북부 네덜란드에서 거리 하나를 사이에 둔 이웃으로 자랐다. 둘 다 냉랭한 북해 바람이 싫었고 해킹에 푹 빠졌다. 이들은 끊임없이 서로를 속이고 시험했다. 미힐은 길 건너에서 원격으로 요버트의 컴퓨터 스크린을 가로챈 다음 '미힐이 여기 왔었다'는 글씨를 표시했다. 요버트도 지지 않고 미힐의 하드 드라이브에서 디스크가 추출되도록 원격 조종했다. 이들이 열여섯 살이 됐을 무렵 부모들은 그간 닦은 기술을 좋은 일에 쓰라며 이들을 집 밖으로 내몰았다. 이들은 이웃들 중 와이파이 네트워크에 아무런 보안도 설정하지 않은 집을 찾아가 약간의 수수료를 내면 보안 설정을 도와주겠노라고 제안했다. 이들은 곧 네덜란드 전역의 민간 비즈니스와 정부 빌딩을 방문해 자신들의 서비스를 팔았다. 여기에는 가끔 케이크가 필요했다. 네덜란드 사람들은 케이크를 좋아한다. 이들은 기업 경영진에게 30분만 시간을 주면 기업 웹사이트의 보안 취약점을 찾아주겠다고 약속했다. 만약 그게 실패하면 그들에게 케이크를 주겠노라고 약속했다. 아무도 이들의 케이크를 얻어 먹을 기회가 없었다. 이후 5년간 이들은 네덜란드의 유명 기업에 서비스를 제공하며 수천 달러를 벌었지만 점점 더 지루함을 느꼈다.

"우리는 다른 사람들에게 똑같은 취약점을 어떻게 하면 고칠 수 있는지 되풀이해서 알려줄 뿐이었어요."라고 요버트는 말했다.

2011년 두 사람은 30대의 네덜란드 기업가인 메리인 터헤겐^{Merijn Terheggen}을 만났다. 터헤겐은 업무상 네덜란드에 왔지만 실리콘밸리에 살았고, 두 젊은이에게 마치 마법처럼 하늘에서 뚝딱 떨어지는 것 같은 벤처 기업과 벤처캐피탈 활동을 들려줬다. 두 사람은 실리콘밸리를 삼나무와 푸른 산자락에 자리잡은 엔지니어들의 천국으로 상상했다. 스위스와 비슷한 풍경이었지만 엔지니어들이 후디 차림으로 행복하게 샌드힐 로드^{Sand Hill Road}를 자전거로 달리는 것이 달랐다. 터헤겐은 이들을 초청했다.

"좋아요, 2주 안에 갈 겁니다."라고 이들은 말했다.

그해 여름 이들은 샌프란시스코에 도착했지만 삼나무는 잠깐 봤을 뿐이다. 대부분의 시간은 101번 고속도로를 오르내리며 페이스북, 구글 및 애플 캠퍼스를 방문하는 데 보냈다. 2011년, 엄청난 규모의 현금이 실리콘밸리로 유입됐다. 공개 상장되기 전이었던 페이스북은 500억 달러라는 전대미문의 시장 가치로 평가됐으며, 아직 아무런 비즈니스 모델조차 없었던 트위터의 시장 가치는 100억 달러로 산정됐다. 온라인 할인 쿠폰 샵인 그

루폰Groupon은 60억 달러 매수 제의를 거절했다. 두 사람은 이런 기회를 활용해야겠다고 느꼈다. 흔히 '유니콘unicorn'으로 지칭되는 실리콘밸리의 유망 벤처기업 중 어느 곳도 보안에 별다른 관심이 없었다. 나는 그해 잭 도시Jack Dorsey에게 해커들이 끊임없이 트위터와 그의 신규 지불 벤처기업인 스퀘어Square의 보안 취약점을 지적하는 데 대해 우려하느냐고 물었다. "그 친구들은 징징대는 걸 엄청 좋아해요."라고 그는 대꾸했다.

만약 프린스와 애브마가 잭 도시 같은 벤처 기업인들에게 얼마나 쉽게 해킹당할 수 있는지 보여줄 수만 있다면, 이들은 실리콘밸리의 벤처 투자가들에게 보안 기업이 차세대 유니콘의 잠재력이 있다고 확신시킬 수 있을 터였다. 이들은 실리콘밸리의 성공적인 기업 100개의 목록을 작성하고, 일주일 뒤 그 모두를 해킹했다. 기업 하나당 평균 15분이 걸린 셈이었다.

이들이 해당 기업의 경영진에게 알렸을 때 3분의 1은 무시했다. 다른 3분의 1은 감사해하면서도 문제의 오류는 전혀 고치지 않았다. 나머지 3분의 1은 서둘러 문제를 해결했다. 다행히 아무도 경찰에는 연락하지 않았다.

페이스북의 최고운영책임자COO인 셰릴 샌드버그Sheryl Sandberg는 그런 이메일을 받은 적이 결코 없었다. 2011년 어느 날 아침, 샌드버그는 받은 메일함에서 '기밀sensitive'이라는 표지가 달린 메일을 발견했다. 그 메일은 네덜란드의 20대 해커들이 페이스북의 모든 계정을 장악할 수 있게 해준 페이스북의 치명적인 버그에 대한 상세 내용을 담고 있었다. 샌드버그는 망설임 없이 해당 이메일을 인쇄했고, 페이스북의 제품 보안 책임자에게 달려가 문제를 해결하라고 지시했다.

보안 책임자인 알렉스 라이스Alex Rice는 얼굴에 주근깨가 있는 30대 초반의 엔지니어로, 문제의 이메일을 보고 버그 자체와 샌드버그의 발빠른 대응 양쪽에 깊은 인상을 받았다. 페이스북의 당시 경쟁사였던 마이스페이스

MySpace는 사이트의 버그를 지적하는 해커들을 적극 처벌하는 것으로 악명 높았다. 페이스북의 설립자인 마크 저커버그는 그와 대조적인 접근법을 취했다. 저커버그는 스스로를 해커로 자부했다. 밤샘 해커톤hackerthon 행사를 후원했고, 누구든 심각한 버그를 신고하는 사람과는 직접 연락을 했고, 많은 경우는 직원으로 채용하기까지 했다. 페이스북이 2012년 주식 상장을 앞두고 미국 증권거래위원회SEC에 제출한 투자 설명서는 부분적으로 전 세계의 해커들에게 보내는 러브레터이기도 했다.

저커버그는 "해커라는 단어는 언론에서 컴퓨터에 침투하는 사람들로 비춰져 부당하게 부정적인 의미를 갖고 있습니다."라고 썼으며, "실상 해킹은 무엇인가를 신속하게 건설하거나 무엇이 가능한지 그 한계를 시험한다는 뜻일 뿐입니다. 대부분의 경우처럼 이것은 선용될 수도 악용될 수도 있지만, 내가 만나본 해커들의 절대 다수는 세상에 긍정적 영향을 미치고 싶어 하는 이상적인 사람들이었습니다."라고 이야기했다.

그것은 「뉴요커」의 기사에서는 "디팩 초프라Deepak Chopra[4]의 아류가 쓴 책의 표지 글을 읽는 것 같았다."라고 평가했지만, 저커버그는 진심이었다.

라이스는 네덜란드에서 온 두 젊은이를 바베큐 파티에 초대했고, 그들과 협력해 버그를 고치는 한편, 그를 계기로 경영진에 페이스북 자체의 버그 포상금 프로그램을 시작하도록 설득했다. 곧 페이스북은 최소 포상금 500 달러에 상한 금액은 정하지 않은 채 포상금을 지급했다. 그로부터 2년간 페이스북은 687개의 버그를 신고한 330여 명의 연구자들에게 총 1백 50만 달러를 지불했다. 그중 41건은 페이스북을 사이버 범죄자나 스파이의 유린을 허용할 수도 있는 심각한 버그였다. 2014년 라이스는 네덜란드의 두 해커에게 전화를 걸어 사이버 무기 시장을 영원히 무력화할 기회는 있는지

---

4 인도계 미국인으로 대중적 인기가 매우 높은 대체의학 의사이자 뉴에이지 작가 – 옮긴이

물었다.

마이크로소프트가 그와 비슷한 경로에 이르는 데는 2년의 고통스러운 시간이 더 필요했다. 2010년 오로라 공격은 단 하나의 마이크로소프트 제로데이 익스플로잇조차 상당한 감시의 잠재력이 있음을 여러 나라에 입증했다. 수개월 뒤, 스틱스넷은 마이크로소프트의 제로데이 익스플로잇 몇 개를 서로 연결할 경우 얼마나 큰 파괴력이 나올 수 있는지 보여줬다. 그리고 2011년과 2012년에는 스틱스넷의 전신이라 할 수 있는 두쿠Duqu와 플레임Flame이 발견됐다. 두쿠는 마이크로소프트 워드의 익스플로잇을 이용해 중동 일대의 컴퓨터를 감염시켰다. 플레임의 감염 메커니즘은 그보다 더 나빴다. 미국의 정보기관원들, 이스라엘의 기관원들 혹은 둘이 연대해 마이크로소프트에 대한 고객의 신뢰를 전쟁 무기로 바꿔놓았다. 이들은 마이크로소프트의 윈도우 소프트웨어 업데이트 메커니즘을 통해 플레임을 퍼뜨렸다. 무서운 사실은 무려 9억 대의 마이크로소프트 기반 컴퓨터가 그런 방식으로 패치와 업데이트를 받는다는 점이었다. 마이크로소프트의 온라인 업데이트 기능을 감염시키는 것은 해커들에게는 성배 같은 것이었고, 마이크로소프트 측에는 악몽이었다. 누구의 수중에 떨어지느냐에 따라 플레임은 글로벌 경제, 필수 인프라, 병원, 전력 시설 등을 마비시킬 수도 있었다.

플레임이 러시아의 보안 회사인 카스퍼스키의 연구원들에 의해 발견된 것은 마이크로소프트에는 재난이었다. 그 때문에 마이크로소프트의 해커들은 몇 주 동안이나 작전실에 틀어박혀 플레임과 씨름해야 했다. 플레임은 여느 멀웨어의 20배에 해당하는 20메가바이트로, 바이러스 치고는 덩치가 매우 컸지만 뻔히 보이는 곳에 숨어 있었다. 마이크로소프트의 어느 누구도 4년이 지날 때까지 그것을 찾아내지 못했다. 그 때문에 저명한 보안 연구자들은 마이크로소프트가 사이버 전쟁에 공모했다거나, 회사 내부에

CIA나 NSA 스파이가 숨어 있다는 등의 음모 이론을 제기했다.

2011년에 이르러 마이크로소프트가 해커들로부터 직접 받는, 한 해 수십만 건의 메시지로 쏟아졌던 버그 제보의 숫자는 하락하기 시작했다. 점점 더 많은 해커는 버그를 알리지 않고 비축하거나, 수십만 달러를 지불할 용의가 있는 방위 산업체에 팔아넘기는 쪽을 선택했기 때문에. 마이크로소프트는 그런 제보에 아무런 대가도 지불하지 않았었다.

마이크로소프트의 해커 연락 책임자인 케이티 무소리스Katie Moussouris는 이런 현상이 회사나 인터넷에 바람직하지 않다는 점을 인식했다. 마이크로소프트의 명함을 가졌어도 스스로를 여전히 해커로 자부하는 무소리스는 '발견자를 증오하지 말라. 취약점을 증오하라Don't hate the FINDER. Hate the VULN'라는 글자가 새겨진 티셔츠로도 그런 메시지를 분명하게 밝혔다. 본래 새카만 머리지만 때로는 밝은 핑크색으로 염색해서 실제로는 40대임에도 20대 해커로 오인받기도 했다. "난 정말 늙었지만 워낙 밖에 나가지를 않기 때문에 외모가 잘 보존된 거죠."라고 그녀는 내게 말했다.

무소리스가 생각하는 자신의 임무는 전 세계 해커에게 그들이 찾은 버그를 마이크로소프트에 넘기도록 설득하고, 그를 통해 세계적으로 비축된 사이버 무기를 고갈시키는 것이었다. 마이크로소프트는 다른 어떤 회사보다도 더 자주 국가 차원에서 그리고 독재 정권에서 스파이 활동, 감시, 랜섬웨어 및 스틱스넷의 경우 사상 유례없이 파괴적인 공격을 수행하는 무기로 활용됐다. 스틱스넷과 오로라는 엄중한 경고 메시지였던 셈이지만 잠재적 피해의 범위가 넓고, 그러면서도 마이크로소프트가 시스템 자체를 꺼버리지 않는 한 이를 저지할 수단이 따로 없다는 점 때문에 악의적 세력은 필연적으로 동일한 기술을 대규모 파괴를 초래하는 사이버 공격에, 혹은 폭압적 전제정권의 수단으로 사용할 것이었다. 시간이 갈수록 사안의 심각성은 커져갔다.

무소리스에게 보안 일은 천직이었다. 2007년 마이크로소프트에 입사했을 당시, 회사의 취약점 공개 정책과 연결된 온라인 링크는 이미 몇 년째 끊겨 있었다. 그것은 마치 119 전화를 걸었는데 음성메시지가 나오는 꼴이었다. 그녀는 세계를 주도하는 기술 기업에 치명적 버그를 제보할 공식 채널이 없다는 사실에 큰 충격을 받았다. 그녀는 마이크로소프트 안팎의 해커들이야말로 생명을 위협할 수 있는 치명적 사이버 공격을 무력화할 수 있는 열쇠라고 믿었다.

무소리스는 해커들에게 엄청나게 많은 맥주를 사기 시작했다. 그리고 대규모 해킹 콘퍼런스에서 심야 가라오케 바에도 이들을 초대했다. 마이크로소프트의 '조율된 취약점 공개Coordinated Vulnerability Disclosure' 정책을 직접 업데이트해, 마이크로소프트에 제소될까 무서워 버그를 넘기지 못하겠다고 말하는 해커들에게 해법을 제시했다. 무소리스의 작업은 결실을 맺기 시작했다. 해커들은 데프콘 콘퍼런스에서 윈도우 제로데이를 발동하기 2주 전에 마이크로소프트에 그 사실을 알려줬다. 얼마 지나지 않아 마이크로소프트는 한 해 20만여 건의 취약점 제보를 받았다. 그런 제보는 마이크로소프트에 자사의 제품이 잠재적으로 어떻게 악용될 수 있는지에 대해 방대한 데이터를 제공했다. 무소리스의 팀에도 중요한 통찰이 됐다. 그렇게 데이터가 쌓이면서 마이크로소프트의 대응 팀은 어느 해커가 그저 시간을 죽이려고 나왔는지, 또 어느 해커는 언제고 심각한 제로데이를 투하할 수 있기 때문에 온건하게 대응해야 하는지 파악할 수 있었다. 2011년 사이버 보안을 담당하기 시작할 무렵, 나는 해커들에게 어느 IT 회사를 가장 덜 싫어하느냐고 물었다. '마이크로소프트'가 거의 언제나 그들의 대답이었다. "그 회사는 그래도 형편없던 보안 수준을 바로잡았거든요." 그런 평가의 많은 부분은 빌 게이츠의 '신뢰할 만한 컴퓨팅' 이니셔티브에 빚지고 있지만, 또 다른 공신은 무소리스라고 할 수 있었다.

2011년 버그 제보가 줄기 시작하는 순간 무소리스는 마이크로소트에 심각한 문제가 있음을 알았다. 회사는 해커들보다 브로커들로부터 더 많은 버그 제보를 해당 버그를 이미 사용하고 난 다음에 받기 시작했다. 그것은 파괴적 사이버 공격을 암시한다는 점에서 반체제 인사, 활동가 및 언론인들에게 불행한 소식이었고, 마이크로소프트도 마찬가지였다. 실리콘밸리의 치열한 인재 유치 경쟁은 여전했다. 마이크로소프트 직원들은 트위터와 페이스북 같은 신진 벤처 기업의 주요 표적이었다. 이 회사는 버그 제보에서만 어려움을 겪는 게 아니라 인재 유치 경쟁에서도 밀리고 있었다. 마이크로소프트가 우수한 보안 인력을 확보하지 못한다면 회사는 위험에 놓일 것이 분명했다. 구글과 페이스북이 버그 포상금을 지불하는 상황에서 무소리스는 마이크로소프트도 그 방향으로 움직일 때라고 생각했다.

해커들에게 버그 포상금을 지불하도록 마이크로소프트의 경영진을 설득하는 일은 매우 어려웠다. 무엇보다 마이크로소프트는 사이버 무기 시장에서 정부와 경쟁하기란 아예 불가능할 것이었다. 적정 수준에서 포상금의 한계를 정하는 일도 만만치 않았다. 공세적 사이버 활동으로 더 많은 돈이 벌 수 있다는 사실을 알면, 더 많은 사람이 방어적 사이버 보안 대책을 포기할 수도 있었다. 단 하나의 마이크로소프트 버그로 수천 달러를 벌 수 있다는 사실을 알면 과연 얼마나 많은 보안 엔지니어가 구직에 나서거나 현직에 머무를지도 의문이었다.

무소리스는 다양한 인센티브 모델을 이해하고 각 모델의 단점을 파악하기 위해 여가 시간을 이용해 게임 이론을 공부했다. 마이크로소프트는 사이버 무기 시장에서 결코 정부와 경쟁할 수 없겠지만, 돈만이 해커들의 주요 동기는 아니었다. 무소리스는 이들의 동기를 보상compensation, 인정 recognition 및 지적 행복의 추구pursuit of intellectual happiness라는 세 가지 범주로 분류했다. 마이크로소프트가 최고가를 지불하지 못할 거라면 버그를 고치는 것이 그것을 무기화하고 정부에 팔아넘기는 것보다 더 매력적이라고 느낄 수 있는 조건을 만들어야 했다. 모두가 설득되지는 않을 것이다. 어떤 이들은 돈을 목적으로 해킹을 했다. 다른 이들은 정부에 버그를 팔면서 애국적 의무라고 정당화했다. 하지만 세상에는 1천 8백만 명의 소프트웨어 프로그래머들이 있었다. 마이크로소프트가 이들 프로그래머를 더 유의미한 방식으로 인정할 수 있다면, 이들의 두뇌를 선용하는 것은 물론 최고의 인재를 스카웃할 수 있을 것이었다.

무소리스가 2011년 스티브 발머Steve Ballmer의 측근들에게 이런 발상을 제안했을 때, 이들은 설득되는 듯했지만 아직 방아쇠를 당길 용의는 없었다. 더 많은 데이터가 필요했다. 이후 2년의 시간 동안 무소리스는 스스로를 '미래를 내다보지만 실제 데이터를 보여줄 때까지는 아무도 믿지 않는' 카산드라Cassandra에 비유했다. 2013년 무소리스는 마이크로소프트가 버그 제보를 받는 경쟁에서 외부의 브로커와 중개자들에 밀리고 있음을 보여주는 2년 간의 데이터를 확보했다. 그해 6월, 그런 흐름을 바로잡는 일은 급박한 문제로 떠올랐다. 영국의 일간지 「가디언」은 같은 달에 스노든이 유출한 NSA 기밀문서를 통해 '프리즘Prism'이라는 감시 프로그램의 상세 내역을 폭로했다. NSA가 작성한 슬라이드 중 하나는 마이크로소프트와 다른 IT 기업이 자기네 서버에 대한 NSA의 직접 접근을 허용한 사실을 보여줬다. 유출된 문서는 프리즘을 IT 기업, NSA, FBI, CIA가 벌이는 '팀 스포츠'라고 묘사했다.

스노든이 유출한 정보 가운데 이 슬라이드의 내용은 가장 치명적이었지만 오해의 소지도 많았다. IT 기업은 프리즘에 대해 들어본 적조차 없었다. 맞다. 이들은 특정한 고객 계정과 메타데이터를 제공하라는 구체적인 법원 명령에 따랐다. 하지만 이들이 NSA의 협력자로 NSA가 고객들의 사적인 통신 내용에 실시간 접근할 수 있게 했다는 주장은 사실 무근이었다. 하지만 이들 기업의 부인은 법률상 정보기관과의 협력 내용을 공개하거나 비밀 법원 명령에 저항하는 것이 금지돼 있다는 사실 때문에 더 복잡해졌다.

마이크로소프트가 여러 해에 걸쳐 쌓아 온 신뢰가 물거품처럼 사라질 위기에 처했다. 프리즘을 옛 동독의 슈타지Stasi에 비유한 독일부터, 브라질의 정부 전체에 이르기까지 수많은 고객이 마이크로소프트를 버렸다. 외국인들은 마이크로소프트의 데이터 센터를 해외로 이전하라고 요구했다. 그러면 해당 데이터는 미국 정부의 감시망으로부터 자유로울 것이라는 착각에서 나온 요구였다. 분석가들은 미국의 IT 기업이 향후 수년간 매출의 4분의 1 정도를 유럽과 남아메리카의 해외 경쟁사에 빼앗길 것으로 전망했다. 해커들은 마이크로소프트에 혐오감을 나타냈다.

무소리스는 마이크로소프트가 대외 홍보뿐 아니라 실질적인 행동으로 신속하게 대응하지 않으면, 인터넷의 보안을 유지하기 위한 최선의 우군을 잃어버리고 말 것이라는 점을 알았다. 데이터를 추적한 결과 직접적인 버그 제보가 가장 큰 폭으로 떨어진 부문은 인터넷 익스플로러IE였다. 시장에서 아직도 가장 널리 사용되는 브라우저 중 하나라는 점을 감안하면 IE 버그에 비싼 돈을 지불하는 공세적 시장이 있다는 뜻이었다. 단 하나의 IE 익스플로잇은 표적에 대한 여러 정보를 뽑아냈다. 사용자 이름, 비밀번호, 온라인 뱅킹 내역, 키보드 입력 내용, 검색 내역, 여행 일정 등 기본적으로 스파이가 원하는 정보였다.

무소리스는 거기에서 출발했다. 마이크로소프트가 해커들에게 비용을 지불하면서 인터넷 익스플로러의 베타(프리뷰) 버전과 윈도우 업그레이드(이것도 정보기관의 단골 표적이었다)를 시장에 내놓기 전에 취약점을 찾아달라고 하면 어떨까? 정부기관은 적성국 요원이나 테러리스트, 반체제 인사들이 아직 사용하고 있지 않은 소프트웨어를 해킹하는 데는 관심이 없었다. 마이크로소프트가 해커들에게 베타 소프트웨어를 점검해달라고 한다면 이것은 지하 시장과 겹치지도 않을 터였다. 마이크로소프트는 적게는 500달러부터 최고 수준의 익스플로잇 기법에는 10만 달러까지 제시할 수 있었다. 발머의 참모진은 1개월 간의 파일럿 프로그램으로 무소리스의 제안을 승인했다. 그해 6월, 마이크로소프트는 태도를 바꿔 IE 버그를 제보하는 해커들에게 보상금을 지불하기 시작했다. 처음 보상금을 받은 사람은 공교롭게도 구글에서 일하는 엔지니어였다. 하지만 한 달짜리 프로그램이 끝나갈 무렵 마이크로소프트는 평소 두 달치의 치명적 버그를 제보받았고, 발머는 그해 11월 이를 영구 프로그램으로 전환했다. 프로그램을 시작한 지 1년 만에 마이크로소프트는 연구자들에게 유능한 보안 엔지니어의 연봉과 맞먹는 액수인 총 25만 달러를 지급했고, 소프트웨어를 시장에 내놓기 전에 보안 문제를 해결할 수 있게 됐다. 그 과정에서 마이크로소프트의 프로그램은 정부가 비축했던 버그 중 수백 개를 무용지물로 만들었고, 무소리스는 앞으로 그런 흐름이 이어져 사이버 보안의 초점이 방어적인 쪽으로 바뀌기를 기대했다.

구글과 페이스북 그리고 마이크로소프트는 최고의 보안 엔지니어들을 영입하기 위해 치열한 경쟁을 벌였지만, 인터넷 보안 확보가 필요하다는 주장에는 뜻을 같이했다. 이들은 정기적으로 사이버 위협에 관한 첩보를 주고받았고, 대규모 해킹 콘퍼런스에서 만났으며, 버그 포상금과 관련한 내용을 공유했다. 2014년 무렵 라이스와 무소리스, 세 명의 네덜란드인 터헤겐, 아브마와 프린스는 그보다 더 큰 무엇인가를 할 수 있지 않을까 고민했다. 처음에는 일상적인 대화였지만 차츰 원하는 기업을 위해 포상금 프로그램을 운영해 주는 기업의 윤곽을 그리기 시작했다. 버그 포상금은 경영진 사이에서 심리적 장애물로 작용했다. 이런 기업이 버그 포상금 지불을 관리하고 해커들이 다양한 산업 분야의 기업과 협력할 수 있는 안정적이고 신뢰할 만한 플랫폼을 제공할 수 있다면 제대로 된 정보 소통 없이 제각각 고립적으로 익스플로잇을 비축해 온 시장 상황에 커다란 타격을 입힐 수 있을 것이었다.

2014년 라이스와 세 네덜란드인은 샌프란시스코의 마켓 애비뉴에 있는 벤치마크 캐피탈Benchmark Capital 사무실을 찾았다. 도시의 유명 극장인 워필드Warfield 위로 개축한 빌딩의 널찍한 사무실을 쓰는 벤치마크에서 이들은 실리콘밸리에서 손꼽히게 경쟁적인 다섯 명의 벤처 자본가들에게 자신들의 비즈니스 아이디어를 설명했다. 주로 최신 경향이나 화제가 될 법한 기술에 주목하면서 마케팅과 PR 담당자 및 내부 디자이너들을 동원해 가격을 부풀리는 안드리슨 호로위츠Andreessen Horowitz와 액셀 파트너즈Accel Partners 같은 벤처 캐피탈과 달리, 벤치마크는 어느 특정 분야에 집중하는 것으로 유명했다. 이 회사는 이베이eBay, 나중에는 드랍박스Dropbox, 인스타그램, 우버, 옐프Yelp, 트위터, 질로우Zillow 같은 회사에 초기 투자해 큰 돈을 벌었다. 지난 10년간 무려 1,000%의 수익률로 투자자들에게 2백 20억 달러 이상을 돌려줬다. 이 회사는 동일한 회사 지분을 갖는 다섯 명의 파트너들이 초기 펀딩 단계에 뛰어들어 최대 지분과 이사회 자리를 확보한다는 단순한 공식을 고수했다. 세쿼이아 캐피탈Sequoia Capital과 액셀 같은 경쟁사가 중국과 인도로 영역을 넓히는 와중에도 벤치마크는 초기의 원칙을 유지했다. 이들은 안드리슨 호로위츠의 경우처럼 자기 홍보에 열을 올리는 실리콘밸리의 벤처 캐피탈을 경멸했다. 진짜 공로는 일상의 운영을 책임진 기업가들에게 돌아가야 한다고 믿었기 때문에, 이들은 이런 행태를 '퍼레이드 점핑parade jumping'[5]이라고 부르면서 폄하했다. 그리고 이들은 투자 기업의 기업가들에게 엄격하기로 악명 높았고, 비즈니스 모델을 설득하기가 어렵다

---

5 말 그대로 남의 퍼레이드에 끼어든다는 뜻 – 옮긴이

고 정평이 나 있었다. 모든 투자는 만장일치여야 했다. 이들이 비즈니스 모델을 소개하는 미팅에서 의미심장한 표정을 주고받는 일은 드물었다. 그 표정은 '이건 되겠어. 어디에 사인하면 되지?'라는 것이었다. 해커원HackerOne 팀이 벤치마크에 비즈니스 아이디어를 소개했을 때 이들은 그런 표정을 보였고, 9백만 달러를 투자했다.

"모든 회사가 이걸 하게 될 거요."라고 전직 대학농구 선수였고, 지금은 실리콘밸리에서 손꼽히게 치열한 벤처 자본가 중 한 사람으로 알려진 빌 걸리Bill Gurley가 내게 말했다. "이걸 시도하지 않는다면 정신 나간 거죠."

걸리는 대체로 옳았다. 1년 안에 해커원은 IT 분야의 몇몇 유명 기업과 야후 및 심지어 잭 도시의 두 회사 스퀘어와 트위터는 물론, 전혀 기대하지 않았던 은행과 석유 회사까지 자신들의 플랫폼에서 버그를 발견해 제보하는 대가로 해커들에게 포상금을 지불하기 시작했다. 그리고 다시 2년여가 지나자 제너럴 모터스, 도요타 같은 자동차 회사, 버라이즌Verizon과 퀄컴Qualcomm 같은 전기통신 회사 또 루프트한자Lufthansa 같은 항공 회사까지 이 시장에 참여해 무선기지국, 은행, 승용차, 항공기 등을 감시 활동과 사이버 전쟁용 무기로 악용하도록 만드는 버그를 잡아내는데 해커들을 동원했다. 2016년에 이르러 해커원은 전혀 예상하지 못했던 새 참가자를 끌어들였다. 바로 미 국방부였다.

솔직히 말하면 그것은 상전벽해와 같은 일이었다. 그해 애쉬 카터Ash Carter 국방장관이 RSA 보안 콘퍼런스에서 '펜타곤을 해킹하라Hack the Pentagon'는 이름의 포상금 프로그램을 발표했을 때, 나는 청중 사이에서 신음이 나오는 것을 들었다. 내가 앉은 곳에서 몇 자리 떨어진 곳의 한 남자는 분개한 표정으로 으르렁거렸다. 해커라면 누구나 1983년에 나온 영화 〈위험한 게임WarGames〉을 봤다. 십대 해커인 매튜 브로더릭Matthew Broderick이 우연히 미 국방부의 컴퓨터를 해킹하는 바람에 3차 세계대전을 일으킬 뻔하고, 결국 FBI에 잡히게 되는 내용이다. FBI에 잡히는 것은 미 국방부를 해킹했을 때 벌어질 수밖에 없는 논리적 결말로 여겨졌다. 미 국방부가 자체 시스템을 해킹하도록 실제로 해커들을 초대한다는 것조차 별반 다르지 않은 듯했다. 누구도 거기에 응하고 싶어하지 않았다. 나는 그 으르렁거리던 남자가 그날 밤 칵테일을 마시며 해당 프로그램의 진실성을 의심하면서 정부가 자신들을 추적하려는 또 다른 방법이라고 확신하는 여러 해커와 비슷한 생각이었을 것이라고 짐작했다. 그것은 지나친 강박이라고 여겨질 수도 있었지만, 나는 해커들의 의심에도 일리가 있다고 생각했다. 그 프로그램은 신원조사를 통과한 해커들에게만 포상금을 지불했다. 익명성을 중시하는 해커들에게는 이상적이지 못했다.

하지만 당시 정부는 '무엇이든' 하지 않으면 안 된다는 점을 깨달았다. 그전 해에 미국 연방 인사국OPM, Office of Personnel Management[6]은 사상 유례없이 광범위한 규모로 중국 해커들에 의해 데이터를 도난당한 사실을 공개했다. 2015년 이들이 해킹된 사실을 발견했을 때는 중국 해커들이 연방 인사국의 시스템을 침투한 지 이미 1년 이상 지난 다음이었다. 이를 계기로 나는 민감 데이터를 보유한 다른 어떤 정부기관이 보안에 취약한지 취재했고, 그 결과는 사이버판 팬데믹이라 할 만했다. 핵 시설을 규제하는 원자력 규제위원회Nuclear Regulatory Commission는 주요 원자력 부품에 관한 기밀 정보를 보안이 허술한 상태로 네트워크 드라이브에 보관했고, 기밀 데이터를 담은 랩톱 컴퓨터에 대한 관리 기록도 엉망이었다. 국세청IRS, Internal Revenue Service은 직원들이 'password' 같은 허약한 비밀번호를 사용하는 것을 용납

---

6 1백만여 명에 이르는 연방 직원과 계약자들의 개인 정보, 재무 정보, 의료 정보, 사회보장번호 및 지문 등 민감 데이터를 관리하는 기관

했다. 한 보고서는 이 기관이 소프트웨어 패치를 제때 설치하지 않은 탓에 수정되지 않은 7,329개의 취약점을 열거했다. 수백만 명의 학생 융자금 신청자 정보를 보유한 교육부의 경우, 외부의 악성 컴퓨터를 들키지 않고 부처의 네트워크와 연결할 수 있다는 사실을 감사관들이 밝혀냈다. 증권거래위원회SEC는 자체 네트워크 중 중요한 부분에 대해 방화벽이나 침투 감지 및 보호 프로그램을 여러 달 동안 설치 않은 채 방치했다.

하지만 1년 반이 지나면서 놀랍게도 미 국방부의 포상금 프로그램은 실제로 결실을 보고 있었다. 주최 측이 예상한 것보다 세 배나 더 많은 1,400명 이상의 해커들이 포상금 프로그램에 등록했고, 국방부는 100달러에서 1만 5천 달러까지 총 7만 5천 달러를 지급했다. NSA와 다른 기관이 해커들에게 지불하는 규모에 견줄 바는 아니었지만, 분명히 주목할 만한 사건이었다. 그리고 더 이상 해커원만이 아니었다. 국방부는 해커원의 경쟁사인 버그크라우드Bugcrowd와 전직 NSA 해커가 시작한 시낵Synack이라는 회사에도 등록해 전 세계 해커들을 동원한 크라우드 소싱으로 침투 테스트를 벌였다. 사이낵의 공동 설립자인 제이 카플란Jay Kaplan은 내게 국방부 프로그램은 관료주의적 시늉이 아니라 진짜라며 국방부가 위치한 알링턴Arlington으로 와서 직접 확인해 보라고 요청했다.

나는 2018년 4월, 8개월 임산부의 몸으로 현장을 방문했다. 나는 이미 몇 주째 내 발가락을 내려다볼 수 없을 만큼 배가 불렀다. 또 국방부 건물인 펜타곤이 그렇게 거대한 줄 미처 몰랐다. 나는 몇 마일은 될 것처럼 느껴지는 공군 부처와 신설된 디지털 방어 서비스DDS, Digital Defense Service의 작은 사무실 사이를 오리처럼 뒤뚱거리며 오갔다. TAO를 제외하면 DDS는 국방부에서 별도의 복장 규칙이 없는 드문 부서 중 하나였다. 해커와 실리콘밸리의 인재들을 1년 일정으로 국방부에 초빙하고, 동시에 포상금 프로그램을 감독할 목적으로 설립됐다.

후드티 차림의 DDS 책임자인 크리스 린치^{Chris Lynch}는 "사람들이 더 이상 보안 취약점에 대해 언급하지 않도록 우리는 적극 강조해 왔습니다. 이제는 '미국을 다시 안전하게 만들^{Make America Safe Again}'[7] 때니까요."

여러 기술 기업을 창업한 경험이 있는 린치는 솔직하면서도 원색적인 용어를 구사하는 데 주저함이 없었다. 린치는 DDS에서 맡은 자신의 임무를 '무슨 수를 쓰든 목표를 완수하는 것'이라고 표현했다. 그의 건의에 따라 국방부는 포상금 프로그램의 대상을 극히 일부인 공개 웹사이트에서 훨씬 더 민감한 시스템으로 확대했다. 그중에는 비행 중 운용된 비디오 카메라와 센서로부터 나온 데이터를 수집하는 전투기 F-15의 '신뢰된 항공기 정보 프로그램 다운로드 스테이션^{TADS, Trusted Aircraft Information Program Download Station}도 포함돼 있었다. 사이낵의 해커들은 TADS에서 익스플로잇으로 전환될 경우 해당 시스템을 완전히 장악하는 데 악용될 수 있는 심각한 제로데이를 여럿 발견했다. 이들은 또한 전투원들이 펜타곤의 네트워크 사이에서 임무에 필수적인 정보를 주고받을 때 이용하는 파일 전송 메커니즘에서 심각한 제로데이를 발견했다. 이 시스템은 이전에 정부 계약사를 통해 침투 테스트를 거쳤지만, 사이낵의 해커들 중 하나가 4시간도 안돼 펜타곤의 기밀 네트워크에 침투하는 방법을 찾아냈다.

브래드포드 J. 슈웨도^{Bradford J. Shwedo} 장군은 "제로데이 익스플로잇을 둘러싼 게임은 매우 중요합니다."라고 내게 말했다. 돌이켜 보면 그조차 현실을 지극히 과소평가한 발언이었다. "제로데이 정보를 게임 당일까지 기다린다면 당신은 이미 너무 늦었습니다. 당신 자신을 세상으로부터 차단하는 것은 전투의 미래가 아닙니다. 사이버 세계에서는 항상 스파이 대 스파이

---

7 도널드 트럼프 당시 대통령의 구호인 '미국을 다시 위대하게 만들자(Make America Great Again)'를 빗댄 표현. 옮긴이.

의 대결입니다."

국방부라는 거대한 관료주의 기관에서 이제 한 부서가 보안 취약점을 메우기 위해 해커들에게 비용을 지불하고 있었고, 다른 한 편에서는 반대로 세상의 보안 허점을 활짝 열어두기 위해 해커들에게 돈을 대고 있었다.

퇴역한 NSA 부국장인 크리스 잉글리스^{Chris Inglis}는 이런 말을 한 적이 있다. "마치 축구 경기에서처럼 사이버 세계에서 득점을 매긴다면 경기 시작 20분쯤 이미 462 대 452 같은 결과가 나올 겁니다. 다시 말하면 공격만 있고 수비는 없는 경기라는 얘기죠."

6개월 뒤, 국방부는 포상금 프로그램에 상당한 규모의 예산인 3천 4백만 달러를 투입하기로 결정했다. 공세적 전략에 할당한 규모에 비하면 여전히 보잘것없는 규모였지만, 마침내 스코어를 조금은 낮출 수 있을 것이었다.

16장

암흑 속으로

캘리포니아주 실리콘밸리

N SA가 웃는 얼굴 이모지emoji만 넣지 않았어도 일은 훨씬 더 수월하게 지나갔을지 모른다.

2013년 여름, 실리콘밸리는 프리즘에 대한 정보 유출로 여전히 홍역을 앓는 중이었다. 스노든이 유출한 정보는 유명 IT 기업도 NSA의 감시 활동에 협조했음을 시사하는 내용을 포함하고 있었고, 그 때문에 이들은 온갖 매체 기자들의 공세와 NSA의 공범이었다며 분노한 소비자들의 비판에 시달렸다. 하지만 그 해 10월 「워싱턴포스트」는 스노든 유출 정보 중에서도 가장 충격적인 내용을 보도했다. NSA의 극비 슬라이드는 정보기관이 합법적으로 법원의 허락을 받고 기업으로부터 취득한 데이터 외에 엄청난 규모의 데이터를 배후에서 비밀리에 빼내고 있다는 사실을 보여줬다.

스노든의 유출 정보에 따르면 NSA와 영국의 상대 기관인 GCHQ는 해당 기업의 인지나 협조 없이 인터넷을 연결한 해저 광섬유 케이블과 스위치를 통해 기업의 데이터를 빨아들이고 있었다. 프리즘처럼 기관이 비밀 법원 명령을 거쳐 기업으로부터 합법적으로 소비자 데이터를 요구하는 '다운스트림downstream' 수집에 대조되는 개념으로, 정보기관은 이것을 '업스트림upstream' 수집이라고 불렀다. 극비 NSA 슬라이드에 따르면 이들은 야후, 마이크로소프트, 페이스북 및 구글 몰래 단 하루에 '444,743개의 야후 이메일 주소록, 105,068개의 핫메일, 82,857개의 페이스북 계정 정보, 33,697개의 지메일, 22,881개의 기타 서비스 제공사의 개인 정보'를 수집했음이 드러났다.

가장 심각한 문제는 이게 아니었다. 슬라이드 정보에 따르면 NSA와 GCHQ는 소비자 데이터가 암호화돼 공개 웹으로 전송되기 전에 가로챌 목적으로 구글과 야후의 내부 데이터 센터를 해킹했음을 보여줬다. 기본적으로 중간자 공격이었다. 이들 공격을 지칭하는 NSA-GCHQ의 암호명은 근육질이라는 뜻의 '머스큘러Muscular'였다. 그런 내용은 기업이 자발적인 공범은 아니었음을 설명하는 데 도움이 됐다.

"스노든 정보는 무슨 일이 벌어졌는지 마침내 알게 해주는 열쇠가 됐습니다."라고 마이크로소프트의 브래드 스미스Brad Smith 회장은 IT 잡지인 「와이어드」와의 인터뷰에서 말했다. "우리는 NSA가 막대한 양의 데이터를 수집하고 있다는 말을 들었습니다. 하지만 우리나 다른 회사는 적은 양의 데이터만을 제공해 왔다고 느꼈거든요. 그 둘 사이의 간극을 이해하기 어려웠는데, 슬라이드 내용이 논리적인 설명이 됐습니다."

또 다른 차원에서 그것은 IT 기업과 미국 정부 간의 전면적인 크립토 전쟁을 촉발했다. 그해 10월에 유출된 사건 중에는 한 NSA 분석가가 크고 노란 포스트잇 노트에 손으로 그린 그림도 들어 있었다. 그 다이어그램은 구글 데이터가 암호화돼 온라인으로 옮겨지기 전, 아직 암호화되지 않은 형태일 때 NSA와 GCHQ가 가로챌 수 있는 최적의 지점sweet spot을 표시했다. 각각 '구글 클라우드'와 '공개 인터넷'으로 표시된 두 개의 클라우드 사이에 NSA의 분석가는 웃는 얼굴의 이모지를 그려놓았다. 의기양양한 표정으로 '찾았다!gotcha!'라고 선언한 듯한 그 이모지는 IT 기업의 반발과 전투 의욕을 북돋우는 계기로 작용했다.

그 극비의 웃는 얼굴 이모지만 없었다면 실리콘밸리의 빅테크는 유출된 슬라이드를 어떻게 데이터가 구글의 데이터 센터에서 공개된 웹으로 옮겨지는지 설명하는 내용쯤으로 치부하고 말았을지도 모른다. 하지만 NSA 분석가의 의기양양한 이모지는 정보기관이 이미 구글의 데이터 센터에 침입했었음을 시사하고 있었다. 그것은 해외 고객, 운동가, 그 누구든 프라이버시에 대해 깊이 우려하던 사람들을 절망하게 했다. 정부의 은밀한 데이터 제공 명령에 빅테크의 변호사들이 저항했다는 사실도 위안이 되지 않았다. 해당 포스트잇의 이모지는 NSA가 어떤 식으로든 모든 데이터를 수집했음을 명확히 보여줬기 때문이다.

구글은 고객 데이터를 자체 설계한 세계 곳곳의 구글 프런트-엔드front-end 서버(분석가 그림에서 'GFE'로 표시됐다)를 통해 분산시켰다. 그 편이 속도와 보안 면에서 더 낫다고 판단했기 때문이다. 방글라데시의 지메일 사용자는 구글 닥스의 문서를 여는 데 데이터가 실리콘밸리에서 지구의 절반을 날아 방글라데시에 도착할 때까지 기다릴 필요가 없었다. 그리고 사용자들의 데이터는 특정 지역의 자연 재해나 정전 사태 때문에 볼모로 잡힐 염려가 없었다. 프런트-엔드 서버는 또한 서비스 거부 공격을 탐지하고 차단할 수 있는 보안 메커니즘이기도 했다. 구글은 사용자들의 데이터를 프런트엔드 서버에서 공개 인터넷으로 옮길 때는 암호화했지만, 내부적으로 데이터 센터 사이를 오갈 때는 암호화하지 않았다. 구글에 따르면 데이터 센터 간의 데이터 이동을 암호화하는 것은 장기적인 계획이었지만, 스노든의 정보 유출이 벌어질 때까지는 자체 데이터 센터 간의 데이터 흐름까지 암호화하는 일은 불필요하게 값비싼 시도로 여겨졌다.

정보기관의 해커들은 기업의 이런 경향을 활용했다. 구글 서버를 해킹함으로써 NSA는 모든 지메일 받은편지함과 메지지, 구글 지도 검색 내역과 위치, 캘린더, 연락처 등 그들이 원하던 정보를 암호화되지 않은 평문 형태로 취득할 수 있었다. 그것은 프리즘과 NSA가 전 세계의 데이터를 집어삼키기 위해 벌이는 다른 모든 행동이 불필요해 보이는 고도의 디지털 스파이 기법이었다.

공식적으로 구글은 '분노했다'고 반응을 내놓았다. 에릭 슈미트 구글 회장은 「월스트리트저널」과의 인터뷰에서 NSA는 소수의 사악한 인물들을 찾아내기 위해 "모든 미국 시민의 프라이버시를 침해했다."고 말했다. 배후의 비공식적인 상황에서 구글의 보안 엔지니어들은 더 직설적이었다. 브랜든 다우니Brandon Downey라는 이름의 구글 보안 엔지니어는 자신의 '구글 플러스Google Plus' 개인 페이지에 "빌어먹을 놈들"이라고 썼다. 다우니와 다른 수백 명의 구글 엔지니어들은 지난 3년간 고객들을 중국의 해킹으로부터 보호하기 위해 전념해 왔는데, 알고 보니 믿었던 자기네 정부로부터 해킹을 당해 왔다는 사실에 충격을 받았다. 실리콘밸리 엔지니어들의 반응을 다우니는 '반지의 제왕Lord of the Rings'에 빗대어 설명했다. "그것은 마치 사우론Sauron과의 전쟁 끝에 절대 반지One Ring를 파괴하고 돌아왔는데, NSA가 샤이어Shire의 정문에 버티고 앉아 파티 트리Party Tree를 베어버리고 모든 호빗 농부를 하프오크와 채찍으로 부리는 상황을 목격하는 것과 비슷하다."라면서 "미국은 이래서는 안 된다."라고 썼다.

취리히에서 영국 출신의 구글 엔지니어인 마이크 헌Mike Hearn도 다우니의 의견에 동의한다면서 "이 슬라이드를 만든 자들에게 거대한 '엿 먹어' 사인을 보낸다."라고 말했다.

"그 시스템을 우회하는 것이 불법인 데는 그럴 만한 이유가 있다."라고 헌은 썼다. "이들이 법정이 선다면 GCHQ나 NSA의 어느 누구도 사법적 절차를 이처럼 대규모로 위배한 데 대해 아무런 명분도 내세울 수 없을 것이다." 그런 절차가 없는 상황이므로 "우리는 인터넷 엔지니어들이 항상 해온 일을 지속하는 수밖에 없다. 바로 더 안전한 소프트웨어를 개발하는 일이다."라고 그는 결론지었다.

그로부터 6개월 뒤 에릭 그로스Eric Grosse는 내게 "무슨 감정이 있어서는 결코 아니지만 내 업무는 그들의 업무를 어렵게 만드는 것이다."라고 말했다. 우리는 구글플렉스Googleplex 안에 앉아 있었는데, 그의 뒤에 있는 커다란 막대기가 눈에 띄었다. 그것은 지팡이였다. NSA의 한 분석가가 그린 웃는 얼굴의 이모지가 포함된 슬라이드가 공개된 지 얼마 되지 않아 그의 엔지니어들이 준 것이라고 했다. 그것은 '반지의 제왕'에서 마법사 간달프Gandalf가 불의 악령인 발록Balrog을 가로막고 지팡이를 내리찍으며 "너는 지나갈 수 없다!You shall not pass!"라고 외치는 장면을 상징하는 선물이었다. 그로스는 이제 실리콘밸리의 간달프인 셈이었다. 모리아의 돌다리에 해당하는 구글의 프런트 엔드 서버 앞에서 세계의 정보기관이 구글의 데이터 센터로 접근하는 것을 허용하느니 차라리 죽겠다며 결연하게 맞서는 구글의 수호 마법사 말이다.

지난 6개월간 그로스와 그의 팀은 NSA가 용의주도하게 침투했던 모든 틈새와 허점을 메웠다. 그로스는 구글 데이터 센터 간의 암호화되지 않은 연결망을 '우리 무기의 마지막 허점'이라고 불렀고, 이제는 구글의 내부에서 데이터를 교환할 때도 암호화했다. 다른 기업도 구글의 본을 따라 더 강력한 암호화 형태인 '완전 순방향 비밀성PFS, Perfect Forward Secrecy'을 채택했고, 이 때문에 NSA가 암호화된 데이터를 풀려면 훨씬 더 많은 시간과 자원이 필요했다. 구글은 또한 해저에 자체 광섬유 케이블을 깔면서 외부 기관의 감시 장치 설치 시도를 감지하는 센서를 함께 내장했다.

"처음에는 정교한 고단수 범죄자들과 무기 경쟁을 벌였습니다."라고 그로스는 2014년 「뉴욕타임스」의 보안 담당 기자인 데이비드 생어를 만났을 때 말했다. "그 다음에는 중국 해커들과 군비 경쟁을 벌였죠. 그러더니 지금은 다름 아닌 우리 정부와 군비 경쟁을 벌이고 있습니다. 순전히 방어적 차원의 작업은 도울 용의가 있지만 신호를 가로채는 일은 결코 용납할 수 없습니다."

구글은 보안상의 모든 문제를 해소했다고 판단하자 사용자 편의성이 높은 이메일 암호화 툴을 고객들에게 제공하기 시작했다. 그리고 이 코드 속에 윙크하며 웃는 이모지(;-))를 넣었다. NSA의 웃는 얼굴 이모지에 대한 응답인 셈이었다.

그럼에도 여전히 암호화는 사용자들을 제로데이로 무장한 국가 차원의 해킹으로부터는 제대로 보호하지 못했다. 그것이 제로데이의 위력이었다. 강력한 제로데이는 암호화의 장갑을 뚫고, 모든 것이 평문plain text로 저장돼 있는 목표물의 기기로 들어갈 수 있게 해줬다. 이들 종점을 해킹하는데는 훨씬 더 많은 시간이 소요됐고, 대규모로 수행하기에는 더욱 어려울 수밖에 없었다. 하지만 스노든은 이것이 그가 애초에 정보 유출로 성취하려는 목표라고 말했다. 자신의 정보 유출을 계기로 정부기관이 대규모 감시 활동을 구체적인 표적으로 제한하고, 합법적인 형태의 첩보 수집 행위로 바꾸기를 기대했다는 것이다.

버그 포상금 제도는 자잘한 보안 취약점을 사실상 제거했고, 그 때문에 여러 나라의 정보기관이 주요 플랫폼을 해킹하기도 더 어려워졌지만, 그 변화는 미미한 수준이라고 내가 만난 정보기관의 분석가들은 진단했다. 그래서 2014년 구글 엔지니어들은 회합을 갖고 보안 수준을 다른 차원으로 높이기로 결정했다. 영국의 보안 엔지니어인 크리스 에반스Chris Evans는 구글 하나만 통제하는 것으로는 불충분하다는 점을 인식했다. 크롬 브라우저 같은 구글의 주요 제품은 어도비 플래시Adobe Flash, 안티바이러스 소프트웨어, 윈도우와 맥, 리눅스 같은 운영체제 요소 등 다른 회사 코드의 보안성에 여전히 의존하고 있었다. 공격자들은 항상 가장 약한 지점을 노렸다. 구글이 다른 시스템의 오류를 보완하기 위해 무슨 수를 내지 않는다면 구글이 하는 다른 모든 일은 수포로 돌아가고 말 것이었다. 에반스는 보안 개선을 개인적 임무로 생각했다. 그는 온화한 성격이었지만 어도비 플래시의 제로데이가 시리아 시민들과 자유 투사들을 추적하는 데 악용되고 있다는 사실을 발견했을 때는 분노를 감추지 못했다. 오로라 공격 이후 그는 새로 발견된 플래시의 모든 제로데이를 스프레드시트에 기록하면서 언제 그것이 시리아의 시민, 반체제 인사, 항공산업 등을 감시하는 데 악용됐는지에 주목했다. 그는 제로데이를 패치하는 데 능장을 부려 사람들을 위험에 몰아넣는 기업을 참을 수 없었다. "그것은 용납할 수 없는 일입니다."라고 그는 말했다.

구글 내부에서 에반스는 세계의 사이버 무기 시장을 무력화하기 위해 조용히 엘리트 해커들을 모으기 시작했다. 2014년 8월, 그는 회사에서 최고로 꼽히는 해커들을 레이크 타호Lake Tahoe의 한 오두막으로 소집한 뒤 그들에게 단순한 질문을 던졌다. "어떻게 하면 제로데이를 사용하기 어렵게 만들 수 있을까?" 모든 취약점이 다 같은 것은 아니었다. 어떤 것은 압도적으로 심각한 피해를 초래했다. 포상금 프로그램은 바른 방향으로 가는 단계이기는 했지만 뚜렷한 규칙이나 기준이 없었다. 만약 구글이 전략적 표적을 정해서 특별 팀을 거기에 집중하도록 하면 어떨까? 이를테면 압제 정권이 자국민을 감시할 수 있게 허용한 어도비 플래시 소프트웨어라든지, 스마트폰과 랩톱에 사용되는 자바Java 코드 혹은 데이터 센터와 슈퍼컴퓨터, 아니면 인터넷? 제로디움과 NSO 그룹과 다른 브로커들이 비싼 포상금을 내건 아이폰과 안드로이드 운영체제의 탈옥도 초점이 될 수 있었다. 탈옥은 일련의 제로데이 익스플로잇을 작동시키는 데 필수적이었다. 만약 이들이 연결된 오류 중 하나만 무력화할 수 있어도 스파이들이 침투 툴을 저지하거나, 적어도 몇 달, 심지어 몇 년까지 사용을 지연시킬 수 있을 것이다. 제로데이의 가격이 높아지면서 공세적 익스플로잇에 대한 연구는 놀라우리만치 빠르게 지하로 잠적했다. 구글이 이들의 실체를 폭로한다면 어떻게 될까? 어디에서 버그 하나가 발견됐다면 분명 더 많은 버그가 숨어 있을 터였다. 이들이 그런 연구 내용을 공개한다면 다른 방어적 연구자들이 나머지를 찾아내도록 북돋우는 효과를 기대할 수 있을 것이다. 그런 전례도 있었다. 주말이 끝나갈 무렵 이들은 이 임무를 '프로젝트 제로Project Zero'라고 명명하고, 치명적 버그의 숫자를 '제로'로 낮추겠다는 목표도 정했다.

프로젝트 제로의 최초 멤버는 뉴질랜드의 전직 럭비 선수로 어도비 플래시와 마이크로소프트의 제로데이를 전문으로 하는 벤 호크스Ben Hawkes, 영국 출신의 보안 연구자이자 세계적 버그 사냥꾼인 태비스 오먼디Tavis Ormandy, 소니Sony를 해킹하고 최초의 아이폰 탈옥(수사 기관들은 그것을 구하려 군침을 흘리고 있었다)을 개발한 해커 지오핫Geohot 그리고 영국 출신으로 10여 개에 이르는 애플 iOS 기반의 익스플로잇을 무력화한 이언 비어Ian Beer였다. 비어가 무력화한 익스플로잇에는 중국의 해커들이 위구르인들을 감시하는 데 사용된 것도 있었다. 지하 시장에 내놓았다면 수천만 달러를 호가할 만한 종류였다. 프로젝트 제로의 연구자들은 거의 즉시 애플의 사파리 브라우저에서 치명적인 제로데이를 찾아냈고, 널리 사용되는 몇몇 보안 제품에서 디자인 오류를 발견했으며, 윈도우 기반의 컴퓨터를 완전히 장악할 수 있게 해주는 마이크로소프트의 제로데이도 찾아냈다. 이들의 작업은 감탄과 경멸을 동시에 이끌어냈다. 특히 마이크로소프트는 자신들이 미처 패치를 만들기 전에 버그를 공개했다고 반발했다. 프로젝트 제로의 팀원들은 제조사에 90일 기한을 주었다. 그 뒤에는 문제의 버그를 온라인에 공개할 것이었다. 그런 정책의 의도 중 하나는 제조사가 여론의 뭇매를 맞기 전에 보안 허점을 고치도록 압력을 넣기 위함이었다.

제조사 측은 연구자들이 발견 사실을 특히 패치가 미처 준비되기도 전에 공개함으로써, 도리어 스파이들의 작업을 돕는 꼴이 될 수 있다고 반박했다. NSO 같은 제로데이 브로커들에게 버그를 알려줌으로써 패치가 나오기 전까지 그 빈틈을 악용할 수 있다는 논리였다. 데이터에 따르면 소프트웨어의 오류는 공개된 직후인 데이 제로Day Zero에, 다시 말해 해당 제조사가 패치를 만들려 씨름하고 고객들은 아직 그것을 설치하지 못한 상황에서 가장 활발히 악용되는 것으로 나타났다. 한 익스플로잇 개발자는 NSO 그룹이 '프로젝 제로의 상업용 부서'라고 공격했다. 하지만 연구 내용을 비밀로 유지하는 대안은 장기적으로 보안을 개선하는 데 아무런 도움이 되지 않을 것이었다.

프로젝트 제로의 작업 내용을 공개하는 데는 또 다른 혜택이 있었다. 이들은 의심하는 고객과 정부기관, 특히 구글을 NSA 감시 활동의 공범으로 간주하는 이들에게 구글은 보안을 심각하게 받아들이고 있다는 메시지였다. 그런 노출은 최고 수준의 익스플로잇 개발자들을 방어적 활동에 끌어들이는 데 도움이 됐다. 호크스가 처음 채용한 인재 중 하나는 '로키하트Lokihardt'라는 가명으로 활동하는 스물한 살의 한국 출신 해커 이정훈Jung Hoon, Lee이었다. 그는 그해 밴쿠버에서 열린 '폰투오운' 경연 대회를 통해 익스플로잇 브로커들과 구글의 주목을 받았다. 로키하트는 보디가드, 통역자 및 모자와 선글라스 차림의 해커들에 둘러싸여 크롬, 사파리, 마이크로소프트의 최신 소프트웨어를 불과 몇 분 만에 해킹해 버렸다. 나는 제로디움의 베크라가 군침을 흘리는 모습을 지켜봤다. 몇달 뒤 로키하트는 프로젝트 제로에 가담해 베크라 같은 이들이 거금을 주고 사들이는 버그를 무력화하는 데 나섰다. 베크라는 그해 콘퍼런스에서 자신에게 로키하트는 자신이 지난 몇 년간 본 해커들 중 최고였다고 말했다. 이제 둘은 서로 다른 목적으로 경쟁하게 됐다.

이후 몇 년간 프로젝트 제로는 1,600개 이상의 치명적인 버그를 찾아냈고, 잦은 표적이 되는 소프트웨어와 보안 툴뿐 아니라 전 세계 거의 모든 컴퓨터에 들어가는 인텔 칩에서도 심각한 오류를 찾아냈다. 이들은 주요 버그를 거의 제거했고, 그로 인해 스파이들의 업무를 한층 더 어렵게 만들었다.

"스파이 그룹이 우리에게 전화를 걸어 '당신네가 내 제로데이를 무용지물로 만들었소!'라고 한 적은 없습니다."라고 그로스는 말했다. 하지만 "여기저기에서 우리가 그들의 일을 훨씬 더 어렵게 만들었다는 얘기는 풍문처럼 듣고 있죠. 그 정도면 만족합니다."

애플의 최고경영자인 팀 쿡은 브라질, 중국 및 출신지 앨라배마주 등 전 세계 곳곳에서 수많은 개인 편지를 받았다. 특히 2013년과 2014년에는 그가 애플에서 재직한 지난 17년간 받은 총합보다도 더 많은 개인적 메시지를 독일인들로부터 받았다. 그리고 거기에 적힌 말은 단순히 극적이고 감정적이기만 한 것이 아니었다. 그들은 진심어린 내용이었다. 독일인들은 동독의 악명높은 경찰인 슈타지^{Stasi}의 감시를 체험했다. '반동분자'를 색출한다는 명목으로 모든 시민은 어디에서나 직장이나 대학 심지어 공공 장소에서조차 군인들, 분석가들, 초소형 카메라 및 마이크에 의해 감시당했다. 그로부터 65년이 지난 지금도 독일인들에게 동독의 악몽은 너무나 생생한 것이었다.

"이것이 우리의 역사입니다." 그들은 쿡에게 이렇게 썼다. "이것이 우리에게 프라이버시가 더없이 중요한 이유란 말입니다. 이해하시겠습니까?"

쿡은 사생활을 중시하는 것으로 유명했다. 그는 보수적인 앨라배마주에서 동성애자^{gay}로 자랐고, 그런 사실을 스노든의 정보 유출이 일어난 이듬해인 2014년까지 비밀로 유지했다. 앨라배마에서 자란 그의 기억 중 하나는 백인우월주의자들이 그의 이웃인 한 흑인 가족의 집 앞뜰에서 십자가를 불태우며 인종차별적 구호를 외치던 장면이었다. 그는 남자들에게 멈추라고 소리를 질렀고, 그중 한 명이 하얀 두건을 벗었을 때 쿡은 그가 동네 교회의 집사임을 알아봤다. 시민적 자유는 그에게 급박한 문제였고, 그래서 스노든의 정보 유출 내용을 개인적 모욕으로 받아들였다. 쿡이 볼 때 프라이버시보다 더 중요한 것은 많지 않았다. 그는 실리콘밸리에 새로운 비즈니스와 벤처 기업이 생겨날 때마다 조금씩 프라이버시의 권리가 침식되는 것을 지켜봤고, 그래서 조지 오웰이 예견한 미래가 다가올 것을 걱정했다. 애플은 실리콘밸리에서 빨간머리의 의붓아들과 비슷한 존재였다. 이들은 데이터가 아닌 휴대폰, 태블릿, 시계, 컴퓨터 등의 하드웨어를 팔았다. 구매나 검색 내역을 추적하거나 표적 광고로 돈을 벌지 않았다. 이것이 그해 나와 만나 한 말에 따르면 그가 애플에서 가장 중요하게 여기는 대목이었다. 그리고 수많은 개인 편지는 그에게 감명을 줬다.

그래서 오바마 대통령이 2013년 8월의 스노든 정보 유출에 따른 부수적 피해를 논의하기 위해 AT&T의 최고경영자인 랜달 스티븐슨^{Randall Stephenson}, 인터넷의 개척자이자 시민권 운동가인 빈트 서프^{Vint Cerf}와 더불어 쿡을 백악관으로 초대했을 때 그는 자신이 받은 편지를 갖고 갔다. 그때는 이미 여러 기업이 오랫동안 계획만 해왔던 고객 데이터 암호화 작업을 가속화하던 시점이었고, 정부기관, 특히 FBI는 그렇게 될 경우 그저 '암흑 속으로' 가는 정도가 아니라 장님 신세가 될 것이라며 우려하고 있었다.

비공개 회의에서 오바마 대통령은 프라이버시와 국가 안보 사이에 균형을 맞춘 접근이 필요하다고 설득했다. 주의 깊게 경청하던 쿡은 자신의 차례가 되자 애플의 해외 고객들로부터 받은 의견을 공유했다. 이들 사이에는 미국의 IT 기업에 대해 깊은 의혹이 존재한다고 대통령에게 말했다. 미국은 시민권을 존중하는 나라라는 이미지를 잃었다면서, 그것을 회복하기까지는 수십 년이 걸릴지도 모른다고 지적했다. 어떤 것이든 감시의 대상이 될 수 있도록 허용하는 것은, 그가 볼 때 비즈니스 차원에서도 바람직하지 않을 뿐 아니라 시민적 자유에도 악몽이었다. 사람들은 기본적인 프라이버시의 권리가 있고, 만약 미국 기업이 이를 보호할 수 없다면 이들은 비즈니스를 해외로 가져갈 것이다. 쿡은 정부에 명확히 통보했다. 애플은 모든 것을 암호화할 것이라고 말이다.

1년 뒤인 2014년 9월, 쿡은 쿠퍼티노Cupertino에서 단상에 올랐다. '아이폰 역사상 가장 큰 진보'이자, 스노든의 정보 유출 이후 드러난 프라이버시 침해의 일상화에 대응한 아이폰 6의 출시를 발표하는 자리였다. 그때부터 애플은 휴대폰에 저장된 모든 메시지, 통화 기록, 사진, 연락처를 자동으로 암호화했다. 개별 사용자 본인의 암호로 기기의 더 큰 키를 열도록 돼 있는 복잡한 수학적 알고리즘을 사용했다. 애플은 더 이상 고객에 데이터를 열 수 있는 예비 키를 보유하지 않았다. 데이터를 열 수 있는 유일한 키 쌍은 사용자에게만 주어졌다. 정부기관에서 그들의 데이터에 접근하려는 경우, 해당 휴대폰의 당사자에게 직접 부탁하는 수밖에 없었다.

지금까지는 정부기관에서 잠긴 아이폰을 여는 데 애플의 도움이 필요한 경우 직접 쿠퍼티노까지 날아가서 문제의 휴대폰을 '안전하고 민감하며 구획된 정보 시설SCIF, secure sensitive compartmented information facility'로 가져가야 했다. 그러면 거기에서 신뢰할 수 있는 애플의 엔지니어가 아이폰을 풀어준다. 그런 방문은 익살맞을 수 있었다. 어떤 경우는 외국의 정부기관이 문제의 아이폰을 정부 관계자와 더불어 전세기를 동원해 쿠퍼티노까지 보냈지만, 알고 보니 해당 아이폰에는 정작 암호가 걸려있지 않았다. 이제 애플은 정부기관에 대해 쿠퍼티노까지 방문할 필요가 없다고 못박았다. 자신들도 해독 키가 없기 때문에 도와주고 싶어도 잠긴 아이폰을 풀 수 없게 된 것이다.

암호를 짐작하거나 강력한 컴퓨터를 동원해 온갖 가능한 암호를 뽑아내는 기법도 통하지 않을 것이었다. 애플의 새 iOS는 누군가가 부정확한 비밀번호를 10회 연속 입력하는 경우 자동으로 전화기에 저장된 데이터를 완전히 지워버리는 추가적인 보안 기능을 갖췄기 때문이다.

나는 애플의 엔지니어들에게 앞으로 어떤 일이 벌어질지 예상했느냐고 물었다. "한 가지 유일한 놀라움은 우리가 이렇게 할 것이라는 데 대해 정부가 놀라워했다는 점입니다. 이것은 처음부터 우리가 생각해 온 임무입니다." 라고 이들은 대답했다.

FBI는 발끈했다. FBI는 NSA와 CIA에 비해 휴대폰을 해킹하거나 해외 통신을 가로챌 수 있는 침투 툴을 훨씬 더 적게 보유하고 있었다. 그것은 항상 FBI와 다른 정보기관 간의 갈등 요소로 작용했다. FBI는 이들 정보기관이 유능한 자원과 툴을 다 끌어간다고 비판했다. 그리고 애플이 고등 암호화 기법을 적용하기 시작한 타이밍은 공교롭게도 새로운 테러 위협이 떠오르던 시점과 겹쳤다. ISIS는 이전 테러 단체인 알카에다를 금방 뛰어넘어 폭력과 잔인성, 미치는 범위 그리고 테러범 스카웃 등의 분야에서 가장 큰 우려를 불러일으키는 단체로 변모했다. ISIS는 점점 더 암호화된 앱으로 정보를 숨기는 한편 소셜미디어를 활용해 유럽과 영국 및 미국에서 테러 공격을 조율하거나 테러 동조자를 끌어모았다.

이후 몇 주간, 제임스 코미^{James Comey} 당시 FBI 국장은 빅테크의 암호화 기법이 적법한 수사를 '암흑 속으로' 몰아넣는다는 취지의 로비 활동을 전개했다.

애플의 발표 1주일 뒤, 코미 국장은 "이 나라에서 아무도 법 위에 있지 않습니다."라고 FBI 본부에서 기자들에게 말했다. "아동 유괴와 관련됐거나 법원에서 열라고 명령한 경우에도 누군가가 절대로 열리지 않는 옷장을 내놓을 거라는 생각은 저로서는 이해되지 않습니다."

그는 이어 CBS의 시사 프로그램인 '60분60 Minutes'에 출연했고, 싱크탱크인 브루킹스 연구소Brookings Institution에서 한 연설을 통해 "스노든의 정보 유출 이후 보안과 프라이버시 간의 균형을 유지하는 추pendulum가 너무 멀리 갔다."면서 애플의 새로운 암호 기법은 "우리를 암흑 속으로 끌고 가려 위협한다."라고 주장했다.

코미는 기본적으로 20년 전 필 짐머만Phil Zimmermann이라는 프로그래머가 종단간 암호화 소프트웨어end-to-end encryption software를 일반에게 선보였을 때 백악관이 했던 것과 똑같은 주장을 펼치고 있었다. 짐머만의 '프리티 굿 프라이버시PGP, Pretty Good Privacy' 소프트웨어는 메시지를 암호화해 오직 전송자와 수신자만 해독할 수 있게 함으로써 사람들이 전송부터 수신까지 암호화된 통신을 훨씬 더 쉽게 이용할 수 있게 해줬다. 클린턴 행정부는 PGP가 감시를 불가능하게 만들 것이라고 우려해, 법 집행 기관과 정보기관이 접근할 수 있도록 '클리퍼 칩Clipper Chip'이라는 뒷문을 제안했다. 하지만 클리퍼 칩은 광범위한 반발을 불러일으켰다. 미주리주의 공화당 상원의원인 존 애쉬크로프트John Ashcroft와 매사추세츠주의 민주당 상원의원인 존 케리John Kerry를 비롯해 텔레비전 전도사인 팻 로버트슨Pat Robertson, 실리콘밸리의 최고 경영자들, 미국자유인권협회ACLU 등 서로 어울릴 것 같지 않은 여러 인사와 그룹이 이구동성으로 반대했다. 모두 클리퍼 칩이 불법적인 압수와 수색을 금지한 수정헌법 제4조를 무효화하는 것은 물론, 미국이 가진 글로벌 차원의 기술적 우위도 허물 것이라고 주장했다. 1996년 백악관은 클리퍼 칩 제안을 철회했다.

새로운 암호화 기법은 소개될 때마다 불안감이 커졌다. 2011년 짐머만이 '지폰Zfone'을 선보였을 때, NSA의 분석가들은 '이건 좋은 일일 수가 없다'는 제목의 이메일을 통해 발표 내용을 공유했다. 지폰은 더 이상 확대되지 않았지만, 애플의 새로운 아이폰과 iOS 소프트웨어는 기본적으로 스노든 이후 시대의 지폰인 셈이었고, 그로 인해 정부가 잃게 될 데이터의 규모는 지폰 시대와는 비교도 할 수 없을 만큼 많았다. 2014년 말, FBI와 법무부는 법정에서 애플을 상대할 준비에 들어갔다. 이제 제소하기에 적당한 사건을 찾는 것은 시간 문제였다.

1년 뒤 사이드 리즈완 파루크Syed Rizwan Farook와 타쉬핀 말릭Tashfeen Malik 이라는 인물은 캘리포니아주 샌버나디노San Bernadino의 시 보건부 직원 파티에 난입해 공격용 소총과 반자동 권총으로 14명을 살해하고 22명에게 부상을 입힌 뒤 도망쳤다. 그로부터 4시간 뒤 벌어진 총격전 끝에 이들은 사살됐고, 남은 것은 이들이 폭발시키는 데 실패한 파이프 폭탄 세 개, 말릭이 ISIS에 대한 충성심을 고백한 페이스북의 글과 파루크의 잠긴 아이폰이었다. 코미는 제소할 사건을 찾았다.

총격 사건으로부터 4개월이 지난 뒤, 나는 마이애미에서 열린 사이버 무기 바자회에 참석했다. 세계의 유명 해커들, 디지털 무기 개발자들과 스파이들이 초대되는 이 행사에서 나의 참석을 달가워하는 사람은 아무도 없었다. 주최측은 나에 대한 초대를 두 번이나 번복하려 했다. 내가 쓰는 책 때문이라고 그들은 말했다. 누구도 나와 엮이고 싶어하지 않았다. "오지 마세요."라고 그들은 말했다. "당신은 환영받지 못합니다. 그냥 집에 계세요." 이미 비행기표를 샀고, 그들이 원하든 말든 그 자리에 참석할 것이라고 말하자 그들은 더 이상 반대하지 않았다. 하지만 막상 마이애미 비치Miami Beach 시가 내려다보이는 행사장에 도착했을 때 주최 측은 내가 미처 예상하지 못했던 것을 준비했다. 야광 막대였다.

"이걸 받아서 목에 두르세요." 폰테인블루Fontainebleu 등록 데스크에 앉은 덩치 큰 남자가 내게 말했다. '이것'은 녹색 빛을 내는 야광 막대로, 행사장의 모든 참가자에게 내가 기자이며 기피 인물로, 나를 상대해서는 안 된다는 점을 알려주는 표시였다. 나는 그 남자를 노려보며 이런 행동은 부적절하다고 말했다. "이 정도로 그친 걸 행운으로 아세요."라며 고소하다는 표정으로 그는 말했다. "당신 목 주위에 헬륨 풍선을 달 생각도 했으니까요."

나는 이런 대우에 익숙했다. 해커들, 연방 정보기관의 요원들 및 계약자들이 자신들의 비밀을 지키기 위해 벌이는 여러 시도 그리고 이들의 사이버 무기 바자회에 들어가기 위해서는, 그래서 내가 만나려는 사람들을 찾아내기 위해서는 이들의 규칙을 따를 수밖에 없다는 사실을 알았다. 설령 그것이 내 목 주위에 치욕적인 야광 막대를 차야 한다는 조건일지라도 말이다.

그래서 나는 그들의 규칙에 따라 야광막대를 꺾어 빛이 나게 한 다음, 마이애미의 뜨거운 열기를 느끼며 먹구름이 모이기 시작하는 대서양의 수평선이 보이는 쪽으로 걸어가 세계 최고 수준의 해커들, 사이버 무기 브로커들, 연방 요원들과 스파이들 2백여 명이 모인 곳에 합류했다. 곁눈질로 콘퍼런스 주최자들이 진토닉, 민트 모히토를 홀짝이는 모습을 살피면서, 적당히 술이 들어가 내가 빌어먹을 야광막대를 목에서 제거해도 눈치채지 못할 순간을 기다렸다. 이곳은 내 마지막 취재지라고 스스로 다짐했다. 내가 찾는 FBI의 아이폰 해커도 분명히 여기에 있을 것이었다.

여러 달 동안 법무부는 법정에서 FBI가 애플의 견고한 암호화 기법을 우회해 샌버나디노에서 총기 테러를 저질렀던 파루크의 아이폰에 접근할 수 있도록 도와달라고 애플에 압력을 넣었다. 그것은 암호화 기법에 관한 한 암흑 속으로 빠지지 않으려는 FBI의 마지막 시도였다.

FBI 입장에서 샌버나디노의 테러 사건은 자신들의 주장을 관철할 수 있는 완벽한 선례였다. 두 명의 ISIS 동조자가 미국 본토에서 테러를 자행한 것이다. 둘 다 신중하게 자신들의 디지털 흔적을 은폐했다. 모든 송수신 이메일을 식제했고, 컴퓨터 하드 드라이브와 개인용 전화기를 부숴버렸으며 대포폰을 사용했다. 이들이 남긴 것이라곤 말릭이 ISIS에 대한 충성을 서약한 페이스북의 게시글과 파루크의 업무용 아이폰뿐이었다. FBI가 풀기만 한다면 해당 휴대폰에서 공격 직전 파루크의 GPS 좌표 혹은 마지막으로 교신한 공범이나, 다음 공격을 계획 중인 다른 자생 ISIS 테러리스트의 연락처 같은 중요한 증거 정보를 찾아낼 수 있을 것이었다. 파루크는 자신의 데이터를 아이클라우드iCloud에 백업하지 않았기 때문에 FBI는 그의 휴대폰 콘텐츠에 접근할 수 있는 한 채널을 잃어버렸다. 해당 휴대폰에 무슨 내용이 들었는지 알아내는 길은 애플에 휴대폰의 잠금을 풀게 하는 수밖에 없었다. 만약 애플이 거부한다면 정부는 이 사건을 애플이 테러리스트에게 안전한 피난처를 제공하는 증거라고 주장할 수 있을 것이다. FBI는 자신들에게 유리한 논거를 하나 더 갖고 있었는데, 파루크는 사망했으므로 수정헌법 제4조는 적용되지 않는다는 것이다. 기술적으로 휴대폰은 그의 소유가 아니었다. 그의 고용주인 카운티가 휴대폰의 소유주였고, 수색에도 동의했지만 애플은 완강했다. 코미는 애플에 FBI가 새로운 암호화 기법을 우회할 수 있게 해주는 특별 소프트웨어를 만들어 달라고 직접 요청했다. 그리고 비록 FBI는 그 소프트웨어를 현명하게 사용할 것이라고 약속했지만 사실상 클리퍼 칩을 만들라는 요구나 다름없었다. 해커와 프라이버시 활동가들은 FBI가 애플에 요청하는 내용에 이름을 붙였다. iOS에 빗댄 '정부 OSGovernment OS'라는 이름이었다. 그것은 애플 사용자들의 보안 수준을 떨어뜨리고, 애플의 가장 큰 시장인 중국은 물론 자신들의 데이터를 미국의 스파이들로부터 보호해달라고 요청해 온 독일과 브라질 같은 여러 나라에서도 점유율은 치명적 타격을 입을 것이었다.

정부 압력에 굴복하는 것은 위험한 선례를 만들어 애플과 비즈니스 관계가 있는 중국, 러시아, 튀르키예, 사우디아라비아, 이집트 및 다른 외국 정부도 보안성이 낮은 소프트웨어와 백도어 설치를 요구할 것이 틀림없었다. 거기에 포함되지 않는 나라는 미국의 무역제재를 받는 이란, 시리아, 북한, 쿠바 등 극소수로 국한될 것이다. 만약 애플이 미국 정부의 요구만 받아들이고 외국 정부의 요구는 거부한다면 애플은 전체 매출액의 4분의 1 이상을 경쟁사에 빼앗기게 될 처지였다.

그리고 애플이 입게 될 평판 훼손도 큰 문제였다. 애플이 FBI의 압력에 굴복하지 않는 모습을 보이면서 애플이라는 브랜드는 미국에서 가장 부유한 인권 기관, 디지털 시대 프라이버시를 보전하기 위해 싸우는 마지막 전선이라는 후광을 얻었다. 미국에서 가장 부유한 기업이 민주 정부에 맞설 수 없다면 다른 누가 가능하겠는가? 이렇게 진행되는 상황에서 쿡은 미스터 프라이버시, 글로벌 인권 전사가 됐다. 압력에 굴복하는 것은 선택이 될 수 없었다. 그리고 쿡은 애플 사이트에 올린 1,100자 분량의 공개 편지에서 그런 점을 분명히했다.

"정부의 요구에 담긴 시사점은 섬뜩합니다."라고 쿡은 썼다. "궁극적으로 우리는 이 요구가 우리 정부가 보호하고자 했던 바로 그 자유와 인권을 훼손할 것을 우려합니다."

쿡은 「뉴욕타임스」 동료인 데이비드 생어 기자와 나를 샌프란시스코에 있는 팰리스 호텔^{Palace Hotel}로 초대해 자신의 논리를 직접 설명했다. "그들의 주장은 익스플로잇을 선한 편에 넣자는 건데, 그것은 처음부터 기괴하고 잘못된 주장입니다."라고 쿡은 말했다. "이건 글로벌 시장입니다. 전 세계의 모든 정부에게 물어봐야 할 사안이에요. 만약 애플이 FBI가 요구하는 사항인 백도어, 해독 키 혹은 마법 지팡이 중 몇 가지라도 수락한다면 당신은 어떨 것 같습니까? 정보를 뽑아내는 유일한 방법, 적어도 현재 우리가 아는 유일한 길은 우리가 일종의 암처럼 여기는 소프트웨어를 짜는 것입니다. 그것은 세상을 더 나쁘게 만들 겁니다. 우리는 세상을 더 나쁘게 만드는 어떤 것에든 참여하고 싶지 않습니다."

쿡은 감정적으로 격앙됐다. 그는 자신의 아이폰을 들어보이며 "당신 삶의 가장 은밀한 내용이 이 휴대폰에 담겨 있습니다."라고 말했다. "당신의 의료 기록, 당신이 배우자에게 보낸 메시지, 하루 매 시간 당신이 어디에 있었는지 보여주는 지리 정보, 그런 정보는 당신 겁니다. 그리고 제 임무는 그런 정보가 당신 것으로 남아 있도록 보장하는 겁니다. 누구든 인권에 얼마만큼의 가치를 부여하는 사람이라면 이런 일을 해서는 안 됩니다."

쿡에게는 또 다른 확고한 논리가 있었다. 설령 애플이 정부의 요청을 따르더라도, 설령 이 한 사건을 위해 백도어를 설치한다고 해도 그 백도어는 하늘 아래 모든 해커, 사이버 범죄자, 테러리스트 및 해외 정보기관의 표적이 될 게 분명했다. 미국 정부는 자체 데이터조차 제대로 보호하지 못하면서 도대체 무슨 수로 애플의 백도어를 안전하게 유지하리라고 보장할 수 있는가? 쿡의 기억에는 연방 인사국의 대규모 개인정보 침해 사고가 아직 생생했다. 그 사고는 정부 입장에서 보호의 동기가 가장 큰 사회보장번호, 지문, 의료 기록, 재무 내역, 집 주소 및 지난 15년간 신상 조사에 응한 모든 미국 시민의 민감한 정보 등 바로 중요한 데이터를 세상에 노출했다. 여기에는 코미 FBI 국장, 법무부와 백악관의 간부 인사들의 정보도 물론 포함됐다. 그들이 자신들의 데이터조차 안전하게 관리하지 못한다면 도대체 어떻게 애플의 백도어를 제대로 보호하리라고 기대할 수 있는가?

법정에서 진행되는 애플과 법무부의 공방전은 미국 국민의 높은 관심을 불러일으켰다. 대통령부터 에드워드 스노든, 코미디언 존 올리버^{John Oliver}까지 모두가 자신의 의견을 피력했다. 여론조사 결과는 반반이었지만 날이 갈수록 애플 쪽으로 유리하게 기울었다.

샌버나디노 테러 사건의 피해자 중 한 사람의 어머니인 캐롤 애덤스^{Carole Adams}조차 공개적으로 애플의 입장을 지지했다. 애덤스는 다른 누구보다도 더 아들의 살인범들에 대해 더 알고 싶어 했지만, 그럼에도 FBI의 요구는 온당하지 않다고 생각했다.

"나는 애플이 모든 미국인의 프라이버시를 보호할 권리가 있다고 생각합니다."라고 애덤스는 기자들에게 말했다. "이것이 처음부터 미국을 위대하게 만드는 요소입니다."

FBI는 여론의 법정에서 지고 있었지만 해당 사안은 여전히 판사의 결정에 달려 있었고, 애플은 대법원까지 싸움을 끌고 갈 용의가 있음을 분명히 했다. 그러나 내가 마이애미에 도착하기 일주일 전 반전이 있었다. 아무런 경고 없이 법무부는 소송을 취하하고, 판사에게 파루크의 데이터에 접근할 수 있는 다른 방법을 찾았다고 알렸다. 애플의 도움은 더 이상 필요치 않았다. 익명을 요구한 해커들은 FBI에 접근해 애플의 암호화 기법을 우회해 파루크의 아이폰에 접근할 수 있는 해킹 방법 제로데이 익스플로잇을 제시했다.

그리고 아마도 가장 기적적인 사실 하나는 코미 국장이 FBI가 이 수수께끼의 해커들에게 7년 이상 남은 자신의 임기 동안 받을 급여보다 더 많은 돈을 지불했다고 인정한 점이다. 기자와 해커들의 계산에 따르면 FBI는 애플의 보안을 우회하는 방법을 얻는 대가로 해커에게 1백 30만 달러를 지불한 사실을 공개적으로 시인했다. 그리고 FBI는 우회를 가능케 한 오류가 무엇인지 모르며, 애플이 그것을 수정하는 작업을 도와줄 계획이 없다고 밝혔다.

그것은 정부가 민간인 해커들에게 거액을 지불하고 널리 사용되는 기술의 취약점을 획득한 사실을 공개적으로 인정한 역사상 첫 사례였다.

"이상하게도 소송을 둘러싼 모든 논란은 아이폰 같은 IT 하드웨어나 소프트웨어에 침투하려는 사람들에게 그 전에는 존재하지 않았던 전 세계 시장을 자극했습니다."라고 코미는 그해 4월 한 연설에서 말했다. 정부가 비밀리에 주도해 온 시장의 어두운 진실이 예상밖으로 전개된 형국이었다. 20여 년간 사이버 무기 시장은 암암리에 작동해왔다. 이제 일반인들도 해커들, 정보기관과 날로 늘어나는 워싱턴 DC 지역의 컨설턴트들이 그동안 어떤 일을 해왔는지 처음으로 알게 됐다. 여론은 분노했지만 그것은 내게는 이미 철지난 뉴스였다. 설츠버거의 옷장에서부터 지금 녹색의 야광 막대를 목 주위에 두르고 선 이곳 마이애미 비치의 파티에 이르기까지, 나는 몇 년 동안 정부의 사이버 무기 시장을 추적해 왔다. 내겐 아직도 대답을 찾지 못한 질문이 있었다. 그중 하나는 FBI가 백만 달러 이상을 지불한 해커는 대체 누구인가?

그 장본인이 바로 내 앞에 서 있을 가능성이 높았다.

그 사이버 바자회는 규칙이 있었다. 이름표가 없이 색상으로 구분되는 손목 밴드가 전부였다. 검은색은 연사들, 빨간색은 관객 그리고 두말할 것도 없이 녹색 야광 막대는 나였다. 해커, 스파이, 용병들이 포함된 250명의 참석자 명단은 비공개였다. 대화 상대가 누구인지 모른다면 질문하지 말아야 한다고 콘퍼런스 주최 측은 내게 상기시켰다.

나는 즉각 NSA 해커들을 알아봤다. 자기들끼리만 한데 모인 창백한 피부의 20대와 30대 젊은이들, 이들은 알아보기 쉬웠다. 바에서 진토닉을 마시며 서 있는 또다른 무리는 영국 GCHQ의 요원들이었다. 워싱턴 DC의 컨설팅 기업에서 일하는 그룹도 여기에 왔다. 성은 알려지지 않은 피트Pete라는 이름의 싹싹한 남자는 'DC 외곽의 작은 회사'에서 일한다는 친구로, 내게 마실 것을 갖다주겠다고 제안했다. 여기에 참가한 큰 규모의 익스플로잇 개발사는 트레일 오브 비츠Trail of Bits, 엑소더스 인텔리전스Exodus Intelligence, 전직 NSA 해커인 데이브 아이텔이 만든 이뮤너티 등이었다. 아이텔은 콘퍼런스를 빙자해 어떤 정부기관원이든 충분한 비용만 대면 음험한 사이버 익스플로잇 기법을 가르쳐줬다. 바자회에는 프랑스, 독일, 말레이시아에서 온 사람들도 있었고, 한 전직 NSA 분석가가 알려준 바에 따르면 핀란드 정부을 대신해 구입할 익스플로잇을 찾는 회사에서 나온 소위 '보안 전문가들'도 있었다. 아르헨티나 출신의 익스플로잇 개발자 그룹도 눈에 띄었다.

나는 미국 해병대의 전직 수색대 대위인 네이트 픽Nate Fick에게 아는 척을 했다. 다트머스대학교 동기들이 월스트리트에서 성공하기 위해 분주할 때, 그는 이라크와 아프가니스탄에서 복무했다. 그는 헐리우드 영화나 드라마가 전형적으로 그리는 터프가이 군인과 달리 인문학을 전공한 지식인이었다. 그의 신중한 태도와 처신은 HBO의 드라마 시리즈인 〈제너레이션 킬Generation Kill〉[1]의 주인공으로 이상적일 것처럼 보였다. 한편 벤처 자본가들은 그를 '해킹 분야의 블랙워터Blackwater'[2]로 알려진 논란이 많은 계약사인 엔드게임Endgame을 회생시킬 적임자로 봤다.

2012년 픽이 CEO로 부임할 당시, 엔드게임은 정부에 익스플로잇과 엽기적인 이름의 툴을 판매하고 있었다. 이 회사의 대표 제품인 '본소Bonesaw'[3]는 미국의 적대국이 어떤 소프트웨어를 사용하는지 파악한 다음, 이를 해킹하고 흔적 없이 탈출하는 단계까지 도와주는 프로그램이었다. 이 회사의 벽에는 본소 소프트웨어를 개발하는 데 참여한 팀원들이 서명한, 미국 남북전쟁 때 실제로 쓰였던 톱이 걸려 있었다. "적을 아는 데는 두 가지 방법이 있습니다. 적에 대해 설명한 백서를 읽거나 아예 적처럼 되는 것

---

1 HBO에서 제작한 전쟁 드라마. 2003년 이라크전 당시의 미 해병대 1사단 수색대대(1st Reconnaissance Battalion) 브라보 중대원들이 겪은 실화를 담은 작품으로 2008년에 방영됐다. - 옮긴이

2 미국 정부의 국방 계약사 중 하나로, 2007년 이라크 수도 바그다드에서 비무장 이라크인들에게 총격을 가해 14명을 살해하고 다수에게 부상을 입혀 큰 물의를 빚었다. - 옮긴이

3 뼈를 절단하는 데 사용하는 톱 - 옮긴이

이죠."라고 픽은 내게 말했다.

엔드게임은 미국이 그렇게 적처럼 되도록 돕고 있었지만, 익스플로잇 거래의 떳떳하지 못한 요소는 늘 픽의 마음을 불편하게 만들었다. 익스플로잇이 가진 확장성의 한계도 마찬가지였다. "그런 일이 부모 집의 지하에 얹혀 사는 루마니아의 십대에게는 맞을지 모르지만, 벤처 자본을 받는 회사에는 맞지 않습니다."

그래서 픽이 회사를 맡은 이후 그는 벽에서 톱을 떼어내고 익스플로잇 거래도 끊은 다음, 방어 위주로 비즈니스를 전환하고 사이버 무기 시장의 규범과는 어긋나는 방향으로 나가기 시작했다. 그런 점에서 픽은 바자회에 참가한 사람들과는 마치 물 밖으로 나온 물고기처럼 어울리지 않는 면이 있었다.

나는 토머스 림Thomas Lim도 알아봤다. 그는 싱가포르에서 코스인크라는 이름의 전문가 집단의 익스플로잇 회사를 설립한 유쾌한 인물이었다. 코스인크는 사이버 익스플로잇 게임에 관심을 보이는 1백 개 이상의 나라에 익스플로잇을 중개하는 일을 했지만, 파이브 아이즈나 러시아 혹은 이스라엘이 보유한 수준의 코딩 기술이나 익스플로잇 개발 기술은 아직 갖지 못했다.

이스라엘에서도 많은 인사가 참가했다. 특히 셀레브라이트Cellebrite라는 이스라엘 회사는 암호가 걸린 아이폰과 안드로이드 기기를 푸는 일이 전문으로, FBI의 아이폰 탈옥의 가장 유력한 용의자였다. 셀레브라이트는 이상하게도 FBI가 파루크의 아이폰을 푸는 데 누군가가 도움을 줬다고 밝힌 바로 그 주에 자사의 아이폰 침투 소프트웨어를 발표했다. 이스라엘의 한 신문은 FBI가 판사에게 새로운 접근 방법을 찾았다며 소송을 취하한 바로 당일에 셀레브라이트가 FBI와 15,278.02달러 어치의 계약을 맺은 사실을 파헤쳤다. 언론은 앞다퉈 셀레브라이트에 연락을 취했고, 트위터 포스트는 그런 보도를 확인했다. 그리고 셀레브라이트의 해커들은 이제 '노 코멘트'

라면서도 윙크하는 얼굴의 이모지를 옆에 붙였다. 내가 아는 한 셀레브라이트가 FBI의 공범이라는 소문은 셀레브라이트 자체에서 시작됐다. 최신 스마트폰 탈옥 서비스를 홍보하는 데 더없이 편리한 마케팅 전략이었다. 배후에서 정부의 대변인들은 셀레브라이트가 자신들을 도운 기관이 아니라고 적극 부인했다. 이로부터 진실을 캐내기는 쉽지 않았지만 15,278.02달러와 1백 30만 달러 사이의 간극은 너무나 컸다.

그래서 다음 이틀 동안 나는 해커들의 경연 대회와 폰테인블루 주변을 돌아다녔다. 해커들이 낮에는 애플과 자바 소프트웨어를 해킹하고, 밤에는 칵테일을 마시며 어떻게 하면 데이트 앱 틴더Tinder를 역설계 공학으로 해체해 포트 미드 주차장에서 NSA의 스파이들의 지리적 위치를 파악할 수 있는지 설명했다. 나는 나를 내치지 않는 사람이면 누구든 붙잡고 FBI의 아이폰 해커에 관한 정보가 혹시 없느냐고 물었다. 누구도 대답하지 않았다. 설령 그들이 바로 내 옆에 서 있었다고 한들 누구도 1백 30만 달러짜리 비공개 서약을 깰 생각은 없었다. 바로 그 '빌어먹을 연어'의 상황이었다.

사이버 무기 시장은 맥락없는 혼돈이었다. 전 세계의 해커들은 디지털 스파이 활동과 전쟁용 툴을 자국민을 억압하는 데 악용하는 나라에 아무렇지도 않은 듯 팔았다. 이들 나라가 미국도 표적으로 삼을(이미 그러지 않았다면) 가능성은 다분했다. 암호화 기법은 단지 장애물 하나를 더한 데 불과했고, 경쟁을 더욱 부추기는 결과로 이어졌다. 시장은 이제 세계 곳곳으로 확산되고 있었다. 제로데이 가격은 올라가기만 했다. 그 위험성 또한 마찬가지였다. 아무도 그에 대해 이야기하지 않았다. 그것이 우리의 방어 체제에 어떤 의미를 지니는지도 따지지 않았다. 누구든 조리있게 정리할 만한 규범도 없었다. 그리고 그 빈 공간에 우리는 우리 자신의 규범을 세우고 있었지만, 궁극적으로 그리고 필연적으로 우리의 적들이 등을 돌릴 경우 그것은 역으로 우리를 위기에 몰아넣을 수 있기 때문에 결코 바람직한 규범이 될 수 없음을 나는 알았다.

마이애미에서 보낸 사흘 동안 나는 FBI의 아이폰 해커를 찾아내지 못했다.

가장 흥미로운 정보는 때로 우연한 경로를 통해 얻게 된다. 마이애미에서 돌아온 지 두 달이 지난 어느 날 나는 뉴욕에 있는 웨이벌리 인Waverly Inn의 한 바에 앉아 있었다. 다크 웹에 관한 책의 집필을 마친 한 친구를 축하해 주는 자리였다. 사람들로 빼곡한 바에서 내 옆으로 작가 에이전트, 유명 미디어 종사자 그리고 그 책에 소개된 FBI 요원들 중 한 명의 친구들이 있었다. 나는 연방 요원들에게 내 소개를 했고, 니그로니negroni 칵테일을 마시며 이야기를 나눴다. 나는 그에게 문제의 아이폰 해커를 아직도 찾는 중이라고 말했다.

"아, 그 친구는 이미 떠났어요."라고 한 요원이 내게 말했다. "하던 일을 그만두고 지금은 애팔래치아 트레일을 종주하고 있죠."

그 요원은 내게 이름을 알려주지 않았다. 하지만 그는 이스라엘인이 아니며, 셀레브라이트에서 일한 적이 없다는 점은 분명히 했다. 그는 용병으로 일하는 또다른 미국인 해커일 뿐이었다. 내가 마이애미에서 그를 찾는 동안 그는 이미 연락이 닿지 않는 곳으로 사라져, 조지아주와 메인주 사이의 어디쯤으로 난 좁은 흙길을 걷고 있었던 것이다.

6부

토네이도

원자력의 방출은 우리의 사고 방식을 제외한 모든 것을 바꿨다. ...
이 문제의 해법은 인류의 가슴 속에 있다.
진작에 이럴 줄 알았더라면 시계공이 될 걸 그랬다.

— 알버트 아인슈타인Albert Einstein

17장

사이버 가우초들

아르헨티나 부에노스 아이레스

우리가 탄 택시는 빨간 불에도 내달리며 다른 차의 범퍼를 떨어뜨렸다. 나는 완전히 정차해서 다른 운전사가 괜찮은지 확인할 줄 알았다. 하지만 택시 운전사는 눈 하나 깜짝하지 않았다. 오히려 속도를 높여 다른 차와 작은 당나귀만한 크기로 패인 도로 위의 구멍을 아슬아슬하게 피하며 부에노스 아이레스의 러시아워를 뚫고 나갔다.

나는 잔뜩 긴장해 손잡이를 꽉 잡고 있었다. 나와 동승한 세자르 세루도 Cesar Cerrudo는 나를 바라보고 싱긋 웃었다.

"이게 아르헨티나에 해커들이 많은 이유입니다."라고 세루도는 말했다. "앞서가기 위해서는 시스템과 씨름할 수밖에 없거든요. 보세요!"

그는 찌그러지거나 긁히고 너덜대는 범퍼를 덕트 테이프나 끈으로 겨우 묶은 대여섯 대의 주변 차량을 가리켰다. 이들은 복수심에 불타는 로마 전사을 연상시키는 운전사들이었다. 세자르와 택시 운전사는 나를 놀리듯 웃었다.

"철사로 한데 묶은 거죠 atado con alambre!"라고 택시 운전사는 말을 보탰다.

철사로 한데 묶었다는 그 세 마디는 이후 한 주 동안 되풀이해서 듣게 될 표현의 시작이었다. 이는 아르헨티나의 속어로, 마치 맥가이버처럼 거의 가진 것이 없는 상태에서 간신히 상황을 타개해 나가는 수많은 사람의 상황을 지칭했다. 그것은 아르헨티나 해커들의 모토이기도 했다.

몇 년 동안 나는 시장에서 가장 위력적인 익스플로잇 중 상당수가 아르헨티나에서 나왔다는 말을 들었다. 또 마이애미, 라스베이거스, 밴쿠버 등지의 해커 콘퍼런스에서 아르헨티나 출신 해커들과 마주치곤 했다. 하지만 어떻게 그럴 수 있는지 선뜻 이해하기 어려웠다. 그래서 2015년 말, 나는 남반구의 익스플로잇 개발자들을 직접 만나 세상이 어떻게 변모해가는지 확인해 보기로 했다.

아르헨티나의 IT 상황은 특히 실리콘밸리의 수준과 비교하면 한참 뒤처진 것처럼 보였다. 현지 해커들의 표현을 빌리면 아르헨티나에서 시행한 '쿨한 것에 대한 엠바고' 탓에 고화질 TV는 두 배나 더 비쌌고, 수입되는 시기도 6개월 정도 늦었다. 아마존은 이곳에 아직 택배 서비스를 시행하지 않았다. 블랙베리나 그 남은 제품의 시장 점유율이 아직 애플보다 더 높았다. 아이폰을 구하려면 지하 경매 사이트에서 2천 달러나 그 이상을 지불해야 했다.

하지만 세자르와 다른 이들에 따르면 그런 불리한 환경이야말로 사우디아라비아와 아랍에미리트, 이란 등과 같이 지리적으로 먼 나라들까지 코드를 구입하기 위해 직접 방문할 정도로 아르헨티나가 제로데이 사냥꾼과 브로커들의 비옥한 토양이 된 이유였다. 아르헨티나는 양질의 무료 기술 교육 기회를 제공했고, 교육 수준도 남미에서 가장 높은 나라에 속했다. 하지만 현대 디지털 경제의 과실에 접근하는 데 걸림돌이 많았다. 따라서 정상적인 비즈니스 채널에서 제공하지 않는 무엇인가를 얻으려면 해킹하는 수밖에 없었다. 가령 미국에서 당연시하는 비디오 게임과 다른 앱에 접근하려면 시스템을 역설계 공학으로 해킹해 우회하는 방법을 찾아내야 했다.

"시스템을 속이는 일은 아르헨티나 사람들의 일상적 사고방식의 일부입니다."라고 세자르는 내게 말했다. "부자가 아닌 한 대개 컴퓨터 없이 자라죠. 새 소프트웨어를 사용하려면 모든 것을 처음부터 스스로 익히는 수밖에 없어요."

그의 말을 들으면서 나는 미국은 그와 정반대라는 점을 깨달았다. 실리콘밸리의 앱과 서비스를 코딩하는 엔지니어들은 더 이상 시스템을 역설계하거나 맨 밑바닥까지 파고들 필요가 없었다. 점점 더 표면만 대충 훑고, 그 과정에서 강력한 제로데이 익스플로잇을 찾아내고 개발하는 데 필요한 심도 깊은 이해력을 잃어가고 있었다.

그런 현상은 증거로 드러나기 시작했다. 국제 대학 프로그래밍 경연대회 ICPC, International Collegiate Programming Contest는 이 분야에서는 가장 오래되고 권위 있는 행사로, 매년 1백 개 이상의 나라에서 대학생 팀이 참여해 경쟁을 벌인다. 20년 전만 해도 버클리, 하버드, MIT 등의 미국 팀이 상위 10대 결선 팀을 독식하다시피 했다. 요즘은 러시아, 폴란드, 중국, 한국, 대만 등이 그 자리를 장악한다. 2019년에는 이란의 한 대학 팀이 하버드, 스탠포드, 프린스턴 대학교의 출전 팀을 꺾었다. 미국 팀은 최종 20위에도 들지 못했다.

미국의 사이버 인재 풀은 위축되고 있었다. 스노든의 정보 유출 이후 미국 정보기관은 사기 측면에서 큰 타격을 입었고, NSA의 분석가들은 속속 기관을 사직했다. 혹자는 이를 '유행성 전염병epidemic'에 비유했다. 한편 유망한 대학 졸업생들은 구글, 애플 혹은 페이스북에서 더 많은 급여를 받을 수 있다고 판단되는 경우 NSA에 지원하지 않았다. 국토안보부에서 사이버 방어 목적의 인재 채용은 그보다 더 어려웠다. 연안 경비대에 지원하는 것보다는 해적이 되는 편이 더 흥미로운 법이고, 이런 경향은 미국을 점점 더 불리한 방향으로 몰아갔다. 미국은 러시아, 이란, 북한, 중국 등과 달리, 구글과 MIT의 유능한 해커들을 강제로 징집하지 않았다. 미국은 아직까지는 공격 면에서 가장 정교한 사이버 권력이었지만 다른 나라는 그 차이를 빠르게 좁히고 있었다. 고슬러와 여러 차례 대화를 나누면서 제로데이 시장에 대한 생각을 물었을 때, 그는 그런 시장은 필요치 않다고 대답했다. 하지만 그것은 미국의 정보기관이 고슬러처럼 인재를 쉽게 채용할 수 있을 때의 상황이었다. 지금처럼 미국의 인재 풀이 다른 곳으로 빠져나가는 상황에서 정보기관은 한때 내부에서 자체 개발했던 익스플로잇을 외부에서 사들이는 수밖에 없었다.

"이것은 새로운 노동 시장입니다."라고 세자르는 내게 말했다. "젊은 아르헨티나 해커 세대는 우리 때보다 훨씬 더 많은 선택의 기회가 있습니다."

세자르는 2008년에 나온 로맨틱 코미디 영화 〈사랑이 어떻게 변하니 Forgetting Sarah Marshall〉의 제이슨 세걸Jason Segel과 놀라울 정도로 닮았다. 워낙 닮아서 나는 그가 태어나자마자 헤어져 아르헨티나로 입양된 쌍둥이라고 확신했다. 하나는 그 영화의 누드 장면으로 유명한 배우가 되고, 다른하나는 아르헨티나의 작은 마을에서 해커가 돼 세계의 주요 인프라를 해킹하고 있다고 생각했다. 나는 스마트폰으로 세걸의 사진을 찾아내 세자르의 얼굴과 비교해 봤다. 내가 탄 택시의 운전사도 닮았다고 인정했다. 세자르는 자신의 쌍둥이를 끝내 인정하지 않았다.

세걸의 아르헨티나판 쌍둥이 같은 세자르는 아이디펜스를 통해 주목하게 됐다. 15년 전, 세자르는 아이디펜스의 포상금 프로그램에서 1위 자리를 놓고 뉴질랜드의 해커인 그렉 맥마누스와 경쟁하고 있었다. 당시 그는 꽁지머리를 한 10대로, 아르헨티나 북동부의 작은 강촌인 파라냐Paraná에 살면서 아이디펜스로 제로데이를 속속 제출해 연 5만 달러의 수입을 올렸다. 아르헨티나 경제는 거의 파탄 지경이었지만, 세자르는 제로데이 덕택에 부자가 됐다. 하지만 지금은 결혼해 자녀를 두었고, 동 세대의 아르헨티나 해커들과 마찬가지로 기복이 많은 버그 수색과 익스플로잇 개발은 포기하고, 한 미국계 보안 회사에 취직했다.

408

하지만 그는 추적은 포기하지 않았다. 1년 전 그는 영화 〈다이 하드^{Die Hard}〉에 나온 것 같은 해킹으로 세계의 주목을 받았다. 그는 워싱턴 DC로 날아가 국회의사당 근처를 산보하다가 자신의 랩톱을 꺼냈다. 불과 몇 번의 클릭 끝에 그는 교통 신호등을 적색에서 녹색으로 그리고 녹색 신호를 적색으로 조작하기 시작했다. 그는 마음만 먹었다면 국회의사당 주변의 교통을 마비시킬 수도 있었겠지만, 그의 목적은 그런 행위가 가능하다는 사실을 증명하는 것뿐이었다. 신호등 센서를 설계한 회사는 세자르의 제로데이가 문제라고 생각하지 않았다. 그래서 그는 맨해튼과 샌프란시스코에도 문제의 제로데이를 가져가 모두가 사이버 신호등 조작에 취약하다는 사실을 입증했다.

나는 세자르의 신호등 해킹 시연을 「뉴욕타임스」에 보도했다. 그러면 정치인들이 무슨 대응을 했으리라고 예상하겠지만 이들은 거의 눈도 깜짝하지 않았다. 지금 나는 부에노스 아이레스에서 세자르와 함께 택시를 타고 도로 곳곳의 움푹 패인 장애물을 피해가며, 신호등은 거의 아랑곳하지 않은 채 달려가는 중이었다. 하지만 적어도 이곳의 신호등은 네트워크에 연결돼 있지 않았다! 소위 '스마트 시티'는 스마트한 게 아니라 멍청했다. 네트워크로 연결되지 않아서 멍청한 도시들이 도리어 스마트한 것이었다. 모든 시스템은 퇴보하고 있었고, 안과 밖이 뒤집힌 형국이었다.

우리는 부에노스 아이레스에서 가장 세련된 상점과 레스토랑이 모인 팔레르모^{Palermo}를 통과했다. 미국 달러는 이곳에서 엄청난 위력을 발휘했다. 아르헨티나의 공식 환율은 완벽한 허구였다. '블루 달러^{blue dollar}'로 불리는 비공식 환율은 공식 환율인 1달러당 9.5페소^{pesos}의 두 배에 가까웠다. 곧 퇴임할 아르헨티나 대통령인 크리스티나 페르난데스 데 키르치네르^{Cristina Fernández de Kirchner}는 그러한 상황을 바로잡으려 하지 않았다. 부에노스 아이레스의 지역민들은 스스로를 포르테뇨^{porteños}라고 불렀는데, 키르치네르를 '여자 가다피female Gaddafi'에 비유했고, 키르치네르는 거짓의 베일로 현실을 가리는 쪽을 택했다. 그런 점은 그녀의 얼굴로도 나타났다. 그녀는 마이클 잭슨을 제외하고 과거의 어느 누구보다도 더 많은 성형수술을 받았다. 아르헨티나의 당면 현실에 맞게 환율을 조정하기 위해서는 아르헨티나의 만성적인 인플레이션 상황을 받아들여야 했다.

아르헨티나 해커들은 익스플로잇을 미국 달러로 거래했기 때문에 대체로 국가의 금융 위기로부터 자유로웠다. 이들은 거래로 번 돈 중 1,000달러는 팔레르모의 신식 아파트의 월세로 냈다. 한편 다른 1,500달러로는 부에노스 아이레스 다운타운에서 30분쯤 거리에 두 번째 집을 빌려 수영장 파티를 열었다.

나는 세자르에게 브라질 해커들은 사이버 범죄로 떼돈을 벌고 있는데, 왜 아르헨티나의 해커들은 익스플로잇의 지하 시장에 의존하느냐고 물었다. 브라질은 인터넷 사기의 세계 중심이라는 동유럽의 평판을 서서히 얻어가고 있었다. 브라질 은행은 사이버 범죄자들 때문에 연간 80억 달러를 잃고 있었다. 그 범죄자들의 대부분은 다름 아닌 브라질인들이었다.

대답은 간단하다고 세자르는 말했다. 아르헨티나에서는 아무도 심지어 해커들도 은행과 엮이려 하지 않았다. 내가 부에노스 아이레스에 도착한 순간 포르테뇨들은 내게 은행을 피하라고 주의를 주었다. 대신 다양한 불법 환전소인 '쿠에바스cuevas'를 소개해 줬다. 여러 해에 걸친 경제적 붕괴와 정부의 인출 동결을 경험한 아르헨티나 국민들은 은행에 대한 신뢰를 잃어버렸다. 온라인 뱅킹이나 모바일 뱅킹은 사실상 들어본 적조차 없는 말이었고, 이는 은행을 해킹해도 별로 얻을 게 없다는 뜻이었다. 대신 아르헨티나는 이제 '익스플로잇 개발 분야의 인도'가 됐다고 한 포르테뇨는 내게 말했다.

다행히 우리는 마을 외곽의 낡은 야외 정유 공장에 무사히 도착했다. 1천 명 이상의 젊은 아르헨티나 해커들이 블록 주위로 줄을 서 있었다. 개중에는 스케이트 공원의 십대들을 연상시키는 어린 친구들도 있었다. 몇몇 아시아인과 유럽인, 미국인 그리고 여러 명의 중동 지역 출신 등 외국인도 눈에 띄었다. 이들은 아마 인재를 찾거나 아니면 아르헨티나 해커들이 개발한 최신 스파이 코드를 중개할 목적으로 보였다.

나는 라틴 아메리카의 최대 해킹 콘퍼런스에 맞춰 방문 일정을 잡았다. 에코파티Ekoparty 보안 콘퍼런스는 남아메리카 해커들의 성지였고, 근래에는 디지털판 '블러드 다이아몬드'를 찾는 전 세계 제로데이 브로커들의 메카였다. 이것은 내게 세계의 새로운 익스플로잇 노동 시장을 엿볼 수 있는 최고의 기회였다. 어젠다에는 암호화된 의료 기기부터 전자 투표 시스템, 자동차, 앱 스토어, 안드로이드, PC 및 시스코Cisco와 SAP 비즈니스 앱에 대한 해킹이 포함돼 있었다. 그렇게 되면 공격자들은 다국적 기업과 정부 기관의 컴퓨터를 원격 제어할 수 있게 될 것이었다.

에코파티 콘퍼런스는 데프콘이나 블랙햇, RSA 등과 비교하면 아직 작은 규모였지만 그런 핸디캡을 아직 발굴되지 않은 창의적 인재들로 만회했다. 여기에는 미국과 캐나다의 콘퍼런스에 차고 넘치는 전시 부스의 매력적인 여성이나 사기성 세일즈맨은 없었다. 이 콘퍼런스의 초점은 오직 시스템 해킹과 침투였다. 아르헨티나 해커들이 자신들의 능력을 세계 무대에 선보일 수 있는 기회였다.

나는 딜로이트Deloitte와 언스트앤영Ernst & Young에서 일하는 외국 대표들을 봤다. 체코의 안티바이러스 기업인 어바스트도 있었다. 시낵도 마찬가지였다. 이들은 모두 해커를 채용하려고 온 것이었다. 에코파티의 '플래티넘 스폰서'는 제로디움으로, 후원 의도가 훤히 드러나는 대목이었다. 샤우키 베크라는 참가자들 사이에서 큰 화제였다. 그는 트위터에 제로디움이 아이폰 탈옥을 1백만 달러에 사들였다고 밝혔다.

나는 10여 년 전에 에코파티 콘퍼런스를 공동 설립한 페데리코 "페데" 커슈바움Federico "Fede" Kirschbaum을 알아봤다. 당시에는 아무도 익스플로잇을 정부에 팔지 않았고, 에코파티는 주로 재미와 호기심을 위한 것이었다. 그런 요소는 여전히 남아 있었지만 한편에서는 막대한 액수의 돈이 오갔다.

"여기에서 돌맹이를 던지면…" 페데는 그로부터 2미터쯤 떨어진 곳에 모여 있는 수백 명의 아르헨티나 해커들에게 던지는 시늉을 하며 말했다. "익스플로잇을 파는 누구든 맞힐 겁니다."

한때 워싱턴 DC 지역 안으로만 잘 수용됐던 미국의 해커 용병들은 이제 아랍에미리트의 아부다비에서 활동했고, 익스플로잇은 아르헨티나의 교외 지역에서 구할 수 있었다. 일은 빠르게 통제불능 상태가 되고 있었다.

나는 1년 전 열린 블랙햇 콘퍼런스에서 CIA의 내부자인 댄 기어가 한 기조연설을 떠올렸다. 기어는 CIA의 투자 회사인 인큐텔In-Q-Tel의 최고정보보안 책임자이자 업계의 전설이었다. 그는 제로데이 시장에 밝았고, 강연대에 선 기회를 이용해 미국 정부에 대해 다른 모든 외국 구매자들보다 더 높은 값을 불러 시장을 코너로 몰아야 한다고 주장했다. 미국은 "그보다 10배 더 높은 값을 쳐줄 테니 다른 경쟁 입찰가를 보여주시오."라고 말해야 한다는 것이었다. 그렇게 해서 취득한 제로데이를 해당 제조사에 넘겨 오류를 패치하도록 하고, 그 과정에서 적들의 제로데이 저장고를 무력화하게 될 것이었다. 그러면 제로데이 시장은 불가피한 파괴로 이어지지 않으면서 수익성 있는 비즈니스로 남을 것이다. 그의 제안은 도발적이었지만, 지금 이곳 부에노스 아이레스의 낡은 정유 공장에 서서 나는 기어의 논리가 산산조각 났음을 깨달았다. 너무 늦었다. 미국은 제로데이 시장에 대한 장악력을 이미 오래 전에 상실했다.

이후 며칠간 나는 아르헨티나의 유명 해커인 훌리아노 리조Juliano Rizzo가 무대 위에서 제로데이를 시연하는 모습을 지켜봤다. 제로데이를 찾는 정부 기관이라면 망설이지 않고 수십만 달러를 지불할 만한 것이었다.

아르헨티나의 해커들은 승용차나 전력망을 제어할 수 있는, 몇 가지 놀라운 익스플로잇을 시연해 보였다. 그리고 시연이 끝나자마자 나중에 알고 보니 브로커들이었던 여러 외국인이 주위로 몰려들었다. 왜 브로커들은 해커들이 자신들이 가진 최고의 익스플로잇을 무대에서 공개하고 난 '다음에야' 몰려드는지 나는 이해할 수 없었다. 공개하고 나면 무용지물이 되는 것 아닌가?

"그 사람들은 그 해커들이 다음에 할 걸 사려는 거죠."라고 페데는 내게 말했다. "먼저 관계를 쌓고, 만약을 대비해 그들의 제로데이와 사이버 무기를 확보하려는 겁니다."

외국 정부는 과거 그 어느 때보다도 더 익스플로잇에 굶주려 있었다. 스턱스넷은 어떤 일이 가능한지 보여줬다. 이어 스노든은 고도로 정교한 공세적 사이버 프로그램의 청사진을 세계 모든 나라에 제공했다. 그리고 애플과 구글이 아이폰과 안드로이드 기반 스마트폰의 모든 데이터를 암호화하기 시작하면서, 각국 정부는 그런 방어막을 뚫고 침투할 수 있는 툴을 찾아야 할 동기가 더 커졌다.

미국은 아직 최대 규모의 공세적 사이버 예산을 자랑했지만, 재래식 무기와 비교하면 익플로잇은 헐값이었다. 외국 정부는 이제 강력한 제로데이와 사이버 무기를 구입하는 데 미국 정부의 금액에 대응할 용의가 있었다. 자금이 충분한 중동의 산유국은 자국의 비판 세력을 감시하기 위해 어떤 금액이든 지불했다. 그리고 이란과 북한은 재래식 전쟁에서는 결코 미국의 상대가 되지 못했지만 사이버 환경에서는 충분히 해볼 만하다는 사실을 깨달았다. 설령 NSO, 제로디움, 해킹 팀 같은 미국이나 이스라엘의 제로데이

브로커들이 그들과 거래하지 않겠다고 나와도 큰 문제가 되지 않았다. 부에노스 아이레스로 가는 비행기에 올라타면 해결될 일이었다.

페데는 내게 아르헨티나 해커들의 진정한 능력을 확인하고 싶다면 '사이버 가우초Cyber Gaucho'로 불리는 40대의 해커 알프레도 오르테가Alfredo Ortega를 만나봐야 한다고 말했다. 가우초는 멀고 먼 파타고니아Patagonia에서 자랐다. 그래서 나는 방문 사흘째 되던 날 망원경, 해킹된 마이크로 칩, 엑스레이 장비로 바닥이 어지러운 가우초의 경이로운 해킹 작업장을 찾아가 보기로 했다.

"거의 무엇을 주든 그 친구는 깨버릴 겁니다."라고 페데는 말했다.

가우초는 내게 차와 쿠키를 대접했다. "파타고니아는 추웠어요."라며 그는 말문을 열었다. "그래서 밖에 나가지를 않았습니다."

그 세대의 수많은 해커처럼 그도 코모도어 64Commodore 64를 해킹하는 것으로 시작했다. 그는 다른 방법으로는 구할 수 없는 게임을 해킹으로 구했고, 초보적인 해킹 포럼에 가입해 해킹 기법을 익혔다. 아르헨티나 해킹의 대부들 중 한 명으로 꼽히는 제라르도 리차르테Gerardo Richarte 혹은 제라Gera를 만난 것도 그곳에서였다. 나도 제라의 이름을 들어본 적이 있었다. 그는 아르헨티나뿐 아니라 전 세계적으로도 전설이었다. 에렌은 자신이 튀르키예에서 디지털 쿠르드 저항 운동을 계획하도록 도와준 인물로 제라를 꼽았다.

20년 전, 제라와 다른 네 명은 '코어 시큐리티Core Security'라는 회사를 세우고 침투 테스트 비즈니스를 시작했다. 아르헨티나에서 해킹의 역사와 코어 시큐리티를 분리하는 것은 불가능하다. 이들의 초기 고객들 중에는 브라질과 미국의 은행 그리고 언스트앤영 같은 컨설팅 회사가 있었다. 첫 몇 해 동안 비즈니스가 워낙 잘 돼서 이들은 뉴욕에 지사까지 냈다. 이때가 2001년 9월 6일이었다. 그로부터 닷새 뒤 9/11이 터졌고, 1백만 달러 규모의 계약도 연기 속으로 사라져 버렸다. 아르헨티나 경제는 더욱 나빠지고 있었다. 수천 명의 성난 빈곤층 포르테뇨들이 거리로 나와 정부의 경제 위기 대응에 반대하는 시위를 벌였다. 이들은 은행의 창문을 부쉈고, 대통령궁인 카사 로사다^{Casa Rosada}로 들이닥쳤다. 시위로 십여 명이 죽고, 아르헨티나의 대통령은 사퇴했다.

코어 시큐리티의 설립자들은 살아남기 위해서는 은행의 시스템을 스캐닝해 패치되지 않은 소프트웨어를 찾기보다 더 그럴듯한 무엇인가를 해야 한다고 판단했다. 이들은 일부는 익히 알려졌지만 대부분 이들이 직접 발견한 익스플로잇을 활용해 고객사의 네트워크에 침투할 수 있게 해주는 '임플란트^{Imlant}'라는 이름의 자동화된 공격 툴을 개발했다. 분석가들은 처음에는 해당 툴이 비윤리적이고 위험하다고 비판했다. 하지만 미 항공우주국이 임플란트를 구매하면서 이들은 생각을 바꿨다.

코어 시큐리티는 임플란트 툴에 사용할 새로운 익스플로잇을 만들기 위해 익스플로잇 개발자들을 채용하기 시작했고, 훌리아노 리조 같은 아르헨티나의 해커들을 훈련했다. 제라는 직접 가우초를 채용해 부에노스 아이레스의 코어 시큐리티로 불렀다. 파타고니아에 있는 아버지의 주유소를 운영하던 그로서는 기념비적인 변화였다. 코어에서 가우초는 하드웨어를 해킹했고, 점점 더 소프트웨어의 원시층이라 할 수 있는 '펌웨어'를 해킹하는 쪽으로 특화했다. "펌웨어 전문가가 됐죠."라고 그는 말했다.

그로부터 20여 년이 지난 뒤, 가우초가 깰 수 없는 시스템은 없었다. 아르헨티나의 대통령 선거가 열리기 2주 전, 가우초와 에코파티의 해커들은 아르헨티나의 새로운 투표 집계기에 손을 댔다. 그는 채 20분도 안 돼서 전체 시스템을 장악했다. 경찰의 급습이 이어졌다. 이제 그와 다른 해커들은 중요한 투표가 실시되기 전에 투표 장비의 보안성을 높이기 위해 입법 관계자들과 공조하고 있었다.

가우초는 내게 자신의 스튜디오를 보여줬다. 망원경 옆을 지나갈 때 그는 위성도 해킹한 적이 있노라고 말했다. 다른 구석에는 진행 중인 작업이 있었다. 에어 갭을 가로질러 나탄즈 같은 오프라인 시스템에 침투할 수 있는 루브 골드버그^{Rube Goldberg}[1] 장치를 연상시키는 엑스레이 방출 기기였다. 세계에서 가장 삼엄하게 보호된 네트워크를 해킹할 방법을 어떻게 찾아내느냐고 나는 물었다.

"쉬워요."라고 그는 대답했다. "그 사람들은 자신들이 공격당하리라고 전혀 예상하지 않거든요."

칩 제조사는 칩의 보안성을 확인받기 위해 가우초를 고용했다. 그는 글로벌 공급망을 교란하기 위해 해커들이 칩을 해킹할 수 있는 온갖 방법을 발견했다. 그는 어떻게 '부채널 공격^{side channel attack}[2]'으로 칩을 해킹할 수 있는지 보여줬다. 라디오 전파를 통해 칩 자체의 구리 속으로 멀웨어를 전송하는 방식이었다. 모든 기기에는 이런 칩이 적어도 열 개는 들어 있었다.

멀웨어가 들어간 칩을 찾아내기는 불가능하지는 않더라도 매우 어렵다고 그는 말했다.

가우초는 다른 해커들의 해킹 증거를 본 적이 있었다. 이름을 밝히지 않은 한 유명 가전업체는 그를 고용해 가전 제품의 보안성을 조사해 달라고 요청했다. 아니나 다를까, 누군가가 더없이 정교한 공급망 공격으로 가전 제품의 펌웨어에 멀웨어를 심어놓은 것을 발견했다. 고슬러의 표현에 따르면 가장 높은 수준의 '티어 I^{Tier I}' 국가에서만 수행할 수 있는 종류의 공격이

---

1 단순한 결과를 얻기 위해 지나치게 복잡하고 비실용적인 과정을 거치도록 설계된 기계를 지칭한다. ─ 옮긴이

2 알고리즘의 약점을 찾거나 컴퓨터의 강력한 처리 성능을 이용해 무차별 공격을 가하는 대신, 암호 체계의 물리적 구현 과정의 정보를 기반으로 하는 공격 방법이다. 예를 들면 소요 시간 정보, 소비 전력, 방출하는 전자기파, 심지어는 소리를 통해서 시스템 파괴를 위해 악용할 수 있는 추가 정보를 얻을 수 있다(출처: 위키백과)

었다. "이 공격은 일개 사이버 범죄자의 작품이 아니었어요."라고 가우초는 회고했다. "이것은 국가 차원에서 벌어진 공격이었습니다."

그가 내게 알려줄 수 있는 정보는 거기까지였다. 하지만 그것은 내가 다음에 던질 질문의 좋은 계기였다. "익스플로잇을 브로커나 정부기관에 판매하신 적이 있으세요?" 가우초는 워낙 점잖고 친절해서 그가 이란 정부나 그 대리인에게 익스플로잇을 파는 장면을 상상하기가 어려웠다.

그는 "아니오."라고 대답했다. 하지만 그것은 어떤 윤리적 계산에서 나온 것은 아니었다. "나는 스파이 활동에 반대하지 않아요."라고 그는 말했다. "스파이 활동이 나쁘다고 생각하지 않습니다."

"그렇다면 왜 팔지 않으셨어요?"

"그건 사는 게 아니에요."라고 그는 말했다. "자유를 포기할 만큼 가치있는 일이 아닙니다. 그건 마치 1930년대 원자탄을 보유한 물리학자와 같아요. 죽임을 당할 수도 있습니다."

그 날 호텔로 돌아오면서 나는 가우초가 한 말을 생각해 봤다. 해커들은 더 이상 취미 생활자가 아니었다. 이들은 게임을 하는 게 아니었다. 이들은 언제라도 현대판 핵물리학자가 됐다. 하지만 원자탄과 달리 이 경우는 그 사용을 억지할 수 있는 방안이 거의 없었다. 사이버 무기는 핵분열 물질이 필요치 않았다. 진입 장벽은 훨씬 더 낮았고, 상황이 악화될 잠재력은 훨씬 더 크고 빨랐다. 미국이 보유한 사이버 익스플로잇과 사이버 무기는 그 적성국이 자체 무기를 확보하고 비축하는 것을 억지하는 효과가 없었다. 이란, 북한 및 다른 여러 나라는 자체 익스플로잇과 무기를 개발할 능력이 없었지만, 시장에서 간단히 사들일 수 있었다. 가우초는 익스플로잇을 팔지 않을지 모르지만, 가격만 맞으면 팔겠다는 해커는 많았다.

내가 십분만 늦었어도 그들을 놓칠 뻔했다. 코너를 돌면서 나는 행진하는 시위대와 마주쳤다. 나중에 알게 됐지만 이것은 목요일마다 열리는 시위였다. 자식을 잃은 아르헨티나의 어머니들이 흰 스카프를 머리에 두르고, 도시에서 가장 오래된 '5월의 광장Plaza de Mayo'에 모여 자신들의 실종된 자녀들의 이름을 쓴 표지판을 들어보였다. 나는 시위 행진이 막 시작된 오후 3시 30분에 이들과 마주쳤다.

그 어머니들은 이제 워낙 늙고 쇠약해서 오벨리스크obelisk 주위를 몇 바퀴 돌지 못하고 벤치에 앉았다. 그들 중 한 명은 구경하는 인파에 호소했다. 어머니의 슬픔은 아직도 깊고 절실하다는 것을 느낄 수 있었다. 부에노스 아이레스의 올드 타운에 자리잡은 세련된 바와 카페를 돌아다니다 보면 잊어버리기 쉽지만, 그리 멀지 않은 과거에 아르헨티나의 군부는 자국민들에게 총구를 겨눴다. 1970년대 후반부터 80년대 초반까지 벌어진 아르헨티나의 소위 '추악한 전쟁Dirty War'에서 군사 정권은 3만여 명을 '사라지게 disappeared' 만들었다. 좌익 운동가들을 테러리스트로 몰아 고문, 강간, 납치를 일삼았으며, 심지어 거대한 구덩이를 파고 그 주위에 세운 뒤 기관총으로 집단 학살을 자행하는가 하면, 마약을 투여해 몽롱한 상태로 만든 뒤 발가벗겨 군용기에서 리오 데 라 플라타Río de la Plata 강으로 던져버리기도 했다. 실종자들desaparecidos이 끝내 발견되지 않는 한 정부는 그들이 아예 존재하지 않았던 것처럼 가장할 수 있었다. 그로부터 40여 년이 지난 지금도 아르헨티나는 희생자들을 식별하거나 기록하려는 아무런 진지한 노력도 기울이지 않고 있었다. 이때는 가우초와 제라 같은 베테랑 해커들이 성장하던 시기이기도 했다.

이들이 디지털 익스플로잇을 정부에 넘기는 데 소극적인 것은 따라서 놀라울 일이 아니었다. 젊은 해커들은 달랐다. 이들은 소위 '실종자들'의 시대를 살지 않았다. 그러므로 큰 돈을 벌 수 있는 기회 앞에서 이들이 시장에 적극 뛰어들지 않을 이유는 거의 없었다.

그 날 저녁, 페데와 그의 직원들은 나를 저녁에 초대했지만 나는 정중히 거절했다. 도시의 다른 지역도 방문하고 싶었기 때문이었다. 랩톱을 호텔방 금고에 넣고, 드레스를 입고, 많이 걸어 얼얼한 발을 하이힐에 끼워넣고 택시를 불러 옛 푸에르토 마데로Puerto Madero 항으로 갔다.

나는 일몰 장면이 연출되던 순간에 도착했고, 리오 데 라 플라타Rio de la Plata의 강둑을 따라 걸었다. 거리는 올가 코세티니Olga Cossettini, 카롤라 로렌지니Carola Lorenzini, 후아나 만소Juana Manso, 알리시아 모로 데 후스토Alicia Moreau de Justo 등 아르헨티나 역사에서 유명한 여성들의 이름을 따서 지었다. 나는 '여성의 다리'라는 뜻의 푸엔테 데 라 무헤르Puente de la Mujer를 건넜다. 발렌시아의 건축가인 산티아고 칼라트라바Santiago Calatrava가 설계한 다리는 한창 탱고를 추는 커플을 연상시켰다. 그것은 에코파티 콘퍼런스에 참가해 느낀 긴장을 풀어주는 달가운 경험이었다.

우아한 드레스 차림의 아르헨티나 여성들을 지나치면서, 나는 문득 며칠 동안 여성과 대화를 나누지 못했다는 사실을 깨달았다. 그리고 혹시 여성들이 이 제로데이 시장이 통제 불능으로 빠지는 상황을 막아줄 열쇠는 아닐까 생각했다. 그들은 이전에도 전쟁을 시작한 적이 있었고, 아마 선제 공격을 할 수도 있을 것이다. 나는 보안 분야를 맡은 지 얼마 지나지 않은 시점에서 한 여성 해커가 해준 말을 떠올렸다. 해커가 해킹을 못하도록 막는 유일한 방법은 그를 결혼시키는 것이라고 그녀는 말했었다. 문제가 그렇게 단순하다면 얼마나 좋으랴!

내가 다시 여성의 다리를 건너 돌아갈 때는 이미 어두워져 있었다. 멀리 부에노스 아이레스의 야경이 보였다. 왜 사람들이 이 도시를 남반구의 파리라고 부르는지 납득이 되는 풍경이었다. 나는 산책로를 따라 물 위에 설치된 스테이크 하우스에 들러 말벡 와인과 아사도^adado 바베큐를 주문해 마음껏 그 풍미를 즐겼다.

그날 저녁 호텔로 돌아왔을 때는 깨끗한 침대보와 안락한 수면을 고대했다. 문득 엘리베이터 거울에 비친 내 모습을 봤다. 눈은 푹 꺼져 있었고, 아직 시차에 적응 중이었다. 내 방으로 돌아왔을 때 문은 열려 있었다. 급하게 나가면서 문을 제대로 잠그지 않았나 잠깐 의심했다. 아니면 호텔 청소부가 아직 방을 정리 중인가? 방안으로 들어갔다. 아무도 없었다. 모든 것이 내가 남겨둔 그대로였다. 내 랩톱을 넣어 두었던 금고만 빼고. 금고는 활짝 열려 있었다. 내 컴퓨터는 여전히 그 안에 있었지만 놓인 위치가 달랐다. 화장실, 옷장, 발코니 등에서 침입자의 흔적을 찾았다. 아무것도 없었다. 다른 모든 것은 손도 대지 않았다. 내 여권과 심지어 페소화로 환전한 현금도 그대로였다. 나는 이것이 일종의 경고 메시지일까 생각했다. 혹은 내가 일종의 부비트랩을 건드렸나 의심했다.

나는 랩톱을 들여다보았다. 그것은 빌린 것이었다. 내 진짜 컴퓨터는 집에 남겨두고, 콘퍼런스에는 펜과 종이만 들고 갔다. 내가 호텔을 나설 때는 랩톱에 아무것도 없었다. 지금은 무엇이 설치되지는 않았는지 궁금했다. 나는 랩톱을 빈 쓰레기 봉지에 넣고, 엘리베이터를 타고 로비로 내려와 그것을 쓰레기통에 던져 버렸다.

나는 부에노스 아이레스의 마지막 날을 이반 아르세^Ivan Arce와 만나기 위해 비워놓았다. 아르세는 제라 리차르테처럼 아르헨티나 해킹 세계의 대부들 중 한 명으로 꼽혔다. 그는 20년 전 코라 시큐리티를 시작한 다섯 명 중 한 명이었다.

아르세는 제라처럼 위엄있는 잿빛 턱수염이나 친절함은 없었지만(그는 트위터에 쉽게 휩쓸리기도 했다) 아르헨티나의 해킹 역사에 다른 누구보다도 열정적이었다. "지금 여기에 이른 것은 우리 세대 덕분이에요."라고 그는 말했다. "우리는 익스플로잇을 무슨 게임처럼 공유했어요. 요즘 세대는 돈을 벌려고 그걸 비축하죠."

아르세, 제라 그리고 그의 세대 해커들은 아르헨티나의 차세대 해커들을 훈련했다. 하지만 아르세는 젊은 세대가 밀레니엄 세대의 사고 방식을 가졌다고 지적했다. 이들은 회사원이 아니었다. 그리고 익스플로잇을 지하 시장에서 파는 편이 코어 시큐리티의 익스플로잇 툴에 내장하는 것보다 더 이익이었다.

"이 친구들은 코어에 2년 정도 머물다가 나가버려요."라고 아르세는 말했다. "신세대는 당장의 만족감에 휘둘립니다. 충성심이 없어요. 익스플로 잇을 외국 정부기관에 파는 것도 이 친구들이죠."

아르세는 젊은 세대의 달라진 행태에 매우 심란한 듯했다. "이들의 셈법은 더 많은 돈을 벌면서도 세금은 안 낸다는 거죠. 익스플로잇을 스파이들에게 파는 데는 영화 007의 제임스 본드 같은 요소도 작용합니다. 전후 사정을 제대로 이해하기도 전에 007 영화에서 본 것 같은 럭셔리 라이프 스타일을 발견하는 것이고, 그러면 돌이킬 수 없죠."

콘퍼런스의 젊은 해커들은 나와는 말하고 싶지 않았을지 몰라도, 그들의 대부와는 언제든 대화할 용의가 있었다. 아르세는 오랫동안 젊은 세대와 많은 대화를 나눴고, 그 과정에서 경멸과 이해가 되섞인 감정을 갖게 됐노라고 내게 말했다. 그런 세태는 스틱스넷 사태 이후에 형성됐다. 익스플로 잇을 정부기관에 파는 것은 가난과 월급쟁이의 고단함을 벗어날 수 있는 출구였다.

나는 아르세에게 다른 사람들에게도 했던 질문을 던졌다. 워낙 자주 묵살되던 질문이기도 했다. 질문은 어색하게 나왔다.

"그러면 젊은 해커들은 익스플로잇을 선한 서방 정부^{good Western governments}

에만 팔까요?"

그는 내 질문을 되풀이했다. "선한 서방 정부라고요?"

나는 몸을 워낙 움츠려서 심지어 내 머리도 좌석 너머로 보이지 않았을 것 같았다. 그 말이 그의 입에서 나오자 더욱 수치스럽게 들렸다. 아르헨티나와 미국의 관계는 2차 세계대전에서 아르헨티나가 나치 독일에 선전포고하기를 거부한 이래로 경색돼 왔고, 라틴 아메리카에서 미국 원조가 금지된 유일한 나라였다. 아르헨티나가 걸프전에서 미국을 지원하면서 관계가 어느 정도 호전되는가 했지만, 키르치네르 정권 치하에서 무가치한 아르헨티나 주식을 붙들고 있던 미국의 헤지펀드 회사와 갈등이 빚어지면서 다시 곤두박질쳤다. 아르헨티나가 디폴트를 선언해 경제가 더욱 어려워지자, 뉴욕의 한 헤지펀드 회사는 키르치네르의 항공기, 220명의 선원이 승선한 아르헨티나의 해군 함정, 심지어 연례 프랑크푸르트 도서전의 아르헨티나 부스까지 압류하며 맞섰다. 키르치네르는 텔레비전으로 중계된 횡설수설 연설에서 미국이 자신을 암살하려는 음모를 꾸미고 있다고 주장했다.

"만약 내게 무슨 일이 벌어진다면 중동 말고 북쪽을 주목하십시오."라고 그녀는 말했다.

미국에 대한 아르헨티나의 부정적인 인식은 오바마 행정부 시절 어느 정도 나아졌지만, 여전히 여론은 미국에 호의적인 쪽과 미국을 괴물로 여기는 쪽으로 반반씩 나뉘어 있었다. 미국은 그런 여론을 탓할 여지가 없었다. 비밀 인가가 풀린 미국의 외교 케이블에 따르면 1976년 헨리 키신저Henry Kissinger 국무장관은 아르헨티나의 군사 정권이 자국민을 광범위하게 탄압, 살해, 납치, 고문하는 행위를 용인했다. "우리는 당신이 성공하기를 원합니다."라고 키신저는 그 해 아르헨티나의 한 장성에게 말했다. "무엇인가 해야 할 일이 있다면 신속하게 해치워야 합니다." 그 사례는 많은 아르헨티나 국민에게 여전히 생생한 기억이었다. 그들에게 미국은 민주적 구원자가 아니었다. 자신들의 자녀를 납치하도록 도와준 나쁜 나라였다.

"니콜, 당신의 시각을 버려야 합니다."라고 아르세는 운을 떼었다. "아르헨티나에서 누가 선합니까? 누가 악합니까? 내가 얼마 전 확인한 바에 따르면 다른 나라를 폭격해 폐허로 만든 나라는 중국이나 이란이 아니었어요."

남반구에서는 도덕적 계산이 뒤바뀌었다. 이곳에서는 이란인들이 동맹이었다. 미국은 국가 차원의 테러리즘을 지원하는 장본인이었다.

"이들 중 많은 경우는 아직 십대에 불과합니다."라고 그는 말했다. "미국 NSA의 요원과 이란에서 온 사람이 현금자루를 들고 나타난다고 칩시다. 이들이 윤리적 분석을 수행할까요? 아니면 두 현금 자루를 들어보면서 어느 쪽이 더 무거운지 가늠할까요?"

이 시장에 일종의 윤리적 기준이 존재하리라는 내 바람은 항상 순진하기 짝이 없었다. 미국에 대한 충성심이 과거보다 줄었다고 해도, 디조텔스와 전직 TAO 운영자들 같은 미국인들은 아직 그런 기준을 고수하고 있을 것이다. 하지만 다른 곳의 사정은 사뭇 다른 게 분명했다.

"모든 무기상이 도덕적인 것은 아닙니다."라고 그는 말했다. "결국 모든 것은 예산이 가장 큰 쪽으로 귀결됩니다. 지금 당장은 NSA가 그런 경우겠죠. 문제는 과연 얼마나 오랫동안 NSA가 자신들의 무기를 비밀로 유지할 수 있느냐는 것입니다."

그날 밤 나는 다시 아사도 바베큐로 든든하게 배를 채우고 팔레르모에 있는 거대한 산업용 빌딩의 한 지하 클럽을 찾아갔다. 콘퍼런스의 마지막 밤이었고, 해커들로서는 긴장을 풀거나 딜을 성사시킬 마지막 기회였다. 나는 벨벳 로프를 통과하고, 미니 스커트에 망사 스타킹 차림의 예쁜 여성들과 연말 보너스로 부에노스 아이레스를 방문한 것처럼 보이는 국외 거주 은행가 타입의 사람들을 지나갔다. 옅은 녹색의 플래시 라이트와 연막을 통과해 해커들이 모인 위층의 VIP 섹션으로 올라갔다. 디제이는 토킹 헤즈 Talking Heads의 노래를 리믹스하고 있었다. '집이 내가 있고 싶은 곳이야. 나를 데려가서 나를 바꿔줘. 나는 감각이 없어, 약한 심장으로 태어났거든. 생각컨대 즐겨야 할 것 같아.'[3]

VIP 해커들은 술 따르는 서비스와 대화에 능한 젊고 가녀린 호스티스들에게 정신이 팔려 있었다. 술기운이 오르자 일부는 춤을 췄고, 일부는 흐느적거렸다. 누군가가 내게 레드불과 보드카를 권했다. 나는 쓰디쓴 맛을 애써 무시하고 꿀꺽 마셨다. 적게 말할수록 좋아. 상황에 맞춰 이야기를 지어내라고! 그 주에 경험한 이미지와 대화가 서로 뒤섞이기 시작했다. 해커들은 이제 전혀 새로운 차원의 핵물리학자들이지. 나는 누가 그들의 코드를 갖고 돌아갈지 궁금했다. 당신은 스스로에게 묻겠지. "내가 옳은 건가? 내가 틀린 건가?" 스스로에게 이렇게 말하겠지. "맙소사, 대체 내가 뭘 한 거야?"[4]

나는 레드불과 보드카를 버리고 바로 가서 진짜 칵테일을 주문했다. 술기운 속에 나는 한쪽 구석에서 은밀한 대화를 나누는 두 명의 익숙한 얼굴을 알아봤다. 에코파티에서 본 얼굴이었다. 콘퍼런스 동안 의식적으로 나를 피했던 이들 중 하나는 좀 더 나이가 많은 중동계 외국인 같았는데 어디 출신일까? 사우디아라비아? 카타르? 분명히 미국인은 아니었다. 다른 하나는 30대 초반으로 보이는 아르헨티나 해커였다.

데이비드 번David Byrne의 노래가 요란해서 그들이 무슨 얘기를 나누는지는 알아들을 수 없었다. 하지만 이들의 손짓 몸짓으로 보건대 꽤 진지한 비즈니스를 논의하는 게 분명했다. 그것은 익스플로잇이 중개되고 팔리는 은밀한 대화였다. 미국이 퍼뜨린 그 시장은 이제 미국의 통제권을 완전히 벗

---

3 토킹 헤즈의 노래 'This must be the place(여기가 거기임에 틀림없어)'의 노랫말— 옮긴이

4 토킹 헤즈의 노래 'Once in a Lifetime(일생에 단 한 번)'의 노랫말 — 옮긴이

어났다. 그것이 과연 통제될 날이 있기나 할까 의심스러웠다. 나는 그 해커의 키가 이번에는 어떤 나라나 기관의 어떤 시스템을 뚫을지 사뭇 궁금했다. 내가 남은 칵테일을 마시는 순간 더 나이든 외국인 신사는 나와 눈이 마주쳤다. 그는 마주앉은 해커에게 더 그늘 쪽으로 들어오라는 몸짓을 했고, 그들이 숨은 실내 안개는 너무 자욱해서 놓쳐버리고 말았다.

밖으로 나왔다. 바깥은 이제 밤의 유흥이 막 시작된 참이었다. 나는 클럽으로 들어가기 위해 줄을 선 포르테뇨들과 외국인들을 지나쳤다. 택시를 불렀다. 택시를 타고 창문을 내렸다. 택시가 도로로 막 들어설 때, 나는 문득 토킹 헤즈의 명곡 '일생에 단 한 번Once in a Lifetime'에 나오는 가사가 떠올랐다.

"여기 토네이도가 오고 있어Here comes the twister"

18장

퍼펙트 스톰

사우디아라비아 다란Dhahran

지난 10년을 돌이켜 보면 미국이 사이버 적국으로 간주하는 모든 나라가 미국을 표적으로 삼은 시발점은 성조기가 불타는 장면이었다.

미국과 이스라엘이 이란의 국경을 넘어 핵 정제 시설의 원심분리기를 파괴한 지 3년 뒤, 이란은 당시로서는 전대미문의 파괴적인 보복 공격을 개시했다. 2012년 8월 15일 이란의 해커들은 문서상 애플보다 다섯 배 이상 가치가 높은 세계 최대 규모의 정유 회사인 사우디 아람코Saudi Aramco를 멀웨어로 공격해 3만여 대의 컴퓨터를 마비시켜 데이터를 삭제하고, 이를 불타는 성조기의 이미지로 대체했다. 세상의 모든 돈으로도 아람코는 이란의 해커들을 막을 수 없었다. 이들은 이슬람에서 연중 가장 신성한 '능력과 거룩한 밤Laylat-ul-Qadr'[1]의 전날까지 기다렸다. 사우디인들이 가정에서 예언자 무하마드Prophet Muhamad에게 코란을 전수한 날을 기념하는 '권능의 밤The Night of Power'에 이란 해커들은 킬 스위치를 눌러 멀웨어를 발동함으로써 아람코의 컴퓨터와 데이터를 파괴하고, 시스템의 이메일과 인터넷에 접속하고 하드드라이브의 글로벌 시장에 혼돈을 초래했다. 그보다 더 나쁠 수도

---

1 코란 선포의 밤 혹은 운명의 밤이라고도 한다. 이슬람교 경전인 코란의 첫 구절이 이슬람 선지자 무하마드에게 계시된 밤이라고 한다. – 옮긴이

있었다. 크라우드스트라이크CrowdStrike, 맥아피, 아람코 및 다른 보안 연구 기관은 이란의 해커들이 남긴 흔적을 면밀히 조사한 끝에, 이들이 아람코의 비즈니스 시스템과 생산 시스템 사이의 루비콘 강을 건너려고 시도한 사실을 발견했다. 그런 면에서 이들은 강을 건너지 못했다.

"이 공격의 주요 목표는 지역과 국제 시장으로 나가는 석유와 가스의 흐름을 막는 것이었는데, 천만다행으로 이들은 그 목표를 달성하지 못했습니다."라고 아람코의 압둘라 알-사단Abdullah al-Saadan 부회장은 사우디의 알 에크바리야Al Ekhbariya 텔레비전과의 인터뷰에서 말했다.

몇 년 동안 여러 장성과 기업 간부들, 스파이들 및 해커들은 내게 동적 결과kinetic consequences를 초래하는 사이버 공격을 보게 될 것이라고 경고했었다. 하지만 우리는 이란이 그런 수준에 그토록 빨리 도달할 줄은 전혀 예상하지 못했다.

미국은 적을 지나치게 과소평가했다. 이란이 그렇게나 빨리 미국의 사이버 공격 방식을 배우리라고는 생각하지 못했다. 이란 해커들이 아람코를 공격하는 데 사용한 멀웨어는 그리 정교하지도 않았다. 기본적으로 4개월 전 미국과 이스라엘이 이란의 석유 네트워크를 감염시키고 데이터를 삭제하는 데 사용한 코드를 표절한 것이었다. 그러나 코드에 남긴 단어를 따서 '샤문Shamoon'이라고 불리는 해당 멀웨어는 이들이 의도한 바를 정확히 수행했다. 이란의 최대 라이벌인 사우디에 치명적 타격을 입혔고, 미국에는 이란이 위력적인 사이버 위협이며 곧 미국도 공격할 것임을 암시했다.

"우리는 이란이 그런 종류의 정교한 바이러스를 개발할 수 있다는 데 충격을 받았습니다."라고 당시 국방장관인 레온 파네타는 나중에 내게 말했다. "그것이 우리에게 시사한 바는 그들이 우리의 예상보다 더 높은 수준의 사이버 능력을 갖췄다는 것입니다. 그리고 그것은 우리의 인프라를 공격하는 데도 쉽게 이용될 수 있는 바이러스였어요. 9/11 사태나 진주만 공습처럼 막대한 혼란과 파괴를 초래할 수 있는 무기였습니다."

이란이 재래식 무기나 국방비 지출에서 미국을 대적할 가망은 전혀 없지만, 미국과 이스라엘이 공동으로 이란을 공격한 '올림픽 게임' 작전[2]은 사이버 무기도 재래식 무기 못지않은 잠재적 파괴력을 지녔음을 이란에 보여줬다. 공격적 사이버 전쟁에서 미국은 아직 최강국이었지만, 자체 시스템을 안전하게 방어하는 면에서는 개탄스러울 만큼 뒤처졌고, 날이 갈수록 더욱 취약해졌다. 미국의 데이터 침해 사고는 해마다 60%씩 늘었고, 이제는 너무나 흔해져서 뉴스 보도에서도 잠깐 언급만 하고 지나갈 정도가 됐다. 오바마 대통령을 비롯한 미국민의 절반은 인터넷 사기 때문에 적어도 한 번은 신용카드를 재발급받아야 했다. 데이터 침해 사고는 백악관, 국무부, 연방 정보기관, 미국의 최대 은행, 최대 병원기관, 에너지 회사, 소매체인점, 심지어 우체국까지 미쳤다. 모두 침해 사고를 인식했을 때는 이미 대부분의 정부 기밀, 기업 비밀, 직원과 고객의 개인정보 등이 이미 해당 빌딩에서 빠져나간 다음이었다. 그리고 미국은 이제 네트워크를 더욱 넓혀 발전소, 기차, 항공기, 항공 관제, 은행, 주식, 유가 증권 거래소, 석유 파이프라인, 댐, 빌딩, 병원, 가정, 차량 등을 인터넷에 연결하고 있었다. 그 모든 센서와 접근 포인트는 공격의 표적이 될 수 있다는 사실을 망각하고 있다. 그리고 로비스트들은 미국의 규제 기관이 그에 대해 아무런 보안 조치도 취하지 않도록 부추겼다.

이란이 아람코를 공격하기 불과 2주 전, 미국의 주요 인프라를 외부의 접근으로부터 차단하려던 의회의 첫 번째 시도는 좌절됐다. 구체적 대응 방안을 담은 법안은 미국의 주요 인프라를 감독하는 기관에 대해 엄격한 사이버 보안 표준을 정하자는 내용을 담고 있었다. 전망은 밝아 보였다. 의회

---

2 9장 참조

내 특수 정보 시설에서 진행된 비밀 브리핑에서 국토안보부의 재닛 나폴리타노Janet Napolitano 장관, 로버트 멀러Robert Mueller FBI 국장, 마틴 뎀프시Martin Dempsey 합참의장 그리고 마이크 매코넬Mike McConnell NSA 국장을 비롯한 여러 고위 정부인사들은 미국의 주요 인프라에 대한 사이버 위협이 매우 심각하다는 점을 상원의원들에게 납득시키려 했다. "공식 기록 차원에서 말씀드리건대, 만약 사이버 공격을 당한다면 우리는 패배할 겁니다."라고 매코넬 국장은 상원의원들에게 말했다. 정부는 민간 분야의 협조가 필요했다.

"인프라의 대부분은 민간업체의 수중에 있습니다."라고 마이클 처토프Michael Chertoff 전 국토안보부 장관은 당시 내게 말했다. "정부는 이것을 항공 관제 시스템처럼 관리할 수는 없을 겁니다. 우리는 많은 수의 독자 기관을 끌어들여야 할 것입니다." 만약 그것이 규제를 통해 민간 전력회사, 파이프라인 운영사, 정수 처리 공장 등에 보안 수준을 높이도록 한다는 뜻이라면 그 방향으로 가야 한다고 처토프는 말했다. 그는 허리케인 카트리나Hurricane Katrina에 대한 정부 대응을 주도한 경험을 바탕으로, 미국이 이제는 주요 인프라에 대한 사이버 위협에 직면했으며 그 잠재적 위험성은 그에 못지않다고 전망했다.

"우리에겐 시간이 없습니다"라고 그는 말했다.

하지만 미국 상공회의소의 로비스트들이 상원의원들의 결정에 개입했다. 상공회의소 역시 전년도에 회의소의 온도 조절 장치와 프린터를 통해 침투한 중국 해커들에게 피해를 입었다. 회의소의 로비스트들은 '과도 규제overregulation', '비대한 정부big government' 등등의 비판을 쏟아냈고, 애초의 보안 표준은 의무 사항에서 자율적인 것으로 현저히 약화됐다. 그리고 심지어 자율적인 표준조차 기업에 지나친 부담을 안긴다며 공화당계 상원의원들이 의사 진행을 방해했고(필리버스터), 결국에는 표준 자체가 기각되고 말았다. 자율적인 보안 표준에도 합의할 수 없는데 과연 미국은 이 새로운 전쟁터에서 승산이 있을지 의심스러웠다. 미국으로부터 1만km 떨어진 곳에서 이란의 종교지도자들은 피 냄새를 맡았다.

스턱스넷은 이란이 가장 중요하게 여겼던 핵 개발 프로그램을 타격했고, 이란은 곧 사이버 수단을 통해 미국이 가장 뼈아파 할 대상을 공격할 수 있다는 점을 깨달았다. 값싼 석유 공급망, 경제 그리고 미국은 안전하며 최강의 군사력을 보유했다는 믿음 등이 그것이었다. 일단 스턱스넷이 발견되고 전모가 드러나자 이란 국민은 분노했고, 이란 지도자들이 기대했던 것보다 훨씬 더 많은 사람이 미국에 대한 보복에 가담하겠다며 자원했다. 사이버 전력을 쌓는 데 필요한 비용은 워낙 낮아서 이란의 이슬람 혁명군대는 고작 F-35 스텔스 폭격기 석 대를 구입할 비용으로 세계적 수준의 사이버 군대를 구축했다.

스턱스넷 공격 이전까지 이슬람 혁명군은 아직 초보 수준인 사이버 전력에 7,600만 달러의 예산을 배정한 것으로 알려졌다. 스턱스넷 공격을 당한 뒤, 이란은 10억 달러를 새로운 사이버 기술, 인프라, 전문성 배양에 쏟아부었고, 이란의 유능한 해커 인력을 새로운 디지털 군대로 스카웃하고 징집했다. 스턱스넷은 이란의 핵 개발 프로그램을 몇 년 지연시키는 한편, 이스라엘의 핵 시설 폭격을 막는 데 기여했다. 하지만 불과 4년 후, 이란은 우라늄을 확보했을 뿐 아니라 스턱스넷 공격 당시 운영된 숫자보다 세 배 이상 더 많은 18,000개의 원심분리기를 설치했다. 그리고 지금 이란은 '세계에서 네 번째로 큰 규모의 사이버 군대'를 보유하고 있다고 주장했다.

이란은 완전히 미국의 허를 찔렀다. 미국은 수천 번에 이르는 중국의 사이버 공격을 막는 것은 고사하고 이들을 추적하는 데도 애를 먹고 있었다. 오로라 공격은 빙산의 일각에 불과했다. '리전 양키'는 미국의 정부기관, 기업, 대학, 연구소 등을 미친 듯이 공격하는 24개 이상의 중국 해킹 그룹과 계약사 중 하나일 뿐이었다. 이들은 수조 달러대의 미국 지적재산, 핵 추진 청사진, 무기 디자인 등을 닥치는 대로 훔쳤고, 이는 미국에서 매년 1백만 명의 일자리가 사라지는 결과를 낳았다. 오바마 행정부는 특사를 베이징에 차례로 파견해 중국 정부에 항의했다. 이들 회담에서 중국 정부는 미국의 불만을 들었고, 모든 것을 부인했고, 자신들 또한 사이버 공격의 희생자라고 주장한 다음 곧바로 해킹을 재개했다.

구글에 이어 「뉴욕타임스」는 자체 시스템에 대한 공격의 주범으로 중국을 적시한 첫 회사였다. 내 기사를 게재하기 직전 편집자들은 발행 의지를 재점검했다. 우리는 정말로 우리가 공격당한 사실을 공개하고 싶은가? 우리 경쟁사는 뭐라고 말할까? 나는 "아무 말도 안할 거예요."라고 말했다. "그들도 모두 해킹을 당했거든요." 아니나 다를까, 기사가 나간 지 몇 시간도 안 돼 「워싱턴포스트」와 「월스트리트저널」도 중국에 해킹을 당했음을 인정했다. 만약 중국에 해킹 당한 적이 없다면 그곳은 공신력 있는 언론 기관이라고 할 수 없을 정도였다. 해당 보도는 댐의 수문을 열어젖힌 것과 같은 효과를 낳았다. 「뉴욕타임스」에서 일한다는 것이 그때보다 더 자랑스러운 적은 없었다. 오랫동안 피해자들은 사이버 공격 사실을 공개하면 주가가 폭락하거나 중국 시장의 좋은 비즈니스 기회를 놓칠지 모른다고 판단해 고객과 주주, 경쟁사에 알리지 않은 채 더러운 비밀로 취급해 왔다. 이제 피해자들은 마침내 공개의 빛 속으로 한 발 들어왔다.

한편 중국의 관료들은 부인으로 일관했다. 이들의 내 보도가 터무니없다며 그를 뒷받침하는 '분명한 증거'를 대라고 요구했다. 그래서 우리는 증거를 제공했다. 2주 뒤, 동료인 데이비드 바도자David Bardoza, 데이비드 생어와 나는 공격의 출처를 중국 인민해방군(PLA)의 문턱까지 끌고 갔다. 맨디언트의 협조로 우리는 PLA 소속 '유닛 61398'의 요원들이 코카콜라, 보안 회사인 RSA, 군수 회사인 록히드 마틴 등에 대해 수천 회의 공격을 전개하는 상하이 소재 12층짜리 군사 빌딩을 정확히 찾아냈다. 우리는 개별 해커를 각자의 IP 위치로 추적할 수 있었고, 심지어 그들의 컴퓨터 화면에 무엇이 떠 있는지까지 관찰할 수 있었다. 유일한 제한은 우리가 PLA의 건물 안으로 들어갈 수 없다는 점이었다.

"이런 대규모 공격은 유닛 61398에서 직접 수행되는 것이거나, 아니면 세계에서 가장 철저히 통제되고 감시되는 인터넷 네트워크를 운영하는 장본인들이 정작 수천 명이 한 장소에서 공격을 감행하는 것을 전혀 모르고 있다는 뜻이다."라고 케빈 맨디언은 우리에게 말했다.

우리의 보도는 백악관의 대응 수위를 높이는 데 기여했다. 중국의 공격에 대한 기사가 나간 지 닷새 뒤, 오바마 대통령은 국정연설에서 '우리의 기업 비밀을 훔치는 해외 국가와 기업'을 강하게 비판했다. 그것은 백악관이 사이버 절도에 대해 그간 지켜오던 조용한 외교적 태도를 버리고 강경 대응으로 나가겠다는 첫 신호였다.

법무부는 중국에 대한 사법적 대응을 모색하기 시작했다. 그리고 1년 후 연방 검사들은 PLA 61398 소속 요원 다섯 명에 대한 기소와 더불어, 이들을 FBI의 지명수배자 명단에 올린다고 발표했다. 하지만 중국 당국이 이들을 미국에 인도할 확률이 제로라는 점을 감안하면 이것은 모두 상징적인 조치였다. 여러 주 동안 중국의 해킹 그룹은 자신들의 공격 툴을 버리고 잠적했다. 그에 대해 백악관이 일말의 낙관적 전망을 품었다면 그것은 그리 오래가지 않았다. 불과 몇 주 뒤, 이들은 미국의 표적에 대한 새로운 공격을 개시했고, PLA의 새로운 해킹 팀이 등장해 이전 팀의 뒤를 이었다.

백악관이 중국 같은 비교적 이성적인 세력이 미국의 시스템을 해킹하는 것을 막을 수 없다면, 이란 같은 비이성적 세력은 어떻게 감당할 수 있을까? 이란의 해커들이 미국 은행을 표적으로 삼았을 때, 아무도 적절한 대답을 하지 못했다.

미국에서 금융은 사우디아라비아에서 석유가 차지하는 비중만큼이나 중요하다. 아람코 공격으로부터 한 달 남짓한 시간이 흐른 뒤 이란의 해커들은 미국의 은행을 조준했다. 뱅크 오브 아메리카Bank of America, J.P. 모건, 시티그룹, 피프스 서드 뱅크Fifth Third Bank, 캐피탈 원Capital One 그리고 뉴욕증권거래소의 경영진은 그들의 뱅킹 사이트에 밀물처럼 집중되는 이란의 인터넷 트래픽에 하나둘 무너지거나 오프라인 상태로 떨어지는 상황을 무기력하게 지켜볼 수밖에 없었다.

해당 공격은 수천 대의 컴퓨터를 동원해 한꺼번에 데이터 요청을 함으로써 표적이 되는 웹사이트가 그런 부하를 견디지 못하고 다운되게 만드는 소위 '서비스 거부 공격denial of service attacks'이었다. 하지만 이들의 공격에는 우려할 만한 차이가 있었다. 이것은 새로운 유형의 무기였다. 이란 해커들은 개별 컴퓨터를 감염시켜 동원하는 대신 전 세계 데이터 센터의 컴퓨터를 장악함으로써, 비유하자면 성가시게 짖어대는 치와와들을 불을 내뿜는 고질라들로 탈바꿈시킨 셈이었다. 걷잡을 수 없이 집중되는 인터넷 트래픽은 너무나 압도적이어서 어떤 보안 방어책으로도 공격을 멈출 수 없었다. 대부분의 비즈니스가 겨우 1기가바이트라는 점을 감안하면 엄청난 규모인 40기가바이트의 인터넷 용량을 가진 은행도 70기가바이트 용량의 트래픽이 지속적으로 유입되면서 오래 버티지 못하고 무너졌다. 이는 2007년 러시아 해커들이 여러 달에 걸친 공격으로 에스토니아Estonia 전체를 거의 마비시킬 때 쏟아부은 트래픽 용량보다 몇 배나 더 큰 규모였다. 이렇게나 많은 금융 기관이 한꺼번에 결정적 피해를 본 적은 없었다. 여러 달 동안 이란 해커들은 하나 둘씩, 지속적이고 점점 더 강도를 높인 일련의 공격으로 50개에 가까운 미국의 은행을 무력화시키면서 인터넷 역사상 최장 기간 지속된 사이버 공격이라는 기록을 남겼다.

오바마 대통령이 긴급 브리핑을 위해 월스트리트의 최고 경영자들을 초청했을 때, 경영자들은 그저 고개만 저을 뿐이었다. 오바마 행정부는 이란이 주범임을 분명히 했다. 하지만 해법을 찾지 못한 점에서는 행정부 역시 경영자들과 다를 바가 없었다. 그 공격은 미국이 가진 사이버 방어의 한계를 노출했다. 금융 시스템을 포함한 주요 인프라를 보호할 의무를 진 국토안보부는 무기력했다. 민간 기업에 대해 그들의 시스템이 가진 위험성을 알리고 침해 발생 시 조언을 해주는 데 그쳤다. 수백만 달러의 손실과 복구비용의 부담은 고스란히 피해자들의 몫으로 떨어졌다. 불평등한 새로운 사이버 전쟁의 시대는 이런 양상으로 흐를 수밖에 없었다. 미국은 사이버 공격으로 다른 나라의 인프라를 타격할 수 있었지만, 해외 세력이 보복 공격을 해올 때는 미국 민간 기업이 오롯이 책임질 수밖에 없었다. 미국은 서로 보복 강도를 높여가는 국가 간 사이버 공격에 대한 일관된 대응책이 없었다.

"우리의 사이버 무기를 적들에게 공격적으로 사용할 계획이었다면, 그들이 반격할 경우에 어떻게 대응할지 잘 준비돼 있어야 할 겁니다."라고 파네타는 내게 말했다.

이란이 다시 공격했을 때 미국은 이전보다 훨씬 더 신속하게 대응했다. 너무 재빨라서 거의 재난에 가까울 정도였다.

"대통령을 깨워야 할까?" 2013년 8월의 어느 날 밤, 존 브레넌John Brennan CIA 국장은 백악관의 사이버 보안 조정관인 J. 마이클 대니얼J. Michael Daniel 에게 물었다. 그것은 소설이나 영화에 흔히 등장하는 '새벽 3시의 전화'였다. 브레넌은 대니얼에게 이란의 해커들이 보우먼 댐Bowman Dam의 PLC 제어 시스템에 침입했으며, 수문을 열지도 모른다고 말했다.

오레곤주 크루키드 강Crooked River을 막은 거대한 아서 R. 보우먼 댐Arthur

R. Bowman Dam의 시스템 침입은 재난적 결과를 낳을 수 있었다. 높이 75m, 제방 길이 240m의 보우먼 댐 담수량은 약 6억 5천만 톤으로 수문을 열어 갑자기 방류할 경우 하류에 위치한 파인빌Pineville의 1만여 주민은 커다란 홍수 피해를 입을 위험이 있었다. 만약 이란의 해커들이 댐의 모든 수문을 동시에 열어 쓰나미를 불러일으킨다면 미국으로서는 그에 상응하는 파괴적 대응에 나설 수밖에 없을 터였다. 대니얼은 평소 침착한 브레넌이 그처럼 불안해 하는 모습을 본 적이 없었다.

그러나 이후에 이란의 해커들이 엉뚱한 표적을 공격했다는 사실이 드러났다. 사실 이들은 오레곤주의 아서 R. 보우먼 댐의 시스템을 해킹한 것이 아니었다. 이들이 침투한 곳은 뉴욕주 웨스트체스터Westchester 카운티에 있는 6m 규모의 보우먼 애비뉴 댐Bowman Avenue Dam으로, 작은 하천이 주변 민가의 지하실로 범람하는 것을 막기 위한 작은 제방이었다. 이름은 비슷했지만 규모의 차원이 달랐다. 게다가 바로 그날 저녁, 이 댐은 정비를 위해 수문 제어 장치의 연결을 끊어놓은 상태였다.

그런 공격 기도가 공개된 직후, 웨스트체스터 카운티에 소속된 작은 도시 중 하나인 라이 브룩Rye Brook의 폴 로젠버그Paul Rosenberg 시장은 「뉴욕타임스」의 조셉 버거Joseph Berger 기자에게 이렇게 말했다. "그 거대한 음모의 차원에서 볼 때 그 댐이 얼마나 작은지, 얼마나 사소한지 따져보면 황당할 지경입니다. 우리가 지금 미국의 인프라에 결정적으로 중요한 무엇인가를 논의하는 것도 아니죠."

그로부터 몇 년이 지난 뒤에도 대니얼은 미국 정부가 이란에 보복 공격을 거의 결정할 뻔했던 그날 밤의 상황에 움찔해하는 표정을 지었다. "그것은 사이버 환경에서 명심해야 할 중요한 교훈이었어요. 최초 평가는 거의 항상 틀린다는 사실 말이죠."

그럼에도 불구하고 이란의 사이버 위협은 점점 더 심각해졌고, 더 역동적으로 발전했다. 불과 몇 달 뒤, 이란 해커들은 미국 해군의 시스템에 침투했다. 그해 펜타곤 및 뉴멕시코와 아이다호 폴스Idaho Falls에 있는 국립에너지연구소에서 연구원과 엔지니어들은 이란의 실제 인프라 공격은 어떻게 전개될지 파악하기 위한 '워 게임war game'을 시작했다. 이러한 시뮬레이션은 이동전화 기지국, 금융 시스템, 정수 시설 및 전력망 등에 대한 공격 시나리오를 포함하고 있었다. 미국의 보안 관료들이 오랫동안 두려워하던 재난적 사이버 공격이 임박했다. 미군의 한 지도급 인사가 표현한 대로 "그들로서는 미국의 인프라를 공격하는 데 아무것도 잃을 게 없었다."

　보우먼 사고가 터진 해에 두드러진 현상은 이란의 젊은 해커들이 산업용 보안 해킹 콘퍼런스에서 자주 눈에 띄었다는 점이었다. 내가 레스토랑에서 만난 이탈리아의 용병 해커들이 질문은 회피한 채 연어만 바라봤던 바로 그 마이애미의 콘퍼런스에서 나는 알리 아바시Ali Abbasi라는 젊은 이란 해커가 무대에 올라 전력망을 제어하는 컴퓨터를 불과 5초 만에 해킹하는 장면을 보고 충격을 받았다. 아바시의 시연보다 더 놀라운 것은 그의 이력서였다. 처음에 이란은 아바시를 그 나라의 가장 유망한 해커 중 하나로 점찍었다. 그는 이란의 샤피르 기술대학교Shafir Technical University에서 취약성 분석 및 침해사고 관리를 담당하다가 이란 정부에 스카웃돼 중국에서 산업 시설에 대한 사이버 공격을 공부했다. 당시에는 중국의 하이테크 863 프로그램의 지원으로 전 세계의 산업용 시스템을 어떻게 해킹할 수 있는지 다양한 방법을 연구하고 있었다. 중국의 863 프로그램은 중국의 대학에 기금을 지원하는데, 근래 몇 년간 미국에 대한 여러 사이버 공격을 감행한 주요 출처로 떠올랐다. 나는 이란이 자국의 유망한 프로그래머들을 중국에 보내 해킹 기술을 배우게 한다는 말을 들었는데, 아바시는 그 증거인 셈이었다. 그리고 그의 전문 기술은 특히 위험하다는 생각이 들었다. 일단 전력망에 접속하면 데이터 변조나 삭제, 정전은 물론, 시스템의 압력과 온도 계기판을 조작해 파이프라인이나 화학 공장을 폭파하는 일까지, 무슨 일이든 다 할 수 있다고 아바시는 시연장에서 말했다. 그는 무심한 어투로 정부 관료들이 임박했다고 두려워하는 가공할 사이버 공격이 아니라 평범한 예비 타이어 설치 방법을 설명하듯 각 단계를 묘사했다.

불과 몇 달 전, 레온 파네타 국방장관은 '9/11 테러리스트 공격 못지않게 파괴적인' 사이버 공격을 처음으로 진지하게 경고했다. 미국은 다시 한번 '9/11 이전의 순간'에 놓였으며, "호전적인 국가나 극단주의 그룹은 국가 기반 시설을 마비시키기 위해 이런 유형의 사이버 툴을 사용할 수 있다."고 파네타는 박물관으로 개조돼 뉴욕에 정박된 미국의 퇴역 항공모함 인트레피드Intrepid의 청중에게 말했다. "이들은 여객용 기차를, 더 위험하게는 치명적인 화학물질을 적재한 여객용 기차를 탈선시킬 수도 있습니다. 주요 도시에 공급되는 식수를 오염시키거나 주요 전력망을 무력화할 수도 있습니다."

그해 파네타 장관과 다른 이들이 가장 경계하며 주목한 나라는 이란이었다.

"핵무기처럼 결국 그들은 강력한 사이버 군사력을 갖추게 될 겁니다."라고 전직 정부 관료이자 사이버 보안 전문가인 짐 루이스Jim Lewis는 2014년 초 내게 말했다.

당시만 해도 미국 본토에 대한 최초의 파괴적 사이버 공격이 라스베이거스의 카지노와 할리우드의 영화 스튜디오를 마비시키는 방식일 줄은 아무도 예상하지 못했다.

보우먼 공격으로부터 두 달 후, 이란은 셸던 애덜슨Sheldon Adelson의 샌즈Sands 카지노 제국을 타격했다. 2014년 2월 10일의 이른 아침, 샌즈 카지노의 컴퓨터는 작동을 멈췄다. 아람코의 경우처럼 카지노의 컴퓨터는 쓸모없는 벽돌이나 마찬가지였다. 이메일과 전화기도 불통이었다. 하드 드라이브는 데이터가 삭제돼 텅 비었다. 이번 공격의 메시지는 성조기를 불태우는 것이 아니었다. 대신 이란의 해커들은 샌즈의 웹사이트를 세계 곳곳에 분포된 샌즈 카지노의 위치를 불꽃으로 보여주는 세계 지도, 이스라엘의 네타냐후 수상과 함께 있는 셸던 애덜슨의 사진 그리고 애덜슨에게 보내는 개인 메시지로 대치됐다. "당신의 혀가 당신의 목을 자르게 하지 말라."는 메시지였다. 글을 쓴 단체는 '반 대량살상무기 팀^Anti WMD Team'으로 돼 있었다.

이란 해커들은 카지노 억만장자인 애덜슨이 미국은 이란에 핵 폭격을 해야 한다고 주장한 최근 발언에 대한 보복 행위를 벌인 것이었다. 친이스라엘계로 막대한 규모의 자금을 지원해 온 애덜슨은 예시바 대학교^Yeshiva University 강연에서 미국은 이란 사막의 중심부에 원자폭탄을 투하해야 한다면서 이렇게 말했다. "알겠어요? 다음 폭탄은 테헤란 중심부예요." 이란의 종교 지도자들은 그의 발언을 매우 불쾌하게 받아들였다. 최고지도자인 아야톨라 알리 하메네이^Ayatollah Ali Khamenei는 애덜슨이 "주둥이를 맞아야 마땅하다."라고 말했다.

이란의 사이버 군대는 해당 발언을 직접 명령으로 인식하고, 그 전에 아람코에 한 것처럼 샌즈를 공격했지만 한 가지 다른 점이 있었다. 이란의 해커들은 이번에는 한 단계 더 나아가 카지노 직원들의 이름과 사회보장번호도 온라인에 공개했다. 샌즈는 나중에 작성된 보고서에서 그 사이버 공격으로 약 4천만 달러의 재산상 피해를 입었다고 밝혔다.

워싱턴의 정보기관은 그 공격으로 패닉 상태에 빠졌다. 미국의 민간기업이 국가 간 사이버 전쟁의 부수적 피해를 입는 데 대해 어떻게 대응할지는 고사하고, 점점 더 강도를 더해가는 이란의 사이버 위협을 제어할 전략을 세우지 못했기 때문이었다. 이들은 자체 시스템을 공격으로부터 보호하는 것만도 충분히 어렵다는 사실을 깨닫고 있었다.

미국 정보기관은 당시 모르고 있었지만, 샌즈가 해킹 당한 같은 달에 중국 해커들은 미국 연방 인사국에 대한 공격을 준비하는 단계에 있었다. 이 공격으로 미국은 비밀정보 사용 허가를 신청한 적이 있는 2천 1백 50만 미국민들의 개인정보를 도둑맞았다.

미국은 사방에서 공격을 받고 있었다. 상황 악화의 토네이도는 통제 불능으로 치닫고 있었다.

1만여km 떨어진 곳에서 또 다른 미국의 적성국이 이란의 공격과 심각한 미국 측 보복 행위의 부재를 면밀히 지켜보고 있었다.

2014년 12월, 미국의 정보기관이 중국과 이란의 공격에 허둥대고, 우크라이나의 투표 시스템과 전력망에 대한 러시아의 침투 행위에 당혹해 하고 있을 때, 북한의 해커들은 전혀 예기치 않게 소니 영화사를 아람코/샌즈 스타일로 공격해 소니 컴퓨터의 70%를 파괴했고, 그 때문에 직원들은 몇 달 동안 펜과 종이를 사용하던 상태로 돌아가야 했다.

북한 해커들은 제임스 프랭코James Franco와 세스 로건Seth Rogen이 만든 영화 〈디 인터뷰The Interview〉에 대한 보복으로 소니 스튜디오를 공격했다. 이 영화에서 프랭코와 로건이 맡은 배역은 북한의 최고지도자인 김정은을 암살한다. 앞서 이란의 해커들이 그랬듯이 북한 해커들은 데이터를 삭제하고, 직원들의 사회보장번호를 유출했으며, 더 나아가 경영진의 민망하고 망신스러운 이메일을 온라인에 공개했다.

공격자들은 스스로를 '평화의 수호자the Guardians of Peace'라고 불렀지만, 며칠 못가 진짜 범인은 북한이라는 사실이 분명해졌다. 소니의 해커들은 1년 전 북한 해커들이 남한의 은행과 방송사를 공격할 때 사용한 것과 동일한 공격 인프라를 사용했다.

백악관의 관료들은 소니 해킹에 대해, 특히 북한이 '디 인터뷰'를 상영하지 못하도록 여러 영화관 체인점까지 위협한 데 대해 표현의 자유에 대한 침해라고 판단했다. 하지만 이들을 더 우려하게 만든 것은 소니에 대한 공격이 아람코와 샌즈 카지노에 대한 파괴적 공격과 놀라우리만치 유사하다는 점이었다. 미국의 적들은 미국의 과거 공격으로부터 배울 뿐 아니라 적들끼리 기법을 익혔다.

"심각한 경보가 발령됐어야 옳았죠."라고 파네타 장관은 내게 말했다.

그 대신 언론은 애덤 샌들러Adam Sandler 영화를 폄하하고, 안젤리나 졸리Angelina Jolie를 '재능도 별로 없고 싸가지도 없는 애'라고 험담한 소니 경영진의 이메일 내용을 폭로하기 바빴다. 유출된 이메일은 또한 인종별, 성별에 따른 현격한 급여 차이를 드러냈다. 소니 스튜디오는 해킹의 피해자였음에도, 정작 부정적 여론에 시달리는 결과로 이어졌다. 소니의 공동 회장인 에이미 파스칼Amy Pascal은 오바마 대통령의 영화 취향을 비웃는 내용의 이메일이 폭로된 뒤 사임했다. 유출된 이메일의 내용이 워낙 자극적이어서 언론이 그에 주목한 것은 놀라운 일이 아니었지만, 그 과정에서 사태의 근본 원인을 계속해서 간과한 점은 매우 유감스러운 일이었다.

"그 공격은 매우 심각한 수준이었음에도 불구하고 아무도 우리를 지원하지 않았어요. 동업자인 다른 영화 스튜디오, LA 시장, 카말라 해리스Kamala Harris 검찰총장 등에게서 아무런 지지를 받지 못했어요."라고 소니의 전임 CEO이자 회장인 마이클 린튼Michael Lynton은 훗날 내게 말했다. 그 사건으로부터 5년이 지난 시점이었지만 그는 여전히 억울해 했고, 그것은 충분히 이해할 만한 반응이었다. "할리우드가 '공동체'라는 말은 그저 허울뿐이라는 걸 깨달았죠. 아무도 우리에게 도움을 주지 않았어요. 하지만 좀 다른 이유로 그들을 심하게 탓하지는 않습니다. 밖에서 보면 당시 상황이 얼마나 치명적이거나 어려웠는지 누구도 제대로 이해할 수 없었기 때문이죠."

소니 유출과 그에 뒤이은 미국 언론의 자극적 보도 경쟁은 이후 다른 해킹, 특히 미국 대통령 선거에 대한 해킹의 한 교본으로 작용했다. "우리 사례는 아주 신속하게, 미국 기업이나 기관에 대한 대규모 사이버 공격은 어떤 양상일지 대중에게 생생히 보여줬습니다."라고 린튼은 말했다.

이 각각의 해킹 공격이 어떻게 진화하는지, 앞선 공격을 발판으로 더욱 파괴력을 높여가는지 확인하는 마음은 심란하기 짝이 없었다. 소니 해킹은 이전의 샌즈 카니노에 대한 공격처럼 표현의 자유에 대한 공격이기도 했다. 미국민들이 더 이상 수백만 달러의 손실을 초래하는 사이버 공격이나 사적인 이메일이 폭로되는 사태의 위협 없이 저질 영화를 상영하거나 나쁜 농담을 건네거나 그들의 어두운 생각을 공유할 자유가 없다면 이는 필연적으로 표현의 자유를 침식하게 되고, 결국에는 조금씩 제한될 수밖에 없을 것이다.

오바마 대통령은 더 이상 무대응으로 일관할 수는 없다고 판단했다. 그해 12월, 대통령은 미국이 북한의 공격에 대해 '그에 상응하는 대응'을 할 것이라고 발표했다. 구체적인 대응 내용은 밝히지 않은 채, 미국은 '우리가 선택한 장소와 시간과 방식으로' 타격할 것이라고 말했다. 대통령의 측근들은 당시 오바마 대통령이 겨냥한 상대는 둘이었다고 나중에 밝혔다. 다른 한 나라는 이란이었다. 사흘 뒤, 이상한 일이 벌어졌다. 이미 바깥 세계와 단절된 북한의 네트워크가 그날 하루종일 완전히 차단된 것이다.

2015년 오바마 행정부는 두 개의 협상을 타결했다. 하나는 이란과 맺은 핵협정이고, 다른 하나는 중국과 맺은 사이버 공격 협정이었다. 둘 다 미국의 시스템에 대한 사이버 공격을 억지하는 데 잠시 효과를 발휘했지만 어느 쪽도 오래 가지는 못했다.

수십 년에 걸친 쿠데타, 인질극, 테러 활동, 경제 제재 및 사이버 공격 이후, 이란 정부는 마침내 자신들의 핵무기 개발 프로그램을 제한하는 문제를 논의할 용의가 있다고 미국에 신호를 보냈다. 그것은 그들의 전체 전략의 일부분에 불과했지만 백악관은 이란을 협상 테이블로 불러내는 것만이 이들의 다음 사이버 공격을 모면할 수 있는 방법이라고 판단했다. 과연 예상한 대로 국무부 대표들이 테헤란에서 이란의 상대들을 만나는 동안, 이란의 파괴적 공격은 멈췄다. 하지만 공격이 한꺼번에 멈춘 적은 결코 없다. 단지 지하로 들어간 것뿐이었다. 이란의 해커들은 요란하고 파괴적인 공격 방식에서 미국의 외교관들을 은밀히 감시하는 쪽으로 방향을 틀었다. 동료 기자인 데이비드 생어와 나는 국무부 직원들의 개인 이메일과 페이스북 계정을 캐내는 이란 해커들의 교묘한 해킹 캠페인을 밝혀냈다. 이란은 협상 상대인 미국 외교관들이 정말로 진지하게 나오는 것인지 파악하기 위해 이들의 성향을 긴밀히 추적하는 것이 분명했다. 2015년 미국이 이란과 핵 협정을 타결하자 협정은 이란의 핵 개발을 억지하기에 불충분하고, 무역 제재의 완화는 주변 지역의 불안을 높일 것이며, 미국은 이란에 속은 것이라는 주변의 비판에도 불구하고, 사이버 보안 관계자들은 안도의 한숨을 쉴 수 있었다. 협정이 조인된 직후 이란 해커들의 공격 활동은 잠잠해졌다.

"핵 협정은 그들의 활동에 제약을 가했습니다."라고 짐 루이스Jim Lewis는 당시 내게 말했다. 하지만 경고도 잊지 않았다. "그 협정이 깨지면 그들의 제약도 사라질 겁니다."

* * *

그해 여름 존 케리John Kerry 국무장관은 이란 협정의 정당성을 강조했고, 별도의 미국 대표단은 베이징에서 중국 당국과 사이버 공격의 한계선을 협의했다. 중국이 막대한 규모의 지적 재산을 훔쳐내는 바람에 미국 기업은 매년 수십억 달러의 손실을 감수하고 있었다. 미국 대표단은 거듭해서 중국 측에 미국 기업에 대한 해킹 행위를 중단하라고 압박했지만, 그처럼 강력한 요구와 중국 군부의 해커들에 대한 미 법무부의 기소에도 불구하고 미국이 해킹 증거로 내세울 만한 것은 많지 않았다.

"연방 인사국의 보안 침해는 사태의 심각성을 크게 높였습니다."라고 당시 국토안보부의 사이버 정책 담당 차관보는 내게 말했다. 이제 행동으로 옮길 때였다.

시진핑Xi Jinping은 그해 9월, 중국의 대통령 자격으로 미국을 처음 공식 방문하기로 돼 있었다. 주목할 것은 그가 러시아에 대한 첫 공식 국빈 방문을 그 뒤로 잡았다는 점이었다. 그는 푸틴에게 "우리는 성격이 비슷하다."라고 고백하며 마오쩌둥Mao Zedong 이후 중국 정치사상 가장 독재적인 지도자임을 입증하고 있었다. 시진핑은 푸틴처럼 웃통을 벗은 채 말을 타지는 않았지만, 푸틴처럼 물불 안가리고 권력과 명망을 추구했다. 첫 임기 초기에 시진핑은 수만 명의 자국민들을 수사했고, 1990년대 중반 천안문 학살 사태 이후 가장 많은 수의 시민을 체포했다. 그는 자신을 위해 10개의 직함을 만들었다. 그는 국가와 군부의 수장일 뿐 아니라 공산당에서 가장 강력한 위원회인 경제, 외교 정책 및 대만에 관한 위원장이었고, 인터넷, 국가안보, 사법부, 경찰, 비밀경찰을 감독하는 새로운 조직의 수장이었다. 그는 관료적 기관원들을 '계란머리egghead'[3]라며 조롱했고, '사자를 잡아먹는 개떼의 단체 정신'을 칭찬했다. 해외에서도 그는 강력한 지도자의 이미지를 심으려 노력했다.

2015년 9월 시진핑의 첫 공식 국빈 방문이 임박하면서, 미국 측은 체면을 중시하는 중국의 태도를 최대한 활용하기로 결정했다. 그해 8월, 수전

---

3 지식인을 경멸해 지칭하는 말. 1952년 미국 대통령 선거 후보 중 한 사람으로 대머리에 지식인의 분위기를 풍기는 애들레이 스티븐슨 2세(Adlai Stevenson II)를 지지한 지식인들에게 붙인 별명이다. – 옮긴이

라이스^{Susan Rice} 국가안보보좌관은 명확하고 강력한 메시지를 들고 베이징을 방문했다. "만약 중국이 우리의 지적 재산을 훔치는 행위를 중단하지 않는다면, 우리는 시진핑 대통령의 첫 국빈 방문 전날 중국에 대한 경제 제재를 발표하겠다."는 내용이었다. 라이스는 그런 입장을 기회가 생길 때마다 중국 측 상대에게 반복했고, 시진핑 본인에게도 좀 더 외교적으로 그런 내용을 전달했다. 라이스는 중국 측에 불과 넉 날 전에 오바마 대동령이 사이버 공격을 자행한 어떤 해외 정부에 대해서든 신속하게 제재를 가할 수 있는 권한을 고위급 담당자들에게 부여하는 행정명령에 서명했음을 상기시켰다. 만약 중국이 해킹을 멈추지 않는다면 미국은 시진핑의 방문을 경제 제재로 맞이할 것이었다. 라이스가 그런 노력을 전개하고 있을 때, 익명의 고위급 인사들이 「워싱턴포스트」에 오바마 행정부가 이미 중국에 대한 제재를 준비하고 있다는 내용을 흘렸다. 그런 정보 유출은 의도한 효과를 낳았다.

"중국 측은 당황했습니다."라고 한 고위 인사는 내게 말했다. 경제 제재가 시진핑의 방문을 망치게 될 것을 우려한 중국 측은 즉각 고위 대표단을 워싱턴에 파견하겠다고 요청했다. 어떤 망신스러운 사태도 벌어지지 않도록 막기 위한 조치였다. 이들은 시진핑의 보안 책임자인 멍 지안주^{Meng Jianzhu}가 이끄는 사절단을 백악관이 제재를 발표하기로 계획한 날짜인 9월 9일에 파견하겠다고 제안했다.

백악관 내부에서 논의가 벌어졌다. 한쪽은 라이스 보좌관으로, 제재를 발표하기 전에 중국 특사가 어떻게 나올지 기다리자는 의견이었다. 그것이 만족스럽지 않다면 그래도 시진핑의 방미 전에 제재를 발표할 수 있을 것이다. 다른 관료들은 미국이 이미 외교적 시도를 할 만큼 했다고 반박했다. 미국은 선제적으로 중국을 제재한 다음, 중국 특사가 미국의 요구를 거부하면 더욱 강경하게 나가자는 주장이었다. 하지만 정확히 무엇을 요구하자는 것인지는 여전히 불투명했다. 연방 인사국에 대한 공격은 분명히 도를 넘은 것이었지만, 그럼에도 미국의 정보기관은 정부기관에 대한 외국의 해킹을 전면 금지를 원치 않았다. 그것은 미국부터 결코 지키지 못할 협정이었기 때문이다.

"그것은 해묵은 '유리 집에 사는 사람'의 문제였어요."라고 한 오바마 측근은 내게 말했다. NSA의 주요 업무는 해외 기관과 요인들을 해킹하는 일이었다. 연방 인사국에 대한 중국의 해킹은 본질적으로 대응 수단이었다. "민간 부문과 시민들의 개인 정보를 보호하는 일과 해외 정부를 감시하려는 정보기관의 관심사 간에는 태생적 긴장 관계가 있었죠. 하지만 그런 균형을 깨버린 것은 상업적 목적의 스파이 활동이었습니다."

오바마 대통령은 결국 제재 발표를 중국 특사를 만날 때까지 연기하기로 결정했다. 2015년 9월 초의 사흘 동안, 멍 지안주는 백악관의 루즈벨트 룸Roosevelt Room에서 수전 라이스 보좌관을 보러 오기 전에 제 존슨Jeh Johnson 국토안보부 장관, 로레타 린치Loretta Lynch 검찰총장, 제임스 코미 FBI 국장을 먼저 만났다. 멍은 중국의 사이버 공격과 정부는 전혀 무관하며, 오히려 미국이 자국의 네트워크를 공격했다고 불평하는 기존 입장을 고수했다. 라이스는 멍에게 중국이 사이버 공격으로 기업 비밀을 훔쳐내는 행위를 중단하지 않으면 미국은 2주 앞으로 다가온 시진핑 방문 직전에 경제 제재를 발표해 시진핑의 체면을 깎는 것도 불사하겠다고 말했다. 라이스는 멍과 함께 특사로 온 장 예수이Zhang Yesui 외교부 부장관과 가진 비공개 회의에서도 미국의 입장을 이렇게 전달했다. "우리는 정말로 임계점에 도달했습니다. 우리는 엄포를 놓는 게 아니며, 달리 움직일 여지가 없어요. 귀하가 우리의 제안에 동의하지 않는다면 우리는 아주 곤란한 상황에 놓일 겁니다."

백악관과 중국 대사관에서 36시간 넘게 거의 논스톱으로 협상이 진행됐고, 오바마의 측근들은 협상안을 제시했다. 멍은 그 협상안을 시진핑에게 보고하겠다고 말했다.

446

2015년 9월 25일의 아침은 잘 짜인 환영 행사로 시작됐다. 축하 포성이 뒤로 울려퍼지는 가운데 군악대는 중국 국가인 '의용군 행진곡^{March of Volunteers}'과 미국 국가인 '성조기여 영원하라^{The Star-Spangled Banner}'를 연주했다. 시진핑 주석과 오바마 대통령은 백악관의 남쪽 잔디밭을 가로질러 걸어가면서 의장대를 지나고, 성조기와 오성홍기를 흔드는 어린이들에게 답례하기 위해 잠시 멈추곤 했다.

두 시간 넘게 진행된 그 날의 비공개 회담에서 오바마 대통령은 단호한 어조를 보였다. 미국 기업에 대한 중국의 사이버 공격은 중단돼야 한다고 오바마는 시진핑 주석에게 말했다. 그렇지 않으면 미국은 다시 중국의 특정 해커들을 기소하고, 경제 제재 조치를 발표할 것이라고 말했다. 시진핑은 그에 동의했지만 이미 중국은 미국의 지적 재산을 다음 10년간 이용할 수 있을 만큼 충분히 확보한 상태임을 그 방에 모인 사람들은 모두 알고 있었다. 중국의 해커들은 F-35 전투기의 디자인부터 구글 코드, 미국의 스마트 전력망 및 코카콜라의 배합 공식과 심지어 벤저민 무어^{Benjamin Moore} 페인트의 특허 정보에 이르기까지 모든 것을 탈취했다.

그날 오후 로즈 가든^{Rose Garden}에서 오바마 대통령은 시진핑과 나란히 서서 두 정상은 미국이나 중국 어느 쪽도 정부의 지원으로 상대국의 지적 재산을 탈취하는 행위를 하지 않을 것이라는 '공동 합의'에 도달했다고 발표했다. 양국 정상은 '사이버 스페이스상에서의 적절한 행동을 위한 국제 규칙'을 새롭게 모색할 것이라고 오바마 대통령은 기자들에게 밝혔다. 양국 정상은 중국과 미국의 수사관들이 사고의 근본 원인을 뿌리뽑는 데 공조한다는 가정 아래, 각자의 네트워크에 설치된 악의적 소프트웨어를 서로에게 경고하는 비공식 핫라인을 설치하겠다고 다짐했다. 두 정상은 또한 7월에 채택된 유엔 합의를 존중해, 평시에 상대방의 주요 인프라인 발전소, 무선 네트워크, 은행, 파이프라인 등을 표적으로 삼는 일을 자제하겠다고 발표했다. 아직도 제대로 해소되지 않은 질문이 많았다. 주요 인프라의 조건은 무엇인가? 항공사나 호텔에 대한 사이버 공격은 기업 비밀 절도에 해당하지 않는가? 만약 공격이 외국 관료들의 일정을 추적하기 위한 목적이라면 어떻게 되는가?

하지만 미국 측은 그 합의를 승리로 평가했다. 그날 저녁 애플, 마이크로소프트, 페이스북, 디즈니 및 할리우드의 경영진은 화려한 국빈 초대 만찬에 모였다. 영부인은 중국계 미국인 디자이너 베라 왕Vera Wang이 만든 어깨가 드러나는 가운을 입고 나타났다. 영향력 있는 아시아계 인사들은 대거 만찬장에 모였다. 백악관 이스트룸East Room에 장식된 장미 두 송이는 '마음의 완전한 만남'을 상징했다. 오바마는 두 나라 간의 이견은 불가피했지만, 미국과 중국이 '마치 같은 손의 손가락처럼 우의와 평화를 유지하며 협력할 수 있기를' 바란다고 말했다. 시진핑은 미국 방문을 '잊지 못할 여행'이라고 표현하며 환대에 감사해 했다.

거의 즉시 지난 10년 동안 미국 기업을 황폐하게 만들었던 중국의 사이버 절도는 급감했다. 보안 회사는 중국 해커들의 산업형 사이버 공격은 90%나 감소했다고 보고했다. 18개월 동안 세계 최초의 사이버 무기 통제 협정은 통하는 듯 보였다.

9월의 저녁, 발레 댄서인 미스티 코플랜드Misty Copeland가 중국 대표단 앞에서 공연하고, 가수 니요Ne-Yo가 '당신 때문에'를 열창하는 동안 시진핑은 미소짓고 박수를 보냈다. 그의 표정은 진심인 것 같았다. 하지만 오바마의 뒤를 이은 트럼프 대통령은 관세와 무역 전쟁으로 협상 테이블을 뒤집어엎었다. 그렇지만 않았다면 중국의 산업형 사이버 공격은 지속적으로 감소했을 것이라고, 몇몇 관료는 내게 말했다. 하지만 냉소주의자들은 사안을 다르게 봤다. 그 협정은 처음부터 사기였으며, 시진핑은 단지 시간을 벌었을 뿐이라고 주장했다.

그로부터 2년 뒤, 사이버 공격은 재개됐다. 과거와 달라진 것은 과거처럼 허술한 스피어피싱 공격이 아니라는 점이었다. 훨씬 더 은밀해졌고 전략적이며 정교해졌다. 그리고 이들은 제로데이의 가격을 한층 더 높여버렸다.

19장

전력망

워싱턴 DC

누군가가 전력망 지도를 만들고 있었다고 그들은 말했다. 하지만 그게 누구인지, 왜 그런 일을 벌이는지, 그것으로 무엇을 하려는지는 아무도 몰랐다.

이것은 2012년 말, 모르는 번호나 한 번도 만난 적이 없는 사람들로부터 내가 받기 시작한 여러 제보 전화의 내용이었다. 이들은 미국의 주요 인프라를 보호할 책임이 있는 국토안보부DHS의 분석가들이었고, 이들의 제보 목소리에는 사안의 시급성이 묻어났다. 전력망에 대한 공격은 사이버 전쟁이 새로운 양상으로 돌입하는 신호였다.

공격은 미국의 석유 및 가스 회사 직원들에 대한 피싱phishing으로 시작됐다. 하지만 불과 몇 달 사이에 공격은 전력 스위치를 제어하는 컴퓨터에 직접 접근할 수 있는 전력 회사의 직원들로 확대됐다.

"DHS의 사이버 팀은 지금 어디에 있는 거요?" 2013년 초, 한 분석가는 다급한 목소리로 내게 물었다. "누가 사이버 보안을 담당하죠?"

마땅한 대답은 존재하지 않았다. 사이버 공격이 점점 더 격화되던 2013년 초 넉 달 동안, DHS의 사이버 보안 책임자들인 제임스 홀 루트James Holl Lute 부장관, 마크 웨더포드Mark Weatherford 사이버 보안 책임자, 마이클 로카티스Michael Locatis 사이버 보안 차관보 그리고 리처드 스파이어스Richard

Spires 최고정보책임자는 모두 사임했다. 꼭대기만이 아니었다. 국토안보부는 유망한 엔지니어들을 고용하는 데도 실패하고 있었다. 그해 DHS의 재닛 나폴리타노 장관은 밀어닥치는 새로운 위협에 적절히 대응하자면 6백 명의 해커들이 필요했지만 실상은 그에 한참 못 미쳤다. 국립과학재단은 유망한 고등학생들에게 대학 졸업 후 연방 기관 취업을 조건으로 장학금을 지급하는 프로그램을 만들었다. 하지만 장학금 수혜자의 대다수는 DHS 대신, 공격적 업무에 집중하는 국가안보국을 선호했다. DHS를 택한 사람들은 일종의 자선 차원에서 그렇게 결정한 것이었다. 그리고 지금 이 분석가들에 따르면 최악의 시나리오가 실현되는 중이었다. 2012 말, 분석가들은 좋든 싫든 「뉴욕타임스」가 마지막 수단일지 모른다고, 신문에 보도되면 그들의 상사나 그 상사의 상사가 압력에 못이겨 사이버 위협에 주목할지 모른다고 판단했다.

태만한 것은 오바마 행정부가 아니라 의회였다. 미국의 전력망은 지역 전력 공급업체에 의해 운영되는데, 이들은 주마다 다르게 규제되며 연방 차원의 보안 표준에는 구애받지 않는다. 전력망을 운영하는 컴퓨터 시스템은 사이버 공격이 표준이 되기 훨씬 오래 전에 설계돼 보안성이 아니라 접근성을 우선시한다. 많은 지역 전력 공급업체는 오래되고 기한이 만료돼 마이크로소프트 같은 제조사가 더 이상 오류 패치를 하지 않는 소프트웨어를 쓰고 있었다. 그리고 이들 지역 전력망 운영자들은 PG&E 같은 대형 전력 공급사에 비해 가용한 자원이 거의 없었다.

오랫동안 군과 정보 당국은 의회에 다른 나라나 악의적 해커가 소프트웨어의 허점을 악용해 시스템에 접근해 실리콘밸리, 나스닥 혹은 선거 때 부동표가 많은 지역의 개표 시스템에 전력을 공급하는 변전소를 마비시킬 수 있다고 경고했다. 2010년에는 전직 국방장관인 제임스 슐레진저James Schlesinger와 윌리엄 페리William Perry, 전직 CIA 국장인 R. 제임스 울시R.

James Woolsey와 로버트 맥팔레인Robert McFarlane을 비롯한 국가안보 부문, 정보기관 및 에너지 부문의 전직 관료 10명은 미국의 주요 인프라에 대한 사이버 보안 수준을 향상시키기 위한 법안을 지원하는 기밀 서한을 하원의 에너지 통상위원회에 보냈다. 그 서한은 직설적이었다. "전기통신, 상수도, 위생 시설, 수송, 의료 서비스 등 민간 부문의 주요 인프라는 모두 전력망에 의존합니다. 이 전력망은 사이버나 다른 형태의 공격에 대단히 취약합니다. 우리의 적들은 이미 그러한 공격을 수행할 수 있는 역량을 갖췄습니다. 미국 전력망에 대한 대규모 공격의 결과는 국가 안보와 경제에 재난적 피해를 입힐 것입니다." 서한은 계속해서 이렇게 주장했다. "현재 상황에서 특정한 장치와 시설이 파괴된다면 해킹 공격을 당한 뒤에 전력망을 제때 복구하기는 불가능하며, 정부 전문가들에 따르면 공격 속성에 따라 광범위한 정전 사태가 적어도 몇 달에서 2년 혹은 그 이상 광범위하게 발생할 수 있습니다."

하원은 이들의 경고에 주의를 기울였지만 법안은 상원에서 막혔다. 2012년 여름 법안에 대한 공화당의 반대를 주도한 것은 국가안보부문의 소위 '독불장군maverick'이라는 존 매케인John McCain 상원의원이었다. 로비스트들은 국가안보를 다른 거의 모든 것보다 우선시하는 매케인 의원을 어떻게 설득했는지 국가의 댐과 상수원, 파이프라인, 전력망 등을 관리하는 민간 기업에 어떤 보안 규제든 지나친 부담이 된다고 믿게 만들었다. 문제의 일각은 위협이 눈에 보이지 않는다는 데 있었다. 만약 정보 당국자들이 상원 의원들에게 튼튼한 재정을 갖춘 한 나라가 미국의 전력 회사와 송전 시설에 폭탄과 지뢰를 설치했다고 알렸다면 전혀 다른 결과가 나왔을 것이다. 2012년 말에 전개된 공격은 사이버 환경이라는 점만 달랐을 뿐 상황은 그와 비슷했다.

"전력망 보안에 초점을 맞춘 전문 커뮤니티 외에는 누구도 이것을 '코드

레드Code Red, 매우 심각한 위기' 상황으로 취급하지 않았어요."라고 오바마의 한 중진 보좌관은 내게 말했다. "우려할 사항인 것은 분명했죠. 하지만 우리가 처한 당시 상황도 감안할 필요가 있습니다. 당시에는 많은 긴급 상황이 겹쳤어요."

그랬다. 중국은 미국의 지적 재산을 탈취하고 있었다. 이란도 사이버 공격을 가해 왔다. 하지만 2012년에 갑자기 증가하기 시작한 에너지 부문에 대한 사이버 공격은 그보다 훨씬 더 심각한 위협이었다. 러시아가 유력한 용의자로 떠올랐는데, 그 이유는 해커들이 공격 툴을 숨기고 흔적을 은폐하는 데 엄청나게 공을 들였다는 점 때문이었다. TAO에 소속된 NSA 해커들은 누구인지 알았을 수도 있지만 설령 그랬다 하더라도 그런 내용을 DHS의 담당자들과 공유할 가능성은 없었다. DHS의 분석가들은 DHS의 누구도 공격의 배후를 알지 못하며, 아무도 해커들의 공격 무기를 해체할 수 없었다고 내게 말했다. 이것은 그 자체만으로도 시사하는 바가 컸다. 이란의 코드는 파괴적이지만 조악했다. 만약 이란이 자신들의 공격 무기를 위장할 수 있었다면 그렇게 했을 것이다. 마찬가지로 미국 기업에 대한 중국의 사이버 공격은 뻔뻔하면서도 출처 파악은 비교적 쉬웠다. 미국의 전력망에 사이버 무기를 심는 주체가 누구든 난독화와 정교성의 수준은 미국이 주도하는 사이버 공격의 수준과 비슷했다. 그리고 이들은 놀라운 수준으로 성공하고 있었다. 2012년 말에 이르러 DHS의 분석가들은 미국의 주요 인프라 시스템에 대한 198회의 공격에 대응했는데, 이는 전년도보다 52% 증가한 숫자였다.

보안회사인 크라우드스트라이크의 조사관들은 미국의 석유 및 에너지 회사로부터 조사를 요청하는 연락을 받기 시작했다. 2013년 말 코드를 분석하는 가운데 크라우드스트라이크는 러시아어로 된 요소와 공격자들이 모스크바 시간에 맞춰 일한다는 사실을 보여주는 타임 스탬프를 찾아냈다.

이것은 공격이 러시아에서 나온 것이거나 누군가가 애써 러시아 해커들의 공격인 것처럼 위장했다는 뜻이었다. 크라우드스트라이크는 이 전력망 공격자들에게 실상과는 어울리지 않게 친근한 '에너지 넘치는 곰Energetic Bear' 이라는 이름을 붙였다. 여기에서 '곰'은 러시아 정부의 지원을 받는 그룹을 가리키는 용어였다. 이들은 공격의 내막을 캐내면서 문제의 코드는 2010년, 스틱스넷이 처음 이란에서 발견된 해까지 소급된다는 사실을 발견했다.

러시아의 타이밍은 우연의 일치일 수도 있었다. 하지만 스틱스넷에 대한 러시아 측의 반응을 면밀히 관찰해 온 사람이라면 세계 무대에 막 데뷔했던 미국의 사이버 무기(스틱스넷)와 러시아의 공격 타이밍 사이를 관통하는 선을 볼 수 있었다. 스틱스넷이 유출된 지 얼마 뒤, 러시아 측 정부 관료들은 미국과 이스라엘이 공동으로 사이버 영역에서 성취한 작업에 충격을 받고 국제적 차원의 사이버 무기 사용을 금지해야 한다고 주장했다. 이듬해 모스크바에서 열린 한 콘퍼런스에서 러시아의 학계 인사, 정부 관료 및 사이버 보안 전문가들은 사이버 무기와 공격을 당대의 가장 심각한 위협으로 꼽았다. 여러 사례를 통해 반복해서 러시아는 나라의 주요 인프라가 사이버 공격에 취약하다는 점을 드러냈다. 러시아의 사이버 보안 회사인 카스퍼스키는 매년 전력망에 대한 해킹 경연 대회를 열었고, 러시아의 몇몇 해킹 그룹은 러시아의 변전소를 장악하거나 송전선으로 전달되는 전력을 끊기가 얼마나 쉬운지 잘 알고 있었다. 러시의 공격 표면은 방대했고, 그것도 날로 더 확대되는 중이었다. 국영 전력회사인 PJSC가 관리하는 러시아의 전력망은 송전선의 길이만 2백 35만km에 달했고, 전국에 산재한 변전소는 50만 7천 개였으며, 2030년까지 변전소와 송전선을 완전히 자동화한다는 계획이었다. 디지털화된 새 노드는 하나하나마다 새로운 침투로가 될 수 있었다. 스틱스넷이 발견된 이후 러시아는 자신들이 미국의 명백한 표적이 될 것이라고 두려워했다. 2012년 연설에서 러시아의 전기통신부 장관은 컴퓨터 전쟁을 금지하는 국제 조약을 주장하면서 미국 측과 양자간 금지 협약을 맺기 위한 막후 논의를 진행했다. 하지만 미국은 이를 거절했다. 이것을 사이버 전쟁에서 미국의 우위를 약화하기 위한 러시아의 외교적 음모라고 믿었기 때문이었다.

아무런 협정도 맺어질 기미가 없자 러시아는 미국의 전력망을 표적으로 삼기 시작했다. 그것도 매우 빠른 속도로. 이후 1년 반 동안 러시아의 해커들은 84개가 넘는 나라에 1천 개 이상의 기업에 침투했는데, 그중 절대 다수는 미국계 기업이었다. 대부분의 경우 이들은 사람들을, 특히 파이프라인과 송전선 및 전력 스위치에 직접 접근할 수 있는 산업제어 엔지니어들을 해킹했다. 다른 경우에는 공공 시설이나 파이프라인, 전력망 운영자들이 자주 방문하는 적법한 웹사이트를 멀웨어로 감염시켰다. 이는 우물에 독을 풀어놓고 먹잇감이 물을 마시러 오기를 기다리는 것과 비슷한 형국이라는 뜻에서 '물 웅덩이[1] 공격 watering-hole attack'이라고 불렸다. 또 다른 경우는 피해자의 웹 트래픽을 러시아 해커들의 장비를 거치도록 방향을 바꿔서 미국 전력망 운영자들의 사용자 이름, 비밀번호, 청사진, 이메일 등을 훔쳐내기도 했다.

외국 세력이 에너지 부문을 공략한 것은 이것이 처음은 아니었다. 중국은 미국의 여러 에너지 기업을 사이버 공격으로 해킹했고, 미국의 분석가들은 이것이 미국의 프래킹 fracking[2]과 재생 에너지 기술을 훔쳐내기 위한 목적이라고 결론지은 바 있다. 2013년 초, 러시아 공격의 빈도와 강도가 증가하면서 미국의 담당자들은 러시아의 해커들이 자신들의 경쟁 우위를 시위

---

1 속어로 술집이나 바를 뜻하기도 한다. – 옮긴이

2 수압 파쇄법 혹은 수압 균열법. 혈암층(shale beds)에 포함된 석유를 채취하기 위해 고압으로 액체를 주입하는 기술 – 옮긴이

하려는 것은 아닐까 궁금해 했다. 수십 년간 러시아 경제는 석유와 가스에 지나치게 의존해 왔고, 푸틴이 가격을 마음대로 제어할 수 없는 두 수출 품목이기도 했다. 러시아는 이탈리아보다 두 배나 인구가 더 많았지만 국내 총생산GDP 기준으로 이탈리아에 뒤지고 있었다. 구매력 같은 다른 평가 범주에서 러시아는 세계 72위로, 심지어 유럽의 문제아로 꼽히는 그리스보다도 뒤였다. 최근 통계에 따르면 러시아의 취업 연령 성인은 매년 1백만 명씩 줄고 있었는데 이런 인구의 급속한 감소세와 더불어 러시아의 경제 성장 전망은 거의 제로 수준까지 추락했다. 그리고 이제 푸틴과 그의 측근이 자본주의를 농단하는 상황에서 해외 투자의 전망도 거의 없었다. 미국의 정보기관은 미국의 에너지 기업에 대한 러시아의 공격은 경제를 다각화하기 위한 모스크바식 편법일 것이라고 믿게(아마 '희망하게'라는 표현이 더 적절할 것이다) 됐다. 그 외에는 러시아 해커들의 의도를 해석할 여지가 달리 없었다.

모든 낙관론은 2014년, 러시아가 공격 수준을 한 단계 높였을 때 연기처럼 증발해 버렸다. 그 해 1월, 크라우드스트라이크는 러시아 해커들이 산업 제어 소프트웨어 회사에 침투한 다음, 이들의 소프트웨어 업데이트 절차를 트로이의 목마로 삼아 미국 전역의 수백여 산업제어 시스템에 접근한 사실을 발견했다. 그것은 미국과 이스라엘의 해커들이 5년 전, 마이크로소프트의 소프트웨어 업데이트 기능을 트로이 목마로 활용해 이란의 컴퓨터를 플레임으로 감염시켰던 것과 동일한 기법이었다. 하지만 러시아 해커들은 훨씬 더 무차별적이었다. 더 이상 미국의 석유 및 가스 회사에만 국한되지 않았다. 이들이 감염시킨 소프트웨어 업데이트는 수력발전 댐, 원자력 발전소, 파이프라인 및 전력망의 산업제어기에 미쳤고, 이제는 댐의 수문을 열거나 폭발을 유도, 전력망을 차단할 수 있는 컴퓨터의 내부에까지 들어갔다.

이것은 중국 스타일의 산업 스파이 활동이 아니었다. 모스크바는 전장戰

^場을 준비하고 있었다. "이것은 공격을 위한 장기적 준비의 첫 단계였습니다."라고 위협 전문 연구자인 존 헐트퀴스트^{John Hultquist}는 내게 말했다. "그외에는 다른 납득할 만한 설명이 없습니다. 그들이 가스 가격에 대한 정보를 수집하려 거기에 들어간 게 아니라는 정도로 말해두죠."

그와 동시에 러시아는 우리의 전력망 깊숙이 자리를 잡았고, '작은 녹색 인간들^{little green men}'[3]로 표현할 수 있는 아무런 배지나 표식이 없는 녹색 제복을 입은 러시아의 특수부대원들은 자전거를 타고 크름반도로 진입하기 시작했다. 그리고 푸틴 정부는 미국 측에 우크라이나를 대신해 보복 공격을 하거나 모스크바의 전원을 끊는다면 러시아도 그에 상응하는 대응을 할 능력이 있다고 경고했다. 인터넷판 '상호확증파괴^{MAD, mutually assured destruction}'인 셈이었다.

그리고 만약 러시아가 전력망을 공격한다면 미국은 대재난에 빠질 터였다. 국토안보부는 자연재난, 지진, 허리케인, 토네이도, 폭염, 여러 날에 걸친 정전 사태 등에 대비한 비상 준비 계획이 있었다. 하지만 장기간 수백만 가구의 전력을 끊어버리는 사이버 공격에 대한 마스터 플랜은 없었다. 정보기관은 미국 전력망에 대한 치밀한 사이버 공격이 몇 년까지는 아니더라도 몇 달 동안 정전 사태를 초래할 수 있음을 의회에 여러 번 되풀이해서 경고했었다.

사이버 보안 전문가와 해커들은 전력망 공격을 화제로 삼는 동료들에 대해 사람들에게 쓸모없는 제품을 사게 만들려고 겁박한다며 항상 경멸의 시선을 보내 왔다. 많은 경우는 사실이기도 했다. 두려움, 불확실성과 의심은 이를 집약한 단어 FUD^{Fear, Uncertainty, Doubt}를 낳을 만큼 사이버 보안업계의

---

3 외계인, 우주인, 별난 사람 등으로 해석되기도 한다. – 옮긴이

대표적 골칫거리였다. 나도 보안 분야를 취재하면서 수많은 FUD의 사례와 만났고, 그 진위를 가리는 데 많은 시간을 보내야 했다. 나의 받은편지함은 임박한 세계 종말을 언급하며 보안 소프트웨어나 프로그램을 광고하는 이메일로 가득했다. 팔로알토Palo Alto와 샌프란시스코 간 60km 거리의 고속도로를 타는 내 통근길은 다음과 같은 메시지의 변주로 비명을 지르는 FUD 간판으로 장식돼 있었다.

당신은 감시되고 있습니다! 당신의 지적재산이 어디에 있는지 아십니까? 중국은 알고 있습니다! 러시아의 사이버 범죄자들을 아십니까? 그들은 당신의 사회보장번호를 알고 있습니다! 당신의 자녀를 숨기세요. 당신의 아내를 숨기세요. 인터넷은 당신의 삶을 날려버릴 겁니다. 물론 우리가 파는 이것을 사지 않는다면 말이죠.

사이버 보안 마케팅은 피의 스포츠가 돼버렸다.

20년간 보안업계는 이런 세계 종말의 시나리오를 외쳐왔지만 2012년 말부터 2014년 사이, 보안업계가 오랫동안 경고해온 전력망에 대한 공격은 아직 시작 단계였다. 나는 그때 이들의 경고를 좀 더 주의깊게 들었어야 했다고 후회하는지, 아니면 사이버 보안업계의 저돌적인 마케팅 전술 탓에 미국민들이 정작 실제 위협에는 주의를 기울이지 않게 된 데 분개해야 하는지 선뜻 판단이 서지 않았다.

NSA 내부에서 분석가들은 러시아의 해커들이 미국의 전력망을 탐색하는 상황을 지켜봤다. 이들은 그 그룹이 러시아의 정보부대라는 사실을 확인했다. 하지만 2014년 7월, 크라우드스트라이크, 파이어아이FireEye, 시만텍의 민간 보안 연구자들이 조사결과를 공개하자 해당 그룹은 해킹 툴을 접고 종적을 감췄고, 분석가들은 머리만 긁적거릴 수밖에 없었다.

러시아인들이 뭔가 새로운 것을 모의하고 있다는 첫 번째 단서는 제로데이였다.

워터스는 자신의 첫 번째 벤처 아이디펜스를 베리사인Verisign에 매각한 지 9년이 지난 시점에서, 두 번째 회사인 아이사이트iSight를 챈틀리에 소재한 위협 정보 회사에 매각하기 직전이었다. 위협의 지형은 지난 10년 사이에 현격히 변모했다. 기업은 더 이상 사이버 범죄자와 아마추어 해커만 상대하는 것이 아니었다. 무한한 자원을 가진 국가 차원의 고등 해커들도 경계해야 했다. 워터스는 이번에는 세계 최대 규모의 민간 방첩 기업을 꾸리기로 했다. 아이사이트는 243명의 위협 전담 연구원을 보유했고, 이들 중다수는 전직 정보기관원들로 러시아어, 중국어, 포르투갈어를 비롯해 20여 개국 언어에 능통했다. 만약 아이사이트가 정부 산하의 방첩 기관이었다면 세계 10위 안에 들 정도의 규모라고 워터스는 주장했다. 물론 그러한 업무의 기밀적 성격을 고려하면 그의 주장을 입증하기는 불가능했다.

워터스에 따르면 회사의 목표는 '선제 정보left of boom'를 얻는 것이었다. 선제 정보나 선제 공격을 뜻하는 'left of boom'은 군대 용어로 폭탄이 터지기 직전의 순간을 말한다. 아이사이트의 분석가들은 적진敵陣 뒤에서, 다크 웹에서는 블랙햇으로 행세하며 여러 해킹 채널을 뒤져 해커들의 의도, 표적, 기법, 추적용 멀웨어, 익스플로잇 등을 알아내 관련 정보를 아이사이트의 클라이언트인 은행, 석유 및 가스 회사, 3백여 정부기관에 다른 초기 경보 시스템과 함께 제공했다.

2015년 아이사이트를 방문했을 때 워터스는 여전히 토미 바하마 셔츠에 악어가죽 카우보이 부츠 차림으로 전투 상황에 빗댄 설명을 내게 해줬다. "우리가 이라크 작전에서 가장 큰 인명 손실을 초래하는 것은 저격수가 아닙니다."라고 그는 말했다. "숨겨놓은 폭발물이죠. '누가 그 폭발물을 만들까? 폭발물의 재료는 어떻게 조달할까? 어떻게 폭발물을 작동시킬까? 그리고 어떻게 하면 그 폭탄이 설치되기 전에 우리가 개입할 수 있을까?' 같은 질문을 던지기 전까지 우리는 그런 위협에 제대로 대비하는 게 아닙니다. 우리 비즈니스는 무기상과 폭탄 제조자들을 추적해서 폭발을 막고, 그로 인한 피해를 회피하는 겁니다."

그해 여름 아이사이트의 사무실에서 나는 여러 낯익은 얼굴을 발견했다. 엔들러와 제임스는 이미 오래 전에 떠났지만, 뉴질랜드 출신이어서 '키위Kiwi'라고 불리는 그렉 맥마누스는 여전히 코드를 분해하고 있었다. 새로운 얼굴도 있었다. 테네시 출신의 예비군으로 9/11 사태 직후 아프가니스탄에서 근무했던 존 헐트퀴스트는 아이사이트의 사이버 감시 부문을 맡고 있었다. 헐트퀴스트는 러시아의 해킹 그룹인 에너제틱 베어, 그들이 지난 해 돌연 잠적해 버릴 때까지 면밀히 추적했었다. 그는 아이사이트의 키이우 지사에 근무하는 한 동료로부터 날아온 흥미로운 이메일을 받고, 이들의 동기를 파악하려 시도했다.

얼핏 무해해 보이는 그 이메일은 우크라이나 내부의 친러시아 인사들의 명단을 담았다고 주장하는 마이크로소프트 파워포인트 형식의 첨부 파일을 포함하고 있었다. 이메일은 우크라이나인들이 가장 두려워하는 부분을 활용하고 있었다. 몇 달 동안 '휴가'를 떠난 것으로 돼 있던 러시아 군인들이 우크라이나 동부의 돈바스Donbass 지역에 출현하기 시작했다. 푸틴이 멍청한 척 연극을 하는 동안 포대와 대공 시스템 및 중무기를 친러시아 세력이 자리잡은 돈바스로 이동시키는 러시아 군인들의 모습이 언론에 보도됐다. 그런 와중에 친러 인사들의 명단이라고 주장하는 이메일이 날아온 것이었다.

헐트퀴스트는 맥마누스를 비롯한 연구원들이 최신 디지털 위협을 분석하고 연구하는 아이사이트의 버추얼 랩에서 문제의 파워포인트 첨부 파일을 열었다. 하지만 이 날 아이사이트의 연구원들이 본 것은 그때까지 본 것 중 가장 진보한 형태의 위협이었다. 문제의 파워포인트 첨부 파일은 멀웨어를 연구소 컴퓨터에 풀었고, 해당 멀웨어는 곧바로 최신 패치까지 마친 마이크로소프트의 소프트웨어를 완전히 장악했다. 이들은 디지털 전쟁의 본질을 완전히 바꾸게 될 제로데이의 서막을 목격한 것이었다. 공격자들은 러시아에서 오랫동안 떠돌던 멀웨어의 고등 버전을 제로데이를 이용해 주입했다. 그 멀웨어는 '블랙에너지BlackEnergy'라고 불렸다. 그것은 7년 전 '크래시Cr4sh'라는 가명으로 활동하는 러시아 해커 드미트로 올렉시우크Dmytro Oleksiuk가 자신의 새로운 툴을 40달러에 판다며 러시아 포럼에 광고하면서 처음 등장했다. 올렉시우크는 처음에 블랙에너지 툴을 서비스거부 공격 용도로 개발했지만, 멀웨어로 세상에 풀린 지 7년이 지나는 동안 진화했다. 해커들은 새로운 변종을 만들었고 새로운 기능을 첨가했다. 그것은 여전히 서비스거부 공격에 사용됐지만 변종은 금융 사기에 악용되고 있었다.

하지만 이 블랙에너지 변종은 완전히 새로운 유형이었다. 이 멀웨어는 유럽 어딘가에 있는 지휘통제 서버에 연락을 시도했다. 헐트퀴스트의 팀이 그 서버를 면밀히 살펴본 결과 이 공격자들은 서버를 보호되지 않은 상태로 내버려 뒀다. 그런 우연한 행운 덕택에 조사관들은 보통 몇 년씩 소요되는 공격 분석 작업을 몇 주 만에 마칠 수 있었다. 기적적으로 공격자들의 지휘통제 서버의 내부에는 블랙에너지의 명령 목록이 있었다. 이 블랙에너지 변종은 웹사이트를 중지시키거나 은행의 계좌 정보를 훔쳐내도록 설계된 것이 아니라 피해자들의 컴퓨터에서 스크린샷을 뽑아내고, 키보드 입력 내용을 기록하고, 파일과 암호 키를 훔쳐낼 수 있는 국가 차원의 고등 스파이 툴이었다. 그리고 그 배후가 누구인지는 명백했다. 블랙에너지의 파일 명령어는 모두 러시아 말로 씌어 있었다.

아이사이트는 블랙에너지 멀웨어 샘플을 바이러스토털VirusTotal에 올렸다. 이것은 연구자들이 멀웨어의 과거 행적을 파악하기 위해 사용하는 멀웨어용 검색엔진이었다. 바이러스토털은 4개월 전인 2014년 5월에 공격자들이 폴란드의 에너지 회사를 공격하는 데 똑같은 블랙에너지 멀웨어를 사용했는데, 이때는 유럽의 석유와 가스 가격에 관한 최신 업데이트를 담은 마이크로소프트 워드 파일로 위장했다. 이후 여러 주에 걸쳐 아이사이트는 이들이 사용했던 다른 미끼를 발견했다. 어떤 경우는 우크라이나 문제를 다룬 웨일즈의 정상회담 참석자들의 컴퓨터를 감염시키려 시도했고, 다른 이메일은 그해 말 슬로바키아에서 열린 NATO 행사의 참석자들을 유인할 목적이었다. 미끼 하나는 미국의 러시아 외교 정책 전문가 한 사람을 구체적으로 겨냥했다. 그리고 다른 이메일은 우크라이나의 철도 기관인 우크르잘리즈니치아Ukrzaliznytsia의 엔지니어들을 노렸다. 이 파일 중 일부는 에너제틱 베어 그룹이 미국의 에너지 기업을 해킹했던 2010년까지 거슬러 올라갔지만, 이 그룹은 그들과 분명히 구분됐다. 공격자들이 코드 전체에 여기저기 깔아놓은 메시지는 그리 멀지 않은 미래에 핵 전쟁으로 파괴된 행성의 이야기를 다룬 프랭크 허버트Frank Herbert가 1965년 발표한 과학소설 『듄Dune』을 시사하고 있었다. 주인공과 그 우군은 수백 미터 길이의 샌드웜sandworm, 갯지렁이들이 지표면 바로 아래로 배회하는 사막을 피난처로 삼는다. 헐트퀴스트는 이 새로운 러시아의 공격 그룹을 '샌드웜'이라고 불렀다.

NSA 내부에서 정보 분석가들은 샌드웜을 다른 이름으로 추적하고 있었다. 그것은 러시아의 비밀 정보기관인 GRU의 한 분과인 '유닛 74455' 산하에서 작업하는 여러 부서 중 하나였다. 그리고 NSA 분석가들은 이들의 행태에 점점 더 경계심을 갖게 됐다. 하지만 물론 이들의 발견 내용은 모두 극비였다. 헐트퀴스트는 샌드웜이 GRU 유닛의 하나일 거라고 추정했지만 결정적 증거는 없었기 때문에 그런 내용을 대놓고 발설할 수는 없었다. 6주 뒤 그의 팀이 샌드웜에 대한 보고서를 낼 당시 그가 확실히 알았던 사실은 러시아가 제로데이로 무장한 스파이 활동을 벌인 지 이미 5년이나 흘렀다는 점이었다. 이들의 진정한 목적은 이듬해까지도 밝혀지지 않았다.

헐트퀴스트 팀은 그해 10월, 밀러 라이트 맥주를 마실 수 있는 창문 없는 바인 아이사이트의 SCIF에 모여 샌드웜 보고서의 출간을 축하했다. 워터스는 만약 어느 날 세상이 멸망한다면 적어도 자기 직원들이 맥주는 확실히 마실 수 있게 해주고 싶었다. 하지만 이때 아이사이트의 팀은 술의 도수를 높여 보드카로 헐트퀴스트와 건배했다. 보드카는 샌드웜의 진원지가 러시아라는 점에 착안한 것이기도 했다. 이들이 함께 잔을 부딪치며 축배를 들던 2014년 10월, 그로부터 약 4,000km 떨어진 곳에 있는 일본의 보안회사 트렌드 마이크로Trend Micro에서는 두 보안 연구원이 캘리포니아 쿠퍼티노의 콘퍼런스에서 입수한 아이사이트의 보고서를 꼼꼼히 읽고 있었다. 트렌드 마이크로의 연구원들은 샌드웜이 공격에 사용한 IP 주소 목록을 자신들의 데이터베이스와 바이러스토털에서 검색했다. 그 결과 이들의 행적을 스톡홀름에 있는 한 서버까지 추적했고, 이는 더 많은 디지털 흔적으로 이어졌다.

샌드웜 파일에는 결정적 단서가 들어 있었다. 샌드웜은 이메일과 워드 문서를 노린 게 아니었다. 산업 엔지니어들이 이용하는 파일이 표적이었다. 마침 트렌드 마이크로의 연구원들 중 한 명은 세계 최대 석탄 생산회사인 피바디 에너지Peabody Energy에서 일한 적이 있었다. 그 덕택에 그런 단서가 시사하는 바를 더 정확하게 잡아낼 수 있었다. 샌드웜 공격자들은 확장자가 '.cim'과 '.bcl'인 파일을 노렸다. 이들은 제너럴 일렉트릭GE의 산업용 제어 소프트웨어인 '심플리시티Cimplicity'에 사용되는 유형으로, 피바디의 엔지니어들도 채굴 장비를 원격으로 점검할 때 이 소프트웨어를 이용했다. 이 GE의 소프트웨어는 전 세계의 산업 엔지니어들이 널리 사용하는 제품이었다. 그것은 공공 정수 시설, 전력 장비, 운송 회사, 석유 및 가스 파이프라인 등을 제어하는 PLC를 점검하는데 사용되는 휴먼-머신 인터페이스였다. 트렌드 마이크로의 연구원들은 코드를 더 심층 분석한 결과 해당 멀웨어가 스스로를 설치, 코드를 실행하고, 일단 임무가 완수되면 즉각 스스로를 삭제하도록 설계된 사실을 발견했다. 다양한 명령어 중에는 'die(죽어라)'와 'turnoff(꺼라)' 같은 단어가 있었다. 기계나 장비의 작동을 중지시키는 첫 단계였다. 러시아의 해커들은 이런 산업용 시스템에 장난을 치려는 게 아니라 심각한 피해를 입힐 목적으로 침투했다.

트렌드 마이크로가 헐트퀴스트의 발견 내용에 이처럼 섬뜩한 진실을 더한 보고서를 낸 지 2주 뒤, 미국 국토안보부^{DHS}는 그보다 더 심각한 사이렌을 울렸다. 2014년 10월29일, DHS는 보안 경고문을 통해 샌드웜은 GE의 고객사만을 노린 게 아니라고 경고했다. 다른 두 산업용 제어 소프트웨어 회사인 지멘스와 어드밴테크^{Advantech}도 표적이었다는 것이다. 지멘스는 미국과 이스라엘이 이란의 핵 시설을 공격할 때 스턱스넷으로 해킹한 바로 그 PLC 제조사였고, 어드밴테크는 세계에서 손꼽히는 '사물인터넷' 기술 회사였다. 어드밴테크의 소프트웨어는 전 세계의 병원, 전력 시설, 석유 및 가스 파이프라인 그리고 운송 네트워크에 내장돼 있었다. DHS는 샌드웜이 멀게는 2011년부터 우크라이나와 폴란드뿐 아니라 미국을 비롯한 전 세계의 주요 인프라를 제어하는 컴퓨터에 침투하기 시작했다고 지적했다. 샌드웜은 아직 대규모 파괴 공작에는 사용되지 않았지만, 10월에 잇달아 나온 보고서에는 러시아가 어떤 계획을 꾸며 왔는지 잘 보여줬다.

DHS가 자체 보고서를 내놓자마자 샌드웜은 잠적했다. 공격자들은 자신들의 툴을 빼고 레이더 망에서 벗어났다. 그러나 1년 뒤, 러시아 해커들은 막대한 피해를 몰고 재부상했다.

"그건 '한밤중의 대마비'라고 부를 수 있을 겁니다."라고 올렉시 야신스키_{Oleksii Yasinsky}는 2015년 샌드웜이 그 흉칙한 머리를 다시 쳐들었을 때의 상황을 요약했다. 우리는 키이우의 산업 지대 중심에 자리잡은 야신스키의 사무실에 앉아 있었다. 그의 사무실이 입주한 빌딩은 자체 변전소를 갖춘 두 지구에 걸쳐 있어서, 어느 한 지구가 정전돼도 전력 공급에는 문제가 없도록 돼 있었다. 그리고 이것은 우연이 아니었다.

우크라이나의 총선 하루 전날인 2015년 10월 24일, 스타라이트 미디어 Starlight Media의 최고보안책임자인 야신스키는 한밤중에 IT 디렉터로부터 전화를 받았다. 스타라이트의 메인 서버 중 두 개가 다운됐다는 소식이었다. 서버 하나가 다운되는 것은 드문 일이 아니었다. 하지만 두 개가 동시에? 그것은 패닉까지는 아니더라도 우려할 만한 사항이었다. 러시아 해커들은 사이버 공격으로 우크라이나의 컴퓨터 네트워크를 엉망으로 만들고 있었고, 특히 공격의 타이밍이 불길했다. 이전 해에도 우크라이나의 선거가 임박한 시점에서 러시아 해커들은 우크라이나의 중앙선거관리위원회의 네트워크를 마비시켰다. 서버 두 개가 동시에 다운된 것은 우연일 뿐이라고 짐작하면서도, 야신스키는 투표가 불과 몇 시간 안에 시작될 시점이어서 직접 점검해 보는 게 좋겠다고 생각했다. 그래서 10월의 어둑한 새벽에 야신스키는 옷을 입고 조용히 아파트를 나와 사무실로 갔다. 그가 도착할 무렵, 엔지니어들은 또다른 이상 징후를 발견했다. 스타라이트의 경쟁사인 STB가 극우 후보를 홍보하는 유튜브 채널이었다. 우크라이나는 선거 당일에 선거 관련 뉴스를 내보내는 데 대해 엄격한 규정을 두고 있었다. STB가 그런 법규를 무시하기로 결정했거나 아니면 누군가가 STB의 유튜브 채널을 해킹한 결과일 것이다.

야신스키는 스타라이트의 서버 로그를 살피다가 공격자들과 정면으로 마주쳤다. 누군가가 야신스키가 포렌식 수사를 시작한 것을 보고 자신들의 공격 명령어가 담긴 서버를 마비시킨 것이다. 야신스키는 해당 서버가 마비되는 상황을 실시간으로 관찰했다. "그것은 우리가 공격을 받는 중이고, 공격자들이 아직 내부에 있다는 첫 번째 징후였습니다."라고 그는 말했다. "우리는 어두운 복도에서 서로 마주친 셈이었죠."

야신스키는 수사 속도를 높여 공격자들의 진입로나 퇴로를 찾았다. 로그를 스캔하면서 그는 회사 서버 중 하나가 네덜란드에 있는 한 컴퓨터로 신호를 보내는 것을 포착했다. 해당 트래픽을 더 가깝게 추적한 결과, 네덜란드의 서버로부터 처음 날아온 통신은 6개월 전으로 드러났다. 누군가가 스타라이트의 직원에게 우크라이나의 법원 판결에 관한 정보를 사칭한 이메일을 보낸 것이었다. 그 직원은 문제의 피싱 이메일을 법무 부서로 보냈고, 그 부서의 누군가가 이메일을 열었다.

"그게 스타라이트의 첫 감염자였던 거죠."라고 야신스키는 말했다.

스타라이트의 변호사가 첨부된 엑셀 파일을 클릭하자마자 블랙에너지가 컴퓨터 안으로 침투했다. 꽤 오랜 시간이 지난 시점이어서 그 변호사는 이미 회사를 옮긴 후였다. 나중에 야신스키와 동료들은 혹시 그가 러시아의 스파이였는지도 의심했다. 그해 4월, 공격자는 확보된 교두보를 통해 스타라이트의 네트워크에 89회의 데이터 청구를 한 사실을 야신스키는 볼 수 있었다. 이것은 유리 진열장을 깨고 물건을 탈취해 달아나는 식의 급박한 작전이 아니었다. 그날 밤 서버가 다운될 때까지 그것은 신중하게 계획되고 빈틈없이 시행된 놀라우리만치 복잡한 침투 공작이었다. "이건 깃발뺏기 게임 같은 게 아니었어요."라고 야신스키는 말했다. "이들은 가능한 한 재빨리 들어왔다 나가려고 시도한 게 아니었습니다."

공격자들은 블랙에너지를 한꺼번에 올린 것이 아니라 신중하게 멀웨어 모듈을 하나씩 다른 컴퓨터에 몰래 올렸다. 실로 용의주도한 방식이었다. 블랙에너지의 각 부품은 무해해 보였다. 이들을 한 장소에 모두 모은 다음에야 공격자들은 이들을 디지털 무기로 조립했다. 6개월 뒤 스타라이트의 서버가 다운됐을 때는 2백 대의 스타라이트 컴퓨터가 감염된 상태였다. 야신스키의 팀이 감염된 컴퓨터 안에서 발견한 것은 비교적 간단한 '킬디스크 KillDisk'로 이란의 해커들이 사우디 아람코와 샌즈 카지노의 컴퓨터를 마비시키는 데 사용한 툴과 크게 다르지 않은 것이었다. 그리고 그런 공격에서와 마찬가지로 킬디스크는 시한폭탄이었다. 공격자들은 멀웨어를 그날 밤 9시 51분에 스타라이트가 우크라이나의 선거 결과를 보도하기 시작하는 시간에 맞춰 폭발시킬 계획이었다. 서버가 다운되지 않았다면 이들은 계획대로 공격을 완수했을 것이다.

한편 스타라이트의 또 다른 경쟁사인 TRK 텔레비전 방송국은 그렇게 운이 좋지 못했다. 그날 저녁 거의 1백 대의 TRK 컴퓨터가 블랙에너지와 킬디스크로 파일을 완전히 삭제당했다. 야신스키가 다른 피해자들과 연락해 사태를 파악한 결과 공격자들의 전술에 약간의 차이가 있음을 발견했다. 피해 회사는 모두 시스템에서 블랙에너지와 킬디스크를 발견했지만 공격자들은 다른 기법과 방법으로 각 네트워크에 침투했다. 마치 다양한 방식을 시험하는 것 같았다. 한 경우 공격자들은 자신들의 툴을 매일 오후 1시 20분에 내려받았다. 다른 경우는 빠른 스타일로 다운받았다.

"여기서는 이런 기법을, 저기서는 다른 기법을 시도했습니다."라고 야신스키는 내게 말했다. "마치 과학적 방법을 실천하는 것 같았어요."

야신스키가 납득할 수 없었던 것은 왜 공격자들이 미디어 회사를 공격하는 데 그토록 오랜 시간을 투자했느냐 하는 것이었다. 미디어 회사는 특별히 가치있는 지적 재산도 없었고, 고객 정보나 금융 데이터도 거의 없었다. 공격자들이 툴을 설치하고 숨기는 데 이용한 조립 단계의 돌연변이 기법은 야신스키가 본 것 중 가장 진보한 형태였다. 그저 일부 데이터를 삭제하는 데 왜 그처럼 공을 들였을까? 도저히 납득이 되지 않았다.

"영화 〈오션스 일레븐Ocean's Eleven〉을 생각해 보세요."라고 야신스키는 말했다. "왜 그들이 반 년에 걸쳐 치밀한 계획을 짰을까요?"라면서 그는 상세한 공격 일정을 가리켰다. "겨우 서버 두 개를 죽이고 일부 데이터를 삭제하려고? 전혀 말이 되지 않아요."

러시아 해커들은 모의실험을 했을 뿐이었다. 킬디스크는 공격 뒤에 흔적을 지우는 이들만의 방식이었다. "3개월 뒤 이들의 공격을 받으면서 비로소 우리는 단지 실험 대상이었을 뿐이라는 것을 깨달았습니다."라고 야신스키는 말했다.

야신스키가 스타라이트 시스템에 대한 샌드웜의 공격을 막아낸 지 몇 주 후에 헐트퀴스트는 미 국방부의 초청을 받았다. 그해 11월 헐트퀴스트는 샌드웜에 대해 자신이 발견한 내용을 고위 관료들에게 소개했다. 정교한 난독화 기법, 아마추어 해커들을 위한 초보적 수준에서 정교한 감시 장비로, 파괴의 수단으로 발전한 블랙에너지의 진화를 설명했다. 그는 샌드웜이 주요 인프라를 노린다는 점을 강조하면서 미국과 폴란드의 피해 기업, 피해 사례로 우크라이나의 철도공사와 두 미디어 회사가 공격당한 사례를 들려줬다. 그가 발표하는 동안 고위 관료들은 무표정하게 바라봤다. 헐트퀴스트의 발견 내용이 어느 정도로 심각하게 취급되는지 파악하기 어려웠다. 한 사람이 헐트퀴스트에게 이것이 앞으로 어떻게 진전될 것으로 보느냐고 질문했다.

"전력망을 직접 공격할 확률이 높습니다."라고 헐트퀴스트는 대답했다.

한 달 뒤, 2015년 크리스마스 이브 직전 러시아의 GRU 해커들은 정말로 그렇게 행동했다.

헐트퀴스트의 국방부 브리핑 후에 샌드웜은 우크라이나의 인프라에 스며들었다. 재무부, 연금 기금, 금융과 인프라 담당 부처 및 우크레네르고Ukrenergo, 우크르잘리즈니치야, 키보블레네르고Kyivoblenergo, 프리카르파티야오블레네르고Prykarpattyaoblenergo 같은 서부 우크라이나의 광범위한 지역에 전력을 공급하는 회사에 침투했다.

12월 23일 오후 3시 30분, 서부 우크라이나의 이바노-프랑키브스크

Ivano-Frankivsk 지역에서 주민들은 업무를 마치고 크리스마스 휴일을 즐기기 위해 집으로 돌아가는 참이었다. 프리카르파티야오블레네르고의 통제 센터에 있는 한 엔지니어는 자신의 커서가 보이지 않는 손에 밀린듯 컴퓨터 화면을 가로질러 미끄러지는 모습을 발견했다.

커서는 해당 지역에 산재한 변전소의 회로 차단기를 제어하는 대시보드로 움직였다. 커서가 체크 박스를 더블클릭해 차단기를 하나씩 오프라인 상태로 만들었다. 그리고 팝업 창이 뜨면서 수천 가구의 전기와 난방을 끊어버리게 될 오프라인 상태를 마지막으로 확인하는 메시지가 나오는 것을 담당 엔지니어는 공포에 질려 바라봤다. 그는 필사적으로 마우스를 움직여 상황을 바꿔보려 했지만 속수무책이었다. 누가 시스템을 조종하든 그는 무력했고, 심지어 로그아웃까지 당해 버렸다. 다시 로그인하려 시도했지만 숨은 손은 이미 그의 비밀번호를 바꿔서 완전히 쫓아내버렸다. 이제 그로서는 디지털 유령이 한 차단기에서 다른 차단기로 이동하면서 30개의 변전소를 빠짐없이 꺼버리는 상황을 무기력하게 지켜보는 수밖에 없었다. 한편 다른 두 개의 전력 서비스도 똑같은 상황에 처해 총 23만 가구를 정전 사태로 내몰았다. 전력이 끊기자 숨은 손은 우크라이나의 비상 전화선마저 끊어 혼돈 상태를 더욱 악화했다. 그리고 마침내 최후의 일격이 가해졌다. 공격자들은 배전소에 공급되는 예비 전력마저 끊어버리는 바람에 우크라이나의 담당자들은 암흑 속에서 악전고투하는 상황에 내몰렸다.

그것은 디지털 환경에서 벌어진 사상 초유의 잔혹 테러였지만, 러시아 측은 인명 피해의 사태로 악화되기 직전에 멈췄다. 6시간 뒤, 이들은 우크라이나의 전력을 복구해 줬다. 하지만 우크라이나와 우크라이나를 지원하는 미국 측에 "우리는 너희를 언제든 끝장낼 수 있다."는 분명한 메시지를 전달하기에는 충분히 긴 시간이었다.

미국의 정보기관은 비상 상태에 돌입했다. FBI, CIA, NSA 그리고 에너지부 대표들은 국토안보부의 국가 사이버 보안 및 통신통합센터National Cybersecurity and Communications Integration Center에 모여 피해 상황을 평가하고, 임박한 대미 공격의 위험 수준을 계산했다. 우크라이나의 정전 테러는 정부 관료와 사이버 보안 전문가들이 오랫동안 예측해 온 악몽의 시나리오였다. 러시아의 해커들은 사이버 환경의 진주만 폭격 상황까지 악화되기 직전에 멈췄지만, 담당자들은 해당 공격이 어디까지 악화될 수 있었는지 그리고 러시아가 그런 공격을 미국에서 전개했다면 피해는 얼마나 더 심각했을지 상상하며 몸서리를 쳤다.

이제 러시아의 해커들은 미국의 전력망과 주요 인프라에 너무나 깊숙이 침투한 상태여서, 한 단계만 더 나가면 모든 것을 마비시킬 수 있는 상황이었다. 이것은 미국에 보내는 푸틴 식 경고였다. 만약 미국 정부가 우크라이나에 더 깊숙이 관여하고, 스턱스넷 같은 공격을 러시아에 감행한다면 우리는 미국 사회 전체를 다운시킬 것이라는 경고 말이다. 미국의 전력망은 우크라이나 못지않게 취약했다. 유일한 차이점은 미국이 훨씬 더 촘촘히 연결되고, 훨씬 더 전기 의존도가 높고, 그러면서도 잠재적 위험에 대해 훨씬 더 완고한 부정 상태에 있다는 점이었다.

"우리는 여전히 과거의 스파이 대 스파이, 냉전식 사고에 갇혀 있었습니다."라고 한 고위 관료는 내게 말했다. "그런 공격을 처음 봤을 때 우리는 '그건 러시아 식이지. 그건 우리 식이야. 신사도를 지키는 거지. 아무도 선을 넘지 않아'라고 말했습니다. 그리곤 우크라이나 사태가 터졌죠. 우크라이나 선거일에 터진 사이버 공격은 그런 이론을 완전히 날려버렸습니다."

7부

부메랑

'눈에는 눈'이라는 옛 법칙은 모두를 장님으로 만들 겁니다.

— 마틴 루터 킹 주니어Martin Luther King Jr.

20장

러시아 해커들이 몰려온다

워싱턴 DC

러시아 해커들이 미 국무부, 백악관과 합참의 네트워크에 침투하고, 우크라이나의 2016년 선거에 대한 방해 공작을 준비하던 2015년 말, 나는 워싱턴으로 날아가 오바마 대통령의 사이버 보안 책임자인 J. 마이클 대니얼J. Michael Daniel을 만났다.

나는 대통령 참모들이 근무하는, 백악관 옆에 자리잡은 회색 건물인 아이젠하워 행정청사Eisenhower Executive Office Building의 철문을 걸어서 통과했다. 내 신분이 확인되자 백악관의 한 직원이 나를 비좁고 창문이 없는 한 사무실로 안내했다. 대니얼이 대통령 집무실이 있는 웨스트 윙West Wing에서 업무를 마치고 돌아올 때까지 기다렸다. 그의 사무실 문에는 "나는 다른 빌어먹을 놈들이 일으킨 불가능한 문제의 막바지 극단 해법을 찾아내는 데 지쳤어."라는 문구가 커다랗게 적혀 있었다. 나는 그것이 1992년에 개봉한 영화 〈언더 씨즈under Siege〉에서 인용한 대사임을 알았다. 토미 리 존스Tommy Lee Jones가 연기한 전직 CIA 요원은 그런 불평으로 토마호크Tomahawk 크루즈 미사일과 핵탄두를 테러리스트들에게 팔아넘긴 행위를 정당화한다. 그리고 테러리스트들은 그렇게 구한 무기로 미국을 겨냥한다.

그 인용문 밑에는 사이버 공격에 대한 비상 계획이 적혀 있었다. "공격 발견 시: 백악관 보안대응 팀에 알리시오. 공격 후 1시간 내: FBI와 정보기관은 피해자에게 연락. NSA는 관련 정보 수집. DHS는 국가 안보 대응을 조정. 일과 종료 시: 상황 메시지를 전송하시오. 이에 해당되는 경우 메시지는 다음과 같은 내용일 것: '중요한 새 정보가 나오지 않는 한 또는 며칠이나 몇 주가 걸려 중요한 정보가 확보될 때까지 추가 메시지는 없을 것임'"

나는 항상 백악관은 사이버 공격 상황을 실시간으로 보여주는 첨단 지도가 있어서, 세계 어딘가에 있는 위장 서버로부터 백악관 서버로 진행하는 빨간 점을 보고 있다가 대응 팀이 제때 잡아버릴 거라는 상상을 했다. 천만에, 방어에 관한 한 세계에서 가장 앞선 해킹 능력을 갖춘 나라조차도 평범한 우리처럼 인쇄물 수준을 넘지 못했다.

직원 한 명이 홀 맞은 편에 있는 나무 패널로 그럴듯하게 장식된 방으로 나를 안내했고, 거기서 대니얼을 기다렸다. 이것이 선거 때까지 그와 직접 대면하는 마지막 미팅이 될 것이었다. 1년 안에 대니얼은 직책을 사임하고, 그로부터 몇 년 뒤 트럼프는 백악관의 사이버 보안 조정관이라는 직책을 완전히 없애버리게 된다. 대니얼과 나는 전에도 여러 번 이란의 아람코와 은행 공격에 대한 공격, 연방 인사국에 대한 중국의 공격 그리고 미국의 형편없는 사이버 방어 상태에 관해 대화를 나눴다. 하지만 정부의 제로데이 비축과 관련해 질문할 수 있게 된 것은 이번이 처음이자 잠재적으로는 마지막 기회였다.

1년 전 대니얼은 제로데이 논의에 끌려들었다. '끌려들었다dragged'라는 표현이 중요하다. 제로데이 하나가 정부의 개입을 직접 강제한 셈이기 때문이다. 2014년 만우절에 구글과 핀란드의 보안 연구자들은 거의 동시에 널리 사용되는 암호화 프로토콜에서 제로데이를 발견했다. 그 제로데이는 워낙 중요한 사안이어서 해당 버그의 이름을 짓는 캠페인까지 전개했고, 그렇게 나온 하트블리드Heartbleed는 로고와 티셔츠까지 갖게 됐다.

"버그의 위험성을 따지는 기준이 1에서 10까지 있다면 이것은 11이었다."라고 유명 사이버 보안 전문가인 브루스 슈나이어Bruce Schneier는 당시 칼럼에 썼다.

하트블리드는 인터넷 트래픽을 암호화하는 데 널리 사용되는 오픈소스 소프트웨어 툴인 '오픈SSLOpenSSL'의 전형적인 오류였다. 아마존부터 페이스북, FBI에 이르기까지 모두가 시스템을 암호화하는 데 이 무료 툴을 사용했다. 안드로이드 휴대폰에, 가정에서 사용하는 와이파이 라우터에, 심지어 미 국방부의 무기 시스템에 내장돼 있었다. 하트블리드 버그는 전형적인 코딩 에러의 결과로, 규정된 범위 이상을 읽도록 허용하는 '버퍼 오버리드buffer over-read' 때문에 보호돼야 할 시스템으로부터 누구든 비밀번호와 암호화 키를 포함한 데이터를 추출할 수 있게 되는 상황이었다. 소수의 직원들에 의해 개발되고 관리되는 독점 소프트웨어와 달리 오픈SSL 같은 오픈소스 코드는 이론상 전 세계 프로그래머들의 점검을 받는 셈이었다.

오픈소스 운동의 장로 격인 에릭 S. 레이먼드Eric S. Raymond는 1997년에 펴낸 오픈소스 철학의 선언서인 『성당과 시장The Cathedral & the Bazaar』(O'Reilly)에서 "오픈소스 소프트웨어를 살피는 수많은 눈동자를 감안하면 모든 버그는 표피적이다."라고 썼다. 하지만 하트블리드의 경우는 "살피는 눈동자가 하나도 없었습니다."라고 레이먼드는 내게 말했다.

곧 사람들은 오픈SSL이 얼마나 방치돼 왔는지 알게 됐다. 해당 코드는 수백만 대의 시스템을 보호하는 데 중요한 역할을 했지만, 그에 대한 관리는 연 2천 달러의 적은 예산으로 단 한 명의 엔지니어가 유지를 맡았다. 그 2천 달러조차 대부분 개인의 기부금으로 마련된 것이었고, 전기세나 겨우 충당할 수준이었다. 하트블리드 버그는 2년 전 소프트웨어 업데이트를 통해 주입됐지만, 아무도 그것을 눈치채지 못했다.

하트블리드가 발견된 지 며칠 안에 「블룸버그」는 NSA가 이미 오래 전에

이를 알았음에도 비밀리에 익스플로잇으로 활용해 왔다고 주장하는 근거가 희박한 보도를 내보냈다. 그런 추정 기사는 CNN, 드러지 리포트^{Drudge Report}, 「월스트리트저널」, NPR, 「폴리티코^{Politico}」에도 인용 보도됐고, NSA는 공식 논평을 낼 수밖에 없었다. NSA는 버그에 대한 내용이 보도될 때까지 그에 대해 전혀 몰랐다고 트윗을 날렸다.

하지만 당시 스노든의 정보 유출 내용이 지속적으로 공개된 지 9개월 째로 접어들고 있었고, 그 때문에 아무도 NSA의 주장을 믿으려 하지 않았다. 논쟁을 정리하기 위해 백악관까지 직접 개입해 다른 어떤 나라보다도 더 상세하게 제로데이의 취급 절차를 공식적으로 해명해야 했다. 백악관 담당자들은 기자들에게 오바마 대통령은 NSA가 제로데이를 발견하면 대부분의 경우 그것을 수정하도록 결정했다고 말했다. 하지만 오바마는 '국가 안보나 수사상 필요'라는 뻔한 예외 조항을 만들었고, 이는 워낙 쉽게 빠져나갈 수 있는 구멍이어서 비평가들은 이를 유명무실한 결정으로 판단했다. 이를 해명하는 일은 대니얼의 몫이었다.

하트블리드가 나오기 전까지 정부가 '제로데이'라는 말을 그렇게 소리높여 언급한 적은 없었다. 하지만 그해 4월, 대니얼은 미국의 제로데이 정책을 정면으로 다뤘다. 백악관 홈페이지에 올린 성명서에서 대니얼은 여러 정부기관이 제로데이를 비공개하는 데 따른 장단점을 검토하는 이른바 '취약점 공개를 위한 원칙적이고 분명한 상급 수준의 의사 결정 절차'를 설명했다. 그리고 기관이 제로데이의 공개 여부를 판단할 때 묻는 질문의 목록을 소개했다. 그중 몇 가지만 예로 들면 다음과 같은 것이었다. "해당 취약점은 패치되지 않은 채 방치될 경우 심각한 위험을 초래하는가?", "적성국이나 범죄 집단이 이 취약점을 알게 되는 경우 얼마나 심각한 피해를 끼칠 수 있는가?", "다른 누군가가 이 취약점을 발견할 가능성은 어느 정도인가?"

정부가 보안 취약점을 일반에 알리지 않고 숨긴다는 사실을 공개적으로 시인한 경우는 이번이 처음이었다. 하지만 대니얼은 많은 질문에 제대로 대답하지 않았다. 나는 이번 인터뷰가 그에게 그런 질문을 던질 마지막 기회라고 생각했다.

오후 다섯 시가 막 지날 무렵, 대니얼은 회의실로 들어와 긴 마호가니 테이블 옆에 놓인 의자에 털썩 앉았다. 숱이 줄어들어 가는 갈색 머리카락과 피로에 지친 눈은 그를 실제로 영화 〈언더 씨즈〉의 토미 리 존스와 닮아보였다. 문에 그 인용문을 붙인 것은 다름아닌 대니얼이 아닐까 생각했다. 따지고 보면 다른 빌어먹을 인간들이 초래한 불가능한 문제에 필사적인 막판 해법을 제시하는 게 그의 일이었다.

하트블리드만이 아니었다. 대니얼은 스노든의 정보 유출 사건도 함께 담당하고 있었다. 북한은 그의 눈앞에서 소니 영화사를 해킹했다. 그는 "내가 크리스마스를 가족과 함께 보내지 못한 것은 김정은 때문이에요."라고 말했다. 이란의 해커들이 엉뚱한 보우먼 댐을 뚫었을 때 그는 새벽 3시에 전화를 받았다. 중국이 최근 연방 인사국을 해킹했을 때 이를 처리하는 것도 대니얼의 몫이었다. 그리고 지금, 바로 자신의 발 밑에서 과거에는 KGB였고 지금은 SVR이 된 기관의 한 분과인 러시아의 해킹 팀은 국무부, 백악관, 합참과 당시에는 우리도 몰랐지만 민주당전국위원회DNC의 서버로 침투했다.

"끝이 없어요."라고 대니얼은 말했다. "즉석에서 임기응변으로 하는 거예요. 나는 역사에 관심이 많은데, 지금 벌어지는 일은 전례가 없습니다."

백악관에서 논리 정연한 사이버 정책을 수립하는 일은 대니얼의 몫이었다. 설령 과거에 그런 정책이 있었다고 해도 헛수고에 그칠 가능성이 큰 작업이었다. 더욱이 대니얼은 이미 비축해둔 제로데이 가운데 어떤 것은 보유하고, 어떤 것은 해당 제조사에 알려 수정할지 결정하는 정부의 행정 절차를 주도해야 하는 골치 아픈 역할도 떠맡았다. 대니얼이 주관한 그 절차는 '취약 자산 평가 절차VEP, Vulnerabilities Equities Process'라는 모호한 관료적 명칭이었고, 대니얼은 그 절차를 지독히 싫어했다. 그는 VEP를 전임자인 하워드 슈미트에게서 넘겨받았다. 사려깊고 친근한 할아버지 인상의 슈미트는 조지 W. 부시 대통령의 사이버 보안 자문역이었고, 오바마 행정부에서 최초의 공식 사이버 전략을 수립한 주인공으로 2017년 세상을 떠났다. 슈미트는 제로데이가 가진 첩보 가치와 더불어, 그것이 우리를 얼마나 취약한 상황에 내몰 수 있는지도 이해했다.

"정부기관은 이렇게 말하기 시작합니다. '조국을 보호하기 위해서는 다른 나라의 취약점을 찾아야 한다'고요." 슈미트는 생전에 내게 이렇게 말했다. "문제는 우리 모두가 근본적으로 덜 안전해진다는 것입니다."

스턱스넷은 다른 10여개 나라도 제로데이 사냥에 나서게끔 자극했고, 미국은 한때 주도했던 시장에 대한 통제력을 잃고 있었다. "만약 누군가가 당신에게 수백만 개의 기기에 영향을 미칠 수 있는 버그를 갖고 접근해서 '내게 비용을 낸다면 당신만이 이것을 보유하게 될 겁니다.'라고 말한다면 돈을 지불하려는 사람이 반드시 있게 마련입니다." 슈미트가 다음에 한 말은 내 기억에 생생하게 남았다. "불행하게도 사이버 스페이스에서 악마와 함께 춤추는 일은 매우 흔합니다."

슈미트가 백악관에서 수립한 절차는 NSA의 프로세스를 빌려온 것이었다. 여러 해 동안 NSA는 어떤 제로데이를 보유하고, 어떤 것을 제조회사에 알릴지 결정하기 위한 자체 VEP를 갖고 있었다. 하지만 제로데이를 찾기 위한 NSA의 투자 규모와 이 정보기관의 필수 업무의 성격을 고려하면, NSA가 제로데이를 제조회사에 신고하는 경우는 드물었고, 그것조차도 일단 사용한 다음인 경우가 많았다. 2014년 슈미트가 대니얼에게 업무를 인계할 무렵에도 제로데이에 대한 평가 절차는 여전히 비공식적인 성격이 더 강했고, 미국의 네트워크를 쉬지 않고 강타하는 공격의 심각성을 제대로 반영하지 못했다.

지난 12개월 동안, 러시아의 해커들은 미 국무부에 맹렬한 사이버 공격을 전개해 왔다. 피싱 이메일에 속아 클릭한 어리숙한 국무부 직원들을 등에 업고, 러시아 정책을 연구하는 미국 외교관들의 컴퓨터에 침투해 데이터를 훔쳐냈다. 해킹 수사를 의뢰 받은 케빈 맨디아의 팀은 러시아 해커들이 국무부 네트워크에 깊숙이 침투한 사실을 밝혀냈다. 이들이 한 개의 백도어를 차단하면 러시아 해커들은 다른 백도어로 들어왔다. 맨디아의 팀이 그동안 경험한 어떤 해커들보다도 더 노골적이고 공세적이었다. 그리고 맨디언트가 해킹의 불길을 잡았을 즈음 러시아 해커들은 다른 곳에서, 이번에는 백악관 내부에서 튀어나왔다. 러시아 해커들은 보통 은밀하게 활동했지만 이번에는 누가 해킹하는지 노골적으로 드러내놓고 해킹을 벌였다. 네덜란드의 정보기관은 민간 보안 연구자들에게는 '코지 베어Cozy Bear'로 알려진 러시아 SVR의 해커들이 때때로 활동 거점으로 삼는 모스크바 붉은 광장Red Square에서 가까운 한 대학을 해킹했다. 이들은 그 대학의 감시 카메라에 접속한 다음 얼굴 인식 소프트웨어를 사용해 SVR 소속 해커들의 이름을 알아냈다. 그것은 미국의 가장 영악한 적을 고화질로 보여준 사례였고, 만약 백악관이 좀 더 적극적으로 나섰다면 대통령 선거에 대한 사이버 공격의 초기 단계를 준비하는 바로 그 해커들을 잡을 수도 있었을 것이다.

그러나 내가 대니얼과 마주 앉은 날, 러시아는 우리 대화의 부수적 주제에 지나지 않았다. 대니얼은 러시아를 '와일드 카드wild card'로 간주했다. 러시아는 미국의 컴퓨터 시스템에 들어와 있었고, 그런 점은 미국 측도 알았다. 그리고 러시아는 재난적인 공격을 가할 수 있는 기술과 접근 능력을 보유하고 있었지만, 적어도 현재까지는 자제하는 모습을 보여 왔다. 더 큰 걱정거리는 이란과 북한이라고 대니얼은 내게 말했다. 미국이 이란과 맺은 핵 협정을 계기로 이란 지도부가 더 나은 행태를 보이기를 바란다고 말했지만, 그는 낙관적이지 않았다. 북한도 위험한 변수였지만 큰 문제를 일으키기에는 아직 역량이 모자란다는 판단이었다. 테러 단체인 ISIS는 소셜미디어를 활용해 테러범을 모집하고 공격을 계획 중이라고 대니얼은 말했다. 하지만 사이버 공격에 관한 한 지금까지 ISIS의 해킹 부서가 저지른 행위는 미군과 정부 직원들의 이름과 주소를 대량으로 퍼뜨린 수준에 그쳤다. ISIS 해커들은 이를 '살해 명단kill list'으로 부르면서 미국 시스템 침투에 성공했다고 주장했다. 실상은 일리노이주에 있는 한 온라인 소매점의 보안 침해로 유출된 정보 중에서 미국의 정부기관을 가리키는 도메인 '.gov'나 군 기관을 지칭하는 '.mil'이 이메일 주소에 포함된 사람들의 명단일 뿐이었다. 보안 침해의 장본인은 현재 형무소에 수감됐고, 소위 '살해 명단'을 트윗한 ISIS의 해커는 8월 미국의 드론 폭격으로 사망했다. 사이버 역량에 관한 한 ISIS 테러리스트들은 아직 초보 수준이었다. 그럼에도 대니얼은 이들 중 어느 누구라도 미국의 사이버 무기를 손에 넣게 된다면 그 피해는 치명적일 수 있다는 점을 잘 알고 있었다.

대니얼이 주관하는 VEP는 미국민을 안전하게 보호하는 데 연관된, 서로 충돌하는 이익의 경중을 가리기 위한 절차였다. 한편으로 제로데이 취약점을 알리지 않고 보유하는 경우 전체 그룹 차원의 사이버 보안을 약화시킬 수 있다. 다른 한편, 제로데이를 해당 소프트웨어 회사에 알려 수정하도록 유도하는 경우 정보기관의 디지털 스파이 활동이나 법 집행기관의 범죄 수사 역량을 약화시킬 수 있다. 우리가 다른 타자기를 쓰던 시절에는 이런 문제의 경중을 가리기가 훨씬 더 단순했다.

"모든 나라가 스파이 활동을 벌인다는 것은 비밀이 아닙니다."라고 대니얼은 말했다. "1970년대와 80년대, 러시아는 우리가 갖지 못한 기술을 사용했지요. 우리는 그들이 갖지 못한 기술을 사용했고요. 만약 우리가 그들의 시스템에서 구멍을 찾아내면 우리는 그걸 이용했습니다. 그게 다였어요. 하지만 지금은 그렇게 간단하지가 않아요. 우리는 모두 똑같은 기술로 옮겨왔습니다. 모든 이들의 보안 시스템에 구멍을 내지 않고는 어느 한 곳에만 구멍을 낼 수가 없게 됐습니다."

VEP를 맡게 됐을 때 대니얼은 슈미트가 기울인 노력에 가속도를 붙였다. 필수 멤버인 NSA, CIA, FBI, DHS 등 정보기관의 대표들에 더해 재정부, 상무부, 에너지부, 수송부, 보건사회복지부 같은 정부 부처의 대표들 그리고 미국의 제로데이가 엉뚱한 손에 넘어갔을 때 표적이 될 수 있는 다른 시스템의 담당자들이 VEP 절차에 참여했다.

그것은 없는 것보다는 나았다. 공정하게 말하자면 미국은 그나마 이러한 절차를 갖춘 두 나라 중 하나였다(다른 한 나라는 영국). 심지어 프라이버시에 민감한 독일조차 관련 전문가에 따르면 자체 VEP 절차를 수립해 시행하자면 아직 먼 상황이었다. 그리고 이란과 북한의 관료들이 긴 마호가니 테이블에 앉아 윈도우의 제로데이를 마이크로소프트에 넘길지 여부를 토론할 가능성은 거의 없었다.

VEP 절차는 과학보다 차라리 예술에 더 가깝다고 대니얼은 인정했다. 대놓고 말하지는 않았지만 미국 정보기관이 공세적 사이버 활동에 쏟아붇는 방대한 자원을 감안하면 그리고 제로데이를 이용해 임박한 테러 공격이나 북한의 미사일 발사 계획을 미리 알 수 있다는 점을 고려하면, VEP 절차가 항상 제로데이 신고보다는 비축에 더 무게를 둘 것이라고 짐작할 수 있다. 하지만 점점 더 많은 병원과 원자력발전소, 증권거래소, 항공기, 승용차 심지어 전력망 일부가 온라인과 연결되면서 VEP의 논의는 더욱 무자비해질 수 있었다.

"논의가 굉장히 감정적으로 흐를 때가 많습니다."라고 대니얼은 말했다.

그 나름으로는 논의의 투명성을 강조했지만 논의는 비밀의 베일에 가려져 있었다. 대니얼은 심지어 구체적으로 어느 기관이 VEP 논의에 참여하는지조차 확인해 주지 않았다. "하지만 이런 툴이 엉뚱한 손에 들어갔을 때 타격을 받게 될 모든 시스템을 고려해 본다면, 그게 누구일지는 짐작할 수 있을 겁니다."

계산법 자체는 이론상 명확했지만 실제 상황은 그보다 훨씬 더 복잡했다. "이런 평가를 내릴 때 우리는 해당 기술이 얼마나 널리 이용되는지 고려합니다. 만약 매우 널리 사용된다면 우리는 공개하는 쪽을 선택합니다. 그와 반대로 만약 그것을 우리 적들만 사용한다면 다른 쪽으로 기울고, 그것을 비밀로 유지할 가능성이 더 커집니다. 그리고 비밀로 유지할 때 정보 기관은 왜 그리고 얼마동안 비밀로 보유할지 명확히 밝혀야 합니다. 그리고 우리는 해당 제로데이를 알려 수정할 타이밍인지 정기적으로 검토합니다. 만약 우리의 적들도 그것을 사용한다는 증거가 나오면 우리는 제조사에 알려 패치하는 쪽을 택하죠."

일종의 절차를 갖춤으로써 백악관은 책임을 담보하는 것처럼 보였지만, 실제로는 점점 더 걷잡을 수 없이 악화되는 매파-비둘기파 게임이었다. 나는 대니얼에게 다름 아닌 미국이 처음에 제로데이 시장을 만들었고, 이어 7개의 제로데이를 한데 묶으면 어떤 파괴력을 갖는지 세계에 보여준 사실에 대해 물었다. 이 지하 경제의 공급 측면은 다른 곳에서, 미국 통제할 수 없는 시장에서 진행되고 있다는 점을 지적했다. 나는 그에게 제로데이를 이란이나 다른 돈 많은 걸프 왕국보다 미국에 팔아야 할 아무런 의무감도 느끼지 않는다고 말한 아르헨티나 해커들의 사례를 들려줬다.

"이건 명확히 해두죠. 나는 우리가 모든 것을 파악했다고 주장할 생각은 없습니다."라고 그는 말했다. 그리고 유감스럽다는 표정으로 한 마디를 더 했다. "때로는 피를 묻힐 수밖에 없는 경우도 있으니까요."

대니얼은 특정한 익스플로잇을 거명하지는 않았지만, 그의 책상을 거쳐갔을 것 중 하나는 '이터널Eternal'이라는 암호명으로 불리는 NSA의 익스플로잇 그룹이었다.

그것은 본래 NSA 컴퓨터 알고리즘의 이름이었지만 이터널은 대니얼과 NSA 그리고 미국 기업, 마을과 도시에 두고두고 악몽이 됐다는 점에서 제로데이 익스플로잇 세트의 이름으로 알맞았다. 그런 익스플로잇 중 하나인 '이터널블루EternalBlue'는 '서버 메시지 블록SMB'으로 불리는 마이크로소프트 소프트웨어의 프로토콜에 포함된 치명적 버그를 표적으로 삼았다. 이 프로토콜은 컴퓨터가 파일이나 프린터 서비스 같은 정보를 인터넷 속도로 서버에서 서버로 전달할 수 있게 해준다. NSA에서 이터널블루 익스플로잇으로 만들 수 있는 기반 오류를 찾아내는 것은 도전의 절반에 지나지 않았다. 진짜 도전은 전직 TAO 해커들에 따르면 표적 컴퓨터를 다운시키지 않고 버그를 사용하는 방법을 찾는 것이었다. TAO가 이터널블루의 구성 요소가 되는 해당 오류를 처음 발견한 혹은 구매한 직후 이들은 그것을 '이터널블루스크린EternalBluescreen'이라고 불렀다. 컴퓨터가 다운될 때마다 나타나는 섬뜩한 윈도우의 '죽음의 파란 스크린'에서 착안한 것이었다. 얼마 동안 TAO의 운영자들은 이터널 블루를 정밀 공격에만 사용하도록 엄격한 제한을 받았다. 그 익스플로잇을 사용하기 위해서는 상부의 특별 허락을 받아야 했다. 이터널블루가 표적 컴퓨터의 스크린을 마비시키지 않고 숨어들 수 있도록 하는 알고리즘을 개발하는데는 NSA의 여러 엘리트 분석가들의 협력 작업이 필요했다. 그리고 일단 그런 목표를 달성하자 TAO는 그 정교한 스파이 툴이 제공하는 마법에 감탄할 수밖에 없었다. "이터널블루 덕택에 우리는 최고 수준의 대테러 정보를 취득할 수 있었습니다."라고 한 전직 TAO 해커는 내게 귀띔했다.

이터널블루의 대표적인 특징 중 하나는 '더럽지dirty' 않다는 점이었다. 이것은 로깅^{logging}의 흔적을 거의 남기지 않았다. NSA의 해커들은 서버에서 서버로 탐지되지 않은 채 옮겨다닐 수 있었다. NSA의 목표물인 테러범들과 러시아, 중국, 북한이 자신들의 시스템에 해당 익스플로잇이 침투한 사실을 발견할 가능성은 사실상 제로에 가까웠다. NSA는 이터널블루를 스파이 활동에 사용했다. 하지만 이것이 외부로 유출되면 언제든지 대륙 간 탄도 미사일처럼 기능할 수 있다는 사실을 알았다. 만약 이란, 북한, 중국, 러시아 혹은 다른 외부 세력의 해커들이 이 제로데이의 파괴력을 바꿔 공격 목표의 데이터를 왜곡하거나 시스템을 교란한다면 큰 재앙을 불러일으킬 수 있었다.

"우리는 그것이 대량살상 무기로 사용될 수 있다는 사실을 알았어요."라고 전직 TAO 해커는 내게 말했다.

일부 관료들은 그 익스플로잇이 너무 위험하다며 재료가 되는 제로데이를 마이크로소프트에 넘겨야 한다고 주장했다. 하지만 그것이 생산하는 정보는 너무나 중요해서 한 전직 정보 분석가에 따르면, 익스플로잇을 넘기는 방안은 심각하게 고려된 적이 결코 없었다고 한다. 대신 NSA는 이터널블루를 미국의 네트워크에 대해 역사상 가장 맹렬한 사이버 공격이 벌어졌던 기간인 7년 동안이나 붙들고 있으면서 다른 세력에 의해 발견되지 않기만을 빌었다.

대니얼은 이터널블루나 다른 어떤 익스플로잇도 직접 언급한 적이 결코 없었다. 그러나 수년 뒤 자신의 행적을 회고하면서 VEP의 일부 결정을 후회한다고 인정했다. 그리고 이터널블루가 하나도 아니고 두 적성국에 의해 발견되고 전 세계적으로 수십억 달러 규모의 파괴 행위에 악용된 사실을 감안하면, 마이크로소프트의 제로데이를 7년이나 비공개로 유지한 결정이 그중 하나일 것으로 짐작할 수 있었다.

대니얼은 그때는 몰랐지만 러시아 해커들은 이미 2016년 미국 대통령 선거의 향배에 개입하기 위한 움직임에 돌입한 상태였다.

2014년 6월, 크렘린궁은 이미 알렉산드라 Y. 크릴로바^{Aleksandra Y. Krylova}와 애나 V. 보가체바^{Anna V. Bogacheva} 두 명의 스파이를 미국에 3주 동안 정찰 파견을 보냈다. 두 스파이는 카메라, 심^{SIM} 카드, 대포폰 등을 구입해 활동하면서, 미국 측 정보원들이 자신들의 여행 목적을 의심하게 될 경우에 대비해 '철수 시나리오^{evacuation scenarios}'까지 짜놓았다. 이들은 캘리포니아, 콜로라도, 일리노이, 루이지애나, 미시간, 네바다, 뉴멕시코, 뉴욕, 및 텍사스주를 방문해 미국 정치 동향에 관한 정보를 수집했다. 그리고 그해 여름, 크릴로바는 자신들이 파악한 미국의 당파 간 갈등과 민주-공화 양당이 경합하는 주를 뜻하는 '보라색 주^{purple states}'의 정보를 상트페테르부르크에 있는 상관들에게 보고했다. 이들의 보고서는 러시아의 2016년 대선 개입을 위한 현장 가이드가 활용됐다.

상트페테르부르크에 있는 푸틴의 선동 기관인 '인터넷 리서치 에이전시^{IRA, Internet Research Agency}'는 막 활동을 개시했다. 이들이 '번역가 프로젝트^{Translator Project}'라는 암호명을 붙인 작전의 목표는 '후보자들과 정치 체제 전반에 대한 불신을 확산'시키는 것이었다. 푸틴은 자신의 전직 요리사[1]에게 붉은 광장 근처의 평범한 4층짜리 빌딩에서 러시아의 정보전 캠페인을 관장하도록 맡겼다. 그 출처가 여전히 미상인 수백만 달러의 예산을 확보한 IRA는 20대의 뉴스 작성자, 그래픽 디자이너, '검색엔진 최적화 전문가'를 주급 1,400달러에 모집했다. 비슷한 직종의 보수보다 네 배 이상 높은 수준이었다. 한 층에서는 러시아 트롤이 교대로 24시간 근무하며 페이스북과

---

1 핫도그 세일즈맨에서 푸틴의 심복으로 수직 상승하기 전에 사기 죄로 9년을 감옥에서 보낸 예브게니 프리고진(Yevgeny Prigozhin)이라는 이름의 건장한 대머리 남성

트위터에서 수백 개의 가짜 계정을 만들어 활동하면서 자신들의 주군인 블라디미르 푸틴을 비판하는 이는 누구든 공격했다. 다른 층에서는 IRA 트롤이 자신들의 일일 임무을 수행하기 위해 대기했는데, 활용할 만한 미국의 단골 정치 위기, 러시아 세력이 분열, 불신 및 혼란을 조장하는 데 악용할 만한 소재를 찾는 임무였다.

크릴로바의 현장 가이드에 따라 러시아의 트롤은 텍사스주에서 시작해 가짜 정보를 퍼뜨리기 시작했다. 2014년 9월, IRA는 '텍사스의 심장Heart of Texas'이라는 이름의 페이스북 그룹을 만들어 '#텍시트#texit'라는 해시태그를 사용해 텍사스주 분리 여론을 띄우면서, 힐러리 클린턴은 그들의 총기를 압수할 것이라는 식의 단골 공포 전술을 활용했다. 1년도 안돼 해당 그룹은 550만 개의 '좋아요' 반응을 이끌어냈다. 이어 IRA는 그에 대한 대항마로 또 다른 페이스북 그룹 '미국의 무슬림연합United Muslims of America'을 만들어 휴스턴에 있는 이슬람 사원인 '다와 센터Da'wah Center' 밖에서 시위와 반대 시위를 동시에 홍보했다. 텍사스의 심장 그룹 소속 시위자들은 거리 하나를 사이에 두고 친무슬림 시위대와 대치하는 사태가 벌어졌다. 러시아의 디지털 조작자들이 8천km 떨어진 곳에서 꾸민 음모에 속은 미국인들이 실제 세계에서 섬뜩한 충돌한 것이었다. 상트페테르부르크의 러시아 트롤조차 미국인들이 그토록 쉽게 속아넘어갈 줄은 미처 몰랐을 정도였다.

적법성을 더하기 위해 러시아 해커들은 진짜 미국인들의 신원을 도용했다. 이들의 사회보장번호와 은행 및 이메일 로그인 데이터는 러시아의 다크웹 플랫폼에서 손쉽게 구할 수 있었다. 러시아의 선거 개입 캠페인이 한창 달아올랐을 때 IRA는 80명 이상을 고용했다. 이들은 가상사설망VPN을 통해 페이스북과 트위터에 접근함으로써 자신들의 신원을 더욱 철저히 감췄다.

그리고 이들은 텍사스에서 건진 행운을 미국 전역으로, 특히 콜로라도,

버지니아, 플로리다 같은 보라색 경합주에 특히 초점을 맞춰 확장했다. FBI 요원들은 나중에 '보라색 주purple states'라는 말은 2016년 대선 개입에서 러시아 해커들의 주문呪文처럼 사용된 사실을 발견했다. "가능한 모든 기회를 이용해서 샌더스와 트럼프는 제외(우리는 그들을 지원한다)한 힐러리와 그 나머지를 비판하라."고 IRA의 간부들이 부하들에게 지시했음을 유출된 메모를 통해 발견했다.

IRA는 가짜 신분으로 트럼프 선거 진영의 자원봉사자들과 그를 지지하는 풀뿌리 단체와 소통했다. 친트럼프, 반클린턴 성향의 페이스북 광고를 사들였고, 소수인종 유권자들의 투표 참여를 억제하거나 질 스타인Jill Stein 같은 제3당 후보를 찍도록 부추길 목적으로 인종 갈등과 외국인 혐오를 조장하는 낚시성 밈meme을 양산했다. 러시아 해커들은 '흑인의 생명은 중요하다' 페이지를 내세우고, '워크블랙스Woke Blacks'[2] 같은 이름으로 인스타그램 계정을 개설했다. 이들 페이지는 클린턴의 주요 지지 기반인 아프리카계 미국인들의 투표 참여를 억제하는 것이 주목적이었다. 여기에 실린 메시지는 "트럼프에 대한 증오심이 사람들을 오도하고 흑인들에게 킬러리Killery[3]를 투표하도록 강요합니다."라고 주장했다. "우리는 차악次惡에 호소할 수는 없습니다. 그렇다면 아예 투표 자체를 포기함으로써 확실히 더 나아질 수 있을 것입니다." 플로리다에서 IRA는 전후 사정을 모르는 한 트럼프 지지자에게 돈을 주고 평상형flatbed 트럭 위에 철창을 만들도록 한 다음 역시 돈을 주고 고용한 여배우를 힐러리 클린턴인 것처럼 꾸며 철창 안에 앉혔고, 시위에 참가한 군중은 "감옥으로 보내Lock her up"라고 구호를 외쳤다.

2 　여기에서 워크(Woke)는 특히 인종과 사회 정의 같은 주요 현안에 주목하고 적극 참여하는 사람들을 일컫는다. – 옮긴이

3 　죽인다는 뜻의 '킬(kill)'과 힐러리를 합성한 것 – 옮긴이

이것이 히트하자 이들은 펜실베이니아, 뉴욕, 캘리포니아에서도 같은 방식의 시위를 조작했다. 그로부터 몇 년 뒤 IRA 캠페인의 실상이 폭로됐을 무렵, 푸틴의 트롤은 1억 2천 6백만 명의 페이스북 사용자를 끌어모았고, 트위터는 2억 8천 8백만 회의 조회 수를 기록했다. 미국의 등록 유권자 수가 2억 명인 사실을 감안하면 엄청난 규모였다. 그리고 2016년 대통령 선거에 투표한 유권자는 1억 3천 9백만 명에 그쳤다.

하지만 IRA 캠페인은 러시아의 미국 대선 개입에서 가장 눈에 띈 사례였을 뿐이다. 2014년부터 러시아 해커들은 50개 전체 주에 걸쳐 유권자 등록 명부에 접근하려 시도했고, 애리조나주의 유권자 등록 시스템을 해킹했으며, 일리노이주의 데이터베이스에서 유권자 데이터를 훔쳐냈다. 미국의 방어 체계를 분석했고, 미국의 선거를 운영하는 방대한 백엔드 back-end 시스템인 유권자 등록 작업, 전자 투표 장부, 다른 장비의 약점을 파악했다. 전자 투표 장부에 대한 체크 소프트웨어를 만드는 VR 시스템스 VR Systems를 해킹했다. 이 소프트웨어는 성격상 플로리다, 노스캐롤라이나 및 다른 6개 경합 주에서 특히 중요했다. 미국 유권자들은 2016년 6월 민주당전국위원회가 해킹당했을 때 러시아 세력이 얼마나 깊숙이 침투했는지 그 단면을 확인할 수 있었다.

그해 6월, 휴대전화로 뉴스를 봤을 때 나는 시에라스 Sierras에서 휴가 중이었다. 「워싱턴포스트」는 크라우드스트라이크가 하나도 아니고 두 개의 별도 러시아 해킹 그룹이 민주당전국위원회 DNC의 컴퓨터 네트워크에 침입했다고 보도했다. 첫 번째, 미 국무부와 백악관을 성공적으로 해킹한 바로 그 SVR 그룹인 '코지베어'는 DNC 네트워크에 1년 이상 잠복했다. 두 번째, 미국의 언론인부터 외교관과 그 부인들까지 무차별 해킹하는 것으로 내가 너무나 잘 알고 있던 그룹인 '팬시베어 Fancy Bear'는 3개월 전 간단한 피싱 이메일을 사용해 침투했다. 그해 3월, 팬시베어의 러시아 해커는 힐러리 클린턴의 선거유세 위원장인 존 포데스타^{John Podesta}에게 지메일의 비밀번호를 바꿔야 한다고 강조하는 가짜 구글 경고 메시지를 보냈다. 포데스카는 해당 이메일을 DNC의 IT 담당자에게 전달해 진짜인지 물었고, 그는 "이건 진짜^{legitimate} 이메일입니다."라는 내용의, 미국 선거사상 가장 비극적인 오타가 되고 만 답장을 보냈다. 그가 의도한 타이핑은 '가짜^{illegitmate}'였지만 이미 피해는 터지고 만 다음이었다.

포데스타가 자신의 새로운 비밀번호를 러시아 해커의 가짜 지메일 로그인 페이지에 입력하는 순간, 러시아 해커들은 6만여 통의 이메일에 접근할 수 있게 됐다. 멀게는 10년 전까지 거슬러 올라가는 그 이메일은 DNC와 힐러리 클린턴의 이메일에 더 깊숙이 파고드는 발판을 마련했다. 「워싱턴포스트」의 보도는 종합적이었지만 중요한 부분을 놓쳤다. "재무 정보, 기부자나 개인 정보는 유출되지 않은 것으로 보인다."라는 식의 고무적인 내용과 함께, 이것은 "미국의 스파이들이 다른 나라의 대선 후보와 지도자들에 대해 비슷한 정보를 수집하는 것처럼, 대통령 후보자의 정책, 강점과 약점을 이해하려는 욕구에서 나온 러시아의 전통적인 스파이 캠페인이다."라고 과소 평가했다. 하지만 누구를 탓하랴? 다음에 벌어진 사태는 아무도 미처 예견하지 못한 것이었다.

「워싱턴포스트」의 기사를 보자마자 나는 역시 버몬트^{Vermont}에서 휴가 중이던 동료 데이비드 생어에게 전화를 걸었다. 우리는 둘 다 러시아 해커들의 전술이 점점 더 정교해지는 과정을 지켜봤고, 그래서 미국이 맞서야 할 상대의 진짜 역량을 정확히 파악하고 있었다. "이건 워터게이트 스캔들과 맞먹는 대사건이다."라는데 우리는 동의했다. 우리는 「뉴욕타임스」의 편집자들에게 전화를 걸었지만 그해 6월은 미국 대통령 선거 유세가 역사상 믿기 어려울 정도로 황당하고 치열하게 전개되던 시점이어서 사건의 모멘텀을 끌어내기가 어려웠다. 사이버 공격은 너무 많이 들은 사운드트랙처럼 식상하게 들렸고, 편집자들은 우리의 기사를 정치면 뒤에 묻어버렸다. 백악관의 관료들도 전력망과 백악관 그리고 국무부에 대한 러시아의 잇단 해킹 공격을 거치고 난 다음이라 이번 사건을 대수롭지 않게 여겼다. 여러 보고에 따르면 DNC만 피해를 입은 게 아니었다. 공화당전국위원회RNC도 표적이었다. 수수께끼의 해커 한 명이 갑자기 나타날 때까지 관료들은 그 해킹을 러시아의 전통적인 스파이 활동 정도로 치부했다.

보안 침해 뉴스가 나온 지 하루 뒤, 스스로를 '구치퍼 2.0Guccifer 2.0'이라고 부르는 불가사의한 인물이 트위터에 나타나 '단독 해커가 해킹한 DNC 서버'라는 문구와 함께 링크를 달았다.

"세계적으로 유명한 사이버 보안 회사인 크라우드스트라이크는 민주당 전국위원회 서버가 '정교한sophisticated' 해커그룹에 해킹당했다고 발표했습니다."라고 구치퍼 2.0은 썼다. "저는 그 회사가 제 기술을 그처럼 높게 평가해줘서 아주 기쁩니다. 하지만 사실은 그것은 쉬워도 너무 쉬웠습니다."

거의 즉각 미국 관료들은 러시아의 동기를 너무나 과소평가해 왔다는 사실을 깨달았다. 구치퍼 2.0의 포스팅에는 훔친 DNC 이메일, 정책 문서, 민주당 기부자들의 이름과 거주지 등의 샘플과 DNC가 수행한 트럼프 연구 작업의 내용이 들어 있었다. 해당 보고서는 "트럼프는 주요 외교 정책에 대해 전혀 무지하다는 사실을 되풀이해서 입증했다."라거나 "트럼프는 오직 자기 자신에게만 충성할 뿐이다." 같은 제목이 각 장에 달려 있었다. 구치퍼 2.0은 이것이 "민주당의 네트워크에서 내려받은 문서의 극히 일부에 지나지 않는다."고 주장했다. 나머지 '수천 개의 파일과 메일'은 이제 위키리크스WikiLeaks의 수중에 있었다. 그는 '정보를 곧 공개할 것'이라면서, "일루미나티Illuminati와 그들의 음모 이론은 엿 먹어라!!!!!!!!!!"라고 썼다.

구치퍼 2.0의 해킹 가명과 일루미나티는 모두 러시아의 소행임을 숨기려는 용의주도한 포장용이었다. 럭셔리 브랜드인 구치GUCCI에 사람임을 나타내는 'fer'를 더한 구치퍼는 실재하는 인물이었다. 루마니아의 사이버 범죄자인 마르셀 라자르 레헬Marcell Lazar Lehel은 그 가명으로 부시 가족의 구성원들, 힐러리 클린턴의 벵가지Benghazi 메모, 클린턴의 비공식 자문역인 시드니 블루멘털Sidney Blumenthal, 콜린 파월Colin Powell 전직 국무장관의 웹사이트 등을 해킹했다. 그는 조지 W. 부시가 자신의 샤워하는 모습을 그린 그림을 유출해 유명해졌다. 레헬은 일루미나티에 집착하는 것으로 알려졌는데, 이는 음모이론가들이 그늘 깊숙이 암약하며 세계를 지배하는 소위 '딥스테이트deep state'로 믿는 단체의 이름이었다. 레헬은 2년 전 루마니아에서 체포된 뒤 해킹으로 기소돼 버지니아로 인도됐다. 판결을 기다리는 동안 레헬은 클린턴의 개인 서버를 해킹했다고 주장했다. 지금 구치퍼 2.0은 레헬이 해킹으로 확보하는 데이터를 공개하는 것뿐이라고 주장했다.

하지만 DNC에서 유출된 문서의 메타데이터에 주목한 컴퓨터 보안 전문가들은 그 데이터가 러시아어로 언어가 설정된 컴퓨터를 거쳤음을 보여준다고 지적했다. 파일 중 일부는 적색 경보를 울릴 만한 사용자 이름을 가진 인물에 의해 키릴Cyrillic 문자로 쓰였다. 사용자 이름은 펠릭스 E. 저진스키Felix E. Dzerzhinsky, 아이언 펠릭스Iron Felix로도 알려진 옛 소련 비밀경찰의 초대 경찰총장이었다. 컴퓨터 보안 전문가들에 의해 정체가 트위터에서 드러나자 구치퍼 2.0은 자신은 루마니아의 단독 해커일 뿐이며 러시아와는 아무런 연관도 없다고 부인했다. 온라인 IT 뉴스 사이트인 「마더보드Motherboard」의 로렌조 프란체스키-비키에라이Lorenzo Franceschi-Bicchierai는 트위터로 구치퍼 2.0을 인터뷰했다. 자신의 질문을 영어, 루마니아어와 러시아어로 영리하게 표현해 질문했고, 구치퍼 2.0은 엉성한 영어와 루마니아어로 대답하면서 러시아어는 이해하지 못한다고 주장했다. 언어학자들이 구치퍼 2.0의 대답을 분석한 결과 그는 아예 루마니아인이 아니라는 점이 분명해졌다. 그는 온라인 번역 서비스인 구글 번역기^{Google Translate}를 사용한 것이었다. 이것은 철저히 러시아가 모의하고 꾸민 작전이었다. 러시아인들은 이런 종류의 작전을 '콤프로매트^{Kompromat}'라고 불렀다. 적의 신뢰도를 떨어뜨리고 피해를 입힐 수 있는 정보^{compromising material}를 널리 퍼뜨리는 러시아의 방식이라는 뜻이었다. 러시아 해커들은 수년에 걸쳐 콤프로매트를 완성해왔고, DNC 해킹의 장본인들은 불과 2년 전 우크라이나의 총선을 앞두고 개표 시스템을 해킹했던 바로 그 러시아 그룹이었다.

하지만 DNC 정보 유출의 기원은 뒤이은 미디어 폭풍 속에 재빨리 묻혀버렸다. 구치퍼 2.0은 훔친 DNC 이메일을 「고커^{Gawker}」와 「더 스모킹 건^{The Smoking Gun}」의 기자들에게 건넸다. 언론과 정치 평론가들은 민주계, 공화계 가릴 것 없이 DNC 이메일에 파리떼처럼 달라붙었다. 「고커」 게시물 하나만도 50만 클릭 수를 기록했다. 그리고 곧 구치퍼 2.0이 약속한 대로 위키리크스는 수만 통의 이메일과 다른 장물을 공개하기 시작했고, 「가디언」, 「인터셉트^{Intercept}」, 「버즈피드^{Buzzfeed}」, 「폴리티코」, 「워싱턴포스트」, 「뉴욕타임스」 등은 이를 앞다퉈 보도했다. 러시아 해커들은 가장 파장이 큰 공개 내용을 당원들이 집결하는 민주당전국대회를 불과 며칠 앞두고 터뜨렸다. 유출된 이메일에 따르면 DNC는 예비선거 경쟁자인 버니 샌더스^{Bernie Sanders}보다 힐러리 클린턴을 은밀하게 선호했다. 전국위원회 간부들은 샌더스를 떨어뜨릴 방안을 논의했다. 일부는 샌더스가 친유대인 성향을 문제삼는가 하면 그를 무신론자로 색칠하는 것이 예비선거의 치열한 막바지 경선에서 "몇 점의 차이를 만들어낼 수 있을 것이다."라고 주장했다. 다른 쪽은 샌더스 진영의 직원이 클린턴의 캠페인 데이터를 훔쳐냈다고 의심되는 사건을 널리 공개하자고 제안했다. 하지만 가장 치명적인 이메일은 DNC 위원장인 데비 와서만 슐츠^{Debbie Wasserman Schultz}가 쓴 샌더스는 '대통령이 되지 못할 것'이라는 내용의 이메일이었다. 그런 유출은 의도한 효과를 낳았다. 며칠 뒤 전당대회가 시작되자 와서만 슐츠는 온갖 야유를 받았다. 시위자들은 (아니면 이들은 IRA의 꼭두각시였을까?) '이메일E-MAILS'과 '데비, 도움Help'을 줘서 고마워 :)' 같은 메시지가 담긴 피켓을 들었다. 미국인들은 공방전 속에서 이 정보 유출이 어디에서 비롯됐는지에 대한 문제의식을 잃고 말았다. 그해 7월, 전당대회가 마무리될 때쯤, 나는 데이비드 생어와 함께 독자들에게 경계를 주문하는 기사를 썼다. "사이버 전문가들, 러시아 전문가들과 민주당 지도부는 비상한 질문을 던지지 않을 수 없는 상황에 놓였다. 블라디미르 V. 푸틴은 미국의 대통령 선거에 개입하려고 시도하는가?" 클린턴의 유세 매니저인 로비 무크Robby Mook는 러시아 측이 '도널드 트럼프를 도울 목적으로' 데이터를 유출했다고 주장했지만, 그를 뒷받침할 수 있는 증거를 제시하지 못하는 한 클린턴 진영은 끙끙대며 고민할 수밖에 없었다.

러시아에서 푸틴의 해커와 트롤은 더욱 기세를 올렸다. 위키리크스를 통한 DNC의 이메일 유출 효과에 만족하지 못한 러시아 해커들은 훔친 이메일을 자신들의 채널로도 퍼뜨리기 시작했다. DNC의 이메일은 불과 몇 달전인 6월에 등록된 디씨리크스DCLeaks라는 뉴스 사이트에 등장하기 시작했다. 러시아 세력이 민주당의 이메일을 몇 달 전부터 무기화할 준비를 해왔다는 신호였다. '캐서린 풀턴Katherine Fulton'과 '앨리스 도노반Alice Donovan' 같은 미국인 이름을 가진 페이스북 사용자들이 느닷없이 등장해 자신들의 팔로어들에게 디씨리크스 구독을 강권했다. 그리고 대선 한 달 전, 위키리크스는 충격 효과가 가장 큰 정보를 공개했다. 바로 존 포데스타의 개인 이메일이었다. 이 중에는 클린턴이 월스트리트 기업을 상대로 유료 강연한 80페이지 분량의 내용도 포함돼 있었다. 그중 한 연설문에서 클린턴은 정치인들이 '공식public' 입장과 '개인적private' 입장을 갖는 것이 중요하다고 말했고, 이는 클린턴이 표리부동하며 공익에 봉사하지 않는다는 비판의 빌미가 됐다. 트럼프의 '벽을 세우자build the wall'는 구호를 열렬히 추종하는 강경파들은 '열린 국경open borders'을 옹호하는 클린턴의 한 연설을 공격했다. 각각의 유출 정보는 IRA의 트롤 군대에 의해 확산, 왜곡돼 해시태그로 공유를 부추겨 이미 냉소적인 유권자들에게 집중적으로 파고들었다. 샌더스가 유세를 중단하고 클린턴 지지 선언을 한 지 몇 달 뒤, 페이스북에서 버니 샌더스 지지 그룹을 운영하던 여러 활동가는 클린턴을 겨냥한 적대적 발언이 수상할 정도로 쇄도하는 현상을 감지했다. 그중 한 메시지는 "버니를 지지한 사람들은 부패한 힐러리에게 투표하지 않을 것이다."라면서 "혁명은 지속돼야 한다! #힐러리는절대안돼#NeverHillary"라고 선언했다. 페이스북의 한 운영자는 내 동료인 스캇 셰인에게 "그 규모와 사악함의 수준은 실제 샌더스 지지자들에게서 나온 것이라고 보기 어려웠습니다."라면서, 이것은 모종의 의도를 가진 냉혈한 적대 세력의 작업으로 보인다고 분석했다. 그러나 이런 현상이 러시아 세력의 짓이라는 생각 자체가 아직도 많은 미국인들에게는 냉전 시대의 정신 나간 발상으로 여겨졌다.

대통령 집무실이 위치한 백악관의 웨스트윙은 클린턴 유세를 공격하는 작업의 배후에 대해 다른 어느 부처보다 더 명확한 정보를 갖고 있었지만, 러시아의 대선 개입은 몇 년 후에야 완전히 드러났다. 문제는 그런 정보를 어떻게 할 것인가였다.

　DNC 측은 러시아의 해킹과 정보 캠페인에 대해 백악관이 알고 있는 내용을 명확히 밝히라고 압력을 넣었다. CIA는 이미 DNC 해킹의 배후가 러시아 정부라는 데 '높은 확신high confidence'을 갖고 있었다. 하지만 백악관은 눈에 띄게 침묵을 지켰다. 행정부의 담당자들 간에 내분이 벌어진 것이었다. NSA는 DNC 해킹이 러시아의 소행이라는 데 대해 '중간 정도의 확신moderate confidence' 이상으로 주장할 수 없다고 나왔다. 이곳의 분석가들은 여전히 신호 정보를 분석하는 중이었고, 100% 확신할 수 있기 전까지는 공개 발표를 할 수 없다는 입장이었다. CIA의 관계자들은 이것이 크렘린의 더러운 소행이라고 100% 확신했지만, 이들의 정보원은 푸틴의 네트워크에 포함된 극비의 미국인 스파이들이었다. 어떤 내용이든 공개할 경우 그 정보원들이 위험에 처할 수 있다고 우려했다. 그리고 오바마 대통령은 문제의 해킹 작업이 러시아의 소행이라고 결정적으로 선언할 경우 대선에 부당하게 개입한다는 비난을 초래할 수 있다고 우려했다.

평소 점잖고 침착한 대니얼은 동일한 수준의 대응책을 전개해야 한다고 극구 주장했다. 우리는 러시아 정보기관인 GRU의 지휘통제 서버를 장악할 수 있을까? 아니면 디씨리크스와 구치퍼 2.0의 네트워크 연결을 끊어버릴까? 위키리크스는 어떻게 하지? 그 사이트도 오프라인으로 서비스를 중단시켜야 할까? 이들은 정보 전쟁을 푸틴의 문 앞까지 밀어붙이는 방안을 고려했다. 푸틴과 그 측근들의 부패한 금융 거래 내용을 흘리면 어떨까? 아니면 러시아의 글로벌 뱅킹 시스템을 차단하는 것이 이들에게 더 큰 타격을 안기는 방식일까? 하지만 이 시나리오 중 어느 것도 대통령의 책상까지 가지 않았고, 심각하게 고려되지 않았다고 관료들은 내게 말했다.

오바마와 정보기관의 고위 인사들의 입장에서 DNC 유출 내용의 지속적인 보도는 각 주의 유권자 등록 데이터베이스에 대한 러시아 세력의 해킹 공격과 견주면 곁가지에 지나지 않았다. 애리조나주의 경우 선거 관리 담당자의 비밀번호가 도난당한 적이 있었고, 그것이 유권자 등록 데이터를 조작하는 데 사용될 수 있다는 사실을 발견했다. 일리노이주에서는 러시아 해커들이 네트워크를 해킹해 일리노이주의 유권자 데이터를 훔쳐낸 사고의 피해 상황을 막 평가하기 시작한 상황이었다. DHS의 분석가들은 러시아 해커들이 미국 전역에 걸쳐 유권자 등록 시스템을 스캔한 사실을 막 인지하기 시작했다. 이들이 유권자 데이터베이스에 들어간다면 유권자 상태를 등록에서 미등록으로 바꾸거나, 투표하지 않은 사람을 투표한 것처럼 조작하거나 유권자들의 이름을 데이터베이스에서 완전히 지워버릴 수도 있었다. 러시아 해커들은 굳이 투표 집계기 자체를 해킹할 필요도 없었다. 경합주에서 전통적으로 민주당을 지지하는 도시 카운티의 유권자 정보를 지우거나 조작하는 편이 훨씬 더 쉬울 뿐 아니라 눈에도 잘 띄지 않을 것이었다. 이들이 데이터를 조금만 왜곡해도 선거 조작의 공포를 불러일으켜 선거를 무효화하고 해당 카운티를 혼란 속에 몰아넣을 수 있을 것이었다. 그리고 혼란이야말로 러시아의 해외 정책 전문가들이 언급했다시피 러시아가 노리는 목표였다.

그해 가을 러시아의 위협이 눈덩이처럼 불어나면서 백악관은 무슨 수든 써야 한다고 판단했다. 오바마 대통령은 단결을 강조하는 초당적 메시지를 보내는 것이 바람직하다고 결정했다. 국토안보부와 FBI의 고위 간부들을 파견해 양당 지도부에게 상황을 설명하고, 함께 러시아를 비판하는 성명을 내자고 제안했다. 하지만 리사 모나코^{Lisa Monaco}, 제 존슨^{Jeh Johnson}, 제임스 코미가 여러 대의 검은색 SUV에 나눠 타고 국회의사당에 도착할 즈음, 회동은 이미 당파 싸움으로 전락한 상황이었다. 공화당의 상원 원내 대표인 미치 매코넬^{Mitch McConnell}은 러시아 측을 비난하는 어떤 초당적 선언문에도 서명하지 않겠다고 못박았다. 정보기관의 첩보를 묵살하면서 그들이 민주당의 조작에 놀아난다고 비난하고, 미국민들에게 2016 대선을 방해하려는 여러 시도에 대해 경고하자는 제안을 거부했다.

그 틈을 타서 트럼프 후보가 들어왔다. "나는 위키리크스를 사랑합니다!" 트럼프는 자신의 유세 연설에서 그렇게 선언했다. 기회가 생길 때마다 러시아의 해킹을 부추겼다. 트윗으로도 공격했다. "DNC의 유출된 이메일은 버니 샌더스를 박살내려는 계획들을 보여줍니다 … 아주 지독해요. 부정선거^{RIGGED}." 다른 트윗에서 그는 DNC의 해커들이 클린턴의 개인 이메일 서버도 해킹하기를 바란다고 농담했다. 그런 와중에도 트럼프는 그런 공격의 진원지로 러시아를 지목하기를 거부했다. 유세를 거듭하면서도 그는 러시아 세력의 개입설에 회의를 표명했다. 9월 러시아의 텔레비전 네트워크인 RT와 가진 인터뷰에서 트럼프는 푸틴이 DNC 해킹을 지시했을 "가능성은 거의 없다."라고 말했다. "제가 생각하기에는 민주당이 그런 설을 내놓고 있죠. 누가 알겠어요? 하지만 저는 러시아가 그랬을 가능성은 없다고 생각합니다." 그리고 첫 대통령 후보 토론회에서 트럼프는 "몸무게가 200kg쯤 나가는 누군가가 자기 방 침대에 앉아 문제의 해킹 사건을 일으켰는지도 모른다."고 농담조로 말했다.

선거일이 다가오면서 백악관은 푸틴에게 두 가지 경고를 전달했다. 하나는 오바마 본인으로부터 나온 것으로, 그해 9월 항저우^{杭州}에서 가진 정상회담에서 푸틴에게 만약 러시아가 공격을 계속한다면 미국은 러시아 경제를 파탄낼 것이라고 경고했다. 또한 존 브레넌^{John Brennan} CIA 국장이 소비에트 시대 KGB의 후임 기관인 FSB의 상대에게 러시아가 물러서지 않는다면 '역화^{backfire}'를 당할 것이라고 경고했다.

그리고 러시아는 물러섰다. 아니면 이미 할 일을 마쳤던 것인지도 모른다. 러시아의 작전은 클린턴 진영에 심각한 출혈을 초래했다. 결국 당선되겠지만 세간의 예상처럼 효과적이지는 못할 것이라고 생각했다. 일부 정보에 따르면 러시아는 트럼프가 실제로 당선되리라고는 전혀 기대하지 않았다. 이들의 주요 목표는 클린턴에게 가능한 한 상처를 많이 입혀 당선되더라도 세간의 의심을 사도록 하자는 것이었다. 그해 11월 막상 트럼프가 당선되자 러시아의 대선 개입이 통계적으로 어느 정도 영향을 미쳤는지 판단하기가 불가능해졌다. 허위정보 전문가들은 러시아 세력의 '콤프로매트'는 거의 아무런 영향도 미치지 못했다고 보고했다. 하지만 나는 확신하지 못하겠다. 숫자만 놓고 보면 트럼프는 일반 투표에서 3백만 표 차이로 졌을 뿐 아니라 이전 대선에서 패배한 알 고어, 존 케리, 미트 롬니Mitt Romney보다도 투표율이 낮았다. 2016년 대선에서 트럼프가 이긴 것보다 더 주목할 점은 클린턴이 패배한 대목이다. 오랫동안 지속돼 온 여러 투표 경향이 역전되거나 정체된 것이다. 러시아 트롤들이 공격적으로 노린 바로 그 투표군인 흑인 유권자의 투표율은 2016년 20년 만에 처음으로 급감했다. 그리고 트럼프가 경합 주에서 이긴 표 차이는 러시아 트롤 덕택에 예상보다 선전한 녹색당의 질 스타인Jill Stein 후보의 총 득표수보다 적었다. 클린턴이 23,000표 차이로 패배한 위스콘신주에서 스타인은 31,000표를 얻었고, 클린턴이 10,704표 차이로 패배한 미시간주에서 스타인은 50,000표를 얻었다. 물론 보수계 선거 전략가들은 민주당이 애초에 클린턴에 대한 비호감 여론을 지나치게 과소평가했다고 주장한다. 하지만 러시아의 트롤이 매일 전개했던 반反 클린턴 밈 유포, 시위 촉발 및 정치 회의를 부추기는 봇 활동이 얼마나 많은 클린턴 지지자들의 투표 포기를 이끌어냈는지 혹은 지지자들의 마음을 돌려 제3당 후보에게 투표하도록 유도했는지는 끝내 알아내지 못할 가능성이 크다.

오바마의 참모들은 클린턴이 당선된 뒤에 러시아를 둘러싼 문제를 제대로 다룰 계획이었다. 하지만 2016년 11월 대선이 트럼프의 당선으로 끝나면서 모든 것이 불투명해졌다. 오바마 행정부는 그해 12월 러시아에 대한 강경 제재를 시행했다. '외교관'이라지만 실상은 대부분 스파이들인 35명의 외교 관료들을 추방했고, 러시아 외교부 소유로 돼 있는 두 개의 비밀 건물을 폐쇄했다. 그중 하나는 롱아일랜드Long Island의 1만 7천 평 규모의 부지에 방만 49개에 이르는 저택이었고, 다른 하나는 메릴랜드주 해안가의 첩보시설로, 그 이웃들은 러시아인들이 지역 주민들이 하듯이 게를 끓이지 않았다고 경계하며 알렸다. "그 사람들은 게를 스크루 드라이버로 찌르고, 등딱지를 부숴서 떼어내고 나서 씻은 다음 몸통을 끓였어요."라고 한 이웃은 AP 통신에 말했다.

하지만 그 모두를 더해도 집에 불을 지른 아이의 엉덩이를 몇 대 때린 수준에도 이르지 못했다. 그리고 불을 지른 일로 따진다면 트럼프 행정부가 9개월 뒤 샌프란시스코의 러시아 영사관을 폐쇄하도록 명령했을 때, 이삿짐을 나르는 날 수상쩍은 검은 연기가 건물 굴뚝에서 뿜어져 나왔다. 건물 안에서 러시아인들이 무엇인가를 불태운 것이었다. 지역 주민들이 나와 건물 주위에서 호기심 어린 눈초리로 지켜봤고, 소방대가 나와 연기의 원인을 수사했으며, 지역 환경규제 기관은 담당 조사관을 파견했다. 한 지역 신문 기자가 빌딩을 빠져나오는 러시아의 남성과 여성에게 화재의 원인을 물었다. 매캐한 검은 연기가 건물 주위를 뒤덮는 가운데 그 여성은 이렇게 대답했다. "화재는 없어요."

21장

그림자 브로커들

위치 불명

N SA가 비축해둔 사이버 무기가 유출됐다는 첫 신호는 '그림자 브로커들'이라는 뜻의 '@shadowbrokerss' 트위터 계정을 통해 나타난 맥락없는 트윗이었다.

2016년 8월, 첫 번째 민주당전국위원회 서버의 데이터 유출 이후 2주가 지났을 즈음, 러시아의 트롤이 소셜미디어에서 힐러리 클린턴을 공격하면서 미국의 선거 시스템을 주별로 조사하는 와중에 돌연 새로운 트위터 계정이 등장했다. 그 그림자 브로커들은 정체가 무엇이었든 NSA를 해킹했다고 주장하면서, 거기에서 뽑아낸 사이버 무기를 온라인으로 경매 중이라고 밝혔다.

"!!! 사이버 전쟁의 정부 후원자와 거기서 이익을 얻는 이들은 주목하시오!!!"라고 러시아인을 가장한, 영어를 흉내 낸 듯한 투로 시작되는 메시지는 이렇게 말했다. "적들의 사이버 무기에 얼마를 내겠소?"

해당 트위터 계정은 '디 이퀘이션 그룹The Equation Group'에 소속된 사이버 무기를 가로챘다고 주장했다. 러시아의 해킹 팀을 코지 베어, 팬시 베어라고 지칭한 크라우드스트라이크의 우스꽝스러운 작명법처럼 디 이퀘이션 그룹은 러시아의 보안 회사인 카스퍼스키가 NSA의 엘리트 해킹 팀인 TAO에 붙인 이름이었다.

우리는 이퀘이션 그룹의 트래픽을 따라갑니다. 우리는 이퀘이션 그룹의 소스 레인지source range를 찾아냅니다. 우리는 이퀘이션 그룹을 해킹합니다. 우리는 이퀘이션 그룹의 사이버 무기를 아주 많이 찾아냅니다. 우리는 여러분에게 이퀘이션 그룹 파일의 일부를 공짜로 제공합니다. 이건 좋은 증거예요, 그렇지 않나요? 즐겨보세요!!! 많은 것을 깰 수 있습니다. 많은 침투로를 찾아냅니다. 많은 글을 씁니다. 하지만 그게 다가 아녜요, 우리는 최고 파일을 경매합니다.[1]

언뜻 보기에 이 장황한 글은 정교한 사기극으로 보였다. 구치퍼 같은 인물이 튀어나와 언론의 눈길을 끌거나 우리의 컴퓨터 화면에서 시시각각 진행되는 선거 개입에 대한 대중의 주의를 분산시키려 시도하는 것 같았다. 하지만 그 그림자 브로커들이 온라인에 올린 해킹 툴은 진짜로 보였다. 메시지에 첨부된 링크는 소설 3백 권 분량과 맞먹는 규모인 300메가바이트 크기의 데이터로 연결됐는데, 이 경우는 에픽바나나Epicbanana, 버즈디렉션Buzzdirection, 이그리저스블런더Egregiousblunder, 엘리저블밤셸Eligiblebombshell 같은 암호명을 가진 해킹 툴이 포함돼 있었다. 몇몇 관계자들은 어떤 한가한 해커가 스노든 유출 문서와 독일의 시사잡지 「슈피겔Der Spiegel」이 몇 년 전에 포스팅한 'TAO ANT' 카탈로그를 뒤져 자신만의 우스꽝스러운 단어를 지어낸 다음, 다크웹에서 건진 허접한 해킹 툴에 그 이름을 붙인 것이라고 추측했다.

그러나 NSA 운영자들, 보안 연구자들과 전 세계 해커들은 문제의 파일을 분석하고 시험하기 시작했고, 곧 그것이 진짜라는 게 밝혀졌다. 그 파일에는 시스코Cisco와 포티넷Fortinet이 판매하는 방화벽, 중국에서 널리 사용

---

1 '그림자 브로커들'이 트위터에 올린 비문법적 원문을 그대로 옮겼기 때문에 번역 내용도 이상할 수밖에 없다. - 옮긴이

되는 방화벽 중 일부를 눈에 띄지 않고 침투할 수 있는 제로데이 익스플로잇이 들어 있었다. 나는 연락이 닿는 모든 전직 TAO 직원들에게 전화를 걸었다.

"이게 뭐예요?"

"왕국으로 가는 열쇠죠."라고 한 사람은 단정하듯 말했다. 그는 이미 샘플로 나온 파일을 꼼꼼히 살폈고, 그 툴이 TAO에서 나온 것임을 알아챘다. 그것은 모두 사이버 테러리스트가 전 세계의 정부기관, 연구소, 기업 네트워크에 침투하는 데 필요한 도구였다. 스노든이 NSA의 프로그램과 역량을 설명하는 문서를 흘렸다면, 그림자 브로커들은 그런 역량 자체를 유출한 것이었다. 대규모 파괴를 초래할 코드와 알고리즘이 일반에 공개됨으로써 불만을 품은 상대나 훔쳐낼 데이터가 있는 누구든 그 툴을 이용할 수 있었다. 그것은 NSA가 상상한 최악의 상황이었고, VEP 절차를 통해 예방하고자 했던 바로 그 시나리오였다.

하지만 일반에 공개된 것은 단지 맛보기였을 뿐이고, 그림자 브로커들은 훨씬 더 강력한 NSA 툴을 최고가에 팔아넘길 심산이었다. 그들은 이어 "스턱스넷보다 더 낫습니다!"라고 주장하는 또 다른 암호화된 파일을 내놓으며, 누구든 가장 높은 값의 비트코인Bitcoin을 제안하는 쪽에 해독 파일을 제공하겠다고 밝혔다. 이번에는 추가 규칙도 더했다. 만약 응찰가가 1백만 비트코인에 도달하면(당시 가치로 따지면 5억 달러가 넘었다) 자신들이 훔친 모든 콘텐츠를 온라인에 뿌리겠다는 내용이었다. 혼돈에 붙인 가격표는 매우 높았다.

그림자 브로커들은 '엘리트들'에 대한 이상한 긴 글로 끝을 맺었다.

"엘리트들에게 정확히 일러두고자 합니다. 당신네 부와 통제력은 전자 데이터에 달려 있죠. 만약 전자 데이터가 사라진다면 부자 엘리트들은 어떻게 될까요? 멍청한 가축과 함께 있을까요? '세상이 당신 손아귀에 있다고 느끼나요?' 부자 엘리트님들, 비트코인을 보내세요. 경매에 참여하세요. 당신들이 훨씬 더 유리하지 않을까요?"

내 귀에, 다른 편집국의 언론인들에게 그리고 전 세계의 러시아 전문가들에게 러시아 사람인 척 일부러 비문법적인 영어를 구사하는 모양새는 영어를 모국어로 쓰는 사람이 러시아인인 척 꾸며 허위 경보를 유도하는 것처럼 보였다. 이것은 우리가 정확히 파악하게 된 용의주도한 러시아의 해킹부대처럼 보이지 않았다. 하지만 러시아 해커들이 DNC를 해킹한 직후인 그해 8월에는 아무도 이것이 러시아 세력의 소행일 것이라는 데 이의를 제기하지 않았다.

39세인 제이크 윌리엄스^{Jake Williams}는 오하이오의 한 지휘통제 센터에서 심각한 사이버 공격을 당한 한 기업의 뒤처리를 돕고 있었다. 그의 팀은 고객의 네트워크에서 사이버 범죄자들을 몰아내기 위해 밤낮없이 작업하던 와중에 그림자 브로커의 트윗을 봤다.

그는 그림자 브로커들이 제공한 샘플을 내려받자마자 그게 누구의 작품인지 금방 알아챘다. 윌리엄스는 광고하지는 않았지만 4년 전에 TAO를 떠났다. 전직 구급대원^{paramedic}으로 군 정보부에서 일했고, NSA에 들어가서는 2008년부터 2013년까지 TAO의 익스플로잇 전문가로 일했다. 요즘 기준으로 보면 꽤 긴 기간이었다. 그리고 그림자 브로커들이 유출한 툴 중 자신의 작품도 포함돼 있는지는 내게 밝히지 않았지만 그것이 TAO에서 나온 것이라는 점은 분명하다고 확인해 줬다.

윌리엄스는 역시 TAO 분석가로 일한 적이 있는 다른 동료와 의미심장한 눈빛을 주고받았다. 그도 그 툴을 알아챘다. 이런 일이 벌어질 리가 없어. 제기랄, 이건 최악이야. 이럴 수는 없어.

편집국에서 나도 비슷한 생각에 빠졌다. 이 무렵 나는 정부가 제로데이를 비축해 온 사실을 초창기부터 추적해 온 마당이었다. 건맨 프로젝트부터 고슬러, 관련 정보기관, 해커들, 브로커들, 스파이들, 제로데이 시장, 제로데이 공장까지 추적했다. 그런 진화 양상에서 딜레마는 항상 같았다. 우리의 적이나 사이버 범죄자들도 똑같은 버그를 찾아내면 어떡하지? 하지만 정부가 비축해둔 제로데이가 도난당했을 때 어떤 일이 벌어질지 따져본 사람은 거의 없었다. 나는 그런 상황을 직접 목격하면서도 믿을 수가 없었다. 스노든 유출은 외교 관계에 재난적 결과를 초래했고, 「슈피겔」이 보도한 NSA의 ANT 카탈로그는 NSA가 세계 곳곳의 작전을 중단하게 만들었다. 하지만 코드라고? 진짜 익스플로잇이라고? 유출된 파일에 포함된 익스플로잇은 미국의 엘리트 해커들과 암호학자들조차 제대로 이해하는 데 몇 달혹은 심지어 몇 년이 걸릴 만한 것이었다. 이것이 TAO 작전을 통해 미국의 적성국은 물론 일부 동맹국에도 사용됐으리라는 데는 의문의 여지가 없다. 스노든 유출은 심각한 문제였다. 이것은 그보다 훨씬 더 심각했다.

월리엄스는 해당 파일을 꼼꼼히 분석했다. 그의 팀은 마침내 공격자들을 고객사의 네트워크에서 영구히 몰아내기 직전까지 왔고, 조지아주의 집으로 돌아갈 준비가 됐다. 그러다 그는 고객사의 방화벽이 그림자 브로커들이 방금 온라인에 공개한 것과 동일한 제로데이 익스플로잇에 노출된 사실을 발견했다. 그와 그의 팀이 곧 귀가할 가망은 사라져버렸다.

그의 팀은 이후 시간을 들여 고객사의 네트워크 설정을 바꿔 문제의 익스플로잇에 의한 침투로부터 보호되도록 했다. 이들은 늦은 밤에야 버퍼 설정을 마무리했다. 사람들이 모두 귀가한 건물은 텅 비었다. 월리엄스는 호텔로 돌아갔다. 숙소에서 그는 카페인이 특히 강한 롱아일랜드 아이스티를 마시며 그림자 브로커의 발표문을 분석했다. 러시아인인 척 가장한 영어 문장, 조롱투의 표현을 읽으며 대체 어느 정신나간 자가 이런 짓을 할까 고심했다. 미국의 적성국과 동맹국 모두 혹시 도난당한 NSA 코드의 흔적이 있는지 확인하기 위해 자신들의 네트워크를 조사할 것이다. 그래서 만에 하나라도 이를 발견하는 경우 그에 따른 후유증은 만만치 않을 것이다. 완전히 새로운 차원의 고문이 될 게 분명했다.

외교적으로 볼 때, 스노든의 유출 정보 중에서 가장 큰 피해를 안긴 내용은 NSA가 독일의 앙겔라 메르켈의 스마트폰을 해킹하고 있다는 폭로였다. 그로부터 3년이 지난 뒤에도 미국의 외교관들은 여전히 베를린과의 관계를 회복하려 애쓰고 있었다. 우리 동맹국은 이번에는 어떤 NSA의 작전을 밝히게 될까? 그는 이런 짓을 할 것으로 추정되는 적성국의 목록을 마음속으로 작성하면서, 어느 나라가 가장 큰 혜택을 입을까 따져봤다. 오랫동안 이란과 북한은 미국에 피해를 입히려는 의지를 명백히 보여 왔다. 이들의 공격이 미국에 피해를 입혔고, 사이버 적성국으로 급속히 기량이 높아지는 것은 분명했지만 사이버 역량 면에서 미국은 아직 이들보다 몇 광년은 더 앞서 있었다. 이제 누군가가 방금 우리의 사이버 무기를 넘겼고, 그를 통해 몇 광년의 간극을 메워버렸다. 대체 누굴까?

윌리엄스는 이 툴이 불러일으킬 엄청난 재난을 생각하며 몸서리를 쳤다. 그의 고객사도 수난을 치를 것이다. 사이버 범죄자들은 이익을 위해서라면 그런 툴을 적극 이용할 게 분명했다. 하지만 국가 차원의 기관도 디지털 폭탄과 데이터 삭제 프로그램을 해당 툴에 손쉽게 장착해 데이터를 폭파하고, 미국의 정부기관, 민간기업 및 주요 인프라를 마비시킬 수 있을 것이다.

다음날 아침, 윌리엄스는 너무 많이 마신 롱아일랜드 아이스티의 후유증으로 머리가 아팠다. 카페인이 농축된 에너지 드링크를 과음한 대가였다. 고객의 사무실로 가면서 그의 머릿속에서는 같은 질문이 반복해서 떠올랐다. 대체 누가 이런 짓을 할 수 있을까?

그 타이밍은 우연일 수가 없었다. 러시아 세력은 방금 DNC를 해킹했고 '콤프로매트'의 냄새를 곳곳에서 풍기고 있었다. 미 국방부는 가능한 보복 방안을 고심하고 있을 게 분명했다. 윌리엄스는 그림자 브로커들의 공개가 선제 공격이 아니었을까 추정했다. 이런 게임을 할 수 있는 것은 러시아 지도부만이 아니라는 사실을 세상에 알리려는 의도였는지도 모른다. 아니면 미국이 만약 사이버 공격으로 보복에 나설 경우 러시아도 그에 상응하는 사이버 군비를 갖추고 있다고 경고한 것인지도 모른다.

에드워드 J. 스노든 자신도 그런 의견을 내놓은 사람들 중 하나였다. 망명 중인 모스크바에서 올린 트윗을 통해 스노든은 "정황 증거와 통념에 따른다면 러시아 세력일 가능성이 높다."면서 그림자 브로커들의 유출은 "누군가는 이 멀웨어 서버에서 비롯한 공격이 모두 미국의 책임임을 입증할 수 있다는 경고로 보인다. 이것은 해외 정책 면에서 심각한 결과를 초래할 것이다." 그리고 다른 트윗에서 이렇게 첨언했다. "따라서 이것은 DNC 해킹에 어느 정도 수위로 대응할지 고려하는 의사 결정자에게 영향을 미치기 위한 시도일 것이다."

다시 말하면 이것은 러시아의 대선 개입에 대항해 보복 행위에 나설 경우 "그에 상응한 대가를 치러야 할 것이라는 메시지를 누군가가 보내는 것이다."라고 스노든은 분석했다.

NSA가 위치한 포트 미드에서 불과 16km 거리에 있는 시스코의 실리콘밸리 본사와 메릴랜드주의 지국 사무실에서 위협 분석가들과 보안 엔지니어들은 문제의 NSA 코드를 낱낱이 분석했다. 이것은 '제로데이'였다. 그림자 브로커들이 시스코의 방화벽에서 폭로한 제로데이는 비단 시스코뿐 아니라 시스코의 전 세계 수백만 고객들에게 악몽의 시나리오였다. 이제 시스코의 엔지니어들은 패치나 제2의 해결책을 찾으려 동분서주했다. 그것을 찾을 때까지 적절한 디지털 수단을 가진 사람이나 기관은 시스코의 네트워크에 은밀히 침투할 수 있을 터였다.

시스코의 제로데이는 지하 시장에서 개당 몇만 달러 수준으로 팔렸겠지만, 그림자 브로커들의 폭로에 따른 피해 규모는 수억 달러 수준을 훌쩍 넘을 것이라고 내 취재원들이 알려줬다. 그림자 브로커들이 공개한 샘플 파일은 2013년까지 소급됐지만 일부 코드는 그보다 더 이른 2010년까지 거슬러 올라갔다. NSA가 이것을 이렇게 오래 붙들고 있었단 말인가? 이 제로데이는 방화벽 하나만이 아니라 11개의 다른 보안 제품을 무력화할 수 있었다. 101 고속도로 인근의 또 다른 보안 회사인 포티넷에서도 똑같은 악몽의 시나리오가 재연됐다. 포티넷은 해외에서 꾸준히 방화벽의 시장 점유율을 높여가던 중이었다. 이제 경영진은 해외 클라이언트가 유출된 정보를 근거로 포티넷도 공범으로 몰아갈까봐 우려했다. 엔지니어들은 미국 정부에 악담을 퍼부었다.

그림자 브로커들의 제로데이 유출은 근래 몇 년 간 VEP 결정 절차와 노버스를 내세워 온 미국 관료들을 거짓말쟁이로 만들었다. 노버스는 NSA가 새로 찾아낸 제로데이를 해당 업체에 알리지 않고 비밀리에 공격용 툴로 사용하겠다고 결정할 때 그 근거로 삼는 표현인 "그 제로데이를 아는 사람은 우리 말고는 아무도 없다^{nobody but us}."에서 나온 말이다. 하지만 그림자 브로커들이 유출한 익스플로잇은 '노버스' 수준으로 보기가 어려웠다. 이들은 미국의 적성국이든, 사이버 범죄자든 혹은 아마추어 해커든 누구든지 찾아내어 자신들만의 익스플로잇으로 개발할 수 있는 버그를 적극 활용했다. 이 방화벽은 미국의 네트워크를 안전하게 보호하는 데 사용되는 것임에도, NSA는 그 방화벽의 제로데이를 몇 년씩이나 비밀로 유지했다. 만약 VEP 절차가 대니얼과 다른 관료들이 주장한 대로 작동했다면, 그 버그는 이미 오래 전에 시스코나 포티넷에 넘겨져 수정됐을 것이다.

오랫동안 미국의 고위 관료들은 자신들의 사이버 작전과 스턱스넷을 활용한 공격이 그 적에게 비슷한 작전을 개발하도록 유도하게 될까봐 전전긍

긍했다. 그래서 언젠가 충분한 자원과 훈련을 통해 그들도 미국을 따라잡을까봐 우려했다. 이제 미국의 자체 해킹 툴이 공개 웹에 유출돼 누구든 그것을 내려받아 미국을 공격할 수 있게 됐다. 이제는 NSA의 스파이들도 진땀을 흘리지 않을 수 없는 상황이었다.

그림자 브로커들이 공개한 제로데이는 지하 시장에서라면 큰 수익을 남겼겠지만, 공개 경매에서는 별반 재미를 보지 못했다. 많은 기관이나 기업은 입찰하고 싶은 욕구가 있더라도 경매에 참여했다가는 세계 최고수 스파이들의 표적이 될 수 있다는 충분히 타당한 두려움을 느꼈기 때문이었다. 이들의 경매가 시작된 지 24시간 뒤, 겨우 한 명만이 900달러로 응찰한 게 전부였다.

하지만 FBI의 수사관들이나 Q 그룹으로 알려진 NSA의 방첩 부서 어느 쪽도 그림자 브로커들이 수익을 바라고 이런 짓을 했다고는 믿지 않았다. 그게 누구든 정체가 밝혀지면 해당 기관, 해당 국가, 피해를 입은 전 세계의 컴퓨터 네트워크 및 그 자신들에게 커다란 위험이 닥칠 수 있는 작전이었다. 수사관들은 이것을 느리게 진행되는 테러 공작으로 판단하게 됐다.

언론은 그림자 브로커들의 공개 내용에 대해 스노든의 정보 공개나 DNC 유출의 경우만큼 열광적으로 달려들지 않았다. 「뉴욕타임스」에서 나는 동료인 데이비드 생어와 스캇 셰인과 함께 해당 유출 사건을 꼼꼼히 추적했고, 그중 여러 꼭지가 1면에 실리기도 했지만 사건에 연관된 내용의 기술적 전문성 때문에 이전 스노든의 유출만한 반응은 이끌어내지 못했다. 그럼에도 NSA의 작전에 미친 피해는 훨씬 더 컸다.

포트 미드의 본부와 미국 전역의 여러 위성 캠퍼스에서 NSA는 유출된 코드의 영향을 받는 모든 작전을 중단하고, 해킹 툴을 교체하고, 그림자 브로커들이 다음에 유출할 내용을 예측하느라 분주했다. 그런 한편, 도난당한 코드에 잠시 눈길이라도 준 사람은 누구든 불려가 심문을 받았다. 그림자 브로커들과 연루된 변절자를 잡아내려는 과정에서 일부는 거짓말 탐지기 테스트를 받기도 했고, 다른 이들은 무기한 정직되기도 했다. 스노든 정보 유출로 이미 심하게 타격을 받았던 NSA의 사기는 사상 최저 수준까지 떨어졌다. NSA의 전문 인력 중 일부는 심지어 전체 커리어를 NSA에서 보낸 베테랑들도, 연봉은 높고 관료주의의 벽은 낮으며 거짓말 탐지기 앞에 앉을 일도 없는 민간 부문으로 이직하려고 일자리를 찾기 시작했다.

그해 여름, NSA가 제로데이 유출의 소스를 잡아내려 시도하는 과정에서 NSA는 해럴드 '할' 마틴 3세Harold 'Hal' Martin III라는 이름의 NSA 계약자가 트위터에 올린 한 포스트를 FBI에 알렸다. 마틴은 트위터를 사용해 카스퍼스키 랩에 연락했고, 랩은 이를 NSA에 알린 것이었다. FBI는 그런 내용을 기반으로 법원 영장을 발급받아 마틴의 거주지를 수색한 끝에 마틴의 승용차, 트렁크, 집, 정원, 창고 등에서 50 테라바이트 분량의 데이터를 발견했다. 이는 박스 6개 분량의 기밀 코드와 문서로, 그중 일부는 비밀 정보요원들의 이름을 담고 있었다. 마틴은 수집벽 환자였지 유출범은 아니었다. 그가 자신이 훔친 파일에 실제로 접근했거나 외부 기관과 공유했다는 증거는 없었다. 그리고 만약 NSA가 범인을 잡았다고 생각했다면 그 생각은 금방 틀린 것으로 드러났다.

그해 10월 마틴이 구금된 상태에서, 그림자 브로커들은 핼로윈 데이 전날 "과자를 주지 않으면 장난칠 거예요Trick or Treat"[2]라는 제목의 새로운 블로그를 올렸다. 이번에 이들이 유출한 것은 코드가 아니라 전 세계에 배치한 NSA의 미끼 서버decoy servers의 웹 주소였다. NSA가 북한, 중국, 인도, 멕시코, 이집트, 러시아, 베네주엘라, 영국, 대만, 독일 등 세계 각지에서

---

2 핼러윈 데이에 어린이들이 이웃 집을 돌며 외치는 소리 - 옮긴이

비밀리에 전개해 온 해킹 작전의 종합 지도를 미국의 동맹국과 적국 양쪽에 공개한 셈이었다. 유출 정보에는 며칠 전 NBC의 '언론 대담Meet the Press' 프로그램에 출연해 DNC를 해킹한 것은 러시아이며 미국 정보기관은 그에 보복할 계획이라고 말한 조 바이든 부통령을 비웃는 내용도 들어 있었다. 당시 바이든은 "보복 작전은 가장 큰 효과를 기대할 수 있는 타이밍과 상황을 고려해 결정할 것이다."라고 말한 바 있다.

그림자 브로커들은 그 발언에 호의적이지 않았다. "왜 추한 노인네DirtyGrandpa는 CIA가 러시아와 벌이는 사이버 전쟁을 위협할까요?"라고 이들은 트윗을 날렸다. "해묵은 통제 트릭이죠. 안 그래요? 깃발을 흔들고 외부 세력을 탓하면서 실패의 책임은 지지 않는 거죠. 하지만 상관없어요, DNC를 해킹하는 게 이퀘이션 그룹이 해킹 역량을 잃는 것보다 훨씬 더 중요하니까요. 아메리칸스키스Amerikanskis[3]는 USA의 사이버 역량이 바닥났다는 사실을 모르나요? 소위 '자유 언론free press'은 어디 있는 거죠?" 이들의 포스팅은 더 불길한 위협으로 끝났다. "11월 8일, 투표하지 않는 대신 투표 자체를 막아버리면 어떨까요? 선거일이 오는 것을 막은 그린치Grinch가 되는 거죠. 선거를 해킹하는 게 최선의 아이디어일까요? #2016대선해킹 #hackelection2016" 그림자 브로커들이 공개한 파일의 비밀번호는 NSA 툴에 대한 경매가 곧 끝날 것이라는 암시를 담았다. 비밀번호는 "지불하시오payus" 였다.

6주 뒤, 그림자 브로커들은 다시 등장했다. 이번에는 새로운 전술로 나왔는데, 네트라가드, 뷰펜, NSO 등이 과거에 시도한 내용과 비슷했다. "그림자 브로커들은 경매를 시도했습니다. 반응은 별로였어요. 그림자 브로커들은 크라우드펀딩crowdfunding을 시도했습니다. 결과는 역시 별로였습니다.

---

3 키릴어로 '미국인'이라는 뜻 – 옮긴이

이제 그림자 브로커들은 직접 판매^{direct sales}를 시도합니다." 코미디 영화 보랏을 연상시키는^{Boratesque} 감정적 언사와 더불어, 이들이 각각 1~100 비트코인(780~78,000달러 상당)의 가치가 있다고 주장하는 다양한 파일의 스크린샷을 공개했다. 만약 구매자들이 NSA의 해킹 툴을 구미에 맞춰 고르고 싶다면 각각의 익스플로엇에 일일이 응찰해야 했다. 잠재적 구매자들이 NSA의 표적이 될 위험이 너무 크다고 판단했기 때문인지, 아니면 경매 자체가 허위였기 때문인지 아무도 입찰에 응하지 않았다. 그해 1월 그림자 브로커들은 사이버 무기 시장을 완전히 떠난다고 발표했다.

"여러분 안녕, 이제 작별이에요. 그림자 브로커들은 어둠 속으로 시장을 떠납니다. 계속 머무는 것은 너무 위험하고 허접하며, 비트코인도 별로 들어오지 않아요. 다양한 추측과는 상관없이 그림자 브로커들에게는 비트코인이 가장 중요했어요. 공짜 파일과 정치적 헛소리는 다 주의를 끌려는 마케팅 전략이었습니다."

석 달간 그림자 브로커들은 자취를 감췄다. 한편 또 다른 유출 사건이 터졌다. 이번에는 볼트7^{Vault7}이라는 인물이 CIA의 금고^{vault}에서 2013~2016년 사이에 비축된 해킹 툴을 온라인에 유출했다. 유출된 정보는 어떻게 CIA가 자동차, 스마트TV, 웹브라우저, 애플과 안드로이드 휴대폰의 운영체제, 윈도우, 맥, 리눅스 컴퓨터의 운영체제를 해킹할 수 있는지 상세한 설명을 담고 있었다. 기본적으로 엄청난 금맥이었다. 하지만 그림자 브로커들은 해당 유출의 출처라고 주장하지 않았다. 그리고 툴을 근거로 판단할 때 볼트7은 다른 유출자로 보였다. 그로부터 2년 뒤, CIA는 볼트7 유출의 범인으로 CIA의 전직 엘리트 프로그래머인 존 슐트^{John Schulte}를 지목했지만 본인은 결백을 주장했다. 배심원단은 슐트가 수사관들에게 허위 진술한 부분은 유죄로 판결했지만, 슐트가 유출의 출처인지를 놓고는 배심원들끼리 팽팽하게 대립해 판사는 결국 무효 재판을 선언할 수밖에 없었다.

NSA와 FBI가 그림자 브로커의 배후를 추적하는 가운데, 가장 유력하게 떠오른 이론은 NSA의 해커가 기관이 비축한 제로데이를 컴퓨터나 서버에 남겨놓았고, 이를 러시아 해커들이 침투한 결과라는 것이었다. NSA의 일부 관계자들은 그 이론에 동의하지 않았다. 유출된 파일에는 기관이 물리적 디스크에 담아 보관한 툴을 비롯해, TAO가 비축한 상당한 규모의 제로데이 컬렉션도 포함돼 있었다. 수사관들은 기관의 내부자가 제로데이를 USB 드라이브에 담아 빼돌렸을 것이라고 추정했다. 하지만 그런 설명도 그림자 브로커들이 확보한 일부 파일은 디스크에 담겼던 것이 아니라 다른 시기에 다른 시스템에서 도난당한 것으로 보인다는 대목은 해명하지 못했다. 유출된 정보에는 파워포인트 프리젠테이션과 다른 파일도 들어 있어서 그림자 브로커들이 부주의한 TAO 운영자가 인터넷에 남겨놓은 툴을 단순히 가로챘을 가능성은 거의 없었다.

이스라엘의 정보기관으로부터 받은 한 단서를 바탕으로 수사관들은 한 NSA 직원의 가정용 컴퓨터에 주목했다. 그 직원은 러시아의 사이버 보안 기업인 카스퍼스키가 만든 안티바이러스 프로그램을 설치했다. 내가 취재원들로부터 들은 바에 따르면 이스라엘 측은 카스퍼스키의 시스템을 해킹했고, 그 결과 카스퍼스키는 자사의 안티바이러스 프로그램을 이용해 전세계의 컴퓨터에 접근하고, 극비 문서를 찾아내 탈취한다는 사실을 발견했다. 이스라엘 측은 카스퍼스키의 시스템 내부에서 찍은 스크린샷까지 공유하며 그런 내용을 뒷받침했다. 그를 토대로 수사관들은 카스퍼스키의 소프트웨어가 NSA의 극비 문서를 해당 직원의 가정용 컴퓨터에서 훔쳐냈을 것으로 추정했다. 그것은 스파이를 해킹한 스파이를 해킹한다는 식의 현기증나는 상황이었지만, 그때는 더 이상 무엇도 놀랍지 않았다. 우리의 취재 내용이 보도된 다음, 카스퍼스키는 내부 조사 결과 자사의 안티바이러스 소프트웨어는 단순히 제 기능을 해왔을 뿐이라고, 코드에 '비밀secret'이라는 단어를 담은 특정 멀웨어를 검색했을 뿐이라고 주장했다. 그것은 카스퍼스키의 소프트웨어가 NSA 직원의 컴퓨터로부터 극비 데이터를 뽑아냈음을 인정한 셈이었지만, 카스퍼스키는 검색 결과에 걸린 내용을 확인하자마자 NSA의 데이터를 즉각 파기했다고 말했다. 혹자는 카스퍼스키의 설명에 타당성이 있다고 여겼고, 혹자는 말도 안 된다고 반응했다. 오랫동안 미국의 정보원들은 카스퍼스키가 러시아 첩보기관의 한 전선이 아닐까 의심해 왔다. 이 사건을 계기로 그런 의심은 더욱 짙어졌고, 러시아가 어떤 식으로든 NSA 툴을 훔쳐내는 데 관여했다는 이론에 무게를 더했다. 만약 그림자 브로커들이 러시아의 정보원들이었다면, 그해 11월 트럼프의 당선으로 그들의 임무를 완성한 셈이라고 보안업계 관계자들은 추정했다. 석 달 동안 해당 그룹은 자취를 감췄다. 하지만 안심하긴 섣불렀다. 2017년 4월 그림자 브로커들은 다시 등장해, 8개월 전에 올렸던 최초 암호화 파일의 비밀번호를 공개했다. "스틱스넷보다 더 낫다."고 광고한 파일이었다. 그것은 허위 광고였다. 막상 해독된 파일에 담긴 것은 구식 버전의 리눅스, 유닉스, 솔라리스 등에 영향을 미치는 익스플로잇으로, 이들이 큰소리친 대량 파괴용 사이버 무기와는 거리가 멀었다.

이들의 목표가 트럼프 당선을 돕는 데 있었다면, 그림자 브로커들은 자신들이 지원한 후보에 대한 환상에서 점점 더 깨어나는 것처럼 보였다. 이들의 유출 파일에 첨부된 것은 정치적 불만 사항을 담은 긴 목록이었다. 그림자 브로커들은 미국의 베테랑 정치평론가라도 되는 것처럼 트럼프를 직접 겨냥했다. 이들은 최근 스티브 배넌Steve Bannon을 국가안보위원회에서 해고한 일, 하루 전에 벌어진 미 국방부의 시리아 폭격, 깊숙한 배후에서 정치적 영향력을 행사하는 소위 '딥 스테이트deep state', 공화당 내 강경 보수 의원 모임인 '프리덤 코커스Freedom Caucus' 그리고 백인의 특권주의 등에 불만을 표시했다.

"그림자 브로커들은 귀하가 성공하기를 바랍니다."라고 트럼프에게 말했다. "그림자 브로커들은 미국이 다시 위대해지기를 바랍니다."

윌리엄스는 한편으로는 감탄하고 다른 한편으로는 불안한 마음으로 유출 내용을 추적했다. 그에게는 자신만의 가설이 있었다. 유출 타이밍은 러시아 세력이 미국을 망신주고, 러시아의 대선 개입에 집중된 언론의 주의를 분산하고, 뒤이어 미국의 시리아 침공을 비판하는 데 맞춰져 있었다. 올랜도Orlando의 한 호텔 방에 앉아 하루 종일 예정된 보안 훈련 세션을 준비하면서 윌리엄스는 자신의 가설을 공식화하기로 했다. 한 블로그 포스팅에서 그는 그림자 브로커들은 크렘린의 전형적인 작전 스타일이며, 최근 보여준 이들의 정보 공개 타이밍은 미국이 시리아의 공군 기지에 59개의 토마호크Tomahawk 크루즈 미사일을 발사한 지 하루 뒤라는 점에서 미국을 망신주려는 러시아의 행태임을 보여준다고 주장했다.

"이것은 중대한 사건입니다. 러시아는 미국의 실제 정책에 영향을 미치기 위해 사이버 작전(해킹을 통한 데이터 절도)을 활용하고 있습니다."라고 윌리엄스는 썼다. "러시아는 이전에는 숨겼던 공개 파일의 비밀번호를 노출하는 것으로 미국의 미사일 공격에 신속히 대응하고 있습니다. 이것은 이를테면 그림자 브로커들의 핵 옵션이었습니다."

윌리엄스는 발행 버튼을 누르고 잠자리에 들었다. 다음날 아침, 그는 7시30분에 일어나 자신의 휴대폰을 확인했다. 메시지와 트위터 멘션으로 난리가 난 상태였다. 그림자 브로커들은 그의 블로그 포스팅에 직접 대응했다. 그의 최악의 악몽이 실현되려는 참이었다. 그림자 브로커들은 윌리엄스가 전직 TAO 멤버였음을 정확히 지적하는 한편, 그가 한 번도 공개한 적이 없는 역할까지 폭로했다. 클라이언트나 동료들이 자신의 직업적 배경을 물을 때마다 그는 국방 부서에서 일했다고만 말했었다. NSA에서 한 일에 대해 공개할 만한 내용이 별로 없었고, 혹시라도 소문이 나면 자신의 여행에 제한이 가해질 것을 우려했다. 미국은 중국과 러시아, 이란의 정부 지원을 받는 해커들을 기소하기 시작한 시점이었다. 자신의 이전 업무가 공개되면 여행 중에 기관원들에게 붙들리거나 제소를 당하거나 자신의 해킹 기술을 공유하도록 강요당할지 모른다고 우려했다.

그날 아침 휴대폰을 들여다보면서 "저는 마치 배를 발로 맞은 느낌이었어요."라고 그는 내게 말했다.

윌리엄스를 공격하는 그림자 브로커들의 장황한 글은 오드잡^{OddJob}, CCI, 윈도우빗츠 퍼시스턴스^{Windows BITS persistence} 그리고 'Q 그룹'이 개입된 수사 등 기묘한 정보로 뒤섞여 있었다. 이것은 그림자 브로커들의 일반적인 횡설수설이 아니었다. 그것은 기관의 암호명이었다. 그림자 브로커들이 누구든 TAO의 작전에 대해 윌리엄스가 짐작했던 것보다 훨씬 더 깊은 정보를 갖고 있었다. 이것은 일종의 내부자였다.

"그들은 TAO의 내 동료 운영자들보다도 더 상세한 작전 정보를 보유하고 있었습니다."라고 윌리엄스는 말했다. "누가 이것을 썼든 매우 치밀하게 배치된 내부자거나 매우 많은 작전 계획을 훔쳐낸 게 틀림없었습니다."

그림자 브로커들의 대응에 따른 충격은 윌리엄스의 인생을 바꿨다. 그는 싱가포르, 홍콩 심지어 체코 출장도 취소했다. 그는 항상 누군가가 자신의 정체를 이렇게 폭로한다면 자신의 옛 직장이 뒷배를 봐줄 것이라고 생각했다. 그러나 그림자 브로커들의 포스팅 이후 그는 NSA로부터 전화 한 통 받지 못했다.

"배신감이 들었죠."라고 그는 말했다. "내가 NSA에서 한 일 때문에 그림자 브로커들의 표적이 됐는데도, 정작 우리 정부는 나를 도와주지 않는다고 느꼈습니다."

한편 NSA는 뼛속깊이 충격을 받았다. 해외 컴퓨터 네트워크를 침투하는 면에서 세계 최고임을 자부했던 NSA는 자체 네트워크를 보호하는 데도 실패한 것이었다. 그리고 더 이상 나빠질 게 없다고 생각했을 때, 그림자 브로커는 최악의 시나리오를 아껴두고 있었다.

며칠 뒤인 2017년 4월 14일, 그림자 브로커들은 가장 치명적인 피해를 줄 수 있는 정보를 폭로했다. NSA, IT 기업 및 그 고객들에 미친 피해의 규모는 몇백만 달러부터 몇백억 달러에 이르렀고, 여전히 증가하는 추세였다.

"지난 주 그림자 브로커들은 사람들을 도우려 시도했습니다."라고 이들의 메시지는 밝혔다. "이번 주 그림자 브로커들은 사람들을 엿먹이려고 생각합니다."

그리고 이들은 그렇게 했다. NSA가 가장 중요하게 취급하는 제로데이 익스플로잇 20개의 코드를 공개한 것이다. NSA가 여러 달에 걸쳐 개발하고 가다듬은 익스플로잇으로 최고의 방첩 정보를 수집할 수 있게 해준 툴이었다. 하지만 이것은 단순한 스파이 툴이 아니었다. 막대한 규모의 피해를 끼칠 수 있는 위력을 지닌 무기이기도 했다. 이들 익스플로잇 중 일부는 웜으로 전환할wormable 수도 있었다. 이를 취득한 세력은 원하기만 하면 자가 복제하는 멀웨어로 만들어 전 세계를 감염시킬 수도 있다는 뜻이었다. 이것은 대량 파괴를 초래하는 사이버 무기였다.

스노든의 정보 유출에 따른 비판 여론에 맞서 NSA를 변호했던 마이클 헤이든Michael Hayden 전 국장도 이번 상황에 대해서는 유독 더 충격을 받았다. "강력한 툴을 보유하고도 이를 제대로 보호하고 관리하지 못하는 기관을 변호할 여지는 없습니다."라고 그는 「뉴욕타임스」 동료인 스캇 셰인 기자에게 말했다. 그런 툴을 잃어버린 것, 그것이 미치게 될 피해는 'NSA의 미래에 매우 심각한 위협으로 작용할 것'이라고 헤이든 전 국장은 말했다.

해커들과 보안 전문가들이 최근 유출 파일을 분석에 들어간 와중에 TAO

의 한 익스플로잇은 특히 큰 우려를 자아냈다. 이터널블루였다. 이는 수백만 혹은 수천만 대의 윈도우 기반 컴퓨터에 디지털 먼지 하나 남기지 않고 은밀하게 침투할 수 있었다.

"탐지하기는 어렵고 사용하기는 쉽습니다. 표적만 정하고 방아쇠만 당기면 되는 식이죠."라고 TAO의 한 전직 운영자는 내게 말했다. 그것은 VEP 과정에서 나온 논리를 빌린다면 공개적으로 노출되면 너무나 위험했지만, 그것이 지닌 정보 가치 하나만으로 비밀리에 보유돼 온 익스플로잇이었다.

나중에 밝혀진 사실에 따르면 이터널블루의 기반이 되는 제로데이는 사실 제로데이라고 부를 수가 없었다. 한 달 전에 마이크로소프트는 해당 버그를 바로잡는 패치를 조용히 내놓았기 때문이다. 마이크로소프트는 보통 버그를 신고하는 사람의 신원을 밝히고 그 공로를 인정하지만, 이 경우는 신고자가 없는 것으로 돼 있었다. 그림자 브로커들이 이것을 풀어 혼란을 불러일으키기 직전에 NSA에서 마이크로소프트에 해당 오류를 제보한 것이었다. 이제 연구자들은 이터널블루가 얼마나 널리 사용됐는지 파악하려고 시도하는 과정에서, 그것이 얼마나 광범위하고 다양한 용도를 갖는지 발견했다. 그것이 사용됐음을 알려주는 유일한 흔적은 이터널블루를 컴퓨터에 심을 때 종종 사용되는 NSA의 보조 익스플로잇인 더블펄사DoublePulsar였다.

연구자들이 웹을 스캔한 결과 수만 대의 오염된 컴퓨터가 반응 신호를 보내왔다. 이제 NSA의 툴이 공개된 이상 감염된 시스템의 숫자는 폭증할 것이었다. 1주일 뒤, 감염된 컴퓨터는 10만 대였다. 2주 뒤에는 40만 대가 감염됐다.

포트 미드의 NSA는 앞으로 닥칠 파장을 각오하는 수밖에 없었다.

22장

공격

영국 런던

미국의 사이버 무기가 부메랑으로 되돌아오고 있다는 첫 번째 징후는 2017년 5월 12일 영국 런던의 병원 밖에서 벌어진 소동이었다. 앰뷸런스는 다른 병원으로 가도록 지시를 받았다. 응급실은 환자들을 받지 못했다. 환자들은 그들의 수술이 다른 날로 연기됐다는 통보와 함께 바퀴 달린 들 것에 실려 수술실에서 나왔다. 50개 가까운 영국의 병원이 인터넷을 휩쓴 사상 초유의 랜섬웨어 공격으로 대혼란 상태에 빠진 것이었다.

내 휴대폰이 분주해지기 시작한 것은 한밤중이었다. "이것 보고 있어?" 메시지는 그렇게 물었다. "영국의 의료 시스템이 다운됐어!!" 내가 정신이 들었을 즈음, 랜섬웨어 공격은 전 세계의 수많은 시스템을 마비 상태로 몰아갔다. 러시아의 철도와 은행, 독일의 철도, 프랑스의 자동차 제조사인 르노Renault, 인도의 항공사, 중국의 4천여 대학, 스페인의 최대 전기통신 회사인 텔레포니카Telefonica, 영국의 히타치Hitachi와 닛산Nissan, 일본 경찰, 대만의 병원, 한국의 영화관 체인, 중국의 국영 석유 회사인 페트로차이나PetroChina의 거의 모든 주유소 그리고 미국에서는 페덱스FedEx와 전국에 산재한 소규모 전력 서비스 회사가 모두 똑딱똑딱 카운트다운되는 시계 이미지와 함께 묶인 데이터를 풀고 싶으면 300달러를 내라는 빨간 스크린 화면의 볼모가 됐다. 만약 사흘 안에 돈을 지불하지 않으면 몸값은 두 배로 올라갈 것이라는 경고도 나왔다. 7일이 지나면 데이터는 영원히 삭제될 거라고 했다. "귀하의 중요한 파일은 암호화됐습니다."라고 메시지는 적혀 있었다. "귀하는 암호화된 파일을 복구할 방법을 분주하게 찾을지 모르지만 시간 낭비하지 마세요. 우리의 해독 서비스 없이는 아무도 귀하의 파일을 복구할 수 없습니다."

여러 나라에서 사람들은 컴퓨터의 인터넷 접속을 끊었다. 하지만 대개는 너무 늦었다. 보안 연구자들은 랜섬웨어의 빠른 유포 속도에 놀랐다. 일부는 감염 추이를 지도상에서 실시간으로 추적하기 시작했다. 24시간 안에 150개국 20만 개의 기관이 감염됐다. 남극과 알래스카, 시베리아, 중부 아프리카, 캐나다, 뉴질랜드, 북한 및 미국 서부 지역만이 그 피해를 면했다. 가장 큰 타격을 입은 곳은 불법 복제 소프트웨어를 사용하는 것으로 악명 높은 중국과 러시아였다. 중국에서는 4만 개의 기관이 감염됐다. 그리고 러시아의 경우 처음에는 강력한 권력을 행사하는 내무부가 피해 사실을 부인했지만 1천 대 이상의 부처 컴퓨터가 감염된 것으로 드러났다.

문제의 랜섬웨어에 대한 코드 분석이 시작되면서 보안 전문가들은 그 공격을 '워너크라이WannaCry'라고 불렀다. 수많은 피해자들이 느낄 반응을 정확히 표현하기 위해서가 아니라 코드 안에 '.wncry.'라는 작은 파일이 들어 있었기 때문이었다. 코드를 더 깊이 분석한 끝에 전문가들은 왜 그 공격이 그토록 빠르게 퍼졌는지 알아냈다. 공격자들은 강력한 촉매제, 즉 NSA가 도난당한 익스플로잇 '이터널블루'를 이용했기 때문이었다.

그것은 불편한 세부 정보였고, 트럼프 참모들은 이후 며칠간 점점 피해 규모가 커지는 해당 공격을 브리핑하면서 그런 내용은 의도적으로 누락시켰다. 랜섬웨어 공격이 사흘째로 접어들면서, 트럼프의 국토안보 보좌관인 톰 보서트Tom Bossert는 ABC 방송의 아침 프로그램인 '굿모닝 아메리카Good Morning America'에 출연해 해당 공격은 전 세계 정부들의 '시급한 공조 대응'

을 요구한다고 말했다. 같은 날 기자 회견에서 워너크라이의 코드가 NSA에서 비롯한 것이냐는 질문에 보서트는 영리한 회피 전략을 구사했다. "데이터를 볼모로 삼은 툴은 NSA가 개발한 것이 아닙니다. 이것은 악의적인 세력, 가령 범죄 집단이나 해외 정부가 개발한 툴입니다."라고 그는 말했다. 맞아요, 그 툴은 우리 것이었습니다. 하지만 그것을 다른 세력이 어떤 용도로 사용하느냐에 대해서는 우리는 책임이 없습니다. 이것은 정부의 공식 답변이 됐다.

워너크라이 사건의 경우, 공격자가 거의 모두에게서 멸시받는 적, 바로 북한이라는 점이 미국 측엔 도움이 되었다. 빠른 유포 속도와 충격 변수에도 불구하고, 워너크라이의 개발자들은 몇 가지 경솔한 실수를 저질렀다. 그중 하나는 재활용된 툴을 썼다는 점이었다. 북한의 해커들은 2014년 소니 영화사를 공격할 때 사용한 것과 동일한 지휘 통제 서버를 다시 사용했고, 그 때문에 연구자들이 워너크라이 공격의 기원을 찾아내는 데는 오랜 시간이 걸리지 않았다. 북한으로 연결되는 다른 고정 링크도 찾아냈다. 공격자들은 백도어 프로그램과 데이터 삭제 툴의 설정을 바꿔 평양에서 나온 공격임을 숨기려는 시도도 거의 하지 않았다. 일부 분석가들은 북한의 공격 툴을 재활용한 점, 자신들의 정체를 숨기려 애쓰지 않은 점 등이 그 자체로 수사관들을 속이려는 교묘한 회피 전술일 수도 있다고 추정했다.

하지만 불과 몇 시간 안에 나는 시만텍의 연구자들을 취재했고, 이들은 워너크라이 공격이 실제로 라자루스Lazarus라는 암호명으로 불리는 북한의 악명높은 해킹 그룹의 작품이라고 결론지었다. 소니 영화사만이 아니었다. 북한의 해커들은 동일한 해킹 툴로 지난 1년 반 동안 여러 은행을 털었다. 평양의 지도부는 사이버 공격이 달러 지폐 위조나 야생동물 밀매 같은 통상적 방법보다 미국의 경제 제재를 회피하기가 훨씬 더 쉽다는 사실을 깨달았다. 북한의 해커들은 필리핀과 베트남의 은행과 방글라데시의 중앙은행에서 뉴욕의 연방은행이 10억 달러 이체를 요청하는 것으로 꾸며 거액의 사이버 강도짓을 하다가 잡혔지만 처벌까지 이어지지는 않았다. 철자 하나가 틀리는 바람에(이들은 '재단'이라는 뜻의 'foundation'을 'fandation'으로 오기했다) 은행에서 10억 달러를 모두 이체하지는 않았지만, 그래도 이미 8천 1백만 달러를 송금한 다음이었다. 역사상 가장 큰 규모의 은행털이 중 하나로 기록될 만했다. 워너크라이는 재정 수입원이 간절한 북한의 새로운 시도였다.

"사이버는 북한 맞춤형 공격 도구입니다." NSA의 전 부국장인 크리스 잉글리스Chris Inglis는 워너크라이 공격의 배후가 북한이라는 사실이 판명난 뒤에 이렇게 말했다. "진입 비용은 낮고, 대체로 비대칭형인 데다 어느 정도의 익명성을 갖고 몰래 사용할 수 있죠. 그러면서도 국가의 광범위한 인프라와 민간 부문의 인프라를 위험에 몰아넣을 수 있습니다. 수입원이 될 수 있고요." 잉글리스는 이어 "어떤 면에서 북한은 지구상에서 가장 성공적인 사이버 프로그램을 가졌다고 할 수도 있습니다. 기술적으로 정교해서가 아니라 매우 낮은 비용으로 모든 목표를 달성했기 때문이죠."라고 말했다.

하지만 앞에 언급한 철자 오류처럼 이번 공격은 엉성했다. 볼모 잡힌 기업이나 기관이 돈을 내겠다고 나와도 북한은 해독 키를 그들에게 제공할 방법을 만들어놓지 않았다. 설령 피해자들이 돈을 내도 자신들의 데이터를 되찾을 방법은 없는 셈이었다. 그런 사실이 드러나자 피해자들은 더 이상 돈을 내지 않았다. 워너크라이로 북한이 벌어들인 돈은 20만 달러가 채 안됐다. 전문 랜섬웨어 범죄자들이 한 달에 몇 백만 달러씩 벌어들이는 것과 견주면 미미한 수준이었다. 둘째로, 피해자들로서는 다행스럽게도 공격자들은 자신들도 모르는 사이에 코드에 '킬 스위치kill switch'를 심어놓았다. 공격 이후 몇 시간이 지나지 않아 영국의 스물두 살짜리 대학 중퇴자인 마커스 허친스Marcus Hutchins는 피해자들의 서버를 공격자의 지휘 통제 서버로부터 자신이 채 11달러도 안 되는 비용으로 구입해둔 웹 주소로 재전송함으로써 공격을 무력화할 수 있다는 사실을 발견했다. 워너크라이의 피해자들을 자기 자신의 무해한 사이트로 우회시킴으로써 허친스는 공격을 무효화했다. 수백만 대를 더 볼모로 만들 수도 있었던 공격은 무슨 굉장한 정보 쿠데타 때문이 아니라, 해커 한 명이 완전한 혼돈으로부터 빠져나올 수 있는 길을 해킹해냄으로써 막아냈다. 허친스의 막판 활약은 그를 미국 연방 수사관들의 표적으로 만드는 결과를 초래했고, 몇 달 뒤 데프콘Def Con 콘퍼런스를 마치고 집으로 돌아가려던 길에 라스베이거스 공항에서 체포돼 커리어 초기에 멀웨어를 작성한 혐의로 기소됐다. 이것은 어떤 선행도 처벌받지 않고 지나가는 경우는 없다는 사실을 전 세계의 해커들에게 새삼 일깨우는 계기로 작용했다.

워너크라이 공격은 워낙 급하게 계획된 흔적이 곳곳에서 감지돼 일부 보안 전문가들은 북한의 해커들이 공격 코드를 미처 준비하기도 전에 우발적으로 유출한 게 아닌가 의심했다. 아니면 새롭게 발견한 NSA의 무기가 어떤 위력을 가졌는지 전혀 모르는 상태에서 단순히 시험해 본 것일 수도 있었다. 그 이유야 어떻든 이들은 수입을 올리거나 흔적을 가리는 데 실패했을 뿐 아니라, 최대 동맹이자 후원자인 중국을 격분시켰다. 불법 복제 소프트웨어에 대한 중국의 중독적 성향 때문에 워너크라이의 피해는 더욱 컸다.

워너크라이 공격에 대한 백악관의 대응은 미국의 자체 사이버 무기를 잃어버린 데 대한 책임을 얼마나 부주의하게 회피했는지 뿐만 아니라, 북한이 공격의 주범임을 놀라우리만치 신속하게 파악한 점에서 주목할 만했다. 그와 대조적으로 러시아가 2016년 대선에 공격적으로 개입했다고 정부 당국자들이 결론을 내린 지 1년이 넘게 지났지만 트럼프는 러시아를 공격의 주범으로 지목하고 비판하기를 주저했다. 그해 푸틴과 독대한 자리에서 트럼프는 기자들에게 자신은 러시아는 책임이 없다는 푸틴의 말을 믿는다고 말했다. "그는 그런 일을 하지 않았소."라고 트럼프는 대통령 전용기인 에어포스 원Air Force One 기내에서 말했다. "모든 건 민주당이 꾸민 거요."

트럼프와 푸틴의 회담으로부터 한 달 뒤, 백악관은 워너크라이의 공격을 빌미로 북한을 맹비판했다. 「월스트리트저널」의 기명 논평 페이지Op-Ed에 국가안보 보좌관인 보서트는 '공식 확인: 워너크라이의 배후는 북한'이라는 제목으로 이렇게 썼다. "북한 지난 10년여 동안 별다른 견제도 받지 않은 채 악행을 일삼아 왔고, 그런 행태는 더욱 악화돼 왔다. 워너크라이는 형언할 수 없을 만큼 무모했다 … 북한은 무모한 행태에 필요한 자금 마련과 전 세계에 재난을 초래할 목적으로 점점 더 사이버 공격에 의존하고 있다."

그의 칼럼에서 언급되지 않은 것은 해당 공격에 NSA의 툴이 어떤 역할을 수행했는지 하는 내용이었다.

레드먼드에 있는 마이크로소프트 본사에서 브래드 스미스Brad Smith 회장은 분노를 삭이지 못하고 있었다. 마이크로소프트는 다른 누구보다도 그 공격의 본질을 더 잘 이해했다. 이터널블루가 윈도우의 보안 허점을 이용하는 것임을 고려하면 당연한 일이었다. 그리고 이제 마이크로소프트는 윈도우를 겨냥한 NSA의 제로데이가 얼마나 큰 파괴력을 지니는지 직접 목격하고 있었다.

마이크로소프트의 보안 엔지니어들과 경영진은 회사 상황실에 모였다. NSA는 그림자 브로커들이 제로데이를 폭로하기 불과 몇 주 전에 마이크로소프트에 해당 버그를 알려줬다. 이것은 플레임 사태와 견주면 그나마 나아진 상황이었다. NSA가 마이크로소프트의 소프트웨어 업데이트 메커니즘을 악용해 이란의 컴퓨터를 감염시킨 플레임 사건의 경우, 엔지니어들은 휴가 중에 급히 소집돼야 했다. 하지만 현실적으로 마이크로소프트의 고객들이 패치를 제대로 설치하는 데는 몇 달, 때로는 몇 년이 걸렸다. 미처 패치되지 않은 수십만 대의 시스템이 NSA의 사이버 무기를 개조한 북한의 볼모 신세가 된 현재 상황과 뚜렷이 대비되는 현실이 아닐 수 없었다. 경영진은 이미 만료된 마이크로프트의 XP 운영체제를 사용하는 시스템이 특히 피해를 입은 사실에 주목하고, 만료됐다고 해서 마냥 무시할 수는 없다고 판단했다. 병원, 환자 기록, 전력 회사 등 주요 인프라를 제어하는 컴퓨터 중 엄청나게 많은 규모가 아직도 마이크로소프트 XP 운영체제에서 돌아가고 있었다. 마이크로소프트는 XP 소프트웨어의 보안 허점에 대한 패치 서비스를 2014년에 중단했다. 운영자들이 자체 시스템을 제때 업데이트하지 않았다고, 대규모 산업 기계나 전력망을 제어하는 소프트웨어를 적시에 패치하거나 업데이트하지 않았다고 지적하긴 쉽지만, 실상은 쉬운 일이 아니었다. 자동화된 패치 서비스는 주요 인프라 네트워크의 내부에서는 여전히 금기 사항이었다. 이런 시스템에 대한 소프트웨어 업데이트는 흔히 높은 수준에서 허가가 필요했고, 제한된 유지 및 보수의 범위 내에서만 가능했으며, 아니면 시스템을 아예 오프라인 상태로 유지하는 편이 안전하다고 판단되는 경우에만 1년에 한두 번밖에 업데이트할 수가 없었다. 마이크로소프트가 그해 3월 이터널블루의 기반이 된 버그를 고치기 위해 내놓은 패치처럼 지극히 중요한 경우에도, 인프라 운영에 조금이라도 차질이 빚어진다고 판단되면 패치가 적용되지 않았다. 이제 마이크로소프트의 엔지니어들은 밤낮없이 사무실에 묶여 이 노후하고 취약한 시스템을 패치하는 방안을 모색했다. 다시 한번 마이크로소프트는 정부가 벌여놓은 재난을 정리하느라 연장근무에 시달려야 했다.

여러 면에서 미국은 총알을 피했다. 러시아, 중국과 달리 미국의 기업은 적어도 불법복제 소프트웨어를 쓰지 않을 정도의 인식은 있었다. 페덱스와 미국 각지의 소규모 전력 회사와 제조 시설을 제외하면, 대부분의 미국 네트워크는 피해를 입지 않았다. 하지만 스미스 회장은 이미 다음 공격을 각

오하고 있었다. 각각의 새로운 공격은 이전 경험을 토대로 삼았고, 따라서 다음 공격은 이번처럼 무모하지 않을 것이다. 신속한 킬 스위치도 없을 것이고, 그들을 구해줄 스물두 살짜리 해커도 없을 것이다.

여러 해 동안 스미스는 침묵을 지켰다. NSA가 마이크로소프트의 소프트웨어를 무기화해서 이란의 핵 시설을 감시 및 파괴하고, 표적으로 삼을 때도 마찬가지였다. 스노든은 한계점이었다. 스노든이 유출한 정보를 통해 NSA가 마이크로소프트의 시스템에 직접 접근할 수 있다는 사실을 깨달았을 때, 스미스는 자신의 목소리를 내기 시작했다. 그는 미국의 비밀 감시 법정이 민간 기업의 발언 기회를 봉쇄하고 있다고 비판했다. 그리고 민간 기업과 정부 간의 협상이 교착 상태에 빠지자, 그는 마이크로소프트의 변호인 팀을 이끌고 법정 싸움에 나가 마이크로소프트와 다른 기업이 전 세계 정부기관으로부터 받은 데이터 청구 통계를 공개할 수 있다는 판결을 받아냈다. 대단한 승리는 아니었지만 적어도 마이크로소프트가 NSA에 마치 파이프라인을 제공하듯 고객의 데이터를 내준 것은 아니라는 사실을 보여줄 수 있었다. 하지만 워너크라이 공격은 달랐다. NSA는 마이크로소프트의 취약점을 여러 해 동안 숨긴 채, 고객들이 해킹 당하는 것을 방관했고, 다시 한번 마이크로소프트는 정부가 벌여놓은 난장판을 수습해야 하는 상황에 내몰렸다. 스미스는 화가 머리끝까지 났다. 이제야말로 NSA에 책임을 물어야 할 때였다. 그래서 그는 NSA를 직격한 선언문을 썼다.

"이번 공격은 소프트웨어의 취약점을 공개하지 않고 비축하는 정부의 행위가 그토록 큰 문제인지 보여주는 또 다른 사례입니다."라고 스미스는 썼다. "이것은 2017년에 부상한 패턴입니다. 우리는 CIA가 비축한 취약점이 위키리크스에서 공개되는 상황을 봤고, 이번에는 NSA로부터 훔쳐낸 이 취약점이 전 세계의 고객들에게 피해를 끼쳤습니다. 전 세계 정부는 이 공격을 일종의 경고로 취급해야 합니다. … 정부기관은 이런 취약점을 비축하고 익스플로잇을 사용하는 데 따른 민간의 피해를 고려해야 합니다."

포트 미드의 본부에서 NSA는 아무 일도 아니라는 듯 행동했다. 이들은 그림자 브로커들에 대해 아직 아무런 공식 논평도 내지 않았고, 유출된 사이버 무기가 자신들의 것이라고 확인하지도 않았다. 오프 더 레코드를 전제로 압박하자 고위 정보 관료들은 내게 툴에 초점을 맞추지 말고, 우리의 적들이 그것을 어떻게 사용했는지에 주목하라고 요구했다. 이들로부터 일말의 후회나 도난당한 사이버 무기가 수행한 초래한 결과에 대한 아무런 책임감도 감지할 수가 없었다.

한편 모스크바에서 러시아의 GRU 해커들은 워너크라이 공격을 경멸감과 곤혹스러움이 뒤섞인 감정으로 지켜봤다. 이들은 자신들의 공격을 준비하면서 북한의 해커들이 저지른 여러 실수를 되풀이하지 않으려 주의를 기울였다.

휴대폰 진동이 느껴졌을 때 41세의 드미트로 쉼키브^{Dmytro Shymkiv}는 캐츠킬 지역의 트레일을 달리는 중이었다. 워너크라이 사건이 터진 지 두 달이 지난 시점이었다. 우크라이나인인 쉼키브는 자녀들을 업스테이트 뉴욕의 한 불어 여름캠프에 내려주고 막 돌아온 참이었다. 업스테이트 뉴욕의 캐츠킬 지역은 쉼키브가 키이우에서 매일같이 벌이는 사이버 전쟁의 스트레스를 벗어나기 위해 해마다 가족과 함께 찾아오는 장소였다. 3년 전 쉼키브는 마이크로소프트 우크라이나 최고경영자라는 편안한 직책을 버리고 키이우의 독립광장으로 나와 인민혁명에 참여했다. 그것은 우크라이나의 주요 기업 책임자가 그토록 공개적으로 2014년의 민주화 시위에 참여한 첫 사례이기도 했다. 언론은 마이크로소프트의 최고경영자가 자신의 일자리를 떠나 시위 장소에서 눈을 치운 사실을 대서특필했다.

3년 뒤, 쉼키브는 이제 문민 정부 치하에 살고 있었다. 우크라이나의 신임 대통령인 페트로 포로셴코$^{Petro\ Poroshenko}$는 직접 쉼키브에게 자신의 참모가 돼 논스톱으로 자행되는 러시아의 사이버 공격으로부터 방어하는 일을 도와달라고 요청했다.

우크라이나의 독립기념일이 다가오면서 쉼키브는 나라도 조용할 것으로 짐작했다. 하지만 캐스킬의 트레일을 달리고 집으로 돌아와 확인한 문자 메시지는 그런 짐작과 어긋나는 내용이었다.

"시스템이 다운되고 있어요."라고 그 메시지는 알리고 있었다.

우크라이나 전체가 마비 상태였다. 이번 표적은 전력망은 아니었지만 무엇인가 그에 못지않게 불길했다. 키이우에 있는 두 개의 주요 공항 컴퓨터가 다운됐다. 우크라이나의 항만 및 물류 시스템도 작동 중지였다. 우크라이나인들은 현금자동입출금기에서 돈을 인출할 수 없었다. 지불 시스템도 고장나 카드를 사용할 수 없었다. 2014년의 정전 사태 당시 피해를 입었던 우크라이나의 에너지 회사는 이번에도 마비됐다. 버스 정류장, 은행, 철도, 우체국 및 미디어 회사의 컴퓨터 화면은 모두 익숙한 랜섬웨어 메시지를 표시했다.

공격이 시작된 지 얼마 뒤, 연구자들은 그 공격이 '페트야^{Petya}'로 알려진 랜섬웨어로부터 나온 것으로 파악했다. 페트야는 007 영화 중 하나로, 1995년 상영된 〈골든아이^{GoldenEye}〉에서 따온 소비에트의 극비 인공위성이 무장한 두 개의 핵탄두 중 하나의 이름이었다. 영화 속에서 페트야는 미샤^{Mischa}라는 이름의 다른 핵탄두와 더불어 전 세계의 전력을 끊어버릴 '핵전자기파$^{NEMP,\ Nuclear\ ElectroMagnetic\ Pulse}$를 발생시킬 무기'였다. 하지만 곧 연구자들은 문제의 공격이 페트야보다 훨씬 더 정교하다는 사실을 깨달았다. 이들은 NSA에서 훔쳐낸 공격 툴을 하나도 아니고 이터널블루와 이터널로맨스^{EternalReomance} 2개의 툴을 사용해 피해 규모를 증폭시켰다. 거기에 더해 또 다른 위력적인 익스플로잇 미미카츠^{MimiKatz}도 무기에 내장시켰다. 5

년 전 프랑스 연구자들이 개발한 미미카츠는 피해자의 네트워크에 가능한 한 깊숙이 침투해 비밀번호를 훔쳐내는 툴로, 일종의 개념 증명용proof-of-concept 익스플로잇이었다.

그런 발견을 바탕으로 연구자들은 해당 공격에 '페트야가 아니다'라는 뜻의 '낫페트야'라는 이름을 급조했다. 여러 언론 보도와 달리 낫페트야는 랜섬웨어가 결코 아니었다. 랜섬웨어의 암호화는 번복될 수 없었다. 이것은 수익을 노린 공격이 아니었다. 가능한 한 피해를 극대화하도록 설계된 공격이었다. 우크라이나의 독립기념일을 공격 날짜로 삼은 것도 우연이 아니었다. 쉼키브는 이것이 모스크바 수뇌부가 키이우에 '어머니 러시아가 아직 우크라이나를 지배한다'는 메시지를 보낸 것임을 알았다.

어린이 여름 캠프 근처에 임시로 작전 센터를 차리고 쉼키브가 처음 한 일은 우크라이나 행정부의 페이스북 계정에 경고 글을 올린 것이었다. "우리는 공격을 받고 있습니다. 하지만 대통령 집무실은 아직 무사합니다."

"누군가가 살아 있음을 국민에게 알리는 일은 더없이 중요했습니다."라고 쉼키브는 내게 말했다. "공격이 벌어질 때마다 사태의 정황을 파악하고 관리해야 합니다."

우크라이나의 팀은 마이크로소프트 패치를 공유하고 복구 계획을 짜기 시작했다. 쉼키브는 우크라이나 인프라 부처의 간부진과 마이크로소트의 전 동료들에게 전화를 걸기 시작했고, 페이스북을 통해 다른 관계자들과 연락을 주고받았다. 우크라이나 국내에서 피해를 입지 않은 기업이나 정부 기관은 하나도 없었다. 그가 당시 미처 깨닫지 못한 것은 그 바이러스가 우크라이나를 넘어 광범위하게 퍼졌다는 점이었다.

다국적 제약회사인 머크Merck의 경우 공장 작업장이 멈춰섰다. 다국적 법률회사인 DLA 파이퍼Piper는 단 한 통의 이메일에도 접근할 수가 없었다. 영국의 소비재 회사인 레킷 벤키저Reckitt Benckiser는 몇 주간이나 오프라인 상태에 놓였다. 페덱스의 계열사도 마찬가지였다. 세계 최대 글로벌 해운사인 머스크도 마비 상태에 빠져 수억 달러의 피해를 입었다. 인도의 최대 컨테이너 항구는 하역하려는 배를 돌려보내야 했다. 미국에서는 버지니아주 시골 지역과 펜실베이니아주의 병원에서는 환자 기록과 처방 시스템이 잠겨버리는 바람에 의사들은 손을 놓을 수밖에 없었다. 낫페트야는 멀리 태즈메이니아Tasmania까지 영향을 미쳐서 호바트Hobart에 있는 캐드버리Cadbury 초콜렛 공장의 노동자들은 전 세계 컴퓨터 화면에서 번쩍이던 것과 같은 내용의 랜섬웨어 메시지와 함께 기계가 멈춰서는 것을 충격 속에 지켜봤다. 그 공격은 심지어 모스크바에도 역효과를 일으켰다. 러시아의 석유 대기업인 로스네프트Rosneft의 컴퓨터도 마비된 것이다.

이후 며칠간 문제의 공격을 분석하는 가운데, 연구자들은 러시아 해커들이 공격을 얼마나 치밀하고 정교하게 준비했는지 깨달았다. 6주 전 이들은 우크라이나 키이우의 외곽에 있는 가족 소유의 작은 소프트웨어 회사 '린코스 그룹Linkos Group'에 침투했다. 린코스는 우크라이나판 터보택스TurboTax라고 할 수 있는 세금 신고 소프트웨어 'M.E. 닥M.E. Doc'을 판매했다. 이것은 대부분의 우크라이나 정부기관과 많은 대기업에서 사용하는 프로그램이었다. 린코스는 러시아 공격의 완벽한 통로였다. 러시아 해커들은 M.E. 닥의 소프트웨어 업데이트 절차를 트로이의 목마로 삼아 우크라이나 전국을 감염시켰다. 수사관들이 감염의 진원지를 린코의 소프트웨어로 식별하자마자 중무장한 우크라이나의 군인들이 회사로 진입했다. 건물 밖에 운집한 수백 명의 기자들은 그 소규모 세금 신고 소프트웨어 회사의 관계자들이 러시아의 첩자가 아니냐고 물었다. 하지만 이들은 무슨 일이 벌어졌는지 전혀 모르는 채 공범으로 전락했다. 자신들의 컴퓨터 시스템을 NSA의 사이버 무기에 취약하도록 방치한 수십만 명의 피해자들보다 크게 더 나쁠 게 없는 죄였다.

린코스는 '페이션트 제로', 최초 감염자였다. 러시아의 해커들은 M.E. 닥을 감염시키면 자신들의 공격 범위가 우크라이나로 국한되리라고 믿은 것 같았다. 하지만 그것은 희망사항에 불과했다. 인터넷은 국경이 없었다. 어떤 사이버 공격도 더 이상 한 나라의 시민들로 국한될 수 없다. 그것은 스턱스넷의 유출을 통해 이미 확인된 교훈이었다. 이 공격은 국경을 초월했다. 우크라이나에서 어떤 비즈니스를 하는 어떤 회사든, 심지어 우크라이나에서 원격 근무하는 직원이 단 한 명인 회사조차 공격을 받았다. 그 직원의 컴퓨터가 감염되자 이터널블루와 미미카츠는 부여받은 임무를 수행했다. 이들의 네트워크를 뚫고 들어가 그 경로에서 만나는 모든 것을 암호화했다. 낫페트야가 우크라이나의 보건부에서 체르노빌의 방사능 측정기로 그리고 러시아, 덴마크, 미국, 중국, 태즈메이니아로 유포되는 속도는 가공할 만했다. 그리고 이번에도 미국의 관료들은 공격의 책임을 러시아 탓으로 돌리고 비판하기에 바빴다. 백악관의 톰 보서트는 「월스트리트저널」에 러시아의 공격 책임을 비판하면서 미국의 새로운 사이버 방어 전략을 개괄하는 내용의 또 다른 칼럼을 집필했다. 하지만 보서트의 칼럼은 빛을 보지 못했다. 친구인 푸틴의 분노를 촉발할까봐 겁을 먹은 트럼프 대통령이 막판에 게재를 막은 탓이었다.

러시아의 낫페트야는 역사상 가장 파괴적인 공격으로 기록됐다. 몇 달 뒤, 보서트는 낫페트야로 인한 피해 규모를 100억 달러로 추산했다. 하지만 일부에서는 이것조차 실제보다 훨씬 더 과소평가된 규모라고 믿는다. 피해 규모는 상장 기업과 정부기관의 보고만을 집계한 것이었다. 많은 소규모 기관은 피해 규모를 밝히는 것은 고사하고, 피해를 입었다는 사실조차 공식 부인했다. 쉬키브는 우크라이나 전역의 여러 IT 경영자들과 가진 전화 통화 내용을 떠올리며 웃었다. 이들 중 많은 경우는 피해를 입지 않았다고 주장했다. "그리곤 우리에게 전화해서, '음, 혹시 PC 6천 대를 설치하는 법을 아세요?'라고 물었죠."

머크와 몬델레즈Mondelez 두 곳이 입은 피해 규모만도 10억 달러를 넘었다. 이들 기업의 보험사들은 나중에 보험 정책에 표준적으로 포함되지만 실제로 적용되는 경우는 드문 '전쟁 면제war exemption' 조항을 들어 낫페트야와 관련된 피해 보상을 거부했다. 이들의 논리에 따르면 러시아의 6월 공격은 비록 직접적인 인명 피해는 없었지만 전쟁 행위에 해당했다. 그것은 도난당한 NSA의 무기와 명확히 작성된 코드는 적대적인 군사력만큼이나 심각한 피해를 초래할 수 있다는 실증이었다.

2019년, 내가 우크라이나의 그라운드 제로를 직접 취재할 당시에도, 그 나라는 여전히 피해의 여파에서 헤어나지 못하고 있었다. 나는 아침에 내가 묵는 호텔에서 쉼키브를 만났다. 금발에 파란 눈빛이 날카로운 쉼키브는 파란 블레이저에 칼라가 있는 셔츠 차림 그리고 겨울이라는 계절과는 어울리지 않게 잘 그을린 얼굴 때문에 마치 선원처럼 보였다. 그는 막 지구의 끝에서 돌아온 참이었다. 정부 업무를 마치고 일주일간 아르헨티나에서 남극까지 가는 일주일 간의 항해에 참여한 것이다. 내가 이 취재를 시작하기 전에 마사이 마라Maasai Mara에서 트레킹을 한 것처럼 그에게는 그것이 디지털의 지옥으로부터 탈출하는 유일한 길이었다. 그는 이스라엘과 독일 심지어 러시아 출신 선원들로 구성된 배를 타고 오스트레일리아 남쪽 해역인 남극해를 건너 남극의 연구 기지까지 항해했다.

"정치 얘긴 피했습니다."라고 껄껄 웃으며 그는 말했다.

돌아오는 길에 그가 탄 배는 대서양과 태평양, 남극해가 만나는 드레이크 해협Drake's Passage을 거쳤다. 거센 파도가 사방에서 그가 탄 배를 때렸다. 선원들이 배의 균형을 유지하느라 분투하는 동안 쉼키브는 위로 시선을 돌렸다고 내게 말했다. 남반구의 하늘은 더할 나위 없이 맑고 잔잔했다. "그런 풍경은 한 번도 본 적이 없었어요." 아주 짧은 한 순간 마치 몸에서 영혼이 빠져나온 것처럼, 그는 자신을 둘러싼 온갖 소동 너머를 볼 수 있었다.

5년 동안 그는 잇따르는 러시아의 사이버 공격과 싸워 왔지만, 어떤 형태나 방식으로 러시아가 우크라이나에 간섭하든 우크라이나는 일종의 실험실일 뿐 궁극적인 표적은 아니라는 사실도 알고 있었다.

"그들은 우리를 갖고 실험하고 있었습니다."라고 그는 베이컨 에그를 먹으며 내게 말했다. "그들은 낫페트야가 어떤 유형의 부수적 피해를 입힐지 상상조차 못했을 겁니다. 러시아의 누군가가 그 작전의 공로로 별 하나를 더 달겠죠."

그로부터 2년 뒤에도 우크라이나는 아직 제대로 회복하지 못했다.

"우리가 스스로 물어야 할 질문은 그들이 다음에는 무슨 짓을 할까입니다."라고 그는 말했다.

낫페트야 공격이 벌어진 지 5개월 뒤, 브래드 스미스 마이크로소프트 회장은 제네바에 있는 유엔 본부의 연설 무대에 섰다. 150여년 전인 1949년, 10여개 나라가 한데 모여 전쟁의 기본 규칙에 합의했다고 그는 청중을 상기시켰다. 병원과 의료진은 공격하지 않는다는 데 참여국은 동의했다. 다음 세기에 걸쳐 세 차례의 외교 정상회담을 더 거친 끝에 169개국이 제4차 제네바 협정에 조인했다. 전시 중 부상하거나 포로로 잡힌 군인, 의료진 및 비전투 민간인에 대해서는 기본적인 보호를 보장한다는 협정으로 지금까지도 유효한 규칙이다.

"1949년 세계 각국 정부가 한데 모여 전시라고 해도 민간인은 보호하겠다고 서약한 곳이 바로 이곳 제네바였습니다."라고 스미스는 전 세계에서 모여든 정부 관료들에게 말했다. "그럼에도 불구하고 지금 벌어지는 일을 보십시오. 우리는 국가가 평상시에도 민간인을 공격하는 것을 목격하고 있습니다."

스미스는 논스톱으로 자행되는 사이버 공격을 지적했다. 데이터 침해는 너무나 흔해져서 우리는 그것을 당연한 것으로 받아들이고 있다. 무엇이든 새로운 해킹 소식이 뉴스 사이클에서 빠지는 경우가 드물다. 침해 피해를 입은 고객들에게 1년 간의 무료 신용 모니터링 서비스를 제공한다는 것, 침해 사고를 당한 회사 CEO의 형식적인 공개 사과 등 우리는 그 다음에 어떤 일이 일어날지 다 알고 있다. 침해 사고가 정말로 심각한 경우에는 관련 책임자들이 해고되기도 하지만, 대개는 일시적인 주가 하락 기간을 거쳐 모두 아무 일도 없었다는 듯 하던 일을 이어간다.

최근의 공격은 달랐다. 2017년 전 세계적으로 재난적 피해를 몰고 온 워너크라이와 낫페트야, 두 사이버 공격은 스턱스넷 이후를 규정하는 상징이 됐다. 보편적으로 합의된 사이버 규칙은 물론 적절한 정의조차 정립되지 않은 상황에서, 미국은 자기들 입맛대로 규칙을 정해 평상시에도 한 나라의 주요 인프라를 공격하는 것이 허용되는 사태를 초래했다. 이제 북한과 러시아는 자신들의 공격에 미국의 사이버 무기를 활용함으로써 세계의 인프라가 얼마나 취약한 상황에 놓였는지를 입증하고 있다. 병원은 환자를 받을 수 없었다. 필수 백신을 만드는 머크의 생산 라인은 중지됐다. 그 때문에 수요를 맞추기 위해 미국 질병통제센터의 비상용 비축분까지 사용해야 했다. 머크가 재고 시스템을 복구하고 재가동하기 위해 필사의 노력을 기울이는 와중에 글로벌 운송 시스템도 마비됐다. 다국적 제과 기업인 몬델레즈Mondelez는 오레오 쿠키, 크래커, 망가진 랩톱, 사라진 대금 청구서 등의 손실을 모두 더하면 기업 손실은 1억 달러가 넘는다고 밝혔다. 체르노빌에서는 방사능 모니터링 시스템이 마비되는 바람에 엔지니어들은 방호복hazmat suit을 입고 폭발 사고가 났던 장소에 나가 휴대용 측정기로 직접 방사능 수준을 모니터해야 했다. 그리고 만약 북한이 코드를 제대로 짰더라면,

만약 러시아가 우크라이나의 정전 사태를 조금 더 길게 끌었다면, 낫페트야의 공격이 한 걸음만 더 나갔다면 금융 피해와 인명 손실은 훨씬 더 심각했을 것이다. "세계가 어디로 가는지는 이제 분명합니다."라고 스미스는 외교관들에게 말했다. "우리는 모든 온도 조절 장치, 모든 전기 히터, 모든 에어컨, 모든 신호등, 모든 자동차가 인터넷에 연결되는 세상으로 진입하고 있습니다. 그것이 무엇을 뜻하는지, 그런 기기가 공격을 받았을 때 어떤 상황이 벌어질지 생각해 보십시오."

그리고 스미스는 기관의 이름은 거명하지 않았지만 미국이 사이버 무기의 시장을 만들었다고 NSA를 직접 겨냥했다. "점점 더 정교한 사이버 무기로 이어지는 투자가 늘면서 국가 차원의 공격이 증가하고 있습니다."라고 스미스는 말했다. "이런 상황에 맞는 새 규칙을 만들지 않는다면 우리는 안전한 세상에서 살 수 없습니다." 21세기는 전시와 평시를 위한 새 규칙이 필요하다고 스미스는 강조했다. "세계는 새로운 디지털판 제네바 협약이 필요합니다. … 우리에게 필요한 것은 평시에는 민간인을 공격하지 않는다는 규칙을 디지털 상황에 반영한 접근법입니다. 병원은 공격하지 않는다는 것, 전력망은 공격하지 않는다는 것, 선거 같은 다른 나라의 정치적 절차를 공격하지 않는다는 것, 사이버 무기를 민간 기업의 지적 재산을 훔치는 데 사용하지 않는다는 것, 대신 사이버 공격이 벌어지는 경우 서로 협력하고 공격을 받은 민간 기업을 지원한다는 것, 사실 우리에게 정말로 필요한 것은 규칙의 필요성뿐 아니라 누군가가 그런 규칙을 위반했을 때 이를 파악할 수 있어야 한다는 점입니다.

세계 사이버 협약의 개념은 이전에도 유럽과 러시아에서, 특히 스턱스넷 사태가 터진 직후 제시된 바 있었다. 사이버 공격의 속도, 규모와 파괴력에 대한 극비 정보를 알고 있는 미국의 몇몇 전직 관료들도 비슷한 아이디어를 제시했다. 스턱스넷이 발견된 2010년, 레이건, 클린턴 그리고 부시 행정부에서 테러 대응 책임을 맡았던 리처드 클라크Richard Clarke는 국가 간 사이버 전쟁에서 민간 인프라는 공격하지 않기로 합의하자는 제안을 내놓았다. 수년간 미국은 이런 논의에 적극적이지 않았다. 세계 최고의 사이버 초강대국임을 자부하면서, 적성국이 자국 수준의 공격 능력에 도달하자면 몇 년 혹은 심지어 몇십 년이 걸릴 것이라고 자만한 탓도 있었다. 하지만 NSA의 사이버 툴이 유출돼 워너크라이와 낫페트야 공격으로 이어지면서 그런 간극은 급속히 좁혀졌다는 사실이 드러났다. 수십 개의 나라가 눈에 보이지 않는 이 전장으로 진입하고 있었다. 미국은 지난 20년 동안 사이버 전쟁의 토대를 닦았지만, 그것이 악화되고 그에 대한 국가 차원의 대응은 뒤처지면서 피해는 미국의 기업, 인프라, 민간인들로 집중됐다.

그럼에도 미국은 다국 간 혹은 심지어 양국 간 협약에 노력을 기울이는 대신 다른 방향으로 나아갔다. 2017년 11월 9일, 스미스가 제네바 연설을 마무리하는 바로 그 순간, 미 국방부의 해커들은 총사령관에게는 알리지 않은 채 러시아 전력망에 트랩도어와 논리 폭탄logic bombs을 설치하느라 분주했다.

23장

뒷마당

메릴랜드주 볼티모어

N SA의 익스플로잇이 부메랑이 돼 미국의 마을과 도시, 병원, 대학을 공격할 즈음에는 미국 국민에게 한계선^{threshold}을 가이드해줄 사람도, 조언해줄 사람도 심지어 이것이 그들이 넘게 될 한계선임을 알려줄 사람도 없었다.

수십 년간 미국은 비밀리에 사이버 전쟁을 수행해 왔다. 자신들이 구사하는 공격, 사용하는 제로데이 익스플로잇 및 정교한 감시 수단이 거꾸로 미국을 향한다면 어떤 일이 벌어질지에 대해서는 진지한 고려를 하지 않았다. 그리고 스턱스넷의 유출을 계기로 눈에 보이지 않는 적국의 군대가 우리 문 앞에 줄을 서고, 많은 경우 시스템 안으로, 정치적 절차 및 전력망 속으로 숨어들어와 방아쇠를 당길 상황만 기다리고 있었다. 효율성과 사회적 연결이라는 초창기의 장밋빛 약속과 달리 인터넷은 이제 시한 폭탄이었다.

트럼프 치하에서 상황은 훨씬 더 빠르게, 거의 아무도 제대로 파악할 수 없을 정도로 변화했다.

산업 스파이 활동을 중단하겠다는 오바마와 시진핑의 합의는 트럼프가 중국과 무역 전쟁을 개시한 날 끝장났다.

트럼프의 이란의 해커들을 자제하도록 만든 유일한 계기인 이란 핵협상 폐기는 미국의 관심 부문에 대한 이란의 사이버 공격을 사상 유례없이 격화했다.

2016년 대선 개입이나 우크라이나와 미국 전력망에 대한 해킹에도 불구하고 아무런 보복도 받지 않았던 러시아는 미국의 선거 시스템, 정치적 담론 혹은 인프라에 대한 해킹 행위를 결코 멈추지 않았다.

걸프 지역의 변덕스런 동맹국인 사우디아라비아와 아랍에미리트는 자신들이 선택한 표적에 대해서만 더 뻔뻔해졌다. 사우디아라비아 정권에 비판적이었던 「워싱턴포스트」의 언론인 자말 카슈끄지Jamal Khashoggi를 잔인하게 살해하고도 가벼운 꾸지람 정도에 머물렀고, 사우디아라비아의 독재 정권은 눈 한 번 깜빡하고 하던 짓을 이어나갔다.

그리고 사이버 범죄자들은 미국의 마을과 도시를 랜섬웨어로 무차별 공격했고, 파일을 볼모로 삼은 비용도 몇백 달러 수준에서 1천 4백만 달러까지 치솟았다. 그리고 다급해진 지역 정부의 관료들은 돈을 지불했다.

사실을 밝히자면 트럼프 치하에서 뒤로 발을 뺀 적성국은 북한이 유일했는데, 이것도 그 나라의 해커들이 암호화폐거래소를 해킹하기 바빴기 때문이다. 평양의 북한 수뇌부는 비트코인을 현금으로 변환하는 거래소를 해킹하면 수억 달러의 수익을 올리면서 경제 제재의 피해는 줄이고, 핵무기 개발을 재개할 수 있을 것으로 판단했다.

그리고 점점 더 미국의 시민적 담론에 그리고 진실과 사실에 가장 치명적인 위협은 다름아닌 백악관 내부에서 나오고 있었다.

2020년에 이르러 미국은 디지털 영역에서 사상 가장 위태로운 위치에 놓였다.

NSA가 자체 툴에 대한 통제력을 잃어버린 지 3년이 지난 뒤에도 이터널블루의 긴 그림자는 어디에나 드리워져 있었다. 그 바탕이 된 마이크로소프트의 버그는 패치가 나온 지 2년이나 됐기 때문에 더 이상 제로데이가 아니었지만, 그럼에도 패치 서비스가 더 이상 제공되지 않는 오래된 소프트웨어로 구성된 낡은 네트워크를 가진 미국의 여러 마을과 도시, 대학은 여전히 이터널블루를 이용한 사이버 공격의 제물이 됐다. 2019년의 경우 새로운 공격이 터질 때마다 거기에서 NSA가 도난당한 사이버 무기를 발견하지 않는 경우는 거의 없었다고 마이크로소프트의 보안 엔지니어들은 내게 털어놓았다.

2019년 초, 보안 위협 연구자인 젠 밀러-오스본Jen Miller-Osborn은 "그렇게 유용하면서도 사라지지 않는 무기에 이터널(영원하다는 뜻)은 완벽한 이름이에요."라고 내게 말했다.

펜실베이니아의 앨런타운Allentown의 경우 멀웨어가 전체 도시 네트워크에 들불처럼 번져 비밀번호를 훔치고, 경찰의 데이터베이스와 수사 파일을 지우고, 185개의 카메라로 구성된 감시 네트워크도 마비시키면서 도시 서비스는 몇 주 동안이나 중단됐다.

"이 특정한 바이러스는 다른 어떤 바이러스와도 다릅니다."라고 앨런타운 시장은 지역 기자들에게 말했다. "그 안에 지능이 탑재돼 있어요."

앨런타운을 공격한 바이러스가 미국의 정보기관이 개발한 디지털 미사일이라는 사실을 시장에게 알려주려는 사람은 아무도 없었다.

앨런타운에 대한 공격으로부터 몇 달이 지난 뒤, 연방 요원들은 텍사스 주 샌앤토니오의 한 형무소를 급습했다. 멀웨어는 형무소 안의 한 컴퓨터로부터 이터널블루 때문에 사상 유례없이 빠른 속도로 퍼졌고, 관계자들은 임박한 선거를 방해하려는 시도가 아닌지 우려했다.

"이 공격의 주범은 여러 차원으로 추론할 수 있습니다."라고 벡사 카운티Bexar County의 보안관은 지역 뉴스매체에 말했다. "테러 기관일 수도 적대적인 외국 정부일 수도 있습니다."

2019년 5월에 이르러 NSA의 익스플로잇은 기관의 뒷마당이라고 할 수 있는 지역에도 출현했다. NSA의 본부가 있는 포트 미드에서 볼티모어-워싱턴 파크웨이Baltimore-Washington Parkway를 따라 남쪽으로 멀지 않은 볼티모어의 주택가에서 주민들은 갑자기 수도세, 재산세 혹은 주차위반 벌금 등을 더 이상 지불할 수 없게 됐다. 주택 소유주가 시스템에 접속해 비용을 지불할 수 없게 되는 바람에 해당 주택은 압류 상태에 빠졌다. 유행병 학자들은 질병이 유포돼도 시 정부의 의료 담당자들에게 경고할 방법이 없어져버렸다. 거리의 마약 전파와 유통 상황을 추적해 온 데이터베이스도 오프라인 상태가 됐다. 볼티모어의 데이터는 잠겨버렸고, 데이터를 풀려면 비트코인을 지불하라는 미국의 여러 도시와 마을에서는 이미 너무나 익숙해져버린 랜섬웨어의 메시지가 컴퓨터의 모니터 화면을 채웠다. 볼티모어의 시 당국이 비트코인 지불을 거부하며 버틴 몇 주 동안 이전 해에는 폭락했던 비트코인 가격은 50%나 올라 볼티모어가 내야 하는 랜섬 가격은 10만 달러를 넘었다. 하지만 이것은 볼티모어 시 당국이 나중에 피해 복구와 정리에 지출하게 된 1천 8백만 달러의 비용에 비하면 아무것도 아니었다.

볼티모어 시 당국은 마이크로소프트의 보안 엔지니어들을 비롯한 여러 사고 대응 팀에 연락해 자신들의 데이터 복구를 도와달라고 요청했다. 여기에서도 마이크로소프트는 이터널블루를 발견했다.

동료 기자인 스캇 셰인과 나는 볼티모어의 랜섬웨어 사태를 「뉴욕타임스」에 보도했지만 NSA는 눈썹 하나 까딱하지 않았다. 우리의 기사가 나간 다음날, NSA의 해킹 프로그램을 이끌었던 로브 조이스Rob Joyce는 "NSA는 법을 준수하는 전 세계의 시민들과 범죄적이고 악의적인 사이버 활동이 초래하는 위협에 대한 우려를 공유하지만, 방어 불능의 정부 툴이 랜섬웨어를 유포한다는 주장은 사실 무근입니다."라고 기자들에게 말했다.

조이스는 말장난을 하고 있었다. 수사관들은 볼티모어 시가 다수의 공격을 받았다는 사실을 발견했다. 한 공격자는 그 시스템을 랜섬웨어로 잠가

버렸고, 다른 공격자는 이터널블루를 폭발시켜 데이터를 훔쳐냈다. 조이스와 다른 익스플로잇 거래 관계자들은 볼티모어 시가 시스템을 제때 패칭하지 않은 것이 잘못이라며 책임을 떠미는 한편, 볼티모어에 대한 랜섬웨어 공격은 이터널블루를 통해 퍼지지 않았다는 기술적 세부 사항을 면책 사유로 삼았다. 공격자들이 NSA의 툴인 이터널블루를 다른 목적에 사용했다는 점이나 세계에서 가장 진보한 해킹 툴이 적의 수중에 떨어지게 된 데 대한 NSA의 역할은 언급하지 않았다. 마이크로소프트의 엔지니어들과 경영진은 분노에 치를 떨었다. NSA는 이 한 가지 기술적 내용을 붙들고 책임을 회피했다. 한편 이터널블루로 파괴된 미국 곳곳의 마을과 도시의 시스템을 뒤치다꺼리하는 일은 고스란히 마이크로소프트의 책임이었다.

이 무렵 나는 NSA의 말장난에 익숙해졌다. 몇 주 전 나는 걸걸한 이미지의 NSA 전 국장인 마이클 로저스Michael Rogers 장군을 인터뷰했다. 그림자 브로커들의 파일 유출과 뒤이은 파괴적 사이버 공격 사태는 그의 임기 중에 벌어졌다. 지금 보기에는 미심쩍지만 NSA가 주목할 만한 시인을 한 것도 그의 임기 중이었다. NSA가 제로데이를 비축한다는 비판에 대한 반박 논리를 찾던 로저스는 2016년 11월, NSA는 자신들이 발견한 제로데이의 91%를 해당 기업에게 넘겼다고 주장하는 드문 공개 성명서를 승인했다. 나머지 9%는 해당 기업이 이미 패치했기 때문에 혹은 '국가 안보의 이유로' NSA가 보유했다고 밝혔다. NSA가 제시한 비율은 놀라울 만큼 구체적이었지만 실상은 무의미했다. 그 나머지 9%에 해당하는 제로데이가 10개인지 혹은 1만 개인지 불분명했다. 핫블리드처럼 단 하나의 제로데이가 수백만 개의 시스템에 피해를 입힐 수 있음을 감안하면 숫자를 밝힌다고 해서 큰 의미를 갖는 것은 아니었다고 해도 말이다.

NSA의 성명을 분석하는 것은 시간 낭비였다. 그림자 브로커들의 파일 유출, NSA가 비축하는 제로데이, 그것을 비공개로 보유한 시간, 그 제로데이의 파괴력, 이들이 영향을 미친 시스템의 보편성, 워너크라이와 낫페트야의 공격이 초래한 막대한 피해 등은 로저스의 NSA가 얼마나 심각하게 국민을 호도하고 있는지 확인해 줬다.

2019년 초 샌프란시스코의 한 호텔에서 직접 만났을 때 로저스는 이 중 어느 것도 신경쓰는 것 같지 않았다. 그가 NSA를 떠난 지는 9개월밖에 안 된 시점이었다. 더 이상 제복 차림이 아니었다. 대신 스웨터와 턱수염으로 할아버지 같은 인상을 풍겼다. 하지만 군인 특유의 자신만만한 자세는 여전했다. 나는 로저스에게 북한과 러시아가 도난당한 NSA의 익스플로잇을 사용해 전 세계의 컴퓨터를 볼모로 잡았을 때 어떻게 대응했느냐고 물었다. "내 반응은"이라고 로저스는 운을 뗐다. "우리 변호사들은 결코 그걸 그냥 넘어가게 하지 않으리라는 것이었소."

나는 특별한 대답을 기대한 것은 아니었지만 로저스의 지극한 현실정치성realpolitik 태도는 퍽 놀라웠다.

"그런 공격 때문에 잠을 설치진 않으시나요?" 나는 당혹스러움에 더듬거리며 물었다.

"편히 잘 잡니다."라고 그는 말했다. 일말의 후회나 자신에 대한 회의도 없었다.

이어 나는 워너크라이, 낫페트야 그리고 지금 미국의 마을과 도시를 뒤흔드는 사이버 공격에 대해 NSA는 어떤 책임이 있다고 생각하느냐고 그에게 정면으로 물었다. 로저스는 뒤로 기대며 팔짱을 끼었다.

"도요타가 픽업 트럭을 만드는데 누군가가 거기에서 픽업 트럭을 하나 탈취해 차량 앞에 폭발물을 장착하고 인파 속으로 돌진했다면 그게 도요타의 책임입니까?"

나는 그가 현학적으로 구는 것인지, 아니면 내게 대답을 기대한 것인지 알 수가 없었다. 하지만 곧 스스로 대답도 내놓았다. "NSA는 결코 지금 벌어진 사태를 목적으로 설계되지 않았어요."

NSA의 관계자가 NSA가 도난당한 툴을 개발했음을 인정한 것은 그때가 처음이었다. 그것은 또한 무의미한 비유였고, NSA가 미국 대중을 호도한 데 대한, 미국의 네트워크를 타격한(계속 타격 중인) 사이버 공격에 취약하도록 대중을 방치한 데 대한 아무런 책임감도 느끼지 않는다는 사실을 명백히 보여주는 증거였다.

몇 주 뒤 내가 로저스의 비유를 마이크로소프트 측에 전달했을 때 경영진은 분기탱천했다. "그 비유는 익스플로잇이 사회에 어떤 혜택을 준다는 것을 전제로 하고 있습니다."라고 마이크로소프트의 고객 보안 팀을 책임진 톰 버트Tom Burt는 지적했다. 그는 또한 아마추어 자동차경주 운전자이기도 했다. "이런 익스플로잇은 정부가 무기나 스파이 활동에 사용하겠다는 명시적 목적으로 비밀리에 개발하고 관리하는 툴입니다. 본질적으로 위험하죠. 누군가가 그것을 얻게 되면 거기에 폭탄을 묶지 않습니다. 그게 이미 폭탄이기 때문이에요."

그런 대화를 나누는 와중에 버트의 엔지니어들은 미국 전역에 깔린 그 폭탄을 조용히 제거하고 있었다.

나중에 드러난 바에 따르면 NSA가 도난당한 익스플로잇의 그림자는 생각보다 더 길고 생소했다. 2016년 그림자 브로커들이 처음으로 NSA의 툴을 폭로하기 몇 달 전, 북한과 러시아가 그것을 악용해 전 세계에 파장을 불러일으키기 1년여 전에 중국이 NSA의 익스플로잇을 자신들의 시스템에서 발견하고 뽑아내 역으로 비밀 공격에 활용한 사실이 뒤에 밝혀진 것이다. 중국이 그런 툴을 사용해 미국의 동맹국을 해킹한다는 사실을 NSA가 알았다고 하더라도, 그런 정보는 VEP 평가 절차의 대상이 된 적이 결코 없었다. 그랬더라면 문제의 버그를 그림자 브로커들, 북한 혹은 러시아가 더 큰 혼란을 불러일으키기 훨씬 전에 수정했을 것이다.

시만텍의 발견 내용에 따르면 NSA가 그런 툴을 은밀히 사용하는 경우에도 미국의 적성국이 그것을 탐지하지 못했으리라는 보장, 적의 장총을 빼앗아 역습하는 총잡이처럼 그 나라가 같은 툴을 미국 쪽에 사용하지 않는다는 보장은 없었다. 그것은 우리 말고는 아무도 모른다는 노버스의 개념이 사실은 자만에 빠진 착각이라는 또 다른 징후였다. 더욱이 그것은 더 이상 유효하지 않았다. NSA의 우위는 지난 10년간 현저히 약화됐다. 스노든과 그림자 브로커들 및 스턱스넷을 통해 여러 나라에서 얻게 된 지식 때문만이 아니라 미국의 적을 지나치게 과소평가한 탓도 있었다.

더욱 우려스러운 것은 NSA의 익스플로잇을 추출해 자신들의 목적에 재사용한 중국의 해킹 그룹이었다. '리전 앰버Legion Amber'라는 암호명의 이 그룹은 중국 남부의 고대 도시인 광저우廣州, Guangzhou를 기반으로 했지만, NSA조차 이 그룹과 중국 정부 간의 연계성을 제대로 파악하지 못했다. NSA의 한 기밀 문서는 리전 앰버에 대해 "소속원들은 민간 해커나 계약 해커들로 보이지만 이들의 소속이나 연계성에 대해서는 알려진 바가 거의 없다."라고 결론지었다. "그러나 파이브 아이즈와 정부기관, 산업체를 집중 공격하는 것으로 보아 중국 정부의 기관이나 작전을 대변하는 것으로 판단된다."

NSA의 분석가들은 리전 앰버의 소속원들은 중국의 엘리트 보안 엔지니어들로 구성된 디지털 예비군으로, 낮에는 민간 인터넷 기업에서 일하지만 밤에는 중국의 스파이 기관인 공안부Ministry of State Security를 위해 복무한다고 추정했다. 리전 앰버의 초기 표적은 미국의 방위 산업체였다. 하지만 이들의 공격 리스트는 해마다 늘어 미국의 무기 개발사와 과학연구실 등이 포함됐고, 항공기, 인공위성, 가장 우려되는 부분인 핵추진 기술을 훔쳐냈다. 시만텍은 중국의 해커들이 NSA의 익스플로잇으로 정확히 무엇을 훔쳐냈는지 밝힐 수 없었고, 설령 알았다 해도 밝히지 않았겠지만 리전 앰버의 전과 기록으로 보건대 단순한 페인트 기술이나 특허 정도에 그치지 않았을 것은 분명했다.

중국은 핵무기에 관한 한 지난 반세기 동안 '먼저 사용하지 않는다'는 정책을 추구했다. 하지만 2012년 시진핑이 정권을 잡으면서 그런 정책은 번복됐다. 중국의 핵무기를 다루는 부처인 중국의 제2 포병 사단에 대한 연설에서 시진핑은 핵무기는 중국이 글로벌 초강국의 지위를 유지하는 데 필수적이라고 강조했다. 그 연설에서 먼저 사용하지 않는다는 정책은 언급조차되지 않았다.

중국은 핵무기 개발 부문에서 미국에 수십 년 뒤처진 상태였지만 리전 앰버 덕택에 미국을 따라잡는 데 필요한 모든 기술을 훔쳐냈다. 그리고 2018년, 미국은 중국이 새로운 잠수함 발사 탄도 미사일SLBM을 성공적으로 시험하고, 핵무장 미사일을 탑재할 수 있는 새로운 등급의 잠수함 개발에 들어갔다는 소식에 할 말을 잃었다. 그리고 중국과 미국의 전투기와 전함은 남중국해South China Sea 해상에서 서로 담력 경쟁이라도 벌이듯 위험할 정도로 서로 근접하며 갈등을 고조시켰다. 두 나라는 소규모 갈등이 전쟁으로 격화되는 것을 막기 위해 오랫동안 유지해 온 통신선도 포기했다. 2019년 무렵까지 양국의 선박과 전투기는 18회나 충돌 직전까지 가는 대치 상태를 빚었다. 그리고 2020년 미국 측은 중국이 오래전에 조인한 핵 비확산 조약을 어기고 비밀리에 핵무기를 시험 중이라고 비난했다.

여기에 더해 트럼프는 중국과 무역 전쟁을 선언했고, 그로써 상업적 목적의 공격을 멈추기로 했던 시진핑과 오바마의 2015년 협정은 사실상 무효가 됐다. 트럼프가 웨스트윙에 안락하게 자리를 잡고 앉았을 무렵, 중국의 해커들은 미국 기업에 대한 맹공을 재개했다. 2019년 초, 나는 보잉과 GE 항공사, T-모바일T-Mobile이 모두 표적이었다는 사실을 발견했다. 그로부터

1년도 채 안 돼 중국의 공격 리스트는 전기통신, 제조, 의료, 석유 및 가스, 제약, 하이테크, 운송, 건설, 석유화학, 여행, 전력 회사와 대학으로 확대됐다. 더욱이 이번에는 피해 기관에 컴퓨터의 강력한 처리 능력을 이용해 억지로 침투하는 대신, 중국의 해커들은 옆문side door을 통해 직원들이 원격근무 시 사용하는 소프트웨어를 통해 기업에 침투했다. 이들은 중국에서 개발된 것으로 알려진 멀웨어를 버리고 자신들의 트래픽을 암호화하기 시작했다. 다녀간 후 흔적을 지우고 서버 로그를 삭제했으며, 파일을 직접 중국의 지휘 통제 서버로 보내는 대신 드롭박스Dropbox로 옮겼다.

"요즘 중국의 해커들이 전개하는 작전의 양상은 사뭇 다릅니다."라고 2019년 초 프리실라 모리우치Priscilla Moriuchi는 내게 말했다. 모리우치는 이전에 NSA의 태평양 지역 사이버 작전을 담당했다. 당시 그녀의 임무 중 하나는 중국이 2015년 맺은 협정을 준수하는지 판단하는 일이었다. 놀랍게도 그 협정은 여러 해 동안 지켜졌다. 하지만 트럼프 치하에서 상황은 급변했다. 강력한 컴퓨터 처리 속도를 동원한 억지 기법이나 스피어피싱spearphishing으로 상대를 개별 공격하기보다, 중국의 해커들은 NSA가 화웨이Huawei 해킹에 사용했던 익스플로잇의 변종을 만들어 시스코의 라우터, 시트릭스Citrix의 응용프로그램 그리고 통신 회사를 공격해 수십만(수백만까지는 아니더라도) 개의 시스템에 대한 접근권을 따냈다. 모리우치의 팀은 중국 해커들이 미국의 지적 재산을 훔쳐 중국의 국영 기업에 넘기는 상황을 지켜봤다.

회의론자들은 시진핑이 애초부터 2015년의 협정을 준수할 계획이 없었다고 주장한다. 반면 오바마 행정부의 전직 관료들은 시진핑이 진심이었으며, 트럼프가 테이블을 뒤집지만 않았다면 그 협정은 계속 유효했으리라는 입장이다. 우리가 아는 사실은 시진핑이 그 협정에 조인한 이후 3년간 PLA(인민해방군)의 해킹 부서를 미국 펜타곤의 사이버 사령부와 비슷한 신규 전략지원대Strategic Support Force로 이관했으며, 대부분의 해킹 팀을 PLA

의 해킹 부서로부터 떼어내 더 은밀하고 더 전략적인 공안부로 옮겼다는 점이다.

중국은 자체 제로데이를 비축하기 시작했고, 제로데이와 관련된 중국의 지상 혹은 지하 시장을 없애버렸다. 정부 당국은 제로데이를 신고하는 곳으로 유명한 민간 플랫폼을 돌연 폐쇄하고 그 설립자를 체포했다. 중국 경찰은 취약점의 '인가되지 않은 공개'를 금지하는 법을 시행한다고 발표했다. 중국의 해커들은 그들이 발견한 제로데이를 일반에 공개하기 전에 정부 당국에 먼저 그런 사실을 부인할 수 있는 권리를 부여하도록 강제됐다. 지난 5년간 대규모 국제 해킹 경연 대회에서 성과를 높였던 중국의 해킹 팀들은 정부의 명령에 따라 더 이상의 참여를 중단했다. 미국은 중국처럼 해커들을 징집할 수 있는 사회 체제가 아니었다. 미국 정부가 미국 해커들이 찾아낸 제로데이에 독점적 접근권을 갖고 싶다면 해당 기관, 사실은 미국의 납세자들은 그에 대한 비용을 지불해야 했다. 그리고 제로데이의 시장 가격은 천정부지로 치솟고 있었다.

2019년 8월, 나는 중국의 그 모든 제로데이가 어디로 가는지 알 수 있는 첫 단서를 만났다. 구글의 '프로젝트 제로' 팀 연구원들에 따르면 중국의 위구르Uighur 무슬림 소수민족을 대상으로 한 여러 웹사이트가 일련의 iOS용 제로데이를 사용해 해당 사이트를 방문한 이들의 아이폰에 스파이웨어를 몰래 심었다. 그것은 프로젝트 제로 팀이 본 것 중 손꼽히게 세련된 감시 작전이었다. 중국뿐 아니라 전 세계 어디서든 해당 사이트를 방문한 사람들은 본인도 모르는 새 중국의 스파이들을 자신들의 디지털 삶 속으로 초대하는 셈이었다. 그로부터 몇 주가 지난 후, 다른 연구자 그룹은 위구르인들의 안드로이드 전화기를 가로채 도청하려는 시도를 발견했다. 그리고 그로부터 멀지 않아 시티즌랩Citizen Lab은 그와는 별도로, 하지만 동일한 작전이 티벳인들을 대상으로 벌어지고 있다는 사실을 발견했다.

그 표적은 놀랍지 않았다. 시진핑 치하의 중국은 위구르족, 티벳족, 독립을 외치는 대만인, 파룬궁 신자, 민주주의 활동가 등 소위 오독五毒, Five Poisons을 사상 유례없이 강력 탄압하고 있었다. 인도, 중앙아시아와 경계를 이룬 서부 지역인 신장新疆, Xinjang에서 중국의 위구르 무슬림인들은 사실상 수인囚人 신세였다. 우크라이나가 러시아에 그랬던 것처럼 신장은 이제 중국의 실험장이자 온갖 새로운 감시 기술의 인큐베이터incubator였다. 위구르인들은 자신들의 통화 내역과 메시지를 감시하는 스파이웨어를 의무적으로 다운받아 설치해야 했다. 감시 카메라는 신장 지역의 모든 문앞, 상점, 사원 및 거리에 설치돼 있었다. 얼굴 인식 알고리즘은 위구르인들의 독특한 얼굴 특징에 따라 그들을 인식하도록 설정됐다. 그리고 용의자를 잡아내면 중국의 공안들은 그에 대한 모든 감시 데이터를 수사하고 일말의 반체제 의식이라도 있는지 그 낌새를 찾으려 혈안이 됐다. 그래서 조금이라도 수상한 점을 찾아내면 해당 위구르인들은 사실상의 고문실인 소위 '직업 훈련 학교job-training school에 감금됐다.

이제 중국은 감시 기술을 해외로 수출하고 있었다. 구글의 연구자들에 따르면 2년간 매주 전 세계 수천 명, 이 중에는 위구르인, 언론인 심지어 중국 소수민족의 핍박에 관심이 있는 미국의 고등학생들까지 있었는데, 중국의 감염된 사이트를 방문하고, 거기에 중국 해커들이 심어놓은 제로데이까지 다운받았다.

그것은 우리가 안다고 믿었던 모바일 감시에 대한 모든 관념을 송두리째 뒤집는 '물웅덩이 공격'이었다. 그중 하나는 iOS와 안드로이드의 제로데이를 찾기는 어렵다는 인식이었다. FBI가 단 하나의 아이폰 탈옥에 1백 30만 달러나 지불한 것도 그런 이유였다. 그런 제로데이는 지금 지하 시장에서 2백만 달러를 호가한다. 그런 비용을 고려하면 정부기관들은 들키지 않기 위해 사용에 더 신중을 기할 것이라고 추정할 것이다. 하지만 중국은 서로 연결된 14개의 제로데이 익스플로잇을 2년 동안이나 눈에 잘 띌 것 같으면서도 드러나지 않는 곳에 숨겨 왔다. 그리고 중국은 이 제로데이를 사용해 또 다른 빈 라덴Bin Laden을 잡으려는 게 아니었다. 이들은 전 세계의 위구르족과 그 동조자들을 노렸다. 중국이 이 툴을 자국민을 대상으로 먼저 시험한 데 대해 놀란 사람은 그리 많지 않았다. 문제는 언제 중국이 이런 툴을 미국에 직접 겨냥할 것인가였다.

"중국 정부는 자신들의 가장 강력한 툴을 자국민에게 먼저 사용하는데, 그들이 가장 두려워하는 존재는 자국민이기 때문입니다."라고 사이버 위협을 추적해 온 전직 정부 관료인 짐 루이스Jim Lewis는 내게 말했다. "그리곤 그 툴을 우리에게 겨누죠."

중국이 재부상해 지적 재산을 훔치고 전 세계를 엿보면서 미국의 촉각을 곤두세우게 한 시점과 거의 동시에, 국방부와 국토안보부의 관료들은 또 다른 숙적의 수상한 움직임에 주목했다.

트럼프가 이란 핵 협정을 무효화하기 무섭게 전 세계의 센서는 이란의 사이버 공격 재개를 감지했다. 처음에는 유럽의 외교관들을 노린 피싱phishing 공격이 두드러졌는데, 이는 미국의 동맹국들이 트럼프의 행보에 보조를 맞출지 파악하기 위한 목적으로 보였다. 하지만 2018년 후반으로 접어들면서 이란의 해커들은 미국의 정부기관들, 전기통신 기업들, 주요 인프라 등을 유례없이 빠른 속도로 집중 공격했다. 이들은 중국보다도 더 공세적이고 빈번하게 미국을 공격하는 국가 후원 해커들로 자리잡았다.

스턱스넷 공격의 장본인인 키스 알렉산더조차 다가올 파급 효과를 우려했다. "미국은 세계에서 가장 자동화된 기술 국가이고 매우 훌륭한 공세 역량을 보유하고 있지만 그들도 마찬가지입니다."라고 알렉산더는 트럼프가 이란 핵 협정을 파기한 주에 내게 말했다. "그리고 불행하게도 우리가 잃을

게 더 많아요."

2019년 초, 위협은 고조됐다. 사우디아라비아에서 데이터를 완전히 삭제했던 바로 그 해커들이 미국의 에너지부, 석유 및 가스 회사, 국립 에너지 연구소를 노린 것이다. 해당 공격은 전형적인 정보 수집 행위로 보였지만, 그해 여름 트럼프 행정부와 이란 수뇌부 간의 적대감이 높아지면서 사정을 잘 아는 관계자들은 이란의 해커들이 무엇인가 더 큰 타격을 가할 수 있는 '전장을 준비 중'이라고 판단했다.

공정하게 보자면 미국도 동일한 활동을 이란에서 전개 중이었다. 사실은 오랫동안 그러고 있었다. 부시 행정부 시절에 개발돼 오바마 치하에서 강화된 '나이트로 제우스Nitro Zeus'라는 이름의 극비 프로그램을 이용해 미국의 사이버 사령부는 이란의 통신 시스템, 항공 방어 체제, 전력망의 핵심 부분에 시한폭탄을 심기 시작했다. 2019년 6월에 이르러 미국의 주요 인프라에 대한 이란의 공격은 그에 상응한 맞대응이라는 사실이 분명해졌다. 그해 여름 보안 전문가와 관련자들이 목격한 것은 사실상 실시간으로 진행되는 '상호 확증 파괴' 행위였다.

그해 여름 점화 플러그는 사방에 널려 있었다. 일련의 소규모 무력 충돌이 사이버 영역으로 넘어왔다. 그해 5월과 6월, 미국은 이란이 전 세계 석유 물동량의 3분의 1을 담당하는 중요한 대양 항로 오만 만灣, Gulf of Oman을 통과하는 여러 유조선의 선체에 지뢰를 부착한 다음 거의 동시에 폭파시켰다고 비난했다. 이란 수뇌부는 그 폭발은 미국의 '위장 술책false flag'이라고 반박했다. 그에 미국 측은 초기 폭발로부터 몇 시간이 지난 뒤 이란의 순찰 선박이 유조선 중 하나에 접근해 폭발되지 않은 지뢰를 선체에서 제거하는 장면을 담은 비디오 영상을 공개했다. 일주일 뒤 이란은 미국의 감시 드론을 포획했다. 트럼프는 이란의 레이더와 미사일 기지에 대한 폭격을 명령했다가 작전 10분 전에 이를 번복했다. 그는 대신 유조선에 대한 공격을 계획하는 데 사용됐다고 여겨지는 이란의 컴퓨터를 공격하라고 사이버 사령부에 명령했다. 이번에도 이란 측은 그에 대한 맞대응으로 중동과 미국에 있는 석유가스 회사와 중장비 기업을 해킹해 기업 비밀을 훔치고 데이터를 삭제함으로써 수억 달러의 피해를 초래했다.

트럼프의 미사일 공격 명령 번복은 흔히 적들에 "불과 격노fire and fury로 섬멸하겠다totally destroy."고 위협하곤 했던 충동적인 대통령보다 더 신중한 총사령관의 이미지에 더 가까웠다. 이미 최고 수준의 경제 제재가 진행되는 상황에서 트럼프는 미사일 공격보다는 제3의 옵션인 사이버 공격을 선택했다. 거기에도 나름의 혜택이 있었지만 키스 알렉산더의 표현을 빌리면 "우리가 잃을 게 더 많았다."

그해 여름, 내가 만난 관료들은 이란의 공격이 예상보다 덜 파괴적이었던 데 안도하는 목소리를 냈다. 미국이 사상 초유로 디지털화하고 취약해진 상황에서 이들을 막은 것은 미국의 방어 체계가 아니었다. 아마도 이란 지도부는 2020년 대통령 선거에서 미국 유권자들이 트럼프를 낙선시킬 가능성이 높으며, 따라서 다른 후보가 대통령으로 당선되면 다시 방향을 선회할 것으로 판단하고 더 이상의 공격을 자제한 것 같다고 관료들은 추정했다. 그런 확률을 높이기 위해 이란 해커들은 트럼프의 2020년 재선 캠페인 진영을 노렸다. 2019년 8월과 9월 사이, 30일 동안 트럼프의 유세 팀과 그 주변 인사들을 표적으로 2,700회 이상 해킹을 시도했다. 그것은 선거 개입에 관한 대부분의 뉴스와 관심을 러시아가 독점한 상황에서도 다른 나라가 2020년 대선에 러시아와는 사뭇 다른 이유로 개입했음을 보여주는 첫 번째 징후였다.

이때는 2020년 1월 2일 트럼프 명령에 따라 이란 군부의 실세인 카심 술레이마니Qassim Suleimani 장군이 드론으로 암살을 당한 직후여서 이란의 사이버 위협도 최고조에 이른 불안한 상황이었다. 과거에도 미국은 원하기만

하면 몇천 번이고 술레이마니를 암살할 수 있었다. 하지만 이전 행정부는 그의 암살이 전쟁으로 이어질 수도 있는 대규모 보복 공격을 초래할 것을 우려해 감히 방아쇠를 당기지 못했다. 술레이마니 장군은 이란의 최고지도자인 알리 하메네이^{Ali Khamenei}의 둘째 아들 같은 존재였다. 이란 혁명 수비대^{Revolutionary Guards}의 쿠드스^{Quds} 부대를 이끌었으며, 여러 해에 걸쳐 이라크에서 수백 명의 미국민을 살해한 책임자로 지목됐다. 그가 더 많은 살상 계획을 가졌으리라는 데는 의심의 여지가 없었다. 하지만 이란 내에서 그는 영웅이었다.

술레이마니 장군이 드론 공격으로 처참한 최후를 맞은 날 밤, 한 고위 관료는 "안전벨트를 단단히 매세요."라는 메시지를 내게 보냈다.

거의 즉각 이란 측의 #잔인한복수작전^{#OperationHardRevenge}이라는 해시태그는 페이스북과 트위터, 인스타그램에 등장했다. 해커들은 미네아폴리스^{Minneapolis}와 털사^{Tulsa} 지역의 웹사이트를 지우고 술레이마니를 추모하는 이미지로 대체했다. 어느 토요일의 짧은 기간 동안, 미국의 연방 도서관 웹사이트에서 해설이 딸린 헌법을 검색한 사람이라면 누구나 해당 페이지 대신 주먹에 맞아 피를 흘리는 트럼프의 얼굴 이미지를 만났을 것이다. 이란 측은 트위터에 트럼프 소유의 여러 호텔 주소를 가능한 표적이라며 올렸다.

"너희는 카심 술레이마니의 손을 그의 몸에서 잘라냈다. 우리는 너희 발을 이 지역에서 잘라낼 것이다."라고 이란의 한 공식 사이트는 트윗을 올렸다. 그것은 미국의 드론 공격으로 술레이마니의 손이 절단된 사실을 시사한 내용이었다.

며칠 뒤 이란 측은 약속한 대로 미국-이라크 연합군 기지에 22기의 미사일을 발사했다. 운이 좋았는지 아니면 본래부터 그렇게 의도한 것인지 미사일 공격은 인프라를 파괴했지만 인명 손실은 초래하지 않았다. 그로부터 몇 시간 뒤, 이란은 그 공격으로 대응을 마무리한다고 발표했다.

트럼프는 이것이 그 사안에 대한 마지막 말이라고 믿었다. "모든 게 좋아요All is well."라고 그는 트윗했다.

하지만 국토안보부의 관계자들은 트럼프의 주장에 동의할 수 없었다. 이란의 군사적 대응은 끝났는지 모르지만, DHS의 최고 사이버보안 담당자인 크리스 크렙스Chris Krebs는 사이버 전쟁의 위협은 이제 막 시작됐을 뿐이라고 경고했다. 그에 따르면 이란은 '우리 시스템을 불태울' 수 있는 능력이 있었다.

크렙스는 미국의 1천7백 개의 민간 부문과 주 단위, 지역 단위 정부에게 이란의 사이버 공격에 대비해 소프트웨어를 업그레이드하고, 데이터를 백업하고, 중요한 시스템은 인터넷과의 연결을 끊으라고 권고했다. "다음 침해가 여러분의 모든 것을 끝장낼 마지막 침해가 될 수 있다고 각오를 해둘 필요가 있습니다."라고 그는 말했다.

이 글을 쓰는 지금, 이란 해커들은 미국의 주요 인프라와 미국의 전력망을 제어하는 기업에 더 깊숙이 들어와 있다. 그리고 멀지 않아 떠날 것이라는 기미도 없다. 그것은 "우리는 여기에 앉아서 네 머리에 총구를 들이대고 있다."는 이란식 메시지라고 DHS에서 사이버 보안과 주요 인프라를 담당했던 수잰 스폴딩Suzanne Spaulding은 말했다.

한편 새로운 제로데이 브로커가 조용히 온라인에 나타나 시장에서 누구보다도 더 높은 값을 부르기 시작했다. 이 브로커는 스스로를 크라우드펜스Crowdfense라고 불렀고, 나는 이곳이 아랍에미리트와 그들의 가까운 동맹국인 사우디아라비아만을 위해 일한다는 사실을 알게 됐다. 크라우드펜스는 기껏해야 2백만 달러가 상한가인 동일한 아이폰 익스플로잇에 3백만 달러를 불렀다.

걸프 지역의 군주는 중간상을 잘라내기 바빴다. 2019년 트위터는 평범해 보이는 자사의 두 엔지니어가 사실은 사우디아라비아의 스파이인 사실을 발견했다. 이들은 모하메드 빈 살만Mohammed bin Salman(흔히 '엠비에스MbS'로 불린다) 왕세자의 심복인 바데르 알-아사케르Bader al-Asaker를 대신해 6천개 이상의 계정(그중 많은 경우는 사우디의 반체제 인사들이었지만 일부 미국인도 들어 있었다) 데이터를 훔쳤다. 걸프 지역 왕족들이 이 정도로까지 그 비판자들을 감시하고 억압할 용의가 있다면, 실리콘밸리가 이들을 막을 가망은 거의 없었다.

그렇게 도난당한 트위터 데이터가 어떻게 사용됐을지는 자명했다. 아랍에미리트에서 아메드 만수르는 그 지도층을 트위터에서 '모독한defaming' 죄로 여전히 독방 감금 신세였다. 그리고 그 무렵, CIA는 MbS가 「워싱턴포스트」의 언론인 자말 카슈끄지의 살해를 개인적으로 지시했다고 결론지었다. 이 중 어느 것도 놀랍지 않았다. 하지만 백악관은 이전과 너무나 다른 태도를 보였다. 트럼프와 그의 사위인 재러드 쿠슈너Jared Kushner는 풍부한 석유를 생산하는 동맹국이라는 핑계로 그런 범죄 행위를 묵과했다. 쿠슈너와 MbS는 심지어 카슈끄지의 신체를 토막내는 MbS 부하들의 끔찍한 행위를 시사하는 녹음이 유출된 다음에도 왓츠앱으로 통신을 주고받았다.

하지만 언론인들, 특히 「워싱턴포스트」의 카슈끄지 동료들은 그 사건이 묻히는 것을 용인하지 않았다. 이미 트럼프는 자신의 행정부를 비판적으로 보도하는 「워싱턴포스트」와 그 사주인 제프 베조스 아마존 회장을 공격해 왔다. 트럼프는 트위터에서 신문을 #아마존워싱턴포스트#AmazonWashingtonPost라고 부르면서 그 신문이 아마존과 CEO인 '제프 보조Jeff Bozo'[1]의 '로비 무기'이고 '커다란 세금 피난처'라고 비난했다. 그래서 사우디아라비아가 베조스에게 직접 싸움을 걸었을 때 트럼프의 백악관 인사들 중 거의 누구도 이

---

1 베조스(Bezos)를 '멍청이'라는 뜻의 보조(Bozo)로 조롱한 것 – 옮긴이

들을 막으려 하지 않았다.

사우디 측은 카슈끄지 문제에 집중하는 「워싱턴포스트」에 베조스가 직접 돈을 댄다고 추측했다. 「워싱턴포스트」가 카슈끄지 살해 사건을 석 달간 연속 보도한 뒤 트럼프의 오랜 친구이자 해결사인 데이비드 페커David Pecker가 소유한 슈퍼마켓용 황색 신문인 「내셔널 인콰이어러National Enquirer」는 베조스가 외도하는 내용을 담은 사진과 친밀한 문자 메시지를 11페이지에 걸쳐 보도했다. 어떤 수를 썼는지 그 신문은 베조스의 휴대폰에 접근할 수 있었다.

블로그에 올린 글에서 베조스는 사우디아라비아가 자신의 전화를 해킹했다는 암시와 함께 사실 규명을 위해 사설 보안 팀을 고용했다고 밝혔다. 나중에 드러난 사실에 따르면 「내셔널 인콰이어러」의 취재원은 베조스 내연녀의 남동생으로, 자기 누이의 은밀한 문자와 사진을 20만 달러를 받고 신문사에 넘긴 것이었다. 하지만 베조스의 수사관들은 사우디아라비아 측에서도 왓츠앱의 제로데이 익스플로잇을 사용해 베조스의 휴대폰을 거의 동시에 해킹했음을 밝혀냈다. 해킹의 주범을 찾아내기는 어렵지 않았다. MbS 자신이 베조스에게 왓츠앱으로 비디오를 보냈고, 얼마 안 있어 베조스의 휴대폰은 서버의 미로를 통해 평소보다 3백 배 더 많은 데이터를 걸프 지역으로 전송하고 있었다.

몇 주 뒤 나는 한 취재원의 전화를 받았다. 사우디 해커들이 베조스의 휴대폰에 침투하는 데 사용한 그 왓츠앱 익스플로잇이 자신의 친구가 사우디아라비아와 아랍에미리트의 위장 회사인 크라우드펜스에 팔아넘긴 바로 그 익스플로잇이었다고 그는 말했다.

"어떻게 확신하죠?" 나는 물었다.

"바로 그 익스플로잇이거나 아니면 그와 똑같은 기능을 하는 왓츠앱 익스플로잇이에요."

"당신 친구가 만나줄까요? 오프 더 레코드로? 익명으로?"

"절대 안 됩니다."라고 그는 말했다.

그 '빌어먹을 연어.'

그를 탓할 수는 없었다. 어떤 일이 벌어지는지 들었기 때문이다. 아랍에미리트에서 일하다 미국으로 돌아온 해커들은 전 직장으로부터 위협 전화를 받기 시작했다고 털어놓았다. 아부다비에서 일한 내용을 발설하면 그에 따른 '대가'를 치를 것이라는 경고였다.

이들은 아랍에미리트 정부가 반체제 인사나 비판자들을 얼마나 무차별적으로 억압하는지 알았다. 그리고 도덕적 정의는 무시한 채 눈앞의 이익을 우선시하는 트럼프 행정부의 중동 외교 스타일은 그나마 얼마 남지 않았던 장벽마저 제거해버렸다. 걸프 지역의 군주들에게 트럼프 행정부는 잭팟이나 마찬가지였다. 트럼프는 경제적 번영의 이름으로 그리고 대통령의 사위인 재러드 쿠슈너가 중재하는 아랍에미리트와 이스라엘 간의 평화 협상을 성사시키겠다는 바람으로, 이들 걸프 국가의 인권 침해 문제를 묵과할 용의가 있었다. 취재원들에 따르면 쿠슈너는 아랍에미리트의 왕세자인 모하메드 빈 자예드Mohammed bin Zayed(흔히 MbZ로 불린다)와 사우디의 MbS와 정기적으로 연락을 주고받는다는 사실을 자랑했다. 이들이 선호하는 통신 수단은? 맞다. 왓츠앱이다!

걸프 지역의 군주들이 범죄를 저지르고도 트럼프 치하에서 얼마나 쉽게 벗어나는지 확인한 이상, 이들은 다음 선거에서 그들만의 어젠다를 반영하려 시도할지 모른다고 일부에서는 관측했다.

"이들이 자기들의 왕자를 그냥 조용히 떠나보낼 것이라고는 생각하지 않으시죠, 그렇죠?"라고 2018년 말 백악관의 한 전직 관료는 내게 물었다.

여기에서 그 '왕자'는 MbZ나 MbS를 가리키는 게 아니라는 사실을 내가 깨닫는 데는 약간 시간이 걸렸다. 그 왕자는 이들의 왓츠앱 친구, 백악관에 있는 최고의 자산인 쿠슈너였다.

한편 걸프 지역의 군주들이 그 적들을 감시하기 위해 해커들에게 기꺼이 지불하겠다는 가격은 계속 올라가기만 했다.

"이 사이버 게임은 최고가를 부르는 이에게 갈 겁니다."라고 트럼프의 초대 국토안보 보좌관인 톰 보서트는 백악관을 떠난 다음에 내게 말했다. 이 시장에서 일말의 윤리적 지표가 필요했다면 그것은 바로 지금이었다. 점점 더 많은 오남용 사례가 드러남에 따라 어쩌면 더 많은 해커는 독재자에게 제로데이를 팔지 않을 수도 있지 않을까? 하지만 가망없는 바람이었다. 독재 정권이 기꺼이 지불하겠다는 수준의 가격이라면 두 번 생각하지 않고 팔겠다는 해커와 브로커는 항상 존재하게 마련이었다.

내가 부에노스아이레스 출장에서 돌아온 이후, 아르헨티나의 경제는 지속적으로 위축됐다. 실업률은 13년 이래 최고치를 기록했다. 페소^{peso} 화는 다시 요동치고 있었다. 아르헨티나의 유망한 해커들은 탁자 밑으로 거래되는 인플레의 영향을 받지 않는 사이버 무기 거래로 스스로를 보호할 필요성을 더욱 절감할 수밖에 없었다. 자신들의 코드를 원하는 것이 독재자와 폭군이라도 상관없었다.

이것은 모두 성격상 복잡한 일에는 관심이 없고, 권위주의를 낭만시하고, 러시아의 선거 개입 논의는 교묘한 '거짓말^{hoax}'로 묵살하면서 '미국 우선^{America First}'을 외치는 대통령의 치하에서 벌어지고 있었다. 그가 중국과 벌이는 무역전쟁, 그가 파기한 이란 핵 협정 그리고 푸틴과 직접 맞서기를 거부하는 그의 태도는 의도하지 않은 위험한 결과를 초래할지 모른다는 우려는, 트럼프가 자신을 위해 그린 옛 서부영화식 그림에는 전혀 문제가 되는 것 같지 않았다. 그의 상상 속에서 그는 법과 질서를 바로잡고, 국경을 공고히하고, 영광의 길로 나아가는 와이어트 어프^{Wyatt Earp}[2]였다.

취임 초기, 트럼프는 일일 정보 브리핑에 싫증을 느껴 취소해 버렸다. 그의 고위급 사이버 보안 담당자들도 해고됐다. 그리고 러시아의 선거 개입 문제가 나오면 무슨 개입이냐며 그는 펄쩍 뛰었다. 그에 대한 어떤 논의에도 그 적법성이 의심된다며 재를 뿌렸다. 2018년 후반에 이르러 트럼프 행정부는 이미 러시아의 신흥재벌^{oligarch}과 그들의 기업에 대한 일부 제재를 완화하고 있었다. 이후 수개월간 누구든 백악관과 선거 보안 문제를 거론하려는 사람은 한 관계자의 표현을 빌리면 "하이즈만 대접을 받았다^{given the Heisman}."[3] 미국의 사이버 정책을 조율하고, 미국의 정보기관이 발견한 제로 데이를 극비로 보유할지 아니면 해당 제조사에 취약점을 알려 수정하게 할지 결정하는 VEP 절차를 주관하는 사이버 보안 코디네이터의 자리는 아예 폐지돼 버렸다. 국토안보부 장관인 커스텐 닐슨^{Kirstjen Nielsen}은 2016년과 같은 상황이 재연되는 것을 막는 데 초점을 맞추려고 계속 시도했지만, 당시 트럼프의 수석 보좌관이었던 믹 멀베이니^{Mick Mulvaney}는 닐슨에게 대통령 앞에서 선거 개입은 언급조차 하지 말라고 경고했다. 수개월 뒤 닐슨도 경질됐다.

사실은 트럼프는 개입을 환영한다고 말했다. 2019년 6월 외국 정부로부터 정적에게 불리한 정보를 받을 용의가 있느냐는 직설적 질문에 트럼프는 이렇게 대답했다. "내 생각에 나는 받아들일 거요." 그리고 몇 주 뒤, 트럼프와 푸틴은 그 모든 것을 만천하에 드러냈다. 푸틴에게 2020년 대통령 선

---

2 영화 〈OK목장의 결투〉 같은 영화에서 영웅으로 그려지는 옛 서부개척 시대의 법 집행관 겸 도박사 – 옮긴이

3 매년 미국의 대학 풋볼 최우수 선수에게 수여하는 하이즈만(Heisman) 트로피에는 수비수들을 밀쳐내는 자세의 선수 모습이 새겨져 있다. 그처럼 누군가를 멀리하거나 경원시할 때 '하이즈만 대접을 한다'라고 표현한다. – 옮긴이

거에 개입하지 말라고 경고하겠느냐는 질문에, 트럼프는 푸틴에게 장난스럽게 꾸짖는 말투에 웃는 얼굴로 손가락을 흔들면서 "선거에 개입하지 말아요, 대통령"이라고 말했다. 그날 질문 공세를 펼치는 기자들에 대해 트럼프는 "없애버리세요."라고, 재임 동안 이미 십여 명의 러시아 언론인을 살해한 혐의를 받는 푸틴에게 말했다. "가짜 뉴스는 멋진 용어예요, 그렇지 않아요? 러시아에서는 이런 문제가 없지만 우리는 있어요."

실상 푸틴은 개입을 멈춘 적이 없었다. 2016년은 단지 연습이었을 뿐이다. 한 전문가가 상원 정보위원회에서 증언한 대로 2016년 벌어진 여러 주의 유권자 데이터베이스와 백엔드back-end 개표 시스템에 대한 해킹은 '네트워크가 어떻게 연결되는지, 어떤 지형학적 관계가 형성돼 있는지 파악해 전체 네트워크를 정확히 이해함으로써 나중에 돌아와 실제 작전을 벌이기 위한 일종의 정찰 활동'이었다. 그들이 더 멀리 가지 않은 이유는 무엇이었을까? 오바마와 푸틴의 독대 때문일 수도 있고, 브레넌이 금융안정위원회 FSB, Financial Stability Board와 가진 전화통화 때문일 수도 있었다. 하지만 2020년 대통령 선거가 빠르게 다가오고 러시아가 선거에 개입할 것이라는 증거가 쌓이는 시점에서 이번에는 백악관의 누가 푸틴을 맞상대할 수 있을지 의문이었다.

2016년과 2020년 사이에 놓인 시간 동안, 러시아 측은 더더욱 대담해졌으며 더더욱 은밀해졌다. 2016년에 벌어진 러시아의 선거 개입은 그 노골성으로 인해 더욱 돋보였다. 소셜미디어의 포스팅은 엉터리 러시아식 영어였다. 페이스북의 광고는 루블화로 지불했고, 모스크바 붉은 광장에서 로그인하면서 텍사스주 분리주의자 또는 '흑인의 목숨도 소중하다' 운동가를 자처했다. 이제 러시아 해커들은 세금이나 규제가 없는 나라에 은행 계좌를 열고, 자신들의 계정을 임대하는 페이스북 사용자들에게 돈을 지불했으며, 익명화 소프트웨어인 토르Tor를 사용해 자신들의 실제 위치를 숨겼다.

러시아 상트페테르부르크에 있는 '인터넷 리서치 에이전시IRA'의 러시아 트롤은 다른 누구보다도 더 큰 영향력을 미국 정치판에 행사했다. 이들은 뻔히 정체가 보이는 러시아의 봇bot 대신, 사람들이 미리 각본을 정교하게 짜놓은 챗봇chatbot을 정치 현안에 대한 검색 결과에 투입해 자극적으로 작성된 응답으로 갈등을 조장했다. 이들은 총기 소유, 이민, 페미니즘, 인종 갈등, 심지어 국가 연주 중에 시위의 표시로 무릎을 꿇은 프로 미식축구 선수들까지 미국의 첨예한 문화 전쟁에 기름을 부을 수 있는 모든 기회를 활용했다. 러시아 트롤은 미국과의 시차를 고려해 진보 진영의 혈압을 올릴 만한 내용은 러시아 시간으로 새벽에 올려서 이들의 밤잠을 설치게 만들고, 보수 진영의 주목을 받을 내용은 저녁에(미국 시간으로는 아침에) 올려 극우 프로그램인 「폭스 앤 프렌즈Fox & Friends」에 소개될 수 있도록 안배했다. IRA는 지속적으로 페이스북에 '버사 말론Bertha Malone'이나 '레이첼 에디슨Rachell Edison' 같은 허위 계정을 만들어 오바마가 무슬림 동포단과 연계돼 있다는 허위 정보를 퍼뜨리고, 민주당원은 모든 사람들로부터 총기를 박탈하려 한다는 전미총기협회NRA의 주장을 되풀이했다. IRA의 2018년 중간 선거 개입 프로젝트는 암호명이 있었다. '프로젝트 라크타Project Lakhta'였다. 그리고 중간 선거를 6개월 앞두고 IRA는 선거를 교란하는 데 1천만 달러를 쏟아부었다. 이들의 정보 공작이 미국인들의 심리에 어느 정도 영향을 미쳤는지 측정하기는 거의 불가능했다.

하지만 미국의 사이버 진영은 이번에는 트럼프를 피해 단호하게 대응할 수 있었다.

2018년 9월 트럼프는 미국의 공세적 사이버 공격의 결정권을 국방부로 이관했다. 그로써 결정권은 NSA의 신임 국장으로 사이버 사령부의 지휘도 맡은 폴 M. 나카소네Paul M. Nakasone에게 주어졌다. 한 달 전, 대통령의 매파 국가안보보좌관인 존 볼턴^{John Bolton}은 사이버 사령부에 공세적 사이버 공격의 권한을 오바마 시절보다 훨씬 더 허용하는 신규 사이버 전략을 입안했다. 오바마 행정부에서는 모든 사이버 공격 작전마다 대통령의 명시적 승인을 받아야 했다. 트럼프는 아직도 기밀로 분류돼 비공개 상태로 있는 '국가 안보에 관한 대통령 각서 제13호^{National Security Presidential Memorandum 13}에 서명했다. 그리고 사이버 사령부의 족쇄를 풀면서 트럼프는 사실상 길을 터주었고, 미국의 엘리트 해커들은 러시아 측 서버에 대한 반격을 바로 개시했다.

그해 10월, 중간 선거를 한 달 앞두고 사이버 사령부는 러시아 측 수뇌부에 메시지를 전했다. 이들은 경고 메시지를 IRA의 컴퓨터 스크린에 직접 띄우고, IRA의 트롤이 중간 선거에 개입할 경우 기소와 제재가 뒤따를 것이라고 위협했다. 그것은 1945년 미국의 파일럿이 폭탄 투하를 앞두고 일본에 뿌린, 주민들에게 대피를 촉구하는 전단지의 디지털 버전이라 할 만했다. 사이버 사령부는 선거일에 맞춰 IRA의 서버를 오프라인 상태로 만들고, 선거관리들이 투표 결과를 검증하기까지 며칠 동안 그런 상태로 묶어뒀다. 우리는 러시아가 선거일에 어떤 계획이나 음모를 꾸몄을지 알 길이 없지만 2018년 중간 선거는 비교적 평온하게 진행됐다.

사이버 사령부의 승리는 환상에 불과했음이 드러났다. 몇 주 뒤 '코지베어'로 알려진 러시아의 해킹 팀(2016년 민주당전국위원회의 시스템을 해킹한 팀)은 1년 간의 휴면에서 깨어나 재부상했다. 이들은 여러 주 동안 민주당 의원들, 언론인들, 법 집행 기관, 방위 산업체, 심지어 펜타곤에까지 피싱 공격을 퍼붓다가 2019년 초 다시 잠잠해졌다. 그럴 가능성은 거의 없지만 공격을 멈췄거나 은폐하는 데 더 기민해졌다는 뜻이었다.

이후 몇 달에 걸쳐 미국의 NSA와 영국의 정보기관인 GCHQ는 러시아 정보 팀이 이란의 엘리트 해킹 팀이 사용하는 네트워크에 들어가 이들의 시스템을 타고 전 세계의 정부와 민간 기업을 공격하려는 것을 발견했다. 두 정보기관은 드물게 공동 성명을 내고 러시아의 음모를 폭로했다. 그것은 2020년이 가까워오면서 러시아의 위협의 급속히 진화하고 있다는 경고였다. 더 이상 아무것도 겉으로 보이는 대로 판단해서는 안 되는 상황이 됐다.

국토안보부 내에 막 신설된 사이버 보안 기구는 워싱턴 DC 지역에서 가장 험난하고 논쟁적이면서도 누구로부터도 고맙다는 인사를 듣기 어려운 임무를 맡게 됐다. 바로 2020년 대통령 선거를 보호하는 일이었다. 2018년 중간 선거 직후, 트럼프가 '사이버 보안 및 인프라 보안 기관법Cybersecurity and Infrastructure Security Agency Act'에 서명하면서 국토안보부 내에 CISA라는 약칭으로 알려진 사이버 보안 전담 기구가 설치됐다. 마이크로소프트 출신에 소년 같은 외모의 크리스 크렙스가 기관장을 맡아 대통령은 원치 않는 선거 방어와 그의 도움을 바라지 않는 주를 지원하는 업무를 맡았다. 따지고 보면 미국의 선거를 운영하는 곳은 각 주였다. 이 주에 연방 차원의 선거 보안책, 심지어 취약성 스캔vulnerability scan까지 제공하기 위해서는 주 정부의 공식 요청이 있어야 했다. 주 정부, 특히 공화계는 자신들의 선거에 대한 연방 정부의 지원을 또 다른 차원의 선거 개입으로 해석했다. 하지만 2019년의 경우 미국의 카운티와 마을, 도시를 마비 상태로 몰아간 기록적 랜섬웨어 공격 때문에 여러 주는 자신들이 얼마나 사이버 공격에 취약한지 절감하고 있었다.

2019년과 2020년 사이에 6백 개 이상의 마을, 도시, 카운티가 랜섬웨어 공격으로 볼모 신세가 됐다. 사이버 범죄자들은 올버니Albany와 뉴올리언즈New Orleans 같은 대도시뿐 아니라 미시건, 펜실베니아, 오하이오 같은 경합주의 소규모 카운티까지 공격했다. 새로운 경합주로 부상한 텍사스의 경우, 23개 마을이 동시에 랜섬웨어의 공격을 받았다. 조지아주의 피해 규모는 충격적이었다. 애틀란타Atlanta 시와 조지아주의 공공안전부Department of

Public Safety, 주와 지역 법원 시스템, 주요 병원과 카운티 자치 정부, 3만 명의 직원을 거느린 경찰국 등 이 모든 경우에서 네트워크는 마비됐고, 공공기록은 말소됐으며, 이메일 시스템은 다운됐다. 모든 랩톱은 포렌식 차원의 조사를 거쳐 재설정되고, 폐기처분해야 했다. 경찰국은 펜과 종이를 쓰는 업무 환경으로 돌아가야 했다.

정부 관계자와 보안 전문가들은 유권자 명단, 등록 데이터베이스 혹은 선거 총괄 장관들을 노린 랜섬웨어 공격이 선거일인 11월3일에 집중된다면 어떤 피해가 벌어질까 생각하고 몸을 떨었다.

"지방 정부가 이미 황당할 만큼 엉망이 된 선거를 제대로 관리하려 애쓰는 와중에 해킹 공격을 당하지 않을 확률은 매우 낮습니다."라고 사이버 위협 분석가인 브렛 캘로우Brett Callow는 내게 경고했다.

미국 선거에서 항상 논란을 불러일으키는 지역인 플로리다 주는 잘 버티는 듯 보였다. 2000년 대선의 향방을 결정했던 바로 그 지역인 팜 비치 카운티Palm Beach County는 2016년 대선을 몇 주 남겨놓은 시점에서 랜섬웨어에 발목이 잡힌 사실을 은폐했다. 카운티 관계자들은 2019년, 해커들이 카운티 소속 마을 중 두 곳이 랜섬웨어의 포로가 될 때까지도 그런 사실을 연방 관계자들에게 알리지 않았다. 리비에라 비치Riviera Beach의 관리들은 이메일, 상수도 시설 및 펌프장 시스템을 다운시킨 랜섬웨어 공격을 풀기 위해 60만 달러를 지불했다. 바로 남쪽 팜 스프링스Palm Springs의 마을에 대한 또 다른 공격에 대해 그곳 관리들은 비공개 액수의 돈을 지불했지만 정작 데이터는 돌려받지 못했다.

언뜻 보기에 미국의 마을과 도시에 대한 공격은 전형적이고 평범한 랜섬웨어로 보인다. 하지만 2019년 가을 무렵부터 많은 지역이 다단계 공격을 받기 시작했다. 해커들은 피해자의 데이터만 묶어두는 것이 아니라 훔치고, 때로는 온라인에 공개하는가 하면 다크웹에 접속 정보를 팔기도 했다.

그중 특히 우려를 자아낸 일은 그런 정보를 북한에 팔러다 들킨 경우였다. 우크라이나의 수사관들이 낫페트야 랜섬웨어 공격은 정치적 목적의 작전이 었음을 파악해낸 것처럼 CISA, FBI, 그리고 다른 정보기관은 미국에 대한 랜섬웨어 공격이 비단 돈만을 노린 것이 아니라 정치적 의도도 있다고 추 정했다.

이들 공격의 주범이 어디에서 왔는지는 의문의 여지가 없었다. 놀라울 정도로 많은 공격이 모스크바 시간으로 오전 9시부터 오후 5시 사이에 집 중돼 있었다. 많은 경우는 트릭봇^{TrickBot}이라고 불리는 감염된 컴퓨터의 방 대한 네트워크를 통해 배치됐는데, 트릭봇 개발자들이 바로 모스크바와 상 트페테르부르크에 있었다. 트릭봇 운영자들은 감염된 컴퓨터에 대한 접근 정보를 사이버 범죄자들과 동유럽 전역의 랜섬웨어 그룹에 팔았다. 하지만 트릭봇을 이용해 미국의 표적을 볼모로 잡은 랜섬웨어 그룹은 뚜렷한 단서 를 뒤에 남겼다. 공격자들의 코드 속에 산재한 것은 러시아어에만 있는 독 특한 문자였다. 그리고 그중에서도 가장 강력한 단서는 이들이 랜섬웨어를 러시아의 컴퓨터는 감염시키지 않도록 설계했다는 점일 것이다. 그 코드는 키릴 문자용 키보드 설정을 찾아서 그것이 발견되면 아무런 해도 끼치지 않고 다음 표적으로 옮겨가도록 돼 있었다. 이것은 모국 내부는 해킹하지 말라는 푸틴의 첫 번째 규칙을 이들이 따르고 있다는 기술적 증거였다.

2019년에 이르러 랜섬웨어 공격은 러시아의 사이버 범죄자들에게 수십 억 달러의 수입을 안겨줬고, 점점 더 수익이 남는 비즈니스로 발전했다. 사 이버 범죄자들이 피해자의 데이터를 해제해주는 대가로 요구하는 금액이 세 자리에서 여섯 자리로, 이어 몇백만 달러 수준으로 올라가도 피해를 입 은 쪽과 이들의 보험사들은 그것을 지불하는 쪽이 시스템과 데이터를 처음 부터 다시 재구축하는 쪽보다 더 싸다고 판단했다. 랜섬웨어 산업은 붐이 었고 그 모든 전리품은 러시아로 쏟아지는 가운데 정보 요원들은 러시아의 수뇌부가 그런 사실을 몰랐거나, 사이버 범죄자들을 이용하지 않았거나, 그들의 정치적 목적에 봉사하도록 강제하지 않았을 가능성은 전혀 없다고 판단했다.

그것이 비약인 것은 분명했다. 하지만 2020년 대선이 임박한 가운데 정부 관계자들은 러시아의 사이버 범죄자들과 크렘린 간의 오랜 제휴 관계를 무시할 수는 없는 노릇이었다. 이들의 기억에 각인된 것은 5년전 벌어진, 5억여 개의 야후 이메일 계정에 대한 러시아의 해킹이었다. 그 공격의 전말을 수사하는 데만 몇 해가 걸렸다. 결국 수사관들은 두 명의 사이버 범죄자들이 FSB 소속의 러시아 요원 두 명과 손을 잡고 벌인 공격이었음을 밝혀냈다. FSB 요원들은 훔쳐낸 개인 정보를 팔아 거둔 수익은 사이버 범죄자들에게 넘기고, 자신들은 해당 데이터를 미국의 관료, 반체제 인사, 언론인들의 개인 이메일을 감시하는 데 활용했다. 근래에는 정보 분석가들은 러시아의 유명한 사이버 범죄자인 '이블 코프Evil Corp'라는 엘리트 사이버 범죄 집단의 리더가 FSB와 손잡고 일하는 게 아니라고 결론지었다. 그 자신이 FSB 요원이었다.

"러시아 정권과 러시아의 사이버 카르텔 간에는 일종의 마피아 협정을 맺었습니다"라고 러시아 사이버 범죄의 전문가인 톰 켈러먼Tom Kellermann은 2020년 대선이 임박한 시점에서 내게 설명했다. "러시아의 사이버 범죄자들은 랜섬웨어와 금융 범죄의 피해자들에 국가가 무료로 접근할 수 있게 해주는 일종의 자산으로 취급됩니다. 그리고 그에 대한 대가로 이들은 무소불위의 지위를 갖습니다. 보호 대가로 금품을 갈취하는 행위와 비슷한데, 서로에게 이득이 되는 거죠."

그럼에도 그런 증거는 제시하지 못했다. 하지만 그해 가을, 랜섬웨어 공격이 미국의 마을을 하나하나 볼모 상태로 몰아가면서, 정부 관계자들은 랜섬웨어 공격 자체는 연막에 불과하고, 실제 속셈은 2020년 대선에 맞춰 이상적인 표적을 찾아내기 위한 목적이 아닐까 의심하기 시작했다. 그해 11월 이들은 그런 우려가 거의 현실화하는 장면을 지켜봤다. 루이지애나의 주지사 선거가 예정된 주간에 사이버 범죄자들은 루이지애나의 주무 장관의 사무실 시스템을 랜섬웨어로 마비시켜 버렸다. 지역 담당자들이 만약을 대비해 루이지애나의 유권자 명단을 광역 네트워크와 분리해두지 않았더라면 선거는 엉망이 될 뻔했다. 루이지애나주의 선거는 별 탈 없이 진행됐지만, 포렌식 수사 결과 랜섬웨어 공격자들이 얼마나 치밀하게 미리 준비했었는지 드러났다. 타임스탬프에 따르면 해커들은 이미 석 달 전에 루이지애나의 시스템에 침투했지만 선거일까지 끈기있게 기다렸음이 밝혀진 것이다. FBI는 이것이 2020년 대선의 전주곡이 될까 봐 우려했다.

이후 수개월간, FBI는 미국 전역의 현장 요원들에게 랜섬웨어가 미국의 선거 인프라를 마비시킬 가능성이 높다고 경고하는 비밀 메모를 보냈다. 그런 공격이 수익의 기회를 노린 세력인지, 더 잘 계산된 국가 차원의 적인지 아니면 둘이 조합된 형태인지 정부로서는 여전히 분명하게 파악할 수가 없었다.

워싱턴 정가는 임박한 대통령 선거를 해커들의 잔치판이 되도록 몰아갔다. 선거 보안 법안은 상원 다수당 리더인 미치 매코넬이라는 1인 방벽에 막혀 법제화하지 못했다. 매코넬은 민주 공화 양당이 합의하든 말든 어떤 선거 보안 법안도 승인하지 않겠다고 못을 박았다. 선거 전문가들이 필수적이라고 판단한 대책인 모든 투표에 대한 문서 증거, 강력한 선거 후 감사, 투표 집계기가 웹과 연결되는 것을 막고 후보자들은 연관된 해외 기관이나 단체를 신고하도록 의무화한 법안 조차 매코넬의 책상에서 고사했다. 비판자들이 그를 '모스크바 미치Moscow Mitch'라고 부르며 맹공을 편 다음에야 매코넬은 마지못해 주 정부가 외부의 선거 개입을 막기 위한 지원금 2억5천만 달러를 승인했다. 하지만 그런 다음에도 그는 전문가들이 공정 선거에 필수적이라고 간주한 연방 정부의 문서 백업 요구와 감사 정책을 거부했다. 공식적으로 매코널의 이런 행위는 이데올로기적 순결성에서 나온 것으로 해석됐다. 그가 오랫동안 소위 워싱턴(연방 정부)의 주 선거 '장악takeover'에 반대하는 입장을 지지해 온 사실과 이어진다는 것이다. 하지만 개인적으로 선거 법안에 대한 그의 반감은 대통령의 심기를 건드릴 것에 대한 두려움에서 기인한 것이라는 게 주변의 해석이었다.

그리고 대통령의 심기를 건드리기는 전혀 어렵지 않았다. 그가 '러시아 사기Russian hoax'라고 부르는 일반의 의혹을 다른 설명으로 대체하려는 열의에서 트럼프는 우크라이나를 2016년 대선 개입의 주범으로 지목하는 크렘린발 음모 이론을 기꺼이 포용했고, 이는 궁극적으로 그를 탄핵하는 움직임으로 이어졌다. 크렘린과 트럼프가 포용한 음모 이론에 따르면, 민주당 전국위원회는 러시아가 아니라 우크라이나가 해킹한 것이고, DNC가 침해 사고를 조사하기 위해 고용한 크라우드스트라이크는 한 우크라이나 재벌의 소유이며, 크라우드스트라이크는 그런 사실을 숨기기 위해 해킹한 DNC 서버를 FBI는 접근할 수 없는 우크라이나의 모처에 숨겨뒀다는 것이다. 이 중 어느 한 가지도 사실이 아니었다. 17개에 이르는 미국의 모든 정보기관이 일찍부터 DNC 해킹의 배후에 러시아가 있다고 결론을 내린 바 있었다. 크라우드스트라이크에 관한 이론도 터무니없는 것이었다. 그 회사의 두 공동 설립자 중 한 명은 미국인이었고, 다른 한 명은 어릴 때 부모를 따라 미국으로 탈출한 러시아 망명자였다. 크라우드스트라이크는 DNC 서버를 물리적으로 소유한 적이 전혀 없었다. 다른 모든 보안 회사와 마찬가지로 크라우드스트라이크 역시 '이미징imaging'이라는 프로세스를 통해 침해 사건을 조사했다. '이미징'은 면밀한 조사를 위해 해킹을 당한 컴퓨터의 하드 드라이브와 메모리를 복사하는 작업이다. 크라우드스트라이크는 자신들이 발견한 내용을 FBI와 공유했다. FBI도 DNC 하드드라이브를 '이미징'한 복사본을 갖고 자체 분석 작업을 벌였고, 그 결과 러시아의 해킹 팀인 '코지 베어'와 '팬시 베어'가 해킹의 배후라는 크라우드스트라이크의 결론에 동의했다.

어떤 정치적 환경에서든 이런 허황한 이론을 밀어붙이는 사람은 확실히 정신병자로 진단받아야 하겠지만, 트럼프의 시대에서는 아니었다. 이것은 우크라이나와 민주당을 동시에 중상모략하기 위한 푸틴과 트럼프의 필사적인 노력이었다. 그리고 소위 '버더리즘birtherism'[4]으로 허위 정보를 양산해 온 트럼프는 조금도 수그러드는 기색이 없었다. 그는 의회가 이미 승인한 4억 달러에 가까운 대 우크라이나 군비 지원금을 묶고 내주지 않았다. 그리고 우크라이나의 신임 대통령 볼로디미르 젤렌스키Volodymyr Zelensky가 트럼프의 비위를 맞추며 지원금 지급을 요청하자 이제는 유명해진 2019년 7월의 전화통화에서 그는 "하지만 귀하가 우리를 좀 도와주면 좋겠소."라며 "그 DNC 서버 말이오. 사람들은 우크라이나가 갖고 있다고 하던데"라고 말했다. 묶인 지원금을 푸는 데 대한 대가를 요구한 소위 '퀴드 프로 쿼quid pro quo' 스캔들이었다.

그 전화통화에서 또다른 음모 이론이 부상했다. 여기에는 조 바이든의 아들인 헌터 바이든Hunter Biden이 이사로 등재된 우크라이나의 천연가스 회사인 부리스마Burisma가 연루됐다. 부리스마는 조 바이든이 부통령으로 오바마의 우크라이나 정책을 주도할 때 그 아들을 이사로 초빙했다. 당시 바이든은 유럽 동맹국의 지원 아래 우크라이나에 대해 부패 사건을 제대로 수사하지 못한 검찰총장을 해임하도록 밀어붙였다. 그러나 2019년 여름, 트럼프와 1 대 1 여론 조사에서 바이든 인지도가 높아지면서 그리고 2020년 대선에서 트럼프의 유력한 경쟁자로 부상하면서 트럼프는 그런 상황을

---

4 버락 오바마는 미국 태생이 아니기 때문에 대통령 자격이 없다는 허위 주장 – 옮긴이

완전히 뒤집어버렸다. 부리스마가 수사 선상에 오르고 헌터 바이든의 범죄 행위가 드러날까 봐 바이든이 우크라이나의 사법 체계를 엉망으로 만들고 있다고 공격한 것이다. 트럼프의 개인 변호사인 루디 줄리아니^{Rudy Giuliani}는 이런 이론을 밀어붙이는 데 총력을 기울였다. 심지어 우크라이나를 직접 방문해 현지에서 범법 행위의 증거를 확보했다며 정기적으로 미국 언론에 전화를 걸었다. 1년 뒤 재무부는 줄리아니의 우크라이나 소식의 출처가 '러시아의 현역 정보원^{active Russian agent}'임을 공개하고 우크라이나에 대해서는 2020년 대선에 개입하기 위한 비밀 캠페인을 전개한 혐의로 경제 제재를 발표했다.

우크라이나의 젤렌스키 대통령과 가진 수치스러운 통화에서 트럼프는 '다른 것^{the other thing}'이라고 지칭한 두 번째 편의를 요구했다. 부리스마 가스 회사와 바이든 부자를 공개 수사한다는 발표를 하라는 것이었다. 통화 내용을 청취할 법적 의무를 가진 인물인 백악관의 내부 고발자가 그런 내용을 폭로하지 않았다면 우크라이나는 트럼프의 요구에 순응하면서 수억 달러의 원조금을 확보했을 것이다. 대신 내부 고발자의 보고서는 탄핵 심리로 발전했고, 젤렌스키 대통령을 속박에서 풀어줬으며, 부리스마에 대한 허위 수사는 흐지부지됐다.

혹은 그렇게 됐다고 우리는 생각했다. 실상은 러시아의 해커들이 트럼프의 정치적 압력을 인계받았다. 2019년 11월 트럼프의 우크라이나 부당 개입을 둘러싼 비공개 탄핵 심리가 마무리되고 공개 청문회 일정이 잡힐 무렵, 나는 2016년 DNC 서버를 해킹한 러시아 그룹인 '팬시 베어'가 으스스할 만큼 비슷한 피싱 전략으로 부리스마 가스 회사의 시스템에 침투하기 시작했다는 소식을 들었다. 그리고 이번에도 러시아의 해커들은 부리스마의 이메일 시스템을 자유롭게 드나드는데 필요한 정보를 훔쳐내는데 성공했고, 트럼프의 음모 이론을 북돋우거나 바이든 부자의 평판을 훼손하는 데 도움이 될 법한 이메일을 찾았다. 나는 러시아의 부리스마 해킹 사실을 그해 1월에 보도했다. 그리고 미국이 2020년 대선 유세의 막바지로 접어들 무렵, 해킹으로 훔쳐낸 부리스마 파일이 공개될 것은 불가피해 보였다. 그리고 그런 행위에 동참해 뉴스를 보도한 매체는 「뉴욕포스트」였다. 그것이 트럼프와 줄리아니의 근거없는 바이든 '부패' 주장에 얼마나 힘을 실어줬는지의 여부는 더 이상 중요하지 않았다. 허위 수사와 범법 행위를 저질렀으리라는 암시는 사실이 아니었지만 힐러리 클린턴의 유세를 망쳐버렸었다. 트럼프는 그런 상황을 다시 조성하기만 하면 선거에서 이길 수 있다고 판단한 것 같았다. 그리고 러시아는 이번에도 그를 도울 의향이 있었고, 그럴 수 있는 위치에 선 것처럼 보였다.

미국의 정보요원들은 한 달 뒤, 러시아 해커들이 트럼프를 당선시키기 위해 또다시 작전을 벌이고 있다고 국회의원들과 백악관에 경고했다. 트럼프는 브리핑장에서 폭발했다. 러시아가 미국의 민주주의 과정에 개입했기 때문이 아니었다. 정보요원들이 자신들의 발견 내용을 민주당원들에게도 알려주는 데 기분이 상한 것이었다. 트럼프는 너무나 분개해서 임시 국가 정보 책임자를 자신의 열성 지지자로 대체하는 한편, 그런 보고는 '거짓정보misinformation'라고 트위터로 주장했다. 공화당원들도 그런 내용을 묵살했다. 유타주 공화계 의원인 크리스 스튜어트Chris Stewart는 「뉴욕타임스」에 2020년 대선에서 러시아가 트럼프를 지원할 이유가 없다고 주장했다.

"도대체 푸틴이 버니 샌더스가 아니라 트럼프 대통령을 지지해야 할 현실적 근거가 무엇인지 누구든 내게 설명을 해달라고 공개 요청합니다."

나중에 드러난 사실은 러시아가 샌더스도 밀고 있었다는 점이다. 별도의 브리핑에서 정보요원들은 샌더스에게 러시아가 민주당 예비 선거에서 트럼프의 가장 약한 상대로 평가되는 샌더스가 바이든을 꺾고 민주당의 대통령 후보로 선출될 가능성을 높이려 시도하고 있다고 알려줬다.

"만약 샌더스가 민주당 후보로 선출된다면 트럼프가 다시 대통령으로 당선될 것이다."라고 크렘린의 한 전직 보좌관은 기자에게 말했다. "이상적인 시나리오는 주 단위의 분열과 불확실성을 끝까지 유지하는 것입니다. 우리의 후보는 혼란^{chaos}이에요."

이후 몇 달 동안 나는 러시아의 캠페인을 하나하나 추적했다. 그러나 2016년의 대선 개입 각본이 노출된 상황에서 크렘린은 전술을 바꿨다. 러시아의 해커들은 이번에도 유세 관련 이메일을 추적했지만 더 이상 초보적인 피싱 공격을 사용하지 않았다. NSA 분석가들에 따르면 우크라이나의 전력을 끊었던 바로 그 러시아 해커들인 샌드웜이 낫페트야를 풀어 2016년에 이미 50개 모든 주의 유권자 등록 시스템에 접근했으며, 이메일 프로그램의 취약성을 악용해 러시아가 미국의 시스템을 마음대로 유린할 수도 있다고 공개적으로 경고했다.

부리스마 가스 회사의 시스템을 해킹하다 들킨 뒤, 팬시 베어는 자신들의 흔적을 숨기는 데 더 공을 들였다. 이들은 작전 채널을 자신들의 위치를 은폐할 수 있게 해주는 토르 소프트웨어로 옮겼다. 마이크로소프트에 따르면 불과 2주 동안 팬시 베어가 6,900개에 이르는 미국 양 진영의 유세 운동원, 컨설턴트, 정치인들의 개인 이메일 계정을 공격했다.

그리고 크렘린이 어떤 역할을 하는지는 여전히 분명하지 않았지만 랜섬웨어 공격도 점점 더 심해졌다. 트릭봇의 개발자들은 이제 접근할 수 있는 미국 지방정부의 카탈로그를 만들어 미국의 선거 시스템을 해킹할 용의가 있는 누구에게든 팔고 있었다.

허위정보에 관한 한 러시아의 목표는 분열시켜 정복한다는 것으로 여전히 동일했다. 그러나 이번에는 크렘린의 트롤은 '가짜 뉴스'를 만들 필요가 없었다. 미국인 자신들이 그리고 다른 누구보다도 현직 대통령이 충분히 많은 가짜 정보와 사실을 왜곡하는 정보, 분열을 조장하는 콘텐츠를 매일 양산하고 있었기 때문이다. 2016년 러시아는 민주당원들이 사악한 마법 witchcraft을 실행하고 있다는 가짜 이야기를 퍼뜨렸다. 하지만 미국이 과거 그 어느 때보다도 더 심각하게 양극화한 상황에서 러시아의 트롤과 정부 관료들은 자신들이 지어낸 것보다 미국인들이 직접 꾸며낸 가짜 정보가 훨씬 더 효과적으로 유포되고 증폭된다는 사실을 깨달았다. 그래서 이번에는 빠르게 전파되는 소위 '바이럴 정보viral information'를 만들려는 데 주력하는 대신(그러면 눈에 띄기 쉬운 위험이 있었다) 작은 불씨만으로 폭발성이 있는 정보를 찾아내어 영리하게 부추기는 쪽을 택했다.

2020년 2월 민주당원들이 아이오와Iowa 예비 선거 결과를 발표하는 데 사용한 모바일 앱이 오류를 일으키자, 러시아 트롤은 그런 사실을 폭로하고 퍼뜨리면서 해당 앱은 힐러리 클린턴의 내부 서클에서 버니 샌더스를 밀어내기 위한 음모의 일환이라고 주장했다. 코로나 바이러스로 인한 팬데믹이 터지자 러시아 트롤은 코비드-19 바이러스는 미국에서 제조한 생물학무기bioweapon라거나 빌 게이츠가 그에 대응한 백신으로부터 막대한 수익을 올리기 위해 꾸며낸 음험한 계획이라는 미국 음모이론자들의 주장을 리트윗했다. 그리고 전 세계가 백신을 기다리며 멈춰 선 동안, 러시아의 트롤은 1년 전 우크라이나의 대규모 홍역 발생 때 그랬던 것처럼 터무니없는 백신 음모론을 사실인 것처럼 유포하는 데 주력했다. 이들은 공식 코비드-19 통계 수치에 의문을 제기하거나 락다운lock-down 방역 대책에 반대하거나, 마스크 착용의 효능에 의심을 품는 사람들의 포스트를 집중 리트윗했다. 그리고 수천 명의 시민들이 경찰의 아프리카계 미국인 살해를 비판하며 시위에 나서자 같은 러시아 세력은 그에 반대하는 사람들의 트윗을 퍼날랐고, 특히 '흑인의 생명도 중요하다' 운동을 폭력적인 급진 좌익 세력이 전개하는 트로이의 목마식 전술이라고 폄하하는 트럼프의 트윗을 적극 확산시켰다. 새로운 캠페인이 나올 때마다 미국인 스스로 창작한 거짓 정보가 어디로 귀결되는지 그리고 어디에서 러시아의 적극적인 개입이 시작되는지 파악하기가 점점 더 어려워졌다. 우리는 푸틴의 '유용한 멍청이useful idiots'가 돼 버렸다. 그리고 미국인들이 내분에 빠져 허우적대는 한 푸틴은 누구의 제재도 받지 않고 세계를 농단할 수 있었다.

"러시아의 적극 조치의 모토는 '힘의 정치보다는 정치의 힘으로 승리한다'는 겁니다."라고 전직 FBI 요원으로 러시아의 거짓정보 전술에 정통한 클린트 와츠Clink Watts는 내게 설명했다. "그것이 뜻하는 바는 적진에 침투해 이들을 정치적 내분에 휘말리도록 조장함으로써 자신들 마음대로 조종할 수 있게 만든다는 것입니다."

여러 면에서 미국의 관계자들은 대놓고 푸틴의 방향에 협조하는 것처럼 보였다. 단 한 개의 선거 보안 법안조차 승인을 거부한 '모스크바 미치'만이 아니었다. 그해 8월, 신임 국가정보국장인 존 래트클리프John Ratcliffe는 선거 개입에 관한 의회 대면 정보 브리핑을 중단했다. 래트클리프는 그런 결정의 이유로 너무 많은 정보 유출을 내세웠지만, 서면 평가로 대체함으로써 국가정보국장은 의회의 질문과 반박, 해명 요구를 받을 필요 없이 정보를 자기 재량으로 재단할 수 있게 됐다. 그 이후 정보 분석가와 관계자들은 래트클리프가 정보를 트럼프의 입맛에 맞도록 마음대로 왜곡하는 데 충격을 받았다. 승인된 주제 외에는 브리핑이 제한됐고, 정치적으로 유리한 내용의 정보만 선별적으로 기밀을 해제했다. 트럼프의 지지자들에게 고위직을 안겼고, 러시아의 선거 개입 정보가 나올 때마다 푸틴이 아닌 중국과 이란이 선거에 중대 위협이라고 반박했다.

그것은 한 사람만을 위한 프로파간다propaganda 판타지였고 현실과는 동떨어진 것이었다. 중국과 이란도 적극적이었지만 트럼프와 그의 측근들이 주장하는 것과는 다른 양상이었다. 이란의 사이버 군대는 과거 그 어느 때보다도 더 공격적이었지만 성공률은 낮았다. 트럼프 유세 팀에 피싱 공격을 퍼부었지만 실제로 침투하는 데는 성공한 적이 없었다. 선거일이 임박하면서 이들은 수천 명의 미국인들에게 극우 백인우월주의 집단인 '프라우드 보이즈Proud Boys'라며 공화당에 투표하지 않으면 '당신에게 보복이 뒤따를 것'이라고 경고했다. 하지만 이들은 일부의 추정과 달리 훔쳐낸 유권자 데이터가 아닌 공개 데이터를 사용했을 뿐이다. 그리고 부주의한 실수 때문에 미국의 관계자들은 즉각 그 이메일이 이란에서 나왔음을 파악했다. 그것은 아마도 사이버 공격 역사상 가장 신속하게 공격의 출처를 밝혀낸 사례로, 어떤 면에서는 자랑할 만한 일이었다. 대신 래트클리프는 그 순간을 트럼프에게 유리하도록 왜곡하는 기회로 삼았다. 그는 기자들에게 이란의 허술한 이메일 공격은 유권자들을 위협하고 사회적 혼란을 조장하기 위한 것이라고, '트럼프에게 피해를 입히기 위한' 것이라고 주장했다.

트럼프와 그 보좌관들은 계속해서 이란과 중국의 위협을 전면에 내세우며 러시아의 위협 수준을 희석했다. 9월의 한 유세에서 트럼프는 다시 러시아의 개입은 거짓이라고 주장했다. "그러면 중국은 어때요? 다른 나라는 왜 따지지 않죠? 언제나 러시아, 러시아, 러시아. 저들은 또 다시 거짓 주장을 펴고 있어요." 트럼프의 측근들은 기꺼이 그의 주장에 동조했다. 텔레비전 인터뷰에서 어느 나라가 임박한 선거에 가장 큰 위협이냐는 질문에 트럼프의 국가안보 보좌관인 로버트 오브라이언Robert O'Brien과 호전적인 스타일의 빌 바Bill Barr 검찰총장은 러시아가 아니라 중국이 가장 심각한 위협이라고 되풀이했다.

이들의 스토리라인은 바로 그 순간에 중국이 트럼프가 아닌 바이든을 적극 노리고 있었다는 사실 때문에 상황이 복잡해졌다. 정보요원들은 이를 공개적으로 인정하지는 않았지만 구글과 마이크로소프트의 보안 팀은 중국의 해킹 활동이 정면으로 바이든 진영을 겨냥하고 있다는 사실을 발견했다. 그리고 중국의 활동은 러시아처럼 해킹-유출 스타일의 초기 단계가 아니라 전형적인 스파이 활동으로 보였다. 이것은 2008년 대통령 선거에서 중국이 매케인과 오바마 양 진영을 해킹해 고위 자문역들의 시스템에 침투한 뒤 정책 문서와 이메일을 훔쳐본 경우와 다르지 않았다. 이번에도 보안 연구자와 정보분석가들은 중국이 가까운 미래의 정치적 상황을 내다보기 위해 중국에 대한 바이든의 정책 계획을 평가하기 위해 그런 감시 활동을 벌이는 것이라고 판단했다.

정보기관의 임무는 항상 특정 정파에 치우치지 않는 중립성을 띠고 있었다. 시간이 지날수록 트럼프와 그가 임명한 친트럼프 기관장들은 크고 작은 정보 내용을 대통령의 정치적 목적에 맞춰 왜곡했다. 트럼프의 정보기관장 중 FBI 국장인 크리스토퍼 레이Christopher Wray만이 백악관의 대체적 현실에 휘둘리지 않고 공개적 중립성을 지켰다. 바 검찰총장과 오브라이언 국가안보 보좌관이 TV 인터뷰에서 중국의 위협을 과장했던 시기에 레이는 의회 청문회에 출석해 러시아가 '바이든의 선거 유세를 방해할 목적으로 불법적 영향력을 행사해' 미국 대선에 개입하고 있다고 증언했다. 그는 차분하게 사실을 증언했지만 진실이 고갈된 당시 상황에서 그것은 마치 항명한 군인의 발언처럼 충격을 줬고, 트럼프와 그의 심복들은 레이가 사실을 발언했다는 이유로 공격했다.

"크리스, 자네는 중국의 활동을 보지 않는군. 그 나라가 러시아, 러시아, 러시아보다 훨씬 더 큰 위협인데도 말이지. 두 나라 모두 그리고 다른 나라도 요청하지도 않은 (위조된?) 투표 사기에 완전 취약한 우리의 2020년 선거에 개입할 수 있을 걸세."라고 트럼프는 트윗을 날렸다.

트럼프의 극우 측근인 스티브 배넌Steve Bannon은 이후에 레이와 전염병 전문가인 앤서니 파우치Anthony Fauci 박사를 대통령의 선동에 감히 의심을 품는 연방 공무원들에게 본때를 보여주기 위해 파면해야 한다고 주장했다.

우리는 지난 4년간 해외의 적들이 어떤 음모를 꾸밀까 우려해 왔다. 하지만 선거일이 다가오면서 진짜 개입은 내부에서 나온다는 사실이 분명해졌다. 심지어 단 한 표도 행사되기 전에 트럼프는 2020년 대선이 '부정 선거rigged'이자 '사기이고 가짜'라고 주장하며 민주주의 자체까지 훼손하려 시도했다.

"나는 대통령이 한 많은 것에 동의하지 않지만, 이것은 그중에서도 최악입니다."라고 메인주의 앵거스 킹Angus King 상원의원은 내게 말했다. "민주주의 체제에 대한 국민의 신뢰를 훼손하는 것은 대단히 위험합니다. 그리고 그것은 러시아와 다른 많은 나라가 미국에 대해 시도하는 적성 행위와 궤를 같이합니다."

그것은 선거 관계자들이 2020년 11월의 대선을 향해 가면서 해결하지 않으면 안 되는 정치적 지뢰였다. 매코널 상원의원이 단 하나의 선거 보안 법안조차 통과시키려 하지 않는 가운데, 상원 정보위원회의 민주계 대표이자 버지니아주의 상원의원인 마크 워너Mark Warner는 극우적 성향을 비롯한 주 정부의 선거 책임자들에게 해외 세력의 위협은 엄연한 현실이며, 그를 막기 위해서는 CISA의 도움을 받아야 한다고 설득하는 데 총력을 기울였다.

CISA의 크렙스 국장은 부국장이자 전직 선거지원위원회Election Assistance Commission의 위원인 매트 매스터슨Matt Masterson을 시켜 주마다 돌면서 선거 시스템의 취약점을 스캔하고 수정하는 한편, 유권자 등록 데이터베이스와 유권자 명부를 안전하게 보관하고, 비밀번호를 바꾸고, 악성 IP 주소를 차단하고, 접근 방식을 2중 인증으로 강화하고, 만약을 대비해 문서 형태로 백업해 두도록 간곡히 부탁했다. 팬데믹은 선거 환경을 완전히 바꿔버려 투표소는 폐쇄됐고, 그 탓에 수백만 유권자들은 우편 투표를 택했다. 몇 가지 차원에서 이것은 선거의 안전성을 더 높였다. 우편 투표는 자연스럽게 문서 증거를 남긴다는 장점이 있었지만, 유권자 등록 데이터베이스가 더욱 중요해지는 결과로 이어졌다. 유권자 등록 데이터를 유권자 주소를 바꾸거나 등록 유권자를 미등록으로 표시하거나 유권자 정보 자체를 완전히 삭제하는 등의 방식으로 훼손하는 공격은 그 규모가 커질 경우 수천, 심지어 수백만 표를 없애버릴 위험이 있었다. 우편 투표가 늘어난다는 것은 어느 한쪽이 압승하는 경우가 아닌 한, 선거 결과는 하룻밤 새 결정되지 않고 며칠, 심지어 몇 주가 걸리면서 공격받을 여지^{attack surface}가 더 많아진다는 뜻이기도 했다. 그리고 우편 투표는 등록 시스템, 우체국, 유권자 서명 검증 시스템과 집계 및 보고 시스템에 대한 랜섬웨어 공격의 위협 수준을 더 높였다.

그해 9월 레드먼드에서 마이크로소프트의 톰 버트^{Tom Burt}는 미국의 마을과 도시를 휩쓴 랜섬웨어 공격을 마음 졸이며 분석하고 있었다. 9월에 이미 여러 도시와 주에 선거 결과를 표시해주는 소프트웨어를 판매하는 텍사스 주의 타일러 테크놀로지스^{Tyler Technologies}라는 회사가 랜섬웨어의 공격을 받았다. 이 소프트웨어는 투표 결과를 실제로 집계하지는 않았지만, 최소한 20개 지역에서 결과를 수집하고 보고하는 데 사용됐다. 선거에 혼란과 불확실성을 조장하려는 세력이 노리기에 더없이 적합한 표적이었다. 그 공격은 작년 미국의 마을과 도시를 휩쓴 1천 개 이상의 랜섬웨어 공격 중 하나에 불과했지만, 러시아 해커들이 2014년 우크라이나 선거에서 이용하려 했던 바로 그 핵심 부분이기도 했다. 개표 직전에 우크라이나의 보안 팀에 들키지만 않았다면 그 지점에 멀웨어를 투입해 극우 후보의 승리를 주장하는 상황으로 나갈 수도 있었다. 해당 공격은 또 다른 이유로도 매우 우려할 만한 것이었다. 이후 며칠 간, 타일러 테크놀로지스의 고객들(회사 측은 누구인지는 밝히지 않았다)은 외부자들이 자신들의 고객 시스템에 접근하려 시도하는 것을 탐지했고, 그 공격자들이 단순한 수익 이상의 무엇인가를 노린 게 아닐까 하는 두려움에 빠졌다.

버트는 랜섬웨어 공격을 지켜보며 점점 더 불안해졌다. 그런 불안감을 촉발한 것은 트릭봇의 운영자들이 감시 능력을 추가해 감염된 공식 시스템을 감시하고, 선거 관리 담당자들의 기록을 훔쳐볼 수 있게 된 부분이었다. 그렇게 되면 사이버 범죄자나 해외 정부기관은 선거 이전과 이후에도 마음대로 선거 시스템을 마비시킬 수 있을 터였다.

"이것이 러시아 측 정보망인지는 모르겠습니다."라고 버트는 내게 말했다. "하지만 우리가 아는 것은 트릭봇이 그 물량 면에서 랜섬웨어의 핵심 유통 채널이고, 정부기관원들이 선거 시스템을 해킹할 목적으로 트릭봇과 계약을 맺고 랜섬웨어를 퍼뜨리기는 매우 쉽다는 점입니다. 너무나 많은 랜섬웨어가 지방 정부를 표적으로 삼고 있다는 점을 고려하면 그럴 위험성은 다분합니다. 선거 당일에 네다섯 개의 선거구가 랜섬웨어에 묶여버린다고 상상해 보세요. 선거 결과가 유효냐 무효냐 따지는 논쟁에 기름을 들이붓는 셈이죠. 엄청난 뉴스가 될 거예요. 두고두고 회자되겠죠. 그리고 러시아 측에는 대승리가 될 겁니다. 아마 내년까지 보드카로 축배를 들 거예요. 바로 그것이 내가 막으려는 위험이라고 직원들에게 강조하고 있습니다."

그를 위한 분명한 출발지는 트릭봇이었다. 그것은 플로리다주, 조지아주의 법원, 「LA타임스」, 뉴올리언즈, 루이지애나주의 정부기관에 대한 랜섬웨어 공격의 통로로 사용됐다. 그리고 최근에는 트릭봇을 통해 전달된 랜섬웨어가 팬데믹의 와중에 4백 개 이상의 병원을 마비시키면서 의료 부문에서 역사상 가장 큰 사이버 공격의 하나로 기록됐다.

버트는 보안 담당 간부와 변호사들로 구성된 팀을 꾸리고 트릭봇을 무력화할 방안을 찾았다. 이들은 법적 소송이 최선이라고 판단했다. 자신들의 소송을 연방 법원으로 가져가면 사이버 범죄자들이 마이크로소프트의 코드를 악의적 목적에 사용함으로써 미국의 저작권법을 위반하고 있다는 명분으로 웹 호스팅 제공사에게 트릭봇 운영자들의 온라인 접근을 차단할 수 있을 것이었다. 이들은 몇 달간 전략을 짰지만 실제 행동은 10월까지 기다리기로 했다. 너무 일찍 대응에 나섰다가는 러시아 해커들에게 11월 전에 재편성할 시간을 주게 될지 모른다는 우려 때문이었다.

하지만 실행에 들어가기로 한 10월이 됐을 때, 마이크로소프트는 다른 누군가가 이미 들어와 있다는 사실을 발견했다. 미국의 사이버 사령부는 9월 말부터 트릭봇의 지휘 통제 시스템을 해킹하기 시작해, 감염된 컴퓨터에 무한 반복endless loop 지시를 내리도록 만들었다. 그것은 되풀이해서 자기 번호로 전화를 거는 바람에 다른 사람이 전화를 걸어도 통화 중 신호만 듣게 되는 것과 비슷한 상황이었다. 트릭봇 운영자들은 반나절 만에 자신들의 컴퓨터를 원상태로 복구했다. 하지만 일주일쯤 뒤에 사이버 사령부는 다시 트릭봇 시스템에 똑같은 공격을 벌였다. 이번에도 시스템 마비는 일시적이었다. 하지만 그것은 2018년 중간 선거를 앞두고 나카소네 장군의 사이버 군대가 러시아의 인터넷연구소에 보냈던 것과 비슷한 경고 메시지이기도 했다. 우리는 너희를 지켜보고 있다. 우리는 너희 내부에 들어가 있고, 만약 우리 선거에 개입한다면 가만두지 않겠다라는 메시지 말이다. 선거가 임박함에 따라 사이버 사령부는 허위 '프라우드 보이즈' 캠페인을 벌였던 이란의 해커들에게도 더 이상 공격을 못하도록 비슷한 경고성 공격을 벌인 사실이 드러났다.

기자 회견에서 나카소네 장군은 이란과 트릭봇에 대한 공격은 논의하기를 거부했지만, 사이버 사령부가 추가 조치를 취할 준비가 돼 있음을 분명히 했다. "승인만 떨어지면 우리의 적들에 대해 다른 작전을 할 준비와 태세가 돼 있습니다." 앞으로 남은 몇 주간의 계획을 묻자 장군은 이렇게 말했다. "지난 여러 주와 여러 달 동안 적들에게 취해진 조치로 적들은 우리의 선거에 개입하지 않을 것이라고 저는 확신합니다."

사이버 사령부의 공격에 뒤이어 마이크로소프트가 연방 법원을 통해 트릭봇의 운영을 중지시킨 일은 권투의 원투펀치 같은 효과를 낳았으며, 한 보안 담당 간부의 표현을 빌리면 트릭봇 운영자들을 '상처입은 짐승들 wounded animals'로 만들었다. 인프라의 90% 이상이 다운된 상태에서 트릭봇의 러시아 운영자들은 새로운 툴을 동원해 미국의 병원에 보복 공격을 가했다. 랜섬웨어로 공격하겠다고 계획한 4백여 개의 미국 병원 목록을 서로 공유하면서 하나하나 서서히 공격하기 시작했다. 선거가 채 일주일이 남지 않은 시점이었고, 코로나 바이러스 환자가 기록적으로 치솟아 병원은 더욱 압박을 받을 때였다.

한 사이버 위협 연구자가 취득한 한 러시아 해커가 그 동료들에게 건넨 비밀 메시지에 따르면, 이들은 랜섬웨어 공격을 통해 미국 시민들이 '공황 상태에 빠질 것을 기대'했다.

FBI, CISA, 보건복지부Department of Health and Human Services는 일선 병원의 관리자 및 보안 연구자들과 비상 통화를 갖고 이들에게 임박한 '확실한 위협credible threat'의 내용을 경고하고 설명했다. 캘리포니아, 오레곤, 뉴욕 주의 병원들은 이미 공격을 받고 있다고 보고했다. 아직 생명을 위협할 만한 수준은 아니었지만 이들은 컴퓨터 대신 펜과 종이로 업무를 처리했고, 화학요법chemotherapy 치료를 중단했으며, 의료 직원이 부족한 병원은 환자를 다른 병원으로 옮겼다. 정부의 보안 관계자들은 대혼란을 우려했다. 하지만 선거가 일주일 앞으로 다가온 시점에서 이들은 선거 개입을 막는 임무에 집중할 수밖에 없었다.

사이버 사령부에서 CISA와 FBI, NSA 요원들은 높은 경계 수준에 돌입했다. 투표가 한창 진행 중인 가운데 공격은 이미 부상하고 있었다. 조지아주에서 우편 투표에 표시된 유권자의 서명을 확인하는 데이터베이스가 랜섬웨어 공격으로 잠겨버렸고, 러시아 해커들은 또한 유권자들의 등록 데이터를 온라인에 뿌려놓았다. 루이지애나주는 북한에서나 볼 수 있을 정도로 시효가 지난 툴을 사용하는 소규모 지방 정부에 사이버 공격을 막는다는 명분으로 주^州 방위군^{National Guard}을 파견했다. 러시아의 엘리트 해커 팀은 인디애나와 캘리포니아주에서 시스템을 엿보다가 들켰다. 그리고 누군가가 일시적으로 트럼프 유세 팀의 컴퓨터를 해킹해 그 웹사이트를 지우고, 엉터리 영어로 최악의 상황은 아직 오지 않았다는 경고를 표시했다.

각각의 공격을 뜯어보면 어느 것도 심각한 수준은 아니었다. 하지만 이들을 모아놓고 보면 CISA의 크렙스 국장과 실리콘밸리의 사이버 보안 경영진이 표현한 '인식 해킹^{perception hack}'[5]으로 모아졌다. 경합 주에 집중된 공격 하나하나 뜯어보면 보잘것없어도, 트럼프가 수없이 되풀이해 온 선거 조작 주장을 뒷받침하는 증거로 사람들의 인식 속에서 쉽사리 증폭될 수 있었다. CISA의 크렙스 팀은 음모 이론과 과장된 선거 부정 주장을 조목조목 반박하는 풍문 관리^{rumor control} 사이트를 만들었다. 그 때문에 이들은 트럼프의 표적에 정면으로 들어가고 말았다. 크렙스와 그의 참모들은 그 때문에 선거가 끝나자마자 해임될 가능성이 크다고 인정했다.

트위터의 한 경영진은 페이스북과 트위터 구글의 사이버 보안 담당 간부들이 지난 몇 달 동안, 배우자와 함께하는 시간보다 더 많은 시간을 네트워크 보안을 점검하고 서로 정보를 주고받는 데 더 많은 시간을 보냈노라고 내게 말했다. 이들이 주력한 부분은 직접 공격이든 영향력 행사를 위한 캠페인이든 해외의 선거 개입으로부터 방어하는 것이었고, 선거의 공정성을 훼손하기 위한 목적의 게시물에 대해서는 경고하고, 왜곡됐거나 거짓임을 알리는 표지를 달았다. 이들도 이런 대응이 트럼프의 심기를 건드릴 것이

---

5 가짜 뉴스나 거짓 정보로 사람들의 인식이나 지각을 조작해 사회 혼란을 조장하는 행위를 가리키는 표현 ― 옮긴이

라는 사실을 알았다.

선거 당일이 되자 예상한 사고가 전국적으로 벌어졌다. 조지아주에서는 풀턴^{Fulton} 카운티의 수도 본관이 터져 애틀란타에서 개표 집계가 여러 시간 지연됐고, 이는 며칠로 더 길어졌다. 조지아주의 다른 두 카운티에서는 각기 다른 소프트웨어 문제로 선거 관리 요원들이 유권자들을 확인하는 데 지연 사태가 벌어졌다. 또 다른 소프트웨어 문제로 관리 요원들의 투표 결과 보고가 지연됐지만 최종 집계에는 영향을 미치지 않았다. 미시건주에서는 한 카운티의 선거 관리 요원들이 한 도시의 투표 결과를 실수로 두 번 집계했지만 곧바로 오류를 수정했다. 또 공화당의 아성인 앤트림 카운티^{Antrim County}에서는 바이든이 트럼프를 약 3천 표 차이로 눌렀음을 보여주는 비공식 결과가 나왔다. 트럼프가 압승한 2016년의 결과와는 극명한 대조였다. 한 선거 관리 요원이 실수로 투표 스캐너와 결과 보고 시스템을 잘못 설정하는 바람에 실제 결과와 해당 후보자가 제대로 부합하지 않은 탓이었다. 하지만 이것은 사람의 실수로 빚어진 일이었고, 따라서 재빨리 수정됐다.

하지만 어쩌면 기적적으로 그날 아무런 외부 세력의 개입 증거도, 사기나 심지어 단 하나의 랜섬웨어 공격도 없었다. 세 시간마다 CISA의 관계자들은 기자들에게 발견 내용을 브리핑했는데, "안심하기는 아직 이릅니다."라는 신중론에도 불구하고 많은 이가 우려했던 러시아와 이란, 중국의 사이버 범죄자들은 나타나지 않았다. 크리스 크렙스의 표현에 따르면 '인터넷의 여느 화요일과 다를 바 없는 하루'였다.

미국의 적들이 선거일에 무엇을 계획했었는지 혹은 무엇이 이들의 공격을 막는지는 끝내 모를 수도 있다. 직접 투표 결과가 발표될 당시 트럼프 우세였던 개표의 흐름은 그 뒤로 며칠에 걸쳐 집계된 우편 투표의 결과 민주계인 청색 주의 높은 참여로 조 바이든을 차기 대통령으로 선출하는 결과로 마무리됐다. 믿었던 공화계 적색 주의 지지율로는 역부족이었음이 드러난 소위 '적색 신기루red mirage' 현상이었다.

나는 2020년 대선이 무사히 치러진 데는 사이버 사령부의 잘 조율된 공격과 CISA의 숨은 영웅들의 공이 컸다고 생각한다. 이들은 주와 카운티 선거 시스템의 보안을 높였고, 트릭봇을 무력화했으며, 이란의 공격을 신속히 규명했고, 연방 검사들은 선거 직전 우크라이나의 전력망을 마비시킨 낫페트야 공격, 2018년 올림픽 공격과 프랑스 선거 개입 그리고 2016년 미국의 유권자 등록 데이터베이스 절도 등의 혐의로 러시아의 군사 정보 요원들을 공개 기소하면서 러시아 측에 수치심을 안겼다. 나는 이런 것이 한데 모여 성공적인 억제력으로 작용했고, 그것은 반복적으로 시행되는 과정에서 점점 더 향상될 수 있었다고 생각한다.

선거를 몇 주 앞둔 시점에서 푸틴이 예의 포커 페이스를 버리고 순간적으로 본심을 드러낸 순간이 있었다. 공식 성명에서 푸틴은 미국과 사이버 '리셋reset'을 하자고 제안했다. "선거 절차를 비롯한 상대국의 내정에 대한 불간섭을 상호 서약하자고 나는 제안합니다."라고 푸틴은 말문을 열었다. "우리 시대의 주된 전략적 과제 중 하나는 디지털 영역에서 벌어질 수 있는 대규모 대치의 위험입니다. 우리는 다시 한번 정보와 통신 기술의 사용을 둘러싼 우리의 관계를 원점으로 되돌리자고 미국에 촉구합니다."

아마도 그것은 진심이었을 것이다. 하지만 미국의 관계자들은 푸틴의 제안을 즉각 묵살했다. 법무부의 최고 국가안보 관계자는 푸틴의 '리셋' 제안을 '부정직한 말장난이자 냉소적이고 값싼 선전'일 뿐이라고 폄하했다.

하지만 그간의 정황을 고려하면 2020년에 러시아의 선거 개입 활동이 훨씬 덜 드러난 이유는 푸틴이 저지를 당해서가 아니라 아마도 자신이 의도했던 미국 내 작전은 이미 완료됐다고 판단했기 때문으로 풀이된다. 다름 아닌 미국의 대통령이 그들의 역할을 대신해주는 상황에서 이제 러시아의 트롤은 미국 국민들 사이에 불화와 혼란의 씨앗을 뿌리는 데 손가락 하나 까딱할 필요도 없었다. 이 글을 쓰는 시간은 대통령 선거가 끝난 지 정확히 일주일이 지난 시점인데, 트럼프는 아직 선거 결과에 승복하지 않았다. 선거가 '조작됐으며', 유권자 '사기'가 전국적으로 벌어졌고, 선거 시스템이 수상한 '오류glitches'를 일으켰다는 트럼프의 주장은 오히려 더 거세지고 있다. 트위터가 트럼프의 트윗에 사실과 다르다는 경고 딱지를 붙이는 와중에도 브라이트바트Breitbart, 페더럴리스트the Federalist, 최근에 등장한 우익 소셜미디어 플랫폼 '팔러Parler' 등은 트럼프의 메시지를 띄우고 확산하기에 분주하다. 애리조나주의 경우처럼 한 편에서 수백 명의 트럼프 지지자들이 투표소 앞에 모여 "투표를 집계하라!Count the votes!"고 외치는가 하면, 미시건주에서는 마스크도 쓰지 않은 시위자들이 "투표 집계를 중단하라!Stop the count!"를 부르짖고 있다. 애틀랜타에서는 트럼프의 아들이 지지자들에게 '죽을 때까지to the death' 싸우자고 선동한다. 미국 민주주의의 요람인 필라델피아에서 투표소 직원들은 투표 결과를 집계하면 죽이겠다는 위협을 받았다. 거짓 정보의 홍수는 과거 4년을 통틀어 유례가 없을 정도로 극심했다. 그리고 미국의 보안 관계자들이 우려했던 소위 '인식 해킹'이 백악관 내부에서 나온다는 점도 분명했다.

이란과 러시아의 트롤은 트럼프의 메시지를 소셜미디어라는 반향실反響室, echo chamber에서 더욱 증폭하고 확산시켰다. 하지만 그들의 그런 시도는 현실을 제대로 파악하고 있는 진짜 미국 국민들에 의해 억지되고 있었다. 푸틴의 2016년 선거 개입이 미국 사회에 혼란을 조장하고 민주주의를 훼손하기 위한 씨앗이었다면, 지금 벌어지는 현상은 분명 그가 기대했던 수준을 훨씬 뛰어넘는 것이었다.

사이버 보안 분야를 취재하는 동안 나는 항상 우리가 버섯구름을 향해 가고 있다고, 세상의 종말을 향해 가고 있다는 경고를 들어 왔다. 급박하게 진행되는 이 분야의 사건과 사고를 추적하는 중에서도 선거 개입, 거짓 정보, 중국의 기업 비밀 절도와 철저한 자국민 감시망, 이란의 무분별한 해킹 시도 등 나는 최악의 상황을 미리 엿보게 해주는 특정한 한 사례를 취재해 왔다.

수년 전부터 국토안보부로부터 받기 시작한 전화? 러시아가 우리의 에너지 네트워크에 침투하고 있다는 경고? 미국의 전력 인프라? 그 정도가 아니었다. 미국 사회가 '러시아 사기'의 거짓 정보에 휘말려 허우적거리는 동안, 러시아의 해커들은 무엇인가 훨씬 더 심각한 무엇인가를 모의하고 있었다.

문제의 제보 전화를 7월 4일에 받은 것은 문제의 성격과도 잘 맞은 듯했다. 나는 2017년 미국 독립기념일 연휴를 맞아 남편, 반려견과 함께 콜로라도주의 로키산맥을 운전해 가던 중에 전화를 받았다.

"그 놈들이 들어왔어요."라고 전화기 속 목소리는 말했다. "그 놈들이 결국 들어왔다고요."

나는 남편에게 차를 길가에 세우게 하고 밖으로 나왔다. 내 취재원은 DHS-FBI의 긴급 경고 메시지를 본 것이었다. 그것은 전적으로 공익 시설, 수도 공급, 원자력 발전소와 관련된 비상 정보망이었다. 정보 관계자들은 연휴를 이용해 그 정보를 묻어버리려 시도했다. 해당 메시지를 보자마자 나는 그 이유를 알 수 있었다. 러시아 해커들은 미국의 원자력 발전소에 침투한 것이다.

그 보고서는 상세히 설명하지는 않았다. 하지만 기술적 지표 속에 묻어서 분석가들은 여러 공격 중 하나에서 코드의 일부를 뽑아 포함시켰다. 그 코드는 러시아 해커들이 가장 위험천만한 표적을 침해했음을 명백히 보여줬다. 바로 캔자스주 벌링턴^{Burlinton} 근처에 있는 1,200메가와트 규모의 울프 크리크Wolf Creek 원자력 발전소였다. 이것은 감시 목적의 공격이 아니었다. 러시아 해커들은 미래의 공격을 위해 발전소의 네트워크를 파악하고 분석했다. 이들은 원자로 제어 시스템과 방사선 감시기에 직접 접근할 수 있는 산업 엔지니어들의 정보를 이미 빼냈다. 원자로 제어와 방사선 감시는 체르노빌, 스리마일 아일랜드Three Mile Island 그리고 후쿠시마Fukushima 원전에서 발생한 노심 용해nuclear meltdown 같은 심각한 사고에 대응하는 데 결정적으로 중요하다. 주범은 스턱스넷이었다. 다만 해킹을 저지른 것이 미국이 아니라는 점만이 달랐다. 그것은 러시아였다. 그리고 목표는 핵전쟁을 막는 것이 아니었다. 촉발하는 것이었다.

러시아 세력은 미국 정치에 깊숙이 개입해 왔다. 하지만 미국 인프라에 관한 한 이들은 탐색하고, 찔러보고, 잠복하고, 우크라이나에서 경고 메시지를 날린 뒤 종적을 감췄다. 이제 이들은 미국의 원자력 발전소 내부로 들어와 푸틴이 '공격 개시'라고 외칠 날을 기다리며 잠복하고 있었다. 그리고 러시아가 그해 7월에 무슨 짓을 벌일 수 있는지 조금이라도 의혹이 남아 있었다면 우크라이나의 사례를 보는 것으로 혹은 한 달 뒤 사우디아라비아의 페트로 라비그Petro Rabigh 정유소에 대한 사이버 공격을 보는 것으로 그것을 짐작하기에 충분했다. 러시아 해커들은 제로데이를 활용해 한 엔지니어의 컴퓨터에서 발전소 제어 시스템으로 들어가 폭발을 일으킬 수 있는 마지막 단계인 안전 잠금 장치를 해제했다. 대량 살상을 가능케 하는 사이버 공격의 기술적 장애물은 이제 제거됐다. 우리는 모두 누가 먼저 돌이킬 수 없는 지점으로 가는 스위치를 누를지 조마조마한 마음으로 기다리는 상황에 처했다.

이듬해 3월에 나온 DHS-FBI의 또 다른 경고 메시지에서 이들은 미국의 전력망과 원자력 발전소에 대한 공격의 배후로 러시아를 공식 지목했다. 보고서에 포함된 내용은 미국이 직면한 새로운 위험을 섬뜩하게 보여줬다.

588

스위치를 누르려는 러시아 해커들의 손가락을 표시한 스크린샷이었다. "우리는 이제 그들이 우리 시스템 위에 앉아 있다는 증거가 있습니다."라고 시만텍의 에릭 첸Eric Chien 디렉터는 내게 말했다. "그들이 원하기만 하면 스위치를 끄거나 시스템을 무력화할 수 있다는 뜻이죠. 우리가 아는 한 그들은 거기에 있었습니다. 전력을 끊어버릴 능력이 있어요. 거기에서 하나 빠진 것은 그렇게 해야 할 정치적 동기입니다."

그 보고서는 의미 심장한 시각표도 담고 있었다. 러시아 해커들은 미국의 전력망에 대한 공격 수위를 2016년 3월, 러시아가 포데스타와 DNC 서버를 해킹한 시기와 같은 달에 높였다. 그로부터 8개월 뒤, 크렘린의 수뇌부조차 자신들이 지원한 트럼프가 백악관에 입성하게 된 데 놀랐다. 하지만 트럼프의 선거 결과는 그들에게 발을 빼는 것이 아니라 도리어 더 대담하게 행동하도록 부추겼다. 트럼프 치하에서 러시아 해커들은 미국 전역에 걸쳐 알려지지 않은 수의 원자력 발전소에 은밀히 침투했다.

"지금 당장 말씀드리건대 그들은 자신들에게 보복 행위가 가해질 것이라고 생각하지 않습니다."라고 나카소네 장군은 2018년 5월 NSA 국장 겸 미국 사이버 사령부의 책임자로 인준되기 며칠 전, 상원 청문회에서 증언했다. "그들은 우리를 두려워하지 않습니다."

나카소네 장군이 새로운 직무를 맞을 즈음, NSA와 사이버 사령부 직원들은 아직 미국 시스템에 대한 러시아 공격을 평가하는 중이었다. 울프 크리크만이 아니었다. 러시아 해커들은 네브래스카주의 쿠퍼 원자력 발전소Cooper Nuclear Station를 비롯해, 그 숫자와 이름은 아직 불명이지만 미국 전역의 다른 발전소도 표적으로 삼았다. 이들은 또 사우디아라비아에 있는 정유 시설의 안전망을 무너뜨렸던 바로 그 해커들이 미국의 화학, 석유 및 가스 운영 시설을 '디지털 드라이브-바이digital drive-by' 방식으로 훔쳐보고 있다는 사실을 발견했다. 마치 차를 타고 지나가며 시설을 둘러보듯, 시설의 내부 시스템을 훔쳐본 것이었다. 러시아의 공격 위험은 점점 더 고조되고 있었다.

나카소네 장군이 오랫동안 견지한 입장은 미국이 사이버 영역에서 '전향적으로 방어해야defend forward' 한다는 것이었다. 일본계 미국인 언어학자의 아들로 진주만 사태를 직접 경험한 나카소네는 전면전을 예방하는 유일한 길은 적을 전장에서 만나야 한다는 것이었다. 이란의 전력망에 지뢰를 심는 '나이트로 제우스' 작전에서 중요한 역할을 한 사람이 나카소네였다. 그리고 미국의 주요 인프라에 대한 러시아의 공격에 적극 대응하지 않으면 안 된다고 주장한 것도 나카소네였다. 이제 그의 지휘 아래 사이버 사령부는 대응책을 준비하기 시작했다.

이후 수개월간, 사이버 사령부는 전례없는 심도와 공격성으로 치명적인 멀웨어를 러시아의 시스템에 심기 시작했다. 오랫동안 미국은 디지털 영역에서 가장 은밀한 나라 중 하나였지만 이제는 실력을 과시하면서 러시아 측에 만약 우리쪽 스위치를 감히 건드린다면 그에 상응한 보복을 하겠다는 의사를 분명히 했다. 지난 몇 년간 디지털 영역에서 두드려맞고 멍든 전력을 감안하면 이런 보복 공격은 때늦은 것이라고 보는 사람들도 있었다. 그런가 하면 미국이 사실상 전력망을 적법한 표적으로 승인하는 결과를 낳을 것으로 우려하는 쪽도 있었고, 그것은 물론 타당했다.

석 달간 데이비드 생어와 나는 격화되는 워싱턴과 모스크바 간의 디지털 냉전에 대해 가능한 한 많은 정보를 캐내려고 시도했다. 미국의 공격은 극비였지만 국가안보 보좌관인 존 볼턴은 몇몇 단서를 공개하기 시작했다. "우리는 지난 해 사이버 스페이스에서 벌어지는 선거 개입 도발에 대응하는 것을 최우선 과제로 삼았고, 그래서 거기에 집중해 왔습니다. 하지만 이제는 행동으로 옮길 대상과 범위를 확대하고 있습니다." 그리고 볼턴은 러시아를 지목하면서 "우리의 메시지가 통할 때까지 당신들에게 비용을 물릴

590

것입니다."라고 첨언했다.

이후 며칠간 우리는 대변인을 통해 볼턴과 나카소네에게 미국의 전력망 공격에 대한 질문을 보냈지만 이들은 대답하기를 거부했다. 하지만 생어 기자가 국가안보위원회National Security Council를 방문해 우리가 보도할 내용을 알려주자 기묘한 일이 발생했다. 국가 안보상 민감한 보도 내용은 보통 해당 부처의 반박이나 부인이 따르게 마련이다. 이번에는 무반응이었다. 위원회는 우리가 보도할 내용에 대해 아무런 국가 안보상의 우려도 없노라고 관계자는 대답했다. 그것은 러시아에 대한 우리의 보복 공격의 목적이 세상에 널리 알려지도록 하는 데 있음을 시사하는 명백한 증거였다.

우리의 보도 내용에 대한 펜타곤 관계자들의 유일한 걱정거리는 미국의 전력망 공격에 대한 내용을 트럼프에게 상세히 브리핑하지 않았다는 점이었다. 이것은 부분적으로 사이버 사령부의 새로운 권한은 대통령의 사전 인지나 승인을 요구하지 않았기 때문이었다. 하지만 그것은 단지 공식 이유일 뿐이었다. 실상은 트럼프에게 공격 계획을 미리 보고할 경우 그가 계획을 철회시키거나 러시아 관계자들에게 그런 사실을 알릴 수 있다고 우려했기 때문이었다. 2년 전에 그런 전례가 있었다. 트럼프가 워낙 극비여서 미국 정부의 많은 고위 관료들조차 전혀 몰랐던 미국의 비밀 작전을 아무렇지도 않게 러시아의 외무장관에게 발설한 것이다.

우리의 보도가 2019년 6월에 나가자 트럼프는 분개했다. 그는 자신이 좋아하는 소셜미디어인 트위터에 「뉴욕타임스」는 기사의 출처를 즉각 공개하라면서 보도는 '사실상의 반역 행위'라고 공격했다. 그것은 대통령이 '반역treason'이라는 단어를 사용한 첫 사례였다.

몇 년 동안 우리는 '가짜 뉴스fake news', '대중의 적the enemy of the people', '「뉴욕타임스」의 실패' 같은 트럼프의 빈번한 공격에 익숙해졌지만, 이번에는 우리를 사형감인 죄목으로 몰아세우고 있었다. 그것은 전제군주나 독재자들이 자행해 온 언론 탄압의 수준에 근접하는 것이었다. 사주인 A.G. 설즈버거^{Sulzberger}는 화급하게 우리를 변호하면서 「월스트리트저널」에 대통령은 '위험한 선'을 넘었다고 비판하는 칼럼을 기고했다.

"쓸 수 있는 최악의 선동 용어를 이미 다 소진해 버린 지금, 남은 것은 그의 위협을 실행에 옮기는 것밖에 더 있겠는가?"라고 설즈버거는 반문했다.

그 순간 내가 걱정했던 것은 내가 아니라 해외의 내 동료들이었다. 내가 이 분야를 담당하기 시작한 순간부터 나는 내가 위험한 영역으로 점점 더 빠져들고 있다는 사실을 자각했다. 하지만 나는 멘토인 필 터브만이 해준 말을 항상 가슴에 새겨 왔다. 터브만은 냉전 시절 「뉴욕타임스」의 모스크바 지국장으로 일했다. 내가 중국의 해킹에 관한 기사를 「뉴욕타임스」에 게재한 날, 우리는 점심에 만났다. 그는 그날 내게 무섭냐고 물었다. 그것은 내가 의도적으로 자문하기를 꺼려하는 질문이었고, 나는 긴장된 웃음으로 대답을 대신했다. 그런 내게 터브만은 매일 모스크바의 학교로 어린 자녀를 데려다줄 때마다 KGB 요원이 미행하던 시절을 회고했다. 크렘린은 종종 일종의 위협으로 눈에 띄게 그런 행동을 했다. 자신들이 그의 모든 움직임을 지켜보고 있음을 알리려는 것이었다.

"자네도 그런 상황일 거라고 가정해야 하네."라고 터브만은 그날 내게 말했다. 하지만 내게 「뉴욕타임스」 기자가 가진 커다란 특권 중 하나는 눈에 보이지 않는 갑옷을 입었다는 점이라는 이야기도 덧붙였다. 내게 무슨 불상사가 생긴다면 그것은 국제적인 사고가 될 거라고 터브만은 말했다. KGB가 그를 그처럼 공격적으로 미행했음에도 선을 넘지 않았던 데는 그럴 만한 이유가 있었다고 말이다. 지난 7년 동안 나는 그의 말에서 위안을 얻었다. 눈에 보이지 않는 갑옷. 국제적 사고.

하지만 근래 들어 나는 과연 눈에 보이지 않는 갑옷이 존재하기나 하는 것인지 의구심을 갖기 시작했다. 카슈끄지의 피살 그리고 그에 대한 미국 정부의 미온적 대응은 명백한 경고 메시지였다. 나는 트럼프의 위협적 언사를 진심으로 믿지는 않았지만 그가 중국, 튀르키예, 멕시코, 미얀마, 러시아, 걸프 지역 군주국의 정부에 묵시적으로 테러 행위를 부추기고 있다고 우려했다. 그리고 그것이 이미 고통스러운 양상으로 현실화하고 있었다. 멕시코의 해킹 행위, 튀르키예에서 벌어지는 언론인 구금, 튀르키예의 레제프 타이이프 에르도안Recep Tayyip Erdogan 대통령이 워싱턴 DC를 방문했을 때 미국인 시위자들을 무차별 폭행하도록 용인했던 튀르키예의 깡패들, 중국의 미국인 언론인 추방, 제프 베조스에 대한 사우디아라비아의 해킹, 이집트의 정부 당국은 조금도 망설이지 않고 언론인 겸 저술가인 데이비드 커크패트릭David Kirkpatrick을 카이로에서 체포해 2019년 미국으로 추방했다. 그리고 2년 전에 벌어졌지만 트럼프가 우리를 지목해 '반역죄'라고 몰아붙이기 전까지 드러나지 않았던 한 사건에 대해 「뉴욕타임스」는 제보 전화를 받았다. 제보자는 본인의 자유 의사로 행동하는 것임을 분명히 했다. 이집트 당국은 또 다른 언론인 데클란 월시Declan Walsh를 체포하려고 준비 중이었다. 그는 카이로의 고속도로 가에 버려진 한 이탈리아 학생에 대한 고문과 살인에 관련된 이집트 정부의 역할을 최근 취재해 보도했다. 제보 내용은 다급했지만 꽤 전형적이기도 했다. 「뉴욕타임스」는 미국 외교관들로부터 그러한 경고를 많이 들어왔다. 하지만 이것은 달랐다. 제보자는 심리적으로 매우 고통스러워했다. 그에 따르면 미국 대사관의 상급자들은 이미 이집트 정부 측에 자신들은 개입하지 않을 것이라는 뜻을 전달했다. 트럼프 행정부는 이집트 정부의 체포를 묵과할 의도였다. 월시가 대사관에 도움을 요청하는 전화를 걸었을 때, 대사관 관계자들은 우려하는 척하면서 월시가 아일랜드 시민이니 아일랜드 대사관에 전화를 해야 한다고 떠밀었다. 결국 그를 안전하게 빼내준 것은 미국이 아니라 아일랜드였다. 그 사례는 "언론인들은 더 이상 미국 정부가 자신들을 보호해줄 것으로 믿어서는 결코 안 된다는 점을 보여준다."라고 윌시는 뒤에 썼다. 달리 말하면 우리의 보이지 않는 갑옷은 사라져버린 셈이었다. 그것은 트럼프가 대통령에 취임하던 날 사라져 버렸다.

해커들, 정보기관 요원들, 우크라이나의 보안 관계자들 그리고 재야의 목소리들은 언제나 내게 사이버 공격으로 조종된 재난적 폭발이 우리를 멸망시킬 것이라고 경고해 왔다. 사이버판 진주만Cyber Pearl Harbor 피습 상황인 셈이다. 그리고 약 10년 전 사이버 보안 분야를 처음 맡을 무렵부터 나는 항상 반문했다. "그렇군요, 그럼 그게 언제죠?" 이들의 대답은 거의 코믹할 정도로 늘 똑같았다. "18개월에서 24개월 안에요." 그 때문에 내 취재 노트마다 '18~24개월'이라는 글자가 적혀 있었다. 시급성을 느끼게 할 만큼 가깝지만 그들의 예측을 잊지 않기에는 먼 시간 간격이었다.

　　그런 예측으로부터 1백 개월 이상이 지났고, 비록 핵폭발의 버섯구름은 아직 보지 못했지만, 우리는 과거 그 어느 때보다도 더 가깝게 그런 상황으로 다가가고 있다. 2020년 대통령 선거를 몇 주 남겨놓은 시점에서 미국의 원자력 발전소에 침투했던 러시아 해커들이 미국의 지역 네트워크를 파기 시작했다. 선거가 코앞이라는 공격의 타이밍을 고려할 때 러시아의 정보기관인 FSB 소속 해커들의 소행으로 보였고, 그 공격으로 인한 잠재적 피해의 우려 때문에 NSA도 그 내용을 전달받았다. 하지만 선거는 문제없이 치러졌고, 아무런 불상사도 벌어지지 않았다. 이 글을 쓰는 지금도 그들이 무슨 짓을 어떤 이유로 벌였는지 모른다. 혹자는 러시아가 주 정부와 지방 정부의 시스템도 표적에 넣음으로써 그들이 벌이는 도박의 위험성을 분산하려는 것이라고 추정한다. 만약 푸틴이 트럼프가 재선될 것으로 믿고 미국과 더 나은 관계를 맺기를 원했다면 러시아가 선거에 개입한다는 인상을 줄이고 싶었을 것이다. 이제 바이든이 당선된 상황에서 러시아는 우리 시스템에 구축해둔 교두보를 활용해 바이든의 권한을 약화시키고 적법성을 훼손하려 시도하거나, 아니면 새로운 행정부를 도발하지 않기 위해 얼마간 자제하거나 그도 아니면 시스템 내부에 똬리를 틀고 앉아서 공격의 호기를 기다릴 것이다.

"한 가지 가능한 설명은 이들이 핵심 인프라를 공격하는 데 능숙한 진짜 프로들인 A팀을 고용해 시스템에 침투해놓고 결정적인 시기가 올 때까지 조용히 기다리고 있다는 것입니다."라고 DHS의 전직 사이버 보안 부국장인 수잰 스폴딩은 내게 말했다. "이런 작업을 들키지 않게 조용히 수행하면 그만큼 선택의 폭이 넓어지죠."

나는 솔직히 오랫동안 누차 경고 받아 온 사이버 공격으로 인한 대재난을 만나게 될지, 그렇다면 그게 언제가 될지 알지 못한다. 하지만 이를 진주만에 비유하는 데는 문제가 많다. 2차 세계대전 당시 미국은 진주만 공습을 예상하지 못했지만, 사이버 공습은 적어도 10년 동안 예상해 왔다. 대신 우리가 경험하는 것은 단일한 공격이 아니라 맨눈에는 보이지 않지만 비상한 속도로 전국을 덮치고, 주요 인프라는 물론 우리의 민주주의, 우리의 선거, 우리의 자유, 우리의 프라이버시 그리고 우리의 심리 속으로 깊숙이 파고드는 그러나 그 끝은 보이지 않는 일종의 전염병에 더 가깝다. 미국의 컴퓨터는 39초마다 공격을 받는다. 뚜렷이 감지될 만한 사태에 대해서만 우리는 잠시 멈추고 이를 분석한다. 하지만 심지어 재난에 가까운 공격을 받은 다음에도 그 교훈은 너무 빨리 잊혀진다. 위험성이 점점 더 높아지는데도, 위협이 돌연변이를 일으켜 더욱 치명적인 버전으로 악화되는데도, 과거 어느 때보다도 더 빠른 속도로 공격해 오는데도, 우리는 사이버 공격을 마치 정상인 것처럼 당연시해 왔다. 그 결과 펼쳐지는 위기는 거의 아무도 예기치 못한 차원으로 적절히 표현할 언어가 부족할 지경으로 확대돼 우리의 도시와 마을, 병원을 거의 이틀에 하나 꼴로 마비시키고 있다. 미국 정부는 때때로 기소와 제재로 대응하지만 점점 더 한 단계 더 높은 사이버 공격으로 보복하는 방식을 택한다. 우리는 인터넷에 국경이 없다는 사실을 너무나 자주 잊어버린다. 지켜야 할 선도 없다. 우리는 우리 자신의 공격으로부터 자유롭지 못하다. 적은 진실로 매우 훌륭한 교사다. 사이버 무기 시장은 더 이상 미국의 독점이 아니다. 우리는 더 이상 우리의 사이버 무기를 안전하게 보유할 수 없다. 우리가 개발한 무기는 우리 자신을 겨냥할 수 있고, 그런 사례를 목격했다. 미국 역시 취약하다. 문제는 다른 나라보다 취약점이 더 많다는 점이다.

11월 대선이 있기 몇 달 전에 나는 미국 사이버 전쟁의 대부에게 전화를 걸었다. 나는 네바다주 사막의 자택에 있는 짐 고슬러와 용케 통화할 수 있었다. 그는 슬롯머신을 분해하면서 새로운 취약점을 열성적으로 찾고 있었다. 나는 그로부터 무엇인가 안심이 되는 말을 듣고 싶었던 것 같다.

"이건 한마디로 필연적인 것이었어요."라고 고슬러는 내게 말했다. "오랫동안 사람들은 문제가 충분히 크다는 사실을 믿지 않았습니다."

그는 내게 밤하늘의 별만큼이나 컴퓨터 시스템에 취약점이 많다는 사실을 상기시켰다. 끈기 있는 적이 그런 취약점을 우리에게 불리한 방향으로 악용하는 것은 시간 문제일 뿐이었다. 그리고 지금 그런 일이 벌어지고 있었고, 하도 빈번하다 보니 대부분의 공격은 주요 뉴스로 취급되지도 않았다. 그들은 우리의 원자력 발전소, 병원, 양로원 시설, 주요 연구소와 기업을 공격했고, 어찌된 일인지 그런 내용을 열심히 보도해도 보통 미국인들의 의식을 건드리지 못하는 듯했다. 자신들의 네스트Nest 제품, 아마존 알렉사, 실내 온도 조절기, 베이비 모니터, 심박조절기, 전구, 승용차, 스토브 및 인슐린 펌프를 인터넷에 연결하는 사람들의 주목을 받지 못하는 듯했다.

진실을 말한다면 이를 제대로 감독하고 감시할 사람은 없다. 기병대도 없다. 그리고 지금 팬데믹은 우리가 미처 상상하지 못할 만큼 빠른 속도로 우리의 삶을 버추얼 환경으로 만들어, 과거 그 어느 때보다도 더 확연하게 우리를 사이버 공격의 위험에 노출시키고 있다. 해커들이 코로나 바이러스 재난을 악용해 병원, 백신 연구소와 코비드-19 대응을 주도하는 연방기관을 표적으로 삼는 것은 놀라운 일이 아니었다. 미국 병원에 대한 러시아의 보복 공격이 얼마나 성공적일지는 아직 분명하지 않다. 선거로부터 10일이 지난 지금, 더 많은 병원이 사이버 공격을 받았다고 보고하고 있다. 그리고 코로나 바이러스 환자가 기록적인 수준으로 높아지고, 그에 따라 건강한 병원 인력이 부족해짐에 따라 나는 사이버 공격이 인명 피해로 이어지는 것도 시간 문제라고 우려한다.

이 글을 쓰는 현재 해외 국가와 사이버 범죄자들은 미국의 네트워크를 너무나 자주 다양한 방식으로 공격을 해대는 바람에 이것을 일일이 추적하는 일조차 거의 불가능해졌다.

"우리는 오래 전에 이미 이런 일이 벌어질 것이라고 예상했습니다."라고 고슬러는 내게 말했다. "이건 수많은 반복 해킹으로 인한 대재난인 셈입니다. 우리의 적들은 자신들이 노리는 우리의 시스템이 취약하다는 점을 알고 있습니다. 우리가 그들을 해킹하는 데 썼던 툴이 이제 그들의 수중에 들어갔고, 그들은 인터넷의 익명성에 의존해 얼마간의 위협을 무릅쓰고 우리를 공격할 용의가 있습니다. 이런 공격은 시간이 지나면서 점점 더 빈번해지고 심각해질 겁니다."

사이버 환경의 급속한 변화 때문에 인간이 인터넷을 통해 첫 메시지를 보낸 것이 불과 40년 전이라는 사실을 잊어버리기 쉽다. 그런 인터넷이 앞으로 10년 뒤 혹은 20년 뒤에는 어떤 모양일까 상상해 봤다. 웹에 얼마나 더 의존하게 될지, 얼마나 더 많은 인프라가 온라인으로 연결될지 생각했다. 그리고 한 순간 나는 그런 상태가 정보 대혼란과 대량 파괴의 상황에 놓일 가능성을 떠올렸다.

"잘 들어요. 니콜." 고슬러가 말했다. "사이버 취약점에 관해 걱정하지 않으려면 아프리카의 어느 산속 수도원에서 세상과 격리된 수도사가 돼야 할 거요."

그런 통화를 끝으로 나는 미국 사이버 전쟁의 대부가 그의 슬롯머신과 다시 씨름하도록 내버려뒀다. 나는 그 짧은 전화 통화 동안 얼마나 많은 사이버 공격이 자행됐을까 문득 궁금했다. 나는 아프리카의 그 산속에서 세상과 절연된 수도사와 위치를 바꾸고 싶었다.

아프리카의 코끼리가 그보다 더 그리울 수가 없었다.

내가 자란 캘리포니아주의 포톨라 밸리^{Portola Valley}에서 1.6km쯤 떨어진 곳에는 길가 여관에 딸린 오랜 술집^{roadhouse}이 있다. 알파인 인 비어 가든 Alpine Inn Beer Garden이라는 이름이었지만 이웃들은 여전히 '조트의 술집^{Zott's}' 이라고 불렀다. 이전 주인 이름인 로소티^{Rossotti}를 줄인 조트의 술집은 1850년대까지 거슬러 올라갈 만큼 유서가 깊다. 처음에는 도박장이었고, 고급 술집^{saloon}이었다가 나중에 버거와 맥주를 파는 술집으로 바뀌었다. 동쪽에 위치한 스탠퍼드대학교 근처의 고급 주택가에 사는 주민들에게는 눈엣가시였다.

스탠포드의 캠퍼스에서는 술을 팔 수 없었다. 스탠퍼드대학교 설립자인 리랜드 스탠포드^{Leland Stanford}의 요구에 따라 캠퍼스는 물론 팔로알토^{Palo Alto}에서도 술을 마실 수 없었고, 대학 행정 담당자들은 학생들이 술에 취해 거리를 배회할까 우려했다. 스탠포드의 초대 총장은 조트의 술집을 '술집 기준으로도 극도로 불쾌한 곳'이라며 문을 닫게 하려고 로비 활동을 벌였지만 성공하지 못했다.

그것은 실제로 온갖 유형의 주정꾼과 소란꾼이 모이는 지저분한 장소였고, 돌이켜 보면 인터넷의 적합한 탄생지였다.

요즘 손님들 중 그런 사실을 아는 사람은 거의 없지만, 그 당시 디지털 우주 전체는 피크닉용 테이블 하나를 중심으로 공전하고 있었다. 1976년 어느 여름날 오후, 한 무리의 컴퓨터 과학자들이 앉아 첫 번째 메시지를 인터넷을 통해 전달하던 바로 그 테이블이었다. 그해 8월, 부근 도시인 먼로 파크^{Menlo Park}에 있는 SRI 인터내셔널 연구소의 과학자들은 구식 빵배달 트럭을 조트의 술집 주차장에 세우고, 현지로 출장을 나온 펜타곤 관계자들에게 자신들의 기술을 시연했다. 장소를 하필이면 조트네 술집으로 선택한 것은 그들끼리의 농담 때문이었다. SRI의 괴짜 과학자들은 그 장소에 바이커 갱인 '헬스 에인절스^{Hell's Angels}'도 섞이기를 은근히 바랐다. 아니나 다를까, 이들이 그날 장군들을 만날 때 한 사람이 물었다. "바이커들이 모이는 술집 주차장에서 대체 뭘 하자는 거요?"

"그렇게 물어보실 거라고 짐작했습니다."라고 SRI의 과학자들 중 한 사람이 대답했다. "우리는 이 시연을 적대적인 환경에서 하고 싶었습니다."

과학자들은 텍사스 인스트루먼츠^{Texas Instruments} 브랜드의 투박한 컴퓨터 터미널을 꺼내 주차장에서 멀리 떨어진 피크닉 테이블에 놓고, 카우보이와 바이커들이 호기심 어린 눈초리로 바라보는 가운데 터미널과 연결된 케이블을 주차해둔 빵배달 트럭과 연결했다. SRI의 과학자들은 빵배달 트럭을 5만 달러짜리 라디오를 부착한 대형 이동식 라디오 유닛으로 개조하는 데 몇 달을 소비했다. 모든 것이 케이블로 연결되자 이들은 맥주를 한 잔씩 주문하고 나서 인터넷으로 첫 번째 이메일을 전송했다.

불과 몇 밀리세컨드^{millisecond1} 안에 그 이메일은 조트의 술집을 떠나 빵배달 트럭의 이동식 라디오 유닛을 거쳐 두 번째 네트워크인 펜타곤의 고등 연구프로젝트 기관 네트워크^{ARPANET}로 이동한 다음 보스턴의 최종 목적지에 도착했다. 그 전송은 두 개의 뚜렷한 컴퓨터 네트워크가 서로 연결된 첫 사례였다. 이듬해에는 세 개의 네트워크가 '상호연결되고^{internetworked}' 머

---

1 1밀리세컨드는 1000분의 1초 – 옮긴이

지않아 우리가 아는 웹이 등장하게 된다.

조트의 술집 벽에는 아직도 '인터넷 시대의 시작^{Beginning of the Internet Age}'

을 기념하는 명판과 과학자 한 명이 한 손엔 맥주를 든 채 첫 번째 인터넷 메시지를 타이핑하는 모습을 여성 한 명을 포함한 동료 과학자들이 옆에 서서 보는 사진이 걸려 있다. 몇 년 전, 나는 사진 속의 그 남자를 추적해보기로 결심했다. 그의 이름은 데이브 레츠^{Dave Retz}였다. 나는 레츠에게 당시 그들이 구축하는 것에 대해 아무런 보안 우려도 없었느냐고 물었다.

"전혀 없었어요."라고 그는 대답했다. "우리는 그것이 작동하도록 만드는 데만 정신을 쏟았죠."

당시에는 아무도 이 상호연결된 시스템, 낡은 빵배달 트럭에서 꺼내어 구축된 네트워크가 언젠가 인류의 집단 기업이 될 줄은 혹은 현대의 은행, 무역, 운송, 인프라, 의료, 에너지 및 무기 시스템의 디지털 근간을 제공할 줄은 생각하지 못했다. 하지만 돌이켜 생각해 보면, 앞으로 실현될 내용 중에서 한 가지 불길한 대목을 미처 고려하지 못했노라고 레츠는 인정했다.

이들이 조트의 술집에서 역사적 시연을 하기 2년 전에 샌프란시스코의 항공 관제사들은 '출처 불명^{unknown origin}'의 광선이 레이더를 교란한다고 불평하기 시작했다. 알고 보니 SRI의 무선 주파수가 공항의 항공 관제 시스템에 침투한 것이었다. 하지만 그런 상황을 겪고 난 다음에도 이 발명품이 언젠가 항공기를 추락시키거나 상수도 공급을 차단하거나 선거를 조작하는 데 악용될지도 모른다는 생각은 이들의 머릿속에 들어오지 않았다. 그로부터 40여 년이 지난 2020년, 샌프란시스코 국제공항의 관계자들은 미국의 원자력 발전소와 전력망 및 주 정부 시스템에 침투했던 그 은밀한 러시아 해커들이 공항 이용자와 직원들이 사용하는 인터넷 포털을 가로챈 사실을 발견했다.

나는 레츠에게 만약 가능하다면 무엇을 되돌리고 싶냐고 물었다. 그의 대답은 즉각적이고 분명했다. "무엇이든 가로챌 수 있습니다. 무엇이든 포착될 수 있어요. 사람들은 이런 시스템의 무결성을 확증할 방법이 없습니다. 당시 우리는 이런 점을 생각하지 못했어요. 하지만 분명한 사실은 모든 것이 취약하다는 점입니다."라고 그는 유감스럽다는 어조로 말했다.

* * *

불과 10년 전만 해도 국가 안보의 주된 위협은 여전히 대부분의 경우 물리적 영역에 있었다. 이를테면 항공기를 몰고 빌딩으로 돌진하는 납치범들, 핵폭탄을 보유하게 된 불량 국가, 미국 남부의 국경 밑으로 땅굴을 파는 마약 운반책, 중동 지역으로 파병된 군인들을 괴롭히는 급조 폭발 장비, 그리고 마라톤이 한창 진행되는 와중에 폭탄을 터뜨리는 자생 테러범들 같은 경우였다. 그러한 위협을 추적하고 다음 공격을 예방할 수 있는 수단을 개발하는 일은 항상 NSA의 임무에 들어 있었다. 만약 또 다른 9/11 사태가 내일 터진다면 우리가 자문하게 될 첫 번째 질문은 20여 년 전 9/11 사태 당시 물었던 것과 같은 질문일 것이다. 어떻게 우리는 이것을 놓쳤을까?

하지만 9/11 이후 20여 년 동안 위협의 지형은 극적으로 바뀌었다. 논쟁의 여지는 있지만 이제는 악의적인 세력이나 국가가 보잉 737 맥스 항공기에 탑재된 소프트웨어를 망쳐놓는 것이 9/11 당시 테러리스트들이 항공기를 납치해 빌딩에 충돌했을 때보다 더 쉬워졌다. 불과 10년 전만 해도 가설에 불과했던 위협이 이제는 엄연한 현실이 됐다. 러시아는 한겨울에 다른 나라의 전력을 끊어버릴 수 있음을 증명했다. 사우디아라비아의 석유화학 공장의 안전 잠금 스위치를 꺼버렸던 바로 그 러시아 해커들은 이제 미국의 목표물에 대한 정보를 수집하고 있다. 논란의 여지는 있지만 기초적인 피싱 공격으로 미국 대통령 선거의 향방을 바꿔놓았다. 우리는 북한의 사이버 공격 탓에 병원 시스템이 다운돼 환자들을 돌려보내는 상황을 목격했다. 미국의 댐을 공격하려는 이란의 해커들을 발견하기도 했다. 우리의 병원, 마을, 도시 및 근래에는 가스 파이프라인까지 랜섬웨어의 볼모가 됐다. 사이버 수단을 악용해 미국인을 포함해 무고한 민간인들을 감시하고 괴롭히는 소위 동맹국의 행태도 포착했다. 그리고 코로나 바이러스로 인한 팬데믹 기간 동안 중국과 이란 같은 단골 용의자와 베트남과 한국 같은 신규 참여자들은 의료연구기관에 대한 해킹을 시도해 미국의 대응을 유도했다.

팬데믹은 글로벌 현상이지만 그에 대한 대응은 나라마다 천차만별이었다. 동맹국, 적성국 가릴 것 없이 다른 나라의 억제와 처리, 대응 방식을 파악하기 위해 사이버 스파이 활동에 열을 올렸다. 러시아의 사이버 범죄자들은 재택 근무 중인 미국인들을 해킹하는 방식으로 정확한 숫자는 알려지지 않았지만 '포춘 500' 명단에 포함된 주요 미국 기업 중 여러 곳에 침투했다.

이런 시도에는 한계선이 없다. 이 글을 쓰는 현재, 미국은 사상 최대 규모의 의료 사이버 공격을 당했다. 400곳이 넘는 곳에서 의료 서비스를 제공하는 대규모 병원 체인인 '유니버설 헬스 서비스Universal Health Services'가 사이버 범죄자들의 랜섬웨어 공격으로 마비됐다. 수백 개의 임상 실험은 이를 관리하는 데 사용되는 소프트웨어가 랜섬웨어에 묶이면서 중단됐다. 임상 실험에는 코로나 바이러스에 대응한 테스트와 처치 그리고 백신 실험도 포함돼 있었다. 심지어 주목할 만한 해킹 능력이 없는 나라조차 새로운 잠재적 위험성을 드러내고 있다. 나이지리아의 온라인 사기꾼들은 해킹 쪽으로 무게중심을 옮겨 코로나와 관련된 가짜 이메일을 클릭하도록 유도하는 방법으로 피해자들의 컴퓨터에 대한 접근 권한을 얻는다. 해킹으로 자신들의 대의명분을 알리려는 소위 '핵티비스트'들도 눈에 띤다. 미네아폴리스 경찰의 손에 죽음을 당한 조지 플로이드George Floyd의 복수와 '흑인의 생명도 중요하다'를 주장하는 시위자들에 대한 지원을 명분으로, 지난 5년여

동안 잠적해 있던 느슨하게 연계된 해킹 집단인 어나니머스^{Anonymous}에 소속된 해커들은 전국에 걸쳐 2백 개 이상의 경찰 부서와 FBI 지사를 해킹해 10년치 법 집행 데이터를 온라인에 공개했다. 미국의 법 집행기관에 대한 해킹 사상 최대 규모였다. 이스라엘 정부는 이란의 해커들이 코로나 락다운으로 집에 머물러 있는 수천 명의 주민들에 대한 식수 공급을 끊을 목적으로 상수도 시설을 해킹했다고 비난했다. 미국에서 팬데믹이 최악의 상황으로 치닫는 동안 하루 해킹 시도는 4배로 폭증했다. 해킹의 빈도와 표적의 범위는 '천문학적이며 전대미문의 수준'이라고 한 전직 정보 요원은 내게 말했다. 그리고 그마저도 우리가 탐지할 수 있는 공격에 국한된 것이었다.

"우리는 훨씬 더 큰 문제를 아주 작은 렌즈로 들여다보고 있을 뿐입니다."라고 사이버 위협 연구자인 존 헐트퀴스트는 내게 말했다.

오랫동안 미국의 정보기관은 디지털 취약점을 은폐하는 것이 적성국을 감시하는 데, 전쟁 계획에 그리고 국가 안보에 매우 중요하다고 정당화해 왔다. 하지만 그런 명분은 설 자리를 잃고 있다. 이들은 인터넷이 글로벌 팬데믹 상황에서 우리 모두가 절실하게 체험한 것처럼 불가분의 관계로 긴밀히 연결돼 있다는 사실을 무시한다. 한 사람에게 영향을 미치는 디지털 취약점은 모두에게 영향을 미친다. 물리적 세계와 디지털 세계 간의 장벽은 점점 더 낮아지고 있다. "모든 것을 가로챌 수 있다."는 레츠의 말은 옳으며, 우리의 개인정보, 지적 재산, 화학 공장, 원자력 발전소 심지어 미국의 자체 사이버 무기까지 대부분 중요한 정보는 이미 가로채기 당했다. 우리의 인프라는 이제 가상공간과 연결돼 있으며, 팬데믹 상황이 전례없이 큰 범위와 속도로 우리를 온라인으로 밀어붙임에 따라 그런 상황은 더욱 가속화되고 있다. 그 결과 우리가 공격을 받을 수 있는 표면^{attack surface}과 마비 상태에 빠질 잠재적 위험성은 사상 유례없이 더 커졌다.

공격 능력의 기준에서 미국의 사이버 역량이 다른 어떤 나라보다도 앞서 있다는 미국의 판단은 옳았다. '오직 우리만' 사이버 취약점을 찾아내고 활용할 수 있다는 개념의 '노버스'는 얼마간은 유효했다. 그런 점에 대해서는 고슬러 같은 선구자들에게 감사할 일이다. 스턱스넷은 걸작이었다. 그 덕택에 이스라엘의 전투기가 폭격에 나서는 상황을 막을 수 있었다. 그 덕택에 인명 피해도 더 적었다. 그러면서도 이란의 핵 개발 프로그램을 몇 년이나 늦추고 이란 수뇌부가 협상 테이블로 나오게 만들 수 있었다. 하지만 그것은 전 세계에, 무엇보다 그 표적이 됐던 나라에 그런 가공할 사이버 무기가 존재한다는 사실을 알려버렸다.

그로부터 10년여가 지난 지금, 글로벌 규모의 사이버 군비 경쟁이 본격 진행 중이다. 각국의 정부기관은 민간 기업과 오픈소스 커뮤니티에서 소프트웨어의 취약점을 수정하기보다 훨씬 더 많은 시간과 돈을 들여 취약점을 찾는 데 골몰하고 있다. 러시아, 중국, 북한, 이란 등은 제로데이를 비축하는 한편 자체 논리 폭탄을 만들고 있다. 이들은 미국의 디지털 지형을 잘 알고 있으며, 많은 분야에 이미 침투해 있다. 그림자 브로커들의 데이터 유출, 손쉽게 구입할 수 있는 해킹 툴의 확산 및 디지털 용병 시장의 확대 등과 더불어 미국과 다른 나라 간의 사이버 역량 간극은 충분히 좁혀졌다.

세계는 사이버 재앙의 벼랑에 서 있다. 몇 년 전까지만 해도 나는 이런 표현을 과장된 것으로, 심지어 무책임한 것이라고 묵살했었다. 너무 많은 사람이 사이버 공간에 도사린 공포Fear와 불확실성Uncertainty 그리고 의문Doubt(줄여서 'FUD'라고 부른다)을 악용해 엉터리 소프트웨어나 서비스를 팔았기 때문이다. 사이버 보안업계는 우리에게 너무나 많은 세계 종말의 시나리오를 얘기했고 우리는 거기에 질려버렸다. 하지만 지난 10년 가까이 디지털 위협을 취재해 오면서 나는 이런 말이 요즘만큼 더 적절한 때도 없었다고 생각한다. 우리는 근시안적으로 대응해 구덩이에 빠졌고, 이제는 급박한 국가 안보의 시각에서 정신을 가다듬고 거기에서 빠져나와야 할 시점이다.

해법의 첫걸음은 문제를 인식하는 것이라고들 말한다. 이 책은 내 나름의 예방책이고 선제적 대응이다. 나는 우리 시스템의 방대한 디지털 취약성을 폭로하면서 어떻게 그리고 왜 그것이 존재하는지, 어떻게 정부기관이 그것을 악용했고 결과적으로 우리 모두를 위험 속에 내몰았는지 알리고자 했다. 내 이야기는 어떤 이들에게는 익숙하게 들릴지도 모르지만 정작 그것을 아는 사람은 많지 않고, 제대로 이해하는 사람은 더더욱 적을 것으로 짐작한다. 하지만 우리를 더더욱 취약한 상황으로 내모는 것은 우리의 무지다. 정보기관은 그런 무지에 기댄다. 정보의 기밀성과 앞에 간판으로 내건 위장 기업에 의존하고, 결부된 사안의 기술적 전문성을 내세워 사실을 은폐하고 혼란을 조장한다. 우리를 안전하게 보호할 의무가 있는 바로 그 기관이 실상은 되풀이해서 우리를 더욱 위험하고 취약한 상황으로 내몰았다. 나는 이 책이 일종의 위험 경보로 기능하기를 바란다. 디지털 시대의 가장 복잡한 수수께끼를 푸는 데 필요한 한 단서로 활용되기를 바란다.

　내가 일반 독자를 대상으로 이 책을 쓰고, 기계가 아닌 사람들에 초점을 맞춰 '이해하기 쉽다'는 평가를 받을 수 있도록 신경을 쓴 데는 이유가 있다. 그것은 모든 문제를 일거에 해결할 수 있는 '사이버 묘책cyber silver bullets'은 없으며, 이 엉망진창의 상황에서 벗어나기 위해서는 우리 모두의 노력이 필요하기 때문이다. 기술 전문가들은 내가 사안을 지나치게 일반화하고 단순화했다고 주장할지 모른다. 나도 인정한다. 어떤 이슈와 해법은 고도로 기술적이고 따라서 전문가들에게 맡길 수밖에 없다. 하지만 많은 경우는 전혀 기술적이지 않고 우리 각자가 수행할 역할이 있으며, 사람들에게 알리지 않고 은폐할수록 그 문제를 해결할 동기가 가장 낮은 사람들에게 작업을 떠넘기게 된다는 점을 강조하고 싶었다.

우리가 처한 디지털 곤경을 제대로 짚자면 국가 안보와 미국의 경제 그리고 우리가 당연시하는 일상의 편의 문제와 일정 부분 타협이 불가피하며, 이는 결코 쉽지 않은 사안이다. 하지만 아무것도 하지 않는 다른 대안은 더 어렵다. 우리를 위험한 경로로 내몰게 될 것이기 때문이다. 내가 모든 대답을 알고 있다고 한다면 거짓말이 될 것이다. 모든 대답을 알지는 못한다. 하지만 어디서든 시작해야 한다는 점은 분명히 알고 있다. 그리고 나는 해커의 사고 방식을 본받아 1과 0으로 시작해서 차근차근 위로 올라가자고 제안한다.

우리는 코드의 무결성을 높여야 한다. 기본적인 바탕이 여전히 취약하다면 아무도 그 상위층의 보안성을 높이는 데 투자하려 하지 않을 것이다. 우리는 인터넷을 다시 구축할 수도 없고 세상의 코드를 교체할 수 없으며, 그런 시도조차 하지 말아야 한다. 하지만 우리는 인프라를 엉망으로 만들고, 그로부터 이익을 얻으려는 사이버 범죄자들과 불량 국가에 대항한 벽은 크게 높일 수 있다. 그렇게 하기 위해서는 먼저 우리의 코드에 버그가 생기지 않도록 노력해야 한다. 그런 문제의 일단은 현행 경제 시스템이 아직도 시장 선점자에게 혜택을 주기 때문이다. 어떤 제품을 경쟁사보다 먼저 시장에 내놓는 곳이 이긴다. 하지만 속도는 언제나 훌륭한 보안 설계의 천적이었다. 현재의 시장 모델은 견고하고 입증된 보안성을 갖춘 제품을 내놓는 기업에 불리하게 돼 있다.

그럼에도 마크 저커버그가 페이스북 초창기에 밀어붙인 "빠르게 움직이고 무엇이든 깨뜨려라."는 모토는 거듭해서 실패했다. 사이버 공간의 손실로 인한 연간 비용은 테러리즘의 피해로 인한 비용을 능가한다. 2018년, 테러리스트들의 공격은 글로벌 경제에 330억 달러의 손실을 안겼는데, 이는

1년 전보다 38%가 줄어든 규모였다. 같은 해 550개 이상의 정보 소스를 취합한 랜드 코퍼레이션의 연구(이 분야에서는 가장 종합적인 데이터 분석 자료)에 따르면 사이버 공격으로 인한 글로벌 차원의 손실은 몇천억 달러 규모에 이른다. 그리고 그것은 보수적인 추산이었다. 개별 데이터 세트로 예상한 연간 사이버 손실은 2조 달러가 넘었다.

북한 같은 불량 국가가 물리적 영역에서보다 웹에서 훨씬 더 많은 돈을 빼낼 수 있고, 적국에 대해 훨씬 더 큰 피해를 입힐 수 있다는 사실을 깨달은 이상 그런 비용은 앞으로 더욱 커질 것이다. 우리는 이에 어떻게 대응하고 있는가? 우리는 수익, 속도 및 국가 안보라는 명분으로 우리의 디지털 시스템으로부터 마지막 남은 회복 탄력성^{resiliency}과 보안마저 쥐어짜고 있다. 하지만 지난 수년간 언론의 헤드라인을 장식해 온 여러 사이버 공격 사례로부터 얻을 수 있는 긍정적 교훈을 꼽는다면 얼마 전 방문한 페이스북의 벽에 쓰인 낙서를 인용하는 편이 가장 적절할 것이다. 누군가가 "빠르게 움직이고 무엇이든 깨트려라"라고 써 있는 모토 위에 선을 그어 지운 뒤 "느리게 움직이고 네가 망친 것을 고쳐라$^{Move\ slowly\ and\ fix\ your\ shit}$."라고 써놓았다.

보안은 처음부터 고려해야 한다. 우리는 너무나 오랫동안 취약한 코드가 수백만 명의 손과 자동차, 항공기, 의료 장비 및 전력망에 설치된 다음에야 보안 문제를 거론해 왔다. 사이버 보안 업계는 디지털판 해자$^{垓子,\ moat}$라고 할 수 있는 방화벽과 안티바이러스 소프트웨어로 취약한 시스템을 보호하려 시도했으나 제대로 통하지 않았다. 이제는 해킹당한 적이 없는 기업이나 정부를 찾아내기가 거의 불가능할 지경이다. 우리는 이제 NSA가 '심층 방어$^{defense\ in-depth}$' 접근법이라고 지칭한 방식을 취해야 한다. 그것은 코드로부터 시작해 위로 올라가는 다층적 보안 접근법이다. 그리고 안전한 코드를 짜는 유일한 길은 왜 취약점이 존재하는지, 어디에 존재하는지 또 공격자들이 어떻게 그것을 악용하는지 이해하고, 그런 지식을 악성 코드가 시장에 출몰하기 전에 코드 작성에 반영해 공격의 여지를 줄이는 것이다. 지금도 대부분의 소프트웨어 개발자와 기업은 코드가 제대로 작동하는지 시험하는 정도로, 코드의 무결성에는 거의 주의를 기울이지 않고 있다. 처음부터 보안 엔지니어들을 동원해 코드의 무결성을 점검하고, 오리지널 코드는 물론 다른 기업이나 기관으로부터 빌린 코드의 이상 유무를 검토해야 한다.

이것은 새로운 아이디어가 아니다. 보안 전문가들은 인터넷이 나오기 오래전부터 보안을 고려한 설계를 주창해 왔다. 마이크로소프트의 2002년 '신뢰할 만한 컴퓨팅' 지침은 한 전환점이었다. 완벽한 것은 아니었다. 실책도 있었고 진행상의 차질도 있었다. 그 때문에 윈도우 운영체제의 취약점은 스턱스넷, 워너크라이, 낫페트야 같은 사이버 무기의 원재료가 됐다. 하지만 다른 차원에서 그런 방침은 통했다. 마이크로소프트는 한때 웃음거리였지만, 이제는 보안 분야의 선두 주자로 널리 평가된다. 마이크로소프트 윈도우 운영체제의 제로데이는 공짜에 가까운 헐값에서 1백만 달러 선까지 치솟았다. 혹자는 그만큼 마이크로소프트의 보안을 뚫는 데 요구되는 시간과 에너지가 높아졌음을 반영하는 것이라고 지적한다. 윈도우에 대한 우려는 서서히 줄어드는 데 비해 어도비와 자바는 보안업계의 문제아가 되고 있다.

우리가 논의에서 빼놓을 수 없는 또 다른 주제는 오픈소스 코드, 눈에 보이지는 않지만 우리가 온라인에서 하는 거의 모든 일의 근간이 되는 바로 그 무료 소프트웨어 코드다. 애플과 마이크로소프트 같은 기업은 그들만의 독점적인 시스템을 유지하지만, 내부적으로는 적어도 이론상 마치 과학 학술지나 위키피디아Wikipedia에서 보는 것과 유사한 동료 검토 시스템에서 서로의 연구내용을 확인하는 자원봉사자들에 의해 관리되는 오픈소스 코드로 구성된 부분이 포함돼 있다. 오픈소스 소프트웨어는 지금 사용되는 모든 소프트웨어의 80~90%를 차지한다. 요즘 고급 승용차는 보통 1억 줄 이상의 코드를 내장하고 있다. 보잉 787, F-35 전투기 및 우주왕복선보다 더 많은 규모다. 음악을 스트리밍해주고, 핸즈프리 통화를 가능케 하며, 연료 수준과 속도를 모니터하는데 사용하는 코드의 약 4분의 1이 오픈소스다. '소프트웨어가 세상을 삼킨다software eats the world'라는 표현처럼, 오픈소스 코드는 우리가 생각할 수 있는 거의 모든 기기에 들어 있다. 이에 의존하는 대다수 기업과 정부기관은 자신들의 시스템에 어떤 코드가 들어 있는지 혹은 누가 그것을 관리하는지조차 모른다.

우리는 이를 2014년 연구자들이 오픈소스인 오픈SSL 암호화 프로토콜 버그인 하트블리드를 발견했을 때 뼈저리게 깨달았다. 1백만 대 이상의 시스템을 취약한 상태로 노출한 버그를 2년 동안 아무도 감지하지 못했다. 오픈SSL이 병원 체인, 아마존, 안드로이드, FBI, 미 국방부에서 사용되고 있었지만, 하트블리드는 그 코드가 영국에 사는 스티브라는 이름의 가난한 프로그래머에게 맡겨진 사실을 밝혔다.

우리의 멋진 신세계에서 이 화려할 것 없는 오픈소스 프로토콜은 필수 인프라가 됐고, 그럼에도 우리는 이를 제대로 감지조차 하지 못했다. 하트블리드 사태 이후, 비영리 단체인 리눅스 재단Linux Foundation과 오픈SSL을 이용하는 테크 기업은 필수적인 오픈소스 프로젝트를 선별해 기금을 지원하기로 했다. 리눅스 재단은 하버드 대학의 혁신과학연구소Laboratory for Innovation Science와 제휴해 가장 중요하고 널리 설치돼 사용되는 오픈소스 소프트웨어를 선별하는 과정에 있다. 선별된 소프트웨어에 대해서는 그 개발자들에게 기금과 훈련, 보안 툴 등을 지원하겠다는 목표다. 그와는 별개로 마이크로소프트와 페이스북은 널리 사용되는 기술 환경의 버그를 찾아 보고하는 해커들에게 돈을 지급하는 버그 포상금 프로그램을 지원한다. 프로그래머들을 위한 플랫폼인 지금은 마이크로소프트가 소유한 깃허브^{GitHub}도 오픈소스 버그에 포상금을 제시하며 이런 버그를 넘기는 해커들에게는 사법적 피난처를 제공해 왔다. 이런 시도는 긍정적 평가를 받을 만하고, 그와 비슷한 프로그램이 더 많이 나와야 하지만 이것은 퍼즐의 작은 조각에 지나지 않는다.

정부기관은 해야 할 역할이 있다. 하트블리드 사태 이후 유럽위원회 European Commission는 오픈소스 감사監査와 버그 포상금 제도를 지원하기 시작했다. 미국의 일부 정부기관도 이제는 이런 방향으로 걸음을 내딛기 시작했다. 예컨대 식품의약청FDA은 의료 장비 제조사에 대해 보안 취약점이 될 수 있는 의료 장비의 모든 소프트웨어와 하드웨어 품목을 명시한 '사이버 보안 재료 명세서cybersecurity bill of materials'를 제출하도록 요구하고 있다. 하원 산하 에너지상무위원회House Energy and Commerce Committee도 해커들이 패치되지 않은 오픈소스 코드를 악용해 신용평가기관인 에퀴팩스Equifax를 해킹해 전체 미국 인구의 절반이 넘는 데이터를 훔쳐낸 사건 이후 재료 명세 법안Bill of Materials을 추진하고 있다. 그리고 더 최근 들어 미국의 입법자, 행정 관료와 사이버 보안 전문가로 구성된 사이버 솔라리움 위원회Cyber Solarium Commission는 소비자들에게 그들이 구매하는 기술 제품과 서비스의 보안 수준을 평가하는 데 필요한 정보를 제공하는 '국가 사이버 보안 인증 및 표시 기구National Cybersecurity Certification and Labeling Authority'의 신설을 권고했다.

이런 것은 긴요한 코드와 그것을 유지 관리하는 프로그래머들을 선정하고, 우선 순위를 정해 지원하고, 심사하는 과정의 첫 단계에 해당한다. 그를 통해 일반 사용자들은 자신들이 사용하는 시스템에 무엇이 들었는지 알고, 어떤 코드를 신뢰하고 어떤 것은 더 심층적인 검토가 필요한지 스스로 판단할 수 있을 것이다. 사이버 솔라리움 위원회는 또한 이미 알려진 취약점을 제때 패치하지 않아 발생한 해킹 사고의 피해를 해당 기업에 물어야 한다고 권고했다. 신속하고 적절한 소프트웨어 패치의 중요성을 강조한 대목이다.

개발자들에 대한 심사도 시작해야 한다. 근래 리눅스 재단은 보안을 고려한 프로그래밍 교육 코스를 마쳤거나 인증 시험을 통과한 프로그래머들에게 디지털 배지를 달아주기 시작했다. 재단의 상무 이사인 짐 젬린^{Jim} ^{Zemlin}은 매우 중요한 코드를 다루는 프로그래머들에 대해서는 마치 운전면허증처럼 사이버 보안 인증을 의무화하는 방안을 고려해야 한다고 내게 말했다. 이런 코드가 우리의 휴대폰, 승용차, 무기 시스템 등에 쓰이는 상황을 고려한다면 그의 제안은 타당하게 들린다.

근래 들어 오픈소스 개발자들이 사이버 범죄자와 국가기관의 단골 표적이 되고 있다는 사실도 따져봐야 한다. 공격자들은 수백만 개의 시스템에 내장된 코드에 백도어(뒷문)를 설치하기 위해 이들의 계정을 가로챘다. 이런 공격은 개발자들에게 다중인증^{MFA}과 다른 확인 툴을 제공해야 할 필요성을 시사한다.

* * *

우리는 우리가 사용하는 기기의 근본적인 아키텍처를 재고할 필요가 있다. 보안을 고려한 아키텍처는 가장 중요한 시스템(비유한다면 왕관의 보석)을 식별하고, 그것을 다른 중요하지 않은 시스템과 분리하고, 중요한 시스템끼리만 서로 호환될 수 있도록 설정한다. 그것이 고객 데이터, 의료 기록, 기업 비밀, 생산 시스템 혹은 자동차의 브레이크와 운전 시스템이든 마찬가지다.

"이상적으로는 마치 이미 고장난 것처럼 가정하고 개발해야 합니다."라고 사이버 보안 기업가인 케이시 엘리스^{Casey Ellis}는 내게 말했다. "기업은 자신들이 이미 해킹당했다고 가정해야 합니다. 그리곤 어떻게 그에 따른 피해를 줄여야 할까 고민하는 것이 효과적입니다."

이 모델은 아이폰용 앱을 아이폰에 설치될 수 있게 허용하기 전에 시험해 보는 소위 '샌드박싱^{sandboxing}' 관행과 비슷하다고 보면 될 것이다. 애플은 아이폰 각각의 앱에 대해 사용자의 명시적 허락 없이는 다른 앱이나 데이터에 접근할 수 없도록 그 시스템을 설계했다. 공격자들은 그래도 치명적 버그를 발견해 '샌드박스 탈출^{sandbox escapes}'을 할지도 모르지만, 애플은 보안 수준을 상당히 향상시킴으로써 해킹에 필요한 시간과 비용을 높였다. 그러한 애플의 보안 수준은 정부나 그를 대신한 브로커들이 아이폰에 대한 원격 탈옥에 기꺼이 2백만 달러를 지불하는 이유기도 하다. 거기에 요구되는 노동력의 수준을 반영한 것이다.

하드웨어 부문의 경우, 보안 연구자들은 현재 컴퓨터의 가장 기본적인 요소인 마이크로칩의 아키텍처를 재고하고 있다. 가장 유망한 연구 프로젝트 중 하나는 미 국방부 산하 고등방위 연구프로젝트 기구^{DARPA, Defense Advanced Research Project Agency}와 SRI 그리고 영국 케임브리지 대학의 공동 작업이다. SRI와 펜타곤의 마지막 대형 프로젝트는 인터넷의 탄생으로 이어졌다고 해도 과언이 아니다. 이들의 현행 프로젝트도 그에 못지않게 야심차다. 이들의 기본 개념은 컴퓨터 칩을 근본적으로 재설계해 신뢰할 수 없거나 악성 코드를 가두는 오염실^{contamination chamber}을 더함으로써 그것들이 우리가 쓰는 휴대폰, PC, 서버 등에서 작동하지 못하게 막는다는 것이다.

대부분의 스마트폰용 프로세서를 만드는 암^{Arm}을 비롯한 세계의 주요 칩 제조사는 '역량 하드웨어 강화 RISC 명령^{Capability Hardware Enhanced RISC Instructions}'의 첫 단어를 모아 체리^{CHERI}라고 불리는 아키텍처를 자신들의 칩에 내장할 용의가 있다고 긍정적인 반응을 보였다. 마이크로소프트, 구글, HP와 다른 기업은 그런 개념을 검토하고 있다. 컴퓨터 성능 면에서 감수해야 할 요소가 없는지는 아직 불분명하다. 그리고 그런 디자인이 약간의 지연만 초래하게 되더라도 많은 기업은 경제적 피해를 호소할 것이다. 하지만 근래 벌어진 온갖 사이버 보안 재난을 감안할 때, 칩과 기기 제조사는 보안의 이름 아래 어느 정도의 지연은 감수할 수도 있다는 쪽으로 유연해지기 시작했다.

* * *

점점 더 긴요해지는 것은 말단 사용자들, 바로 우리다. 보안 수준은 가장 약한 고리와 상응하고, 우리는 항상 가장 약한 고리다. 우리는 여전히 악성 링크와 이메일 첨부 파일을 클릭한다. 심지어 취약점을 보완하는 패치 파일이 나와도 우리는 신속하게 패치하지 않는다. 사이버 범죄자들과 불량 국가는 제때 패치되지 않은 소프트웨어를 악용한다. 통계에 따르면 패치 파일이 나온 날 해당 버그가 악용되는 빈도가 가장 높다. 왜 그럴까? 왜냐하면 우리는 우리가 사용하는 소프트웨어를 업데이트하는 데 매우 게으르기 때문이다.

또한 비밀번호는 무용지물이 돼버렸다. 이를 보호하는 데 소홀한 기관에서 도둑맞은 탓이다. 나는 언젠가 비밀번호가 사라지기를 희망한다. 하지만 우리가 새로운 모델을 세우기 전까지는 다른 사이트마다 다른 비밀번호를 사용하고, 가능한 한 다중 인증 방식에 의존하는 것이 우리 자신을 보호할 수 있는 가장 쉬운 길이다. 사이버 공격의 압도적 다수인 98%는 아무런 제로데이나 멀웨어도 담지 않은 피싱 공격으로 시작한다. 이들은 우리를 속여 비밀번호를 노출하게 만든다. TAO의 책임자로 사실상 미국의 최고 해커인 로브 조이스Rob Joyce는 4년 전 그로서는 자주 안 하는 강연에서 제로데이가 가진 매력에도 불구하고 그것은 과대 평가됐다면서, 패치되지 않은 버그와 접속에 필요한 아이디와 비밀번호의 절도가 국가 수준의 공격에서 훨씬 더 흔한 공격 표적이라고 지적했다.

해커들이 흔한 비밀번호(예: password)를 다수의 사용자 계정에 시도하는 소위 '비밀번호-살포 공격password-spraying attacks'은 지난 3년간 급증했다. 로켓 과학처럼 복잡하지는 않지만 놀라울 정도로 효과적인 공격이다. 비밀번호 살포는 이란 혁명수비대IRGC, Islamic Revolution Guards Corps 산하의 해킹 그룹이 36개의 미국 민간 기업, 다수의 정부기관과 비정부 기구에 침투하는 데 사용된 방식도 비밀번호 살포였다.

이런 공격에 대한 최선의 방어는 다중 인증이다. 어디를 가든 그런 인증 방식이 제공된다면 지금 당장 사용하라.

우리의 선거, 이것은 온라인으로 진행돼서는 결코 안 된다. 팬데믹이 한창이던 2020년, 델라웨어와 뉴저지 그리고 콜로라도주는 온라인 투표를 실험하고 있었다. 이것은 미친 짓이다. 컴퓨터 과학자이자 선거 보안 전문가인 J. 알렉스 홀더만J. Alex Halderman은 온라인 선거에 대해 이렇게 말했다. "이 주는 선거 결과의 적법성을 훼손할 수 있는 치명적 도박을 벌이고 있습니다."

지금까지 홀더만 같은 보안 전문가들이 해킹해 보지 않은 온라인 투표 플랫폼은 단 하나도 없다. 한두 연구자나 전문가가 시스템을 해킹해 자신들이 원하는 후보가 당선되도록 조작할 수 있다면 러시아와 중국은 물론, 백악관에 자신들의 지지자나 첩자를 심고 싶은 어떤 나라든지 그렇게 할 수 있다.

2020년, 미국은 유권자 등록 시스템의 보안 수준을 눈에 띄게 향상시켰다. 이 데이터가 공개된 것이기 때문에 보호할 필요가 없다고 단정하는 실수를 저질러서는 안 된다. 유권자 등록 데이터베이스는 랜섬웨어의 볼모로 잡히거나 디지털 참정권 박탈을 목적으로 조작될 수 있다. 이것은 해커가 주요 선거구의 명부를 조작해 등록된 유권자를 삭제하거나 주소를 바꿔 유권자가 다른 주로 이사간 것처럼 만들면 가능한 상황이다. 단순히 이 명부에 접근하는 것만으로도 그것을 조작하지 않아도 박빙의 승부가 벌어지는 선거의 공정성을 의심하도록 만들기에 충분하다.

미국은 트럼프 행정부가 2018년에 폐지한 직책인 연방 차원의 사이버 보안 조정관을 복구할 필요가 있다. 국가 차원의 사이버 보안 전략을 조정하고, 사이버 공격과 사이버 위협에 대한 정부의 대응을 조율할 사람을 백악관에 두는 것은 매우 중요하다. 규제를 통해서가 아니라 기본적인 사이버 보안 요구 조건을 의무화함으로써 우리는 우리의 주요 인프라를 사이버 공격에 더 탄력적이고 더 잘 회복될 수 있게 만들 수 있다. 이런 부문에서 미국은 다른 나라보다 한참 뒤처진 상태다. 의회는 미국의 주요 인프라를 관리하는 기업에 대해 기본적인 보안 조건을 갖추도록 요구하는 어떠한 법규 제정도 거듭해서 실패하고 있다. 그런 공백을 메우기 위해 오바마 대통령과 트럼프 대통령은 각각 주요 인프라를 선정하고, 그 운영주체에게 자발적인 '모범 운영 기준best practices'을 정하고, 위협 정보의 공유를 권장하는 내용의 대통령령을 발표했다. 둘 다 의도는 좋지만, 랜섬웨어가 계속해서 미국의 병원과 지방 정부를 무력화하는 상황을 고려하면 그 정도로는 역부족이다.

우리는 실질적 강제 효과가 있는 법을 먼저 제정해야 한다. 이를테면 주요 인프라 운영 주체가 시효가 지나 더 이상 업데이트가 지원되지 않는 소프트웨어를 사용하지 못하게 하고, 정기적인 침투 테스트penetration test를 시행하며, 제조사의 기본 비밀번호를 재사용해서는 안 되고, 다중 인증 시스템을 도입해야 하며 특히 중요한 시스템은 인터넷이나 다른 취약한 네트워크와 분리시키는 것을 법으로 의무화해야 한다. 미국 상공회의소를 대표한 로비스트들은 심지어 자발적인 기준조차 국가의 주요 기반 시설을 감독하는 민간 기업에 지나친 부담을 준다고 오랫동안 주장해 왔다. 나는 그에 대해 무대응의 비용은 이제 어떤 대책이든 세우는 데 요구되는 부담보다 훨씬 더 크다고 반박하겠다.

연구에 따르면 디지털 환경에서 컴퓨터 한 대당 성공적인 사이버 공격의 숫자가 가장 낮아 세계에서 가장 안전하다고 평가되는 나라는 실상 디지털화가 가장 진전된 곳이다. 노르웨이, 덴마크, 핀란드, 스웨덴 등 스칸디나비아 국가가 가장 안전하며, 최근 들어서는 일본이 합류했다. 그중에서도 가장 안전한 노르웨이는 디지털화 수준에서 세계 5위에 꼽힌다. 하지만 노르웨이는 2003년에 이미 국가 차원의 사이버 보안 전략을 시행했고, 현행 위협에 적절히 대응하기 위해 해마다 그 내용을 검토하고 업데이트한다. '기본적인 국가적 기능basic national functions'인 금융 서비스, 전력, 의료 서비스, 식품 공급, 운송, 온방, 미디어 플랫폼 및 통신을 제공하는 노르웨이 기업은 '적절한reasonable' 수준의 보안 대책을 갖추도록 요구된다. 정부는 침투 테스트나 위협 감시를 수행하지 않거나 다른 보안 표준을 준수하지 않는 기업을 처벌한다. 정부 소속 직원들은 의무적으로 전자 ID, 다중 인증, 암호화 기법을 사용해야 한다. 그리고 노르웨이의 기업은 사이버 보안을 사내 훈련과 기업 문화의 핵심 요소로 강조한다.

일본의 경우는 우리에게 시사하는 바가 더 많다. 시만텍이 제공한 데이터를 통한 실증적 연구에 따르면 일본에서 성공적인 사이버 공격의 숫자는 한 해만에 현저히 50% 이상 하락했다. 연구자들은 그 비결을 사이버 위생cyber hygiene 문화에서 찾았지만, 일본이 2005년에 시행한 사이버 보안 마스터플랜도 한몫 한 것으로 보인다. 일본의 정책은 놀라울 정도로 상세하다. 정부기관, 주요 인프라 제공 기관, 민간 기업, 대학 및 개인들에 대해 명확한 보안 요구 사항을 적시하고 의무화했다. 연구자들에 따르면 국가 차원의 사이버 보안 계획에 긴요한 시스템의 네트워크 분리airgapping를 명시한 곳은 일본이 유일하다. 계획이 시행된 이후 일본의 장비는 그와 국내총생산 규모가 비슷한 다른 어떤 나라보다도 더 잘 보호된 사실을 연구자들은 발견했다.

건전한 정책과 사이버 위협에 대한 국가 전반의 이해 없이는 사이버 공격 또는 외국의 거짓정보 캠페인에 유연하고 효과적이며 회복력 높은 대책을 마련할 수가 없다. 우리는 사이버 보안과 미디어 문해력 증진을 미국 교육의 핵심 커리큘럼 중 하나로 설정해야 한다. 너무나 많은 사이버 공격이 취약한 시스템, 특히 최신 소프트웨어를 사용하지 않거나 보안 오류가 제때 패치되지 않은 점을 노린다. 이것은 거시적 관점에서 교육의 문제다. 정보 전쟁도 마찬가지다. 너무나 많은 미국 국민이 거짓정보 캠페인과 음모론에 휘둘리는 이유는 그런 부정적 영향력을 행사하는 해외나 국내 세력을 실시간으로 판별하고 억제할 수 있는 툴이 없기 때문이다. 정치과학자인 조셉 S. 나이Joseph S. Nye가 러시아의 2016년 대선 개입에 대해 논평한 대로 "사이버 정보 전쟁에서 민주주의 방어를 기술에만 의존할 수는 없다."

나는 미국이 보안 취약점을 매매하는 사이버 무기 시장을 잉태하고 후원해온 당사국인 만큼 이제는 막강한 자금력을 활용해 공익을 위한 군비 경쟁의 씨앗을 뿌려야 한다고 생각한다. 『소프트웨어 보안Software Security』(Addison-WesleyProfessional, 2006)의 저자인 게리 맥그로우는 정부가 보안성 높은 소프트웨어를 개발하는 기업에 세금 혜택을 주는 방안을 고려해야 한다고 주장한다. 정부기관이 취약점을 막거나 고치는 해커들보다 보안 취약점을 활짝 열어놓는 해커들에게 훨씬 더 많은 돈을 계속 지불하는 한, 사이버 방어는 언제나 불리한 위치에 놓일 수밖에 없을 것이다. 정부는 먼저 펜타곤의 버그 포상금 프로그램의 범위를 확대하고, 엘리트 해커에게 정부 네트워크를 해킹하도록 독려하는 사이낵Synack, 해커원, 버그크라우드Bugcrowd의 민간 이니셔티브를 적극 지원할 필요가 있다. 또 이런 프로그램 적용 범위를 연방 네트워크를 넘어 오픈소스 코드와 국가 주요 인프라로 확대할 수 있을 것이다. 구글의 프로젝트 제로 같은 자체 이니셔티브를 만들어 정보기관과 은행, 실리콘밸리, 사이버 보안 기업 같은 민간기업에서 엘리트 해커들을 채용해 1~2년 기한의 사이버 방어 계약을 맺을 수도 있다. 가상이지만 1년은 미국 최고의 해커들에게 국가적으로 매우 중요한 코드에서 취약점을 찾아 고치는 프로젝트에 투입하고, 다른 1년은 실무에 참여시켜 일선 병원과 도시 정부, 발전 시설, 파이프라인 관리소, 생체의학 연구소 등의 IT 관리자들과 주 정부와 지방 정부의 선거 담당자들을 도와 보안 위험을 줄일 수도 있을 것이다.

이것은 실천하기 쉬운 제안이 아니다. 연방 정부는 뿌리깊은 불신에 발목이 잡혀 있다. 연방 정부의 사이버 보안 지원에 대한 주 정부와 카운티의 선거 담당자들의 불신은 그에 대한 책을 한 권 쓸 수 있을 정도다. 일부 주 정부, 특히 공화계열의 주는 연방 정부의 선거 지원을 월권으로 간주하면서 의혹의 눈길을 보내왔다. 2016년 선거에 참여한 더럼 카운티Durham County의 유권자들을 점검하기 위한 국토안보부의 컴퓨터 포렌식 분석 작업을 노스캐롤라이나의 선거 담당자들이 승인하는 데만 3년이 걸렸을 정도였다. 2016년 선거 당시 광범위한 컴퓨터 마비 사태와 더불어 경합 주인 노스캐롤라이나에서 민주당 우세 지역으로 꼽히는 더럼 카운티에서 알려지지 않은 수의 유권자들이 투표할 수 없게 되는 사태가 벌어졌고, 유출된 NSA 보고서는 유권자 인증 시스템이 러시아 해커들에 의해 뚫린 사실을 확인했다. 하지만 주 정부의 담당자들이 DHS의 평가 작업 제안에 겨우 동의한 것은 관련 헤드라인 기사와 의혹이 제기된 지 3년이 지난 2019년 후반이었다. 분석 작업을 통해 해커들이 아닌 기술적 문제가 선거 과정의 여러 문제를 초래한 원인일 가능성이 높다고 결론지었다.

이런 신뢰의 부족 혹은 결여는 민간 부문에서 훨씬 더 심각하다. 스노든의 기밀 폭로 이후 민간기업, 특히 폭로에 연루된 테크 기업은 연방 정부에 법이 강제한 수준 이상의 정보나 접근을 제공하는 데 매우 주저하게 됐다. 워싱턴 DC 지역의 대다수 기업과 전문가들은 적어도 이론적으로는 사이버 위협 정보를 공유하는 것이 공공 및 민간 네트워크를 방어하는 데 결정적이라는 데 동의한다. 하지만 기업은 위협 데이터를 안전한 채널을 통해 실시간으로 정부에 제공할 수 있는 채널을 수립하는 데 여전히 소극적이다. 이런 태도는 대부분 대외 이미지 때문이다. 스노든 사태 이후 기업은 설령 사이버 취약점, 실제 공격과 기법에 관한 데이터를 공유하는 데만 사용된다고 해도 사이버 위협 정보의 공유 메커니즘을 중국, 독일, 브라질 같은 해외 고객들이 미국 정부용 백도어로 오해할까봐 걱정한다.

  "이 모든 것의 걸림돌이 뭐냐고요? 6년 전 벌어진 스노든 사태 이후 아직도 여전히 남아 있는 '신뢰의 빚trust deficit', 불신이죠."라고 우버의 최고보안책임자인 매트 올슨Matt Olsen은 최근 한 사이버 보안 이벤트의 청중에게 말했다. "정부는 근래 들어 정보 수집 과정에서 국민의 신뢰를 회복하려고 몇 가지 강력한 조치를 취했습니다. 동맹국과의 관계를 복구하는 데도 많은 노력을 쏟았다고 생각합니다. 하지만 아직 충분하지 않아요."

  이 불신은 정부의 공세적 익스플로잇 프로그램 때문에 더욱 악화됐다. 하트블리드 사태로 정부는 '취약성 자산 평가 절차'를 수립하지 않을 수 없었다. 이 절차는 J. 마이클 대니얼의 공개 성명으로 먼저 알려졌고, 후일 전자개척자재단이 정보공개법에 의거한 정보 청구로 VEP 정책을 입수하면서 더 상세하게 그 전모가 드러났다. 더 근래에는 정부 측도 더 많은 정보를 대중에게 공개하겠다는 선의를 보여주고 있다. 직책이 폐지되기 전까지 백악관의 마지막 사이버 보안 조정관Cybersecurity Coordinator을 지낸 로브 조이스는 2017년 11월, '마땅히 해야 할 일'이라면서 정부의 VEP 내용을 개괄한 문서를 공개했다. 이 문서는 정부가 제로데이를 취득한 뒤 이를 보유할지 아니면 해당 소프트웨어나 하드웨어 기업에 알릴지 결정하는 절차를 가장 종합적으로 보여준다. 이 문서는 결정 절차에 관여하는 정부기관의 이름을 공개했는데, 이는 이전까지 기밀로 분류돼 있었다. 그리고 VEP 정책의 취지를 다음과 같이 밝혔다. "이 정책의 주안점은 미국 정부에 의해 발견된 보안 취약점에 대해 합법적 정보 수집이나 법 집행 또는 국가 안보 목적에 긴요하다고 판단되는 경우가 아닌 한 이를 공개함으로써 사이버 보안에서 공익을 우선시하고, 인터넷의 핵심 인프라, 정보 시스템, 주요 인프라 시스템과 미국 경제를 보호하는 데 있다." 이 정책의 부록 편은 VEP의 이해 당사자들이 제로데이의 공개 여부를 판단하는 기준으로 세 가지 주요 범주를 명시하고 있다. 세 가지 범주는 해당 제로데이의 '확산성prevalence, 의존성reliance 및 심각성severity'이다.

　미국 정부의 이런 공개는 칭찬할 만했다. 지구상의 다른 어떤 나라도 그와 비슷한 일을 한 적이 없다는 점을 고려하면 더욱 그랬다. 하지만 이것조차 세계에서 가장 널리 사용된 소프트웨어 프로토콜 중 하나에서 발견된 버그를 악용한 NSA의 이터널블루 익스플로잇과 그것이 초래한 재난적 사태를 떠올리면 허망하기 짝이 없다. 이들이 등재한 모든 범주에 비춰보더라도 "얼마나 널리 사용되는가? 악의적 세력이 이를 발견할 경우 악용할 위험성이 큰가? 이 제로데이는 얼마나 심각한가? 만약 이 취약점이 공개된다면 그런 공개는 정부와 해당 업계와의 관계에 미칠 위험성은 무엇인가?" 이터널블루의 재료가 된 마이크로소프트의 버그는 그림자 브로커들이 이를 온라인에 공개해버리기 몇 년 전에 마이크로소프트에 알렸어야 마땅하다.

VEP 정책이 내세운 범주로 따져보더라도 그것은 온 세계로 확산돼 북한과 러시아의 악용으로 이어졌고, 미국 곳곳의 병원과 운송 허브가 마비돼 백신 부족 사태가 벌어졌으며, 그에 따른 피해는 매우 심각했다. 확산성과 의존성, 심각성 면에서 모두 정부가 숨기고 보유하기보다는 해당 업체인 마이크로소프트에 알려 문제의 버그를 고쳤어야 했다. 한 전직 TAO 해커는 이터널블루 익스플로잇을 '다이나마이트로 고기를 잡는 격'이라고 비유했다. 그리고 제로데이를 '제한된 기간 동안만' 보유한다는 VEP 문서의 주장에도 불구하고, NSA는 이터널블루를 5년 넘게 붙들고 있었다. 마찬가지로 그림자 브로커들이 공개한 제로데이에는 세계에서 널리 사용되는 데이터베이스 시스템에 영향을 미치는 오라클^{Oracle} 버그도 들어 있었는데 이는 4년 동안 묶여 있었다.

NSA가 자신들이 발견한 제로데이를 모두 해당 업체에 알려줄 것이라는 기대는, 특히 이 기관의 침투와 정보 수집 임무를 감안하면 지극히 순진한 생각이다. 이들이 제로데이를 통해 시스템과 기기에 침투할 수 있는 한, 페이스북과 애플 및 다른 빅테크 기업에 대해 암호화 수준을 낮추라고 압력을 넣을 동기는 더욱 낮다. 이런 점은 2016년 FBI와 애플의 충돌 과정에서 잘 드러났다. FBI는 애플에 아이폰의 보안 수준을 낮추라고 압력을 넣다가 자신들이 고용한 해커가 제로데이 익스플로잇으로 샌버나디노 테러범의 잠긴 아이폰을 풀자 잠잠해졌다.

하지만 VEP 절차가 문서가 밝힌 공식 주장과는 달리 그 속성상 방어보다는 공격 쪽에 더 무게중심을 두고 있다는 점은 분명하다. 나는 그런 불균형을 개선할 몇 가지 상식 차원의 변화가 필요하다고 생각한다. 먼저 VEP 절차에 참여하는 기관의 목록은 눈에 띄게 공격을 선호하는 쪽으로 편향돼 있다. 국가정보국장, 법무부, FBI, CIA, 사이버 사령부 그리고 NSA의 공세적 요소는 VEP 절차에 깊숙이 관여한다. 또한 재무부, 국무부, 상무부, 국가안보부, 행정관리예산국(수백만 건의 기록을 중국 해커들에게 도난당한 바로 그 부처)은 공개 쪽에 더 무게를 둔다고 볼 수 있지만, 잇단 사이버 공격이 병원과 의료 기관, 운송 시스템을 표적으로 삼은 사실을 고려하면 보건사회복지부와 교통부 같은 기관도 논의 테이블에 초대할 필요가 있다.

현행 구조에 따르면 VEP 논의를 관장하는 총책임자는 NSA 산하 사이버 보안 부서의 정보 보증Information Assurance 책임자다. 하버드대학교 산하 벨퍼 과학 및 국제정세센터Belfer Center for Science and International Affairs의 연구자들은 설령 VEP 논의를 주도하는 NSA의 담당자가 기관의 방어 부문을 맡고 있다고 하더라도, 과연 이 기관이 진정으로 중립적인 입장을 지킬 수 있는지에 의문을 표시했다. 이들은 VEP 절차의 책임은 국토안보부로 이관돼야 하며, 그럼으로써 부서의 시행 내용이 감사원장Inspector General과 프라이버시와 시민권 감독 위원회Privacy and Civil Liberties Oversight Board의 감사를 받을 수 있어야 한다. 나는 이것이 VEP 절차에 대한 신뢰를 회복하고, 그것이 국가의 공세적 프로그램을 정당화하는 들러리가 되지 않도록 하기 위한 좋은 출발점이라고 생각한다.

좀 더 실질적인 차원에서 VEP는 제로데이 만료일과 비슷한 규칙을 세워야 한다. 우리는 NSA가 널리 사용되는 시스템의 제로데이를 5년이나 은폐하는 바람에 어떤 재난적 사태가 벌어졌는지 직접 확인했다. 제로데이의 평균 수명이 1년 남짓이라는 RAND의 연구 결과에 따른다면, 우리는 제로데이의 만료일을 1년 미만으로 잡는 방안을 고려해 볼 만하다. 제로데이를 무기한 혹은 다른 세력이 동일한 제로데이로 우리의 이익을 침해한다는 분명한 증거가 나올 때까지 붙들고 있는 행위는 패하는 게임이다. 그리고 거기에서 패배자는 우리다.

2017년, 민주-공화 양당을 아우르는 한 그룹은 '패치법PATCH Act - Protecting our Ability to Counter Hacking Act'으로 VEP를 입법화하려고 시도했다. 그 법안은

정부가 보유한 제로데이를 정기적으로 재평가하고, 연례 보고서를 의회와 대중에게 제출하도록 요구했다. 패치법안은 상원에서 막혔지만 법안을 추진한 그룹은 다시 재도입할 계획이라고 말한다.

우리는 정부가 얼마나 많은 제로데이를 비축했는지 아직 모르고 있다. NSA 담당자들은 자신들이 막대한 양을 비축하다고 있다는 추정은 과장이라고 주장해 왔다. 그렇다면 매년 공개하거나 보유하는 제로데이의 숫자와 평균 보유 기간을 공개함으로써 그런 주장을 뒷받침할 수 있을 것이다. 물론 모든 취약점이 동등한 것은 아니며 하트블리드 경우처럼 하나의 취약점이 백만 대의 시스템에 피해를 입히기도 하지만, 더 구체적인 데이터는 정부가 수천 개의 제로데이를 무기한 비축하고 있는 게 아니라는 점을 대중에게 확신시키는 데 도움이 될 것이다.

정부가 제로데이를 해당 제조업체에 알리는 경우, 정부는 그에 대한 공로를 내세우지 않는다. 기업은 자사 상품에 포함된 버그를 신고하는 사람들에게 공을 돌리지만, 예컨대 이터널블루의 재료가 된 마이크로소프트 버그가 패치됐을 때는 그 발견자의 신원은 공란으로 남았다. 정부가 버그를 해당 제조업체에 알려 패치를 돕는다면 정부에 대한 신뢰를 회복하는 데 도움이 될 것이다. 그리고 테크 기업과 시스템 운영자들이 어떤 버그가 내로라 하는 엘리트 해커들에 의해 발견된 사실을 안다면, 해당 버그의 심각성을 더 잘 파악하고 이해할 수 있을 것이다. 여기에는 전례가 있다. 2019년, 영국의 정보기관인 GCHQ가 블루킵^{BlueKeep}이라 불리는 심각한 마이크로소프트 버그를 알리자 NSA는 사용자들에게 가능한 한 신속하게 컴퓨터를 패치하라고 권고했다. GCHQ는 근래 들어 매년 해당 제조업체에 고지한 제로데이의 숫자를 일반에 공개하기 시작했다. 미국도 이런 방향으로 조금씩 선회하고 있다. 예를 들면 2019년 사이버 사령부는 자신들이 발견한 멀웨어 샘플을 악성 코드 전문 검색엔진인 바이러스토털에 올리기 시작했다.

VEP는 여전히 커다란 허점을 안고 있다. 가장 눈에 띄는 대목은 정부가 외부 세력으로부터 구매한 제로데이다. 최근의 VEP 공개 내역에 따르면 취약점의 공개 여부에 대한 정부의 결정은 "비공개 협약NDA 같은 미국 정부 기관의 해외나 민간 부문 파트너들이 설정한 제약에 좌우될 수 있다." 즉 NDA가 적용되는 경우 해당 제로데이는 아예 공개 여부의 검토 대상조차 되지 않는다는 뜻이다. 정부의 많은 제로데이가 계약자와 해커들에 의존한다는 점을 고려하고, 시장에서 NDA가 얼마나 흔한지 감안하면 작은 글씨로 적힌 VEP의 이런 예외 사항은 실상 거대한 면책 조항으로 읽힌다.

제로데이 시장의 최고참이자 최대 구매자 중 하나인 미국은 막강한 구매력을 자랑한다. 만약 당장 내일부터 미국의 정부기관이 비즈니스 관계에 있는 제로데이 브로커나 해커에 대해 툴을 넘길 때 그에 대한 독점적 권리를 양도하고 제로데이를 해당 제조업체에 넘겨 패치되게 할지의 판단을 정부에 일임하도록 요구한다면, 그것은 멀지 않아 표준 관행으로 자리잡을 것이다. 그렇게 하면 그 해커들이 동일한 제로데이를 해외 정부에도 판매하는 행위를 막는 부수적인 효과도 기대할 수 있을 것이다. 물론 백일몽처럼 들릴지도 모르지만, 나는 미국이 자국에 감시 툴을 NSO나 해킹 팀과 비슷한 계열의 기업에 대해 그런 툴을 미국의 이익에 반하는 적성국이나 명백한 인권 침해국, 예컨대 사우디인들이 자말 카쇼키에 자행한 범죄와 아랍에미리트가 감마 그룹Gamma Group(당시 이름은 '해킹 팀'), 다크 매터 그리고 NSO를 이용해 아메드 만수르를 감시한 행위에는 판매하지 말도록 규제해야 한다고 생각한다.

더 나아가 이 또한 허황하게 들리겠지만, 전직 NSA 해커들은 해외 국가를 대신해 미국 영부인의 이메일을 해킹해서는 안 된다. 튀르키예의 장성들에게 자신들의 사이버 거래와 해킹 기법을 가르쳐서도 안 된다. 우리는 해커, 브로커, 방위 산업체가 어떤 정보를 해외 정부와 공유할 수 있는지 혹은 공유해서는 안 되는지 명시한 법이 필요하다. 그와 동시에 사이버 위협을 방어하는 그룹이나 기관이 국경을 초월해 긴요한 정보를 공유하는 것을 어렵게 만드는 부작용이 초래되지 않도록 경계해야 할 것이다. 해커와 사이버 보안 연구자들이 제기하는 우려는 익스플로잇의 국외 거래를 금지하면 미국의 방어 능력에 도리어 제약이 될 수 있다는 점이다. 하지만 나는 우리가 그런 위험이 초래되지 않도록 적절히 법의 범위를 조절할 수 있으며, 그것이 불가능하다는 주장은 현실을 호도하는 과장이라고 생각한다.

러시아, 중국, 이란 같은 나라가 계속해서 그들의 추잡한 행태를 사이버 범죄자와 계약자들에게 아웃소싱하는 한 미국은 디지털판 제네바 협정은 영영 맺지 못할 것이다. 그리고 전략적 전쟁 계획에 불리하다고 판단되는 어떤 협정도 조인하지 않을 공산이 크다. 하지만 우리는 한계선이 필요하다. 우리는 어떤 시설을 사이버 공격의 표적으로 삼아서는 안 되는지, 예컨대 병원, 선거 인프라, 항공기, 원자력 시설 등은 합의할 수 있을 것이다.

이것은 우리 시대의 숙원 과제다. 많은 이는 불가능하다고 말하겠지만 우리는 지금까지 과학 커뮤니티, 정부, 업계, 일반인들의 의지를 결집해 우리 앞에 놓인 여러 존재론적 과제를 극복해 왔다. 그것을 다시 못할 이유가 있는가?

이 마지막 결론을 쓰는 지금, 나는 글로벌 팬데믹 때문에 집에 엎드려 있다. 나는 온 세계가 동일한 질문을 던지는 순간을 지켜본다. 왜 우리는 더 잘 준비하지 못했는가? 왜 우리는 충분한 테스트 역량을 갖추지 못했는가? 충분한 보호 장구는 없었는가? 더 나은 경고 시스템이 없었는가? 복구 계획은? 모두 사이버 영역에도 고스란히 적용되는 질문이다.

나는 다음 대규모 사이버 공격이 이 팬데믹이 지나갈 때까지 벌어지지 않기를 간절히 바란다. 하지만 바람만으로는 아무런 도움도 되지 않는다.

다음의 대규모 공격이 닥칠 때까지 기다릴 필요는 없다.

나는 자꾸만 키위 해커 맥마누스를, 그의 티셔츠에 써 있던 "누군가 무언가를 해야만 해^{Someone should do something}" 글귀를 떠올린다.

취재노트

이 책에 담긴 내용의 대부분은 내가 진행한 인터뷰와 「뉴욕타임스」에 보도한 기사에서 나왔다. 앞에서 밝혔듯이 많은 취재원은 사이버 무기 시장이 어떻게 돌아가는지에 대해 털어놓기를 꺼렸다. 많은 사람이 익명을 전제로 정보를 털어놓았다. 가능한 한 나는 취재원들에게 이메일, 문자 메시지, 캘린더, 연락 정보, 노트나 다른 형태의 디지털 흔적을 그들이 전해주는 내용의 근거로 요구했다. 이 책의 참고 문헌이나 아래 노트에 인용되지 않은 자료는 모두 기밀 소스로 혹은 출처를 공개하지 않는다는 조건으로 얻은 것이다.

나는 또 사이버 보안 분야의 다른 기자들이 지난 10년간 취재하고 보도한 사이버 사건의 내용을 참조했고, 그런 사실은 다음에서 보게 되겠지만 분명히 출처를 밝혔다. 내가 독자적으로 정보의 진위를 확인할 수 있는 경우에도 나는 그런 내용을 처음 보도한 책이나 기사를 밝혔다. 물론 내가 미처 파악하지 못한 기사나 간행물이 있다면 그에 대해서는 진심으로 사과한다.

사이버 보안 분야에서 지난 10년간 가장 양질의 보도를 해온 사람들은(이렇게 말할 수 있는 게 자랑스럽다) 「뉴욕타임스」의 내 동료들이다. 내 전임자인 존 마코프는 시간과 관련 자료를 아낌없이 제공하며 이 책에 소개한 여러 기사를 작성하는 데 도움을 줬다. 데이비드 생어는 스턱스넷으로만 세상에 알려진 컴퓨터 웜Worm의 진짜 암호명이 '올림픽 게임즈'라는 사실을 처음으로 밝혀냈다. 그리고 미국과 러시아 간의 디지털 냉전이 격화되는 상황을 추적 보도하면서 트럼프가 '반역'이라고 격노하게 만든 작업에 나를 끌어들인 사람도 데이비드였다. 설츠버거의 옷장에서 내 옆에 앉아 작업했던 스캇 셰인은 NSA의 디지털 역량을 가장 상세하고 광범위하게 보도한 주인공이었다. 나는 데이비드, 스캇과 함께 그림자 브로커의 제로데이 유출 사태를 취재했다. 아잠 아메드가 아니었다면 나는 멕시코가 NSO의 감시 기술을 어떻게 오남용하는지 밝혀낼 수 없었을 것이다. 마크 마제티Mark Mazzetti, 애덤 골드만Adam Goldman, 로넨 버그만Ronen Bergman과 나는 다크 매터스Dark Matters와 NSO 그룹에 대한 심층 취재 기사를 「뉴욕타임스」에 게재했다. 그리고 나중에 나와 마크, 로넨은 중국산 인기 앱인 틱톡TikTok을 연상시키는 이름을 가진 토톡ToTok이라 불리는 앱이 사실은 영악하게 가장한 아랍에미리트의 감시 툴이라는 점을 폭로했다. 매트 로젠버그Matt Rosenberg와 나는 트럼프 탄핵의 뇌관으로 작용한 우크라이나 회사 부리스마에 대한 러시아의 공격도 취재했다. 그리고 나는 데이비드, 매트와 함께 2020년 대통령 선거에 대한 사이버 보안 위협을 계속 취재했다. 보안과 거짓 정보와 관련해 실리콘밸리에서 현재 논의되는 윤리성 논쟁을 가장 잘 보도한 사람들은 내 동료들인 쉬라 프렝켈Sheera Frenkel, 세실리아 강Cecilia Kang, 마이크 아이작Mike Isaac, 다이스케 와카바야시Daisuke Wakabayashi, 케빈 루스Kevin Roose 그리고 케이트 콩거Kate Conger다. 이들과 협력한 경험은 내 커리어의 하이라이트였고, 이 책도 그들이 없었다면 불가능했을 것이다.

나는 「와이어드」, 「로이터」, 「워싱턴포스트」와 바이스Vice의 「마더보드」 사이트 등이 제공한 빼어난 보도와 폴 코처Paul Kocher와 피터 뉴먼Peter Neumann 같은 암호학자들과 에어리어IArea I, 시티즌랩, 크라우드스트라이크, 파이어아이, 구글, 룩아웃Lookout, 마이크로소프트, 리코디드퓨처Recorded Future, 시만텍, 맥아피, 트렌드마이크로 등의 연구자들이 제공한 일급 분석 내용에 경탄과 감사의 뜻을 표하고자 한다. 그중에서도 나는 낫페트야 공격을 종합적인 연대기로 정리하고, 제로데이 시장의 존재를 추적해「포브스」에 보도한 앤디 그린버그를 언급하고 싶다. 킴 제터의 책『제로데이 카운트다운: 스턱스넷과 세계 최초 디지털 무기의 발진Countdown to Zero Day: Stuxnet and the Launch of the World's First Digital Weapon』(Crown Pub, 2014)은 스턱스넷의 실체가 밝혀지는 과정을 묘사한 것으로 내게 귀중한 자료가 됐다. 시만텍의 에릭 추Eric Chiu와 라이엄 오머추Liam O'Murchu는 일일이 내 전화를 받아줬고, 스턱스넷에서 진입점을 제공한 제로데이를 꼼꼼히 설명해 줬다. 프레드 캐플런Fred Kaplan의 책『사이버전의 은밀한 역사Dark Territory: The Secret History of Cyber War』(플래닛미디어, 2021)도 유용한 맥락을 제공했으며, 양질의 사이버 보안 기사를 써내는 로이터Reuters의 조 멘Joe Menn 기자도 자주 인용했다. 역시 로이터 소속인 크리스 빙Chris Bing과 조엘 섹트만Joel Schectman은 2019년 '프로젝트 레이븐Project Raven'에 대해 종합적인 기사를 내보냈다. 건맨 프로젝트를 소개하면서 인용한 월터 딜리와 NSA 소속 분석가들 간의 대화는 에릭 해즐타인Eric Haseltine의 책『모스크바 역의 스파이: 대항 스파이의 치명적 냉전 위협 사냥The Spy in Moscow Station: A Counterspy's Hunt for a Deadly Cold War Threat』(Thomas Dunne Books, 2019)에서 인용했다.

종합적인 출처 목록은 이 책의 웹사이트(https://thisishowtheytellmethe worldends.com)에서 확인할 수 있다. 다음에 이어지는 노트는 완전한 목록은 아니며, 내가 참조하고 유용하다고 판단한 보도, 보안 분석, 논문, 통계 및 출처를 서술한 것으로 관심있는 독자들의 더 심층적인 이해를 돕기 위한 것이다.

프롤로그

2017년의 낫페트야 공격의 상세한 내용은 내가 마크 스캇^{Mark Scott}, 쉬라 프렝켈과 공동으로 「뉴욕타임스」에 취재 보도한 데서 나왔다. 2년 뒤, 나와 동료 애덤 사타리아노^{Adam Satariano}는 머크와 몬델레즈 같은 기업이 일반적이지만 드물게 사용되는 계약서상의 '전쟁 예외' 조항을 들어 보험금 지급을 거부한 보험사를 대상으로 소송을 제기한 덕택에 낫페트야의 경제적 피해에 대해 더 상세한 내용을 보도할 수 있었다. 앤디 그린버그의 신작 『샌드웜: 사이버 세계를 벗어난 러시아 해커들^{Sandworm: A New Era of Cyberwar and the Hackers for the Kremlin's Most Dangerous Hackers}』(에이콘, 2021)은 트럼프 행정부의 전 국토안보부 보좌관인 톰 보서트의 말을 인용해 샌드웜 공격의 피해를 100억 달러로 추산했다. 일부 전문가들은 다수의 소규모, 민간기업이 피해를 보고하지 않은 점을 감안하면 실제 비용은 그보다 훨씬 더 컸으리라 짐작한다. 이 공격의 상세 내용은 우크라이나에서 진행된 여러 인터뷰를 통해 얻었다. 같은 신문사 동료들인 앤드루 크레이머^{Andrew Kramer}와 앤드루 히긴스^{Andrew Higgins}가 2017년의 사이버 공격을 정리하는 데 도움을 줬다. 나는 마이클 고든^{Michael Gordon}이 「뉴욕타임스」에 보도한 러시아의 크름 반도 합병 기사를 참조했다. 안드레이 슬리브카^{Andrey Slivka}의 2006년 8월 20일 동안의 여행 기사, "크름 반도의 북해 놀이터에서 재계의 거물을 만나다^{Joining Tycoons at a Black Sea Playground in Crimea}"에 묘사된 내용을 토대로 크름 반도가 합병되기 전의 풍경을 그렸다.

러시아의 '애국적인' 해커들에 대한 푸틴의 2017년 발언은 여러 매체에 실렸지만 나는 칼라무르 크리슈나데프^{Calamur Krishnadev}가 미국 유수의 월간지 「애틀랜틱^{Atlantic}」에 게재한 2017년 6월 1일자 기사 "푸틴, '애국적인 해커들'이 미국 대통령 선거를 표적으로 삼았을 수 있다고 발언^{Putin Says 'Patriotic Hackers' May Have Targeted U.S. Election}"을 참조했다. 일간지 「크리스천 사이언스 모니터Christian Science Monitor」의 마크 클레이튼Mark Clayton 기자가 쓴 2014년 우크라이나 선거에 대한 러시아의 개입 내용도 참조했다. 앤드루 크레이머와 앤드루 히긴스는 FBI가 우크라이나의 2014년 선거에 대한 사이버 공격의 주범으로 러시아를 지적한 사실을 처음 보도했다. 러시아의 국영 TV와의 연계성도 상세히 지목했다. 앤드루 크레이머는 말레이시아 항공 17편 격추 사건도 추적했다. 데이비드 생어와 나는 2014년 소니 영화사에 대한 북한의 공격을 취재했는데, 하필 크리스마스 연휴 기간이어서 가족에게는 면목이 없었다.

우크라이나 발전소에 대한 러시아의 해킹 내용은 관계자 인터뷰와 킴 제터가 「와이어드」에 기고한 기사 "우크라이나의 전력망에 대한 전례없이 교활한 해킹의 실체Inside the Cunning Unprecedented Hack of Ukraine's Power Grid"에서 나왔다.

중국의 지적 재산권 절도에 대한 키스 알렉산더의 발언, "역사상 최대 규모의 부의 이전the greatest transfer of wealth in history"은 로이터 통신의 안드레아 샬랄-에사Andrea Shalal-Esa 기자의 기사에서 인용했다.

나는 이란의 은행 공격을 신문사 동료 기자인 퀜틴 하디Quentin Hardy와 공동 보도했다. 나는 뒤에 마이클 코커리Michael Corkery 기자와 공동으로 방글라데시 중앙 은행에 대한 북한의 사이버 공격을 보도했다. 미국의 병원, 기업, 마을에 대한 이란의 랜섬웨어 공격은 2018년 11월 미국 법무부의 기소장에 상세히 기술돼 있다. 하지만 그 결과로 아무도 추방되거나 체포되지는 않았다. 라스베이거스의 샌즈 카지노에 대한 이란의 공격을 촉발한 셀던 아델슨Sheldon Adelson의 발언은 「타임즈 오브 이스라엘Times of Israel」의 레이첼 딜리아 베나임Rachel Delia Benaim과 조던 로버트슨Jordan Robertson 기자의 보도에서 나왔다. 「블룸버그」의 마이클 라일리Michael Riley와 조던 로버트슨은 샌즈 카지노에 대한 공격을 가장 정확하게 보도했다.

데이비드 생어와 나는 2015년 국무부에 대한 러시아의 공격을 처음 보도했다. 생어, 셰인, 립튼은 2016년 민주당전국위원회에 대한 러시아의 공격을 보도하면서 다른 표적도 상세히 지목했다. 신문사 동료인 스티븐 리 마이어즈Steven Lee Myers는 에스토니아에 대한 러시아의 사이버 공격을 종합적으로 보도했다. 뒤이어 나는 스노든 유출 문서를 통해 러시아의 나시Nashi 청년 그룹의 소행임을 더 직접적으로 시사하는 내용을 발견했다. 프랑스의 TV5몽드TV5Monde 텔레비전 방송국에 대한 러시아의 공격은 로이터 통신이 상세히 보도했다. 나는 동료인 클리포드 크라우스Clifford Krauss 기자와 공동으로 2018년 사우디의 석유화학 공장인 페트로 라비그Petro Rabigh에 대한 러시아의 공격을 취재 보도했다. 내 동료인 데이비드 커크패트릭David KirkPatrick 기자는 2017년의 '브렉시트' 국민투표를 조작하려는 러시아의 시도를 상세히 취재했다. 데이비드 생어와 나는 2013년과 2019년 사이에 미국의 전력망에 대한 러시아의 공격과 러시아의 전력망에 대한 미국 사이버 사령부의 공격을 여러 차례 보도했다. 마이클 와인즈Michael Wines, 매트 로젠버그Matt Rosenberg 기자와 나는 2016년 미국의 백엔드 투표 장비에 대한 러시아의 공격, 노스캐롤라이나주 정부가 그에 대한 포렌식forensic 수사를 목적으로 고용한 지역 회사가 제대로 응답하지 않은 여러 의문점을 보도했다. 애덤 노시터Adam Nossiter, 데이비드 생어 기자와 나는 2017년 프랑스 선거에 대한 러시아의 공격을 상세히 취재했고, 그 과정에서 매우 인상적인 프랑스의 사이버 대비 상황을 확인했다. 프랑스 측은 러시아의 해커들을 엉뚱한 방향으로 유도하기 위해 허위 문서를 자체 네트워크에 심어놓았다. 세계반도핑기구에 대한 러시아의 공격은 2019년 말 마이크로소프트 보고서에 잘 정리돼 있다. 동료 기자인 레베카 루이즈Rebecca Ruiz는 러시아 소치Sochi 동계올림픽 동안 도핑 테스트에 러시아 정부가 개입한 내용을 취재했고, 2017년 다큐멘터리 '이카루스Icarus'의 많은 내용도 루이즈 기자의 취재 내용에 기반하고 있다.

나는 스캇 셰인, 데이비드 생어 기자와 공동으로 그림자 브로커들의 제로데이 유출 내용을 시리즈로 다뤘고, 거기에는 그런 유출이 NSA에 어떤 충격을 줬는지도 들어 있다. 앤디 그린버그는 네덜란드의 거대 해운 회사인 머스크가 사이버 공격으로 어떤 피해를 입었는지 「와이어드」 2018년 8월자에 "역사상 가장 파괴적인 사이버 공격인 낫페트야의 알려지지 않은 이야기The Untold Story of NotPetya, the Most Devastating Cyberattack in History"라는 제목의 기사로 생생히 보도했다. 「워싱턴포스트」의 엘렌 나카시마는 2018년 1월 12일자 기사 "CIA, 우크라이나의 낫페트야 사이버 공격 배후로 러시아 군부 지목Russian Military Was behind 'NotPetya' Cyberattack in Ukraine, CIA Concludes"을 통해 CIA가 낫페트야 주범으로 러시아 군부를 지목한 사실을 처음 보도했다. 데이비드 A. 브로니아토브스키David A. Broniatowski, 아멜리아 M. 재미슨Amelia M. Jamison, 시후아 퀴SiHua Qi, 럴와 알쿨라이브Lulwah AlKulaib, 타오 첸Tao Chen, 에이드리언 벤튼Adrian Benton, 샌드라 C. 퀸Sandra C. Quinn 그리고 마크 드레제Mark Dredze가 「미국 공공의료 저널American Journal of Public Health」 2018년 10월호에 공동 게재한 "무기화한 의료 커뮤니케이션: 백신 논란을 증폭하는 트위터 봇과 러시아의 트롤Weaponized Health Communication: Twitter Bots and Russian Trolls Amplify the Vaccine Debate"이라는 글은 백신 논란을 무기화한 러시아의 행태를 날카롭게 분석했다.

'사물인터넷IoT'의 급속한 확장을 보여주는 통계 자료는 2017년 매킨지McKinsey 보고서 "사물인터넷의 최근 동향What's New with the Internet of Things?"에서 인용했다.

공세적 사이버 전사 1백명 당 방어 인력이 1명에 불과하다는 내용은 NSA에서 30년 동안 근무한 에드 조지오Ed Giorgio가 2015년 RSA 콘퍼런스에서 패널로 참석해 한 발언이다. 조지오는 자신이 NSA의 수석 코드메이커^{codemaker}로 코드 작성을 주도할 때 17명의 암호학자들로 구성된 그룹을 이끈 것과 비교해 NSA의 코드브레이커로 코드를 깨는 데 주력하게 됐을 때는 1,700명의 암호 분석가들로 구성된 그룹을 관리했다고 털어놨다. 조지 오는 영국의 NSA에 해당하는 GCHQ에서도 3년을 근무했는데, 그곳에서도 동일한 100 대 1의 비율이 적용됐다고 지적했다.

나는 신문사 동료인 알리시아 팔리피아노^{Alicia Parlapiano}와 재스민 C. 리^{Jasmine C. Lee}가 정리한 2018년 2월 16일자 기사 "러시아가 2016년 대선 개입에 사용한 프로파간다 툴^{The Propaganda Tools Used by Russians to Influence the 2016 Election}"을 참조했다. 이 기사는 러시아 트롤이 어떻게 텍사스 분리주의자와 '흑인들의 생명도 소중하다' 캠페인의 활동가로 가장했는지 잘 설명해준다. 러시아가 아프리카계 미국인들을 표적으로 삼은 내용은 데이비드 셰인과 쉬라 프렝켈이 「뉴욕타임스」에 2018년 12월 17일자로 보도한 "소셜미디어에서 아프리카계 미국인들을 주 표적으로 삼은 러시아의 2016년 대선 개입 작전^{Russian 2016 Influence Operation Targeted African-Americans on Social Media}"에 잘 묘사돼 있다. 생어와 케이티 에드먼슨^{Katie Edmonson}은 2019년 7월 러시아의 개입이 미국의 50개주 전체에 미쳤다고 보도했다. 또 다른 동료인 제레미 아쉬케나스^{Jeremy Ashkenas}는 주변부 음모 이론을 정리하는 가운데, 2016년 대선에 개입한 것은 트럼프의 주장처럼 '침대에 앉은 400파운드 뚱보 해커'가 아니라 역시나 러시아였다는 사실을 입증했다. 정보기관이 포착한 2016년 첩보 내용에 대한 트럼프의 공격은 줄리 허시펠드 데이비스^{Julie Hirschfeld Davis}가 2018 7월 16일 「뉴욕타임스」에 보도한 "푸틴과 동석한 트럼프, 2016년 대선에 대한 미국 정보기관의 정보 내용에 의문 표시^{Trump, at Putin's Side, Questions U.S. Intelligence on 2016 Election}"에 잘 정리돼 있으며, 피터 베이커^{Peter Baker}와 마이클 크라울리^{Michael Crowley}는 2019년 6월 기사에서 트럼프와 푸틴이 러시아의 미국 대선 개입에 대해 주고받은 어색한 대화를 잘 묘사했다.

미국의 네트워크에 대한 공격 횟수는 출처에 따라 편차가 있지만, 일례로 펜타곤은 국방부의 컴퓨터 네트워크에 대한 일일 스캔, 조사, 공격 빈도가 2015년의 하루 4,100만 스캔에서 2017년 8억 회의 '사이버 사고cyber incidents' 로 폭증했다고 밝혔다. 이 숫자는 펜타곤의 대변인인 제임스 브린들James Brindle 중령이 제공한 것으로, 해군정보우위작전부 부사령관실Office of the Deputy Chief of Naval Operations for Information Dominance에서 자료를 입수할 수 있다.

1장 비밀 옷장

「가디언」의 루크 하딩Luke Harding 기자는 2014년 1월과 2월 스노든의 하드드라이브를 둘러싼 신문사와 GCHQ의 실랑이를 잘 묘사하고 있으며, 심지어 「가디언」의 편집자들이 스노든의 하드드라이브를 파기하는 비디오 영상까지 제공했다. 니콜라이 오루소프Nicolai Ouroussoff는 2007년 11월 「뉴욕타임스」 본사 건물을 설계한 렌조 피아노Renzo Piano의 건축학적 디자인을 잘 설명한 기사를 게재했다. 나는 제프 라슨Jeff Larson, 스캇 셰인과 함께 NSA가 디지털 암호화를 무력화하기 위해 어디까지 갔는지 평가하려고 스노든의 유출 파일을 꼼꼼히 살폈다. 그 결과는 "NSA는 웹의 기본적인 프라이버시 방어책을 허물 수 있다.NSA Able to Foil Basic Safeguards of Privacy on Web"는 제목의 기사로 2013년 9월6일 「가디언」과 「프로퍼블리카Pro Publica」에 동시 게재됐다. 나는 그 보도 이후, 사이버 보안 표준을 설정하는 역할을 하는 국립표준기술연구원NIST이 어떻게 반응했는지를 취재했다. 로이터 통신의 조멘 기자는 한 발 더 나아간 심층 취재 끝에 NSA가 깰 수 있는 상업용 암호화 제품에 취약한 알고리즘을 사용하는 대가로 NSA가 선두 사이버 보안 회사인 RSA에 돈을 지불한 사실을 폭로했다.

NSA와 GCHQ가 전송 중이거나 종단점에서 오는 데이터를 포집하는 방법에 관한 보도의 대부분은 스노든의 유출 문서에서 나온 것으로 글렌 그린월드Glenn Greenwald가 「가디언」에 처음 보도했고, 이어 바튼 겔만Barton Gellman과 로라 포이트라스Laura Poitras가 「워싱턴포스트」에 보도했다. 포이트라스의 후속 보도는 마르셀 로젠바흐Marcel Rosenbach, 홀거 스타크Holger Stark와 공동 바이라인By Line으로 「슈피겔」에도 게재됐다. 내 동료들인 제임스 글랜즈James Glanz, 앤드루 레렌Andrew Lehren과 제프 라슨은 2014년 1월 NSA와 그 '파이브 아이즈' 파트너들이 어떻게 모바일 앱에서 데이터를 훔쳐내는지 취재했다.

데이비드 생어는 2012년에 펴낸 저서 『대치와 은폐: 오바마의 비밀 전쟁과 미국 권력의 놀라운 사용Confront and Conceal: Obama's Secret Wars and Surprising Use of American Power』(Broadway Books, 2012)에서 '올림픽 게임즈'라는 암호명으로 진행된 사이버 작전을 종합적이고 상세하게 다뤘다. 이것은 2012년 6월 「뉴욕타임스」에도 요약 게재됐다. 킴 제터의 2014년 저서 『제로데이 카운트다운Countdown to Zero Day』은 올림픽 게임즈 작전을 처음 발견한 기술 전문가의 시각으로 분석했다. 당시 맥아피에 몸담고 있던 조지 커츠George Kurtz와 드미트리 알페로비치Dmitri Alperovich는 중국이 구글과 30여 개의 다른 기업에 침투하기 위해 사용한 마이크로소프트의 제로데이에 대해 가장 종합적인 기술 분석을 내놓았다. 두 사람은 이후 사이버 보안 전문 회사인 크라우드스트라이크를 공동 설립했다.

미국 역사상 가장 큰 비용을 부담하게 만든 제로데이는 미국 최초의 행성 탐사선인 매리너 I호Mariner I의 항법 소프트웨어에서 단 하나의 붙임표hyphen[1]가 빠지는 바람에 발생했는데, 이 제로데이의 역사는 미 항공우주국

---

1 약물 기호 가운데 하나로 '‑'의 이름. 합성어, 접사, 어미임을 나타내거나 우리말과 외래어 또는 한자말이 결합됨을 나타낼 때 두 낱말을 잇거나 분철하는 데에 쓰인다. ‑ 옮긴이(출처: 한글글꼴용어사전)

NASA의 기록보관소에서 찾아볼 수 있다(https://nssdc.gsfc.nasa.gov/nmc/spacecraft/display.action?id=MARIN1).

조 멘은 2016년 10월 로이터 통신에 보도한 "단독: 야후, 미국 정보기관 위해 고객 이메일 비밀리에 스캔Exclusive: Yahoo Secretly Scanned Customer Emails for U.S. Intelligence"이라는 제목의 기사에서 NSA가 어떻게 야후 데이터를 취득했는지 상세히 설명했다.

나는 「뉴욕타임스」가 왜 NSA의 도청 사실 보도를 지연하기로 결정했는지에 대해 폴 페리Paul Fehri의 205년 12월 17일자 「워싱턴포스트」 기사를 참조했다. 스노든은 2013년 LGBT 잡지인 「애드보킷Advocate」의 나타샤 바르가스-쿠퍼Natasha Vargas-Cooper 기자에게 「뉴욕타임스」의 보도 지연 결정은 왜 자신이 NSA의 기밀 문서를 그 신문사에 넘기지 않기로 결정했는지 이유를 알게 해준다고 말했다.

옷장 안에서 벌인 기밀 문서 검토 작업의 첫 번째 결과물은 당시 버즈피드에 있던 벤 스미스Ben Smith에 의해 2013년 8월 23일에 보도됐다. 호텔의 키 카드 해킹에 대한 가장 종합적인 보도는 2017년 8월 앤디 그린버그가 「와이어드」에 기고한 "호텔방 해커The Hotel Room Hacker"라는 기사였다.

2장 빌어먹을 연어

내가 여기에서 말하는 산업 보안 콘퍼런스는 데일 피터슨Dale Peterson이 매년 마이애미에서 개최하는 S4 콘퍼런스를 지칭한다. 여기에서 묘사한 이탈리아 해커들과의 대화는 2013년 7월 데이비드 생어와 함께 신문에 보도한 "해커들이 판매하는 컴퓨터 코드의 오류를 국가가 사들인다Nations Buying as Hackers Sell Flaws in Computer Code"라는 기사에도 실렸다.

데이비드 생어의 책 『대치와 은폐』는 스턱스넷 공격으로 유명해진 '올림픽 게임즈' 작전의 내용을 가장 종합적으로 다루고 있다. 랄프 랭너의 2011

년 TED 강연은 아직도 올림픽 게임즈와 스턱스넷에 대한 기술 전문가의 설명 중 가장 이해하기 쉬운 사례로 남아 있다(https://www.ted.com/talks/ralph_langner_cracking_stuxnet_a_21st_century_cyber_weapon#t-615276). 한 가지 주목할 점은 이스라엘의 일부 출판물이 '올림픽 게임즈'는 미국, 이스라엘, 네덜란드, 독일, 영국의 5개국 정보기관을 가리킨다고 주장하지만, 내 취재원들은 이를 부인하면서 스턱스넷을 개발하고 실행하는데 협력한 미국과 이스라엘의 5개 정보기관을 지칭하는 것이라고 반박한다.

3장 카우보이

존 워터스, 수닐 제임스Sunil James, 데이비드 엔들러David Endler가 시간을 내어 들려준 아이디펜스의 초창기 상황은 내게 크나큰 도움이 됐다. 회사의 파산을 둘러싼 설명의 진위는 관련 법원 문서와 보도 자료를 통해 확인했다. 버그트랙BugTraq의 창업자로 '닥 카우보이Doc Cowboy라는 해킹 가명을 쓰는 스캇 체이신Scott Chasin, 이 회사가 시만텍으로 팔리기 전까지 버그트랙의 조정자로 일한 일리아스 레비Elias Levy(해킹 가명 '알레프 원Aleph One'), '레인포레스트 퍼피Rainforest Puppy'라는 가명을 쓴 제프 포리스탈Jeff Forristal, 사우밀 샤Saumil Shah, 귀중한 시간을 쪼개 당시 해커들과 IT 기업 간의 역학관계를 회고해준 여러 인사에게 깊이 감사한다.

취약점을 공개해서는 안 된다는 스캇 컬프Scott Culp의 열띤 주장은 마이크로소프트의 웹사이트에서 아직도 볼 수 있다.[2] "정보 무정부주의를 끝장 낼 때다It's Time to End Information Anarchy"라는 제목의 글은 2001년 10월에 처음 발표됐다(https://www.angelfire.com/ky/microsfot/timeToEnd.html).

---

2 마이크로소프트 웹사이트에서는 더 이상 볼 수 없다. 대신 해당 글을 볼 수 있는 사이트의 주소를 명기했다. – 옮긴이

웹의 초창기 풍경을 비교적 종합적으로, 읽을 만하게 소개해주는 문헌으로는 케이티 해프너Katie Hafner와 매튜 라이언Matthew Lyon의 1998년 저서 『아무도 알려주지 않은 인터넷의 기원: 누가 인터넷을 만들었는가?Where Wizards Stay Up Late: The Origins of the Internet』(지식함지, 2016)가 있다. 월드와이드 웹 컨소시엄W3C도 홈페이지(www.w3.org/History.html)에 웹 개발의 주요 사건을 연대기로 정리해 놓았다. 시사주간지 「타임」의 1993년 기사 "사이버스페이스의 첫 국가First Nation in Cyberspace"는 잡지의 웹사이트에서 아직 볼 수 있다(https://content.time.com/time/subscriber/article/0,33009,979768,00.html). 게리 트루도Gary Trudeau의 1993년 둔스버리Doonesbury 만화는 여기에서 볼 수 있다(https://www.gocomics.com/doonesbury/1993/10/18). 시사문화 잡지 「뉴요커」의 유명한 만화를 다룬 글렌 플라이시만Glenn Fleishman의 2000년 12월 14일자 「뉴욕타임스」 기사, '인터넷의 정신을 포착한 만화'는 꼭 읽어볼 만하다(https://www.nytimes.com/2000/12/14/technology/cartoon-captures-spirit-of-the-internet.html).

마이크로소프트의 법정 비화를 가장 종합적으로 보도한 글은, 지금은 작고한 나의 멘토 조엘 브링클리Joel Brinkley가 쓴 것이다. 나는 빌 게이츠가 말한 "얼마를 주면 넷스케이프를 망쳐놓을 수 있소?"를 브링클리의 1998년 기사, "마이크로소프트 재판의 시작과 더불어 게이츠의 신뢰도도 흠집As Microsoft Trial Gets Started, Gates's Credibility is Questioned"에서 인용했다. 마크 저커버그는 '빠르게 움직이고 무엇이든 깨뜨려라'라는 자신의 초창기 구호를 2009년 10월 인터뷰에서 헨리 블로짓Henry Blodget에게 언급했다. 전체 인용문은 "빠르게 움직이고 무엇이든 깨뜨리라는 겁니다. 뭔가 깨뜨리고 있지 않다면 충분히 빠르게 움직이지 않는 겁니다."

나는 제인 페론Jane Perrone이 「가디언」에 보도한 기사 "코드 레드 웜Code Red worm"을 컴퓨터 웜에 대한 참고 자료로 인용했다(https://www.thegu

ardian.com/world/2001/aug/01/qanda.janeperrone). 「사이언티픽 아메리칸」은 2002년 10월 28일 그보다 더 종합적인 내용의 기사를 "코드 레드: 웹에 대한 웜의 공격Code Red: Worm Assault on the Web"이라는 제목으로 보도했다. 멜리사 바이러스Melissa Virus의 상세한 역사는 FBI의 웹사이트에서 읽을 수 있다 (https://www.fbi.gov/news/stories/melissa-virus-20th-anniversary-032519). 님다Nimda와 관련된 자료로는 찰스 필러Charles Piller와 그렉 밀러Greg Miller가 2000년 5월 「LA타임스」에 보도한 내용에 의존했다. 그리고 마이크로소프트의 '신뢰할 만한 컴퓨팅' 이니셔티브가 몰고 온 변화를 정리하는 데는 관련 인사들과의 인터뷰와 토니 브래들리Tony Bradley가 2014년 「포브스」에 기고한 "비즈니스 세계는 마이크로소프트의 신뢰할 만한 컴퓨팅에 많은 빚을 지고 있다The Business World Owes a Lot to Microsoft Trustworthy Computing"라는 기사와 마이크로소프트의 2012년 자체 리뷰 "출범 10년을 맞은 마이크로소프트의 신뢰할 만한 컴퓨팅 이니셔티브는 더더욱 중요해졌다At 10-Year Milestone, Microsoft's Trustworthy Computing Initiative More Important Than Ever"를 참고했다. 빌 게이츠의 2002년 메모는 「와이어드」 웹사이트에서 볼 수 있다(https://www.wired.com/2002/01/bill-gates-trustworthy-computing/).

아이디펜스의 데이브 엔들러는 '제로데이 이니셔티브Zero-Day initiative'라고 불리는 티핑 포인트Tipping Point의 경쟁적 제안을 시작했다. 엔들러는 아이디펜스의 공식을 약간 비틀었다. 일회성 포상금 대신 고급 버그를 보고한 해커들은 마치 항공사의 마일리지 시스템과 비슷한 프로그램에 등록하면 1위에 오른 연구자들에게 최고 2만 달러까지 보너스를 지급했다. 워터스는 초창기에 '티핑 포인트'에 투자했으므로, 어떤 면에서 그와 엔들러는 여전히 같은 팀에서 함께 일하는 셈이었다.

4장 첫 번째 브로커

앤디 그린버그는 2012년 「포브스」 지에 그러크의 제로데이 비즈니스를 맨 처음 공개했다. "당신의 PC를 해킹해 감시할 수 있는 툴을 팔아 몇십만 달러 규모의 수수료를 받는 해커들Meet The Hackers Who Sell Spies the Tools to Crack Your PC and Get Paid Six-Figure Fees"이라는 제목의 그 기사는 제로데이 판매로 받은 현금이 가득 든 돈가방 옆에 앉은 남아프리카 출신의 익스플로잇 브로커를 보여줬다. 그린버그의 「포브스」 기사의 여파는 이후 인터뷰를 통해 더 상세히 알게 됐다.

브로커 중 한 사람으로 소개된 지미 사비엔은 실명이 아니다. 그가 선택한 가명도 아니다. 내가 그저 지어낸 이름일 뿐이다. 혹시라도 제로데이 브로커들 중에 그와 비슷한 이름이 있다면 순전히 우연이다.

대부분의 버그는 사람의 실수 탓이라는 주장은 보안 취약점의 압도적 다수가 '버그가 많은buggy' 코드로부터 비롯된다는 국립연구위원회National Research Council의 연구 결과에서 나왔다. 예를 들면 1997년 이후 컴퓨터 비상대응 팀CERT이 공지한 보안주의보의 적어도 3분의 1은 부적절하게 검사된 소프트웨어 코드와 관련된 내용이었다.

사비엔은 자신이 가리키는 HP의 제로데이가 구체적으로 무엇인지 밝히지 않지만, 2002년 두 명의 연구자가 블랙햇 해킹 콘퍼런스에서 사비엔이 묘사한 익스플로잇과 거의 흡사하게 들리는 HP 프린터용 익스플로잇을 시연했다. 스턱스넷 웜이 의존한 익스플로잇 중에는 무엇을 인쇄할지 프린터에 메시지를 전달하는 소프트웨어인 프린터 스풀러printer spooler의 익스플로잇도 있었다. 그리고 2017년 한 대학원생이 125개 이상의 프린터 취약점을 전국취약점데이터베이스National Vulnerability Database에 올렸는데, 그중에는 20년 전까지 거슬러 올라가는 것도 있었다. 2019년에는 두 연구자가 가장 널리 사용되는 상용 프린터 6종에서 49개의 취약점을 찾아냈는데, 이들 중 일부는 프린터와 그 콘텐츠에 원격 접근하는 데 이용될 수 있었다. 2019년 NCC 그룹의 보도 자료, "NCC 그룹, 6대의 주도적 기업용 프린터에서 수십 종의 취약점 발견NCC Group Uncovers Dozens of Vulnerabilities in Six Leading Enterprise Printers"을 참조하라(https://www.businesswire.com/news/home/20190808005257/en/NCC-Group-Uncovers-Dozens-of-Vulnerabilities-in-Six-Leading-Enterprise-Printers).

외교관계위원회Council of Foreign Relations는 스톡홀름 국제평화연구원Stockholm International Peace Research Institute과 미국 경제분석국U.S. Bureau of Economic Analysis에서 취득한 인플레를 감안한 데이터를 바탕으로 국방비 지출 흐름을 분석한다(https://www.cfr.org/report/trends-us-military-spending).

미국 전략사령부의 전직 사령관인 제임스 엘리스의 '리오 그란데Rio Grande' 발언은 패트릭 시렌자Patrick Cirenza가 「핵 과학자 협회보The Bulletin of the Atomic Scientists」에 2016년 2월 기고한 "핵 억지와 사이버 억지의 잘못된 비유The Flawed Analogy between Nuclear and Cyber Deterrence"에서 나왔다(https://thebulletin.org/2016/02/the-flawed-analogy-between-nuclear-and-cyber-deterrence/).

5장 제로데이 찰리

나는 밀러의 이야기를 앤디 그린버그가 2011년 「포브스」에 쓴 "아이폰의 보안 버그는 무고한 앱을 나쁘게 만든다iPhone Security Bug Lets Innocent-Looking Apps Go Bad"라는 기사로 사실 관계를 확인했다. 그린버그는 애플이 이후 밀러를 블랙리스트에 올린 사실도 "애플, 개념 증명용 익스플로잇 앱을 위한 자체 개발 프로그램의 보안 연구자 추방Apple Exiles a Security Researcher from Its Development Program for Proof-of-Concept Exploit App"이라는 제목으로 보도했다

(https://www.forbes.com/sites/andygreenberg/2011/11/07/apple-exilesa-security-researcher-from-its-developer-program-for-proof-of-conceptexploit-app/).

나는 밀러의 지프Jeep 해킹 사실을 신문에 썼지만, 그린버그가 「와이어드」에 쓴 기사는 밀러와 그의 공동 연구자인 크리스 발라섹Chris Valasek이 해킹하는 과정을 담은 비디오까지 포함하고 있었다(https://www.wired.com/2015/07/hackers-remotely-kill-jeep-highway/).

찰리 밀러가 2007년 작성한 제로데이 시장 백서, "적법한 취약점 시장: 제로데이 익스플로잇 거래의 은밀한 세계의 내부The Legitimate Vulnerability Market: Inside the Secretive World of 0-day Exploit Sales"는 아직도 온라인에서 구해 읽을 수 있다(http://www.econinfosec.org/archive/weis2007/papers/29.pdf).

이후 밀러가 애플의 iOS와 구글의 안드로이드 소프트웨어를 해킹한 사실은 널리 보도됐다. 나는 동료 존 슈와츠John Schwartz 기자가 2007년 「뉴욕타임스」에 보도한 "해킹에 취약한 아이폰 오류 발견, 보안 회사 밝혀IPhone Flaw Lets Hackers Take Over, Security Firm Says"라는 기사와 온라인 뉴스 사이트인 「아르스 테크니카Ars Technica」가 2008년 보도한 밀러의 맥북 에어 해킹 기사를 참조했다. 밀러가 2분 만에 맥북 에어를 해킹하는 유튜브 비디오의 주소는 https://www.youtube.com/watch?v=no11eIx0x6w이다. 밀러가 애플의 맥 OS X 소프트웨어를 어떻게 해킹했는지 설명한 2007년 블랙 햇 브리핑은 블랙 햇 팟캐스트에서 다시 들을 수 있다(https://podcasts.apple.com/gb/podcast/charlie-miller-hacking-leopard-tools-techniques-for/id271135268?i=1000021627342). 동료인 존 마코프는 밀러의 안드로이드 해킹 사실을 2008년 10월 "T-모바일의 구글 전화기에서 보안 오류 발견Security Flaw Is Revealed in T-Mobile's Google Phone"이라는 제목으로 신문에 보도했다. 나는 「컴퓨터월드」, ZD넷 같은 기술 잡지를 참고해 밀러의 맥북 프로 해킹의 사실 관계를 확인했다. 마이클 미모소(Michael Mimoso)는 2009년 업계 간행물인 「서치 시큐리티(Search Security)」에 "공짜 버그는 이제 그만(No More Free Bugs)" 운동을 보도했다. 디노 데이 조비(Dino Dai Zovi)도 인터뷰를 통해 유익한 맥락을 제공했다.

6장 건맨 프로젝트

건맨 프로젝트의 내용을 가장 종합적으로 알려주는 문서는 2007년 기밀이 해제된 NSA의 역사, "적으로부터 얻는 교훈: 건맨 프로젝트(Learning from the Enemy: The GUNMAN Project)"로, 암호학 사료 센터(Center for Cryptologic History)의 섀런 마네키(Sharon Maneki)가 진행한 인터뷰를 기반으로 한 내용이다(https://www.foo.be/docs/intelligence/Learning_From_the_Enemy_The_GUNMAN_Project.pdf).

NSA의 공식 기록은 미국에 러시아의 도청 기법을 알려준 동맹국의 이름을 누락시키고 있지만, 2007년에 보도된 「폴리티코」의 기사 "소비에트 스파이들이 의회를 도청하던 시절 그리고 다른 스파이 일화(The Time the Soviets Bugged Congress and Other Spy Tales)"는 프랑스와 이탈리아를 언급하고 있다. 나는 러시아의 여러 스파이 기법을 모스크바 주재 미국 대사관에서 얻었다. 1964년 5월 「뉴욕타임스」의 1면에 "모스크바는 벽에도 귀가 있다(In Moscow, Walls Have Ears)"라는 제목으로 실린 기사는 미국 측 기술자들이 모스크바 주재 미국 대사관의 구조벽에서 발견한 40개의 도청 장치를 기록했다. 비록 비극적이기는 하지만 진정으로 매혹적인 러시아의 스파이 기법은 너새니얼 샤핑(Nathaniel Sharping)이 2009년 10월 「디스커버(Discover)」 잡지에 기고한 레온 테레민(Leon Theremin)의 프로필, "으스스한 음악과 소비에트의 스파이 기술: 레온 테레민의 경이로운 삶(Creepy Music and Soviet Spycraft: The Amazing Life of Leon Theremin)"에 잘 드러나 있다. 1945년 미국 대사에게 선물한 수제(手製) 미국 문장紋章 속에 내장된 것은 테레민의 도청 장치였고, 1952년 대사가 네 번이나 바뀔 때까지 발각되지 않았다.

모스크바의 미국 대사 곳곳에 은밀히 설치된 도청 장치 때문에 대사관 직원들이 겪은 어려움은 일레인 스키올리노Elaine Sciolino가 1988년 「뉴욕타임스」에 보도한 "도청된 대사관 사례: 무엇이 잘못됐나The Bugged Embassy Case: What Went Wrong"에 잘 나와 있다.

월터 G. 딜리와 그의 직원들이 나눈 대화와 당시 딜리가 느꼈던 심각한 스트레스는 에릭 헤이즐타인Eric Haseltine의 2019년 저서 『모스크바 역의 스파이The Spy in Moscow Station』에서 인용했다.

7장 대부

고슬러가 가장 좋아하는 프라이스 프리체트Price Pritchett의 발언은 그의 저서 『급변하는 세계를 위한 새로운 업무 습관에 관한 직원 핸드북: 정보 시대의 성공을 위한 13가지 규칙The Employee Handbook of New Work Habits for a Radically Changing World: 13 Ground Rules for Job Success in the Information Age』(Pritchett & Hull Associates, 1994)에서 확인할 수 있다.

나는 해저 케이블 도청을 위한 '담쟁이덩굴 작전Operation Ivy Bells'의 내용을 2013년 매튜 칼Matthew Carle의 회고를 담은 「비즈니스 인사이더Business Insider」의 기사, "40년 전, 해군의 '담쟁이덩굴 작전'은 70년대판 에드워드 스노든과 함께 막을 내렸다40 Years Ago, The Navy's 'Operation Ivy Bells' Ended With a 70s Version of Edward Snowden"를 참고했다.

로스 알라모스Los Alamos의 역사는 미 에너지부의 역사와 유산 자원부 Office of History and Heritage Resources가 보유한 "맨해튼 프로젝트: 대화형 역사 The Manhattan Project: An Interactive History"에서 구해볼 수 있다. 미국의 비핵무기 부품의 97%가 샌디아에서 개발됐다는 근거는 샌디아의 웹사이트 "핵무기

평가: 샌디아의 핵심 임무Evaluating Nuclear Weapons: A Key Sandia Mission”에서 찾았다. 에릭 슐로서Eric Schlosser는 미국의 핵무기 사고에 대한 흥미진진하면서도 아찔한 뒷얘기를 펴낸『지휘와 통제: 핵무기, 다마스커스 사고와 안전의 환상Command and Control: Nuclear Weapons, the Damascus Accident and the Illusion of Safety』(Penguin Book, 2013)에 담았다.

켄 톰슨Ken Thompson의 1984년 튜링상Turing Award 수상 연설, “신뢰의 신뢰에 대한 생각Reflections on Trusting Trust”은 카네기 멜론대학교 홈페이지에서 찾아볼 수 있다(http://www.cs.cmu.edu/~rdriley/487/papers/Thompson_1984_ReflectionsonTrustingTrust.pdf).

고슬러의 샤프롱(보호자) 실험Chaperon Experiments은 조지 메이슨대학교의 크레이그 J. 와이너Craig Weiner가 2016년 발표한 논문「침투하라, 유린하라, 방해하라, 파괴하라: 주요 군사 혁명으로서의 컴퓨터 네트워크 작전의 부상Penetrate, Exploit, Disrupt, Destroy: The Rise of Computer Network Operations as a Major Military Innovation」에도 상세하게 설명돼 있다.

모리스 웜Morris Worm으로 인한 피해 추산은 애덤 레비Adam Levy의 저서『랜섬 회피: 비즈니스 소유자와 관리자를 위한 사이버 보안Avoiding the Ransom: Cybersecurity for Business Owners and Managers』(lulu.com, 2016)에서 인용했다.

리눅스, 펜타곤의 합동 타격 전투기, 마이크로소프트 비스타Vista의 코드 규모는 리처드 단지그Richard Danzig가 2014년 작성한 기사 “독과일을 먹고도 살아남는 법: 미국의 사이버 의존에 따른 국가 안보 위험을 줄이려면Surviving on a Diet of Poisoned Fruit: Reducing the National Security Risks of America's Cyber Dependencies”에서 나왔다. 이 기사는 신미국보안센터Center for a New American Security에서 출간됐다.

놀라운 예지력을 보여주는 윌리스 H. 웨어Willis H. Ware의 1967년 RAND 보고서는 “컴퓨터 시스템의 보안과 프라이버시Security and Privacy in Compute

Systems"라는 공식 제목을 달고 있지만 "웨어 보고서Ware Report"로 불렸다. 조지 워싱턴 대학의 국가안보기록보관소National Security Archive에서 구할 수 있다(https://nsarchive.gwu.edu/document/21676-document-01-willis-h-ware-rand-corporation-p). 1970년에 나온 국방과학위원회 태스크포스를 위한 앤더슨 보고서는 해당 홈페이지에서 볼 수 있다(https://csrc.nist.gov/csrc/media/publications/conference-paper/1998/10/08/proceedings-of-the-21st-nissc-1998/documents/early-cs-papers/ware70.pdf).

9/11 사태 이전에 NSA가 예산을 따내고 관리하는 데 어떤 어려움을 겪었는지는 조지 칼링크George Cahlink가 2001년 9월 1일 「Government Executive」 잡지에 기고한 "코드 깨기Breaking the Code" 그리고 로저 Z. 조지Roger Z. George와 로버트 D. 클라인Robert D. Kline의 선집 『첩보와 국가안보 전략가: 변함없는 이슈와 도전Intelligence and the National Security Strategist: Enduring Issues and Challenges』(National Defense University Press, 2006)을 참조했다.

윌리엄 페인William Payne과 그의 전 직장인 샌디아 간의 논쟁은 1997년 미국 뉴멕시코 지방법원에 제출된 법원 문서에 잘 나와 있다. 1992년 제기된 소송에 따르면, 고슬러는 샌디아의 직원들에게 NSA를 위한 샌디아의 업무를 '비밀 채널'로 설명했는데, 여기에는 '컴퓨터 소프트웨어와 하드웨어를 바이러스로 감염'시키거나 '스파이크spike' 기법으로 장비와 암호화 알고리즘에 침투하는 방식도 포함됐다고 주장했다. 페인은 FBI를 대신해 전자 소프트웨어에 침투하도록 지시받은 적이 있으며, 고슬러가 페인을 한 NSA 프로젝트에 참여하라고 요청했지만 거부했다고 주장했다. 페인은 자신이 샌디아와 NSA의 기밀 협약을 위반했기 때문에 해고됐다고 주장한다. 이 소송은 거듭해서 크립토 AGCrypto AG를 심층 취재한 「볼티모어 선」을 언급하고 있다.

스캇 셰인과 톰 보우먼은 1995년 「볼티모어 선」에 "게임 조작Rigging the

Game"이라는 제목의 기사를 실었는데, 이것은 NSA의 크립토 AG 작전에 관한 최초이자 가장 심층적인 보도로 꼽힌다. 15년 뒤, 「워싱턴포스트」의 그렉 밀러는 CIA와 서독 첩보기관이 크립토 AG 작전에서 수행한 역할을 추가 보도했는데, 여기에는 '유의어사전Thesaurus'와 '루비콘Rubicon'이라는 암호명이 등장한다(https://www.washingtonpost.com/graphics/2020/world/national-security/cia-crypto-encryption-machines-espionage/).

고슬러의 위협 위계도의 분석 내용은 국방부 산하 국방과학위원회의 2013년 태스크포스 보고서, "회복력 큰 군사 시스템과 고등 사이버위협 Resilient Military Systems and the Advanced Cyber Threat"에 나와 있는데, 고슬러는 이 위원회의 공동 위원장이었다(https://nsarchive2.gwu.edu/NSAEBB/NSAEBB424/docs/Cyber-081.pdf).

NSA의 2013년 비밀 예산black budget은 2013년 8월 「워싱턴포스트」가 보도했다. 크립토 프로젝트를 상세히 열거한 NSA 문서는 스노든에 의해 유출되었고 2013년 9월 5일 "NSA는 웹의 기본적인 안전 장치와 프라이버시를 무력화할 수 있다NSA Able to Foil Basic Safeguards of Privacy on the Web"라는 제목의 기사로 보도됐다.

컴퓨터 네트워크 작전에서 CIA가 담당한 역할의 추가 맥락은 로버트 월리스Robert Wallace, H. 키스 멜튼H. Keith Melton, 헨리 R. 슐레진저Henry R. Schlesinger가 공저한 『스파이 기법: 공산주의부터 알카에다까지, CIA's 스파이 기술사Spycraft: The Secret History of CIA'S Spytechs, from Communism to Al-Qaeda』(Dutton, 2008)에 상세하게 기술돼 있다.

제임스 울시James Woolsey의 증언은 더글러스 질Douglas Jehl이 1993년 2월 「뉴욕타임스」에 보도한 "CIA 국장 후보 예산 삭감에 우려 표시CIA Nominee Wary of Budget Cuts"에 나와 있다.

실패한 소말리아Somalia 작전은 존 리 앤더슨Jon Lee Anderson이 2009년 「뉴요커」에 기고한 "가장 실패한 국가The Most Failed State"에 종합적으로 기술돼 있다.

키스 알렉산더의 '전체 건초더미' 발언은 엘렌 나카시마Ellen Nakashima와 조비 워릭Joby Warrick이 2013년 7월 「워싱턴포스트」에 보도한 기사 "NSA 국장, 테러 위협을 막으려면 '모든 것을 수집할 필요' 강조"에 나와 있다.

마이클 헤이든Michael Hayden의 '신호 정보의 황금기' 발언은 헤이든의 저서 『극단까지 간다: 테러 시대의 미국의 정보 수집Playing to the Edge: American Intelligence in the Age of Terror』(Penguin Books, 2017)에서 따온 것이다.

NSA와 CIA 간의 정보 수집 전쟁 양상은 1976년 8월 20일에 나온 CIA의 메모에 잘 나와 있다. 하비 넬슨Harvey Nelson이 「첩보와 반첩보 국제저널 Journal of Intelligence and Counterintelligence」에 2008년 기고한 "1990년대의 미국 정보 예산"도 이를 다루고 있다. CIA가 개발한 스파이 기기의 역사는 CIA 기록문서 보관소에서 볼 수 있다(과학기술부: 너무나 고등 기술이어서 기밀로 분류됐다).[3]

고슬러가 CIA에서 훈련한 헨리 A. 크럼프턴Henry A. Crumpton은 자신의 저서 『첩보의 기술: CIA의 전설적 첩보원 그가 증언하고 예견하는 전쟁과 첩보의 과거, 현재, 미래The Art of Intelligence: Lessons from a Life in the CIA's Clandestine Service』(플래닛미디어, 2013)에서 고슬러의 작업을 상세히 기술했다. 고슬러도 컴퓨터 네트워크를 악용하는 데 CIA가 어떤 역할을 했는지, 2005년 제니퍼 E. 심즈Jennifer E. Sims와 버튼 가버Burton Garber가 공동 편집해 출간한 『미국 정보 수집 업무의 혁신Transforming U.S. Intelligence』(Georgetown Univ Press, 2016)에 수록된 에세이 "디지털 차원The Digital Dimension"에서 상술했다. 고슬

---

3 원서에 소개된 URL은 더 이상 작동하지 않는다. CIA에서 삭제했거나 다른 장소로 이전한 것으로 보인다. - 옮긴이

러는 새로운 기회를 이렇게 표현했다. "이들 시스템의 설계, 조작, 테스팅, 물류, 유지 보수 및 작동은 정보의 기밀성, 무결성 혹은 가용성을 미묘하게 훼손하려는 의도의 적에게 긴밀한 접근 기회를 제공한다."

고슬러가 정보기관에서 받은 여러 상은 알렉 로스Alec Ross의 저서 『알렉 로스의 미래 산업 보고서The Industries of the Future』(사회평론, 2016)에 언급돼 있다.

8장 잡식성

9/11로 귀결된 정보기관의 실패 내용은 https://9-11commission.gov/report/9/11에서 내려받을 수 있는 위원회 보고서(9/11 Commission Report)에 잘 정리돼 있다. 감찰관실the Office of the Inspector General이 2004년 11월 발행한 "칼리드 알-미드하와 나와프 알-하즈미에 관한 특별보고서Special Report on Khalid Al-Mihdhar and Nawaf Al-Hazmi"도 유용한 자료다.

NSA의 도청과 감시 프로그램에 대한 더 상세한 정보는 다음 기사에서 얻었다. 제임스 뱀포드James Bamford의 "NSA, 미국 최대의 스파이 센터 건설 중(말조심하시오)The NSA Is Building the Country's Biggest Spy Center(Watch What you Say)"(『와이어드』, 2012), 찰리 새비지Charlie Savage의 2015년 「뉴욕타임스」 보도, "기밀 해제된 보고서, NSA의 영장 없는 감시 활동의 가치에 의문 제기 Declassified Report Shows Doubts about Value of NSA's Warrantless Spying", 피터 베이커와 데이비드 생어의 2015년 보도, "왜 NSA는 감시 규제에 반발하지 않는가Why the NSA Isn't Howling Over Restrictions". '피자헛 케이스'는 라이언 싱겔Ryan Singel이 2003년 「와이어드」에 기고한 "TIA 예산 사실상 폐지Funding for TIA All but Dead"를 참조했다. 그리고 글렌 그린월드와 스펜서 애커만Spencer Ackerman이 2013년 「가디언」에 보도한 스노든 유출 기사 "어떻게 NSA는 아직도 당신의 온라인 데이터를 수집하는가How the NSA Is Still Harvesting Your Online Data"와 "NSA, 오바마 체제에서 2년 이상 미국의 이메일 기록을 수집한 것

으로 드러나NSA Collected U.S. Email Records in Bulk for More Than Two Years under Obama"를 참조했다.

NSA의 도를 넘은 스파이 활동 내용은 헨릭 몰트케Henrik Moltke가 온라인 뉴스 사이트인 인터셉트Intercept에 2019년 게재한 "도 넘은 임무: 이라크와 아프가니스탄용으로 개발한 NSA의 획기적 표적 시스템은 어쩌다 멕시코 국경에 이르렀나Mission Creep: How the NSA's Game-Changing Targeting System Built for Iraq and Afghanistan Ended Up on the Mexico Border", 찰리 새비지와 조너선 와이즈만Jonathan Weisman이 「뉴욕타임스」에 2015년 보도한 "NSA의 통화 데이터 대량 수집, 불법으로 판결NSA Collection of Bulk Call Data Is Ruled Illegal" 기사와 스캇 세인이 2013년 「카운터펀치Counterpunch」에 기고한 "모든 것을 수집하는 NSA에는 어떤 조각도 작지 않다No Morsel Too Miniscule for All-Consuming NSA" 기사를 참조했다. 인터셉트의 라이언 갤러거Ryan Gallagher와 피터 마스Peter Maass는 IT 시스템 관리자들을 해킹하려는 NSA의 시도를 2014년 "시스템 관리자들을 사냥하고 해킹하기 위한 NSA의 비밀 임무의 내면Inside the NSA's Secret Efforts to Hunt and Hack System Administrators"이라는 제목으로 보도했다.

AT&T의 NSA 협조 내용을 가장 종합적으로 다룬 내용은 줄리아 앙귄Julia Angwin, 찰리 새비지, 제프 라슨, 헨릭 몰트케, 로라 포이트라스, 제임스 리젠James Risen이 공동 작업해 2015년 「뉴욕타임스」에 보도한 "AT&T, 인터넷에서 NSA에 대규모 협조AT&T Helped U.S. Spy on Internet on a Vast Scale"라는 기사였다.

바튼 겔만과 엘렌 나카시마는 2013년 「워싱턴포스트」에 보도한 "NSA, 2011년 231회의 공세적 사이버 작전 수행U.S. Spy Agencies Mounted 231 Offensive Cyber-Operations in 2011, Documents Show"이라는 기사를 통해 NSA의 공세적 업무를 상세히 폭로했다. 인터셉트도 같은 출처를 인용해 2014년 3월 12일 "수천 개의 내장 스파이 기기Thousands of Implants"라는 제목으로 보도했다

(https://theintercept.com/document/2014/03/12/thousands-implants/).

데이비드 생어와 나는 중국 화웨이를 노린 NSA의 공격 내용을 2014년 "미국, 스파이 위험으로 판단한 중국 서버에 침투 U.S. Penetrated Chinese Servers It Saw as a Spy Risk"라는 제목으로 보도했다.

「슈피겔」은 NSA 산하 TAO 해커들이 어떻게 운영되는지 설명한 NSA의 내부 파워포인트 파일을 폭로했다. 공개된 슬라이드쇼는 홈페이지에서 볼 수 있다(https://www.spiegel.de/fotostrecke/photo-gallery-nsa-s-tao-unit-introduces-itself-fotostrecke-105372.html).

9장 루비콘

백악관이 스턱스넷을 사용하기로 결정하기까지 어떤 내부 논의가 있었는지는 데이비드 생어의 『대치와 은폐』에서 상세히 다루고 있으며, 나는 9장을 쓰는 데 이 책의 도움을 많이 받았다. 또 스턱스넷의 실체를 밝히고 해부한 연구자들의 다급한 시도를 생생하게 다룬 킴 제터의 저서 『제로데이 카운트다운』에도 신세를 많이 졌다. 생어와 제터의 책은 세계 최초의 사이버 무기에 대해 가장 결정적이고 종합적인 그림을 보여준다는 점에서 읽을 가치가 있다. 프레드 캐플런의 책 『사이버전의 은밀한 역사』도 더 폭넓은 관점을 제공한다.

부시 행정부에 대한 이스라엘의 지속적인 압박 사실을 가장 잘 다룬 기사는 로넨 버그만과 마크 마제티가 2019년 「뉴욕타임스」에 보도한 "이스라엘의 이란 폭격 압박 비사 The Secret History of the Push to Strike Iran"이다. 이스라엘의 압박 캠페인에서 미처 보도되지 않은 한 가지 사실은, 이스라엘이 2006년 무렵부터 모사드 Mossad가 발견한 내용을 담은 수백 건의 문서를 NSA에 제공하기 시작했다는 것이다. 2018년 벤야민 네타냐후 Benjamin Netanyahu 이스라엘 총리는 이들 중 일부를 공개해 트럼프 대통령이 포괄적 공동행동계획JCPOA, Joint Comprehensive Plan of Action[4] 이란 핵 협정을 탈퇴하도록 압박했다. 똑같은 내용의 문서는 유튜브에도 나와 있는 네타냐후의 발표에 소개됐다(https://www.youtube.com/watch?v=_qBt4tSCALA). 이스라엘의 압박 캠페인은 2007년 미국 국가정보판단서National Intelligence Estimate가 TAO가 수집한 정보를 근거로, 이란이 2003년 미국의 이라크 침공 때까지 핵무기 개발 프로그램을 중지했었다고 결론지은 후 더욱 거세졌다. 국가정보판단서NIE를 둘러싼 논의는 RAND 코퍼레이션의 그레고리 F. 트레버튼Gregory F. Treverton이 2013년 정보연구센터Center for the Study of Intelligence에서 출간한 『이란의 핵 개발 의도와 역량에 관한 2007년 국가정보판단서The 2007 National Intelligence Estimate on Iran's Nuclear Intentions and Capabilities』에 잘 나와 있다 (https://www.cia.gov/static/a6c09ab8eb00a08b8ba5ad1a5055f527/2007-Iran-Nuclear-Intentions.pdf). NIE에 대한 이스라엘의 입장은 야코브 아미드로르Yaakov Amidror 소장과 요시 쿠페르와세르Yossi Kupperwasser 준장이 2008년 예루살렘정세센터Jerusalem Center for Public Affairs에서 발표한 "이란에 대한 미국 국가정보판단서와 그 여파: 이스라엘 전문가들의 토의The US National Intelligence Estimate on Iran and Its Aftermath: A Roundtable of Israeli Experts"에 상세히 표현돼 있다(https://spme.org/boycotts-divestments-sanctions-bds/boycotts-divestments-and-sanctions-bds-news/the-u-s-national-intelligence-estimate-on-iran-and-its-aftermath-a-roundtable-of-israeli-experts/4692/).

미국에 대한 이스라엘의 압박 캠페인에 대한 좀 더 근래 내용은 스티븐 얼랭거Steven Erlanger와 이사벨 커시너Isabel Kirshner가 2007년 「뉴욕타임스」에 보도한 "이란은 여전히 핵개발을 추진 중이라고 이스라엘 주장Israel Insists

---

4 이란과 미국, 중국, 러시아, 영국, 프랑스, 독일이 2015년 체결한 이란의 핵 문제 해결 방안 – 옮긴이

That Iran Still Seeks a Bomb"을 참조하기 바란다. 2007년 이라크에서 사망한 미군 통계는 다음 페이지를 참조했다. https://www.statista.com/statistics/263798/american-soldiers-killed-in-iraq/. 그리고 그해 급추락하는 부시 지지도는 2001~2008년 기간의 USA투데이/갤럽 여론조사를 참고했는데, 그에 따르면 2001년 90%이던 지지도는 2008년 40% 밑으로, 심지어 27% 선까지 떨어졌다(https://news.gallup.com/poll/110806/bushs-approval-rating-drops-new-low-27.aspx).

나는 섀인 해리스Shane Harris가 2003년 「포린 폴리시Foreign Policy」에 "NSA의 카우보이The Cowboy of the NSA"라는 제목으로 기고한 키스 알렉산더의 프로필 기사를 참조했다. 여기에는 SF 드라마 시리즈 〈스타트렉〉에서 영감을 얻은 포트 벨부아Fort Belvoir에 대한 묘사도 포함된다. 알렉산더 장군의 NSA 국장 시절에 대한 추가적인 내용은 글렌 그린월드가 2013년 「가디언」에 쓴 "키스 알렉산더 장군의 마음속Inside the Mind of Gen. Keith Alexander"이라는 기사와 NSA의 사정에 가장 정통한 제임스 뱀포드가 2013년 6월 12일 「와이어드」에 기고한 "NSA 감시는 시작에 불과했다: 우리를 사이버 전쟁으로 내몬 정보국장NSA Snooping Was Only the Beginning: Meet the Spy Chief Leading Us into Cyberwar"에서 얻었다.

알카에다의 통신 네트워크를 무력화하기 위한 TAO의 초창기 시도는 데이비드 생어의 저서 『대치와 은폐』, 프레드 캐플런의 『사이버전의 은밀한 역사』에 소개됐다.

미국과 이스라엘이 나탄즈 핵 농축 프로그램을 파괴하려 모의할 당시, 이란은 핵폭탄을 제조하는 데 필요한 농축 수준에서 아직 몇 년이나 떨어진 상태였다. 2020년에 이르러 이란은 폭탄 제조에 필요한 U-235 동위원소 농축 수준의 3.7%밖에 달성하지 못한 상황이었다. 원자력에 필요한 농축 수준에 이르기 위해서는 4%의 U-235 농축 수준이 요구되며, 원자폭탄을 만들기 위해서는 90%의 U-235가 필요하다고 전문가들은 밝혔다.

이란의 당시 핵 농축 프로그램 수준을 알려주는 추가 정보 및 자연적인 사고 때문에 이란이 이미 원심분리기의 10% 정도를 교체했다는 내용은 킴 제터의 저서 『제로데이 카운트다운』에서 얻었다. 핵 농축 프로그램을 알기 쉽게 설명한 글로는 찰스 D. 퍼거슨Charles D. Ferguson이 펴낸 『원자력 재난을 막아라Nuclear Energy: What Everyone Needs to Know』(생각의힘, 2014)를 추천할 만하다.

동료들인 마이클 R. 고든Michael R. Gordon과 에릭 슈미트Eric Schmitt는 2008년 6월 20일자 「뉴욕타임스」에 보도한 기사 "이스라엘의 훈련은 이란을 겨냥한 것으로 보인다고 미국 논평U.S. Says Israeli Exercise Seemed Directed at Iran"에서 이스라엘의 전투기 훈련 상황을 묘사했다. 시리아의 원자로에 대한 이스라엘의 이전 폭격 사실은 시모어 M. 허시Seymour M. Hersh가 2008년 2월 「뉴요커」에 쓴 "어둠 속의 폭격A Strike in the Dark"에 상세히 나와 있다. 1년 뒤, 댄 머피Dan Murphy는 2009년 10월 「크리스천 사이언스 모니터」에 보도한 기사에서 "이스라엘의 폭격은 이란의 핵 개발 프로그램을 저지할 수 있을까?Could an Israeli Air Strike Stop Iran's Nuclear Program?"라고 묻고 있다. 그의 기사는 이스라엘이 이란의 핵 프로그램을 저지하기 위해 어느 선까지 갈 용의가 있겠느냐는 질문에 이스라엘의 전직 공군책임자인 댄 할루츠Dan Halutz가 제시한 대답을 담고 있다. '2,000킬로미터 — 대략 텔아비브와 나탄즈 간의 거리'라는 게 할루츠의 대답이었다. 이라크의 오시라크Osirak 원자로에 대한 이스라엘의 공격을 묘사한 문헌으로는 데이비드 K. 시플러David K. Shipler가 1981년 「뉴욕타임스」에 쓴 기사가 있다. "이스라엘 전투기 이라크의 원자로 파괴, 미국과 아랍국은 공격을 비난(https://www.nytimes.com/1981/06/09/world/israeli-jets-destroy-iraqi-atomic-reactor-attack-condemned-us-arab-nations.html)"

나는 이스라엘이 디모나시에 나탄즈의 모형을 지었다는 사실을 데이비드 생어의 2018년 저서 『퍼펙트 웨폰The Perfect Weapon』(미래의 창, 2019)를 읽고 알았다. 기자를 대동한 마무드 아마디네자드Mahmoud Ahmadinejad의 유명한 나탄즈 투어를 잘 묘사한 문헌은 윌리엄 브로드William Broad가 2008년 「뉴욕타임스」에 보도한 "감질나는 이란의 핵 프로그램 투어A Tantalizing Look at Iran's Nuclear Program"라는 제목의 기사다. 아마디네자드의 투어 장면을 담은 사진은 위스콘신 핵무기 통제 프로젝트Wisconsin Project on Nuclear Arms Control가 운영하는 이란 워치Iran Watch의 2008년 간행물에서 나왔다(https://www.iranwatch.org/our-publications/worlds-response/ahmadinejad-tours-natanz-announces-enrichment-progress).

미국-이스라엘의 사이버 무기에 관한 상세 정보는 주로 익명을 요구한 정보 요원과 분석가들을 인터뷰한 결과다. 하지만 많은 이는 데이비드 생어의 2012년 저서 『대치와 은폐』 그리고 2010년 저작 『유산: 오바마가 직면한 세계와 미국 권력의 숙제The Inheritance: The World Obama Confronts and the Challenges to American Power』(Crown)에 나온 내용을 확인해 주는 선에 그쳤다.

스턱스넷을 사용하는 경우와 미국의 벙커 버스터bunker-buster 폭격기로 공격하는 경우의 비용 비교는 미국 회계감사원GAO, Government Accountability Office 자료, 익스플로잇 브로커인 제로디움이 펴낸 익스플로잇의 가격표를 참조했다. 회계감사원에 따르면 미국은 21대의 B-2 폭격기를 447억 5천만 달러에 구매했다. 한 대당 21억 달러 수준이다(https://www.gao.gov/archive/1997/ns97181.pdf). 공개된 제로데이 가격표에 따르면 2019년에 가장 널리 홍보된 제로데이 하나는 가격이 계속 오르는 중이기는 하지만 250만 달러였다(https://zerodium.com/program.html).

스턱스넷이 어떻게 나탄즈에 침투했는지에 대해서는 내용이 엇갈린다. 2019년 킴 제터와 후이브 모더콜크Huib Modderkolk는 네덜란드의 정보기관

AIVD에 고용된 이란의 한 엔지니어가 '결정적인 데이터'와 'USB 플래시 드라이브를 이용해 스턱스넷을 시스템에 집어넣을 시간이 됐을 때 반드시 필요한 내부 접근'을 제공했다고 야후 뉴스에 보도했다. 다른 취재원들은 그와 다른 설명을 내놓았다. 나는 따라서 이 사안을 열린 질문으로 남겨두고자 한다.

스턱스넷의 제로데이에 대한 상세 정보는 스턱스넷 코드를 세밀히 분석해 처음으로 세상에 공개한 시만텍의 에릭 첸과 리암 오머추로부터 얻었다. 이들의 분석 내용은 나중에 스탠퍼드대학교 로스쿨의 케리 나첸버그 Carey Nachenberg가 2012년 수행한 스턱스넷에 대한 포렌식 조사에 통합됐다. 나는 그가 처음 스턱스넷의 코드를 해부하기 시작한 이후 거의 10년 뒤에야 그 주제로 돌아갔음에도, 참을성 있게 설명해준 '독일인the German' 랄프 랭너에게도 감사해야겠다. 스턱스넷에 대한 랭너의 2011년 TED 강연은 아직도 일반인이 가장 이해하기 쉬운 분석 사례로 남아 있다(https://www. ted.com/talks/ralph_langner_cracking_stuxnet_a_21st_century_cyber_ weapon?language=en).

지금도 이란 측은 스턱스넷이 문제를 일으키기 전에 성공적으로 발견할 수 있었다는 주장을 펴고 있지만, 공식 숫자는 그렇지 않다는 사실을 드러낸다. 국제원자력기구IAEA에 따르면 2007년부터 2009년까지 꾸준히 늘어나던 이란의 핵 개발 역량은 2009년 6월부터 떨어지기 시작해 이듬해까지 이어진다. 과학 및 국제안보 연구원Institute for Science and International Security의 데이비드 올브라이트David Albright, 폴 브래넌Paul Brannan, 크리스티나 왈론드 Christina Walrond가 2010년 12월 22일 공동 발표한 예비 평가 "스턱스넷은 나탄즈 핵농축 공장에서 1,000개의 원심분리기를 파괴했나?Did Stuxnet Take Out 1,000 Centrifuges at the Natanz Enrichment Plant?", 데이비드 올브라이트, 안드레아 스트리커Andrea Stricker, 크리스티나 월론드의 2010년 11월 보고서 "IAEA 이

란 안전 보고서: 나탄즈의 농축 시설 폐쇄는 스턱스넷 바이러스 때문인가?IAEA Iran Safeguards Report: Shutdown of Enrichment at Natanz Result of Stuxnet Virus?"를 참조하기 바란다. 그해 11월, 이란 원자력기구의 알리 아크바 살레히Ali Akbar Salehi 위원장은 이란의 관영 통신사인 IRNA에 "1년 몇 개월 전에 서양인들이 바이러스를 우리 나라의 원자력 시설에 보냈다."라며 문제의 바이러스가 이란에 다다랐음을 공식 인정했다. 그럼에도 그는 "우리는 높은 경계심 덕택에 그 바이러스를 그것이 침투하려 했던 바로 그 지점에서 정확히 찾아냄으로써 바이러스가 시설에 피해를 입히는 것을 예방할 수 있었다."라고 주장했다. 마이클 헤이든 장군의 루비콘 발언은 그가 2013년 조지 워싱턴대학교에서 한 강연에서 인용했다(https://www.c-span.org/video/?c4367800/gwu-michael-hayden-china-hacking).

미국 시스템에 대한 러시아와 북한의 공격 내역을 알고 싶은 독자는 크레이그 휘트록Craig Whitlock과 미시 라이언Missy Ryan이 2015년 8월 6일 「워싱턴포스트」에 보도한 "미국, 펜타곤 컴퓨터 네트워크 해킹의 주범으로 러시아 의심U.S. Suspects Russia in Hack of Pentagon Computer Network" 기사와 최상훈Choe Sang-Hun과 존 마코프가 2009년 7월 8일 「뉴욕타임스」에 공동 보도한 "사이버 공격으로 미국과 남한의 정부 및 민간 웹사이트 마비Cyberattacks Jam Government and Commercial Web Sites in U.S. and South Korea" 기사를 참조하기 바란다. 오바마가 2008년 유세에서 사이버 보안과 공격에 대해 한 발언은 2009년 5월 29일자 「뉴욕타임스」의 "전문: 사이버 보안에 대한 오바마의 연설 기사에서 읽을 수 있다(https://www.nytimes.com/2009/05/29/us/politics/29obama.text.html)". 나는 존 마코프가 2010년 9월 27일에 「뉴욕타임스」에 보도한 "조용한 공격, 하지만 노골적인 공격A Silent Attack, but Not a Subtle One"과 브로드와 마코프 그리고 생어가 2011년 1월 16일에 공동 보도한 "이스라엘, 이란의 핵 개발 지연을 목적으로 크루셜Crucial이라는 이름의 웜 시험

Israeli Test on Worm Called Crucial in Iran Nuclear Delay"도 참조했다.

랜너는 자신의 2011년 TED 강연에 얽힌 에피소드를 내게 회고해 줬다. 나는 당시의 공식 프로그램을 참조해 그런 회고의 진위를 확인했다. 2011년 TED 프로그램의 스케줄은 홈페이지에서 볼 수 있다(https://conferences.ted.com/TED2011/program/schedule.php.html).

10장 공장

셰브론^{Chevron}의 당시 정보 중역이 스턱스넷의 피해에 대해 한 발언은 레이철 킹^{Rachel King}이 2010년 11월 8일 「월스트리트저널」에 보도한 "스턱스넷, 셰브론의 IT 네트워크 감염시켜^{Stuxnet Infected Chevron's IT Network}"에서 따왔다. 소들의 걸음 수를 추적하기 위해 디지털 계보기를 설치한다는 내용은 닉 파일즈^{Nic Fildes}가 2007년 10월 25일 「파이낸셜타임스」에 보도한 "인터넷에 연결된 소^{Meet the Connected Cow}"에서 나왔다. IBM의 왓슨 컴퓨터에 대한 내용은 마코프가 2011년 2월 16일 「뉴욕타임스」에 보도한 "컴퓨터 '제퍼디 Jeopardy' 우승: 하지만 결코 사소하지 않은 사건^{Computer Wins on 'Jeopardy!': Trivial, It's Not}"을 참조했다. 미국의 인기 게임쇼인 '제퍼디'가 사소한 잡학 지식을 다루지만 그 대회에서 왓슨 컴퓨터가 이겼다는 사실 자체는 결코 사소하지 않다는 내용이다. 애플의 시리^{Siri} 관련 보도 자료는 홈페이지에서 볼 수 있다(https://www.apple.com/newsroom/2011/10/04Apple-Launches-iPhone-4S-iOS-5-iCloud/). 펜타곤의 비밀 예산^{Black Budget}과 사이버 사령부의 공세적 스파이 작전에 대한 보도는 바튼 겔만과 엘렌 나카시마가 스노든의 유출 정보를 바탕으로 2013년 8월 30일 「워싱턴포스트」에 보도한 "미국 스파이 기관들, 2011년 231회의 공세적 사이버 작전을 수행한 것으로 드러나^{US Spy Agencies Mounted 231 Offensive Cyber-Operations in 2011, Documents Show}"에서 인용했다. 라이언 갤러거와 글렌 그린월드가 2014년 3월 12일

「인터셉트」에 보도한 "NSA는 어떻게 '수백만' 대의 컴퓨터를 멀웨어로 감염시킬 준비를 했는가How the NSA Plans to Infect 'Millions' of Computers with Malware"도 참조하기 바란다. NSA의 익스플로잇과 스파이 계약의 실체를 가장 잘 보여주는 내용은 제이콥 애플바움Jacob Appelbaum, 주디스 호처트Judith Horchert, 크리스티안 스퇴커Christian Stöcker가 2013년 12월 29일 「슈피겔」에 보도한 "NSA의 툴박스를 홍보하는 카탈로그Catalog Advertises NSA Toolbox"다. 2013년 당시 펜타곤의 글로벌 안보와 국토 방위 담당 장관보였다가 나중에 펜타곤의 '사이버 차르Cyber Czar'가 되는 에릭 로젠바흐Eric Rosenbach는 같은 해 3월에 열린 AFCA 사이버 보안 콘퍼런스의 기조 연설에서 산업 시스템을 공격할 목적으로 제로데이를 구입하는 해외 적성국과 비정부 세력이 늘고 있다며 우려를 표명했다. 해당 웹사이트에서 볼 수 있으며, 그의 우려는 3분 24초 지점부터 나온다(https://www.c-span.org/video/?c4390789/user-clip-keynote-address-eric-rosenbach). 추가 정보를 원하는 독자는 점점 늘어나는 디지털 무기 거래 경향을 보도한 시사경제주간지 「이코노미스트」의 2013년 기사 "디지털 무기 거래The Digital Arms Trade"를 참조하라. 정부의 '노버스NOBUS' 계산법에 대한 마이클 헤이든의 발언은 안드레아 피터슨이 2013년 10월 4일 「워싱턴포스트」에 게재한 기사 "NSA가 보안 허점의 수정을 돕지 않으면 모두가 더 취약한 상태로 내몰리는 이유Why Everyone Is Left Less Secure When The NSA Doesn't Help Fix Security Flaws"에 나온다. 라우터 해킹에 대한 한 NSA 분석가의 발언은 스노든 유출 정보에서 나온 것으로, 「인터셉트」의 2014년 3월 12일자 기사 "파이브 아이즈, 대형 라우터 해킹Five Eyes Hacking Large Routers"에도 상세하게 묘사된다. NSA가 제로데이를 구매하기 위해 2,510만 달러 규모의 새 품목을 추가했다는 내용은 브라이언 펑Brian Fung이 펜타곤의 비밀 예산을 폭로한 스노든의 정보를 바탕으로 2013년 8월 「워싱턴포스트」에 보도한 기사에서 나왔다. NSA가 해당 기금을 통해 얼마나 많은 제로데이를 구매했는지에 관한 추정치는 2013년 NSS랩의 스테판 프라이^{Stefan Frei}가 분석한 보고서 "우리가 모른다고 알고 있는 것들: 공개적으로 알려진 보안 취약점에 대한 실증 분석The Known Unknowns: Empirical Analysis of Publicly Known Security Vulnerabilities"에서 나왔다. 스캇 셰인과 나는 스노든의 정보 유출이 NSA 직원들의 사기에 미친 영향을 취재했다. 엘렌 나카시마와 애런 그렉^{Aaron Gregg}도 2018년 1월 2일 「워싱턴포스트」에 "NSA의 엘리트 해커들, 저임금과 추락한 사기 그리고 불편한 조직 개편 탓에 이직 바람NSA's Top Talent Is Leaving Because of Low Pay, Slumping Morale and Unpopular Reorganization"이라는 기사를 썼다. 제로데이의 생명 주기에 대한 독특한 실증 분석은 릴리안 애블론^{Lillian Ablon}과 앤디 보가트^{Andy Bogart}의 2017년 RAND 연구 내용인 "천일의 밤: 제로데이 취약점과 그 익스플로잇의 수명과 시간Thousands of Nights: The Life and Times of Zero-Day Vulnerabilities and Their Exploits"에 의존했다(https://www.rand.org/pubs/research_reports/RR1751.html). 그보다 이른 2012년의 한 연구는 제로데이의 평균 수명을 10개월로 판단했다. 레일라 빌지^{Leyla Bilge}와 튜더 두미트라스^{Tudor Dumitras}는 2012년 ACM 컴퓨터와 통신 보안 콘퍼런스에서 "우리가 알기 전에: 실제 세계에서의 제로데이 공격에 대한 실증 연구Before We Knew It: An Empirical Study of Zero-day Attacks in the Real World"를 발표했다.

VRL에 대한 보도는 순전히 내 작품이며, VRL의 현재와 이전 직원들과 VRL 웹사이트를 통해 정보를 구했다. 하지만 내 취재 사실이 VRL에 알려진 지 얼마 안 있어 이들의 비즈니스 양상에 대한 내용이 VRL의 웹사이트에서 자취를 감췄다. 나는 어느 기업이 공세적 사이버 무기 거래에 참여하는지 이해하는 데 도움이 됐던 VRL의 직무 소개를 바탕으로 현직과 전직 직원들의 링크드인 페이지를 검색했다. 주목할 점은 내가 10장에서 언급한 기업, 구체적으로 엔드게임^{Endgame}, 네트라가드, 엑소더스 인텔리전스

Exodus Intelligence는 모두 과거 수 년 동안 정부기관에 대한 제로데이 판매를 중단했노라고 주장했다는 점이다. 나는 VRL이 펜타곤, 공군 및 해군과 맺은 계약 내용을 정부 계약 데이터베이스에서 찾아냈다. VRL이 '타의 추종을 불허하는 역량'을 가졌다는 홍보성 주장은 컴퓨터 사이언시즈^{CSC,} Computer Sciences Corp가 VRL을 인수한다는 보도 자료에서 VRL의 CEO 자신이 한 말이다. 2010년 「비즈니스 와이어^{Business Wire}」에 발표된 "CSC, 취약점 연구 랩 인수^{CSC Acquires Vulnerability Research Labs, Press Release}"라는 제목의 보도자료를 참조하라. 쿠르드족에 대한 해외 정책을 트럼프가 폐기한 데 대한 설명은 로빈 라이트^{Robin Wright}가 2019년 10월 「뉴요커」에 기고한 "튀르키예, 시리아, 쿠르드족 그리고 트럼프의 해외 정책 유기^{Turkey, Syria, the Kurds and Trump's Abandonment of Foreign Policy}"에서 볼 수 있다. 잔혹한 자말 카슈끄지 살해의 책임을 사우디아라비아에 묻지 않은 트럼프의 실패는 그렉 마이어^{Greg Myre}가 2018년 11월 20일 NPR에 보도한 기사, "그가 했을 수도 있고, 하지 않았을 수도 있다: 트럼프, 미국 첩보 무시하고 사우디 변호^{'Maybe He Did, Maybe He Didn't': Trump Defends Saudis, Downplays U.S. Intel}"가 잘 보여준다.

마지막으로 제로데이가 결국 엉뚱한 수중에 들어갈 수 있다는 키스 알렉산더 장군의 우려 섞인 발언은 제임스 뱀포드가 2013년 「와이어드」에 기고한 기사 "NSA의 감시는 시작에 불과했다. 우리를 사이버 전쟁으로 끌어들인 NSA 수장^{NSA Snooping Was Only the Beginning. Meet the Spy Chief Leading Us into Cyberwar}"에서 인용했다.

11장 쿠르드인

11장은 지금은 모바일 보안 회사인 파이드^{Fyde}에서 일하는 시난 에렌^{Sinan Eren}에게 큰 빚을 졌다. 자신의 사연과 이뮤너티에서 일한 경험을 공유해준 덕택에 11장을 쓸 수 있었다. 그리고 아랍에미리트에서 겪은 경험을 개인적인 위험을 무릅쓰고 내게 들려준 데이비드 이븐덴이 없었다면 11장을 완성하지 못했을 것이다.

나는 레불른Revuln의 비즈니스를 2013년 「뉴욕타임스」에 처음 보도했다. 그로부터 두 달 뒤, 루이지 아우리에마Luigi Auriemma와 도나토 페란테Donato Ferrante는 로이터의 조셉 멘에게도 정보를 제공했다. "특별 보도: 역풍의 위험 안은 미국의 사이버 전쟁 전략Special Report: US Cyberwar Strategy Stokes Fear of Blowback" 중에 "우리는 무기를 팔지 않아요, 우리는 정보를 팝니다."라는 내용이 나온다.

제로데이 공개에 관한 논의는 사이버 보안 분야에만 국한된 것이 아니라는 점을 주지할 필요가 있다. 과학자들은 바이러스의 전파를 막는 데 도움이 될 수 있지만, 다른 한편으론 사악한 과학자들에 의해 생물학적 무기로 돌변할 수도 있는 생물학 연구의 출간을 놓고 오랫동안 논쟁을 벌였다. 네덜란드 과학자들이 치명적인 H5N1 '조류 독감'이 어떻게 포유동물 사이에서 전파되는지에 대한 연구 내용을 출간하려 시도했지만, 과학자문위원회는 출간 내용을 검열하려 했다. 미국에서 가장 유명한 전염병 전문가인 앤서니 파우치Anthony Fauci 박사도 포함된 지지자들은 검열 시도에 반대하면서 열린 토론이 '불량한 연구자들이 관여하게 될 위험성보다 선량한 연구자들의 참여를 더 촉진'한다고 주장했다. 결국 조류 독감 논문은 아무런 제약 없이 출간됐다. 도널드 G. 맥닐Donald G. McNeil이 2012년 6월 21일 「뉴욕타임스」에 보도한 "논란 끝에 조류 독감 논문 출간Bird Flu Paper Is Published after Debate" 기사를 참조했다.

재래식 무기와 이중 사용 품목과 기술에 대한 수출을 규제하는 바세나르 협정Wassenaar Arrangement의 역사는 레이먼드 보너Raymond Bonner가 1996년 4월 5일 「뉴욕타임스」에 보도한 "러시아, 무기 규제 협정을 제한하는 방안 모색Russia Seeks to Limit an Arms Control Accord" 기사를 참조하자.

이 책에 담긴 핀스파이^{FinSpy}의 스파이웨어에 관한 보도는 내가 신문에 실었던 내용에서 따왔다. 당시 나는 토론토대학교 멍크국제정세연구학교의 시티즌 랩 연구자들과 공동으로 작업했다. 특히 나는 시티즌 랩의 연구원인 빌 마차크$^{Bill\ Marczak}$가 수행한 연구에 크게 의존했고, 그 덕택에 이 기사를 쓸 수 있었다. 더 자세한 정보가 궁금한 독자는 내가 당시 보도한 다음 기사를 참조하기 바란다. "연구자들, 감시 소프트웨어를 사용하는 25개국 판별$^{Researchers\ Find\ 25\ Countries\ Using\ Surveillance\ Software}$"(2013년 3월 13일자), "감지하기 힘든 핀스파이 스파이웨어 10개국에서 출현$^{Elusive\ FinSpy\ Spyware\ Pops\ Up\ in\ 10\ Countries}$"(2012년 8월 13일), "범죄 억지용 소프트웨어가 반체제 인사 감시에 사용되다$^{Software\ Meant\ to\ Fight\ Crime\ Is\ Used\ to\ Spy\ on\ Dissidents}$"(2012년 8월 31일), "두 아마추어 탐정이 어떻게 핀스파이 소프트웨어를 찾게 됐나$^{How\ Two\ Amateur\ Sleuths\ Looked\ for\ FinSpy\ Software}$"(2012년 8월 31일). 왜 보안 연구자와 기업이 바세나르 협정에 포함된 폭넓은 문구에 반발하는지에 대해서는 킴 제터가 2015년 6월 24일 「뉴욕타임스」에 쓴 "왜 무기 규제 협정이 보안 전문가들의 반발을 불러왔는가$^{Why\ an\ Arms\ Control\ Pact\ Has\ Security\ Experts\ Up\ in\ Arms}$"를 참조하라.

암호 기술의 수출 규칙을 가장 잘 요약한 글은 미국 상무부의 산업 및 보안국$^{Bureau\ of\ Industry\ and\ Security}$ 웹사이트에 나와 있는 한 차트다. 이 사이트는 면제국에 대한 판매, 어느 나라가 판매자에게 허가 라이선스를 취득하도록 요구하는지 알려준다. 연 2회 제출하도록 돼 있는 판매 보고서 내용도 표로 보여준다(https://www.bis.doc.gov/index.php/documents/new-encryption/1651-740-17-enc-table/file). 『전자 감시 소흑서$^{Little\ Black\ Book\ of\ Electronic\ Surveillance}$』에 대한 내용과 2016년 해당 카탈로그의 이름을 『대흑서$^{The\ Big\ Back\ Book}$』로 변경한 얘기는 섀런 와인버거가 2019년 7월 19일 「뉴욕타임스」에 게재한 칼럼 "비밀 감시는 아무나 살 수 있는 살인무기^{Private}

Surveillance Is a Lethal Weapon Anybody Can Buy"에서 나왔다.

케빈 미트닉^{Kevin Mitnick}이 제로데이 익스플로잇 거래에 나섰다는 내용은 앤디 그린버그가 2014년 9월 24일 「와이어드」에 기고한 "한때 수배 대상 1순위였던 해커 케빈 미트닉, 지금은 제로데이 익스플로잇 판매 중^{Kevin Mitnick, Once the World's Most Wanted Hacker, Is Now Selling Zero-Day Exploits}"에서 인용했다. 이뮤너티의 캔버스^{Canvas} 툴에 대한 내용은 이뮤너티의 웹사이트에서 가져왔다(http://www.immunityinc.com/products/canvas/).

1990년대 튀르키예에서 벌어진 대규모 쿠르드인 실종 사건에 대한 더 상세한 내용은 인권감시기구^{Human Rights Watch}에서 2012년 9월 3일에 펴낸 "정의를 구현할 시간: 1990년대 튀르키예에서 벌어진 살해와 실종 사건을 저지르고도 처벌받지 않은 상황을 끝내야 한다^{Time for Justice: Ending Impunity for Killings and Disappearances in 1990s Turkey}"를 참조하기 바란다(https://www.hrw.org/report/2012/09/03/time-justice/ending-impunity-killings-and-disappearances-1990s-turkey).

11장에 소개된 내용 중 일부는 내가 동료들인 마크 마제티, 애덤 골드만, 로넌 버그만과 함께 2019년 3월 21일 「뉴욕타임스」에 보도한 "전투의 신세기: 인터넷 용병들은 어떻게 독재 정부를 위해 싸우는가^{A New Age of Warfare: How Internet Mercenaries Do Battle for Authoritarian Governments}"에서 인용한 것으로, 다크 매터와 NSO에 대해 자세히 다루고 있다. 그보다 3년 전, 나는 아랍에미리트에서 누가 반체제 인사들에 대한 감시 활동을 수행하는지 정확히 모른 채, 시티즌 랩의 빌 마차크와 존 스캇-레일튼^{John Scott-Railton}이 포렌식 증거를 통해 감시 활동이 아랍에미리트와 연계돼 있다는 발견 내용을 보도한 바 있다.

2019년, 로이터의 두 기자인 조엘 셱트만^{Joel Schectman}과 크리스토퍼 빙은 이런 감시 활동이 미국의 사이버 용병들의 짓일 뿐 아니라, 백악관의 고위 대첩보 관료들이 아랍에미리트의 감시 사장에 들어가기 위해 10년 넘게 공을 들인 결과라는 사실을 사상 최초로 보도했다. 이들의 보도 내용은 2019년 1월 30일자 기사인 "미국 용병들로 구성된 아랍에미리트의 비밀 해킹 팀Inside the UAE's Secret Hacking Team of American Mercenaries", 12월 10일자 기사인 "백악관의 고위 직원들이 걸프 군주의 비밀감시 팀 구성을 도왔다White House Veterans Helped Gulf Monarchy Build Secret Surveillance Unit"에서 확인할 수 있다.

다크 매터 팀이 FIFA와 카타르의 고위 관계자들을 해킹했고, 이들이 쳐놓은 감시망에는 미셸 오바마 여사도 포함됐다는 사실을 이브덴, 사이버포인트CyberPoint와 다크 매터의 직원들로부터 들었다. 미셸 오바마에 대한 해킹 내용을 상세하게 묘사한 것은 이 책이 처음이다. 나는 오바마 여사의 방문을 둘러싼 내용을 다음 기사에서 참조했다. AP통신 2015년 11월 2일자, "미셸 오바마 영부인 연설차 카타르에 도착First Lady Michelle Obama Arrives in Qatar for Speech", 닉 앤더슨의 「워싱턴포스트」 2015년 11월 4일자 기사, "영부인, 전 세계 아버지들에게 여자아이들의 교육 수준을 높이는 데 참여하라고 촉구First Lady Urges Fathers Worldwide to Join 'Struggle' for Girls' Education", 폴 비다드Paul Bedard의 「워싱턴 이그재미너Washington Examiner」 2015년 12월 9일자, "미셸 오바마의 24분 카타르 연설에 70만 달러 비용 소요Michelle Obama's 24 Minute Speech in Qatar Cost $700,000". 나중에 드러난 사실에 따르면 아랍에미리트 측은 카타르가 2022년 월드컵 경기를 유치하기 위해 FIFA 관계자들에게 뇌물을 썼을 것이라고 의심할 만한 이유가 있었다. 이 책이 막 인쇄에 들어갈 무렵인 2020년 4월, 미국 법무부는 카타르와 러시아가 2018년 대회 러시아 유치 및 2022년 카타르 유치를 확정하기 위해 FIFA 위원회의 위원 다섯 명에게 뇌물을 썼다고 발표한 것이다. 기소장은 세 명의 남아메리카 FIFA 위원들이 카타르에 투표하는 대가로 뇌물을 받았다고 밝혔다. 타리크 판자Tariq Panja와 케빈 드레이퍼Kevin Draper의 2020년 4월 6일자 「뉴욕타임스」 기사 "FIFA 위원들이 러시아와 카타르에 월드컵 유치권을 주는 대가로 뇌물 받았다고 법무부 발표US Says FIFA Officials Were Bribed to Award World Cups to Russia and Qatar"를 참조하라.

사우디아라비아와 아랍에미리트, 카타르 세 나라의 관계(잘 알려지지 않은 중동의 갈등 관계)에 대해 좀 더 알고 싶은 독자는 데클란 월시가 2018년 1월 22일 「뉴욕타임스」에 보도한 "부유한 소국 카타르, 독자 노선을 택한 대가를 치르다Tiny, Wealthy Qatar Goes Its Own Way, and Pays for It"를 참조하기 바란다. 이 주제에 대한 내용으로는 가장 종합적이다.

아랍에미리트에 있다는 "채무자들의 형무소debtors' prison"의 상세한 내용은 제이슨 디팔Jason DeParle이 2011년 8월 20일 「뉴욕타임스」에 보도한 기사 "아랍에미리트의 이주자들은 빚의 거미줄에 걸려 빠져나오지 못한다Migrants in United Arab Emirates Get Stuck in Web of Debt"를 참조했다.

2019년 말, 동료 기자인 마크 마제티와 나는 아랍에미리트의 감시가 얼마나 공격적이고 혁신적인지 취재해 폭로했다. 2019년 12월, 우리는 애플과 구글 앱스토어에서 내려받을 수 있는 언뜻 무해해 보이는 토톡이라는 메신저 앱이 실상은 다크 매터의 계열사가 개발한 아랍에미리트의 비밀 감시 툴이라는 사실을 밝혀냈다. 애플과 구글은 그런 보도가 나간 뒤 앱을 스토어에서 제거했지만, 우리가 후속 취재한 바에 따르면 이미 아랍에미리트 측은 해당 앱을 내려받아 설치한 전 세계 수백만 명의 연락처, 얼굴, 음성 지문, 사진, 통화 내역 및 문자 메시지를 성공적으로 수집한 다음이었다.

12장 추잡한 비즈니스

에이드리얼 디조텔스는 시간을 내어 자신의 익스플로잇 중개 비즈니스의 안팎 사정을 나에게 끈기있게 설명해 줬다. 깊이 감사한다. 2002년 그가 HP와 갈등을 겪었다고 들려준 사안은 법적 공지 같은 증거로 해당 사실 관계를 확인했다. 데클란 매컬러^{Declan McCullagh}가 2002년 8월 2일 「씨넷^{Cnet}」에 기고한 "HP, 저작권 경고 문제에서 한 발 양보^{HP Backs Down on Copyright} ^{Warning}"라는 제목의 기사, 조셉 멘이 「LA타임스」에 보도한 "해커들은 자신들만의 규칙에 따른다^{Hackers Live by Own Code}"라는 기사(2003년 11월 19일자)도 그런 내용을 뒷받침한다.

스파이웨어 판매자를 처음 공개 프로필로 보도한 경우는 핀피셔^{FinFisher} 스파이웨어의 배후로 알려진 MJM으로 불리는 독일의 스파이웨어 기업가인 마르틴 J. 멘시^{Martin J. Muench}의 프로필을 소개한 「블룸버그」다. 버논 실버^{Vernon Silver}가 2012년 11월 8일 보도한 "악의 화신 MJM, 스파이웨어는 사람을 죽이는 것이 아니라 생명을 구한다고 주장^{MJM as Personified Evil Says} ^{Spyware Saves Lives Not Kills Them}" 기사를 참조하자. 이후 MJM은 새 기업인 무순 그룹^{MuShun Group}이라는 기업과 더불어 재등장했고, 드러내놓고 아랍에미리트와 말레이시아에 지사를 개설했다.

나는 핀피셔와 감마 그룹^{Gamma Group}의 스파이웨어가 여러 나라에서 자국민, 특히 반체제 인사들을 감시하는 데 악용되는 사례를 취재해 2012년 10월 10일 「뉴욕타임스」에 "스파이웨어 콘퍼런스 앞두고 더 많은 악용 증거 발견^{Ahead of Spyware Conference, More Evidence of Abuse}"이라는 기사를 게재했고, 2016년 5월 30일에는 "스파이웨어로 반대 세력 위협^{Intimidating Dissidents with} ^{Spyware}"이라는 기사를 보도했다. 그리고 나중에는 NSO 그룹을 고발하는 여러 기사를 내보냈고, 그 과정에서 시티즌 랩의 도움을 많이 받았다.

조지 호츠^{George Hotz}와 익스플로잇 브로커 간의 대화 녹취록이 온라인에 공개되자 호츠는 해당 거래가 성사됐다는 사실을 부인했다. 똑같은 애플 iOS 익스플로잇은 뒤에 한 중국 회사에 1백만 달러에 팔린 것으로 보도됐다. 그 내용의 사실 관계를 묻자 호츠는 "내게 윤리 따위는 중요하지 않아요."라고 대답했다고, 엘렌 나카시마와 아시칸 솔타니^{Ashkan Soltani}는 2014

년 「워싱턴포스트」에 보도한 "해킹의 윤리 101The Ethics of Hacking 101"이라는 기사에서 밝혔다. '그러크'라는 해커가 익스플로잇을 팔고 받은 현금 가방을 보여주는 악명높은 사진은 앤디 그린버그가 2012년 3월 23일 「포브스」에 보도한 "제로데이 쇼핑: 해커들의 비밀 소프트웨어 익스플로잇의 가격표Shopping for Zero-Days: A Price List For Hackers' Secret Software Exploits"에 딸려 있으며, 제로데이 익스플로잇의 가격 목록도 나와 있다. 그린버그에 따르면 가격 목록은 디조텔스의 회사인 네트라가드와 시장의 다른 취재원들로부터 나왔다. 2013년 데이비드 생어와 나는 2013년 7월 13일 「뉴욕타임스」에 게재한 "해커들이 파는 컴퓨터 코드의 오류를 국가가 사들인다Nations Buying as Hackers Sell Flaws in Computer Code"라는 내용의 기사에서 iOS 제로데이 중 가장 비싼 것은 25만 달러에 팔렸다고 보도했다. 2015년 11월 제로디움이 자체 웹사이트에 익스플로잇의 전체 가격표를 공개하면서 이런 목록을 둘러싼 수수께끼는 풀렸다. 그에 따르면 iOS용 익스플로잇의 가격은 이미 두 배로 뛰었다. 제로디움의 최근 가격표를 보려면 https://zerodium.com/program.html를 참조하라. 기자들은 제로디움이 제시한 가격표의 상승세를 열심히 추적했다. 다음 기사가 그 예다. 릴리 헤이 뉴먼Lily Hay Newman의 "아이폰 해킹용 고급 익스플로잇은 이제 150만 달러 호가A Top-Shelf iPhone Hack Now Goes for $1.5 Million"(「와이어드」 2016년 9월 29일자), 앤디 그린버그의 "왜 '제로데이' 안드로이드 해킹이 이제는 iOS 공격보다 더 높은 비용을 요구하는가Why 'Zero-day' Android Hacking Now Costs More Than iOS Attacks"(「와이어드」, 2019년 9월 3일자), 로렌조 프란체스키-비키에라이Lorenzo Francheschi-Bicchierai가 쓴 "신생 벤처기업, 아이폰을 해킹할 수 있는 이에게 3백만 달러 제시Startup Offers $3 million to Anyone Who Can Hack the iPhone"(「바이스」, 2018년 4월 25일자). 전자프런티어재단EFF이 미국 정보공개법Freedom of Information Act에 의거해 취득한 정보 덕택에 우리는 NSA도 뷰펜의 고객사 중 하나였다는 사실을 알게 됐다. 킴 제터의 2015년 3월 30일자 「와이어드」 보도, "미국 정보기관, 공식 정책도 세우기 전에 제로데이 익스플로잇 이용US Used Zero-Day Exploits Before It Had Policies for Them"을 참조할 것. 제로데이 시장은 '해킹 팀'이 2015년 수수께끼의 해커 '피니어스 피셔Phineas Fisher'에게 해킹을 당하면서 새로운 전기를 맞았다. 유출된 해킹 팀의 문서는 위키리크스를 통해 찾아볼 수 있다(https://wikileaks.org/hackingteam/emails/). 문제의 해킹에 대한 또 다른 정보는 로렌조 프란체스키-비키에라이가 바이스의 「마더보드」 블로그에 쓴 "스파이 기술 기업인 '해킹 팀'이 해킹당하다Spy Tech Company 'Hacking Team' Gets Hacked"(2015년 7월 5일), "해킹 팀을 해킹한 해커, 그 노하우를 설명하다The Vigilante Who Hacked Hacking Team Explains How He Did It"(2016년 4월 15일), "해킹 팀을 해킹한 피니어스 피셔 처벌 모면Hacking Team Hacker Phineas Fisher Has Gotten Away With It"(2018년 11월 12일)을 참조하라. 그리고 데이비드 쿠시너가 「포린 폴리시」에 2016년 4월 26일에 쓴 "이 남자를 두려워하라Fear This Man", 라이언 갤러거가 2015년 7월 8일 「인터셉트」에 쓴 "유출된 해킹 팀의 이메일, 암살단 딜 제안 폭로Hacking Team Emails Expose Proposed Death Squad Deal, Secret U.K. Sales Push and Much More", 코라 쿠리어Cora Currier와 모건 마퀴스-부아르Morgan Marquis-Boire가 2015년 「인터셉트」에 기고한 "유출 문서, FBI, DEA, 미국 육군 등이 이탈리아의 스파이웨어 구매 사실 폭로Leaked Documents Show FBI, DEA and U.S. Army Buying Italian Spyware", 프란체스키-비키에라이의 2016년 4월 18일자 「바이스」 기사 "해킹 팀의 '불법' 라틴 아메리카 제국Hacking Team's 'Illegal' Latin American Empire", 조셉 콕스Joseph Cox의 2015년 7월 6일자 「와이어드」 기사 "FBI, 2011년 이래 해킹 팀의 스파이 툴 구입에 77만 5천 달러 지출The FBI Spent $775K on Hacking Team's Spy Tools Since 2011", 마타시아스 슈와츠Mattathias Schwartz의 2017년 1월 4일자 「뉴욕타임스」 기사 "사이버 전쟁 세일Cyberwar for Sale"도 유용한 정보를 담고 있다.

유출된 해킹 팀의 정보를 바탕으로 제로데이 시장을 분석한 보안 연구자 블라드 시르클레비치Vlad Tsyrklevich의 글 "해킹 팀: 제로데이 시장의 한 사례 연구Hacking Team: A Zero-day Market Case Study"(2015년 7월)는 필독을 권할 만하다(https://tsyrklevich.net/2015/07/22/hacking-team-0day-market/). 시르클레비치는 해킹 팀이 인도 자이푸르Jaipur에 있는 레오 임팩트 시큐리티Leo Impact Security라는 회사로부터 마이크로소프트 이메일 익스플로잇을 구매한 부분을 잡아냈는데, 이것은 인도 기업이 제로데이를 판매한 사실이 공개된 첫 사례였다.

해킹 팀의 CEO인 빈센제티가 팀원들에게 보낸 이메일 내용, "이런 걸 상상해 봐요: 당신YOU이 지구상에서 가장 사악한 기술을 설명하는 내용이 위키리크스WikiLeaks에 유출되는 경우 말예요! :)"는 아직도 위키리크스에서 찾아볼 수 있다(https://wikileaks.org/hackingteam/emails/emailid/1029632).

네트라가드의 제로데이 비즈니스를 중단하겠다는 디조텔스의 발표는 「아르스 테크니카Ars Technica」의 댄 구딘Dan Goodin이 2015년 7월 20일 "네트라가드, 해킹 팀의 정보 유출 이후 익스플로잇 판매 중단 발표Firm Stops Selling Exploits after Delivering Flash 0-Day to Hacking Team"라는 기사를 보도했다(https://arstechnica.com/information-technology/2015/07/firm-stops-selling-exploits-after-delivering-flash-0-day-to-hacking-team/).

13장 용병들

NSO 그룹에 대한 프란시스코 파트너의 투자 사실은 오르 히르스차우게Orr Hirschauge의 「하레츠Haaretz」 보도로 알려졌다. "해외 구매자들이 이스라엘의 사이버 보안 회사 두 곳 인수Overseas Buyers Snap Up Two More Israeli Cyber Security Firms"(2014년 3월 19일자)

'불통going dark' 문제에 대한 FBI의 첫 공개 성명은 2011년 2월 17일 하원

법사위원회 산하 범죄, 테러리즘, 국토안보 소위원회에 대한 발레리 카프로니Valerie Caproni FBI 법무 자문위원의 증언이다. 이것은 나중에 NSO 그룹의 마케팅 수단으로 이용됐다. NSO 그룹의 가격 조건은 내가 2016년 9월 3일 「뉴욕타임스」에 "전화기 감시는 쉬워요. 플랜을 고르세요.Phone Spying Is Made Easy. Choose a Plan"라는 제목으로 보도한 바 있다. 2015년, 해킹 팀은 자사 고객들에게 20만 유로의 설치비 외에 추가 기능에 5만~7만 유로를 청구했다. 유출 내용에 따르면 NSO는 다섯 대의 블랙베리 휴대폰 사용자들을 해킹하는 데 50만 달러를 청구했고, 다섯 명의 심비안Symbian 사용자들에 대해서는 설정 비용에 더해 30만 달러를 요구했다. NSO 그룹은 또한 고객사들에 연간 17%의 유지비를 청구했다.

NSO 그룹의 '극비 공중 무선 설치over the air stealth installation' 기능에 대한 해킹 팀의 경계심은 위키리크스에 유출된 해킹 팀의 이메일에서 확인할 수 있다(https://wikileaks.org/hackingteam/emails/emailid/6619).

나는 NSO 그룹과 멕시코 정부기관 간의 관계를 2016년 내 취재원을 통해 처음 알았다. 우리는 멕시코의 아잠 아메드Azam Ahmed와 손잡고 멕시코 정부의 감시 표적이 된 소비자 권리 활동가들, 의사들, 언론인들, 국제변호사들 및 그 가족들에 대한 내용을 2017년 6월 「뉴욕타임스」에 특종 보도했다. "침입적인 스파이웨어의 이상한 표적들: 멕시코의 소다세Invasive Spyware's Odd Targets: Mexican Advocates of Soda Tax", 2017년 2월 12일자, "범죄 예방 목적의 스파이웨어, 실상은 멕시코의 정부 비판자들 노려Spyware Meant to Foil Crime Is Trained on Mexico's Critics"(2017년 6월 19일자), "정부 스파이웨어, 문자 미끼로 멕시코 언론인과 가족 노려Using Texts as Lures, Government Spyware Targets Mexican Journalists and Their Families"(2017년 6월 19일자). 우리의 보도는 가두 시위를 촉발시켰고, 독립 수사 요구로 이어졌다. 멕시코 대통령은 NSO의 스파이웨어를 구입한 사실은 인정하면서도 오용됐다는 점은 부인했다. 그는 또한 우리에게 모호한 위협적 성명을 냈다가 뒤에 번복했다. "멕시코 대통령, 스파이웨어 구입했지만 오용된 사실은 부인Mexican President Says Government Acquired Spyware but Denies Misuse"(「뉴욕타임스」, 2017년 6월 22일자). 수사 촉구와 관련해서는 커크 셈플Kirk Semple이 2017년 6월 21일 「뉴욕타임스」에 보도한 "멕시코의 정보 감시 혐의, 조사 촉구로 이어져Government Spying Allegations in Mexico Spur Calls for Inquiry" 기사를 참조할 것. 현재까지 이런 조사는 아무런 결실도 맺지 못했다.

NSO 그룹과 핀란드의 관계는 아무런 문서 증거도 없다. 왜 핀란드가 스파이 툴에 관심을 갖는지 이해하려면 사이먼 티드살Simon Tidsall이 2014년 11월 5일 「가디언」에 기고한 "핀란드, 러시아 상황 파악 못하면 신냉전 올 수 있다고 경고Finland Warns of New Cold War over Failure to Grasp Situation in Russia" 기사와 일라이 레이크Eli Lake가 사울리 니니스토Sauli Niinisto 핀란드 대통령을 인터뷰한 「블룸버그」 기사, "핀란드의 러시아 공격 예방 계획Finland's Plan to Prevent Russian Aggression"(2019년 6월 12일)을 참조하기 바란다.

룩아웃Lookout의 연구자들인 빌 마차크와 존 스캇-레일튼은 NSO 그룹의 스파이웨어가 아랍에미리트에서, 특히 아메드 만수르에게 어떻게 쓰이는지 처음 보도한 사람들이다. 다음을 참조하라. "백만 달러 반체제 인사: 아랍에미리트의 인권 운동가를 노린 NSO 그룹의 아이폰 제로데이The Million Dollar Dissident: NSO Group's iPhone Zero-Days Used against a UAE Human Rights Defender"(시티즌 랩, 2016년 8월 24일). 나는 이 내용을 "아이폰의 보안 오류 발견, 아이폰 이용자들은 소프트웨어를 즉각 업데이트하라고 당부iPhone Users Urged to Update Software After Security Flaws Are Found"라는 제목으로 신문에 보도했다(2016년 8월 25일자). 내가 다음날 쓴 "애플, 반체제 인사들을 감시하는 데 악용된 iOS의 보안 오류 패치Apple Updates iOS to Patch a Security Hole Used to Spy on Dissidents" 기사와 리처드 실버스타인Richard Silverstein이 「글로벌 리서치」에 기고한 "이스라엘의 사이버 보안 회사 'NSO 그룹', 해외 정보기관들의 인권 운동가 감시 허용Israel's Cyber Security Firm 'NSO Group' Permits Foreign Intelligence Agencies to Spy on Human Rights Activists"(2017년 6월 20일)도 참조하기 바란다. 나중에 마차크, 레일튼, 시티즌 랩 연구자들인 새라 매쿤Sarah McKune, 바르 압둘 라자크Bahr Abdul Razzak 그리고 론 다이버트Ron Diebert는 NSO 그룹의 페가수스 소프트웨어가 45개국의 스파이 활동과 연계됐음을 파악할 수 있었다. 시티즌 랩이 2018년 9월 18일 발표한 "숨바꼭질: NSO 그룹의 페가수스 소프트웨어 45개국에서 운영Hide and Seek: Tracking NSO Group's Pegasus Spyware to Operations in 45 Countries"을 참조하라. NSO 고객들은 그들의 스파이웨어를 다른 나라에 있는 서버로 우회시키거나 세계 곳곳의 서버를 통해 트래픽을 재설정하는 VPN가상사설망을 이용하기 때문에 이들 나라 중 일부는 다른 나라의 운영에 필요한 클라우드 서비스를 호스트하는 미끼에 불과할 수도 있다.

아메드 만수르의 발언과 개인사는 그가 투옥되기 전에 내가 인터뷰한 내용에서 나왔다. 앰네스티 인터내셔널Amnesty International과 인권걸프센터Gulf Centre for Human Rights는 만수르의 역경과 건강 상태를 추적해 왔다. 앰네스티 인터내셔널의 2018년 5월 31일 보도 자료, "아랍에미리트: 활동가 아메드 만수르, 소셜미디어에 올린 글을 이유로 10년형 선고UAE: Activist Ahmed Mansoor Sentenced to 10 Years in Prison for Social Media Posts" 그리고 인권걸프센터의 2020년 2월 2일 보고서 "아랍에미리트: 독립 전문가들의 아메드 만수르 방문 허용해야United Arab Emirates: Call for Independent Experts to Visit Ahmed Mansoor"를 참조하자.

튀르키예의 끔찍한 언론 탄압 실상은 '언론인 보호 위원회Committee to Protect Journalists'의 2016년 12월 13일 보고서 "튀르키예: 언론인의 감옥Turkey: A Journalist Prison"을 참조하기 바란다.

14장 오로라

14장은 주로 구글 연구자들과 인터뷰한 내용을 바탕으로 하고 있다. 뒤에 '오로라'로 불리게 되는 구글에 대한 중국의 사이버 공격 실상과 관련 정보에 접근할 수 있게 해준 구글 측에 감사한다.

진주만에 대한 일본의 공격 의도를 시사하는 초기 징후에 대한 한 역사적 내용은 「콜럼버스 디스패치Columbus Dispatch」의 2010년 2월 25일자 기사 "진주만 공습을 보여주는 레이더 경고를 오인한 담당 장교Officer Mistook Radar Warning of Pearl Harbor Raid"에서 확인할 수 있다.

내가 '오스트레일리아의 오지outback'라고 언급한 부분은 미국과 오스트레일리아의 합동 방위 시설인 '파인 갭Pine Gap' 스파이 기지를 가리킨다. 재키 덴트Jackie Dent가 2017년 11월 23일 「뉴욕타임스」에 보도한 "오스트레일리아의 오지에 숨어 있는 미국의 스파이 기지An American Spy Base Hidden in Australia's Outback" 기사를 참조하기 바란다.

다양한 유형의 사이클링 수단에 대한 세르게이 브린의 관심은 리처드 메이스너Richard Masoner가 「사이클리셔스Cyclelicious」에 2011년 10월 21일 기고한 "세르게이 브린은 일립티고Elliptigo[5]를 탄다Sergey Brin Rides an Elliptigo"에 소개된 바 있고, 영화 〈인턴쉽Internship〉을 통해 유명해졌다. 메건 로즈 디키Megan Rose Dickey는 2013년 5월 24일 「비즈니스 인사이더」에 기고한 글에서 "영화 〈인턴쉽〉은 두 시간까지 구글 광고The Internship' Movie Is a Two-Hour Commercial for Google"라고 평했다. 나는 마크 맬시드Mark Malseed가 2007년 「모먼트Moment」라는 잡지에 게재한 세르게이 브린의 프로필 "세르게이 브린의 이야기The Story of Sergey Brin"도 참조했다.

나는 「뉴욕타임스」에 대한 중국의 사이버 공격을 보도한 직후, 데이비드

---

5 스테퍼(stepper)와 자전거를 결합한 상품(https://www.elliptigo.com) – 옮긴이

생어, 데이비드 바르보자David Barboza와 공동으로 "중국의 군부가 미국에 대한 해킹과 연계된 것으로 보인다China's Army Seen as Tied to Hacking against U.S."라는 기사를 게재하면서 해킹의 주범으로 중국의 '유닛 61398'을 지목했다(2013년 2월 19일자). 부분적으로 보안 회사인 맨디언트의 연구에 근거한 해당 보도가 나간 뒤에 미국 법무부는 여러 인민해방군PLA 소속 해커들을 기소했지만, 이 중 누구도 실제로 미국으로 인도되지는 않았다. 이전에 나는 동료 기자들과 더불어 중국 대학에 적을 둔 학생들이 해외 목표물에 대한 중국의 해킹과 디지털상으로 연결돼 있다는 사실을 보도했다. 구체적으로는 존 마코프와 데이비드 바르보자의 보도, "중국의 2개 대학이 온라인 공격과 연계된 것으로 밝혀져2 China Schools Said To Be Tied To Online Attacks"(2010년 2월 18일자), "중국 엘리트의 숨겨진 비밀Inquiry Puts China's Elite In New Light"(바르보자 보도, 2010년 2월 22일자), "국가의 비밀: 7일차, 웹이 두려운 중국의 대규모 해킹State's Secrets: Day 7; Vast Hacking by a China Fearful of the Web"(제임스 글랜즈James Glanz와 존 마코프 보도, 2010년 12월 5일자), "중국의 지속적 해킹의 실체Case Based in China Puts a Face on Persistent Hacking"(니콜 펄로스 보도, 2012년 3월 29일자). 유럽 지역의 표적에 대한 중국의 사이버 감시 활동을 더 알고 싶은 독자는 데이비드 생어와 내가 2013년 5월 20일 보도한 "중국 해커들 미국 표적들에 대한 공격 재개Chinese Hackers Resume Attacks on U.S. Targets", "유럽 외교관들에 대한 감시 활동 중국과 연계China Is Tied To Spying On European Diplomats"(2013년 12월 10일), "중국, 강력한 새 인터넷 검열 무기 사용China Is Said to Use Powerful New Weapon to Censor Internet"(펄로스 보도, 2015년 4월 10일자), "중국 해커들, 해군의 전투 정보 절도Chinese Hackers Steal Naval Warfare Information"(헬렌 쿠퍼Helene Cooper 보도, 2018년 6월 9일자), "매리어트 호텔의 데이터 침해의 장본인은 중국 해커들Marriott Data Breach Traced to Chinese Hackers"(생어, 펄로스, 글렌 스러시Glann Thrush, 앨런 래퍼포트Alan Rappeport 공동 보도, 2018년 12월 12일), "중국,

소수 민족 탄압 위해 해킹 강화China Sharpens Hacking to Hound Its Minorities"(펄로스, 케이트 콩거Kate Conger, 폴 모저Paul Mozur 공동 보도, 2019년 10월 25일자) 참조.

내가 보기에 중국의 검열 제도를 둘러싼 구글의 수난을 가장 종합적으로 보여준 기사는 클라이브 톰슨Clive Thompson이 2006년 4월 23일 「뉴욕타임스 매거진」에 기고한 "구글의 중국 문제(그리고 중국의 구글 문제)Google's China Problem (And China's Google Problem)"다. 중국의 정부 관계자들이 구글을 '불법 사이트'로 공격한 근거는 다음과 같다. "웹이 두려운 중국의 대규모 해킹Vast Hacking by a China Fearful of the Web"(제임스 글랜즈와 존 마코프 보도, 2010년 12월 4일), 구글은 "악마의 끄나풀이 됐다."고 공격한 공화당 의원의 발언을 비롯해 미국 국회의원들의 구글 비판은 비영리 케이블/위성 정치 채널인 C-SPAN을 통해 확인할 수 있다. "중국의 인터넷: 자유의 툴인가, 탄압의 툴인가Internet in China: A Tool for Freedom or Suppression"(https://www.c-span.org/video/?191220-1/internet-china). 중국 정부가 언론인을 투옥하는 과정에서 야후가 담당한 역할은 조셉 칸의 「뉴욕타임스」 기사, "중국 정부의 언론인 기소에 야후 협조Yahoo Helped Chinese to Prosecute Journalist"를 참조하라(2005년 9월 8일자).

오로라 공격 이후 구글의 중국 시장 철수 결정에 대한 추가 정보는 당시 구글의 대표 변호사였던 데이비드 드러몬드David Drummond가 2010년 1월에 올린 구글 블로그 포스트, "중국에 대한 새로운 접근A New Approach to China"을 참조하라. 이 블로그 내용을 가장 먼저 보도한 곳 중 하나는 CNN이었다. 진 메저브Jeane Meserve와 마이크 M. 알러스Mike M. Ahlers, "구글 중국의 사이버 공격 사실 공개, 중국 시장 철수 가능성 언급Google Reports China-Based Attack, Says Pullout Possible"(CNN.com, 2010년 1월 13일자). 세르게이 브린은 공격 이후 「뉴욕타임스」의 스티브 로어Steve Lohr 기자의 인터뷰 요청에 드물게 응했다("인터뷰: 세르게이 브린, 구글의 중국 대응책 언급Interview: Sergey Brin on Google's

China Move", 2010년 3월 22일자). 여기에서 브린은 장기적으로 중국은 인터넷 검열을 중단할 수밖에 없을 것이라고 잘못 예측했다. 앤드류 제이콥스Andrew Jacobs와 미구엘 헬프트Miguel Helft, "구글, 사이버 공격을 이유로 중국 시장 철수 위협Google, Citing CyberAttack, Threatens to Exit China"(「뉴욕타임스」 2010년 1월 12일자) 참조. 이들 기사는 34개 기업이 구글이 받은 것과 똑같은 공격을 당했지만, 이들 중 많은 경우는 그 전모가 알려지지 않았다. 제이콥스와 헬프트 기자의 다른 기사 "구글, 검열을 이유로 중국 시장의 비즈니스 중단할 가능성Google May End Venture in China over Censorship"도 참조하라. 구글의 중국 철수에 대한 더 종합적인 연대기는 바비 존슨Bobbie Johnson의 2010년 3월 22일자 「가디언」 기사, "구글, 중국판 구글의 검색에 대한 검열 중단이 벌어지게 된 정황Google Stops Censoring Chinese Search Engine: How It Happened"을 참조하라.

중국의 해킹에 대한 힐러리 클린턴의 2010년 발언은 폴 에커트Paul Eckert 와 벤 블랜차드Ben Blanchard의 2010년 1월 21일 로이터 보도에 나와 있다("클린턴, 인터넷 자유 강조하며 사이버 공격 비난Clinton Urges Internet Freedom, Condemns Cyberattacks", 2010년 1월 21일자).

중국 해킹의 광범위한 해킹에 대한 제임스 코미James Comey의 "미국에는 두 종류의 대기업이 있습니다. 중국에 해킹 당해 온 회사 그리고 중국에 해킹 당해 온 줄 모르는 회사입니다"는 발언은 코미가 2014년 10월 5일 CBS 뉴스의 스캇 펠리Scott Pelley 기자와 한 인터뷰에 나온다.

중국의 부인과 반응은 타냐 브래니건Tania Brannigan이 2010년 1월 14일 「가디언」에 보도한 "구글의 해킹 주장에 중국 대응China Responds to Google Hacking Claims" 기사와 2010년 2월 23일자 "중국, 구글의 사이버 공격과 무관하다고 부인China Denies Links to Google Cyberattacks" 기사, 에커트와 블랜차드의 "클린턴, 인터넷 자유 강조하며 사이버 공격 비난Clinton Urges Internet Freedom,

Condemns Cyberattacks" 기사를 참조하라. 중국은 아직도 자신들이 사이버 공격의 범인이 아니라 피해자라는 공식 입장을 고수하고 있다.

오로라 공격에 대한 맥아피의 포렌식 분석에 따르면 중국의 우선 목표는 하이테크 기업, 보인 기업, 방위 산업체의 시스템에 침투한 뒤 이들의 소스 코드를 변조하는 것이었다. "SCM은 활짝 열려 있었습니다."라고 당시 맥아피의 연구자였던 드미트리 알페로비치Dmitri Alperovitch는 말했다. "그것은 여러 면에서 이들 기업에 가장 중요한 자산이었지만 아무도 안전하게 보호할 생각을 하지 않았습니다. 그들이 그토록 많은 시간과 노력을 들여 보호하는 어떤 금융 데이터나 개인 식별 데이터보다 훨씬 더 중요한 것인데도 말이죠."

구글의 20억 줄짜리 코드는 케이드 메츠Cade Metz가 2015년 9월 16일 「와이어드」에 쓴 "구글은 20억 줄짜리 코드다. 그리고 모두 한 곳에 저장돼 있다Google Is 2 Billion Lines of Code—And It's All in One Place"에서 나왔다.

중국이 '위니 더 푸Winnie the Pooh'를 금지 검색어로 지정했다는 내용은 하비에르 C. 에르난데즈Javier C. Hernández가 2018년 3월 1일 「뉴욕타임스」에 보도한 "중국, 반대 세력 탄압 위해 곰돌이 푸와 'N'워드 검색 금지어로 지정To Erase Dissent, China Bans Pooh Bear and 'N'" 기사에 들어 있다.

지도부, 우선 순위 및 대중국 전략에서 구글이 꾀한 변화의 내용은 다음 기사를 참조했다. "구글, 새 이름과 큼직한 아이디어를 혼합하다Google Mixes a New Name and Big Ideas"(코너 도허티Conor Dougherty, 「뉴욕타임스」 2015년 8월 11일자), "타임아웃 선언한 구글의 최고재무책임자A Google CFO. Who Can Call Time-Outs"(제임스 B. 스튜어트, 「뉴욕타임스」 2015년 7월 24일자), "중국의 거대 소매 체인 알리바바, 캘리포니아주 산마테오에 신규 R&D 연구소 개소Chinese Retail Giant Alibaba Opening New R&D Lab in San Mateo"(루크 스탱겔Luke Stangel, 「실리콘밸리 비즈니스 저널」 2017년 10월 11일자). 중국에 재진입하기 위한 구글의 비밀 계획은 「인터셉트」에서 가장 먼저 입수했다("구글, 검열형 검색엔진 중국서 선보일 계획, 유출된 문서로 밝혀져Google Plans to Launch Censored Search Engine in China, Leaked Documents Reveal", 라이언 갤러거, 2018년 8월 1일자). 그 소식에 분개한 구글 직원들의 반대 시위는 내 동료들인 케이트 콩거와 다이스케 와카바야시의 2018년 8월 17일자 기사 "중국 프로젝트의 비밀주의에 구글 직원들 시위Google Workers Protest Secrecy In China Project"에 잘 묘사됐다. 벤 허바드Ben Hubbard 「뉴욕타임스」 기자는 사우디아라비아의 남성들이 그 여성 가족들의 움직임을 추적할 수 있게 하는 구글과 애플 앱을 폭로했다("애플과 구글, 남성이 여성 추적할 수 있게 하는 앱 삭제하라는 압력 받아Apple and Google Urged to Dump Saudi App That Lets Men Track Women", 2019년 2월 14일자). 구글이 펜타곤의 프로젝트를 수주한 일과 그에 따른 내부 직원들의 반발은 내 동료들인 스캇 세인과 다이스케 와카바야시의 "구글의 군사 프로젝트, 내부 반대 봉착A Google Military Project Fuels Internal Dissent" 기사에 잘 소개됐다(2018년 4월 5일자). 구글의 유튜브 스캔들은 케빈 루스Kevin Roose가 2019년 6월 8일 「뉴욕타임스」에 보도한 "유튜브가 급진주의자를 만드는 방법The Making of a YouTube Radical"에 잘 묘사돼 있다. '유튜브 키즈'를 둘러싼 논란은 새프나 마헤시와리Sapna Maheshwari가 "아동에게 부적절한 비디오를 제대로 걸러내지 못하는 유튜브 키즈On YouTube Kids, Startling Videos Slip Past Filters"라는 제목의 「뉴욕타임스」 기사에서 자살을 부추기는 비디오가 유튜브의 필터를 통과한 사실을 폭로했다(2017년 11월 4일자).

모건 마퀴-부아르는 2016년 말과 2017년, 몇 시간씩 때로는 며칠씩 시간을 할애해 내 인터뷰에 응했다. 마지막 인터뷰가 끝나고 몇 달 뒤, 온라인 테크 뉴스 사이트인 「더 버지The Verge」는 그가 여러 여성을 약취 강간했다는 충격적인 기사를 내보냈다. "아무도 우리를 믿어줄 거라고 생각하지 않았어요: 모건 마퀴-부아르의 범행을 폭로하기 위한 10년 투쟁의 내면We

Never Thought We'd Be Believed': Inside the Decade-Long Fight to Expose Morgan Marquis-Boire"(클로이 앤-킹Chloe Ann-King, 2017년 11월 29일), "유명 해커 겸 운동가, 채트로그스Chatlogs에서 수많은 성폭행 자백In Chatlogs, Celebrated Hacker and Activist Confesses Countless Sexual Assaults"(새라 정Sarah Jeong, 2017년 11월 19일). 나는 해당 내용의 진위를 확인하고자 여러 차례 마퀴-부아르의 코멘트를 요구했지만, 그는 아무런 응답도 보내지 않았다.

15장 포상금 사냥꾼들

나는 실리콘밸리의 치열한 인재 유치 경쟁을 「포브스」에서 일할 때 다룬 바 있다. 당시 구글은 이직을 막기 위해 급여를 최대 10% 인상했고, 페이스북은 고참 엔지니어 두 명이 트위터로 가는 것을 막기 위해 수천만 달러를 지불했다. 당시 기업은 '사무실 칸막이 장식 예산'이나 1년치 공짜 맥주를 제공하기도 했다. 「포브스」 2011년 6월 7일자, "실리콘밸리의 인재 유치 경쟁, 승자와 패자Winners and Losers in Silicon Valley's War for Talent" 참조.

구글의 '컴퓨터 농장fuzz farm'에 대한 더 상세한 정보는 2011년 8월 구글 블로그에 게재된 "대규모 퍼즈 테스팅Fuzzing at Scale"을 참조하라(https://security.googleblog.com/2011/08/fuzzing-at-scale.html). 그리고 버그 포상금에 대한 관련 보도는 "보안 허점을 해킹하고 보상금 받기Hacking for Security, and Getting Paid for It"(펄로스, 「뉴욕타임스」, 2015년 10월 14일자), "이상하고 지나치게 인센티브화한 '버그 포상금'의 세계The Weird, Hyper-Incentivized World Of 'Bug Bounties'"(스티븐 멜렌데즈, 「패스트 컴퍼니」, 2014년 1월 24일), "구글, 크롬 운영체제에 대한 해킹 경연대회에 총포상금 3백 14,159달러 제공Google Offers $3.14159 Million in Total Rewards for Chrome OS Hacking Contest"(앤디 그린버그, 「포브스」, 2013년 1월 28일자). 가족과 함께 사는 집을 리모델링하고 부모를 메카에 보내드릴 만큼 많은 버그 포상금을 받은 미숨 사이드의 사연은 인터뷰를 통해 얻은 정보다. 포상금을 아파트 구입에 보태고, 포상금으로 약혼 반지를 구매한 마젠 가말과 무스타파 하산의 이야기도 인터뷰를 통해 접했다. 독일의 닐스 유네만이 포상금으로 탄자니아, 토고, 에티오피아에 학교를 세운 사연은 그의 블로그에서 읽을 수 있다(https://www.nilsjuenemann.de/2012/04/26/ethiopia-gets-new-school-thanks-to-xss/).

다른 편의 이야기는 앤디 그린버그가 「포브스」에 기고한 샤우키 베크라의 프로필, "스파이들에게 당신의 PC를 깰 수 있는 툴을 팔아 수십만 달러의 돈을 받는 해커들Meet the Hackers Who Sell Spies the Tools to Crack Your PC and Get Paid Six Figure Fees"(2012년 3월 21일자), "제로데이 세일즈맨The Zero-Day Salesman" (2012년 3월 28일자) 기사를 많이 참조했다. 정보공개법FOIA 청구를 통해 머크록MuckRock이 나중에 밝힌 바에 따르면 NSA는 베크라의 서비스를 이용했다(https://www.muckrock.com/foi/united-states-of-america-10/vupen-contracts-with-nsa-6593/#file-10505). 해당 계약서는 2012년 9월 14일로 돼 있고, 베크라 자신의 서명을 담고 있다.

2015년 해킹 팀의 정보 유출에 따른 영향은 킴 제터의 "해킹 팀의 정보 유출은 은밀한 제로데이 익스플로잇 거래가 어떻게 작동하는지 보여준다 Hacking Team Leak Shows How Secretive Zero-Day Exploit Sales Work"(「와이어드」, 2015년 7월 24일) 기사와 로렌조 프란체스키-비키에라이의 "해킹 팀, 스파이웨어 수출 허가 취소Hacking Team Has Lost Its License to Export Spyware"(「바이스」, 2016년 4월 6일) 기사를 참고했다. 규제기관이 제로데이 시장에 주목한 것은 해킹 팀의 해킹이 벌어진 다음이었고, 그로 인해 뷰펜은 제로디움으로 브랜드를 바꿨다. 데니스 피셔Dennis Fisher, "뷰펜 설립자, 새로운 제로데이 인수 기업 제로디움 출범VUPEN Founder Launches New Zero-Day Acquisition Firm Zerodium"(「스렛 포스트Threatpost」, 2015년 7월 24일). 나중에 제로디움은 원격으로 애플의 iOS 를 탈옥할 수 있는 익스플로잇에 1백만 달러를 지불하겠다고 광고한 최초의 익스플로잇 브로커가 됐다(https://twitter.com/zerodium/status/6459 55632374288384). 그것은 공개적으로 제시된 최대 액수였다.

구글의 포상금 인상에 대해서는 애런 홈즈Aaron Holmes의 "구글, 복잡한 안드로이드 해킹에 성공하는 사람에게 150만 달러 제시Google Is Offering a $1.5 Million Reward to Anyone Who Can Pull Off a Complex Android Hack" 참조(「비즈니스 인사 이더」, 2019년 11월 22일).

펜타곤의 계약업자들이 펜타곤의 프로그램 업무를 러시아의 코더coder들 에게 아웃소싱한다는 한 내부 고발자의 비판이 나오자, 해당 계약업자들은 이를 부인했다. CSC는 하청업체인 넷크래커의 행태에 대해 아는 바가 없다 고 주장했지만, 내부 고발자는 관련자 모두 알고 있었다고 반박했다. 그럼 에도 불구하고 CSC와 넷크래커는 도합 1,275만 달러(넷크래커의 내부 고발자 에게 지불한 230만 달러 포함)의 벌금을 내는 것으로 합의했다.

페이스북과 마이크로소프트의 초기 버그 포상금 프로그램에 관한 내용 은 해커원의 미힐 프린스, 요버트 애브마, 알렉스 라이스Alex Rice, 루타 시 큐리티Luta Security의 머진 터헤겐Merjin Terheggen과 케이티 무소리스, 벤치마 크Benchmark의 빌 걸리Bill Gurley 그리고 다른 관계자들과 인터뷰한 내용을 엮 은 결과다. 몇 시간씩 때로는 며칠에 걸쳐 인터뷰에 응해준 데 감사드린다.

플레임의 발견과 그로 인해 마이크로소프트에 미친 영향은 마이크로소 프트의 직원들과 인터뷰를 통해 내용을 파악했다. 나는 플레임의 발견 사 실을 「뉴욕타임스」에 "마이크로소프트, 윈도우 업데이트로 플레임 진화 시 도Microsoft Tries to Make Windows Updates Flame Retardant"라는 제목으로 보도했다 (2012년 6월 4일자). CIA와 NSA 스파이들이 어떤 식으로든 마이크로소프트 에 침투했을 것이라는 가설은 핀란드의 보안 연구자인 미코 히포넨Mikko Hypponen이 처음 제시했다("연구자: CIA, NSA가 마이크로소프트에 침투해 멀웨어 를 썼을지 모른다고 주장Researcher: CIA, NSA May Have Infiltrated Microsoft to Write

Malware"(케빈 포가티Kevin Fogarty, 「IT월드」, 2012년 6월 18일).

　스노든의 유출 문서 중에서 NSA의 프리즘Prism 프로젝트에 대한 정보가 처음 보도된 것은 2013년 6월 「가디언」을 통해서였다. 여기에서 프리즘은 테크 기업과 FBI, CIA, NSA 간의 '팀 스포츠'로 묘사됐다(글렌 그린월드, 이완 매카스킬Ewen MacAskill, "NSA 프리즘 프로그램, 애플, 구글, 기타 테크 기업의 사용자 데이터 수집NSA Prism Program Taps into User Data of Apple, Google and Others", 2013년 6월 7일자). 한 달 뒤 그린월드, 매카스킬, 로라 포이트라스, 스펜서 애커만과 도미닉 러시Dominic Rushe는 마이크로소프트가 암호화된 메시지에 대한 NSA의 접근을 허용했다고 보도했다("마이크로소프트 NSA에 암호화된 메시지 접근 허용Microsoft Handed the NSA Access to Encrypted Messages", 「가디언」, 2013년 7월 12일자). 클레어 케인 밀러Claire Cain Miller와 나는 그런 정보 유출 이후 외국의 정부관료들이 인터넷을 분열시키겠다고Balkanize 위협하는 가운데, 테크 기업에 어떤 영향이 미쳤는지 보도했다("NSA 감시 활동 알려지면서 테크 기업에 불똥NSA Spying Imposing Cost on Tech Firms", 「뉴욕타임스」, 2014년 3월 22일자).

　IT매체는 2003년 마이크로소프트의 버그 포상금 프로그램 출범을 보도했다. 앤디 그린버그의 "마이크로소프트 마침내 해커들에게 버그 포상금 10만 달러 제시Microsoft Finally Offers to Pay Hackers for Security Bugs with $100,000 Bounty"(「포브스」, 2013년 6월 19일) 기사와 버그 포상금 프로그램의 경제학, 이런 제도의 기원에 대해서는 안드레아스 쿤Andreas Kuehn과 밀튼 멀러Milton Mueller가 2014년에 발표한 「버그 포상금 프로그램 분석: 소프트웨어 취약점의 경제학에 대한 제도적 관점」(https://papers.ssrn.com/sol3/papers.cfm?abstract_id=2418812) 논문, 밍이 자오Mingyi Zhao, 애런 라스카Aron Laszka, 옌스 그로스클라그Grossklag가 2017년 「정보정책 저널Journal of Information Policy」에 기고한 "버그 포상금 플랫폼과 보안 취약점 발견을 위한 효과적 정책 개발Devising Effective Policies for Bug-Bounty Platforms and Security Vulnerability

Discovery"을 참조하기 바란다(https://www.jstor.org/stable/10.5325/jinfo poli.7.2017.0372). 이들은 페이스북, 구글, 버그크라우드^{Bugcrowd}, 해커원의 버그 포상금 프로그램의 신호 대 잡음^{signal-to-noise} 비율을 논의하고 있다. 빌 컬리는 해커원에 대한 벤치마크의 초기 투자 배경을 설명해 줬다.

나는 데이비드 생어, 마이클 쉬어^{Michael Shear}와 함께 미국 인사국^{OPM}에 대한 중국의 사이버 공격을 "중국 해커들, 사이버 공격으로 미국 시스템에 침투^{Attack Gave Chinese Hackers Privileged Access to U.S. Systems}"라는 제목으로 보 도했다(2015년 6월 21일자).

펜타곤의 첫 번째 버그 포상금 프로그램에 대한 내용은 펜타곤 관계자 들, 포상금 프로그램에 참여한 민간 보안 기업 직원들과의 인터뷰와 리사 퍼디난도^{Lisa Ferdinando}의 DOD뉴스 보도 "카터, '펜타곤을 해킹하라' 프로그 램의 결과 발표^{Carter Announces, 'Hack the Pentagon' Program Results}"(2016년 6월 17 일자), 미 국방부의 보도 자료 "DOD, '펜타곤을 해킹하라'로 크라우드소싱 한 디지털 방위 프로그램 확대키로^{DOD Expands 'Hack the Pentagon' Crowdsourced Digital Defense Program}"(2018년 10월 24일), 제이슨 머독^{Jason Murdock}의 「뉴스위 크」보도 "윤리적 해커들, F-15 전투기를 해킹해 심각한 취약점 노출^{Ethical Hackers Sabotage F-15 Fighter Jet, Expose Serious Vulnerabilities}", 애런 보이드^{Aaron Boyd} 의 Nextgov.com 보도 "DOD, 펜타곤을 해킹하라 프로그램 확대에 34백 만 달러 투자한다^{DOD Invests $34 Million in Hack the Pentagon Expansion}"(2018년 10월 24일) 등을 참조했다.

퇴역한 NSA의 부국장 크리스 잉글리스의 발언은 댄 기어의 2014년 블 랙햇 토크^{Black Hat Talk}, "실제 정치로서의 사이버 보안^{Cybersecurity as Realpolitik}" 에서 따왔다(http://geer.tinho.net/geer.blackhat.6viii14.txt).

16장 암흑 속으로

스노든 유출 문서 중에서도 가장 치명적인 것 중 하나는 2013년 「워싱턴포스트」의 기사로, NSA 분석가가 어떻게 NSA가 구글과 야후의 데이터 센터에 들어가는지를 그림으로 설명한 포스트잇 노트를 보여줬다. 그림은 구글의 데이터가 암호화되지 않은 상태인 바로 그 지점에 표시된 웃는 얼굴의 이모지emoji를 담고 있었다. 바튼 겔만과 아시칸 솔타니, "스노든 문서, NSA가 전 세계 야후와 구글의 데이터 센터에도 침투했음을 폭로NSA Infiltrates Links to Yahoo, Google Data Centers Worldwide, Snowden Documents Say"(2013년 10월 30일자). 겔만과 솔타니가 토드 린드만Todd Lindeman과 공동으로 작성한 부속 기사, "NSA는 어떻게 민간 네트워크에 침투하는가Lindeman: "How the NSA Is Infiltrating Private Networks"도 참조할 것. NSA가 이메일과 계약서를 훔쳐냈다는 정보는 겔만과 솔타니의 2013년 10월 14일자 기사 "NSA 전 세계 수백만 개의 이메일 주소록 수집NSA Collects Millions of Email Address Books Globally"에서 얻었다. 그런 폭로가 테크 기업과 NSA에 어떤 영향을 미쳤는지는 다음 기사를 참조하자. "구글의 슈미트 회장: NSA의 데이터 센터 감시는 '용납할 수 없는 일'Google's Schmidt: NSA Spying on Data Centers Is 'Outrageous'"(「월스트리트저널」, 2013년 11월 4일자). "분개한 구글 보안 담당자들 NSA에 데이터 센터의 데이터 트래픽을 암호화하는 것으로 반격Pissed Off Google Security Guys Issue FU to NSA, Announce Data Center Traffic Now Encrypted"(마이크 매스닉Mike Masnick, 「테크더트Techdirt」, 2013년 11월 6일자). "구글 임직원들, NSA의 케이블 도청 사실에 분노Google Employees Lash Out at NSA over Reports of Cable Tapping"(알렉세이 오레스코비치Alexei Oreskovic, 「로이터」, 2013년 11월 6일). "인터넷 기업, 정부기관의 스파이 활동을 막기 위한 노력 배가Internet Firms Step Up Efforts to Stop Spying"(펄로스, 데이비드 생어, 빈두 고엘Vindu Goel, 「뉴욕타임스」, 2013년 12월 5일). "인터넷 기업들, 스파이 기관을 막기 위한 장벽 설치Internet Giants Erect Barriers to Spy

Agencies"(펄로스, 데이비드 생어, 2014년 6월 6일). 스티븐 레비의 종합적인 보도 "NSA는 어떻게 인터넷을 거의 죽일 뻔했는가How the NSA Almost Killed the Internet"(「와이어드」, 2014년 1월 7일) 기사도 적극 추천한다.

구글의 '프로젝트 제로' 데뷔를 처음 보도한 것은 「와이어드」였다. 앤디 그린버그, "구글의 버그 사냥 전문 해커 팀 '프로젝트 제로' 출범Meet 'Project Zero,' Google's Secret Team of Bug-Hunting Hackers"(2014년 7월 15일). '프로젝트 제로' 가 마이크로소프트에서 처음 발견한 주요 취약점은 두 기업 간의 언쟁을 일 으켰다. 그에 대한 내용은 스티브 덴트의 「엔가젯Engadget」 기사, "구글, 마이 크로소프트가 패치하기 전에 윈도우 8.1의 취약점 공개Google Posts Windows 8.1 Vulnerability before Microsoft Can Patch It"(2015년 1월 2일), 로렌조 프란체스키-비키에라이의 「바이스」 기사, "구글은 어떻게 은밀한 해킹 시장을 바꿨는가 How Google Changed the Secretive Market for the Most Dangerous Hacks in the World"(2019 년 9월 23일)를 참조할 것. '로키하트Lokihardt'로도 알려진 해커 이정훈Jung Hoon Lee에 대한 내용은 러셀 브랜덤Russell Brandom의 「더 버지」 기사, "이번 주 단 한 명의 연구자가 브라우저를 해킹해 22만 5천 달러를 벌었다(합법적 으로!) A Single Researcher Made $225,000 (Legally!) by Hacking Browsers This Week"(2015년 3월 20일)에서 얻을 수 있다. 프로젝트 제로는 제로데이 발견 내역을 꼼꼼히 정리했다(https://googleprojectzero.blogspot.com/p/0day.html).

나는 팀 쿡이 실리콘밸리의 다른 어떤 최고경영자보다 기자들에게 더 열 려 있다고 생각한다. 쿡은 기자들과 만나는 자리를 프라이버시부터 이민까 지 모든 사안에 대한 자신의 개인적 견해를 밝히는 기회로 삼았고, 그런 자 리는 내가 이 책을 쓰는 데 큰 도움이 됐다. 특히 16장이 그랬다. 실리콘밸 리의 다른 CEO에게도 생각을 바꾸라고 권하고 싶다.

쿡은 어린 시절 백인우월주의 집단인 KKK 단원들을 만난 경험을 「블룸 버그」에 털어놨다("팀 쿡의 용기있는 발언Tim Cook Speaks Up"(2014년 10월 30일)).

팀 쿡의 2019년 스탠퍼드대학교 졸업식 축사도 참고했다(https://www.youtube.com/watch?v=2C2VJwGBRRw). 매트 릭텔Matt Richtel과 브라이언 X. 첸은 쿡의 초기 CEO 시절을 정리했다. "팀 쿡, 애플을 자신의 철학에 맞게 고치기Tim Cook, Making Apple His Own"(『뉴욕타임스』, 2014년 6월 15일, https://www.nytimes.com/2014/06/15/technology/tim-cook-making-apple-his-own.html) 기사 참조.

스노든의 정보 유출 뒤인 2014년, 오바마 당시 대통령은 팀 쿡을 비롯한 여러 테크 기업의 경영자들과 여러 차례 비밀 회동을 가졌다. 12월 오바마는 쿡을 비롯해 야후의 마리사 메이어Marissa Mayer, 트위터의 딕 코스톨로Dick Costolo, 구글의 에릭 슈미트, 페이스북의 셰릴 샌드버그, 컴캐스트의 브라이언 로버츠Brian Roberts, AT&T의 랜달 스티븐슨Randall Stephenson, 마이크로소프트의 브래드 스미스Brad Smith, 링크드인의 에리카 로텐버그Erika Rottenberg, 넷플릭스의 리드 헤이스팅스Reed Hastings와 회의를 가졌다. 공식 안건은 정부의 의료 서비스 사이트Healthcare.gov의 개선 방안을 논의한다는 것이었지만, 대화는 재빨리 정부의 감시와 대중의 신뢰도 하락으로 옮겨갔다. 재키 캄즈Jackie Calmes와 닉 윙필드Nick Wingfield의 "기술업계 대표들과 오바마 공통된 문제점 발견: 하락하는 대중의 신뢰도Tech Leaders and Obama Find Shared Problem: Fading Public Trust"(『뉴욕타임스』, 2013년 12월 17일자). 그보다 이른 8월의 회동에 관해서는 토니 롬Tony Romm의 "오바마, 테크 기업 경영자들과 감시 문제 논의Obama, Tech Execs Talk Surveillance"(폴리티코, 2013년 8월) 참조. 이 기사는 쿡이 받았다는 편지는 언급하지 않았고, 나는 다른 인터뷰를 통해 그런 사실을 알았다.

애플의 새로운 아이폰 보안 대책에 대한 쿡의 발표는 IT 매체를 통해 널리 보도됐다. 존 케네디, "애플, 4.7인치와 5.5인치 크기의 아이폰 6와 아이폰 6 플러스 발표Apple Reveals 4.7-inch and 5.5-inch iPhone 6 and iPhone 6 Plus

Devices"(실리콘리퍼블릭Siliconrepublic.com, 2014년 9월 9일), 데이비드 생어와 브라이언 첸, "스노든 이후 시대: 애플의 새 아이폰, NSA 접근 차단Signaling Post-Snowden Era, New iPhone Locks Out NSA"(「뉴욕타임스」, 2014년 9월 26일).

코미 국장의 '암흑 속으로Going Dark' 홍보 투어에 대해서는 이고르 보빅Igor Bobic과 라이언 J. 라일리Ryan J. Reilly의 "FBI 제임스 코미 국장, 애플과 구글의 새로운 프라이버시 보호 기능에 '매우 우려'(「허핑턴포스트」, 2014년 9월 25일), 제임스 코미 국장이 브루킹스 연구소Brookings Institution에서 열린 2014년 10월 16일 대담, "암흑 속으로: 기술, 프라이버시와 공중의 안전은 충돌선상에 있는가?"에서 한 발언(https://www.brookings.edu/events/going-dark-are-technology-privacy-and-public-safety-on-a-collision-course/), 스캇 펠리Scott Pelley가 2014년 10월 16일 '60 Minutes' 프로그램에서 코미를 인터뷰한 내용도 참조했다.

암호를 깨기 위한 NSA의 여러 노력을 소개한 기사는 내가 제프 라슨, 스캇 셰인, 「프로퍼블리카」와 공동으로 「뉴욕타임스」에 보도한 "NSA, 웹상의 기반적인 프라이버시 보호 대책 무력화 가능NSA Able to Foil Basic Safeguards of Privacy on Web"(2013년 9월 5일)이다.

나는 샌버나디노의 테러범에 대한 내용은 애덤 나거니Adam Nagourney, 이안 러벳Lan Lovett, 줄리 터케위츠Julie Turkewitz와 벤저민 멀러Benjamin Mueller가 2015년 12월 3일 「뉴욕타임스」에 보도한 "범인 커플, 샌버나디노 총격 계획 철저 함구Couple Kept Tight Lid on Plans for San Bernardino Shooting" 기사를 참조했다. 그 뒤에 이어진 애플과 FBI 간의 갈등은 「뉴욕타임스」에 상세히 보도됐다. 마이크 아이작Mike Isaac, "왜 애플은 프라이버시를 놓고 FBI와 싸우나Why Apple Is Putting Up a Fight Over Privacy with the FBI"(2016년 2월 18일). 세실리아 강, 에릭 릭트블라우Eric Lichtblau가 쓴 "FBI의 실수로 총기 난동 관련 데이터 분실FBI Error Led to Loss of Data in Rampage"(2016년 3월 2일). 에릭 릭트블라우와

케이티 베너, "애플, 샌버나디노 범인의 아이폰을 풀라는 법원 명령에 저항 Apple Fights Order to Unlock San Bernardino Gunman's iPhone"(2016년 2월 17일) 기사 참조.

당시 보안 연구자들은 FBI의 소프트웨어 수정 요구를 애플의 모바일 운영체제인 'iOS'에 빗대 '정부용 OS GovtOS'를 만들라는 것과 다름없다고 평가했다. 마이키 캠벨 Mikey Campbell의 "애플, FBI의 아이폰 해독 요구는 'GovtOS'를 만들라는 것과 마찬가지라고 반발 Apple Rails against FBI Demands for 'Govtos' in Motion to Vacate Decryption Request" 기사 참조(애플인사이더 Appleinsider.com, 2016년 2월 25일).

팀 쿡은 애플과 FBI의 갈등 내용을 여러 인터뷰와 2016년 2월 16일 애플 사용자들에게 보내는 '우리 고객들께 보내는 메시지'에서 개인적으로 피력했다. 사적인 자리에서 애플의 직원들은 인사국에 대한 중국의 해킹에서 보듯 미국 정부는 자기 자신들의 데이터조차 제대로 보호하지 못하기 때문에 신뢰할 수 없고, 따라서 애플 시스템에 접근할 수 있는 키를 맡겨서는 안 된다고 주장했다.

샌버나디노 테러 사건의 피해자 중 한 사람의 어머니인 캐롤 애덤스조차 애플의 입장을 지지한다는 발언은 토니 브래들리 Tony Bradley의 기사 "애플 대 FBI, 정부는 '국가 안보'의 이름으로 어디까지 갈 수 있는가? Apple vs. FBI: How Far Can the Government Go in the Name of 'National Security'?"(「포브스」, 2016년 2월 26일)에서 인용했다.

FBI가 테러범의 아이폰을 열기 위해 해커들에게 130만 달러를 지불했다는 코미의 유례없는 시인은 에릭 릭트블라우와 케이티 베너의 기사 "FBI 국장, 아이폰 해킹 대가로 130만 달러 지불했음을 시사 FBI Director Suggests Bill for iPhone Hacking Topped $1.3 Million"(「뉴욕타임스」, 2016년 4월 21일)에서 나왔다.

유감스럽게도 기자들은 FBI에 아이폰 해킹 서비스를 제공했노라는 셀레브라이트의 주장을 너무 성급하게 믿었다. 그 보도는 부정확했다. 당시의 오보 사례 중 하나로 조너선 잘만^{Jonathan Zalman}의 기사 "FBI, 샌버나디노 테러범의 아이폰을 열기 위해 이스라엘의 테크 회사에 15,278.02달러 지불 The FBI Is Apparently Paying an Israel-Based Tech Company $15,278.02 to Crack San Bernardino Killer's iPhone"(태블릿^{Tablet}, 2016년 3월 24일)을 제시한다.

FBI가 문제의 아이폰을 열기 위해 아이폰용 익스플로잇을 구매했음을 시인한 지 4개월 뒤, 애플은 그해 8월에 열린 블랙햇 콘퍼런스에서 해커들에게 버그 포상금을 지불하기 시작할 것이라고 발표했다. 구글, 페이스북, 마이크로소프트와 다른 회사는 포상금을 제시했지만 애플만은 주목할 만한 예외였다. 애플의 경영진은 이미 보안 연구자들로부터 애플의 취약점을 제보받고 있기 때문에 굳이 금전적 인센티브를 따로 마련할 필요는 없다고 주장했다. 설령 그런 프로그램을 만든다고 해도 정부가 제시하는 금액에 맞출 수는 없을 것이라고 말했다. 하지만 FBI 사태로 iOS 익스플로잇 시장이 수익성이 크다는 사실이 드러나자 애플은 태도를 바꿔 초대받은 소수의 해커들에 한해 애플의 펌웨어^{firmware}에서 취약점을 발견하면 최고 20만 달러까지 포상금을 지급하겠노라고 제안했다. 2019년 iOS 익스플로잇에 대한 지하 시장 가격이 올라가고, iOS 익스플로잇이 NSO와 다른 스파이웨어에서 iOS 익스플로잇이 나타나기 시작하자, 애플은 해커들이 기기의 커널로 침투하게 해주는 '제로 클릭^{zero-click}' 원격 익스플로잇의 최고 가격을 1백만 달러까지 높였다. 2020년에는 포상금 프로그램을 모두에게 공개했다. 애플은 'iOS 보안 연구 기기 프로그램^{iOS Security Research Device Program}'이라는 새 프로그램을 띄우고 해커들에게 특별 아이폰을 지급하기 시작했다. 이 휴대폰은 디버깅^{debugging} 능력 같은 독특한 기능이 포함돼, 일반인은 접근할 수 없는 애플의 iOS 운영체제와 메모리에 접근할 수 있도록 허용함으로써 보안 취약점을 찾기 쉽게 해줬다.

정교한 공세적 사이버 익스플로잇 프로그램을 보유한 나라에 대한 데이터는 거의 없다. 하지만 NSA의 전 부국장인 리처드 레제트^{Richard Ledgett}는 2017년 강연에서 전 세계 '100개 이상의' 나라가 사이버 공격을 개시할 능력을 보유하고 있다고 언급한 바 있다. 마이크 러바인^{Mike Levine}의 ABC뉴스 보도, "미국에 사이버 공격을 개시할 수 있는 100여 국가 리스트에서 러시아 최상위 차지^{Russia Tops List of 100 Countries That Could Launch Cyberattacks on US}"(2017년 5월 18일). 데이비드 생어와 내가 취재해 2013년 7월 보도한 "해커들이 판매하는 컴퓨터 코드의 오류를 국가가 사들인다" 기사의 내용도 그와 비슷했다.

17장 사이버 가우초들

아르헨티나의 수입 규제가 고화질 TV의 가격을 두 배로 높이고 배달까지 6개월이나 지연된다는 내용은 이언 마운트^{Ian Mount}의 「뉴욕」지 기사(2006년 2월 17일)에서 나왔다.

프로그래밍 경연 대회 중 가장 오래되고 권위있는 국제대학생프로그래밍경진대회^{ICPC}의 결과는 공식 홈페이지(https://icpc.global/worldfinals/results)에서 확인할 수 있다. 미국 팀은 러시아, 폴란드, 중국, 한국, 기타 나라에 자주 패한다.

NSA 직원들의 사기 저하에 대해서는 엘렌 나카시마와 애런 그레그의 2018년 1월 2일 「워싱턴포스트」 보도, "NSA의 엘리트 직원들 이직붐 − 저임금, 낮은 사기와 조직 개편에 대한 반발탓^{NSA's Top Talent Is Leaving Because of Low Pay, Slumping Morale and Unpopular Reorganization}" 참조.

세자르 세루도^{Cesar Cerrudo}의 신호등 해킹에 대한 내용은 "신호등 해킹: 요주의 신호 발동^{Traffic Hacking: Caution Light Is On}"(펄로스, 「뉴욕타임스」, 2015년 6월 10일자) 참조.

브라질의 사이버 범죄 문제는 「제인스 인텔리전스 리뷰^{Janes Intelligence}

Review」2017년판, "브라질의 비효율적인 사이버 범죄 대응Brazil Struggles with Effective Cybercrime Response" 참조. 맥아피의 한 보고서에 따르면 브라질은 비밀번호 절도, 신용카드 사기, 기타 사이버 공격 등 다양한 사이버 범죄로 70억~80억 달러의 손실을 입었다. 브라질 사이버 공격의 54%는 나라 안에서 벌어진다. 맥아피와 전략적국제연구센터Center for Strategic International Studies의 2018년 보고서 "사이버 범죄의 경제적 영향 – 둔화 기미 없어Economic Impact of Cybercrime—No Slowing Down" 참조.

댄 기어의 2014년 블랙햇 기조 연설은 팀 그린Tim Greene, "블랙햇 기조 연설: 미국은 시중 제로데이 값보다 10배를 더 불러 매절해야Black Hat Keynote: US Should Buy Up Zero-day Attacks for 10 Times Going Rate" 참조(「네트워크 월드」, 2014년 8월 7일).

아르헨티나의 2001년 시위에 대한 당대의 보도는 유키 고니Uki Goni의 「가디언」 기사, "아르헨티나 혼돈 속으로 몰락Argentina Collapses into Chaos"(2001년 12월 20일) 참조.

'사이버 가우초Cyber Gaucho'인 알프레도 오르테가Alfredo Ortega는 핵 과학자들이 직면한 과제를 잘 알고 있었다. 대부분은 트레킹 방문자들은 모르고 있지만, 파타고니아에는 오래 전부터 비밀 핵연구소가 자리잡고 있었다. 1940년대 후반, 오스트리아 태생의 독일인 과학자 로날드 리히터Ronald Richter는 아르헨티나 대통령을 설득해 '서머트론Thermotron, 항온항습기'을 건설했다. 3년의 시간과 4억 달러의 비용을 투입했지만 그 프로젝트는 실패했고, 리히터는 사기죄로 구속됐다. 하지만 그 프로젝트는 아르헨티나의 첫 원자로의 기반이 됐다. 그로부터 50년이 지난 지금, 아르헨티나의 원자로는 세계적 명성을 얻어 주로 의료 실험과 치료에 사용된다. 오르테가는 파타고니아에서 사귄 자신의 어릴적 친구가 핵 물리학자인데, 납치 당할까 두려워 요즘은 거의 여행을 하지 않는다고 내게 털어놓았다. "만약 그 친구가 카타르나 사우디 아라비아로 간다면 납치 위험은 너무 높아요. 핵무기 개발 프로그램을 만들라고 강요당할 겁니다." 같은 논리는 자신에게도 적용될 것이라고 오르테가는 말했다. 그가 익스플로잇을 판다는 소문이 나면 모종의 정부나 세력은 그를 납치해 핵시설의 에어갭을 건너뛰고, 위성을 해킹하거나 글로벌 공급망을 파괴하는 데 악용할 것이다. 아르헨티나의 원자로에 관한 정보는 찰스 뉴베리Charles Newbery, "아르헨티나의 원자력 산업계, 소형 원자로에서 큰 가능성 기대Argentina Nuclear Industry Sees Big Promise in Its Small Reactors" 참조(「파이낸셜타임스」, 2018년 9월 23일).

미국과 아르헨티나의 관계에 대한 비교적 근래의 평가로는 그라시엘라 모치코프스키Graciela Mochkofsky의 「뉴요커」 기사, "오바마의 달콤씁쓸한 아르헨티나 방문Obama's Bittersweet Visit to Argentina" 참조(2016년 3월 23일). 그리고 크리스티나 키르치네르Christina Kirchner와 헤지펀드의 갈등, 미국이 그녀를 암살하려 한다는 음모 이론은 아구스티노 폰테베키아Agustino Fontevecchia의 「포브스」 기사, "어떻게 한 헤지 펀드 회사가 가나Ghana에서 선박을 억류하고 심지어 아르헨티나의 대통령 전용기까지 나포하려했는가The Real Story of How a Hedge Fund Detained a Vessel in Ghana and Even Went for Argentina's Air Force One"(2012년 10월 5일), 리네트 로페즈Linette Lopez의 「비즈니스 인사이더」 기사, "아르헨티나 대통령은 미국이 자신이 죽기를 바란다고 생각The President of Argentina Thinks the US Wants Her Dead"(2014년 10월 2일) 참조.

2002년 빌 클린턴이 비밀을 해제한 문서 중에는 1976년 6월 아르헨티나 군부의 인권 침해가 광범위하게 자행되는 가운데, 당시 국무장관인 헨리 키신저가 아르헨티나의 세자르 아우구스토 구제티Cesar Augusto Guzzetti 외무장관에게 서두르라고 재촉한 내용이 포함돼 있다. "처리해야 할 일이 있다면 신속하게 처리해야 합니다."라고 산티아고의 한 회동에서 키신저는 구제티에게 말했다. "우리는 아르헨티나의 사건을 긴밀히 추적해 왔습니다.

우리는 신정부가 잘하길 바랍니다. 성공하기를 바랍니다. 우리는 신정부가 성공하도록 도울 것입니다 … 귀하께서 의회가 회동하기 전에 끝낼 수 있다면 더 좋겠죠." 국가안보기록보관소 전자브리핑 북 133호, 2003년 12월 4일 공개(https://nsarchive2.gwu.edu/NSAEBB/NSAEBB133/index.htm).

18장 퍼펙트 스톰

18장은 미국의 관료들과 경영자들을 만나 인터뷰한 내용에 주로 바탕을 두고 있다. 2012년부터 2019년까지 내가 취재하고 신문에 보도한 내용도 들어 있다. 사우디 아람코에 대한 공격을 가장 종합적으로 묘사한 내용은 "미국, 사우디 기업에 대한 사이버 공격은 이란의 보복 행위In Cyberattack on Saudi Firm, US Sees Iran Firing Back"(펄로스, 2012년 10월 23일, https://www.nytimes.com/2012/10/24/business/global/cyberattack-on-saudi-oil-firm-disquiets-us.html) 기사 참조.

이란의 목표에 대한 압둘라 알-사단Abdullah al-Saadan의 발언은 2012년 12월 9일 로이터의 보도, "아람코, 사이버 공격은 생산 차질을 노린 것Aramco Says Cyberattack Was Aimed at Production" 참조.

미국을 노린 사이버 공격의 급증 추세는 내가 2014년 12월 3일 신문에 보도한 "해킹 당한 자와 해커들, 게임 시작Hacked Vs Hackers, Game on"에서 나온 것이다. 사이버 공격이 판을 치는 상황에도 불구하고 끝내 사이버 보안법 제정에 실패한 오바마 행정부의 사정은 마이클 S. 슈미트와 내가 취재 보도한 "오바마 행정부, 기업에 사이버 위협 정보 제공Obama Order Gives Firms Cyberthreat Information"(2013년 2월 12일), 마이클 생어, 마이클 S. 슈미트와 내가 공동 보도한 "대미 해킹 증가함에 따라 전문가들은 동기 파악에 주력As Hacking against U.S. Rises, Experts Try to Pin Down Motive"(2013년 3월 3일), 내가 2012년 8월 3일 보도한 "실리콘밸리, 사이버 보안법 제정 실패에 불만 표출

Silicon Valley Sounds Off on Failed Cybersecurity Legislation" 등을 참조할 것.

이란의 사이버 전력에 대한 추가 정보는 애슐리 휠러^{Ashley Wheeler}의 2013년 9월 블로그 "이란의 사이버 군대, 이란 사이버 군사력의 공세 팀^{Iranian Cyber Army, the Offensive Arm of Iran's Cyber Force}"을 참조하라(https://phoenixts.com/blog/iranian-cyber-army-still-maturing-threat/). 이란이 이제 세계에서 네 번째로 큰 사이버 군대를 보유했다는 이란 지도부의 자랑은 이란의 통신사인 FARS에서 인용했다(2013년 2월 2일, https://cacm.acm.org/news/160487-irgc-official-iran-enjoys-4th-biggest-cyber-army-in-world/).

중국의 지적재산권 절도 규모에 대해서는 2013년 5월 22일 출간된 지적재산 위원회 보고서^{Intellectual Property Commission Report}, "미국 지적 재산의 절도: 과제와 미국 정책의 재평가^{The Theft of American Intellectual Property: Reassessments of The Challenge and United States Policy}" 참조(2017년 2월 27일 업데이트 됨). 「뉴욕타임스」가 중국에 해킹 당한 사연은 내가 2013년 1월 30일 보도한 "중국 해커들 뉴욕타임스 컴퓨터에 침투^{Chinese Hackers Infiltrate New York Times Computers}" 기사를 참조하기 바란다. 이런 폭로가 다른 중국 사이버 공격의 피해자들에게 미친 영향에 대해서는 2013년 2월 20일 보도한 "온라인 해킹의 피해자들 중 일부가 피해 사실 시인^{Some Victims of Online Hacking Edge into the Light}"을 참조하라. 중국 인민해방군 소속의 해킹 팀 '유닛 61398'에 대해서는 내가 데이비드 생어, 데이비드 바르보자와 함께 취재 보도한 기사 "중국 육군의 해킹 유닛이 대미 해킹과 연계된 듯^{Chinese Army Unit Is Seen as Tied to Hacking against US}"(2013년 2월 18일)을, 법무부의 뒤이은 기소에 대해서는 "미국, 다섯 명의 중국군 해커들을 미국 기업과 노동 기구를 상업적 목적으로 사이버 감시한 혐의로 기소^{U.S. Charges Five Chinese Military Hackers for Cyber Espionage Against US Corporations and a Labor Organization for Commercial Advantage}"(법무부, 2014년 5월 19일 발표)를 참조할 것. 기소 사실은 생어와 내가 "중국발 해커들 미

국 표적에 공격 재개Hackers from China Resume Attacks on US Targets"(2013년 5월 19일)라는 제목으로 보도했다. 그로부터 채 1년이 되지 않은 시점에서 나는 크라우드스트라이크와 협력해 인민해방군 소속의 두 번째 해킹 그룹을 찾아냈다. "온라인 감시에 가담한 것으로 보이는 중국군의 두 번째 해킹 그룹 2nd China Army Unit Implicated in Online Spying"(2014년 6월 9일) 기사 참조.

미국 은행에 대한 이란의 공격에 대해서는 퀜틴 하디Quentin Hardy와 내가 함께 보도한 "은행 해킹은 이란의 작품, 미국 관계자 논평Bank Hacking Was the Work of Iranians, Officials Say" 기사를 참조하라(「뉴욕타임스」, 2013년 1월 8일자). 이란이 서비스 거부 공격에서 더 파괴적인 유형의 공격으로 전환한 데 대해서는 생어와 내가 보도한 "사이버 공격은 단순한 서비스 중단이나 방해가 아니라 파괴를 의도한 듯Cyberattacks Seem Meant to Destroy, Not Just Disrupt"(2013년 3월 28일자) 기사 참조.

J. 마이클 대니얼은 뉴욕주 웨스트체스터 카운티의 보우먼 애비뉴 댐에 대한 이란 공격에 정부가 처음에 어떻게 대응했는지 상세히 설명해 줬다. 그 공격으로부터 3년 뒤, 미 법무부는 여러 은행과 보우먼 애비뉴 댐을 공격한 책임을 물어 7명의 이란인들을 기소했다. 그들은 하미드 피루지Hamid Firoozi, 아마드 파티Ahmad Fathi, 아민 쇼코히Amin Shokohi, 사데그 아마자데간 Sadegh Ahmadzadegan(가명인 '나이트로젠26Nitr0jen26'으로 더 유명하다), 오미드 카파리니아Omid Ghaffarinia(그의 가명은 'PLuS'), 시나 카이사르Sina Keissar, 나데르 사에디Nader Saedi(가명은 '터크 서버Turk Server')였다. 이들은 이란혁명수비대 IRGC의 위장 회사인 IT섹팀ITSecTeam과 메르사드Mersad에서 일했다. 보우먼 댐에 침투한 사람은 피루지였다. 기소장에 따르면 피루지는 댐의 수위, 압력 수준, 잠금 장치와 수문 같은 댐 운영정보에 반복적으로 접근했다. 기소장은 피루지가 그보다 훨씬 더 큰 오레곤주의 보우먼 댐을 해킹할 의도였는지 혹은 그가 미래의 공격을 염두에 두고 미국 댐의 운영 방식을 연구한

것인지에 대해서는 아무런 언급도 하지 않았다. 법무부의 기소에 대해서는 데이비드 생어의 2016년 3월 24일자 「뉴욕타임스」 기사 ("법무부, 은행과 댐에 대한 사이버 공격 혐의로 이란인 7명 기소U.S. Indicts 7 Iranians in Cyberattacks on Banks and a Dam")와 조셉 버거의 2016년 3월 25일자 기사("이란의 해킹 공격에 휘말린 무명의 소규모 댐A Dam, Small and Unsung, Is Caught Up in an Iranian Hacking Case")를 참조하기 바란다. 미 해군 컴퓨터에 대한 이란의 해킹은 줄리언 E. 반즈Julian E. Barnes와 시오반 고먼Siobhan Gorman의 2013년 9월 27일자 「월스트리트저널」 기사를 참조할 것("이란이 미 해군의 컴퓨터를 해킹했다고 당국 발표US Says Iran Hacked Navy Computers").

2009년부터 보안 연구자들은 미국에 대한 사이버 공격의 출처로 중국의 863 프로그램으로부터 기금을 지원 받은 중국의 대학을 지목하기 시작했다. 이에 대해서는 마이클 포사이스Michael Forsythe와 데이비드 생어의 2015년 12월 2일자 「뉴욕타임스」 기사를 참고하라("미국 노동자들의 데이터에 대한 해킹은 범죄이지, 국가 차원의 행위가 아니라고 주장China Calls Hacking of U.S. Workers' Data a Crime, Not a State Act"). 중국은 이를 부인했다.

미 항공모함 USS 인트레피드Intrepid 선상에서 벌인 파네타Panetta의 연설 내용은 엘리자베스 버밀러Elisabeth Bumiller와 톰 섕커Tom Shanker의 2012년 10월 11일자 「뉴욕타임스」 보도에서 나왔다("파네타, 미국에 대한 사이버 공격의 비상한 위협 경고Panetta Warns of Dire Threat of Cyberattack on US"). 파네타는 미국의 은행과 사우디 아람코에 대한 사이버 공격을 언급하면서 자신의 연설이 사이버 위협에 미국이 적극 대응해야 한다는 분명한 메시지로 작용하기를 바란다고 말했다. 연설을 마치고 단상에서 내려가는 그를 보며 일부 경제계 인사들은 그가 현실을 과장했으며, 의회를 설득하려고 과열된 표현을 썼다고 비판했다. 하지만 파네타는 연설 뒤 가진 기자 회견에서 그런 지적은 사실이 아니라고 반박했다. "내 연설의 핵심은 가만히 앉아서 끔찍한 위기가 닥치기를 기다려서는 안 된다는 겁니다. 이 나라 사람들은 그런 경향이 있어요."

이란의 샌즈 카지노 해킹 사건을 가장 종합적으로 보도한 매체는 「블룸버그」였다(벤 엘긴Ben Elgin과 마이클 라일리, "샌즈 카지노의 현재: 이란 해커가 모든 서버 장악Now at the Sands Casino: An Iranian Hacker in Every Server", 2014년 12월 12일).

샌즈 카지노에 대한 이란의 공격을 촉발한 셸던 아델슨의 발언은 「타임즈 오브 이스라엘」의 보도에서 나왔다(레이철 딜리아 베나임과 라자르 버만Lazar Berma, "셸던 아델슨, 미국에 이란 핵폭격 주문Sheldon Adelson Calls on U.S. to Nuke Iranian Desert", 2013년 10월 24일). 이란의 최고지도자인 아야톨라 알리 하메네이Ayatollah Ali Khamenei는 그에 대해 아델슨은 "입을 철썩 맞아도slap 싸다."라고 말했다. 미온적으로 들릴 수도 있지만 하메네이가 이후에 다른 누구에게든 그와 비슷한 표현을 쓴 것은 2019년, 이란의 가셈 술레이마니Qassem Suleimani 장군을 살해한 미국의 드론 공격에 대한 보복으로 이란이 미국-이라크 군사 기지에 스물 두 발의 미사일을 발사했을 때뿐이었다. 하메네이는 당시에도 드론 폭격을 '뺨을 맞은 격slap in the face'이라고 표현했다.

2014년 12월 벌어진 소니 영화사에 대한 북한의 수상할 정도로 비슷한 공격은 데이비드 생어와 내가 2014년 12월 17일 보도한 기사에 잘 나와 있다("북한이 소니에 대한 사이버 공격을 명령했다고 당국 확인US Said to Find North Korea Ordered Cyberattack on Sony"). 해킹에 따른 소니 정보의 유출은 샘 비들Sam Biddle의 「고커Gawker」 기사("유출: 소니의 스티브 잡스 재난 배후의 악몽 이메일 드라마Leaked: The Nightmare Email Drama Behind Sony's Steve Jobs Disaster", 2014년 12월 9일), 케빈 루스의 「퓨전Fusion」 기사("해킹 문서, 할리우드 영화사의 놀라운 성별, 인종별 격차 노출Hacked Documents Reveal a Hollywood Studio's Stunning Gender and Race Gap", 2014년 12월 1일) 참조.

오바마 행정부의 대응은 내가 데이비드 생어, 마이클 슈미트와 공동 취재한 "오바마, 소니에 대한 사이버 공격에 대응 다짐Obama Vows a Response to Cyberattack on Sony"(「뉴욕타임스」, 2014년 12월 19일) 참조. 그로부터 일주일 뒤에 벌어진 북한의 인터넷 불통은 생어와 내가 보도했다("북한 인터넷 불통 North Korea Loses Its Link to the Internet", 2014년 12월 22일).

미국의 전직 관료들은 2014년 12월 22일 벌어진 북한의 인터넷 불통에 자신들이 관여한 사실을 부인했다. 이들은 오바마 행정부의 2015년 1월의 정치적 제재를 북한의 사이버 공격에 대한 공식 대응으로 지적했다. 당시 백악관은 10명의 북한 고위 관료들과 백악관이 '북한의 많은 사이버 작전'의 배후로 지적한 정보기관에 제재를 가했다. 흥미롭게도 제재 대상 10명 중 두 명은 북한 군사 기술의 주요 구매 국가인 이란에 주재한 북한 대표들이었다. 이는 북한과 이란 사이에 모종의 협조와 지식 공유가 있었으리라는 추측을 가능케 하는 대목이었다.

생어와 나는 국무부 직원들에 대한 이란의 사이버 공격 사실을 처음으로 보도했다("이란 해커들, 소셜미디어 계정 통해 국무부 공격Iranian Hackers Attack State Dept. via Social Media", 「뉴욕타임스」, 2015년 11월 24일).

트럼프가 중국과 무역 전쟁을 개시하고 이란 핵 협상을 방치하면서, 미국 컴퓨터 시스템에 대한 중국과 이란의 사이버 공격이 재개됐다. "중국과 이란 해커들, 미국 기업에 대한 사이버 공격 재개Chinese and Iranian Hackers Renew Their Attacks on US Companies"(「뉴욕타임스」, 2019년 2월 18일).

시진핑과 블라디미르 푸틴의 첫 회동 그리고 시진핑의 발언 "우리는 성격이 비슷합니다."는 제레미 페이지의 「월스트리트저널」 기사에 나온다("왜 러시아 대통령은 중국에서 '푸틴 대왕인가Why Russia's President Is "Putin the Great" in China", 2014년 10월 1일). 시진핑 집권 초기의 여러 체포와 구금 사례는 아이반 왓슨Ivan Watson과 스티븐 장Steven Jiang의 "중국 전역에 걸친 단속 통해 수십 명의 인권 변호사 체포Scores of Rights Lawyers Arrested after Nationwide Swoop in

China"(CNN, 2015년 7월 15일). 「뉴요커」에 게재된 에번 오스노스Evan Osnos의 시진핑 기사 "태어날 때부터 공산주의자Born Red"를 적극 추천한다(2015년 4월 6일).

중국의 사이버 절도를 줄이기 위한 오바마 행정부의 전략은 전직 관료들과의 인터뷰 및 수전 라이스Susan Rice의 회고록 『엄격한 사랑: 싸울 가치가 있는 것에 대한 나의 이야기Tough Love: My Story of the Things Worth Fighting For』(Simon & Schuster, 2019)에서 나왔다. 「워싱턴포스트」의 엘렌 나카시마는 "미국, 중국의 사이버 절도를 이유로 대중 제재 추진 중US Developing Sanctions Against China over Cyberthefts"(2015년 8월 30일)이라는 기사로 수전 라이스와 관계자들이 중국에 대한 정치적 제재를 구상한다는 내용을 특종보도했다.

상업적 이득을 노린 해킹을 중단하기로 한 2015년 9월의 시진핑−오바마 합의에 대한 관련 보도는 줄리 허시필드 데이비스Julie Hirschfield Davis와 데이비드 생어의 2015년 9월 25일자 「뉴욕타임스」 기사, "오바마와 중국의 시진핑 사이버 절도 대책에 합의Obama and Xi Jinping of China Agree to Steps on Cybertheft" 참조. 시진핑의 미국 방문에 대한 환대는 2015년 9월 25일 AP 통신의 "오바마, 중국 시진핑 대통령을 위한 극진한 국빈 만찬 주최Obama Hosts Lavish State Dinner for China's President Xi Jinping" 참조.

합의가 이뤄진 그해 9월 이후, 파이어아이 산하 부서인 아이사이트 인텔리전스iSight Intelligence는 중국의 사이버 스파이 활동이 즉각 90% 감소했다고 보고했다. 데이비드 생어, "중국, 미국업계에 대한 사이버 공격 자제, 보고서 밝혀Chinese Curb Cyberattacks on US Interests, Report Finds"(「뉴욕타임스」, 2016년 6월 20일). 켄 딜라니안Ken Dilanian, "러시아의 해킹 빈도 증가, 하지만 중국의 해킹은 대폭 감소Russia May Be Hacking Us More, But China Is Hacking Us Much Less"(NBC뉴스, 2016년 10월 12일) 기사 참조.

19장 전력망

19장은 주로 2012년과 2013년 미국 전력망에 대한 사이버 공격의 위험을 꾸준히 경고했던 전현직 국토안보부 관계자들과의 인터뷰에 의존했다. 2012년 공격이 급증한 데 대해서는 데이비드 골드만이 2013년 1월 9일 CNN에 보도한 "미국 전력과 원자력 발전소에 대한 해커 공격 2012년 급증 Hacker Hits on US Power and Nuclear Targets Spiked in 2012", 내가 2013년 5월 13일 「뉴욕타임스」에 보도한 "국토안보부의 시련기Tough Times at Homeland Security"와 2013년 3월 25일자 "젊은 웹 전사들을 뽑는 것이 최우선. 그것은 일종의 게임이기도Luring Young Web Warriors Is Priority. It's Also a Game" 기사를 참조하기 바란다.

전력망에 대한 사이버 위협과 관련한 더 많은 정보를 원하는 독자에게는 테드 카플Ted Koppel의 저서 『Lights Out』(Broadway Books, 2015)을 추천한다. 카플의 책은 2010년 R. 제임스 울시R. James Woolsey, 존 도이치John Deutsch, 제임스 슐레진저James Schlesinger, 윌리엄 페리William Perry, 스티븐 해들리Stephen Hadley, 로버트 맥팔레인Robert McFarlane 등이 의회에 보낸 기밀 서한의 내용도 담고 있다.

오바마 대통령은 2013년 연두 교서에서 국토안보부의 직원들이 내게 해온 말을 확인해 줬다. "이제 우리의 적들은 우리의 전력망, 금융 기관 및 항공 관제 시스템을 무력화할 수 있는 능력을 찾고 있습니다. 앞으로 수년 뒤에 현재를 뒤돌아보면서 왜 우리의 안보와 경제에 대한 실제 위협에 대해 아무 대응도 하지 않았을까 후회하는 일이 생겨서는 안 될 것입니다." 그날 오전, 오바마 대통령은 정부 부처와 국가 인프라를 관리하는 민간 기업 간의 더 원활한 위협 정보 공유를 촉구하는(법제화보다 허약한 대안을 제시하는) 행정 명령에 서명했다. 그 명령은 채찍은 없이 당근만 제시할 수밖에 없었다. 민간 전력 및 인프라 서비스 제공사에 대해 사이버 보안 대책을 강화하라고 명령하자면 의회의 승인이 필요했기 때문이다.

1년 뒤, 정부와 민간 부문의 보안 연구자들은 미국 인프라에 대한 공격의 주범이 누구인지 더욱 확신하게 됐다. 바로 러시아 해커들이었다. 내가 2014년 6월 30일 「뉴욕타임스」에 보도한 "석유와 가스 기업 노린 러시아 해커들Russian Hackers Targeting Oil and Gas Companies" 참조. 해당 기사에서 나는 문제의 공격이 산업비밀 절도 행위라는 연구자들의 분석을 인용했다. "이 공격의 동기는 산업 스파이 활동으로 보입니다. 러시아의 석유 및 가스 산업의 중요성을 감안하면 당연한 결론이죠."라고 연구자들은 논평했다. "하지만 기업에 대한 러시아 해커들의 공격 방식은 원격으로 미국의 산업 제어 시스템을 통제할 수 있는 능력을 제공합니다. 2009년 미국과 이스라엘이 스턱스넷을 사용해 이란의 핵 시설을 장악한 것과 거의 동일한 방식이죠."

나중에 연구자들은 말을 바꿨다. 진짜 목표는 지적재산 절도가 아니라 이 공격은 사이버 전쟁의 계획 단계였다는 것이다.

국제 사회 수준에서 사이버 무기를 금지하자는 러시아의 주장은 앤드류 E. 크레이머Andrew E. Kramer와 내가 2012년 「뉴욕타임스」에 "전문가의 사이버 전쟁 경고Expert Issues a Cyberwar Warning"라는 제목으로 보도했다. 사이버 갈등의 격화하는 데 따른 러시아의 불안감은 티모시 토머스Timothy Thomas가 「해외군사연구실Foreign Military Studies Office」에 2012년 기고한 "사이버 용의 세 얼굴: 사이버 평화 운동가, 스파이, 공격자Three Faces of the Cyber Dragon: Cyber Peace Activist, Spook, Attacker"를 참조하기 바란다. 러시아의 사물인터넷 시장에 관한 상세 정보는 「마켓와치MarketWatch」의 2019년 10월 17일자 보도 "러시아 사물인터넷 시장은 2023년 740억 달러 규모에 이를듯Russia Internet of Things (IoT) Market Is Expected to Reach $74 Billion By 2023" 참조.

러시아의 국내총생산GDP, 구매력 평가, 인구 증가에 관한 통계는 『CIA 월드 팩트북CIA World Factbook』, 세계은행의 GDP 순위와 윌슨센터Wilson

Center의 러시아 인구 동향을 참고했다.

파이어아이의 존 홀트키스트가 수행한(민간 연구자들에는 '샌드웜'으로 알려진) 러시아의 GRU 유닛 에 대한 연구는 내 취재와 보도 활동에 큰 도움이 됐다. 하지만 헐트퀴스트의 샌드웜 발견에 얽힌 가장 종합적인 정보는 앤디 그린버그의 저서 『샌드웜』(에이콘, 2021), 킴 제터의 「와이어드」 기사 "러시아의 샌드웜 해킹은 수년간 해외 정부를 감시해 왔다Russian Sandworm Hack Has Been Spying on Foreign Governments for Years"(2014년 10월 14일)에서 얻을 수 있다.

헐트퀴스트의 연구에 자극받은 트렌드 마이크로의 두 연구자들은 샌드웜을 더 면밀하게 분석했다. 카일 윌호이트Kyle Wilhoit와 짐 고골린스키Jim Gogolinski가 작성한 "샌드웜부터 블래큰까지: SCADA 커넥션Sandworm to Blacken: The SCADA Connection"(트렌드 마이크로, 2014년 10월 16일) 참조.

2주 뒤, 산업제어시스템 사이버응급팀ICS-CERT은 샌드웜의 해킹이 GE의 소프트웨어뿐 아니라 지멘스와 어드밴테크에도 미쳤다며 상세한 보안 주의보를 발행했다. 지멘스와 어드밴테크는 산업 인프라에 대한 연결을 가능케 해주는 소프트웨어를 파는 기업이다. 이 주의보 자체는 구해볼 수 없지만 여러 언론 보도에 나와 있다. 이를테면 마이클 미모소Michael Mimoso의 "산업 제어 시스템 공격에 블랙에너지 멀웨어 이용돼BlackEnergy Malware Used in Attacks Against Industrial Control Systems"(「스렛포스트」, 2014년 10월 29일) 같은 기사다.

미 국무부와 영국의 국가사이버보안센터는 2020년 2월 20일 러시아의 샌드웜/블랙에너지 그룹은 러시아의 GRU 유닛 74455라고 공식 지목했다. 책임 소재를 밝히는 게 드문 성명에서 미국과 영국의 관계자들은 해당 그룹이 2019년 조지아Georgia에서 벌어진 일련의 공격을 주도했다고 적시했다. 그 공격으로 수천 개의 그루지야 정부와 민간 웹사이트가 마비되고 최소한 두 개의 TV 방송국이 방송 차질을 빚었다. 마이클 R. 폼페오Michael R. Pompeo 국무장관이 2020년 2월 20일 발표한 언론 성명 "미국은 조지야에 대한 러시아의 사이버 공격을 비난한다The United States Condemns Russian Cyber Attack Against the Country of Georgia" 참조.

미 법무부는 2018년 10월 4일 7명의 러시아군 장교들을 기소할 때 GRU 유닛 74455를 거명한 적이 있었다. 그 기소장은 해당 유닛의 구성원들이 소셜미디어 계정과 다른 해킹 인프라('팬시 베어'로 알려진 GRU 유닛 26165가 이를 사용)를 구축하고 반도핑anti-doping 기구 관료들과 러시아의 화학 무기 사용 여부를 수사하는 기관을 해킹했다고 밝혔다. 법무부, "미국, 러시아 GRU 요원들을 국제 해킹과 관련 영향력 행사와 허위정보 유포 혐의로 기소U.S. Charges Russian GRU Officers with International Hacking and Related Influence and Disinformation Operations"(2020년 10월 4일 보도 자료). GRU 유닛 74455는 멀러 보고서Mueller Report에도 민주당 전국 위원회 서버를 해킹해 유닛 26165가 훔친 문서의 유출을 지원한 두 유닛 중 하나로 되풀이 언급됐다. 멀러 보고서는 또한 '유닛 74455'가 미국 주 단위 선거위원회, 주무 장관들, 소프트웨어와 다른 선거 기술을 공급한 미국의 기업을 해킹한 장본인들이라고 주장했다. 그 유닛은 여러 부서를 관리했고, 그중 하나가 헐트퀴스트의 팀이 '샌드웜'이라고 부른 그룹이었고, 다른 하나는 크라우드스트라이크가 '코지 베어'로 지칭한 그룹이었다. 특별검사 로버트 S. 멀러 3세Robert S. Mueller III의 보고서 "2016년 대통령 선거에 대한 러시아 개입 여부 수사 보고서 Report on the Investigation into Russian Interference in the 2016 Election" 1권과 2권 참조 (2019년 3월).

우크라이나에서 올렉시 야신스키와 올레 데레비안코Oleh Derevianko는 며칠 간 내게 샌드웜이 어떻게 우크라이나의 미디어 기관, 전력망을 공격했는지 그리고 낫페트야 공격이 벌어졌는지 설명해 줬다. 우크라이나에 대한 러시아의 사이버 공격의 더 상세한 내용은 킴 제터가 2016년 3월 3일 「와이어드」에 쓴 "교활하고 유례없는 우크라이나의 전력망에 대한 러시아 공격의 전말Inside the Cunning, Unprecedented Hack of Ukraine's Power Grid"과 러시아의 우크라이나 공격에 관한 한 가장 종합적인 내용을 담은 그린버그의 책『샌드웜』을 읽어보기 바란다.

20장 러시아가 온다

민주당 전국 위원회 서버 해킹을 가장 잘 다룬 기사는 에릭 립튼, 데이비드 생어와 스캇 셰인이 2016년 12월 13일「뉴욕타임스」에 보도한 "완벽한 무기: 러시아의 사이버 군대는 어떻게 미국을 침공했나The Perfect Weapon: How Russian Cyberpower Invaded the US"이다.

하트블리드가 발견된 직후「블룸버그」는 NSA가 하트블리드 버그를 이미 몇 년 전부터 알고 있었다고 보도했고, NSA와 백악관은 그런 사실을 극구 부인했다. 마이클 라일리, "NSA, 하트블리드 버그를 몇 년간 정보 수집에 활용NSA Said to Exploit Heartbleed Bug for Intelligence for Years"(2014년 4월 11일). 데이비드 생어와 펄로스, "미 당국, 웹상의 하트블리드를 알고 있었다는 주장 부인U.S. Denies It Knew of Heartbleed Bug on the Web"(2014년 4월 11일).

언론과의 공방전이 이어지자 백악관은 사상 처음으로 정부에 제로데이의 비밀리에 보유할지 아니면 해당 기업에 통보해 수정토록 할지 평가하는 취약성 자산 평가 절차가 있음을 공개했다. J. 마이클 대니얼, "하트블리드: 사이버 취약점 공개 시점 판단Heartbleed: Understanding When We Disclose Cyber Vulnerabilities"(백악관 블로그, 2014년 4월 28일). 그리고 데이비드 생어의「뉴욕타임스」보도, "오바마, NSA가 일정 인터넷 오류를 정보 수집에 활용토록 허용Obama Lets NSA Exploit Some Internet Flaws, Officials Say"(2014년 4월 13일).

나는 몇 시간에 걸쳐 정부가 소프트웨어 취약점을 보유하거나 공개할지 결정하는 데 작용하는 여러 고려 사항을 내게 알려주고 설명해준 데 깊이 감사한다. 대니얼에 앞서 백악관 사이버보안 조정관을 지냈고, 안타깝게도

2017년 3월 사망한 하워드 슈미트에게도 고맙다는 말씀을 전한다. 여러 차례 인터뷰하는 동안 슈미트는 제로데이 시장이 해외로 확장되는 데 따른 우리 정부의 딜레마를 잘 설명해 줬다. 그와 인터뷰한 내용 중 일부는 신문에 보도됐고, 다른 내용은 내가 이 책을 쓰도록 영감을 주고 정보로 기여했다. 데이비드 생어와 펄로스, "해커들이 파는 컴퓨터 코드의 오류를 국가가 사들인다Nations Buying as Hackers Sell Flaws in Computer Code"(2013년 7월 13일).

러시아의 코지 베어 해커들을 폭로하는 데 기여한 네덜란드의 역할은 후이브 모데르콜크Huib Modderkolk의 기사 "네덜란드 정부기관이 러시아의 미국 선거 개입에 관한 핵심 첩보 제공Dutch Agencies Provide Crucial Intel about Russia's Interference in U.S.-Elections"(「데 폴크스크란트(de Volkskrant)」, 2018년 1월 25일).

러시아의 낫페트야 공격과 뒤이은 북한의 워너크라이 공격에서 결정적 역할을 한 이터널블루EternalBlue에 대한 뉴욕타임스의 기사는 다음과 같다. 생어와 펄로스, "해커들, 훔친 NSA 툴을 악용해 십여개 나라 해킹Hackers Hit Dozens of Countries Exploiting Stolen NSA Tool"(2017년 5월 12일), 펄로스, "세계가 미처 준비하지 못한 사이버 공격A Cyberattack 'the World Isn't Ready For'"(2017년 6월 22일), 스캇 셰인과 펄로스, "볼티모어와 기타 지역서 도난당한 NSA 툴이 재난 초래In Baltimore and Beyond, a Stolen NSA Tool Wreaks Havoc"(2019년 5월 25일).

20장은 상원정보위원회Senate Committee on Intelligence의 "2016년 미국 선거에서 러시아의 적극 대응과 개입에 대한 보고서Report on Russian Active Measures Campaigns and Interference in the 2016 U.S. Election"에 큰 도움을 받았다. 나는 모든 미국 국민에게 상원 보고서와 뮐러 보고서 완독을 권한다(https://www.intelligence.senate.gov/sites/default/files/documents/Report_Volume2.pdf). 그리고 뮐러의 특별 보고서 "2016년 대통령 선거에 대한 러시아 개입 여부 수사 보고서Report on the Investigation into Russian Interference in the 2016 Election" 1권과

2권(https://www.justice.gov/archives/sco/file/1373816/download)도 읽어보길 바란다.

2016년 대선에 러시아가 개입하려 한다는 첫 보도는 2016년 6월에 나왔다. 엘렌 나카시마가 2016년 6월 14일 「워싱턴포스트」에 보도한 "러시아 정부의 사주를 받은 해커들이 DNC 침투, 트럼프에 대한 야당 연구서 절도 Russian Government Hackers Penetrated DNC, Stole Opposition Research on Trump"였다.

그리고 가장 결정적인 내용의 기사는 에릭 립튼, 데이비드 생어, 스캇 셰인이 2016년 12월 13일 「뉴욕타임스」에 보도한 "완벽한 무기: 러시아의 사이버 군대는 어떻게 미국을 침공했나 The Perfect Weapon: How Russian Cyberpower Invaded the U.S."였다.

그런 혼란 속에서 묻혀버린 내용은 「뉴욕타임스」의 모스크바 지국 또한 러시아 사이버 공격의 표적이었다는 보도였다. 러시아의 해커들이 공격에 성공했다는 증거는 없었다. 데이비드 생어와 펄로스, 「뉴욕타임스」 "모스크바 지국도 해커들의 표적이었다 New York Times's Moscow Bureau Was Targeted by Hackers"(2016년 8월 23일) 기사 참조.

러시아가 소셜미디어를 통해 선거에 영향을 미치려 한 내용을 가장 잘 보여준 보도는 스캇 셰인과 마크 마제티의 2018년 2월 16일자 「뉴욕타임스」 기사, "미국 유권자들에게 영향을 미치기 위한 3년짜리 러시아 캠페인의 내막 Inside a 3-Year Russian Campaign to Influence U.S. Voters"(2018년 2월 16일)였다.

나는 러시아의 인터넷연구국 IRA, Internet Research Agency에 대한 미 법무부의 기소장도 참조했다. 미국 대 인터넷연구국 외 다수(United States v. Internet Research Agency, et al. Case 1:18-cr-00032-DLF, D.D.C.)에 대한 기소장 참조(2018년 2월 16일). IRA의 2016년 대선 개입을 주도한 예브게니 프리고진에 관한 내용은 닐 맥파쿠하 Neil MacFarquhar의 2018년 2월 16일 「뉴욕타임스」 기사, "미국 법무부에 의해 기소된 러시아의 올리가르히 예브게니 프리고

진, '푸틴의 요리사'로 유명Yevgeny Prigozhin, Russian Oligarch Indicted by U.S., Is Known as 'Putin's Cook"을 참조하기 바란다. 프리고진이 2016년 대선 개입 혐의로 기소된 뒤, 그는 러시아의 국영통신사인 리아 노보스티Ria Novosti에 이렇게 말했다. "미국인들은 쉽게 외부의 영향에 휘둘리는 사람들이에요. 자신들이 원하는 것만 보죠. 나는 그들에게 많은 존경심을 갖고 있습니다. 기소장에 내가 포함된 것이 전혀 불쾌하지 않아요. 그들이 악마를 보기를 원한다면 보라고 하죠."

소셜미디어로 영향을 미치려는 러시아의 작전이 지역 차원에서 어떻게 전개됐는지 궁금하다면 스티븐 영Stephen Young의 2018년 12월 19일 「댈러스 옵저버Dallas Observer」 기사, "러시아 트롤이 2016년 텍사스의 동성애자 이벤트를 성공적으로 조작하고 왜곡했다고 상원 보고서 밝혀Russian Trolls Successfully Peddled Texas Pride in 2016, Senate Reports Say"를 참조하라.

유권자 등록 시스템에 대한 해킹 정보는 매튜 콜Matthew Cole, 리차드 에스포지토Richard Esposito, 샘 비들Sam Biddle, 라이언 그림Ryan Grim이 NSA의 유출 보고서를 취재해 2017년 6월 5일 「인터셉트Intercept」에 보도한 "극비 NSA 보고서, 2016년 직전 러시아의 해킹 시도를 상세히 다뤄Top Secret NSA Report Details Russian Hacking Effort Days before 2016"에서 얻을 수 있다.

주목할 것은 「인터셉트」와 미국 대중이 유권자 등록 시스템에 대한 러시아의 해킹을 알게 된 것은 순전히 '리얼리티 위너Reality Winner'라는 이름의 폭로자가 기밀로 분류된 NSA 보고서를 「인터셉트」 기자들에게 제공한 덕택이라는 점이다. 심지어 국토안보부조차 미국 선거에 필수 소프트웨어와 장비를 제공하는 백엔드back-end 제조사에 러시아 해커들이 어느 정도나 깊숙이 침투했는지 전혀 모르고 있었다. 인터셉트는 보도상 치명적인 실수를 저질렀다. 유출된 보고서를 스캔한 복사본을 NSA에 보낸 것이다. 복사본에서 원본의 접힌 자국과 주름도 드러났고, 이를 통해 NSA 관계자들은 해당 문서가 내부 직원에 의해 인쇄되고 전달됐음을 인지했다. 그 다음은 쉬웠다. 수사관들은 누가 그 문서를 인쇄했는지 파악했고(모두 6명), 그중 한 사람인 리얼리티 위너가 NSA의 조지아주 오거스타Augusta 사무실의 업무용 컴퓨터로 비롯 다른 주제였지만 인터셉트와 접촉한 사실을 밝혀냈다. FBI 요원들이 위너의 집을 찾아가자 그녀는 기밀 보고서를 빼내 인터셉트에 우편으로 보냈노라고 자백했다. 그 보고서는 맨 눈에는 보이지 않는 일련 번호를 표시한 점을 포함하고 있었고, NSA는 단서를 통해 그 문서를 사무실에 있는 프린터와 매치시킬 수 있었다. 이것은 기자의 업무상 보안을 제대로 지키지 못한 비극적인 실수였다. 2018년 8월, 위너는 63개월 형을 선고받았다. 에이미 B. 왕Amy B. Wang, "유죄 판결을 받은 정보 유출자 리얼리티 위너, 선고가 불공평하다고 논평한 트럼프에 감사 표시Convicted Leaker Reality Winner Thanks Trump after He Calls Her Sentence So Unfair", 「워싱턴포스트」, 2018년 8월 30일 기사 참조.

구치퍼 2.0에 대한 초기 보도는 찰리 새비지와 내가 2016년 7월 27일에 게재한 "DNC 이메일 해커는 개인인가 아니면 러시아 세력의 위장인가? 전문가들도 불확실Is DNC Email Hacker a Person or a Russian Front? Experts Aren't Sure" 기사를 참조하기 바란다. 「마더보드」의 로렌조 프란체스키-비키에라이는 2016년 6월 23일 그를 인터뷰한 결과를 바탕으로 "왜 DNC 해커 '쿠치퍼 2.0'은 이런 식으로 말하나?Why Does DNC Hacker 'Guccifer 2.0' Talk Like This?"라는 기사를 작성함으로써 구치퍼 2.0의 정체를 밝히는 데 결정적인 역할을 했다.

DNC 유출과 그 파장을 다룬 당시 기사로는 다음을 참조하기 바란다. 샘 비들과 가브리엘르 블루스톤, "이것은 마치 DNC가 트럼프 반대 세력의 파일을 해킹한 것 같다This Looks Like the DNC's Hacked Trump Oppo File", 「고커」, 2016년 6월 15일. 크리스튼 이스트Kristen East, "DNC 고위 간부 샌더스의 '종교'에 관한 이메일에 대해 사과Top DNC Staffer Apologizes for Email on Sanders'

Religion", 「폴리티코」, 2016년 7월 23일. 마크 파우스텐바크Mark Paustenbach, "Bernie Narrative버니 내러티브", 위키리크스(https://wikileaks.org/dnc-emails/), 2016년 5월 21일. 메건 케닐리Meghan Keneally, "데비 와서만 슐츠, 혼란스러운 플로리다 대표단 조찬서 야유 받아Debbie Wasserman Schultz Booed at Chaotic Florida Delegation Breakfast", ABC뉴스, 2016년 7월 25일. 로잘린 S. 헬더만Rosaline S. Helderman와 톰 햄버거Tom Hamburger, "해킹으로 유출된 이메일, 힐러리 클린턴이 공개하기를 거부한 연설문 초록 공개Hacked Emails Appear to Reveal Excerpts of Speech Transcripts Clinton Refused to Release", 「워싱턴포스트」, 2016년 10월 7일. 데이비드 생어와 펄로스, "민주당원 운집과 더불어 러시아의 의도에 관심 집중As Democrats Gather, a Russian Subplot Raises Intrigue", 「뉴욕타임스」, 2016년 7월 24일.

「뉴욕타임스」의 스캇 셰인 기자는 러시아가 2016년 선거에 영향을 미치기 위해 생성한 허위 계정을 심도있게 살핀 결과를 기사로 썼다. "러시아가 선거 개입을 목적으로 위조한 허위 미국인들The Fake Americans Russia Created to Influence the Election", 2017년 9월 7일.

러시아의 2016년 개입에 대한 오바마 행정부의 초기 대응 내용이 궁금한 독자께서는 데이비드 생어의 저서 『퍼펙트 웨폰The Perfect Weapon』(미래의 창, 2019)을 추천한다.

처음에 국토안보부는 러시아가 21개 주의 유권자 등록 시스템을 표적으로 삼았다고 보도했다. 그 숫자는 뒤에 50개 모든 주로 수정됐다. 데이비드 생어와 케이티 에드먼슨Katie Edmondson, "러시아 50개 모든 주의 선거 시스템 노려Russia Targeted Election Systems in All 50 States, Report Finds", 「뉴욕타임스」, 2019년 7월 25일 기사 참조.

현 행정부가 2020년 대선에 대한 위협 수준을 어떻게 평가하는지에 대한 심층 보도는 다음을 참조하기 바란다. 매튜 로젠버그Matthew Rosenberg, 펄로스, 데이비드 생어, "'혼란이 목적': 러시아 해커와 트롤들은 2020년 더 은밀해졌다'Chaos Is the Point': Russian Hackers and Trolls Grow Stealthier in 2020", 「뉴욕타임스」, 2020년 1월 10일. 로젠버그, 생어, 펄로스, "팬데믹과 격변 와중, 대통령 선거에 대한 새로운 사이버 위협Amid Pandemic and Upheaval, New Cyberthreats to the Presidential Election", 「뉴욕타임스」, 2020년 6월 7일. 선거 보안에 대한 미온적 대응으로 사면초가에 몰린 미치 매코넬 당시 상원 다수당 대표와 관련된 내용은 MSNBC 스티브 베넨Steve Benen 기자의 2018년 2월 19일 기사 "러시아 공격에 대한 매코넬의 대응 재조명McConnell's Response to Russian Attack Is Back in the Spotlight"을 참조할 것. 러시아의 2016 대선 개입설에 회의적인 트럼프의 공개 발언은 마이클 D. 쉬어Michael D. Shear의 2017년 2월 15일 「뉴욕타임스」 기사, "선거 후, 정보 유출에 대한 트럼프의 애정 급냉Election, Trump's Professed Love for Leaks Quickly Faded"과 크리스티아노 리마Cristiano Lima의 2016년 9월 8일 「폴리티코」 보도, "러시아투데이 트럼프 인터뷰: 러시아의 선거 개입 가능성 낮을 것Trump on RT: Russian Election Interference 'Probably Unlikely" 그리고 2016년 9월 26일 벌어진 첫 번째 대통령 토론(CNN)을 참조하기 바란다.

미국 대선에 개입하지 말라는 존 브레넌의 대러시아 경고와 관련한 내용은 맷 아푸조Matt Apuzzo의 2017년 5월 23일 「뉴욕타임스」 보도, "전직 CIA 국장, 트럼프 유세와 러시아에 관련해 증폭되는 우려 표명Ex-CIA Chief Reveals Mounting Concern over Trump Campaign and Russia"을 참조할 것.

허위정보 전문가들인 크리스토퍼 A. 베일Christopher A. Bail, 브라이언 기Brian Guay, 에밀리 멀로니Emily Maloney, 에이단 콤스Aidan Combs, D. 선샤인 힐리구스D. Sunshine Hillyguus, 프리돌린 머후트Friedolin Merhout, 딘 프릴론Deen Freelon 그리고 알렉산더 볼포브스키Alexander Volfovsky가 공동 발표한 "2017년 말 미국인 트위터 사용자들의 정치적 태도와 행태에 대한 러시아 인터넷

연구국의 영향 평가Assessing the Russia Internet Research Agency's Impact on the Political Attitudes and Behaviors of American Twitter Users in Late 2017", 전미과학아카데미 발표 보고서Proceedings of the National Academy of Sciences of the United States, Vol. 117, no. 1(2019년 11월 25일)는 러시아의 '콤프로매트'가 2016년 대선에 영향을 미치는 데 거의 아무런 기여도 하지 않았다고 주장한다.

다음 기사는 그런 보고 내용을 반박한다. 매튜 이글레시아스Matthew Yglesias, "7개 차트로 살펴 본 2016년에 실제로 벌어진 일What Really Happened in 2016, in 7 Charts", 「복스Vox」, 2017년 9월 18일. 젠스 마누엘 크로그스타드Jens Manuel Krogstad와 마크 휴고 로페즈Mark Hugo Lopez, 퓨 연구센터Pew Research Center, "2016년 대선의 높은 선거율에도 불구하고 흑인 유권자 참여 하락Black Voter Turnout Fell in 2016, Even as a Record Number of Americans Cast Ballots", 2016년 5월12일. 브룩 사이펠Brooke Seipel, "트럼프의 승리 마진은 주요 경합 주에서 스타인의 득표율보다 적다Trump's Victory Margin Smaller Than Total Stein Votes in Key Swing States", 「더 힐The Hill」, 2016년 12월 1일 기사를 참조하라.

러시아의 2016년 대선 개입에 대한 대응으로 오바마 행정부는 궁극적으로 러시아에 제재를 가해 35명의 러시아 외교관들(이들 중 상당수는 스파이)을 미국에서 추방하고, 두 개의 러시아 외교 공관을 폐쇄했다. 마크 마제티와 마이클 S. 슈미트, "두 개의 러시아 공관, 역사의 메아리에 붙잡히다Two Russian Compounds, Caught Up in History's Echoes", 「뉴욕타임스」, 2016년 12월 29일. 나는 러시아의 샌프란시스코 영사관에서 연기가 치솟았다는 2017년 9월 2일 CBS 뉴스 보도 "검은 연기가 샌프란시스코의 러시아 영사관 굴뚝에서 솟아올랐다Black Smoke Pours from Chimney at Russian Consulate in San Francisco"를 시청했다.

21장 그림자 브로커들

그림자 브로커들Shadow Brokers의 첫 번째 신호는 누구나 익명으로 글을 올릴 수 있는 페이스트빈Pastebin이라는 사이트에 겨우 이해할 수 있을 듯한 트윗 형태로 나타났다. 2016년 8월 13일, 그림자 브로커들, "이퀘이션 그룹 사이버 무기 경매 – 초대Equation Group Cyber Weapons Auction—Invitation"

법 집행기관, 정보기관 및 사이버 보안 관계자들 사이에서 떠올랐던 의문은 데이비드 생어가 "그림자 브로커들의 유출로 제기된 질문: NSA는 해킹당했나?Shadow Brokers' Leak Raises Alarming Question: Was the NSA Hacked?" 「뉴욕 타임스」, 2016년 8월 16일자 기사에서 잘 정리했다.

시스코는 자신들의 방화벽이 취약하다는 사실을 고객사에 즉각 알려야 했다. "시스코 적응형 보안 제품 SNMP 원격 코드 실행에 취약Cisco Adaptive Security Appliance SNMP Remote Code Execution Vulnerability", Cisco Security Advisory Alerts, 2016년 8월 17일. 토머스 브루스터Thomas Brewster, "시스코와 포티넷 자칭 NSA 해커들에 취약점이 노출됐음을 인정Cisco and Fortinet Confirm Flaws Exposed by Self-Proclaimed NSA Hackers", 2016년 8월 17일 기사 참조.

그림자 브로커들의 초기 선언문은 2016년 8월 19일 브루스 스털링Bruce Sterling이 「와이어드」에 기고한 "그림자 브로커들의 선언문Shadow Brokers Manifesto" 참조. NSA가 앙헬라 메르켈Angela Merkel 독일 총리의 휴대폰을 해킹한 사실은 "NSA는 독일 수상을 십수년간 도청해 왔다고 위키리크스 주장NSA Tapped German Chancellery for Decades, WikiLeaks Claims", 2015년 7월 18일. 그림자 브로커들의 유출에 대한 스노든의 2016년 8월 16일자 트윗(https://twitter.com/Snowden/status/765515619584311296) 참조.

그림자 브로커들의 초기 경매 제안은 실패로 끝났다. 앤디 그린버그 "NSA에서 훔친 사이버 무기 구매 제안에 무반응No One Wants to Buy Those Stolen NSA-Linked Cyberweapons", 「와이어드」, 2016년 8월 16일 기사 참조.

「미트 더 프레스Meet the Press」에서 한 바이든의 발언은 조 라포인트Joe Lapointe, "다른 모든 뉴스에도 불구하고 일요일의 프로그램은 온통 트럼프의 성추문뿐Despite All Other News, Sunday Shows Keep Covering Trump's Sex Scandal", 「옵저버Observer」, 2016년 10월 17일자 기사를 참조하라.

그림자 브로커들이 전 세계에 설치된 NSA의 유인용 서버의 웹 주소를 공개한 뒤, 해커들은 즉각 그 목록을 분석해 자신들이 발견한 내용을 MyHackerHouse.com이라는 사이트에 올렸다. 그 사이트는 뒤에 폐쇄됐다(http://www.myhackerhouse.com/hacker-halloween-inside-shadow-brokers-leak).

CIA 정보 유출자의 경우에 대한 더 상세한 정보는 애덤 골드만의 2018년 6월 18일자 「뉴욕타임스」 보도, "볼트 7으로 알려진 대규모 CIA 침해 관련 신규 기소New Charges in Huge C.I.A. Breach Known as Vault 7". 니콜 홍Nicole Hong의 2020년 3월 9일자 「뉴욕타임스」 보도, "CIA 정보 유출 혐의 프로그래머에 대한 재판 불일치 배심으로 종결Trial of Programmer Accused in C.I.A. Leak Ends with Hung Jury"에서 얻을 수 있다.

NSA 직원들의 문서에 접근할 수 있게 된 데 대한 카스퍼스키의 역할은 스캇 셰인, 데이비드 생어, 펄로스의 2017년 10월 5일자 「뉴욕타임스」 보도 "신규 NSA 침해는 유명 러시아 안티바이러스 소프트웨어와 연계된 것New NSA Breach Linked to Popular Russian Antivirus Software" 그리고 셰인과 펄로스의 2017년 10월 보도 "이스라엘은 어떻게 미국의 비밀을 찾아 세계를 뒤지는 러시아 해커들을 잡았나How Israel Caught Russian Hackers Scouring the World for U.S. Secrets"에서 논의하고 있다. 카스퍼스키 측은 고의로 NSA 계약자의 기밀 문서에 침투한 게 아니라고 부인하면서, 그렇게 우연히 수집한 데이터는 삭제했다고 주장한다. 카스퍼스키의 기술적 해명서 전문은 "미국 언론이 보도한 사건에 대한 내부 조사의 예비 결과Preliminary Results of the Internal Investigation into

Alleged Incidents by US Media(https://www.kaspersky.com/blog/internal-inves tigation-preliminary-results/19894/)"와 관련한 질의응답, "방금 어떤 일이 벌어졌나: 자주 묻는 질문What Just Hit the Fan: FAQs(https://www.kaspersky. com/blog/kaspersky-in-the-shitstorm/19794/)"을 참고하기 바란다. 카스퍼 스키의 해명에 많은 보안 연구자와 사용자들은 납득한다는 반응이었지만 다른 이들, 특히 미국 정부는 카스퍼스키의 안티바이러스 제품을 그들의 네트워크에서 퇴출시켰다. 그 회사가 오랫동안 러시아의 앞잡이로 활동했 다는 혐의도 사람들의 의혹을 푸는 데 도움이 되지 않았다. 앤드류 크레이 머와 펄로스, "전문가, 사이버 전쟁 경고 발령Expert Issues a Cyberwar Warning", 「뉴욕타임스」, 2012년 6월 4일 기사 참조.

제이크 윌리엄스는 그림자 브로커들의 유출 내용에 대해 2017년 4월 9일 「렌디션 인포섹Rendition Infosec」이라는 블로그에 "그림자 브로커들의 최신 정 보 유출이 기업 비즈니스에 미치는 영향Corporate Business Impact of Newest Shadow Brokers Dump"이라는 제목의 글을 올렸다. 그에 대한 그림자 브로커들의 반 응은 이들이 2017년 스티밋 포스트Steemit Post에 올린 "신상털기에 대한 반 응에 대한 반응Response to Response to DOXing"을 참고하기 바란다.

마이크로소프트의 2017년 패치는 NSA의 이터널 익스플로잇에 의해 사 용된 치명적 취약점을 누가 마이크로소프트에 제공했는지에 대한 아무런 언급 없이 이뤄졌다. "마이크로소프트 보안 공고 MS17-010-윈도우 SMB 서버를 위한 주요 마이크로소프트 보안 업데이트Microsoft Security Bulletin MS17- 010-Critical Microsoft Security Update for Windows SMB Server", https://docs.micro soft.com/en-us/security-updates/securitybulletins/2017/ms17-010

22장 공격
워너크라이 공격에 대한 당시 보도는 펄로스와 데이비드 생어가 2017년

5월 12일 「뉴욕타임스」에 보도한 "훔친 NSA 툴을 악용해 십여 개국을 공격한 해커들Hackers Hit Dozens of Countries Exploiting Stolen NSA Tool" 그리고 2017년 5월 22일자 "북한이 랜섬웨어 공격의 주범임을 보여주는 더 많은 증거More Evidence Points to North Korea in Ransomware Attacks"를 참고하라. 국토안보 보좌관 토머스 보서트는 워너크라이 공격 사실을 ABC의 「굿모닝 아메리카」에서 처음 언급했다. "유례없는 글로벌 사이버 공격은 시급이 필요하다는 경종, 국토안보 보좌관 강조Unprecedented Global Cyberattack Is 'an Urgent Call' to Action, Homeland Security Adviser Says", 2017년 5월 15일. 북한의 사이버 역량에 관한 더 종합적 시각은 데이비드 생어, 데이비드 커크패트릭, 펄로스가 2017년 10월 15일 「뉴욕타임스」에 보도한 "세계는 한때 북한의 사이버 역량을 비웃었다. 더 이상 아니다The World Once Laughed at North Korean Cyberpower. No More".

워너크라이에 개입해 더 이상의 공격을 막은 영국 해커 마커스 허친스Marcus Hutchins는 멀웨어를 작성한 혐의로 체포됐다. 팔코 카라스Palko Karasz, "글로벌 사이버 공격을 막았다. 이제는 멀웨어를 썼다는 유죄 인정하는 처지He Stopped a Global Cyberattack. Now He's Pleading Guilty to Writing Malware", 「뉴욕타임스」, 2019년 4월 20일. 허친스에 대한 추가 정보는 앤디 그린버그의 2020년 5월 12일자 「와이어드」 기사 "인터넷을 구한 해커, 마커스 허친스의 고백The Confessions of Marcus Hutchins, the Hacker Who Saved the Internet" 참조.

그 공격이 중국에 어떤 피해를 입혔는지는 폴 모저Paul Mozur의 2017년 5월 15일 「뉴욕타임스」 기사, "불법 복제 소프트웨어에 중독된 중국, 랜섬웨어 공격에 시달려China, Addicted to Bootleg Software, Reels from Ransomware Attack"를 참조. 소프트웨어 제조사 연합체인 BSA의 연구에 따르면 2015년 당시 중국에 설치된 소프트웨어의 70%가 불법 복제물이었다. 러시아(64%)와 인도(58%)가 그 뒤를 이었다. 라이선스가 없어 패치되지 않은 소프트웨어를 사용함으로써, 해당 컴퓨터는 마이크로소프트의 패치를 내려받을 수가 없었다. 그런 사실은 미국이 사이버 공격에 취약한 만큼이나 불법 복제가 중국, 러시아, 인도 같은 나라를 마찬가지로 취약하게 만든다는 점을 보여줬다.

보서트는 2017년 12월 워너크라이 공격의 주체를 러시아로 지목했었다. 토머스 P. 보서트, "공식 확인: 북한이 워너크라이의 배후It's Official: North Korea Is behind WannaCry", 「뉴욕타임스」, 2017년 12월 18일 기사 참조.

정부 감시에 대한 마이크로소프트의 초기 저항은 다음 기사를 참고하기 바란다. 로리 캐럴Rory Carroll, "마이크로소프트와 구글 미국 정부의 감시 요구에 제소 계획Microsoft and Google to Sue over US Surveillance Requests", 「가디언」, 2013년 8월 31일. 스펜서 애커만Spencer Ackerman과 도미닉 러시Dominic Rushe, "마이크로소프트, 페이스북, 구글, 야후, 미국 정부의 감시 청구 내용 공개Microsoft, Facebook, Google and Yahoo release US Surveillance requests", 「가디언」, 2014년 2월 3일. 워너크라이 사태에 대한 브래드 스미스의 반응은 2017년 5월 14일 마이크로소프트의 블로그에 올라온 내용, "온라인에서 대중의 안전을 유지하기 위해서는 시급한 집단 대응 필요The Need for Urgent Collective Action to Keep People Safe Online: Lessons from Last Week's Cyberattack"를 참고하기 바란다(https://blogs.microsoft.com/on-the-issues/2017/05/14/need-urgent-collective-action-keep-people-safe-online-lessons-last-weeks-cyber-attack/).

낫페트야 공격에 대한 우크라이나의 초기 대응 상황은 드미트로 쉼키브와 인터뷰한 내용을 바탕으로 했다. 우크라이나의 2014년 시위에서 그가 한 역할은 세르히 크비트Serhiy Kvit, "우크라이나 시위가 의미하는 것What the Ukrainian Protests Mean", 「유니버시티 월드 뉴스」, 2014년 1월 8일 기사 참조.

나는 2017년 6월 27일 「뉴욕타임스」에 마크 스캇, 쉬라 프렝켈Sheera Frenkel과 공동으로 "우크라이나에 피해를 입힌 사이버 공격 전 세계로 확산Frenkel, Cyberattack Hits Ukraine Then Spreads Internationally" 기사를 보도했다. 앤디 그린버그는 토머스 보서트의 말을 인용해 첫 공식 피해 추정 규모를 보도했다. "낫페트야의 알려지지 않은 이야기, 역사상 가장 치명적인 사이버 공격The Untold Story of NotPetya, the Most Devastating Cyberattack in History", 「와이어드」, 2018년 8월 22일. 쉼키브와 다른 이는 민간 기업이 피해 사실을 보고하지 않은 점을 지적하면서 100억 달러라는 피해 추산 액수는 너무나 과소평가된 규모라고 말한다. 애덤 사타리아노Adam Satariano와 나는 피해 기업과 보험금 지급을 거부하는 보험사 간의 갈등을 취재했다. 보험사는 거의 인용되지 않는 계약서상의 전쟁 예외 조항을 들어 보험금을 지급할 수 없다고 나왔다. 사타리아노와 펄로스, "대기업은 보험이 사이버 공격의 피해를 커버할 것으로 생각, 그러나 틀린 판단일 수도Big Companies Thought Insurance Covered a Cyberattack, They May Be Wrong", 「뉴욕타임스」, 2019년 4월 15일 기사 참조.

브래드 스미스의 2017년 11월 9일 유엔 연설 '사이버 보안과 디지털 제네바 협약에 관한 발언' 영상은 유튜브에서 볼 수 있다(https://www.youtube.com/watch?v=EMG4ZukkClw). 민간 인프라에 대한 사이버 공격을 금지하는 데 국제 사회가 합의해야 한다는 리처드 클라크Richard Clarke의 이전 제안은 리처드 A. 클라크와 로버트 K. 네이크Robert K. Knake가 공저한 『해커 공화국Cyber War』(에이콘, 2013)을 참고하라.

미국의 전력망에 대한 러시아의 사이버 공격과 미국의 반격 상황은 데이비드 생어와 펄로스의 2019년 6월 15일자 「뉴욕타임스」 기사, "미국, 러시아의 전력망에 대한 온라인 공격 강화U.S. Escalates Online Attacks on Russia's Power Grid"를 보기 바란다.

23장 뒷마당

스캇 셰인과 나는 이터널블루가 남긴 긴 피해의 여파를 취재했다. 이터널블루를 악용한 사이버 공격은 텍사스주의 샌안토니오, 펜실베이니아주의 앨런타운Allentown, 마침내 NSA의 뒷마당이랄 수 있는 볼티모어까지 미쳤다. "볼티모어와 다른 도시, 도난당한 NSA 툴이 재난 초래In Baltimore and Beyond, A Stolen NSA Tool Wreaks Havoc", 「뉴욕타임스」, 2019년 5월 25일 기사 참조. 폭스 샌안토니오 방송의 야미 버진Yami Virgin이 2019년 1월 31일 보도한 "연방 요원들 벡사 카운티 형무소에서 시도된 해킹 수사Federal Agents Investigate Attempted Hacking at Bexar County Jail"도 보기 바란다.

그 기사는 데이브 에이텔 같은 익스플로잇 개발자들과 NSA 자체에서 커다란 반발을 불러일으켰다. 이들은 이터널블루가 볼티모어 공격에 모종의 역할을 했다는 사실을 부인했다. 나중에 밝혀진 바에 따르면 볼티모어는 여러 번 공격을 당했고, 그중 하나는 이터널블루가, 다른 하나는 로빈후드Robinhood라고 불리는 랜섬웨어가 연루된 것이었다. 이터널블루가 자체 시스템의 오류에서 발원한 까닭에 그에 대한 원격 감시와 측정 능력 또한 가장 앞선 마이크로소프트의 조사관들은 볼티모어시와 협력해 해당 공격을 분석한 끝에 이터널블루의 존재를 확인했고, 그것이 랜섬웨어의 전파와 확산을 도왔다고 초동 결론을 내렸다. 최종 결과에 따르면 볼티모어를 공격한 이들은 랜섬웨어를 수동으로 퍼뜨렸고, 그와 동시에 다른 별도의 공격 그룹은 NSA에서 훔쳐낸 툴을 아직까지 알려지지 않은 다른 목적에 사용했다. 그러나 한 가지 주목할 점은 볼티모어가 공격을 받을 무렵, NSA에서 도난당한 툴이 전국 곳곳에서 출현하기 시작했다는 사실이다. 사이버리즌Cybereason의 연구자인 아미트 서퍼Amit Serper는 자신의 회사가 3개의 미국 대학에 대한 이터널블루의 공격에 대응했고, 그 과정에서 댈러스, LA, 뉴욕 같은 주요 도시에서 취약한 서버를 발견했다고 말했다. 전직 TAO 분석가인 제이크 윌리엄스는 복수의 지방 정부에 대한 이터널블루의 공격에 대응했다. NSA의 수석 해커인 로브 조이스가 이터널블루는 볼티모어의 공격에 사용되지 않았다고 공개 주장한 뒤, 마이크로소프트는 볼티모어의 고객들에게 이터널블루가 사용됐다는 「뉴욕타임스」의 보도가 맞다는 성명을 발표할 예정이라고 밝혔다. 궁극적으로 볼티모어시는 이유는 밝히지 않은 채 마이크로소프트가 발견 내용을 공개하는 것을 불허했지만 대체적인 추측은 세간의 주목을 받고 싶지 않다는, 좀 더 단순히 말하면 마이크로소프트의 버그를 수정하는 패치를 제때 패치하지 않았다는 점이 널리 알려지기를 원치 않았기 때문이라는 것이었다. 많은 보안 연구자는 NSA가 자체 해킹 툴을 잃어버린 것보다 볼티모어시가 자체 시스템을 제때 패칭하지 않은 것이 잘못이라고 평가했다. 하지만 여러 도시와 지방 정부의 사이버 보안 예산은 미미하기 짝이 없고, IT 관리자들은 낡고 시효가 지난 시스템이 뒤엉킨 네트워크를 관리해야 하는 열악한 상황도 고려하지 않을 수 없다. NSA와 「뉴욕타임스」 간의 공방전은 스캇 셰인과 내가 2019년 5월 31일 보도한 "NSA, 자신들의 사이버 무기가 볼티모어 공격에 사용됐다는 사실 부인, 한 의원 전언NSA Denies Its Cyberweapon Was Used in Baltimore Attack, Congressman Says" 그리고 볼티모어에 대한 다중 사이버 공격 사실을 보도한 스캇 캘버트Scott Calvert와 존 캠프Jon Kamp 기자의 2019년 6월 7일 「월스트리트저널」 기사, "미국 도시에 대한 해커들의 공격 수그러들지 않을 것Hackers Won't Let Up in Their Attack on U.S. Cities"을 참고하기 바란다.

NSA의 익스플로잇을 중국이 탐지하고 재사용한 내용은 데이비드 생어, 스캇 셰인과 내가 2019년 5월 6일 공동 보도한 "중국 스파이들은 어떻게 NSA의 해킹 툴을 손에 넣고 공격에 사용했나How Chinese Spies Got the NSA's Hacking Tools, and Used Them for Attacks"를 읽어보기 바란다. 시만텍이 자체 보고서를 통해 밝혀낸 중국의 해킹 그룹은 다른 보안 기업에 의해 '벅아이Buckeye', '고딕 판다Gothic Panda' 또는 APT3로 별칭된다. 유출된 NSA 보고서에 따르면 이 그룹은 광저우Guangzhou에 기반을 두고 있으며, NSA가 이전에 붙인 암호명은 '리전 앰버'로, 중국 공안부의 여러 계약사 중 하나이고, 과거에 미국의 무기 개발사와 과학연구소를 해킹하다 적발된 적이 있다.

미중 관계에 대해 더 정보를 얻으려면 에번 오스노스Evan Osnos, "미국-중국 경쟁의 미래The Future of America's Contest with China", 「뉴요커」, 2020년 1월 6일 기사를 참조하라. 중국의 핵무기 개발 추정 관련 기사는 2020년 4월 16일자 AP 보도, "중국, 핵무기 시험 중이라는 미국의 혐의 부인China Denies U.S. Allegations It's Testing Nuclear Weapons" 뉴스 참조. 위구르 소수민족에 대한 중국의 감시 활동에 대한 종합적 보도는 폴 모저의 2019년 4월 14일자 「뉴욕타임스」 기사, "한 달, 50만 명의 얼굴 스캔: 중국은 소수민족의 프로필을 만드는 데 어떻게 AI를 사용하는가One Month, 500,000 Face Scans: How China Is Using A.I. To Profile a Minority"와 2019년 11월 16일 「뉴욕타임스」 기사, "완전 무자비: 유출 파일, 중국의 무슬림 민족 대규모 구금 폭로Absolutely No Mercy': Leaked Files Expose How China Organized Mass Detentions of Muslims" 기사 참조.

중국의 iOS 익스플로잇를 구글이 발견한 내용은 이언 비어가 2019년 8월 29일 구글 프로젝트 제로에 올린 "황야에서 발견된 iOS 익스플로잇 심층 분석A Very Deep Dive into iOS Exploit Chains Found in the Wild" 참조. 이 캠페인에 대한 추가 정보는 케이트 콩거, 폴 모저와 내가 2019년 10월 22일 「뉴욕타임스」에 공동 보도한 "중국, 더욱 광범위한 소수 민족 추적 위해 해킹 강화China Sharpens Hacking to Hound Its Minorities, Far and Wide"에서 얻을 수 있다. 갈등이 확대될 경우 이란의 전력망을 마비시키기 위한 펜타곤의 '나이트로 제우스' 작전에 관한 내용은 데이비드 생어와 마크 마제티의 2016년 2월 16일 「뉴욕타임스」 보도, "미국, 이란 핵 논란이 무력 갈등으로 악화될 경우에 대비한 사이버 공격 계획 수립U.S. Had Cyberattack Plan if Iran Nuclear Dispute Led to Conflict" 참조. 유조선 공격에 대한 보복으로 사이버 사령부Cyber Command가 수행한 사이버 공격에 관해서는 줄리언 E. 반즈와 토머스 기븐스-네프

Thomas Gibbons-Neff의 2019년 6월 22일 「뉴욕타임스」 보도, "미국 대 이란 사이버 공격 진행U.S. Carried Out Cyberattacks on Iran" 참조. 그리고 근래 몇 년간 이란이 수백 개의 서구 기업에 사이버 공격을 벌인 데 대한 정보는 로버트 맥밀란Robert McMillan의 2019년 3월 6일 「월스트리트저널」이 보도한 "이란 해커들, 지난 2년간 수백 개 기업 공격Iranian Hackers Have Hit Hundreds of Companies in Past Two Years" 참조.

2019년 10월 마이크로소프트는 이란이 적어도 한 건의 대통령 유세를 탐사했다고 보고했고, 트럼프 진영도 이를 확인했다. 데이비드 생어와 펄로스, "이란 해커들, 2020년 대선에 대한 위협 증가하는 가운데, 트럼프 진영 노려Iranian Hackers Target Trump Campaign as Threats to 2020 Mount", 「뉴욕타임스」, 2019년 10월 4일. 미국-이라크군 기지에 대한 이란의 보복성 공격 직후, "아무런 문제도 없다all is well"라는 트럼프의 주장에도 불구하고, 우리는 문제의 공격이 백 명이 넘는 미군 병사들에게 심각한 뇌 손상을 입힌 것을 알게 됐다. 빌 채플Bill Chappell, "109명의 미군, 이란 공격으로 뇌 손상, 펜타곤 밝혀109 U.S. Troops Suffered Brain Injuries in Iran Strike, Pentagon Says", NPR, 2020년 2월 11일 기사 참조.

카슈끄지의 피살이 아무런 수사와 처벌없이 끝나는 것을 용인하지 않겠다는 「워싱턴포스트」의 의지는 이 신문 편집위원회Editorial Board의 2019년 9월 30일 논설 "1년 뒤, 살해당한 우리의 친구 자말은 옳았음을 증명했다One Year Later, Our Murdered Friend Jamal Has Been Proved Right"에서 잘 표현됐다. 사우디 측의 베조스 해킹에 대한 당시 보도는 캐런 와이즈Karen Weise, 매튜 로젠버그, 쉬라 프렝켈의 2020년 1월 21일 「뉴욕타임스」 기사, "분석 결과 베조스의 휴대폰 해킹은 사우디 지도부의 계정과 연계Analysis Ties Hacking of Bezos' Phone to Saudi Leader's Account" 참조. 옛 서부 개척시대에 대한 트럼프의 집착은 2020년 연두 교서 연설에서도 잘 드러났다. 와이어트 어프, 애니 오클리

Annie Oakley, 데이비 크로켓Davy Crockett이 그의 연설에 모두 언급됐다. 제시카 마차도Jessica Machado의 2020년 2월 5일 「복스」 기사 "트럼프는 방금 미국인들에게 백인의 역사를 가르쳤다Trump Just Gave Americans a Lesson in White History" 참조.

트럼프 행정부는 2018년 5월 백악관 주재 사이버 보안 조정관의 직책을 폐지했다. 펄로스와 데이비드 생어, "백악관, 사이버 보안 조정관 직책 폐지White House Eliminates Cybersecurity Coordinator Role", 「뉴욕타임스」, 2018년 5월 15일. 대러시아 제재 완화에 관해서는 도나 보락Donna Borak, "재무부, 러시아의 알루미늄 대기업 루살에 대한 제재 풀 계획Treasury Plans to Lift Sanctions on a Russian Aluminum Giant Rusal", 「CNN 비즈니스」, 2018년 12월 19일. 크리스틴 닐슨Kirstjen Nielsen 국토안보부 장관에게 선거 보안 문제를 대통령에게 자꾸 제기하지 말라는 경고와 관련된 보도는 에릭 슈미트, 데이비드 생어, 매기 하버만Maggie Haberman의 2019년 4월 24일 「뉴욕타임스」 기사, "2020년 선거 보안을 강화하려는 담당 장관 경고 받아: 트럼프에게 이야기를 꺼내지 마시오In Push for 2020 Election Security, Top Official Was Warned: Don't Tell Trump"를 참고하라. 정적에 대한 해외 정부의 콤프로매트 혹은 개입을 기꺼이 수용하려는 트럼프의 태도에 대해서는 루시엔 브루거만Lucien Bruggerman의 2019년 6월 13일 ABC 인터뷰, "나는 받아들일 거요: 독점 인터뷰서 트럼프, 정적들에 대한 해외 국가의 정보 경청할 것'I Think I'd Take It': An Exclusive Interview, Trump Says He Would Listen if Foreigners Offered Dirt on Opponents" 참조. 트럼프가 푸틴에게 언론인 숙청 농담을 한 내용은 줄리언 보거Julian Borger의 2019년 6월 28일 「가디언」 기사, "트럼프 푸틴에게 언론인들을 '제거'해야 한다고 농담Trump Jokes to Putin They Should 'Get Rid' of Journalists" 참조. 그리고 러시아의 2016년 대선 개입은 2020년 개입을 위한 리허설에 불과했으며, 러시아는 적법한 계정을 빌리거나 VPN을 이용해 소셜미디어의 통제를 회피해 왔다는 내용은 매튜 로젠버그, 펄로스, 데이비드 생어의 2020년 1월 10일 「뉴욕타임스」 공동 보도, "혼란이 목적: 러시아 해커와 트롤은 2020년에 더 은밀해질 것Chaos Is the Point': Russian Hackers and Trolls Grow Stealthier in 2020" 참조. 총기, 이민, 인종 등에 관한 미국의 논의에 지속적으로 러시아가 개입한 정황은 케빈 루스의 2018년 8월 1일 「뉴욕타임스」 기사, "페이스북, 선거 개입에 점점 더 용의 주도해지는 적 대응에 골머리Facebook Grapples with a Maturing Adversary in Election Meddling" 참고. 러시아가 소셜미디어에서 일반인을 사칭하는 전술에 대한 더 상세한 정보는 내가 2020년 6월 아이오와 예비 선거에서 유포된 갈등 조장형 음모 이론에 러시아가 어떤 역할을 했는지 취재한 "미국에서 만들어진 것처럼 보이는 음모 이론은 실상 러시아에서 나온 것Conspiracy Made in America May Have Been Spread by Russia" 2020년 6월 15일자 「뉴욕타임스」 기사를 참고하기 바란다.

2018년 중간 선거 기간 동안 미국 사이버 사령부가 러시아 서버를 사이버 공격한 데 대해서는 데이비드 생어의 2018년 9월 20일 「뉴욕타임스」 보도, "트럼프, 사이버 공격 제한과 자제 완화Trump Loosens Secretive Restraints on Ordering Cyberattacks" 그리고 줄리언 반즈의 2018년 10월 23일 보도 "미국, 선거 보호를 목적으로 러시아에 대한 첫 사이버 작전 개시U.S. Begins First Cyberoperation Against Russia Aimed at Protecting Elections" 참조. 2018년 DNC 서버에 대한 러시아의 뒤이은 해킹 시도는 내가 2019년 1월 18일 「뉴욕타임스」에 보도한 "2018년 선거 뒤 러시아 해커들이 다시 DNC를 노렸다고 밝혀DNC Says It Was Targeted Again by Russian Hackers after '18 Election" 참조.

플로리다주 리비에라 비치와 팜스프링스에 대한 랜섬웨어 공격을 다룬 당시 보도는 알렉산더 이바니욱Alexander Ivanyuk이 2019년 6월 24일 '에이크로니스 보안 블로그Acronis Security Blog'에 올린 글 "랜섬웨어 공격으로 플로리다 주의 리비에라 비치 1백 50만 달러 손실Ransomware Attack Costs $1.5 Million in Riviera Beach, Fl.", 샘 스밍크^{Sam Smink}의 2019년 6월 20일 '웨스트 팜 비치 TV^{West Palm Beach TV}' 보도, "팜스프링스 빌리지 사이버 공격 받은 사실 시인 Village of Palm Springs confirms cyberattack" 참고.

랜섬웨어 공격이 러시아의 사이버 범죄자들의 소행이라는 사실은 그 이후 몇 년에 걸쳐 다양한 보안 회사가 확인했다. 초기 발견 내용은 카스퍼스키, "2016년 크립토 랜섬웨어의 75% 이상이 러시아어를 구사하는 지하 사이버범죄자들의 소행^{More than 75 Percent of Crypto Ransomware in 2016 Came from Russian-Speaking Cybercriminal Underground}", 2017년 2월 14일(https://www.kaspersky.com/about/press-releases/2017_a-look-into-the-russian-speaking-ransomware-ecosystem) 참조. '시그런^{Sigrun}' 랜섬웨어 제품군의 배후인 러시아의 랜섬웨어 제작자들은 러시아인 피해자들에게는 묶인 데이터를 무료로 해독해주겠다고 제안했다. 보안 연구자인 알렉스 스비리드^{Alex Svirid}는 이런 내용을 2018년 5월 31일 처음 트윗했다. 멀웨어바이츠^{Malwarebytes}의 한 보안 연구자는 러시아 랜섬웨어 제작자와 두 피해자들 간의 이메일(한 쪽은 미국, 다른 쪽은 러시아에 있었다)을 통해 스비리드의 주장을 뒷받침했다. 로렌스 에이브럼스^{Lawrence Abrams}, "시그런 랜섬웨어 제작자, 러시아 피해자들에는 무료로 해독^{Sigrun Ransomware Author Decrypting Russian Victims for Free}", 「블리핑 컴퓨터^{Bleeping Computer}」, 2018년 6월 1일 기사 참조. 랜섬웨어 제작자들이 러시아 키보드와 연결된 컴퓨터를 어떻게 찾고 공격하지 않는지에 대한 기술적 분석은 시큐어웍스^{SecureWorks}의 '레빌 소디노키비 랜섬웨어 Revil Sodinokibi Ransomware' 참조(https://www.secureworks.com/research/revil-sodinokibi-ransomware). 당시 나는 2019년과 2020년 크라우드스트라이크의 연구자들과 인터뷰한 내용을 참고했다.

랜섬웨어에 얼마나 지불됐는지는 출처에 따라 추산액에 차이가 컸다. FBI가 비트코인 지갑과 랜섬 노트를 분석한 결과에 따르면 2013년 10부터

2019년 11월 사이 144,350,000달러가 비트코인으로 랜섬웨어 제작자들에게 지불됐다. 그것은 매우 보수적인 추산이다. 2020년 엠지소프트^{Emsisoft}가 약 45만 건의 보안 사고를 분석한 결과에 따르면 랜섬웨어 요구 금액은 2020년 미국에서만 14억 달러가 넘었다. 랜섬웨어 공격이 비즈니스에 미친 전체 비용(랜섬 지불액에 더해 업무 중단에 따른 피해액)은 미국만도 90억 달러를 넘는 것으로 추정됐다. 엠지소프트, "보고서: 2020년 랜섬웨어로 인한 비용. 국가별 분석Report: Cost of Ransomware in 2020. A Country-by-Country Analysis", 2020년 2월 11일. 르네 더들리Renee Dudley가 2019년 8월 27일자 「프로퍼블리카」에 쓴 랜섬웨어 지불과 공격 빈도의 증가 그리고 피해자들에게 요구 비용 지불을 부추기는 사이버 보험 산업의 행태에 대한 흥미로운 고발 기사, "공갈 경제: 보험사는 어떻게 랜섬웨어 공격을 더 부추겼나The Extortion Economy: How Insurance Companies are Fueling the Rise in Ransomware Attacks"는 일독할 만하다.

미국의 수많은 도시와 마을을 덮친 랜섬웨어 공격과 미국 선거 인프라에 대한 위협 간의 수상쩍은 연계성은 내가 2019년과 2020년 십수 명의 관계 공무원과 민간 연구자들을 인터뷰한 내용을 바탕으로 삼았다. 하지만 2020년 6월, 랜섬웨어와 선거 인프라에 대한 공격이 융합될 가능성을 경고한 FBI의 기밀 보고서가 어나니머스의 '블루 리크스Blue Leaks'에 공개됐다. 문제의 FBI 보고서는 유권자 등록 시스템에 대한 접근을 차단한 루이지애나의 랜섬웨어 공격과 오레곤 주 틸라무크 카운티Tillamook County에 대한 2020년의 공격을 지적했다. 그리고 "카운티와 주 정부 네트워크들에 대한 랜섬웨어 공격은 설령 그것이 공격자들의 의도가 아니라고 할지라도, 상호 연결된 선거 관련 서버에 저장된 데이터의 가용성을 위협할 수 있다."라고 결론지었다. FBI의 분석 보고서 "미국 카운티와 주 정부 네트워크에 대한 (U//FOUO) 랜섬웨어 감염은 우발적으로 상호 연결된 선거용 서버를 위협할 수 있다(U//FOUO) Ransomware Infections of US County and State Government Networks Inadvertently Threaten Interconnected Election Servers", 2020년 5월 1일. 11월 루이지애나 랜섬웨어 공격에 대한 당시 보도는 마크 발라드Mark Ballard의 2019년 기사 "루이지애나: 사이버 공격은 주 선거에는 아무 영향 없어Louisiana: Cyberattack Has No Impact on State's Elections", 「거번먼트 테크놀로지Government Technology」, 2019년 11월 25일자 참조.

선거 보안 법안을 저지하려는 미치 매코넬의 시도들에 대해서는 니컬러스 판도스Nicholas Fandos의 2019년 6월 7일 「뉴욕타임스」 보도, "신규 선거 보안 법안 1인 장애물 봉착: 미치 매코넬New Election Security Bills Face a One-Man Roadblock: Mitch McConnell" 참조. 그런 행태로 인해 매코넬은 '모스크바 미치 Moscow Mitch'라는 별명을 얻었다. 2019년 9월, 매코넬 상원의원은 결국 선거 보안을 강화하는 데 필요한 2억 5천만 달러의 예산을 승인하는 법안에 동의했다. 그 법안은 가장 안전한 손으로 쓴 종이 투표 장비에 대한 기금을 주 정부가 써야 한다는 의무 조항을 담지 않았을 뿐 아니라, 민주당이 선거 보안 법규에 10억 달러를 투자하자는 요구에는 한참 못미치는 수준이었다. 필립 유잉Philip Ewing, "'모스크바 미치'로 비판받아 온 매코넬, 선거 보안 기금 승인McConnell, Decried as 'Moscow Mitch' Approves Election Security Money", NPR, 2019년 9월 20일자 기사 참조.

트럼프의 근거없는 크라우드스트라이크 음모 이론은 스캇 셰인의 2019년 10월 3일자 「뉴욕타임스」 보도, "우크라이나에 관한 한 낭설은 어떻게 백악관에까지 흘러들어갔나How a Fringe Theory About Ukraine Took Root in the White House" 참고. 나는 CNN의 짐 슈토Jim Sciutto와의 인터뷰에서 그 음모 이론을 정면으로 다룬 바 있다(https://www.youtube.com/watch?v=TLShgL7iAZE). 크라우드스트라이크의 반응은 "크라우드스트라이크가 민주당 전국 위원회와 함께 한 일: 기록 바로잡기CrowdStrike's Work with the Democratic National Committee:

Setting the record straight", 크라우드스트라이크 블로그, 2020년 1월 22일자 포스트 참조. 트럼프 탄핵으로 이어진 사건은 이제 잘 알려져 있지만, 트럼프가 2019년 7월 25일 볼로디미르 젤렌스키와 나눈 전화 통화 기록은 비밀이 해제돼 누구나 확인할 수 있다(https://www.washingtonpost.com/context/official-readout-president-trump-s-july-25-phone-call-with-ukraine-s-volodymyr-zelensky/4b228f51-17e7-45bc-b16c-3b2643f3fbe0/).

2019년 러시아의 부리스마 해킹에 대한 추가 정보는 매튜 로젠버그와 내가 2020년 1월 13일 「뉴욕타임스」에 보도한 "러시아, 트럼프 탄핵의 중심에 선 우크라이나 가스 회사 해킹Russians Hacked Ukrainian Gas Company at Center of Impeachment"을 참고하기 바란다. 우크라이나 검사들은 2020년 6월 해당 사안을 감사한 결과 헌터 바이든Hunter Biden이 불법 행위를 저질렀다는 증거가 없다고 발표했다. 일리야 제굴레브Ilya Zhegulev, "우크라이나 감사에서 헌터 바이든 범법 행위 증거 발견 못해: 전직 검찰총장 발표Ukraine Found No Evidence Against Hunter Biden in Case Audit: Former Top Prosecutor", 「로이터」, 2020년 6월 4일. 러시아가 다시 2020년 트럼프 재선을 위해 개입하고 있고, 버니 샌더스 상원의원을 밀고 있다는 정보 보고서는 애덤 골드만, 줄리언 반즈, 매기 하버만, 니컬러스 판도스가 2020년 2월 20일 「뉴욕타임스」에 공동 보도한 "러시아가 트럼프 재선을 위해 대선 개입한다고 입법자들에 경고Lawmakers Are Warned That Russia Is Meddling to Re-Elect Trump"에 잘 정리돼 있다. 러시아가 샌더스 상원의원을 지지한다는 구체적 정보 보고서에 대해서는 줄리언 반즈와 시드니 엠버Sydney Ember가 2020년 2월 21일 보도한 "러시아, 민주당 예비선거에서 샌더스 돕기 위해 개입Russia Is Said to Be Interfering to Aid Sanders in Democratic Primaries" 참조. 러시아가 이메일 전송 프로토콜을 악용한다는 NSA의 2020년 5월 보고서는 "러시아 GRU 사이버 요원들, 엑심 이메일 전송 프로토콜 유린Exim Email Transfer Agent Actively Exploited by Russian GRU Cyber

Actors" 참조.

핵 시설을 비롯한 미국 인프라에 대한 러시아의 공격 양상은 내가 2017년 7월 6일 보도한 "해커들은 핵 시설을 노린다고 국토안보부와 FBI 밝혀Hackers Are Targeting Nuclear Facilities, Homeland Security Dept. and FBI Say" 그리고 국토안보부의 "경고(TA18-074A): 러시아 정부의 사이버 군대 에너지와 다른 주요 인프라 섹터를 노린다Alert(TA18-074A): Russian Government Cyber Activity Targeting Energy and Other Critical Infrastructure Sectors", 2018년 3월 15일(https://www.cisa.gov/uscert/ncas/alerts/TA18-074A) 참조. 펄로스와 데이비드 생어, "러시아, 사이버 공격으로 발전소에 대한 통제권 확보, 미 정부 밝혀Cyberattacks Put Russian Fingers on the Switch at Power Plants, U.S. Says", 「뉴욕타임스」, 2018년 3월 15일. 생어와 펄로스, "미국, 러시아 전력망에 대한 온라인 공격 수위 높여U.S. Escalates Online Attacks on Russia's Power Grid", 2019년 6월 15일 참조. 사우디아라비아의 정유 시설 페트로 라비그에 대한 공격 내용은 펄로스와 클리포드 크라우스Clifford Krauss의 2018년 3월 15일 「뉴욕타임스」 보도, "사우디아라비아에 대한 사이버 공격은 치명적 목표가 있었다. 전문가들 재시도 경고A Cyberattack in Saudi Arabia Had a Deadly Goal. Experts Fear Another Try" 참고. 러시아의 화학 및 역학 중앙과학연구원Central Scientific Research Institute of Chemistry and Mechanics이 공격의 주체라는 조사 내용은 2018년 10월 23일 파이어아이의 "트라이튼 애트리뷰션Triton Attribution" 참조(https://www.mandiant.com/resources/triton-attribution-russian-government-owned-lab-most-likely-built-tools).

사이버 사령부와 나이트로 제우스 작전에서 나카소네가 수행한 역할은 데이비드 생어의 저서 『퍼펙트 웨폰』을 참고하기 바란다.

민감한 기밀 정보를 러시아 관료들에게 부주의하게 공개한 트럼프의 행태는 매튜 로젠버그와 에릭 슈미트의 2017년 5월 15일 보도, "트럼프, 우방과의 약속 어기고 극비 정보 러시아에 공개, 관계자들 논평Trump Revealed Highly Classified Intelligence to Russia, in Break with Ally, Officials Say" 참고.

러시아에 대한 사이버 사령부의 공격 내용을 상세히 보도한 생어와 내가 쓴 공동 기사에 대해 트럼프가 과민 반응한 '사실상 반역 행위the virtual act of treason'라는 발언은 여러 언론에 널리 보도됐다. 에릭 웸플Erik Wemple, "'사실상의 반역 행위': 뉴욕타임스 트럼프 열받게 하다'Virtual Act of Treason': The New York Times Is Blowing Trump's Mind", 「워싱턴포스트」 2019년 6월 17일. 그리고 A. G. 설츠버거의 「월스트리트저널」 논설, "뉴욕타임스가 반역 행위를 했다는 트럼프의 비난은 도를 넘은 것Accusing the New York Times of 'Treason,' Trump Crosses a Line", 2019년 6월 19일. 동료 데이비드 커크패트릭이 이집트에서 체포된 사연은 데클란 월시의 2019년 2월 19일 「뉴욕타임스」 보도, "이집트 「뉴욕타임스」의 중견 기자에 등을 돌리다Egypt Turns Back Veteran New York Times Reporter" 참조. 그리고 어떻게 해서 미국 대사관이 데클란 자신의 임박한 체포를 막는 데 실패했는지는 그가 2019년 9월 24일 「뉴욕타임스」에 보도한 "카이로에서 체포 직면한 「뉴욕타임스」 특파원의 내막The Story behind the Times Correspondent Who Faced Arrest in Cairo"을 참고하기 바란다.

39초마다 미국의 컴퓨터가 공격받는다는 통계 수치는 미셸 쿠키어Michel Cukier의 "연구: 해커들은 39초마다 공격한다Study: Hackers Attack Every 39 Seconds", 메릴랜드대학교, A. 제임스 클라크 공대, 2017년 2월 9일 자료에서 나왔다.

에필로그

2월 국토안보부의 사이버 보안 기구는 랜섬웨어 공격이 이제 파이프라인 운영기관을 노린다고 경고했다. 국토안보부, 사이버 보안 및 인프라 보안 기구Cybersecurity and Infrastructure Security Agency, "랜섬웨어 파이프라인 운영에 영향Ransomware Impacting Pipeline Operations", 2020년 2월 18일(https://www.

cisa.gov/uscert/ncas/alerts/aa20-049a).

2020년 미국 텍사스주 흑인들의 노예 해방 기념일인 6월 19일 준틴스 Juneteenth에 지난 10년간 거의 휴면 상태에 있던 해킹 그룹 '어나니머스'는 전국 200개 이상의 경찰 부서와 FBI의 정보 수집 센터(퓨전 센터)를 해킹하면서 재부상했다. 어나니머스가 '블루 리크스'라고 명명한 그 공개는 10년 치 분량(269GB)의 민감 데이터로, 미국 법 집행기관 역사상 최대 규모였다. 기자, 법 집행기관 및 사회 운동가들은 이 글을 쓰는 지금까지도 유출 내용을 검토하는 중이다. 유출된 정보 중에는 선거 인프라에 영향을 미친 두 개의 랜섬웨어 공격(하나는 2019년 11월의 루이지애나, 다른 하나는 2020년 1월 오레곤주 틸라무크 카운티에 대한 공격)에 대한 FBI의 2020년 5월 1일 보고서도 포함돼 있었다. FBI 보고서는 2020년 대선이 임박함에 따라 랜섬웨어 공격이 선거 인프라를 노릴 가능성이 크다는 불길한 결론을 내렸다.

코비드-19 팬데믹 동안 사이버 공격이 얼마나 늘었는가는 카스퍼스키 랩의 드미트리 갈로브Dmitry Galov가 쓴 보고서, "원격의 봄: RDP 브루트포스 공격의 증가Remote Spring: The Rise of RDP Brute force Attacks", 2020년 4월 29일 참고(https://securelist.com/remote-spring-the-rise-of-rdp-bruteforce-attacks/96820/).

백신 데이터에 대한 해킹 관련 보도는 데이비드 생어와 펄로스의 2020년 5월 11일 기사 "미국, 중국의 백신 데이터 해킹 비난U.S. to Accuse China of Hacking Vaccine Data" 참조.

테러리즘의 피해가 줄고 사이버 공격의 피해가 는다는 내용은 '경제학과 평화 연구소Institute for Economics & Peace'의 2019년 글로벌 테러리즘 지수Global Terrorism Index 참고(https://www.economicsandpeace.org/wp-content/uploads/2020/08/GTI-2019web.pdf), 글로벌 사이버 비용에 대한 RAND의 2018년 분석 자료에서 도움을 받았다. 폴 드라이어Paul Dreyer, 테레제 존스

Therese Jones, 켈리 클리마Kelly Klima, 제니 오버홀처Jenny Oberholtzer, 애런 스트롱Aaron Strong, 조너선 윌리엄 웰번Jonathan William Welburn, 제브 윈켈만Zev Winkelman이 펴낸 『사이버 위험의 글로벌 비용 추정Estimating the Global Cost of Cyber Risk』(랜드 코퍼레이션, 2018) 참조.

오픈소스 소프트웨어의 확장 추세는 소나타이프Sonatype의 "소프트웨어 공급망의 2016년 현황The 2016 State of the Software Supply Chain" 참조(https://www.sonatype.com/hubfs/SSC/Software_Supply_Chain_Inforgraphic.pdf?t=1468857601884). 하이엔드 승용차에 '1억 줄의 코드'가 들어간다는 내용은 시놉시스Synopsys의 "자동차 산업에서 오픈소스 소프트웨어를 관리하고 보안성을 높이는 방법Managing and Securing Open Source Software in the Automotive Industry"에서 나왔다(https://www.synopsys.com/content/dam/synopsys/sig-assets/guides/osauto-gd-ul.pdf). 하트블리드 사태와 오픈소스 코드를 충분히 검토할 만한 인력과 재원이 부족한 문제는 내가 2014년 4월 18일 「뉴욕 타임스」에 보도한 "하트블리드, 웹의 모순 부각Heartbleed Highlights a Contradiction in the Web" 참조. 인터넷 버그 포상금 프로그램에 대한 초기 보도로는 제이쿠마 비자얀Jaikumar Vijayan의 2013년 11월 8일 「컴퓨터 월드」 보도, "보안 연구자들, 마이크로소프트와 페이스북의 버그 프로그램에 찬사Security Researchers Laud Microsoft, Facebook Bug Bounty Programs" 참고. CHERI 이니셔티브의 기술적 사양은 관련 홈페이지에서 구할 수 있다(http://www.cl.cam.ac.uk/techreports/UCAM-CL-TR-850.pdf). 이 이니셔티브는 최근 4천 5백만 달러의 기금을 영국 정부로부터 받았다. 자격증이나 신분증을 절도하는 행위와 그것이 국가 차원의 스파이 활동에서 어떤 역할을 하는지에 대해서는 로브 조이스의 2016년 강연, "NSA TAO 팀장, 정부 해커들을 막는 방법NSA TAO Chief on Disrupting Nation State Hackers", USENIX 이니그마Enigma 2016년(https://www.youtube.com/watch?v=bDJb8WOJYdA), 로브 조이스가 2017년 11월 15일 정

부의 취약점 자산 정책 및 평가 절차Vulnerabilities Equities Policy(VEP) and Process
에 대해 쓴 글도 참고하기 바란다. 정부 차원에서 제공된 자료로는 가장 종
합적이다(https://trumpwhitehouse.archives.gov/articles/improving-making-
vulnerability-equities-process-transparent-right-thing/).

영국의 GCHQ는 자체 VEP 절차를 수립하는 데 점점 더 관심을 보였고,
근래부터는 매년 제로데이의 숫자를 공개해 왔다. 조셉 콕스Joesph Cox,
"GCHQ, 올해 iOS용 제로데이를 포함한 20개 이상의 취약점 공개GCHQ Has
Disclosed Over 20 Vulnerabilities This Year, Including Ones in iOS", 「마더보드」, 2016년 4
월 29일 기사 참조.

이란이 미국의 36개 기업, 정부기관, NGC를 공격하고, '비밀번호 살포'
공격을 벌인다는 내용은 2018년 3월 미국 뉴욕 남부 지검이 이란 해커들을
상대로 낸 기소장에서 나왔다(https://www.justice.gov/usao-sdny/press-
release/file/1045781/download). 노르웨이 및 일본의 사이버 보안 랭킹과 이
들의 사이버 보안 정책은 V. S. 수브라마니안V. S. Subrahmanian, 마이클 오벨
곤Michael Ovelgonne, 튜더 두미트라스Tudor Dumitras, B. 아디트야 프라카시B.
Aditya Prakash가 공저한 "글로벌 사이버 취약성 보고서Global Cyber-Vulnerability
Report", Springer, 2015년 참조. 시간을 내어 나라별 분석을 도와준 수브라
마니안에게 특히 감사를 표한다.

노스캐롤라이나주 더럼 카운티Durham County의 2016년 선거 문제에 대한
국토안보부의 최종 분석은 "더럼 카운티 선거 위원회를 위한 디지털 미디
어 분석Digital Media Analysis for Durham County Board of Elections" 참조(국토안보부,
2019년 10월 23일) 참조(https://www.ncsbe.gov/news/press-releases/2019
/12/30/federal-analysis-finds-no-evidence-cyberattack-durham-
county-2016).

정부에 대한 실리콘밸리 기업의 뿌리깊은 불신과 2019년 이런 점을 지적

한 우버Uber 보안 책임자인 맷 올슨Matt Olsen의 발언은 제프 스톤의 2019년 10월 사이버스쿱Cyberscoop 기사, "사이버 정보 공유를 둘러싼 정부와 업계 간 불신 여전Mistrust Lingers between Government, Industry on Cyber Information Sharing" 참조.

내가 에필로그에 일종의 해법을 제안하는 데 많은 사람이 도움을 줬다. 사이버 보안 분야에서 가장 사려깊은 인물 중 한 명인 폴 코처는 특히 긴요한 비판자 역할을 해줬다. '오리지널 화이트햇'인 SRI의 피터 뉴먼은 끈기있게 CHERRI 프로젝트를 내게 설명해주고, 꼭 필요한 관점과 철학도 제공했다. 리눅스 재단의 짐 젬린은 오픈소스 소프트웨어 보안에 대해 소중한 조언을 해줬다. 게리 맥그로우는 인센티브 구조를 구상하는 데 도움을 줬다. 뉴질랜드에 사는 케이시 엘리스는 나의 장거리 전화를 마다않고 팬데믹이 우리의 사이버 보안 현실에 어떤 영향을 미쳤는지에 대한 자신의 생각을 들려줬다. 전화를 받는 법이 없는 짐 고슬러는 여러 차례의 대화를 통해 사이버 보안 문제를 바로잡는 데 무엇이 필요한지 그의 통찰을 전해줬다. 2019년 세상을 떠난 마이크 아산테Mike Assante에게도 많은 신세를 졌다. 그가 주요 인프라의 취약점에 대한 사람들의 인지도를 높이기 위해 막 뒤에서 어떤 노력을 쏟았는지에 대해 그저 부분적으로만 짐작할 수 있을 뿐이다. 암으로 세상을 뜨기 몇 주 전에 마이크는 내게 국가 차원의 사이버 과제를 설명한 이메일을 보냈다. 그는 이렇게 썼다. "인프라의 사이버 위험성에 대해 계속 환기해주시기 바랍니다. 우리는 오래된 엔지니어링 개념과 안전 설계만으로는 소프트웨어와 그것이 현실을 조작할 수 있는 역량을 제대로 설명해주지 못하는 중요한 기로에 서 있습니다."

ㄱ

가상 사설 네트워크 176
감마 그룹 303
건맨 프로젝트 143
고등방위 연구프로젝트 기구 613
고등 연구프로젝트 기관 네트워크 600
구치퍼 2.0 492
구토의 시간 322
국가안보국 33
국가정보국 189
국가테러대응센터 189
국립 취약점 데이터베이스 104
국제원자력기구 221
국토안보부 189, 451
그러크 284
그림자 브로커 34, 503

ㄴ

나이트로 제우스 552, 590
나이트스탠드 235
나탄즈 209
난독화 32, 454
낫페트야 36, 533
네트라가드 243, 513
네트워크 해킹 125
넷 소유 234
넷스케이프 76

넷스케이프 내비게이터 94
넷크래커 테크놀로지 358
노버스 237
논리 폭탄 538
님다 95

ㄷ

다운스트림 377
다크 매터 273
다크웹 58, 348
대기 중 도청 179
데프콘 154
두쿠 363
뒷문 297
드롭아웃지프 235
디씨리크스 495
디지털 드라이브-바이 589
디지털 방어 서비스 373

ㄹ

랜섬웨어 33, 542, 566
러빈트 201
룸 탭 298
리걸 작전 156
리전 앰버 546
리전 양키 326, 431
리트 350

린치핀 랩스 249, 356

ㅁ

만리 방화벽 341
맥아피 261, 428
맨디언트 321
멍키캘린더 235
멜리사 95
모리스 웜 164
모자이크 인터넷 브라우저 93
무선 스텔스 설치 299
무작위화 32
무지개 표 348
물 웅덩이 공격 456
미국 연방 인사국 372

ㅂ

바세나르 협정 254
백도어 394
버그크라우드 373
버그트랙 78
번역가 프로젝트 487
베리사인 101
베어 메탈 경주 194
보라색 브리핑 266
부채널 공격 416
불가시성 109
불통 문제 297
뷰펜 513
브루트 포스 해킹 192
블랙에너지 462
블랙햇 82, 154
비밀번호-살포 공격 615
비밀 정보기술국 180
비밀통로 168

ㅅ

사우디 아람코 427

사이버 사령부 233
사이버판 진주만 594
사이버포인트 265
샷자이언트 202
서버 메시지 블록 485
서비스 거부 공격 434
설리스폰 235
스낵스 197
스크립트 키디 83, 260, 350
스타라이트 미디어 466
스턱스넷 67, 225, 455
스텔라 윈드 190
스피어피싱 270, 449
시그널 191
시긴트 이네이블링 프로젝트 175
시낵 373
시만텍 78
시티즌 랩 288
신뢰성 109
신뢰 컴퓨팅 이니셔티브 93
신뢰할 만한 컴퓨팅 365
심층 방어 608

ㅇ

아르파넷 169
아마크 에이전시 191
아이디펜스 75, 84
아이러브유 95
아이사이트 460
아이얼러트 79
아지무스 249
아카디아 356
알아야 할 필요 166
알파넷 76
애국자법 189
어글리고릴라 328
어바스트 265
업스트림 377

에너지 넘치는 곰 455
에어 갭 216
에코파티 보안 콘퍼런스 411
엑소더스 인텔리전스 243
엔드게임 243
역량 하드웨어 강화 RISC 명령 613
오 데이 55
오로라 공격 431
오픈SSL 477
올림픽 게임 214
완전 순방향 비밀성 381
왓츠앱 191
워너크라이 522
원격 탈옥 355
웜 67
웨어 보고서 167
유닛 8200 114
유닛 61398 432
유닛 74455 463
이뮤너티 인코퍼레이티드 256
이벌 코프 567
이중 인증 348
이터널로맨스 530
이터널블루 485, 522, 530, 622
익스플로잇 예탁 357
인큐텔 412
인터넷 익스플로러 94
인포섹 55, 64
임플란트 415

ㅈ

전자프런티어재단 255
정보 보안 64
제로데이 55, 90
제로데이 익스플로잇 56, 104
제로데이 찰리 121
제로디움 285
종점 해킹 157

중간자 공격 55, 378
지속성 109
지폰 390
진보된 지속적 위협 88

ㅊ

체리 613
총체적 정보 인지 프로젝트 190
취약 자산 평가 절차 480
취약점 연구 랩 241
침투 테스트 255

ㅋ

카스퍼스키 225, 363, 503, 515
캔섹웨스트 353, 356
컴퓨터 네트워크 공격 211
컴퓨터 사이언시즈 코퍼레이션 243
코드 레드 95
코스인크 291, 399
코어 시큐리티 415
코지베어 563
코튼마우스 I 235
콤프로매트 494
크라우드스트라이크 428, 459
클리퍼 칩 390
키-로깅 338

ㅌ

터바인 233
트랩도어 31, 538
트렌드 마이크로 464
트릭봇 566
트립와이어 317
특수목적 접근작전 58

ㅍ

파이브 아이즈 238
파이어아이 459

패치 화요일 97
팬시베어 490
퍼즈 팜 245
페가수스 298
펜타곤을 해킹하라 371
폰투오운 353
프로그래머블 로직 컨트롤러 212
프로젝트 드레드 267
프로젝트 레이븐 267
프로젝트 제로 384
플레임 363, 457
피싱 551
피카소 235

ㅎ

하이테크 863 프로그램 437
하트블리드 476
해외정보감시법 189
해킹 팀 287
핵티비스트 260
헤일 메리 작전 209
화웨이 202
휴민트 201
흑색 브리핑 266

A

air-gapped 216
Arc4dia 356
ARPANET 76, 600
Avast 265
Azimuth 249

B

backdoor 297
BlackEnergy 462
brute force 192
BSI 353
Bugcrowd 373

BugTraq 78

C

CanSecWest 353
CHERI 613
CIA 179, 239
Citizen Lab 288
Clipper Chip 390
CNA 211
Code Red 95
computer network attacks 211
Computer Sciences Corp. 243
COSEINC 291
Cottonmouth I 235
CrowdStrike 428
CSC 243
Cyber Pearl Harbor 594
CyberPoint 265

D

Dark Matter 273
dark web 58
DARPA 613
DCLeaks 495
DDS 373
DEA 239
DHS 451
Digital Defense Service 373
digital drive-by 589
downstream 377
Dropoutjeep 235
Duqu 363

E

Ekoparty 411
Endgame 243
Energetic Bear 455
escrow 357

EternalBlue 485
EternalReomance 530
Evil Corp 567
Exodus Intelligence 243
exploit 56

F

FBI 389
FireEye 459
Five Eyes 238
Flame 363
FSB 567
FUD 458, 605
fuzz farm 245

G

Gamma Group 303
GCHQ 377
GRU 463, 529
Grugq 284

H

Hacking Team 287
hacktivist 260
Hail Mary 209
Heartbleed 476
Huawei 202
HUMINT 201

I

IAEA 221
iDefense 75
ILOVEYOU 95
Imlant 415
Immunity Inc. 256
infosec 55
Internet Explorer 94
invisibility 109

iSight 460

J

jailbreak 355

K

Kaspersky 225
key-logging 338
Kompromat 494

L

leet 350
Legion Amber 546
Legion Yankee 326
Linchpin Labs 249, 356
logic bombs 538
LOVEINT 201

M

Mandiant 321
man-in-the-middle attack 55
McAfee 261
Melissa 95
Monkeycalendar 235

N

national vulnerability database 104
NATO 354
NetCracker Technology 358
Netragard 243
Netscape 76
Netscape Navigator 94
network exploitation 125
Nightstand 235
Nimda 95
Nitro Zeus 552
NOBUS 237

NotPetya 36
NSA 33, 119, 179, 239
NSO 513
NSO그룹 295

O

obfuscation 32
o days 55
Office of Personnel Management 372
OpenSSL 477
OPM 372
Owning the Net 234

P

Patriot Act 189
Pegasus 298
Perfect Forward Secrecy 381
persistence 109
PFS 381
phishing 551
PLC 212
Programmable Logic Controller 212
Project DREAD 267
Project Raven 267
Project Zero 384
Pwn2Own 353

R

rainbow tables 348
randomize 32
reliability 109
room tap 298

S

Saudi Aramco 427
script kiddie 83
Shadow Broker 34
side channel attack 416

SIGINT

SIGINT Enabling Project 175
Signal 191
SMB 485
Snacks 197
spearfishing 270
Stellar Wind 190
Stuxnet 67
Surlyspawn 235
Symantec 78
Synack 373

T

Tailored Access Operations 58
TAO 58, 188
the Great Firewall 341
TIA 190
Total Information Awareness 190
trap door 168
Trend Micro 464
TrickBot 566
tripwire 317
two-factor authentication 348

U

UglyGorilla 328
upstream 377

V

VEP 480
VEP 절차 622
Verisign 101
VPN 176
VRL 241
Vulnerabilities Equities Process 480
Vulnerability Research Labs 241

W

WannaCry 522

Wassenaar Arrangement 254
watering-hole attack 456
WhatsApp 191
worm 67

Z

zero-days 55
Zerodium 285

Zfone 390

번호

5D 74

기타

不可視性 109

인류의 종말은 사이버로부터 온다

사이버 무기 시장의 실체와 제로데이

발　행 | 2022년 7월 29일

지은이 | 니콜 펄로스
옮긴이 | 김 상 현

펴낸이 | 권 성 준
편집장 | 황 영 주
편　집 | 김 진 아
　　　　 임 지 원
　　　　 김 은 비
　　　　 양 아 영
디자인 | 윤 서 빈

에이콘출판주식회사
서울특별시 양천구 국회대로 287 (목동)
전화 02-2653-7600, 팩스 02-2653-0433
www.acornpub.co.kr / editor@acornpub.co.kr

책값은 뒤표지에 있습니다.